国家出版基金项目
NATIONAL PUBLICATION FOUNDATION

2012年度国家社科基金项目
"朱光潜年谱长编"（12BZX085）最终成果
2017年度国家社科基金重大项目
"朱光潜、宗白华、方东美美学思想形成与
桐城文化关系研究"（17ZDA018）阶段性成果

朱光潜 年谱长编

宛小平 著

北京师范大学出版集团
安徽大学出版社

图书在版编目(CIP)数据

朱光潜年谱长编/宛小平著.—合肥:安徽大学出版社,2019.9
ISBN 978-7-5664-1796-1

Ⅰ.①朱… Ⅱ.①宛… Ⅲ.①朱光潜(1897—1986)—年谱 Ⅳ.①K825.7

中国版本图书馆 CIP 数据核字(2019)第 046561 号

朱光潜年谱长编

宛小平 著

出版发行:	北京师范大学出版集团 安 徽 大 学 出 版 社 (安徽省合肥市肥西路3号 邮编230039) www.bnupg.com.cn www.ahupress.com.cn
印 刷:	合肥远东印务有限责任公司
经 销:	全国新华书店
开 本:	170mm×240mm
印 张:	32.5
字 数:	549千字
版 次:	2019年9月第1版
印 次:	2019年9月第1次印刷
定 价:	79.00元

ISBN 978-7-5664-1796-1

策划编辑:李 君 章亮亮	装帧设计:李 军 孟献辉 鲁 榕	
责任编辑:李 君 章亮亮	美术编辑:李 军	
责任印制:陈 如 孟献辉		

版权所有 侵权必究
反盗版、侵权举报电话:0551—65106311
外埠邮购电话:0551—65107716
本书如有印装质量问题,请与印制管理部联系调换。
印制管理部电话:0551—65106311

▶ 1927年,朱光潜先生在法国巴黎。

▶ 1925年夏,朱光潜先生留学前夕寄给奚今吾的照片。

▶ 1932年夏,朱光潜先生与奚今吾在伦敦结婚。图为二人寄给父母的结婚照片,照片背面写有"父亲母亲大人赐存"。

▶ 1933年10月,朱光潜先生在北平慈慧殿三号寓所前。

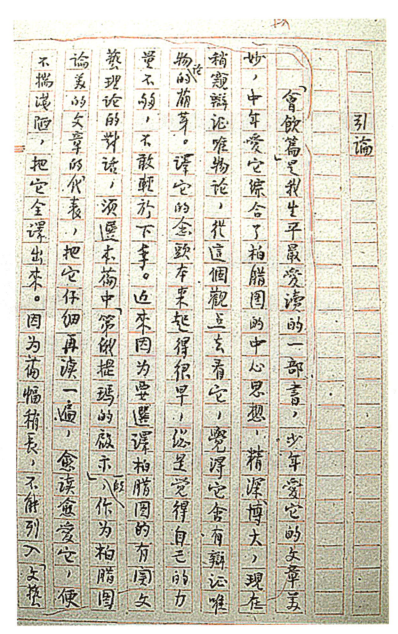

▶ 1953年，朱光潜先生翻译柏拉图代表作《会饮篇》，用蝇头小楷写《引论》自我珍藏。

▶ 生命不息 著译不止：朱光潜先生在书桌前整理自己的著作（1979年9月，邓伟摄于北京大学朱光潜先生寓所内。）

▶ 书房里的朱光潜先生(1979年6月6日,邓伟摄于北京大学朱光潜先生寓所内。)

▶ 朱光潜先生正在看《一般》杂志目录(照片为毕克官赠,摄于1981年6月4日。)

▶ 1983年，朱光潜先生在北京大学燕南园66号庭院中看书。

▶ 朱光潜先生在北京大学校园内打自编的太极拳

▶ 朱光潜先生晚年译著《新科学》第三卷第一部分:《寻找真正的荷马》手稿

▶ 20世纪80年代初,朱光潜先生(右五)与北京大学哲学系美学教研室同仁合影(左一为杨辛,右四为叶朗,右一为阎国忠)。

▶ 1984年，朱光潜先生在北京大学燕南园66号寓所前。

▶ 1981年4月27日至5月10日,朱光潜先生(前排右四)在承德避暑山庄参加《大百科全书》编委会会议期间与同仁合影(前排右一为季羡林、朱光潜身后右手方为冯至)。

▶ 1983年3月，朱光潜先生在香港讲学期间与友人合影（前排左起为钱伟长夫人孔祥瑛、钱伟长、朱光潜、钱穆、钱穆夫人胡美琦；后排左三至左五为朱世嘉、刘述先、金耀基）。

▶ 88岁的朱光潜先生(邓伟摄于1985年)

▶ 1984年夏,朱光潜先生与来京探望的长子朱陈在北京大学燕南园66号庭院中合影。

▶ 沉思中的美学老人朱光潜先生(邹士方摄)

目　　录

编著凡例 …………………………………………………………… 001

卷一　在亦旧亦新的文化氛围中成长
　　（吴庄、孔城、桐城、武昌，1897 年—1917 年）………………… 001
　　1897 年（丁酉　光绪二十三年）出生年 ……………………… 001
　　1903 年（癸卯　光绪二十九年）6 岁 ………………………… 002
　　1910 年（庚戌　宣统二年）13 岁 ……………………………… 005
　　1911 年（辛亥　宣统三年）14 岁 ……………………………… 005
　　1916 年（丙辰　民国五年）19 岁 ……………………………… 007
　　1917 年（丁巳　民国六年）20 岁 ……………………………… 007

卷二　新文化运动的洗礼和初受西学的训练
　　（香港，1918 年—1923 年）……………………………………… 009
　　1918 年（戊午　民国七年）21 岁 ……………………………… 009
　　1919 年（己未　民国八年）22 岁 ……………………………… 009
　　1921 年（辛酉　民国十年）24 岁 ……………………………… 014
　　1922 年（壬戌　民国十一年）25 岁 …………………………… 016
　　1923 年（癸亥　民国十二年）26 岁 …………………………… 017

卷三　教育实践和人生艺术化观的确立
　　（上海、上虞，1923 年—1925 年）……………………………… 021
　　1924 年（甲子　民国十三年）27 岁 …………………………… 021
　　1925 年（乙丑　民国十四年）28 岁 …………………………… 026

卷四 在中西互为体用的比较方法中相互发明

（爱丁堡，1925 年—1929 年） ································ 038

　　1925 年（乙丑　民国十四年）28 岁 ················ 038
　　1926 年（丙寅　民国十五年）29 岁 ················ 040
　　1927 年（丁卯　民国十六年）30 岁 ················ 044
　　1928 年（戊辰　民国十七年）31 岁 ················ 048

卷五 早期美学系统的建立

（伦敦、巴黎、斯特拉斯堡，1929 年—1933 年） ········ 052

　　1929 年（己巳　民国十八年）32 岁 ················ 052
　　1930 年（庚午　民国十九年）33 岁 ················ 058
　　1931 年（辛未　民国二十年）34 岁 ················ 069
　　1932 年（壬申　民国二十一年）35 岁 ·············· 075
　　1933 年上半年（癸酉　民国二十二年）36 岁 ········ 079

卷六 在京派文化圈里荡漾

（北平，1933 年—1937 年 8 月） ······················· 085

　　1933 年下半年（癸酉　民国二十二年）36 岁 ········ 085
　　1934 年（甲戌　民国二十三年）37 岁 ·············· 088
　　1935 年（乙亥　民国二十四年）38 岁 ·············· 094
　　1936 年（丙子　民国二十五年）39 岁 ·············· 104
　　1937 年（丁丑　民国二十六年）40 岁 ·············· 117

卷七 以传统资源重修早期美学系统

（成都、乐山，1937 年 9 月—1946 年） ················ 132

　　1937 年（丁丑　民国二十六年）40 岁 ·············· 132
　　1938 年（戊寅　民国二十七年）41 岁 ·············· 135
　　1939 年（己卯　民国二十八年）42 岁 ·············· 144
　　1940 年（庚辰　民国二十九年）43 岁 ·············· 151
　　1941 年（辛巳　民国三十年）44 岁 ················ 155
　　1942 年（壬午　民国三十一年）45 岁 ·············· 164

1943年(癸未　民国三十二年)46岁 ……………………………… 170
1944年(甲申　民国三十三年)47岁 ……………………………… 180
1945年(乙酉　民国三十四年)48岁 ……………………………… 186

卷八　风雨飘摇中的艰难抉择
(北平,1946年—1949年1月初) ……………………………… 192
1946年(丙戌　民国三十五年)49岁 ……………………………… 192
1947年(丁亥　民国三十六年)50岁 ……………………………… 201
1948年(戊子　民国三十七年)51岁 ……………………………… 211
1949年(己丑)52岁 ……………………………………………… 230

卷九　割断联系中的学术挣扎
(北京,1949年1月底—1976年8月) ………………………… 231
1949年(己丑)52岁 ……………………………………………… 231
1950年(庚寅)53岁 ……………………………………………… 233
1951年(辛卯)54岁 ……………………………………………… 235
1952年(壬辰)55岁 ……………………………………………… 241
1953年(癸巳)56岁 ……………………………………………… 246
1954年(甲午)57岁 ……………………………………………… 249
1955年(乙未)58岁 ……………………………………………… 253
1956年(丙申)59岁 ……………………………………………… 255
1957年(丁酉)60岁 ……………………………………………… 266
1958年(戊戌)61岁 ……………………………………………… 271
1959年(己亥)62岁 ……………………………………………… 277
1960年(庚子)63岁 ……………………………………………… 280
1961年(辛丑)64岁 ……………………………………………… 287
1962年(壬寅)65岁 ……………………………………………… 293
1963年(癸卯)66岁 ……………………………………………… 298
1964年(甲辰)67岁 ……………………………………………… 312
1965年(乙巳)68岁 ……………………………………………… 316
1966年(丙午)69岁 ……………………………………………… 320

1967 年（丁未）70 岁 ········· 324

1968 年（戊申）71 岁 ········· 324

1969 年（己酉）72 岁 ········· 327

1970 年（庚戌）73 岁 ········· 329

1971 年（辛亥）74 岁 ········· 330

1972 年（壬子）75 岁 ········· 334

1973 年（癸丑）76 岁 ········· 336

1974 年（甲寅）77 岁 ········· 340

1975 年（乙卯）78 岁 ········· 344

1976 年（丙辰）79 岁 ········· 346

卷十　以维柯和马克思美学研究为突破口，重铸晚年学术风范

（北京，1976 年 10 月—1986 年 3 月） ········· 350

1976 年（丙辰）79 岁 ········· 350

1977 年（丁巳）80 岁 ········· 351

1978 年（戊午）81 岁 ········· 362

1979 年（己未）82 岁 ········· 368

1980 年（庚申）83 岁 ········· 386

1981 年（辛酉）84 岁 ········· 403

1982 年（壬戌）85 岁 ········· 422

1983 年（癸亥）86 岁 ········· 441

1984 年（甲子）87 岁 ········· 459

1985 年（乙丑）88 岁 ········· 472

1986 年（丙寅）89 岁 ········· 478

卷十一　身后遗响

（1986 年 3 月至今） ········· 480

1986 年（丙寅） ········· 480

1987 年（丁卯）至今 ········· 486

后记 ········· 490

编著凡例

一、本谱所用资料,包括谱主生平活动、言论、著述等,皆按时间先后,逐条记事。

二、记事以公历为主,附注干支纪年,且"民国"前附记清代年号,"民国"后附记"民国"年份(至1949年)。谱主岁序以足龄计算。

三、本谱正文记事详其年、月、日。无月、日可稽者,或附于其同年、同月之后,或编排在较适宜位置。无年份可稽者,附于邻近年份或相关记事之后,并酌加注释。如遇几条记事时间相同,首条标明时间,余则标"△"号,以示同类。

四、本谱所收材料,首选谱主本人自述和相关原稿、原件。影印件或最初发表的报刊书籍亦尽可能引用原始的第一手材料。谱主是一个自觉反省的学者,所以他的著述书名和述语也常有修改变化。本谱尊重客观,对不同时期文本变化有重要修正的,详加注释。凡无第一手资料可凭,则采取一般说法;诸说并存者,择善从之。一般权衡取舍以中华书局版《朱光潜全集(新编增订本)》为准,倘中华书局版未收入则参考安徽教育出版社版《朱光潜全集》。所收材料未收入中华书局版或安徽教育出版社版《朱光潜全集》者均在相应位置明确标注;未收入以上两套全集者,在相应位置标注"《全集》未收"字样。涉及谱主重要活动的史料有互为矛盾者,并举说明,不作武断。

五、本谱出现的人名,编著者叙述称"先生"而不加姓名者,俱指谱主。引文按原文记述,编著者叙述一般以名表述,名不可考者方才用字号。少数与谱主交往甚密且当时已以字号行世者,也可采用字号表述。

六、凡属引文,注明原始出处。全书所据资料均以年为单位,在每年第一次出现时,详细标明作者、书刊名、篇名、版本、卷号页码等;后出现者,仅标篇名或书刊名、卷号页码等。引报纸标日期。

七、引文以公开出版权威版为准。有明显错漏者,订正错字置于[ ],增补脱字置于( ),缺字用□号表示;疑有讹误但暂难判断者用[？]表示。

八、一些需要说明的人物、事件背景或补充材料,以脚注形式处置。若同一事件不同资料来源记述有差异者,亦于脚注中加以说明。

九、有关主要人物以字号行世者,酌情于首次出现时注明原名。中华人民共和国成立前的校名、地名等,引文及行文需要处采用当时称谓,其余皆用现称或简称。外国人名、地名等,采用当时通用译标,首次出现时附注原文。

卷一　在亦旧亦新的文化氛围中成长

（吴庄、孔城、桐城、武昌，1897年—1917年）

1897年（丁酉　光绪二十三年）出生年

10月14日，先生生于安徽桐城县阳和乡吴庄（今属于安徽枞阳县麒麟镇岱鳌村——编者）（图1-1）一个破落地主家庭①。先生名光潜，字孟实。"孟"系兄弟行辈居长之义，"实"乃取诚实、踏实、求实之义②。这可能是先生后起的名。据吴汝纶作序的《会里朱氏宗谱》（八修）（图1-2）记载：朱光潜谱名朱来润，字润霖③。

---

① 朱光潜后来回忆道："我父亲一年拿三四十块大洋，同打长工的差不多。因为教书，家中的地种不上，就租出去，成了小土地出租者。"（费芑：《美学老人朱光潜》，载《新闻战线》，1980年6月14日第11期，第40页。）

② 朱光潜于1983年《答〈中国作家笔名探源〉编辑》一文里这样写道，"孟实"是常用的笔名，"孟"指弟兄行辈中居长，"实"就是"老实""踏实""务实"，这多少表明我的人生理想。我在香港大学梅舍小书斋里壁上挂着请乡先辈方磐君（常季）先生替我写的"恒恬诚勇"四个大字，也多少说明"实的理想"。我在朱佩弦先生书斋里看到大方（方地山）写送他的一副对联"见说乡亲是苏小，为看明月住扬州"，觉得字和文都颇佳妙，就请大方老人也写一联（图1-3）送我，他写的是"孟晋名斋，知是古人勤学问；实心应事，不徒艺院擅英豪"（"应"应为"任"，"不徒艺院擅英豪"应为"非徒文苑见英华"）（原对联——编者）我因爱"实"，没有把它挂在壁上。"孟实"之外我偶尔也用"盟石"、"蒙石"或仅用"石"，都是同音字，我很喜爱"石"的坚硬。（《朱光潜全集》第10卷，合肥：安徽教育出版社1993年版，第665页。）

③ 《会里朱氏宗谱》（八修）记载，朱光潜高祖父为国学生（秀才）；曾祖父弟兄排行第七，为例赠修职郎——从八品文官虚衔（捐官）；祖父朱道海，名文涛，字维桢，号海门，弟兄排行第二，晚清廪贡生（秀才）。清光绪二十四年（1898）刻会里（今会宫）《朱氏宗谱》（八修），为首席纂修，和吴汝纶有交谊，并请吴代作序。吴汝纶写道："今年会里续为谱，其族长老海门，惕惕皆吾故人，介吾弟绍伯求吾文为序。"父亲朱黼香，名若兰，字子香，号黼卿，是当地有名的私塾先生，弟兄排行第四。母亲左东宜。兄弟三人，二弟光澄，三弟光泽。《会里朱氏宗谱》（八修）还记载："来润，延香长子，字润霖，生于光绪丁酉年九月十九日亥时。"据文献记载，先生"还有5个妹妹。大妹妹嫁岱鳌村邻村周庄周家，未生育，去世早；二妹嫁岱鳌村附近姚家响堂姚家；三妹嫁吴庄附近人光华美，生光长生、光裕生、光柳生三子；四妹嫁庐江罗河梅家，妹夫因船难去世，1933年生一子叫梅继德；五妹叫朱光典，与龙惕吾订婚，1941年患肺结核去世，葬岱鳌山麓。"（朱洪：《朱光潜大传》，北京：人民日报出版社2012年版，第14页。）

图1-1 朱光潜故居回忆复原图　　图1-2 《会里朱氏宗谱》(八修)　　图1-3 方地山为先生写的对联

1903年(癸卯　光绪二十九年)6岁

先生在《从我怎样学国文说起》里说：

"我学国文,走过许多纡[迂]回的路,受过极旧的和极新的影响。如果用自然科学家解剖形态和穷究发展的方法将这过程作一番检讨,倒是一件很有趣的事情。

我在十五岁左右才进小学,以前所受的都是私塾教育。从六岁起读书,一直到进小学,我没有从过师,我的唯一的老师就是我的父亲。我的祖父做得很好的八股文,父亲处在八股文和经义策论交替的时代。他们读什么书,也就希望我读什么书。应付科举的一套家当委实可怜,四书,五经,纲鉴,《唐宋八大家文选》,《古唐诗选》之外就几乎全是闱墨制义。五经之中,我幼时全读的是《书经》《左传》。《诗经》我没有正式地读,家塾里有人常在读,我听了多遍,就能成诵大半。于今我记得最熟的经书,除《论语》外,就是听会的一套《诗经》。我因此想到韵文入人之深,同时,读书用目有时不如用耳。私塾的读书程序是先背诵后讲解。在'开讲'时,我能了解的很少,可是熟读成诵,一句一句地在舌头上滚将下去,还拉一点腔调,在儿童时却是一件乐事。这早年读经的教育我也曾跟着旁人咒骂过,平心而论,其中也不完全无道理。我现在所记得的书大半还是儿时背诵过的,当时虽不甚了了,现在回忆起来,不断地有新领悟,其中意味确是深长。

父亲有些受过学校教育的朋友,教我的方法多少受了新潮流的影响。我

'动笔'时,他没有教我做破题起讲,只教我做日记。他先告诉我日间某事可记,并且指出怎样记法,记好了,他随看随改,随时讲给我听。有一次我还记得很清楚,宅旁发现一个古墓,掘出两个瓦瓶,父亲和伯父断定它们是汉朝的古物(他们的考古知识我无从保证),把它们洗干净,供在香炉前的条几上,两人磋商了一整天,做了一篇'古文'的记,用红纸楷书恭写,贴在瓶子上面。伯父提议让我也写一篇,父亲说:'他!还早呢。'言下大有鄙夷之意。我当时对于文字起了一种神秘意识,仿佛此事非同小可,同时也渴望有一天能够得上记古瓶。

日记能记到一两百字时,父亲就开始教我做策论经义。当时科举已废除,他还传给我这一套应付科举的把戏,无非是'率由旧章',以为读书人原就应该弄这一套。现在的读者恐怕对这些名目已很茫然,似有略加解释的必要。所谓'经义'是在经书中挑一两句做题目,就抱着那题目发挥成一篇文章,例如题目是'知耻近乎勇',你就说明知耻何以近乎勇,'耻'与'勇'须得一番解释,'近乎'两个字更大有文章可做。所谓'策'是在时事中挑一个问题,让你出一个主意,例如题目是'肃清匪患',你就条陈几个办法,并且详述利弊,显出你有经邦济世的本领。所谓'论'就是议论是非长短,或是评衡人物,刘邦和项羽究竟哪一个高明,或是判断史事,孙权究竟该不该笼络曹操。做这几类文章,你都要说理,所说的尽管是歪理,只要能自圆其说,歪也无妨。翻案文章往往见得独出心裁。这类文章有它们的传统作法。开头要一个帽子,从广泛的大道理说起,逐渐引到本题,发挥一段意思,于是转到一个'或者曰'式的相反的议论,把它驳倒,然后作一个结束。这就是所谓'起承转合'。这类文章没有什么文学价值,人人都知道。但是当作一种写作训练看,它也不是完全无用。在它的窄狭范围内,如果路走得不错,它可以启发思想,它的形式尽管是呆板,它究竟有一个形式。我从十岁左右起到二十岁左右止,前后至少有十年的光阴都费在这种议论文上面。这训练造成我的思想的定型,注定我的写作的命运。我写说理文很容易,有理我都可以说得出,很难说的理我能用很浅的话说出来。这不能不归功于幼年的训练。但是就全盘计算,我自知得不偿失。在应该发展想象的年龄,我的空洞的脑袋被歪曲到抽象的思想工作方面去,结果我的想象力变成极平凡,我把握不住一个有血有肉有光有热的世界,在旁人脑里成为活跃的戏景画境的,在我脑里都化为干枯冷酷的理。我写不出一篇过得去的描写文,就吃亏在这一点。

我自幼就很喜欢读书(图1-4)。家中可读的书很少,而且父亲向来不准我乱翻他的书箱。每逢他不在家,我就偷尝他的禁果。我翻出储同人评选的《史记》《战国策》《国语》,西汉文之类,随便看了几篇,就觉得其中趣味无穷。本来我在读《左传》,可是当作正经功课读的《左传》文章虽好,却远不如自己偷着看的《史记》《战国策》那么引人入胜。像《项羽本纪》那种长文章,我很早就熟读成诵。王应麟的《困学纪闻》也有些地方使我很高兴。父亲没有教我读八股文,可是家里的书大半是八股文,单是祖父手抄的就有好几箱,到无书可读时,连这角落里我也钻了进去。坦白地说,我颇觉得八股文也有它的趣味。它的布置很匀称完整,首尾条理线索很分明,在窄狭范围与固定形式之中,翻来覆去,往往见出作者的匠心。我于今还记得一篇《止子路宿》,写得真惟妙惟肖,入情入理。八股文之外,我还看了一些七杂八拉的东西,试帖诗,《楹联丛话》《广治平略》《事类统编》《历代名臣言行录》《粤匪纪略》,以至于《验方新编》《麻衣相法》《太上感应篇》和牙牌起数用的词。家住在穷乡僻壤,买书甚难。距家二三十里地有一个牛王集,每年清明前后附近几县农人都到此买卖牛马,各种商人都来兜生意,省城书贾也来卖书籍文具。我有一个族兄每年都要到牛王集买一批书回来,他的回来对于我是一个盛典。我羡慕他有去牛王集的自由,尤其是有买书的自由。书买回来了,他很慷慨地借给我看。由于他的慷慨,我读到《饮冰室文集》。这部书对于我启示一个新天地,我开始向往'新学',我开始为《意大利三杰传》的情绪所感动。作者那一种酣畅淋漓的文章对于那时的青年人真有极大的魔力,此后有好多年我是梁任公先生的热烈的崇拜者。有一次报纸误传他在上海被难,我这个素昧平生的小子在一个偏僻的乡村里为他伤心痛哭了一场。也就从饮冰室的启示,我开始对于小说戏剧发生兴

图1-4 先生《自传》手稿介绍了自己幼时的读书经历

趣。父亲向不准我看小说,家里除一套《三国演义》以外,也别无所有,但是《水浒传》《红楼梦》《琵琶记》《西厢记》几种我终于在族兄处借来偷看过。因为读这些书,我开始注意金圣叹,'才子''情种'之类观念开始在我脑里盘旋。总之,我幼时头脑所装下的书好比一个灰封尘积的荒货摊,大部分是废铜烂铁,中

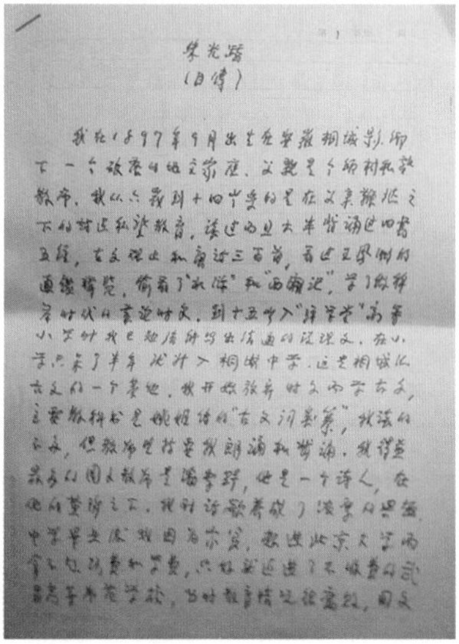

间也夹杂有几件较名贵的古董。由于这早年的习惯,我至今读书不能专心守一个范围,总爱东奔西窜,许多不同的东西令我同样感觉兴趣。"①

这个时期,先生随父学的是科举时代策论经义的时文。先生的祖父做得一手好八股,父亲不在家时,先生也偷看过祖父"手抄的""好几箱"八股文。对八股文,先生认为"也有它的趣味"。先生偶读《饮冰室文集》,开始受新学思想的影响。此时先生所受的文化熏陶是亦旧亦新的。

1910年(庚戌 宣统二年)13岁

秋,先生入了离家十几里路的孔城高等小学,这个学校的全称叫"桐乡高等小学堂",是一所倡导新式教育的学校。先生的父亲朱若兰曾于1906年前在桐乡书院当过短期的山长,而这个"桐乡书院"实际就是"桐乡高等小学堂"的前身,创立于1840年,1841年正式开课。这是朱若兰送儿子到该校读书的原因之一。

仅读一学期,先生即升入桐城中学。

1911年(辛亥 宣统三年)14岁

春,先生入桐城中学(图1-5)。该校为吴汝纶创办②。

先生后来回忆说:

"我在小学里只住了一学期就跳进中学。中学教育对于我较深的影响是'古文'训练。说来也很奇怪,我是桐城人,祖父和古文家吴挚甫先生有交谊,他所禀保的学生陈剑潭先生做古文也曾享一时盛名,可是我家里从没有染着一丝毫的古文派风气。科举囿人,于此可见一斑。进了中学,我才知道有桐城派古文这么一回事。那时候我的文字已粗清通,年纪在同班中算是很小,特别受国文教员们赏识。学校里做文章的风气确是很盛,考历史,地理可以做文章,考物

---

① 《朱光潜全集》(新编增订本)第6卷,北京:中华书局2012年版,第109-112页。
② 吴汝纶亲笔题写"勉成国器"(图1-6)和"后十年人才奋兴,胚胎于此;合东西国学问精粹,陶冶而成"的匾额楹联,高悬于桐城中学校舍内,成为校训。先生长子朱陈也曾回忆先生在自家堂屋写的一副对联:"绿水青山任老夫逍遥岁月,欧风亚雨听诸儿扩展胸襟。"(《朱光潜纪念集》,合肥:安徽教育出版社1987年版,第254页。)两幅楹联的意思可谓异曲同工,其中西兼容的旨趣也成了后来先生治学的趣向。

理,化学也还可以做文章,所以我到处占便宜。教员们希望这小子可以接古文一线之传,鼓励我做,我越做也就越起劲。读品大半选自《古文辞类纂》和《经史百家杂钞》。各种体裁我大半都试作过。那时候我的摹仿性很强,学欧阳修,归有光有时居然学得很像。学古文别无奥诀,只要熟读范作多篇,头脑里甚至筋肉里都浸润下那一套架子,那一套腔调,和那一套用字造句的姿态,等你下笔一摇,那些'骨力''神韵'就自然而然地来了,你就变成一个扶乩手,不由自主地动作起来。桐城派古文曾博得'谬种'的称呼。依我所知,这派文章大道理固然没有,大毛病也不见得很多。它的要求是谨严典雅,它忌讳浮词堆砌,它讲究声音节奏,它着重立言得体。古今中外的上品文章似乎都离不掉这几个条件。它的唯一毛病就是文言文,内容有时不免空洞,以至谨严到干枯,典雅到俗滥。这些都是流弊,作始者并不主张如此。"①

图 1-5　先生为桐城中学题词:勉成国器　　图 1-6　吴汝纶为桐城中学题写的匾额

---

①　《朱光潜全集》(新编增订本)第 6 卷,北京:中华书局 2012 年版,第 112-113 页。先生这里谈到了他受桐城文派的影响,以及对桐城派的评价。此时先生已经受到新文化运动的洗礼,在香港大学受过"一点浅薄的科学训练",使他认识到白话文替代文言不可逆转,庆幸自己免去了"冬烘学究"的狭固气味,走上了一条贯通古今中外的治学道路。他对桐城派讲义理、辞章、考据并不否定,甚至是肯定,只是认为谨严得过头了,雅洁得近乎俗滥了。对文言的态度,先生之后一再声称应该借鉴中世纪但丁吸收提炼"俗语"的方式来过滤和保留中土文言中有生命力的表达词语(尤其在诗里);同时,先生也主张在语言传达上适度的欧化。先生对桐城文派的批判改造方案,既不同于胡适、陈独秀、钱玄同的激进派;也不同于林纾等守旧的保守派。先生曾言:"我对新文学属望很殷,费尽千言万语也不能说服国学耆宿们,让他们相信新文学也自有一番道理。我也很爱读旧诗文,向新文学作家称道旧诗文的好处,也被他们嗤为顽腐。"(《朱光潜美学文集》第 2 卷,上海:上海文艺出版社 1982 年版,第 257 页。)

1916年(丙辰　民国五年)19岁

年初,先生从桐城中学毕业。他后来回忆,桐城中学有个教国文的潘季野老师对他影响颇大,潘季野老师使他对中国旧诗产生了浓厚的兴趣。抗日战争期间,先生尝言:"每日必读诗。"这种读诗的兴趣是先生自小养成的。和先生从桐城中学同届毕业的还有方东美(自称"诗哲"——编者)、余光琅、叶瑛、方来同等三十二人。毕业后,先生到了桐城北三十里的大关私立崇治高等小学堂教书(今大关中心小学——编者)。先生后来回忆,他小学、中学、大学教员都当过,这便是他在小学从教的那段经历。

1917年(丁巳　民国六年)20岁

先生慕国故而想投考北京大学,但因家贫负担不起路费,只能就近考入不收学费的武昌高等师范学校(图1-7,图1-8)国文系。他对该校师资水平颇失望,求学期间除圈点一部段玉裁的《说文解字注》,略窥中国文字学门径之外,一无所获。所幸结识了同窗好友徐中舒①,徐中舒为日后先生回国帮助其引介给胡适,并在北京大学任教的终身挚友。

先生后来回忆道:

图1-7　武昌高等师范学校正门

图1-8　武昌高等师范学校教室

---

① 徐中舒(1898—1991),安徽怀宁人,中国现代著名历史学家、古文字学家。徐中舒曾在武昌高等师范学校数理部读了一个学期即退学,后毕业于清华大学国学研究院。其名作《古诗十九首考》经先生推荐,1925年发表于《立达》学刊第1卷第1期,引起反响,破格被聘为复旦大学中文系教授,后担任"中央研究院"历史语言研究所研究员,同时在北京大学历史系兼课。先生任四川大学文学院院长时,其又被聘为四川大学历史系教授,与先生成为终身挚友。

"兴趣既偏向国文,在中学毕业后我就决定升大学入国文系。我很想进北京大学,因为路程远,花费多,家贫无力供给,只好就近进了武昌高等师范学校。① 在武昌待了一年光景,使我至今还留恋的只有洪山的红菜台、蛇山的梅花和江边几条大街上的旧书肆。至于学校却使我大失所望,里面国文教员还远不如在中学教我的那些老师。那位以地理名家的系主任以冬烘学究而兼有海派学者的习气,走的全是左道旁门,一面在灵学会里扶乩请仙,一面在讲台上提倡孔教,讲书一味穿凿附会,黑水变成黑海,流沙便是非洲沙漠。② 另外有一位教员讲《孟子》,在每章中都发见一个文章义法,章章不同,这章是'开门见山',那章是'一针见血',另一章又是'剥茧抽丝'。一团乌烟瘴气,弄得人啼笑皆非。我从此觉得一个人嫌恶文学上的低级趣味可以比嫌恶仇敌还更深入骨髓。我在武昌却并非毫无所得,我开始发现世间有那么多的书。其次,学校里有文字学一门功课,我规规矩矩地把段玉裁的《许氏说文解字注》从头看到尾,约略窥见清朝小学家们治学的方法。"③

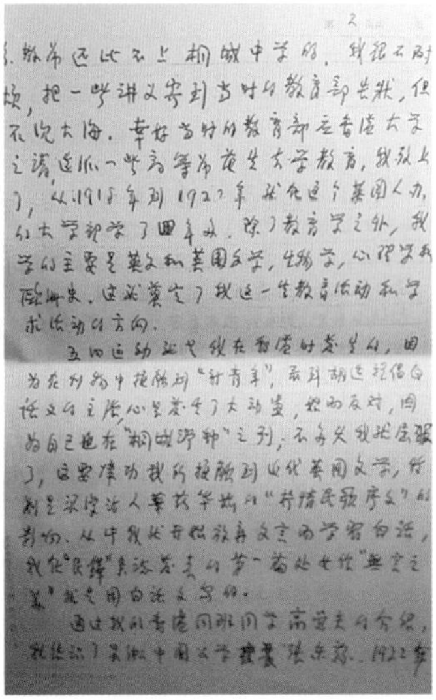

图1-9 先生在《朱光潜美学文集》一书中《作者自传》的初稿里记述了武昌高等师范学校国文系的师资状况(正式出版时有改动)

与先生同在武昌高等师范学校读书的桐城中学校友有章伯钧④和方文轩⑤。

---

① 先生提供给上海文艺出版社于20世纪80年代出版的《朱光潜美学文集》中《作者自传》的初稿里在这后面有句话:"当时教育情况很腐败,国文系教师还比不上桐城中学的。我很不耐烦,把一些讲义寄到当时的教育部告状,但石沉大海。"(图1-9)后出版时删去了这段话——编者。
② 这里说的是历史地理部主任姚明辉(1881-1961),上海人。先后就读于上海求志书院、龙门书院,曾编著多种中外地理教科书及文史、地方志、音韵学等著作,如《中国近三百年国界图志》《中国民族志》等。有"北张(张相文)南姚(姚明辉)"之称。据考证,姚明辉编写一本《禹贡注》,还把教过学生的名字列在参订名单中,其中就有先生。
③ 《朱光潜全集》(新编增订本)第6卷,北京:中华书局2012年版,第113-114页。
④ 章伯钧(1895-1969),安徽桐城人。毕业于武昌高师英语部,后到柏林大学学哲学。中国农工民主党创始人之一。中华人民共和国成立后,曾任全国政协副主席、中国民主同盟副主席(先生加入民盟与他有关系)、中国农工民主党主席、交通部长。晚年尚念及先生。
⑤ 方文轩(1890-1976),字伯堂,安徽桐城(今枞阳县义津镇)人,方苞后裔。中华人民共和国成立后,曾在安庆师范学校、枞阳中学、太湖高中任教。

卷二　新文化运动的洗礼和初受西学的训练

（香港，1918年—1923年）

1918年(戊午　民国七年)21岁

武昌高等师范学校的师资水平虽然不能令先生满意，然塞翁失马，焉知非福？毕竟先生得到了一次宝贵的留港求学的机会：北洋政府教育部接受了香港大学副校长伊里奥特爵士的建议，同意港大在北京、南京、武昌、成都四地的高等师范学校招收二十名学生。武昌高师列在其中。1918年9月初，先生和朱铁苍、朱复等二十人考入香港大学①教育系。到港大后，校方又对这二十人进行了复试，由于先生数学、英语两门课考试不及格，被编入预科班补习了一年数学、英语。

1919年(己未　民国八年)22岁

秋，先生再试合格，正式入香港大学教育系就读。先生主修教育学、心理学、英国语言文学、生理学和哲学等课程（图2-1），奠定了一生教育活动和学术活动的方向。先生说他原来兴趣中心第一是文学，其次是心理学，第三是哲学。这应该指的就是起自于港大就读期间。先生曾回忆：辛博森教授讲授英国文学是他对文学热爱的"精神上的乳母"；奥穆先生授课效仿苏格拉底从不拿薪水的行为给他种下了一粒"爱好哲学的种子"，并领悟到一个人安顿自己的心灵世界

---

① 香港大学(The University of Hong Kong)，简称"港大"(HKU)，是一所公立研究型大学，其前身为香港西医书院。1910年3月6日奠基，次年3月30日正式注册成立，1912年3月11日正式开学，1916年12月举行首次毕业典礼，仅有23名毕业生。建校初期，港大规模很小，只有3个学院，即医学院、工程学院和文学院。先生入学时，港大才创办不久，总共只有两届几十名毕业生。知名校友有孙中山、张爱玲等。

是最重要的事情。

在求学的过程中,先生结识了同班同学高觉敷、朱铁苍,三人得到"three wise men"的浑号。与不同文化、不同人种的交往使先生开阔了眼界,也养成了"宽容"的处世心态。

图 2-1　1919 年—1920 年,先生在香港大学求学期间的成绩单(香港大学档案中心提供)。

关于在港大的生活点滴,先生在 1943 年春天落难到嘉定武汉大学时写的《回忆二十五年前的香港大学》(图 2-2)里有较为详细的描述,他说:

"看过《伊利亚随笔集》的人看到这个题目,请不要联想到兰姆的《三十五年前的基督慈幼学校》那篇文章①。我没有野心要模拟那种不可模拟的隽永风格。同学们要出一个刊物,专为同学们自己看,把对于母校的留恋和同学间的

---

① 原注为 Charles Lamb:*Essays of Elia* :*Christ Hospital 35 Years Ago*　参见《朱光潜全集》(新编增订本)第 10 卷,北京:中华书局 2012 年版,第 108 页。

友谊在心里重温一遍,这也是一种乐趣。我的意思也不过趁便闲谈旧事,聊应通信,和许多分散在天涯海角的朋友们至少可以在心灵上多一次会晤。写得好坏,那是无关重要的。

第一次欧战刚刚完结,教育部在几个高等师范学校里选送了二十名学生到香港大学去学教育学,我是其中之一。当时政府在北京,我们二十人虽有许多不同的省籍,在学校里却通被称为'北京学生'。'北京学生'在学校里要算一景。在洋气十足的环境中,我们带来了十足的师范生的寒酸气。人们看到我们有些异样,我们看人们也有些异样。但是大的摩擦却没有。学会容忍'异样'的人就受了一种教育,不能容忍'异样'的人见了'异样'增加了自尊感,不能受'异样'同化的人见了'异样',也增加了对于人世的新奇感。所以港大同学虽有四百余人,因为各种人都有,色调很不单纯,生活相当有趣。

图 2-2　《回忆二十五年前的香港大学》

我很懊悔,这有趣的生活我当时未能尽量享受。'北京学生'大抵是化外之民,而我尤其是像在鼓里过日子,一般同学的多方面的活动我有时连作壁上观的兴致也没有。当时香港的足球网球都很负盛名,这生来与我无缘。近海便于海浴,我去试了二三次,喝了几口咸水,被水母咬痛了几回,以后就不敢再去问津了。学校里演说辩论会很多,我不会说话,只坐着望旁人开口。当时学校里初收容女生,全校只有何东爵士的两个女儿欧文小姐和伊琳小姐两人,都和我同班,我是若无其事,至少我不会把她们当女子看待。广东话我不会说,广东菜我没钱去吃,外国棋我不会下,连台球我也不会打。同学们试想一想,有了这一段自供,我的香港大学生的资格不就很有问题了么?

读书我也不行。从高等师范国文系来的英文自然比不上好些生来就只说英文的同学。记得有一次作文,里面说到坐人力车和骑马都不是很公平的事,被一位军官兼讲师的先生痛骂了一场。有一夜生了病,第二天早晨浮斯特教授用当时很称新奇的方法测验智力,结果我是全班中倒数第一,其低能可想而知。但是我在学校里和朱铁苍和高觉敷有 three wise men 的诨号。Wise men(哲人)自然是 queer fish(怪物)的较好听的代名词。当时的同学大约还记得香港植物园的一件值得注意的事,常见三位老者,坐在一条凳上晒太阳,度他们悠闲的岁月。朱高两人和我形影相伴,容易使同学们联想到那三位老者,于是只有那三位老者可以当的尊号就落到我们三位'北京学生'的头上了。

我们三人高矮差不多,寒酸差不多,性情兴趣却并不相同,往来特别亲密的缘故是同是'北京学生',同住梅舍(May Hall),而又同有午后散步的习惯。午后向来课少,我们一有闲空,便沿着梅舍从小径经过莫理孙舍(Morrison Hall)向山上走,绕几个弯,不到一小时就可以爬上山顶。在山顶上望一望海,吸一口清气,对于我成了一种瘾,除掉夏初梅雨天气外,香港老是天朗气清,在山顶上一望,蔚蓝的晴空笼罩着蔚蓝的海水,无数远远近近的小岛屿上耸立着青葱的树林,红色白色的房屋,在眼底铺成一幅幅五光十彩的图案。霎时间把脑袋里一些重载卸下,做一个'空空如也'的原始人,然后再循另一条小径下山,略有倦意,坐下来吃一顿相当丰盛的晚餐。香港大学生的生活最使我留恋的就是这一点。写到这里,我鼻孔里还嗅得着太平山顶晴空中海风送来的那一股清气。

我瞑目一想,许多旧面目都涌现到面前。终年坐在房里用功,虔诚的天主教徒郭开文,终年只在休息室里打棒球下棋,我忘记了姓名只记得诨号的'棋博士',最大的野心在娶一个有钱的寡妇的姚医生,足球领队的黄天锡,辩论会里声音嚷的最高的非洲人,眯眼的日本人,我们送你一大堆绰号的四川人'Mr Collins'[①],一天喝四壶开水的'常识博士',我们'北京学生'让你领头,跟着你像一群小鸡跟着母鸡去和舍监打交涉的 Tse Foo(朱复),梅舍的露着金牙齿微笑的 No.One(宿舍里的斋夫头目)……朋友们,我还记得你们,你们每一个人都曾经做过我开心时拿来玩味的资料,于今让我和你们每一个人隔着虚空握一握手!

老师们,你们的印象更清晰。在教室里不丢雪茄的老校长爱理阿特爵士,我等待了四年听你在课堂指导书里宣布要讲的中国伦理哲学,你至今还没有讲,尽管你关于'佛学'的巨著曾引起我的敬仰。还有天气好你就来,天气坏你就回英国,像候鸟似的庞孙倍芬先生,你教我们默写和作文,把每一个错字都写在黑板上来讲一遍,我至今还记得你的仁慈和忍耐。工科教授勃朗先生,你不教我的课,也待我好,我记得你有规律的生活,我到苏格兰,你还差过你的朋友

---

① 原注为 Collins:英国女小说家简·奥斯丁的《傲慢与偏见》中一个可笑的角色。参见《朱光潜全集》(新编增订本)第10卷,北京:中华书局2012年版,第110页。

一位比利时小姐来看我,你托她带给我的那封长信我至今似乎还没有回。提起信,我这不成器的老欠信债的学生,你,辛博森教授,更有理由可以责备我。但是我的心坎里还深深映着你的影子。你是梅舍的舍监,英国文学教授,我的精神上的乳母。我跟你学英诗,第一次读的是《古舟子咏》,我自己看第一遍时,那位老水手射死海鸟的故事是多么干燥无味而且离奇可笑,可是经过你指点以后,它的音节和意象是多么美妙,前后穿插安排是多么妥帖!一个艺术家才能把一个平凡的世界点染成为一个美妙的世界,一个有教书艺术的教授才能揭开表面平凡的世界,让蕴藏着美妙的世界呈现出来。你对于我曾造成这么一种奇迹。我后来进过你进过的学校——爱丁堡大学——就因为我佩服你。可是有一件事我忘记告诉你,你介绍我去见你太太的哥哥,那位蓝敦大律师,承他很客气,再三嘱咐我说:'你如果在法律上碰着麻烦,请到我这里来,我一定帮助你',我以后并没有再去麻烦他。

最后,我应该特别提起你,奥穆先生,你种下了我爱好哲学的种子。你至今对于我还是一个疑谜。牛津大学古典科的毕业生,香港法院的审判长,后来你回了英国,据郭斌龢①告诉我,放下了独身的哲学,结了婚,当了牧师。你的职业始终对于你是不伦不类。你是雅典时代的一个自由思想者,落在商业化的大英帝国,还缅想柏拉图、亚理斯多德在学园里从容讲学论道的那种生活,我相信你有一种无可告语的寂寞。你在学校里讲课不领薪水,因为教书拿钱是苏格拉底所鄙弃的。你教的是伦理学,你坚持要我们读亚理斯多德,我们瞧不起那些古董,要求一种简赅明瞭的美国教科书。你下课时,我们跟在你后面骂你,虽是隔着一些路,却有意'使之闻之',你摆起跛腿,偏着头,若无其事地带着微笑向前走。校里没有希腊文的课程,你苦劝我到你家里去跟你学,用汽车带我去你家学,我学了几回终于不告而退。这两件事我于今想起,面孔还要发烧。可是我可以告诉你,由于你的启发,这二十多年来我时常在希腊文艺与哲学中吸取新鲜的源泉来支持生命。我也会学你,想尽我一点微薄的力量,设法使我的学生们珍视精神的价值。可是我教了十年的诗,还没有碰见一个人真正在诗里找到

---

① 郭斌龢(1900-1987),字洽周,江苏江阴县杨舍镇(今张家港市)人,语言文学家,学衡派代表人物之一。1919年入香港大学攻读中西文学,1922年毕业,获文学学士学位。郭斌龢在港大深得奥穆(G. N. Orme)教授的赏识,他每日上午在香港育才中学教课,下午由奥穆亲自开车至其家中授希腊文和拉丁文。由于他懂希腊文,成为柏拉图著作在中国最早的译者之一,曾和景昌极合译柏拉图的著作。其代表作,由吴宓校改的《柏拉图五大对话集》由国立编译馆出版,该作品曾连载于《学衡》杂志。先生后来译柏拉图《文艺对话集》时,在注释中提到他的译著。

一个安顿身心的世界,最难除的是腓力斯人(庸俗市民)的根性。我很惭愧我的无能,我也开始了解到你当时的寂寞。写到这里,我不免有些感伤,不想再写下去,许多师友的面孔让我留在脑里慢慢玩味吧!香港大学,我的慈母,你呢,于今你所哺的子女都星散了,你那山峰的半腰,像一个没有鸟儿的空巢(当时香港被日本人占领了),你凭视海水嗅到腥臭,你也一定有难言的寂寞!什么时候我们这一群儿女可以回巢,来一次大团聚呢?让我们每一个人遥祝你早日恢复健康与自由!

四十三年春天　嘉定武汉大学"①

1921 年(辛酉　民国十年)24 岁

先生到港大不久,内地就发生了"五四"运动,当他知晓《新青年》中胡适、陈独秀等人用白话文替代文言文的主张时,内心受到巨大冲击,自认为好似富足的商人一夜之间手上的金元全无价值。这种感觉伴随了先生一阵子,在痛定思痛之后,先生毅然决然放弃古文,转学作白话文。

7月,用白话写成的处女作②《福鲁德的隐意识说与心理分析》(图2-3)发表于《东方杂志》第18卷第14期。这篇文章既可证明先生开始受到西方"一点浅薄的科学训练"此语不虚;又可证明他深受内地提倡科学口号的影响。而且,在这篇文章中先生用"隐意识"译 unconscious,以区别"隐机"和"无意识"

图2-3　先生的第一篇学术论文《福鲁德的隐意识说与心理分析》

---

①　原载《文学创作》,1944 年 5 月第 3 卷第 1 期。现载《朱光潜全集》第 9 卷,合肥:安徽教育出版社 1993 年版,第 183—187 页;《朱光潜全集》(新编增订本)第 10 卷,北京:中华书局 2012 年版,第 108—112 页。在上述两套全集中,此文的原始出处均为《文学创刊》,实际应为《文学创作》。

②　这是先生第一次公开发表作品,故称其为"处女作"。然而,先生后来又在不同场合称《无言之美》和《悲剧心理学》是"处女作"。编者认为,后者是就美学范畴而言的。《无言之美》是美学方面"处女作"论文;《悲剧心理学》是美学方面"处女作"著作(这是就写作而不是就发表时间早于《文艺心理学》《谈美》《诗论》等而言的——编者)。

的译法，颇有独特之处。①

11 月，《行为派（Behaviourism）心理学之概略及其批评》发表于《改造》第四卷第三期。此文对行为派心理学作了概略介绍和简要批评。由此也可见先生早年对心理学派别的研究是全面的，对不同于内省心理学的行为心理学的重视，对他日后从心理学多层视角研究美学也起了作用，尤其表现为用来希列（Lashley）实验结果来说明思想和语言的运用是一致的这一观点，这也成了后来先生“思想和语言是一致的”这一美学命题的科学实验例证。

先生受科学精神和新文化思潮的影响，可以从他以下言论见出：

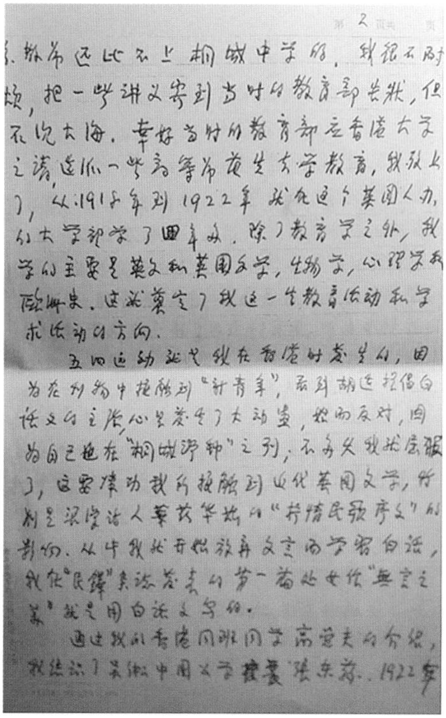
第 2 页
…教师还比不上桐城中学的，我很不耐
烦，把一些讲义寄到当时的教育部告状，但
石沉大海。幸好当时的教育部应香港大学
之请选派一些高等师范生去学教育，我就去
了，从1918年到1922年我在这个英国人办
的大学部学了四年书。除了教育学之外，我
学的主要是英文和英国文学，生物学，心理学和
欧洲史。这就奠定了我这一生教育活动和学
术活动的方向。
五四运动发生时我在香港当学生的，因
为在刊物中接触到“新青年”，看到胡适提倡白
话文的主张，心里发生了大动荡，始而反对，因
为自己也在“桐城谬种”之列，不多久我就屈服
了，这要感谢我所接触到近代英国文学，特
别是浪漫诗人华兹华斯的“抒情民歌序文”的
影响。从此我就开始放弃文言而学写白话，
我在“民铎”杂志发表的第一篇处女作“无言之
美”就是用白话文写的。
通过我的香港同班同学高觉夫的介绍，
我结识了吴淞中国公学校长张东荪。1922年

图 2-4　先生在《朱光潜美学文集》一书中《作者自传》的初稿里表明了自己放弃古文和文言，转而学习白话文的决心（正式出版时有改动）。

“在香港还接触到《新青年》。我看到胡适提倡白话文的文章，心里发生过很大的动荡。我始而反对，因为自己也在‘桐城谬种’之列，可是不久也就转过弯来了，毅然决然地放弃了古文和文言，自己也学着写起白话来了。我在美学方面的第一篇处女作《无言之美》就是用白话文写的（图 2-4）。写白话文时，我发现文言的修养也还有些用处，就连桐城派古文所要求的纯正简洁也还未可厚非。”②

① 先生在这篇文章附注中说道：“陆志伟君在南京高师演讲，译 unconscious 为隐机。汪敬熙君在《最近心理学之趋势》中译 unconscious 为无意识。隐机二字嫌含混，不能尽弗洛伊德的原意。因为本能 instinct 和冲动 impulse 也可以说是隐机。照字面说，原当作无意识。不过弗洛伊德用的 unconscious 与常意略别。走路时两脚更动，是无意识作用，不是隐意识作用。梦呓是隐意识作用，不能说是无意识作用，因为倘若梦中毫没有意识，我们醒时何以能记得呢？我以为译弗洛伊德用的 unconscious 为隐意识，有两层好处：一，‘隐’比‘无’好，‘无’谓不存在，‘隐’谓存在而不发现，但可以发现的。二，被压制的欲望在睡眠和神经错误时，隐在符号的背景流露（见第二段）。”原载《东方杂志》，1921 年 7 月第 18 卷第 14 号。现载《朱光潜全集》（新编增订本）第 2 卷，北京：中华书局 2012 年版，第 225 页。

② 《朱光潜全集》（新编增订本）第 10 卷，北京：中华书局 2012 年版，第 4 页。

1922年(壬戌　民国十一年)25岁

3月,《怎样改造学术界?》连载于3月30日和3月31日出版的《时事新报·学灯》。该文体现出先生崇尚科学和求实的精神。先生在文中针砭学术界时弊,疾呼"爱真理的精神""科学地批评精神""创造精神"和"实证精神"。这既可以视为先生对内地倡导科学精神的一种响应;也可以视为先生在港大受西式教育,尤其是心理学、生物学等实证科学的熏陶下,已经初步形成重经验的治学风格。这种观点还表现在此文最后提出:"从何处改造起?此地。从何时改造起?此时。从何人改造起?此身。"后来,先生在《谈修养》一书里《谈立志》一文中将其进一步发挥为:

"我把我的信条叫做'三此主义',就是此身,此时,此地。一、此身应该做而且能够做的事,就得由此身担当起,不推诿给旁人。二、此时应该做而且能够做的事,就得在此时做,不拖延到未来。三、此地(我的地位、我的环境)应该做而且能够做的事,就得在此地做,不推诿到想象中的另一地位去做。"①

先生在写此文时,国内正在酝酿一场科学与玄学的论争。从这篇文章的风格和态度看,先生基本上是站在科学派立场上的。先生后来对自己的治学态度的说明也是从这点出发的:

"我可以说:我大体上欢喜冷静、沉着、稳重、刚毅,以出世精神做入世事业,尊崇理性和意志,却也不菲薄情感和想象。我的思想就抱着这个中心旋转,我不另找玄学或形而上学的基础。我信赖我的四十余年的积蓄,不向主义铸造者举债。"②

4月,《进化论证》发表于《民铎》第3卷第4期。

5月,《智力测验法的标准》发表于《教育杂志》第14卷第5号。

12月,《在"道尔顿制"中怎样应用设计教学法》发表于《教育杂志》第14卷第12号。

是年,先生就香港九龙宋皇台(宋王台)作诗:"苍鹰凌清风,海螺呷潮水。吁嗟正气微,留此清静理。"③

---

① 《朱光潜全集》(新编增订本)第1卷,北京:中华书局2012年版,第102-103页。
② 《朱光潜全集》(新编增订本)第1卷,北京:中华书局2012年版,第91页。
③ 该诗后收入张隆溪于1986年在《读书》第6期上发表的《探求美而完善的精神——怀念朱光潜先生》一文中,该文后载《朱光潜纪念集》,合肥:安徽教育出版社1987年版,第187页。

1923年（癸亥　民国十二年）26岁

2月9日，先生在《时事新报》上发表《麦独孤与华生能否同列行为派？》一文。

是月，北京大学教授张君劢在清华大学作了《人生观》的演讲，该演讲文稿整理后在第272期《清华周刊》上发表。文中主张科学是客观的，受因果律支配，方法上是以逻辑分析为主；人生观则不同，是主观的，是自由意志的表现，不受充足理由律支配，其方法是综合的、直觉的。据此，张君劢主张科学不能支配人生观。

3月29日，长子朱式粤①出生。

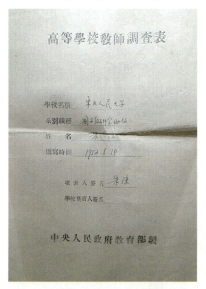 

图2-5　朱陈1952年8月18日填写的《高等学校教师调查表》

4月，丁文江在《努力周报》发表《玄学与科学》一文，向张君劢发难，认为科学与人生观不可分离，科学对人生观有决定作用。该文的发表引发了持续一年之久的"科玄论战"。梁启超、胡适、吴稚晖、张东荪、林宰平、王星拱、唐钺、任泓隽、孙伏园、朱经农、李石岑、陆志伟、范寿康、罗志希等学者都纷纷发表文章和

---

① 据朱陈1952年8月18日填写的《高等学校教师调查表》（图2-5），"1923年3月29日生"，曾用名"路之，式粤"。

著作参与论战。这场争论看上去科学派占了"上风",实际到20世纪三四十年代冯友兰、金岳霖、方东美、熊十力等从"形上学"出发兼容中西哲学,走的是玄学("形上学")的路子,这可以说是一个"回应"。因此,"科玄论战"的影响是持久的,直至今天学界对相关问题仍在持续的反省中,港台"新儒家"在某种意义上也还是"玄学"派的传承者。

是月,先生在《学生杂志》第10卷第5期上发表《消除烦闷与超脱现实》一文,虽然先生未正面介入这场讨论,但先生作为受实证经验科学影响较深的学者,在这篇文章中却从宗教和美术家(今一般称"艺术",这是20世纪二三十年代的用法——编者)的关系视角,认为其可有"超脱现实""消除烦闷"的办法,似乎有"形上学"的一面。这也可略窥见先生后来的美学架构有游离在"形上"和"形下"之间的倾向。

此文还可见先生后来"人生艺术化"观点的萌芽。先生说:"美术不但可以使人超脱现实,还可以使人在现实界领悟天然之美,消受自在之乐。自然界有多少美致,人生有多少妙趣,在粗心浮气的人看,都忽略过去。经美术家一指点,美就确乎是美,妙就确乎是妙。"①

夏,先生在香港大学获得文学学士学位,应张东荪之邀到上海吴淞中国公学中学部教英文,兼校刊《旬刊》主编,同时兼任上海大学逻辑学讲师。在吴淞期间,先生听过李大钊、恽代英的演讲,与左派郑振铎、杨贤江,右派中国青年党陈启天、李璜等人都有往来,但他洁身自好,认为离政治远便高人一等。

12月,先生在《教育杂志》第15卷第12号上发表《"道尔顿制"下的英文教学法》一文。

编年文:《"中公道制"与英文教法》。
译文:《各国对于心理学之贡献》。

是年,与中国公学学生奚今吾②相识

图2-6 在中国公学上学时的奚今吾。1923年,先生在中国公学与奚今吾相识。

---

① 《朱光潜全集》第8卷,合肥:安徽教育出版社1993年版,第93页。
② 奚今吾(1906-1997),先生夫人,四川南充人,中国公学学生,擅长数学,后留学法国巴黎大学学数学。

(图 2-6)。这期间,先生广泛阅读惠特曼《草叶集》(图 2-7)、歌德《浮士德》(图 2-8)等英文世界名著。

 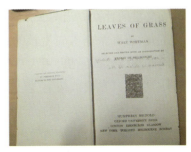

图 2-7　先生签名的惠特曼《草叶集》

图 2-8　先生签名的歌德《浮士德》

奚今吾回忆道:"1922 年朱先生在香港大学毕业以后,到吴淞中国公学(图 2-9)中学部教书,我是他所教的一个英语班上的学生。他教书十分认真,对学生要求极严,每堂课随时都有提问。当时我们班上有二十来位同学,女生有四人,我年纪最小,每次提问时,学生如果回答不上来,或回答不确切的都得规规矩矩站着,等问到以下的同学,有回答得完全对了的才一齐坐下。当时我们都很怕他。对他教的功课都能按照他的要求,课前预习,课后复习。每周朱先生都有几次在学生上自习时来值班,他一边看学生的作业,一边随时回答学生提出的问题。

图 2-9　中国公学校舍

每周还有几个下午叫学生分组到他的书房里当面改作业。这样经过一年多的训练,学生的英语程度提高了不少。在课外我们有英语作文比赛,写得好的都张贴在学生专用的布告栏里,我们还用英语排过戏,记得叫做《潘朵拉仙盒》,我扮演的是仙盒里的仙女。当时吴淞中国公学中学部的学生不单是在英语这一门功课下工夫,还有张作人先生教的生物课,我们都很感兴趣。春天我们用自己做的小网捕捉蝴蝶或昆虫,用大头针把它们钉在玻璃框里,秋天把采集的植物压干,再细心地缝在硬纸板上,就这样我们做了很多标本。我们还解剖过鱼、青蛙和兔子,当时学校里学习的空气很浓厚。可是不幸得很,大概在1924年快放暑假的时候,学校因为开除何焕生和杨显之两位同学,我们大部分人站在何、杨一方,要求学校'收回成命',恢复他们的学籍。当时中学部的校长是陈筑山先生,总务长是他同乡黄齐生先生,朱先生站在他们一方。两方面僵持了一段时间。我们哪里知道这是新旧势力在学校的反映,是共产党与国民党右派的斗争。在当时的政治气候下,学生当然得不到满意的答复。结果我们五十多人整队离开吴淞中国公学。"(奚今吾未发表的《回忆录》)

卷三　教育实践和人生艺术化观的确立

（上海、上虞，1923年—1925年）

1924年（甲子　民国十三年）27岁

1月，中国国民党在广州举行第一次全国代表大会。

先生后来回忆在吴淞中国公学时的经历说：

"香港毕业后，通过同班友好高觉敷的介绍，我结识了吴淞中国公学校长张东荪①。应他的邀约，我于一九二二年夏，到吴淞中国公学中学部教英文，兼校刊《旬刊》的主编。②当我的编辑助手的学生是当时还以进步面貌出现的姚梦生，即后来的姚蓬子③。在吴淞时代我开始尝到复杂的阶级斗争的滋味。我听过李大钊和恽代英两先烈的讲话。由于我受到长期的封建教育和英帝国主义教育，同左派郑振铎和杨贤江④，以及右派中国青年党陈启天⑤、李璜⑥等人都有些往来，我虽是心向进步青年却不热心于党派斗争，以为不问政治，就高人一等。"⑦

---

① 张东荪(1886-1973)，原名万田，字东荪，浙江杭县(今杭州市)人，现代哲学家、政治活动家，曾留学日本东京帝国大学。辛亥革命时回国，任南京临时政府大总统府秘书。主编《时事新报》，并任中国公学校长兼教授。

② 在这篇给上海文艺出版社出版的5卷本《朱光潜美学文集》中的《作者自传》原稿里有些话后来被删掉，如："同时还在当时左派掌握的上海大学里兼任逻辑学讲师。听到李大钊、恽代英诸先烈的演讲。中学部我的学生之中有不少的共产党。当时我一向朦胧的政治斗争的意识就开始有些醒觉。不过由于我已经对旧时代政局和政治人物的不多的接触就足以使我感到'政治'是一种肮脏勾当，自己最好不介入而保持艺术学术乃至教育工作的自由，以为这种超然态度才'清高'"。

③ 姚蓬子(1891-1969)，原名方仁，字裸人，后改名杉尊，诸暨姚公埠人。曾就学于诸暨县立中学、绍兴越材中学、上海中国公学、北京大学。1927年加入中国共产党，后脱党。

④ 杨贤江(1895-1931)，浙江慈溪人，马克思主义教育理论家。1921年任商务印书馆主办的《学生杂志》主编。

⑤ 陈启天(1893-1984)，湖北黄陂人，教育家。1925年加入中国青年党。

⑥ 李璜(1895-1991)，四川成都人，中国青年党创始人之一。

⑦ 《朱光潜全集》(新编增订本)第10卷，北京：中华书局2012年版，第4页。

6月，先生在《民铎》第5卷第4期上发表《私人创校计划》一文。该文里显露出先生心目中的"教育自由""教育独立"的理想；对教育的公平（"有教无类"）；教育的"制"与"官"的分离；以至于教育的教与学的关系都有自己切实的思考并提出创校的具体方案。由此可见，先生后来到白马湖中学展开的教育实践是遵循事先已经在心中悬着某种"理式"而为之的。

9月，江浙军阀之间爆发齐卢战争。第二次直奉战争爆发。

秋，中国公学中学部在江浙战争中被炮火摧毁部分楼房，许多校舍被卢永祥军队占用，教员们纷纷寻找新的出路。此时，夏丏尊①伸出援助之手，介绍先生到浙江上虞白马湖春晖中学教英文。在短短的几个月之中，先生结识了朱自清、匡互生、丰子恺、刘薰宇、刘叔琴等人。

以下直抄一篇先生在1946年《生活与学习》1卷5—6期上发表的《记夏丏尊先生》（安徽教育出版社出版的《朱光潜全集》未收），此文记录了先生在白马湖春晖中学和夏丏尊、朱自清等人交往的经历：

"我认识丏尊先生，远在二十年余以前。那时江浙战争刚起，我所任教的吴淞中国公学陷于停顿，正准备应留学复试，丏尊先生替上虞春晖中学在上海找英文教员，由中国公学朋友的介绍，便找到我，我便随他到白马湖住了三个月，这三个月对于我的影响很大，头一层是白马湖的宁静的生活与朴厚的人情至今在我脑里边印着很深的印象。从那时起我才真正爱好乡居的风味。其次，我因丏尊先生结识了一些文艺方面的朋友，像朱佩弦、丰子恺、叶圣陶几位都是丏尊先生的至好，也就变成了我的至好。但是最重要的还是丏尊先生自己。他比我长十几岁，虽是同学，我心里总是把他当作一位老师看待。他教的是国文，会谈时他尝谈到文艺的问题，他的见解给我很多的启发，我对于新文学的兴趣可以说是由他引起来的，他所译的日本小说在当时是我最爱好的读品。他鼓励我练习写作。我的第一篇处女作——《无言之美》——得到他的赞许，我才敢拿去发表。后来我到英国去了，丏尊先生和一班朋友们创办开明书店，他尝寄新出版的文学书籍给我，要我写书评，我虽然没有写多少书评，却因此时常得到国内的新书看。开明书店出版的《一般》和《中学生》都是丏尊先生主编的，他以为我

---

① 夏丏尊（1886-1946），名铸，字勉旃，1912年改字丏尊，号闷庵。浙江绍兴上虞人。文学家、语文学家、出版家和翻译家。自幼从塾师读经书，1901年考中秀才。次年到上海中西书院（东华大学的前身）读书，后入绍兴府学堂学习，因家贫未读到毕业。1905年借款东渡日本留学，先在东京弘文学院补习日语，毕业前考进东京高等工业学校，因未申请到官费，1907年辍学回国。

还能写一点通俗文字,便要我写了一些给青年的信。那些信相当受欢迎,他怂恿我把它们印成一个单行的小册子,并且替我作了一篇序。接着他又劝我把《文艺心理学》撮要写成一部《谈美》,为的是文字浅显些,才可以普及多数读者。一般读者知道我,到现在还是大半靠将近二十年前的那些通俗的书信;而我的写作风格一直到现在还是在清醒流畅上做功夫。想做到'深入浅出'四个字。回想起来,我之所以为我,丏尊先生的力量真是很大。

最令我不能忘怀的是丏尊先生的为人。他的身材在中国人中还算是高的,圆脸,面皮像有些浮肿,几茎稀疏的胡须,老是穿着一件灰布袍,不太爱整洁。叹气的时候多,遇到惬意的事也偶然发笑,笑起来两眼合缝。在白马湖的时候他住着几间日本式的平屋,陈设简朴而静雅,台上供着一块雷峰塔砖。他爱喝酒,朋友们能喝酒的常在他那里聚会。酒好,菜却很简单,朋友们在他家里和他的妻子儿女一样,自在无拘束。他对人不作世故周旋,而和他来往的人都觉得他和蔼可亲,他处处显得自然本色,丝毫没有做作。记得我回国时一下船就去看他,他从容地告诉我:'尊大人最近去世了',不露一点激动的声色,也不说一句安慰的话。他表面像很冷静,却是一位深于情的人,所以他的忧郁的时候比较多,从他的微嘘短叹中我们可以看出他有许多理想与希望归于幻灭。这些年来他困在上海,苦当然是受够了,我默祝他的灵魂永远安息。"

白马湖离上虞县城5公里,周围山峦叠嶂。朱自清散文《白马湖》中曾有"白马湖的春日自然最好。山是青得要滴下来,水是满满的、软软的"的名句。①1919年,富商陈春澜捐献巨资创办了春晖中学。经亨颐②任春晖中学校长,夏丏尊协理校务,匡互生任教务主任。经亨颐几乎把所有校务都交给夏丏尊来处理。夏丏尊1922年邀约丰子恺到校教艺术,1923年邀约朱自清到校教国文,同时邀约刘薰宇到校教数学,邀约刘叔琴到校教哲学,邀约先生到校教英文。

先生除上文提到的常聚夏丏尊的"平屋"(夏丏尊自题茅屋名——编者)外,还时常去与"平屋"相邻的丰子恺的"小杨柳屋"。在1943年8月第66期《中学生》杂志上一篇题为《丰子恺先生的人品与画品——为嘉定丰子恺画展

---

① 朱自清:《白马湖》,原载《清华周刊》,1929年11月1日第32卷第3期,第45—46页。现载《朱自清全集》第4卷,南京:江苏教育出版社1990年版,第284页。
② 经亨颐(1877—1938),字子渊,号石禅,晚号颐渊,浙江上虞人。中国近代教育家、书画家。1902年留学日本。回国后参加筹建浙江官立两级师范学堂,1911年任校长,并兼任浙江省教育学会会长。1925年参加国民革命,曾任国民政府常委、教育行政委员会委员、中山大学副校长。

作》的文章中有这样一段话描述当时的情况：

"在当代画家中，我认识丰子恺先生最早，也最清楚。说起来已是二十年前的事了。那时候他和我都在上虞白马湖春晖中学教书。他在湖边盖了一座极简单而亦极整洁的平屋。同事夏丏尊朱佩弦刘薰宇诸人和我都和子恺是吃酒谈天的朋友，常在一块聚会。我们吃酒如吃茶，慢斟细酌，不慌不闹，各人到量尽为止，止则谈的谈，笑的笑，静听的静听。酒后见真情，诸人各有胜概，我最喜欢子恺那一副面红耳热，雍容恬静，一团和气的风度。"①

丰子恺在白马湖畔画下了他第一批漫画，出于谦虚，未敢示人，多贴在"小杨柳屋"的门背后，先生等春晖中学友人是这些画作最初的欣赏者。夏丏尊在后来的《〈子恺漫画〉序》里有这样的描述：

"记得子恺画这类画，实由于我的怂恿。在这三年中，子恺实画了不少，集中所收的不过数十分之一，其中含有两种性质，一是写古诗词名句的，一是写日常生活的断片的。古诗词名句，原是古人观照的结果，子恺不过再来用画表现出一次，至于写日常生活断片的部分，全是子恺自己观照的表现。前者是翻译，后者是创作了。画的好歹且不谈，子恺年少于我，对于生活有这样的咀嚼玩味的能力，和我相较，不能不羡子恺是幸福者！"②

先生更是从画品和人品对丰子恺的艺术创作作了深度揭示，对子恺画的分类和夏丏尊先生的观点不谋而合。先生在1980年1月第一期《艺术世界》上撰文《缅怀丰子恺老友》，现摘要部分内容如下：

"我认识子恺还在半个世纪之前。江浙战争把我在上海教书的一个学校打垮了，夏丏尊把我介绍到浙江上虞白马湖春晖中学教英文，那里同事的有夏丏尊、朱自清和丰子恺等人，我们课余闲暇时经常在一起吃酒聊天，我至今还记得子恺酒后面红耳赤，欣然微笑，一团和气的风度，这时他总爱拈一张纸乘兴作几笔漫画，画成就自己制成木刻，让我们传观，我们看到都各自欣赏，很少发议论，加评语。当时我们向往教育自由，为着实现自己的理想，不久就相继跑到上海去创办一所立达学园和一所开明书店，并筹办一个以中学生为对象的刊物《一般》。我们白手起家，经常欣然微笑消闲自在的子恺也积极参加筹备工作，我才看出他不只是个画家，而且也是肯实干的热心人。但是在繁忙中只要有片刻闲

---

① 《朱光潜全集》第9卷，合肥：安徽教育出版社1993年版，第153页。
② 夏丏尊：《夏丏尊文集·平屋之辑》，杭州：浙江文艺出版社1984年版，第82页。

暇，我们还保持嚼豆腐干下酒谈天的老习惯，子恺也没有忘记他的漫画和木刻，我常用‘清’‘和’两个字来概括子恺的人品，但是他胸有城府，‘和而不流’。他经常在欣然微笑，无论是对知心的朋友，对幼小的儿女，还是对自己的漫画和木刻，他老是那样浑然本色，无爱无嗔，既好静而又好动，没有一点世故气。他是弘一法师的徒弟，在人品和画品两方面都受到弘一的熏陶。我在白马湖时，弘一也来偶尔看望他。他曾一度随弘一持佛法吃素。抗日战争胜利后，弘一去世，子恺还不远千里由贵州跑到四川嘉定请马一浮为他的老师作传。当时我也在嘉定，乱离中久别重逢，他还是欣然一笑。我从此体会到他对老师情谊之深挚。解放后不久，他和我都当了政协委员，他每逢开会来京，相见仍是‘欣然微笑’，可是最后一次他的健康和兴致都已不如从前，尽管我们两人是同年，他的‘黄昏思想’已比我浓得多了。后来他和我一样受到‘四人帮’的无情打击，他的受到人民喜爱的漫画被批判得体无完肤，现在重见天日，我这个后死者只有缅怀他在世时那种忠实于艺术和忠实于师友的风度，不禁有人往风微之感而已。”①

先生不仅和好友吃酒谈天，还与他们给春晖中学校刊写文章，朱自清写了《春晖的一月》《白马读书录》《刹那》《水上》《教育的信仰》《课余》《团体生活》《文学的美——读 Puffer 的〈美之心理学〉》；夏丏尊写了《读书与冥想》《“无奈”》《春晖的使命》；丰子恺写了《山水间的生活》《艺术底创作与鉴赏》。这些文章文风朴实，清新，如行云流水般的自然！因而这一批学人被称为“白马湖派”。先生写的《无言之美》（图 3-1）也脱稿于这年冬天。他在《敬悼朱佩弦先生》一文里谈到这篇文章的创作经过：

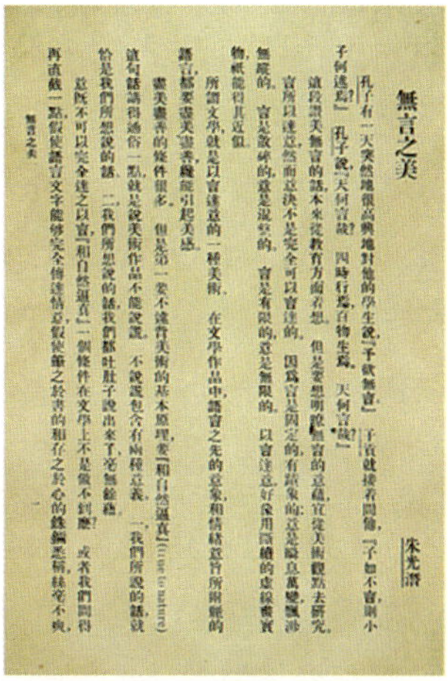
無言之美

朱光潛

孔子有一天突然很高興地對他的學生說，『予欲無言』 子貢就接着問他，『子如不言，則小子何述焉？』 孔子說，『天何言哉？ 四時行焉，百物生焉，天何言哉？』

這段讚美無言的話本來從教育方面着想．但是要想明瞭無言的意蘊，宜從美術觀點去研究．言所以達意，然而意決不是完全可以言達的．因爲言是固定的，有跡象的；意是瞬息萬變，飄渺無蹤的．言是散碎的，意是混整的．言是有限的，意是無限的．以言達意，好像用斷續的虛線畫實物，祇能得其近似．

所謂文學，就是以言達意的一種美術．在文學作品中，語言之先的意象，和情緒意旨所附麗的語言，都要盡美盡善，纔能引起美感．

盡美盡善的條件很多．但是第一要不違背美術的基本原理，要『和自然逼真』(true to nature)．這句話講得通俗一點，就是說美術作品不能說謊．不說謊包含有兩種意義，一，我們所說的話就恰是我們所想說的話．二，我們所想說的話，我們都吐肚子說出來了，毫無餘蘊．

意旣不可以完全達之以言，『和自然逼真』一個條件在文學上不是做不到麼？ 或者我們問得再直截一點，假使語言文字能够完全傳達情意，假使筆之於書的和存之於心的銖兩悉稱，絲毫不爽，

無言之美 一

图 3-1　先生的第一篇美学论文《无言之美》

“大家朝夕相处，宛如一家人。佩弦和丏尊、子恺诸人都爱好文艺，常以所作相传视。我于无形中受了他们的影响，开始学习写作。我的第一篇处女作《无言之美》，就是丏尊、佩弦两位先生鼓励之下写成的。他们认为我可以作说理文，就劝我走这一条路。

① 《朱光潜全集》第 10 卷，合肥：安徽教育出版社 1993 年版，第 475-476 页。

这二十余年来我始终抱着这一条路走,如果有些微的成绩,就不能不归功于他们两位的诱导。"①

这篇《无言之美》是先生文艺思想形成的起点,也是先生早期美学思想的雏形。先生早期的美学思想是主张人生要艺术化,生活要有情趣,这情趣多来源于对美术(艺术)的观照。艺术是对人生超脱苦闷现实的一种理想的慰藉。在艺术中,我们可以找到理想界的"尽美尽善"。先生的这一思想显然受到夏丏尊等人的影响,夏丏尊当时正在翻译日本文学评论家厨川白村的《苦闷的象征》。先生的这一思想和厨川白村的观点非常相像。

不仅如此,先生还从绘画、文学、音乐、戏剧、雕塑等各个方面来说明艺术不是简单的模仿现实,它有比现实更"多"的那么一点理想。这就是说,美术(艺术)作品之所以美,不是只美在已表现的一小部分,尤其是美在未表现而含蓄无穷的一大部分,即"无言之美"。这也是和庄子所谓"天地有大美而不言"是一致的,和老子的"道可道,非常道;名可名,非常名"是相通的。

先生同时还要让读者知道:艺术一方面超脱现实界,但另一方面它所用的材料又离不开现实的工具——雕刻用的石头、图画用的颜色、诗文用的语言等。当然,最终艺术是能成就人类的伟大的。

冬,先生、教务主任匡互生、教员刘薰宇三人和经亨颐校长意见不合,夏丏尊出面调解无效,终促使朱、匡、刘在一个雪天早晨离开白马湖。

1925年(乙丑 民国十四年)28岁

1月,匡互生向校长经亨颐建议改革,改革内容包括让学生有发言权、男女同校等,这些建议被经亨颐拒绝了。匡互生愤而辞去教务主任职务。先生同情匡互生的举动,对春晖中学校长经亨颐的专制作风不满,和匡互生一起愤而离开春晖中学去到上海。为筹款进而在上海创办学校,先生和匡互生一起找到了在上海的湖南人、办纱厂的民族资本家聂芸台,又找到了文化界要人吴稚晖,最后二人跑到北京,经李石曾介绍,找到教育部长易培基和教育部副部长黎锦熙,希望获得教育部的支持。

---

① 原载《天津民国日报》,1948年8月23日。现载《朱光潜全集》第9卷,合肥:安徽教育出版社1993年版,第487页。

2月,先生与先后离开春晖中学到达上海的夏丏尊、刘薰宇、章锡琛、丰子恺、周为群等,再加上本来在上海的叶圣陶①、胡愈之、周予同、陈之佛、刘大白、夏衍等一起开始筹办立达学会、筹建立达学园。为了不影响教学,他们先在上海老西门黄家阙租了几间破房子用来上课,同时在江湾筹建新校舍。

3月,立达学园开学时,学生已有六十余人。学园不设校长,也不设主任,只设校务委员会,实行集体领导制。校务委员有:丰子恺、匡互生、朱光潜、夏丏尊、刘薰宇、方光寿、陶元庆、夏衍、陈望道、许杰、夏承焘、裘梦痕、陶载良、黄涵秋、丁衍镛等人。

3月2日,在教学实体之外,先生和友人们正式创办了学术团体——立达学会,匡互生被推选为第一任主席。学会出版刊物《一般》《立达》用于发表学术论著和文学作品,两本刊物由丰子恺负责装帧设计。

先生后来回忆道:

"匡互生当时和无政府主义者有些来往,还和毛泽东同志同过学,因不满意春晖中学校长的专制作风,建议改革而没有被采纳,就愤而辞去教务主任职,掀起一场风潮。我同情他,跟他一起采取断然态度,离开春晖中学跑到上海去另谋生路。我和他到了上海之后,夏丏尊、章锡琛、丰子恺、周为群等,也陆续离开春晖中学赶到上海。上海方面又陆续加上叶圣陶、胡愈之、周予同、陈之佛、刘大白、夏衍几位朋友。我们成立了一个立达学会,在江湾筹办了一所立达学园。"②

是年夏,江湾校舍建成,学校就由老西门黄家阙迁到江湾。随即学校发布了先生执笔的立达学园办学旨趣。先生后来回忆道:

"这份宣言是在匡互生授意下由我执笔的,公开提出了教育独立自由的主张。叫做'立达'也有深意,来源于儒家'己欲立而立人,己欲达而达人'两句话。'立'指脚跟站得稳,或立场坚定,'达'指通情达理,行得通。在'立'与'达'两方面,'人'与'己'有互相因依的关系,'成己'而后能'成物',做到成物

---

① 有书将叶圣陶也列为筹办立达学会和筹建立达学园成员之一。参见朱洪:《朱光潜大传》,北京:人民日报出版社2012年版,第46页。事实上,根据叶圣陶自己给先生的信,说明他并未参与立达学园的筹建,在1980年9月20日给先生的信中说:"弟当时尚未与夏先生(即夏丏尊——编者)、匡先生(即匡互生——编者)相识,创办立达实未参与。"但是立达发布公告其成员有42人之多,其中有叶圣陶,此举应当是壮其声势而有其名却无其实而已。

② 《朱光潜全集》(新编增订本)第10卷,北京:中华书局2012年版,第4页。

也才能真正地成己。"①

5月,先生写《中学校英文教学法示例》,该文后发表于1925年8月出版的《教育杂志》第17卷第8号。

立达学园倡导教育与劳动相结合,其创办人是无政府主义者,开办农场与半耕半读的教学方式标志着无政府主义和传统"田园"思想的有机统一,后来立达学园还真的开垦了一个农场。立达学园提倡教育独立和思想自由的办学旨趣,在当时北洋军阀令人窒息的淫威专制下,传播了一股新鲜空气,吸引了一大批青年前来就读。

此外,立达学会的同仁还筹办了开明书店和《一般》(后改名为《中学生》——编者)杂志。先生认为:"在编辑方面出力最多的是夏丏尊和叶圣陶。'开明'就是'启蒙',这个名称多少也受了法国百科全书派启蒙运动的影响。《中学生》这个刊物当时是最受欢迎的,除介绍一般科学知识和发表文艺作品之外,夏丏尊和叶圣陶两位主编特别重视语文教育方面的问题,曾特辟'文章病院'一栏,以具体的例子,生动地说明了当时官方报刊的公文和社论的思想和语文的毛病所在以及治疗的方剂。"②

是年夏,先生到北京参加了安徽教育厅组织的公费留学生出国考试。先生去北京路过南京时,还特别看望了曾在中国公学、现在江苏省立一中读书的奚今吾。自北京回来又路过南京时,还送了一个外用铜制盒子包装的砚台给奚今吾。时年先生28岁,奚今吾19岁。

奚今吾后来回忆道:"朱先生从北京参加了安徽省招考留英学生的考试回上海,路过南京来看我们,给我和张志渊每人带了一个北京出产的墨盒。我们见了他,就像远离家乡的儿女见了自己的亲人一样,向他诉说在这里的艰苦学习生活③。他告诉我们要迎着困难上,不要遇到一点困难就躲避,或者另找自认为较平坦的道路走。他把我们介绍给当时在省立一中的郭斌龢老师和另一位姓童的老师,他们都是朱先生在香港大学的同学,现在省立一中教高年级英语课。朱先生说以后可以向他们学习英语。如有什么困难还可以写信告诉他,但必须抓紧当前的学习机会。……因为时间就像流水一样,不停地流向远方,今天的此时此刻和明天的此时此刻,在时间的长河中已完全不是一回事了。他显

---

① 《朱光潜全集》第10卷,合肥:安徽教育出版社1993年版,第521页。
② 《朱光潜全集》第10卷,合肥:安徽教育出版社1993年版,第522页。
③ 奚今吾1924年秋转学到南京八府塘省立一中学习,这里说的就是在该校的学习生活。

然想起我们在吴淞中国公学中学部'闹学潮'自动退学,到了省立一中又觉得不合意,他有不同看法,拿出当老师的严肃气来和我们谈话了。我和张志渊只得一声不响地听着。他看了我们,当天就回上海西门黄家阙新开办的立达学园去了。"(奚今吾未发表的《回忆录》)

先生不久就接到了安徽官费留英的通知。立达学园的同仁为先生摆了酒席,相约先生多多为《一般》(《中学生》)赐稿。先生颇有些依依不舍:一方面,开明书店正在筹建的紧要关头,先生不能和同仁一起见证书店诞生的那一天;另一方面,心中暗恋的学生奚今吾怕因自此踏上留洋之路有可能不复再见。带着这样复杂的心情他给奚今吾寄去了一张照片并签着:"乙丑夏将有英伦之游造像赠今吾以为永念。光潜。"(图3-2)

夏秋,先生与朱皆平①、谭蜀青(有书称谈声乙为错误——编者)一起踏上去英国的旅途,为了节省旅费,途径莫斯科。先生后来回忆:"我取道苏联赴英,正值苏联执行新经济政策时代,在火车上和苏联人攀谈过,在莫斯科住过豪华的欧罗巴饭店,也在烟雾弥漫、肮脏嘈杂的小酒店里喝过伏特加,啃过黑面包,留下了一些既兴奋而又不很愉快的印象。"②

图3-2 1925年夏,先生留学前夕寄给奚今吾的照片。

9月14日夜十一时半,先生乘沪宁线列车离沪,同行者有谭蜀青、朱皆平。车上乘客众多,十分拥挤,夜间先生仅假睡了三至四小时。

---

① 朱皆平(1898-1964),安徽全椒人。1925年赴英国伦敦大学先攻读城市规划和市政工程,后攻读微生物学。1927年在法国巴黎大学攻读微生物学和公共卫生,后在巴斯德学院攻读水微生物学。1930年回国后,任江苏省建设厅工程师。
② 《朱光潜全集》(新编增订本)第10卷,北京:中华书局2012年版,第5页。

先生此次从陆路赴英改变了原先的计划。先生原先准备取道马赛,并曾托环球中国学生会代订了八月由中国开往法国的邮船座位票,后因回皖省亲及筹学费迟至九月底方才出发,考虑到英国各大学开课多在十月初,如果走水路,路程须四十日,如九月启程,到罢已经赶不上上课,这样徒增加许多费用。于是,先生考虑改成陆路赴英。这样抵英恰在下学期开课之前。此时先生又收到香港大学老师辛博森催促其尽快启程的信,恰好同行谭蜀青、朱皆平也主张走陆路,遂决定乘火车假道西伯尼亚,经俄、拉脱维亚、立陶宛、波兰、比利时诸国,再渡海峡赴英。

先生还算了走水路和陆路的利弊。认为:(1)海程自上海至伦敦,需要四十日,而陆行中途如无停留,只需十八日左右,时间经济,花费也小得多。如乘船,即便三等船舱座位票价也要三百四十元左右,而如乘火车,三等车则只需票价一百八十元左右(自上海至哈尔滨三等车票价约三十七元,自哈尔滨至伦敦三等车票约美金八十元,途中食用等费,大约百元足够用了)。(2)就舒适程度而言,乘船船舱气味恶臭,乘火车拥挤,两者"无甚轩轾也"。(3)当然,走陆路办理护照签证比较麻烦。仅俄、德、比、英在上海有领事。英国领事签证索价四元六角,德国领事索价五元,俄国领事索价十一元左右,又须请熟习俄文者填写报告函,比利时并不要求必须有护照。而波兰、拉脱维亚、立陶宛均有领事在哈尔滨,倘若在哈尔滨签最好,无暇,到莫斯科签也可以(据闻如在莫斯科签波兰证件纳费惊人,要美金二十四元之多,反之,在哈尔滨签的话,只要日币五角)。(4)陆行不便多带行李,苏俄对行李数量限制很严,多则收以重税,甚至没收全部行李,衣服不能多过三套,携带未运输过的货物也要纳税。

尽管如此,先生权衡利弊,还是随身带了一个衣箱、一个藤包、一个被包。其余衣物书籍及零星物品放入一个大铁箱,托通济隆洋行由邮船转运(通济隆在世界各大商埠均有分行,转运、取件费用均不昂贵)。

先生和谭蜀青于次日七时半在下关区(现已撤销,过去是南京市中心城区——编者)下车,朱皆平因事须往唐山逗留一日,故而先行。先生和谭蜀青"皆觉困倦思休息",故不急于乘津浦列车北上,暂寓下关大新旅馆休整。

9月26日晨八时五十分,先生和谭蜀青一起乘津浦[①]特快列车离开南京。该列车为三等卧车,每人得睡一床,颇舒适,车中所设餐车环境也不错,饭菜价

---

① 津浦铁路北起天津站,南至南京浦口火车站。

格也合理。

9月27日中午,车行二十六个小时抵达天津,下车后先生一行寓天聚车栈,稍微休息后,先生和谭蜀青一起去洗澡,"浴后略安眠"。午后先生赴北洋大学拜访刘仙舟①,与其畅谈甚欢。谈话中先生得知旧友张亦藩"于今夏为交通部派往英伦学火车工程"。先生认为刘仙舟"颇能实事求是",其掌管的北洋大学学生每周学习三十余小时,无暇参加社会活动。虽然这种教育"非理想的大学教育,然处今日举国鄙弃读死书而空谈文化运动之际,有人能抵抗潮流,以读书救国相诏,其影响亦不小也"。

晚间,刘仙舟邀先生往酒家小酌。

9月27日夜十一时半,先生乘车离津,"京奉车乘客极拥挤,夜间靠椅背勉强成眠,殊不舒适,车中亦难买食品"。先生只得沿途到站购得馒头和栗子充饥。与先生同椅而坐为一日本人,一日一夜不进伙食,下车乃自提行李,不露倦容。先生见状感叹日本人真能吃苦,"可佩也"。先生无聊之际观望车窗,称"惟北戴河明沙蔬柳,颇有别致,昌黎县附近有山甚高峻,北方得此点缀,殊能生色,山海关平滑,不似有险可守,引领探望长城,不可见,大失所望"。

9月28日夜八时许,先生一行下车到悦来栈洗面、吃茶,方知如当日就走,只需交金若干即可,不收房金。本来,先生准备乘便拜访他在香港大学读书时的好友郭洽周,郭洽周此时在东北大学。先生因"免致行李有误,办理行李转运事宜""与洽周遂失之交背",感叹道:"天下事往往如此不凑巧,可叹。"

9月28日夜十时五十五分,先生坐上从奉天开往长春的列车。此列车的行车区间为南满铁道,列车管理者是日本人,车厢清洁,每椅坐两人,下有软褥,颇似沪宁二等车座,惟靠背板太低,不甚舒适,但人稀时可独居一椅而卧。不过先生没赶上好时机,旁边有客,于是"乃斜卧于皮箱上而枕头于坐褥",遂感叹道:"在家须卧大床厚褥,旅行疲倦时,即硬板亦求之不得,耐吃苦之训练所以重要也。"

9月29日晨七时半,列车抵达长春,先生经友人介绍拜访了长春交涉局韩局长。韩局长次日去往哈尔滨,恰好一路可关照先生一行。

9月29日午后十二时五十分,先生乘中东列车离开长春,长春以南以日本

---

① 刘仙洲(1890-1975),原名鹤,又名振华,字仙舟。河北完县唐兴店村人。机械学家和机械工程教育家,中国科学史事业的开拓者,中国科学院院士。1914年获香港大学工学院机械系公费留学资格。1918年获香港大学工程科学学士学位。1924年出任天津北洋大学校长。

时计为标准,长春以北以俄国时计为标准,两者相差三十分钟。午前有阴雨,此时上车天气晴朗,秋高气爽,先生精神为之一振。

9月29日晚八时,先生一行抵哈尔滨,寓道外头道街客栈。因为要等候下礼拜一才能赴满洲里的列车,这样就需在哈尔滨待上五天。恰好此时哈尔滨的人们正闹中秋节,放假三天,青年会组织游园大会,颇为热闹。"中秋月白甚佳",先生披着外套漫步于松江畔赏月,感叹道:"无限心怀,一时迸发,恨我无生花之笔,一写此畔意境也。"

10月4日,先生有感而曰:"我等今夜(四日)乘车赴满洲里,明夜在满休息,后日再搭车到莫斯科,同行者朱皆平约在唐山上车相会,迄今仍杳无音讯,不知能否赶上我等也。"①

10月5日正午,先生一行抵博克图,见四周环山有积雪,过兴安岭,穿山洞,又抵满洲里,天色已昏暗。满洲里车站有专为旅客提供住宿介绍服务的接客者,经介绍后,先生一行前往北洋旅馆。先生一行人安置好行李后,于当晚八时去市里用餐,餐后回北洋旅馆。与先生同住有王、屠两君,为交通部派往比、法两国考察路政者。

10月6日九时七分,先生和谭蜀青坐上满洲里开往莫斯科的三等卧车,车票价每人六十三卢布二十考比克(每卢布约国币价一元)。

上车后,就见到有关吏在作仔细严密的检查,翻箱倒柜,无所不至。车中有

---

① 先生这段自述说明朱皆平于南京下关区下车和先生、谭蜀青分开先行,本来相约在唐山站相会,结果未会面。所以,现在研究先生这段经历皆依朱皆平的回忆则完全不可靠,故而出现王攸欣《朱光潜传》和朱洪《朱光潜大传》中皆称先生和朱皆平、谈声乙同行的记述。谈声乙显然是谭蜀青之误称。朱洪在《朱光潜大传》中未给出称谭蜀青为谈声乙的依据。王攸欣在其后于《朱光潜传》撰写并发表的两篇论文《从朱光潜佚文考其赴英及归国经历》和《新见朱光潜佚文及相关史料综论》中给出了称谭蜀青为谈声乙的依据。王攸欣在上述两篇文章中引"谭声乙、朱光潜、朱泰信赴英留学"(载1925年第214期《寰球中国学生会周刊》)的报道,据此认为谭声乙为谈声乙。这一结论并不准确,朱光潜本人在赴英途中的两篇游记已明确提到谭蜀青,并未提及谭(谈)声乙,且这篇报道在时间上先于朱光潜本人游记的发表,并非出自当事人之手。王文亦承认,据郭因论文《朱光潜(连载二)》与《武汉大学校史》(此引证文献未标明作者、页码,因而来源不可考。)考定谈声乙为谈声乙(后又在《朱光潜在武汉大学经历及其后效》一文中改回为谭声乙),字蜀青,这是缺乏可靠依据的。本书卷四文末附有一张朱光潜在英国留学期间于明信片上记载的留学人员名单,其中就有谭蜀青。此外,朱光潜在1936年发表的《王静安的〈浣溪沙〉》一文中写道:"去夏过武昌,和友人谭蜀青君谈到这首词,他也只赞赏前段,并且说后段才情不济,有些硬凑。"朱光潜用的还是谭蜀青,从行文看,谭仍是文科出身,朱丝毫没有提及谭的工科专业背景,且从语气上看,朱、谭二人关系颇好。王攸欣说朱光潜和谭声乙后来闹矛盾似也不合情理,这并不符合朱光潜一贯为人处世的态度。从现有已公开的文献上看,虽然谭蜀青确有其人,但尚不能证明谭蜀青和谭声乙就是同一个人,且谭与谈两个姓氏不能通用,因而王攸欣的推论亦是缺乏可靠依据的。

一俄国妇女携酒数瓶,酒皆被没收,且处罚金。关吏走至先生和谭蜀青面前时,旁有山东商人操俄语对其说这两位是赴英留学生,关吏"乃对吾等稍领首即去,同辆车数十乘客中免查者仅吾与蜀青俩人,大家均为吾等庆幸运也"。

由于关吏检查严密,车迟至十一时方才开动。那天天气清和,列车于当夜二时抵赤塔。先生一行下车在售票处填写完卧车上号头后,请搬夫将行李搬到赴莫斯科的卧车车厢上,由于一开始未谈好价,只能临时依对方要求,支付两卢布运费。车行七日至莫斯科。

10月13日午后四时,先生一行抵达莫斯科。关于这七日艰苦旅行,先生有详细描述:"车分三等,头等每人一室,内有软铺、枕褥俱全,二等俩人一室,有软铺而无枕褥,三等类似轮船统舱,有硬铺、无枕褥、铺分上中下三层,中下两层坐人,上层放置行李,每辆车两头均有洗面间,车上有饭车一辆,各等车乘客均可到饭车用餐。"车上不提供热水,要到各停靠站时取热水。这次和先生同车者"中国人甚多",其中有中东路代表余君等五六人赴莫斯科参加铁路会议,王、屠二君赴比、法考察铁路,周君夫妇赴德留学,山东人数十名、浙江温州人十数名赴莫斯科经商做工。先生和谭蜀青所在车厢只有他俩是中国人,其余多是俄国人,男女老少,工商农学,无所不有。其中有一教士,善英文,车厢内能操法、德语者有五六人,先生和谭蜀青虽不懂俄语,"然颇能以姿势眼色相周旋,大家相处,甚若欣然无间者,检查行李之关吏不特免查吾等行李,彼此藉姿势及口译者,居然能谈及政治风俗,至津津有味时,且取纸烟、糖果食吾等同辆乘客。吾等大约皆与之有一番谈话,多数倾倒列宁,深信共产。同车有俄京大学生数人,有沃音Wocu君者,知予为中国人,特央能操英语之俄妇请予与彼对语,被详询中国政况及上海惨剧①,予据实告之,彼为共产信徒,询予是否为国民党或社会党,予曰否,徒似以为欣然,且笑谓予曰:'予为中国未来之领袖,当努力赈救四万万华人于水深火热',又取吾五色旗②之领带锁扣曰:'中国若彻底改造,必须流张作霖与吴佩孚等之血,中国惟一之解脱法门,惟换五色旗前成红色旗耳,不惟中国即世界各国亦均宜撕毁国旗,打破国界,而贴眼于赤帜之下为人争真正自由平等',吾答之曰:'中国人民亦深恶痛恨国与国之隔绝仇视,大同为中国人之最高理想,惟吾等以为趋赴大同之方法在思想道德之革命,而非战争及恐怖,

---

① 即五卅惨案,因发生于1925年5月30日得名。
② 指"中华民国"国旗,又称"五族共和旗"。

故吾等希望中之旗帜为蓝色,以其为最美丽的和平普遍悠久之象征也'。环而听者均喜形于色。"

在这车行的八日间,有两日遇雪,有一日遇大风沙。其余都为晴和天气。

先生称:"吾人想象中之西伯利亚,为一毫无生趣之大荒原,实则西伯利亚广袤数千里,情形因地而异,未可以一语状之。""俄国乡村生活,大类吾国北方,惟人烟较稀,往往隔十数里或数十里,乃见一小村落,每村住户数十家,房屋几完全以树木建造,低小而清洁。"

先生一行到了莫斯科之后,恰好使馆李秘书在站台接待中东路代表,遣一役雇汽车邀先生一起至欧罗巴旅馆,大约行了半小时,汽车价五卢布。先生以为这已经很昂贵了,没有想到入住欧罗巴饭店价格更是惊人!先生言:"及至欧罗巴旅馆,见其生活程度之高,且远出于吾所闻纽约、巴黎以上,房间分一寝室一坐室,每日房金需十六卢布,入浴一次费一卢布半,用膳一汤一菜,费两卢布,开水一瓶,费大洋四角,至使馆车马、二里路费一卢布半,余可例推,吾与蜀青、屠、王四君同居一室,一日所费至五十三卢布之多,而去街零用尚不在内。"①

先生因在莫斯科仅住一日,来不及遍游各地名胜,只赴了古画陈列馆,"其中琳琅满目,美不胜收",古画陈列馆有《三骑士》《睡眠者》《三荷戟守堡者》及画像数幅,"均为绝作"。先生感言:"吾至此顿觉不能绘画,为生平一大缺憾也。"

10月14日夜,先生一行夜赴俄使馆招待的晚宴,先生感叹道:"李家鳌夫人旧式女子而善交际,亦公使夫人中之别具一格者也。""莫斯科为世界大都城之一,而竟无英法文报纸,亦一奇闻,吾等已十日不阅报,不知火车以外之世界已闹得如何,殊焦闷也。"

是日,夜十一时半,先生一行乘车赴李加(Riga),购三等票,票价十二卢布八考比克(车票是请俄使馆代购的,结果只买至李加,需要再转车——编者)。同车有一日本学生赴西班牙学美术,此君英法文均不甚娴熟,而竟敢孤身一人远游,先生觉得"可佩也"。

10月15日晚六时,先生抵塞彼西(Sebesh),塞彼西为俄西边重镇,设有税

---

① 先生回忆留下数言:"一九二五年夏,我取道苏联赴英,正值苏联执行新经济政策时代,在火车上和苏联人攀谈过,在莫斯科住过豪华的欧罗巴饭店,也在烟雾弥漫、肮脏嘈杂的小酒店里喝过伏特加,啃过黑面包,留下了一些既兴奋而又不很愉快的印象。"参见《朱光潜全集》(新编增订本)第10卷,北京:中华书局2012年版,第5页。

关。行李在此也均须受到检查,但出境时检查不如入境时那么严密。大约两个小时列车驶入拉脱维亚(Lietnuas)细柳浦镇(Ziluppe),列车在此停了一小时余,先生将行李重新搬至税关验检,验毕又复搬上车,感叹"真不胜其繁也"。

10月16日晨,先生一行抵李加(Riga,拉脱维亚首都)。此城在波罗的海岸,人口二十余万,工商业颇盛。

列车过拉脱维亚又经一小国立陶宛。在李加时遇一赴德留学的拉脱维亚的学生,因是同车去柏林,先生向其询问拉脱维亚和立陶宛两小国详情。据此君说,两小国在第一次世界大战前均属俄国,战后始独立(1918年),拉脱维亚语言溯源于蒙古,与俄文全异。立陶宛语言系俄、德、法、波兰诸国文字混合而成。现两国各有政府,政策倾向国家社会主义,而不同于共产主义。又据此君言,此两小国迟早要并于苏俄,因国小,收入微,多一重政府徒增民众的负担。列车路过波兰境内未停靠,故原先签的波兰护照徒成空物。

10月17日,列车入德境,先生感叹道:"气象焕然一新,无论城市乡村,一切事业,莫不井然有序。以俄较德,悬殊直不啻天壤,过俄所见,处处使吾感觉政府实一赘物,徒增人民担负。过德所见,则处处使吾感觉调度组织政府等物,苟善用之亦实是造福于人类社会者。"

10月17日晨九时二十分,先生抵柏林。自柏林开往奥斯坦德之列车须至下午一时零六分发车。故而中间有数小时之暇,先生乘机往繁华的柏林市中心逛了一逛。

10月17日下午一时零六分,先生坐上柏林开往奥斯坦德的列车,头二等车价九十六马克,约国币四十余元。

列车过比利时首都布鲁塞尔,乘客变得稀少了,因为赴法者在布鲁塞尔转车,所剩下的都是赴英的乘客了。

10月18日晨,先生抵奥斯坦德(Ostende,比利时入欧港口),十时自奥斯坦德乘船渡海至杜瓦(Dover,现翻译成多佛),此海峡素以风浪著名。那天先生恰好"未见大浪",颇觉"亦幸事也"。

10月18日下午二时,先生抵杜瓦。英国人在此设税关检查行李,通关者又须受医生检查身体(按先生的话说是"草草了事"——编者),但颇费时间,差一点误了二时四十分的列车。

当日下午四时半,先生抵维多亚旅馆,将行李暂存,行李存储需每日每件三便士,可存六月之久。先生雇车乘至波特兰街公使馆,因是星期日,办事员外出,于是先生寓波特兰旅馆,房金及早餐费十先令。

10月19日,先生见到朱鼎青大使,方知留英官费生甚是困苦,因为官费总是不能按时发放。

晚,先生赴克来朋(Clapham Common),往一百五十号访邓卓明君。邓君为先生觅得一寓所,每日房饭共计六先令,这样,先生在伦敦一共待了三天。先生乘便游览了伦敦名胜,如威斯敏斯特教堂、大英博物馆古画陈列馆、伦敦塔,"均得一一瞻仰"。尤其威斯敏斯特大教堂给先生留下了极深的印象。该教堂为英国政治家、文学家的墓园,弥尔顿、约翰生、狄更斯等皆埋骨于此。大教堂旁还有一室,名为Charter House,为英国第一次国会召开之地,建筑也极为精美。

10月22日,先生由伦敦乘车约八小时抵达爱丁堡。

本来,先生留学的目的地是牛津,但是到英后,才知此校用费年需三百五十镑,而入学者又须于英文之外还要通晓两国文字。这样,先生不得不改变原先的计划,虽然他也知道牛津的伦理、经济政治学院课程甚好,曾想在这里学心理学及社会学。另外,伦敦终年阴雾,车马喧嚣,也极不宜于读书,这也是先生最终决定放弃在伦敦求学,而转向在由香港大学辛博森老师推荐的爱丁堡大学学习的缘由。

爱丁堡大学文学、哲学两科课程均甚完善。先生听说英国牛津、剑桥两校所授课程虽然是各校之冠,而贵族子弟骄奢之气太重,伦敦地方太坏。惟爱丁堡清静极宜读书,而学风上较他校远胜。先生认为,"吾之决然来此者以此也,论吾之资格,在爱丁堡大学有两路可走,一为插硕士班第二年级,一为入研究学院。硕士班课程注重文哲科普遍的基础修养,研究院则专课一问题为狭而深的研究。吾自问程度尚不足走二路。遂插硕士班第二年级,大约两年可毕业。此两年中聚精会神于四种基础研究:(一)英国十九世纪之诗;(二)实验心理学;(三)英国哲学思想师承大要;(四)美学。两年以后拟转他校,择一问题为狭而深的研究,此吾读书方针大略也""此校各科标准颇高,英国文学尤甚,心理学教授竺浮博士Dr. Drever为名著《人类本能》之作者,教授极好,柏克Barker讲《心理学范围中之哲学问题》亦尚可满意,惟太偏重英国之传统思想耳""爱丁堡大学在十六世纪即成立,先后产生文学作者如司考德、卡莱儿、斯蒂芬生诸人,均有影响于英国文学者,现分五科:(一)科学科;(二)神学科;(三)法科;(四)文科;(五)医科,本学期学生有四千人,男女同校,文理科男生七百九十三人,女生九百一十七人,男女生阅书室学生会均分开,中国学生约三十人,多来自广东南洋,印度、日本学生亦颇不少"。

"男生无寄宿舍,我寄寓一私人住所,同寓者为一英国学生,每人各有一寝室,读书室公共,每日供给三膳,每礼拜房饭食两镑余,寓所在亚加尔街七号(Argyle Place),地方极清静,与学校仅隔一大公园,穿园而至学校,约需时五分钟,生活甚舒适也。爱丁堡大学学费每年价在二十镑左右,房饭金大约每年需二百二十镑,书籍衣服零用,四十镑为最低限度,总计每年每人节省须一百八十镑才可敷用也"。①

先生在爱丁堡大学的个人档案调查表,现摘录如下:

爱丁堡大学 The University of Edinburgh

校址:Edinburgh

校长姓名:Sir Alfred Ewing

全校学生总数:约四千人

是否男女合校:是

中国男生人数:三十六人

中国女生人数:一人

全校分科:医科、文科、法科、工科、音乐科、教育科。

著名科目:医学、哲学、文学三科。

当年费用:

(学费)每年医科约四十镑,其余各科均二十镑。

(膳宿费)每年约共一百镑。

(其他费用)每年书籍、零用等费用约二十镑。

由伦敦至爱丁堡须时若干:由伦敦乘车八小时可到爱丁堡。

入学程度及待遇:中国高级中学毕业生或大学毕业生,入学均只考英文,待遇各国学生均一律。无半工半读机会。

---

① 以上先生留学旅途记载分别参见朱光潜:《从上海到伦敦:经哈尔滨,莫斯科,李加(未完)》,载《寰球中国学生会周刊》,1926年第239期,第2—3页;朱光潜:《从上海到伦敦(续)》,载《寰球中国学生会周刊》,1926年第240期,第1—3页。

卷四　在中西互为体用的比较方法中相互发明

（爱丁堡，1925年—1929年）

1925年（乙丑　民国十四年）28岁

10月，先生入苏格兰的爱丁堡大学读文科，住在爱丁堡 7 Argyle Place。在首次大学注册（1925—1926学年度）时，先生在普通班选修英国文学、哲学、心理学，古代希腊罗马史和艺术史等科目（图4-1）。

爱丁堡大学是历史悠久的名牌大学，始建于1583年，产生过哲学家大卫·休谟（David Hume），生物学家查尔斯·达尔文（Charles Darwin），文学家沃尔特·司各特（Walter Scott）、罗伯特·斯蒂文森（Robert Louis Stevenson）、柯南·道尔（Conan Doyle）等世界名人。当时的爱丁堡大学师资充裕，尤以医科和文科著名。中国留学生有四十人左右，占当地华侨总人数的三分之二，大多数学生选择学医科，从中国本土来的华人仅十来人，多为学文科者，先生就是其中之一。

在爱丁堡大学期间，先生受哲学教授，也是世界范围内研究康德的专家侃普·史密斯（Kamp Smith）①和英文系主任谷里尔生（H.J.C.Grierson）影响颇大。当然还有美术史导师

图4-1　1925年—1926年，先生在爱丁堡大学学习时的学籍注册表（爱丁堡大学图书馆提供）。

---

① 侃普·史密斯（Kamp Smith）的《康德〈纯粹理性批判〉解义》在中国有译本，是研究康德的经典著作。

布朗的谆谆教诲。先生后来回忆道:"令我至今怀念的导师有英国文学方面的谷里尔生教授,他是荡恩派'哲理诗'的宣扬者,对英国艾略特'近代诗派'和对理查兹派文学批评都起过显著的影响。哲学导师是侃普·斯密斯教授,研究康德哲学的权威,而教给我的却是怀疑派休谟的《自然宗教的对话》。列宁在《唯物主义和经验批判主义》里还赞许过他。美术史导师布朗老教授用幻灯来就具体艺术杰作说明艺术发展史,课程结束那一天早晨照例请全班学生们吃一餐早点。"①

先生很快就适应了爱丁堡大学的学习和生活。爱丁堡大学奉行的是一种自由教育原则,文科各系学生可根据自身情况自由选择所学科目。每年只需选学两科,三年学习六门课程并修满学分就可以毕业了。对像先生这样来之前就在港大接受了五年英文训练的学生而言,无论是专业知识,还是交流能力都没有障碍。因此,先生一年当中大约只有四五个月在听课,其余大部分时间都在图书馆和大英博物馆里,边读书边写作。他后来回忆道:"在英法留学八年之中,听课、预备考试只是我的一小部分的工作,大部分的时间都花在大英博物馆和学校的图书馆里,一边阅读,一边写作。原因是我一直在闹穷,官费经常不发,不得不靠写作来挣稿费吃饭。同时,我也发现边阅读、边写作是一个很好的学习方法。这样学习比较容易消化,容易深入些。我的大部分解放前的主要著作都是在学生时代写出的。"②

是年,在《立达》1卷1期发表《梦的心理》。

秋,奚今吾从南京省立一中转到先生等人创办的江湾立达学校高中理科二年级班,同班还有先生弟弟朱光澄、文质彬、张志渊、蒋季蓉等六七人。奚今吾回忆道:"我把这里的学习情况经常写信告诉朱先生,他几乎每周也有信来,告诉我他在爱丁堡的学校情况以及在英国的所见所闻。有时在给我的信里也附来给他的弟弟朱光澄的几个字。要是我得到朱先生的信而没有转交给他弟弟的信时。朱光澄总是问我:'哥哥说些什么?'我笑笑说:'他没有说什么'。"(奚今吾未发表的《回忆录》)

12月5日,《寰球中国学生会周刊》第223期登出《朱光潜君亦已抵英》的报道。

---

① 《朱光潜全集》(新编增订本)第10卷,北京:中华书局2012年版,第5页。
② 《朱光潜全集》(新编增订本)第10卷,北京:中华书局2012年版,第6页。

1926年(丙寅　民国十五年)29岁

是年初,先生造访莎士比亚故居。先生说:"莎士比亚的故居在埃文河上之斯特拉特福镇(Stratford-on Avon)。这个镇上有一个很大的戏园,专是为纪念他而建筑的。今年这个戏园被火烧了。他们现在募金,预备建筑一个规模更大的戏园。"①

先生非常注意观察英国社会,认为英国并非乐土,真正能过上舒服日子的人不到总人口的五分之一。先生还经常出入戏院,结识了汤姆逊(同旅馆居住),从他那里能更快了解欧洲学术界的最新动向。

在课堂上,先生初识一对日本夫妇,男的叫岩桥武夫,是个盲人(二十岁后患热病而双目失明),女的是一个哑巴,不能说英文,每天扶着丈夫来回于课堂和寓所之间。先生与这对夫妇熟悉后常去他们那里吃茶点、闲聊,感受到在异国他乡能见到东方人的亲热感。

对爱丁堡的印象和中国留学生的一般状况,先生是这样写的:

"爱丁堡旧为苏格兰首都,现在只是一个教育中心,没有黑气冲天的烟囱,也没有琳琅夺目的珠宝店。虽说是一个城市,热闹还不如南京,居城而有乡村风味,则和南京很类似。天气好的时候,你如果想到乡下或海边走一遭,费半点钟也就到了。大学没有男生寄宿舍。大家都自觅居寓。生活程度和伦敦大相仿佛,大约每礼拜膳宿费约需两镑至三镑之谱。女生另有寄宿舍。现在中国女生只有吉林韩女士一人。听说女生寄宿舍的生活也很舒适。学校功课很忙,考试也很严,大家大部分的精力都费在听讲读书方面。学校中团体生活的机会甚多,而能不能利用这些机会则因人而异。团体组织,关于学术的有各种学会和辩论会,关于社交的有学生会及其附属的种种团体,关于运动的有各种球队及运动队。凡是正式学生大概都可以加入。本来英国大学教育把公共生活比做学问看得还重要。爱丁堡像一般不住宿的英国大学,对于公共生活一层视牛津、剑桥微有缺憾,然而公共生活的机会总算很多。中国学生来此者往往因过重读书而忽略公共生活,这也是一大缺点。我说过重读书,是指大多数而论,自然也有人不上课而天天去光顾咖啡馆影剧园和 Palais de Danse 的。

---

① 《朱光潜全集》第8卷,合肥:安徽教育出版社1993年版,第188页。

在爱丁堡的中国学生和当地人民感情还算融洽,由中国传教或通商转来的人对于中国学生尤其殷勤。春秋佳日,他们尝裁束相邀,虽然供奉的只是一杯例茶,而客中有此点缀,正可大破岑寂。爱丁堡又有一国际俱乐部,其中会员有三百余人,代表三十几个国家,中国学生参加的也颇不少。这个俱乐部的用意是给外国人和本地人以联络感情的机会。每月举行二三次茶话会或音乐会。"①

春,完成《中国文学之未开辟的领土》长文,后于1926年6月在《东方杂志》第23卷第11号发表。这篇长文显示了先生极其敏锐的洞察力,因而实际是一篇比较文学的佳作。有人称先生是"中国比较文学事业的开拓者"②是言之有理的。譬如,长篇叙事诗何以在中国不发达?抒情诗何以最早出现?先生诊断,其原因在于中国文学偏重主观,情感丰富而想象贫弱。他拿自己初读济慈(Keats)时为其擅长言情而折服,但随着研究的深入,改变了看法,觉得西诗最擅长的是叙事状物,而中诗在抒情方面反倒是西诗远不能相及为例来回应上述疑问。这的确发掘到了中西思想方法深处的差异。另外,先生还指出中国文学有一个特点,这个特点也许也是缺点,就是偏重人事而伦理的色彩太浓厚。"文以载道"有时走到空洞说教的地步。相反,"为艺术而艺术"(art for art's sake)似显不足。中国重自然,但在诗歌方面的"超自然"(Supernatural)意境反倒不如印度人等。

《小泉八云》也是先生这一时期的佳作。先生写这类带有传略性质的美文得心应手,此后他还作过《陶渊明》,并打算就魏晋名士多写些这类传记性质的文章,但很可惜没有留下更多这方面的文字。事实上,先生写这方面文章是真正的高手!在行云流水、自在极了的文字流淌中能见出先生的匠心独运。所以,他才能对小泉八云流利的文字背后所蕴含的推敲锤炼的功夫体会入微。在这篇文章中先生说道:"读世界文学家传记,除莎士比亚以外,我不知道一个重要作者没有在文章上经过推敲的训练。中国文学语言现在正经激变,作家所负的责任尤其重大,下笔更不可鲁莽。所以小泉八云的作文方法值得我们特别注意。"③可见,先生对"新文学"的瞩望甚高,更担心使其流失偏废。

5月18日,撰写《悼夏孟刚》。在这篇文章中,先生就他在中国公学的学生夏孟刚自杀一事,表达了对自杀和人生的态度,认为人生的处事态度应该是"绝

---

① 《朱光潜全集》第8卷,合肥:安徽教育出版社1993年版,第264—265页。
② 《中国比较文学年鉴》(1986年),北京:北京大学出版社1987年版,第406页。
③ 《朱光潜全集》(新编增订本)第6卷,北京:中华书局2012年版,第132页。

我而不绝世",也就是"舍己为群"的精神。所谓"绝我"类同于精神性的自杀,即斩断一切涉我的苦乐忧伤;所谓"不绝世"就是改造世界,积极入世的态度。先生将其概括为"以出世的精神,做入世的事业",这也成了先生一生处世的箴言。

是年,开始为《一般》杂志(图 4-2)撰写《给一个中学生的十二封信》(图 4-3)并发表。

图 4-2　1925 年,先生在参与创办"立达学园"的同时,与夏丏尊、章锡琛、叶圣陶等筹办开明书店和《一般》杂志。图为 1926 年《一般》第一卷封面。

图 4-3　1926 年,《一般》第一卷总目录,第二排中间一列为先生为该杂志撰写的《给一个中学生的十二封信》,署名为朱孟实。

编年文:《英国大罢工的经过》《完形心理学之概略及其批评》《旅英杂谈》,书评《雨天的书》,散文《谈读书》《谈动》(1940 年 4 月先生还写过一篇《谈动》,先于本篇发表在《春秋》第二卷第二、三期合刊上,内容也与本篇不一样——编者)《谈静》。

阅读老师侃普·史密斯的著作——英文版《笛卡儿哲学研究》。五十多年后先生把这本署名为 Kamp Smith 的英文著作交给孙子宛小平让其好好阅读,称:"寄你的《笛卡儿哲学研究》(图 4-4)是我的老师 Kamp Smith 写的一部很好的书,他是在这个基础上进行译评康德的。"①

图 4-4　先生赠与宛小平的《笛卡尔哲学研究》

是年,先生和港大同学郭斌龢多有书信往来,郭斌龢在《学衡》第五十五期《文苑诗录》上赋诗《寄怀朱孟实光潜爱丁堡》以感怀,全诗如下:

　　岁暮北风干,中原苦俶扰。杞忧谁与语,所怀在远道。
　　忽得故人书,寄自爱丁堡。上言长相忆,下言彼都好。
　　慨自十年来,学子何轻佻。不读古人书,竟夸游学早。
　　朱侯适异国,意气薄云表。别有深念事,志不在温饱。
　　忆昔初把臂,同客海南岛。君才特挺拔,一见即倾倒。
　　心性相砥砺,学术相探讨。清风明月夜,犹忆歌浩浩。
　　秣陵赋别高,南北音尘杳。海外远赐书,余音三日绕。
　　国危如累卵,迷邦半怀宝。鬼蜮任横行,枉说强哉矫。
　　天赋人所同,如何对大造。己立而立人,相与扩襟抱。
　　筑室填始基,易盈患器小。默契于无言,此意惟君晓。

是年秋,先生到苏格兰西北海滨一个叫爱约夏的地方去游历,顺便参观了农民诗人罗伯特·彭斯②的草庐。

是年,收到可能是萧石君寄来的明信片,明信片应是两张,现只有前一张,没有印邮戳和落款,待考(图4-5):

光潜:

　　画书讫悉。李杜诗集,宗岱临行时未交弟,仿佛记得他收在箱箧中了。

---

① 《朱光潜全集》第10卷,合肥:安徽教育出版社1993年版,第607页。
② 罗伯特·彭斯(1759-1796),苏格兰农民诗人。家境贫寒,未受过正规教育,他从民间文学中汲取养料,形成了属于自己的诗歌创作风格。

箱箧虽存弟处,但无钥匙可开,望兄缄询宗岱可否将钥匙寄弟以便为兄检出便邮。宗岱现在的通讯处是:22 Avenue, William Favre. Geneve.

顷向友人借了一本王静庵著的《人间词话》,望兄阅后于日内掷还!因友人日前亦需用此书,《苦闷的象征》系友人赠弟者,可以留存尊处,不……"①

图4-5 一张可能是萧石君寄与先生的明信片

1927年(丁卯 民国十六年)30岁

7月—8月,先生在《东方杂志》24卷13号、14号、15号上连续发表《欧洲近代三大批评学者(一)——圣伯夫(Sainte Beuve)》;《欧洲近代三大批评学者(二)——阿诺德(Matthew Arnold)》;《欧洲近代三大批评学者(三)——克罗齐(Benedetto Croce)》三篇文章。文章前面有一个"孟实附记",说明了"这三篇文章是在一年前读圣伯夫、阿诺德和克罗齐诸人著作时做成的。原拟储为别用。惟近来兴趣渐移到别方面去。从前计划,暂须搁置"。② 这一方面说明先生的这三篇文章实际写作时间是1926年;另一方面说明先生"近来兴趣转移到别方面去"。究竟是转移到哪方面去?从先生这年三月在《一般》第2卷第3期发表《从"凡人皆有死"到"苏格拉底有死"》到10月在《留英学报》第1期上发表《近代英国名学》来看,显然指的兴趣转移到名学(逻辑学)上来了。当然,要了解西方文化,不进入

---

① 此信函是否出自萧石君待考。萧石君为当时先生留学时室友,先生《谈美》清样曾让萧石君提意见。萧石君擅诗文、哲学与文艺,与先生同好。信中梁宗岱的住处为日内瓦威廉法弗大道22号,其所住房屋至今仍在,房子对面就是个公园,离日内瓦湖非常近。梁宗岱在日内瓦居住的时间大约是1925—1926年前后,其间(1925年2月20日)曾为恋人法国人安娜写《白薇曲》。此信作者可能是先收到先生索借梁宗岱所藏《李杜诗集》的信,此书放在箱箧中由该作者保管。打开箱箧的钥匙在梁宗岱本人手中,作者又让先生和梁宗岱联系(并提供了梁宗岱的住址)将钥匙寄作者以便将《李杜诗集》取出寄于先生。信中附言向先生索还王国维《人间词话》(因作者也是从友人处借的,现在友人也急着用)。日人厨川白村著作《苦闷的象征》,作者声称可以将其留在先生处。由邮卡可推断,作者是先生和梁宗岱非常亲密的朋友。而萧石君是先生和梁宗岱密切交往的同道,他们同为由中华书局出版的《华胥社文艺论集》(梁宗岱主编)的撰稿者。据此,编者推断此信函作者为萧石君。
② 《朱光潜全集》第8卷,合肥:安徽教育出版社1993年版,第201页。

到思想的逻辑形式内部是很肤浅的。先生自然不能满足于表层的认识,他要从逻辑(名学)对西方文化做切实而深入的探究。他考察了英国近代名学(实为逻辑学,当时还有翻译成理则学、论理学、辩学——编者),认为有四派:"培根以后,英国名学可分四派:第一为经验派(Empirical Logic),培根(F.Bacon)发其端,穆勒(J.S.Mill)扬其绪,泛恩(Venn)集其大成。第二为形式派(Formal Logic),此派继承亚里斯多德所传下来的沿袭名学,汉密尔顿(Hamilton)是重要的代表。这派现仍风行于牛津,约瑟夫(Joseph)和约翰逊(Johnson)是中坚人物。第三为符号派(Symbolic Logic),这派又有两支:第一支的代表为德·摩根(De Morgan),布尔(Boole)和杰文氏(Jevons),这般人都想把名学建筑在数学的基础上;第二支的代表为怀特海(Whitehead)与罗素(B.Russell),这两位大数理哲学家都想把数学建筑在名学的基础上。最后一派为近代名学派(Modern Logic),这派的首领是布拉德雷(Bradeley)和鲍申葵(Bosanquet)。"①

先生对这四派实际都作了精深的研究,《从"凡人皆有死"到"苏格拉底有死"》一文是拿第一派穆勒的观点对第二派亚里士多德的形式逻辑进行批评。当然也涉及从第四派布拉德雷(Bradley)和鲍桑葵(Bosanquet)的观点批评旧形式逻辑。而《近代英国名学》一文则重点论述了第四派布拉德雷和鲍桑葵的逻辑,并且指出:"文法中的主词不是名学的主词,文法的宾词不是名学的宾词。名学的主词是实在全体(reality as a whole),名学的宾词是判断所含的概念全体。所谓判断就是以概念与实在相印证(reference of an idea to reality)。万千不同的判断都只有一个公同的主词,就是实在。"②先生强调这是"近代名学的精华所在"!什么精华?当然是指逻辑不仅仅关乎形式,也要关乎内容。由此可知,之后几年先生转向黑格尔的辩证逻辑(形式和内容统一的逻辑)研究是思想演进的必然。贺麟先生曾经把这种形式逻辑经布拉德雷、鲍桑葵等人的推进,继而上升到形而上逻辑的演进过程说得很清楚:

"所以亚里士多德的逻辑可说是,irrational cognition of the rational。这表示逻辑不知服从其自己的教训。不知道逻辑的使命,但是黑格尔不仅将逻辑的各种命题和推论,排列起来而已,且要将它们推演出来。由逻辑之只是思想过程的事实之报道的科学,进而发展为理性之自身发展的科学。此种逻辑经过

---

① 《朱光潜全集》第8卷,合肥:安徽教育出版社1993年版,第247页。
② 《朱光潜全集》第8卷,合肥:安徽教育出版社1993年版,第249页。

Bradley 于其 Principle of Logic 及 Bosanquet 于 Logic, Mor-phology of Knowledge 及 Implication and Linear Inference 大加发挥。从形式逻辑到形而上逻辑是逻辑的新发展。"①

由此可看出，先生这两篇文章的思想线索是：借穆勒对传统名学的否定——到布拉德雷、鲍桑葵对传统名学和穆勒名学的否定——再到对布拉德雷、鲍桑葵名学的自身否定。这个否定指向黑格尔的名学（逻辑学）。

图4-6　1927年，先生在巴黎。

图4-7　1927年6月，先生（左）利用暑假到法国巴黎游历，参观了卢浮宫等名胜。图为游历途中与友人合影。

6月，先生利用暑假到法国巴黎游历（图4-6），参观了卢浮宫等名胜（图4-7）。其中一个原因是奚今吾来到巴黎留学。据奚今吾回忆："我跟刘薰宇先生到了巴黎不久，就参加了给外国人初学法语分的一个学习班。班上大多是来法国旅游的人。我们住在巴黎的拉丁区，那里中国留学生很多，我在一所公寓的第一层楼里，当时朱先生、刘薰宇先生都在楼上。在这里我还认识了胡愈之先生、陈行叔先生、梁宗岱先生，他们和朱先生原来都很熟悉。大概不到两个月的光景，张志渊、张慕陶她们也从上海到了法国。因为认识的人多，干扰大，不利

---

① 贺麟：《黑格尔哲学讲演集》，上海：上海人民出版社1986年版，第188-189页。

于学习法语,而且在巴黎的生活程度比较高,朱先生的安徽官费又常常不能按时寄出来。于是我们就决定进一所女子中学跟低年级的班次学习法语,这样就到离巴黎约一小时火车路程的奥勒翁女子中学。朱先生把我和张志渊送了去(图4-8)。"(奚今吾未发表的《回忆录》)先生是希望奚今吾经过这种初步的法语学习后,能够进一步到法国巴黎大学攻读数学。

是月,先生还拜访了在巴黎的郑振铎。

先生在爱丁堡大学参加心理学研究的高级班(Psychology advanced)学习,在小组讨论上宣读《论悲剧的快感》。心理学系主任詹姆斯·屈列维博士(Dr. James Drever)建议先生将此文扩充为一部论著。

先生继续给国内《一般》杂志撰写《给一个中学生的十二封信》,先后发表《谈中学生与社会运动》《谈十字街头》《谈多元宇宙》《谈升学与选课》《谈作文》《谈情与理》。和先生同时期留学法国的陈占元曾指出,这些信许多实际是写给"奚今吾"的①。其中《谈情与理》介入到国内张亚泉、张东荪主张生活应受理智支配和李石岑主张生活应受情感支配的讨论之中。总体看,先生是站在李石岑这一边的。情与理的矛盾是先生一直在思考的问题。后来在《谈修养》一书《自序》里的一段话可以作为这一思考的结论:

图4-8 1927年,先生(中)与奚今吾、张志渊在法国合影。

"我大体上欢喜冷静、沉着、稳重、刚毅,以出世精神做入世事业,尊崇理性和意志,却也不菲薄情感和想象。我的思想就抱着这个中心旋转,我不另找玄学或形而上学的基础。我信赖我的四十余年的积蓄,不向主义铸造者举债。"②

---

① 陈占元:《重访巴黎》,载《陈占元晚年文集》,北京:人民文学出版社2006年版,第348页。
② 《朱光潜全集》(新编增订本)第1卷,北京:中华书局2012年版,第91页。

1928年(戊辰 民国十七年) 31岁

上半年多在爱丁堡大学,结识了留学生周煦良等人。

从后一年出版的《变态心理学派别》看,先生这段时间除了继续给《一般》杂志写《给一个中学生的十二封信》外,大部分时间都投入心理学相关议题的写作中。在是年8月《行为主义》一文的"附识"中,先生还说明这篇文章本来是《变态心理学派别》中的一章,全书储稿待斟酌损益。因《留英学报》索稿,检此以塞责。先生提到的这本书后来未见出版。但是,行为主义并非属于变态心理学派别,由此可知,先生实际已经将视野投诸更大范围——从整个心理学的角度,来讨论"心理学派别"的著作。这就验证了高觉敷为先生《变态心理学派别》一书作的《序》里所说的:"记得他赴英留学的第一年,还常写信来说自己很犹豫。究竟舍心理学而专研文学呢;或竟舍文学而专研心理学呢?"①

6月前后,先生住巴黎郊区玫瑰村②,时常去巴黎大学听课。先生后来回忆说:"逢假期就到巴黎学法文,同时在法国巴黎大学注册。"③显然,学法文也有更多时间和学生奚今吾在一起,以便增进感情。同时,在巴黎还结识了李石岑、周太玄、刘海粟、徐悲鸿、傅雷、彭基相等人。

---

① 《朱光潜全集》(新编增订本)第2卷,北京:中华书局2012年版,第3页。
② 据奚今吾回忆,此住处是留法已数年的中国友人萧石君介绍的,"住在我们附近的还有一位中国留学生萧石君先生,他是朱先生的老朋友,已来法国好几年了。这所房子就是他代我们找的。玫瑰村住的人家不多,每家都有一小花园,花园里除有少数苹果或葡萄外,种得最多的就是月季和玫瑰花了。这里商店也很少,我和朱先生到商店买东西时,常常可以碰见那位萧先生。"(奚今吾未发表的《回忆录》)
③ 《朱光潜全集》(新编增订本)第10卷,北京:中华书局2012年版,第274页。据奚今吾回忆:"暑假到了,奥勒翁女子中学放假了。我和张志渊回到巴黎,朱先生也从英国来了。我们在巴黎郊区找到一所住处(即'巴黎郊区玫瑰村'),主人是一对工人夫妇和他们的小儿子,他们都要到海滨度假,把房子租给我们。房子是临街的一座小楼,楼下有两大间,一间是客厅,一间是卧室,中间有过道,过道尽有一小间,小间旁边是盥洗室,对着客厅,还有一小厨房。房东原说好租给我们楼上的一大间和楼梯尽头一小块地方。我和张志渊住在大间里,房里有床,有一张书桌和一把椅子,朱先生住在楼梯旁可放一小床的地方。白天朱先生在楼上写文章,因为他们的官费经常不能按时寄来,他需要写文章挣稿费来补贴生活。张志渊和我则在厨房的小桌上做功课或复习法语。晚上朱先生和我常常在很幽静的街道上散步,或坐在我们厨房门外的石台阶上谈天,园里的花香是多么醉人,周围又是多么和谐宁静,尽管我们谈话的声音多么小,彼此都能亲切地听得十分明白。这1928年7月的每一天、每一小时、每一刻都深深地埋藏在我的记忆里。"(奚今吾未发表的《回忆录》)

7月,获得文学硕士学位①(图4-9)。从成绩单(图4-10)上看,先生艺术史得了77分,古代希腊和罗马史两次考试均未合格(一次48分,另一次44分)。先生晚年多次提到因为羞愧不曾说到自己过去这段经历。但是先生是个愈挫愈强的人,读港大头一年因英文考试不合格,多读了一年预科,后来他的英文水平连西方人都称赞。在爱丁堡大学就读期间,希腊、罗马古代史两门课考试不及格,他就一个人跑到意大利罗马的地下墓道里考察哥特式大教堂和壁画的起源,并实地参观古罗马的竞技场,甚至还考察了梵蒂冈和佛罗伦萨等地文艺复兴时期留下的建筑、雕塑以及绘画。先生晚年翻译历史学派大家维科的著作《新科学》,足见他"补上了这一课"。20世纪五六十年代美学大讨论期间,有人说他"不配学马列",他晚年便逐字逐句翻译并解释马克思的《费尔巴哈论纲》,以及《1844年经济学—哲学手稿》的部分章节,用先生自己常讲的话说就是:走抵抗力最大的道路。

图4-9　1928年7月,先生毕业于英国爱丁堡大学,获得文学硕士学位。图为先生(中间偏右)在爱丁堡大学读书时与师友的合影。

---

① 先生在《作者自传》中说,"一九二九年在爱丁堡毕业后,我就转入伦敦大学的大学学院",这是记忆错误,先生在《我的简历》里则明确表明是从1928年"转入伦敦大学学英国文学,开始研究美学"。参见《朱光潜全集》(新编增订本)第10卷,北京:中华书局2012年版,第5页、第274页。

图4-10　1925年—1928年,先生在爱丁堡大学读书时的成绩单（爱丁堡大学图书馆提供,其中显示history of art为77分;ancient Greek & Roman history为48分、44分）。

8月,先生转入伦敦大学学院旁听（图4-11）,同时在法国巴黎大学注册,假期多住在巴黎近郊玫瑰村,在伦敦博物院撰写《诗的实质与形式》,后发表在《现代评论》第8卷第194期（1928年8月出版）、195期（1928年9月出版）上。

图4-11　1928年8月,先生转入伦敦大学学院学习英国文学,开始研究美学。图为先生学习之余散步。

图4-12　先生在英国留学期间的同学花名册

是年,继续给《一般》杂志撰写《给一个中学生的十二封信》,先后发表《谈摆脱》《谈在露浮尔宫所得的一个感想》《谈人生与我》。

其他作品:《现代英国心理学者之政治思想》《行为主义》。

先生在英国留学期间的同学花名册(图4-12,依先生手写明信片整理,由刘悦笛先生翻译)

16. C. B.Corrow	C. B. 科尔罗
5. D.L. Smith	D.L. 史密斯
22. N. S. BoydScott	N.S.博伊德·斯科特
14. R. M. Mints	R.M.闵兹
4. F.D. Shaw	F.D.肖
3. Gladip V. Boyd Scott	格莱迪普 V.博伊德斯科特
12. Cathie MacTavisa	凯茜·麦克塔维萨
20. E.C.Gléwarv	E.C.格雷瓦夫
11. Maisie Taylor	梅茜·泰勒
17. C.S.Scott	C.S.斯科特
8. ⋯ William Hamith	⋯⋯威廉·汉密斯(前面字母看不清——编者)
19. Annie K. Wilson	安妮·K·威尔逊
13. Aionie D. Mackenzie	艾欧尼·D·麦肯齐
21.⋯	⋯⋯(看不清——编者)
25. P. H. Sah	P. H.萨
9. S.Q. Tan	S.Q.谭①
23. S. H. Ting	S. H.廷
24. H. J. HunterBoyd	H. J.亨特博伊德
6. M. Kungle	M.坤戈尔
1. T. Oh.	T. 欧
2. R. M. BoydScott	R. M.博伊德斯科特
7. S. W. Low	S. W.娄
13. Sam⋯	萨姆⋯⋯(后面字母看不清——编者)
17. A. O. Scott	A. O.斯科特
18. K.T. Chu	朱光潜
10. M. Cornley	M.康立

① 即谭蜀青。

卷五　早期美学系统的建立

（伦敦、巴黎、斯特拉斯堡，1929 年—1933 年）

1929 年（己巳　民国十八年）32 岁

3月，《给青年的十二封信》由上海开明书店出版。对这本书的价值，先生评判道："一到英国，我就替开明书店的刊物《一般》和后来的《中学生》写稿，曾搜辑成《给青年的十二封信》出版（图5-1）。这部处女作现在看来不免有些幼稚可笑，但当时却成了一种最畅销的书，原因在我反映了当时一般青年小知识分子的心理状况。我和广大青年建立了友好关系，就从这本小册子开始。此后我写出文章不愁找不到出版处。"①

鼓励先生编这本册子的夏丏尊在给这本书作序时则称："这十二封信是朱孟实先生从海外寄来分期在我们同人杂志《一般》上登载过的。《一般》的目的，原思以一般人为对象，从实际生活出发来介绍些学术思想。数年以来，同人都曾依了这目标分头努力。可是如今看来，最好的收获第一要算这十二封信。""这十二封信，实是作者远从海外送给国内青年的很好的礼物。作者曾在国内担任中等教师有年，他那笃热的情感，温文的态度，丰富的学殖，无一不使和他接近的青年感服。"②

图 5-1　1929 年 3 月，《给青年的十二封信》由上海开明书店出版。

---

① 《朱光潜全集》（新编增订本）第 10 卷，北京：中华书局 2012 年版，第 6 页。
② 《朱光潜全集》（新编增订本）第 1 卷，北京：中华书局 2012 年版，第 3 页。

广大读者对这本书更是好评如潮。1929年7月10日,《开明》杂志2卷1号登载了一些读者的读后感。读者李荣章记道:"每当一封信看完以后,心里总生出少一封可爱的信的感慨!希望孟实先生再给我们若干封信,使我们在迷梦中的青年觉悟,这是我们所馨香祝福的。同时希望每个青年都能人手一卷,阅读去,思索去,我想总比买一般滥出的性欲的小说要高出万分吧!"读者杨昌溪说:"简直是一部值得青年人手一卷的宝物。"郭广才说:"差不多每封信都可做青年导师。"王守实说:"可为青年之指南针,可为青年坦途之灯塔。"程薇刚说:"《无言之美》及《谈谈摆脱》及《谈在露浮尔宫所得感想》等篇读之获益不浅。"

8月10日,《开明》杂志2卷2号载张运池读《给青年的十二封信》有感:

"我也是彷徨的青年之一,好像旅行在黄沙漠漠的沙漠之中,得不到一点一滴的甘泉的滋润,真是多么的苦闷!如今我突然得到开明书店出版的朱光潜先生所著作的《给青年的十二封信》,在店里略看了一会儿之后,竟雀跃起来,赶快地买了回去,不顾一切地看完。看完之后,觉得身心快活了很多,不像以前一般地苦闷了。的确,我那时是发现了光明的前途了,我是决定了脱离跼蹐十字街的故乡,而向着我的前途努力了。所以我是非常感谢朱先生的引我脱离了苦海,如今我说这本书是青年的福音,恐怕是不会过分的吧!如今我谨以此书介绍于和我同病的青年朋友,请大家都去买一本来看看吧!"

11月10日,《开明》杂志2卷5号刊登景新写的读后感:

"朱先生的信收到了,我粗略地读了一遍,脑海里便幻浮着一位和蔼可亲的先生——朱先生——正在真挚诚恳地向着现在一般彷徨迷离的青年作光明的导引……这本书实在是每个青年应读的,那么方不负朱先生一番苦心美意。"

史继熏则说:"朋友!我是苦海中落伍者而堕落的人,如今可找到培养我生命的荣枯的土地——给青年十二封信——了。少年一切的病症,一切难解决的问题,现在光潜君和盘托出来,诚挚地送给青年,灌溉我们的生命之苗。"

当然,也有提出不同意见和先生商榷的。1929年7月10日,《开明》杂志2卷1号登了周柏堂的质疑:"朱先生写的十二封信,大体颇好,而且都很有兴味。但是他谈多元宇宙的一信,我略有些意见。人间生活虽然是多方面的,但亦自有其统一性,所以也必能保持相当的协和。朱先生在这书三十九页所讲的话,实在不敢苟同。道德而不能包容恋爱,则必是迷信或他种异类的化身。……我的意见如此,不知朱先生以为怎样?"

更有些左翼作家(如巴金、张天翼、唐弢等——编者)批评先生自命为青年的导师,却把青年引向逃避现实的迷径上去了。

后来先生在1948年答重庆《大众报》记者问时,对该书的写作背景、成名的原因、反响都作了评述:

"我那时正在英国读书,他们(指夏丏尊、叶圣陶等——编者)邀我按月写点文章给青年朋友们看。当时我自己还是一个青年,在外国生活很孤寂,有时不免有一点感想,我没有什么东西可写,因此就说一点心事话。为着要不拘形式地畅所欲言,也为着要和读者保持较亲密的关系,我用了书信的体裁。这些文章登在《一般》之后,意外地得到许多读者的欢迎。到了民国十八年春夏,丏尊先生就替我把它们结集起来,印成一个单行册子,如今快到二十年了,这部小册子在我的十部左右的著作中还是销路最好的,总共销数大概已在20万册以上了。我有时很后悔,里面许多话都很幼稚,而且引起许多人误会,我只是在谈心,他们以为我存心教训青年,这是我感觉最不愉快的事。"①

6月,写作《两种美》于巴黎近郊玫瑰村。该文后载1929年8月第8卷第4期《一般》杂志。先生在文中用"刚性美"和"柔性美"来概括两种不同的审美趣向。《两种美》实际上成为后来《文艺心理学》第十五章"刚性美与柔性美"的初稿。

7月,作《黑格尔哲学的基本原理》于巴黎近郊玫瑰村。此文后在1933年7月发表于《哲学评论》第5卷第1期,是为纪念黑格尔逝世一百周年而刊出的"黑格尔号"上的一篇。该专刊号登载有贺麟、张君劢等留学西方且对黑格尔有研究的学者所作的文章。先生可谓中国最早传播黑格尔思想及唯心主义的学者之一,因此略作介绍如下:

在西方,对黑格尔的诠释有两种明显不同的倾向:一是英国学者芬德莱等人企图把黑格尔哲学"经验主义化"的倾向。芬德莱认为,黑格尔反对康德的"彼岸世界",重视经验,重视自然和历史,因而黑格尔是"真正的经验主义"者。另一是斯退士(W.T.Stace)等人"先验主义"地解释黑格尔哲学的倾向。先生20世纪30年代前后留学英国时,斯退士的这一解释盛行于学院讲台。先生认真阅读了斯退士的《黑格尔哲学》,并以此为蓝本,写了两篇讨论黑格尔及一般唯心主义的文章,除了前面提到的一篇,还有一篇《唯心哲学浅释——在中华学艺

---

① 《朱光潜全集》第9卷,合肥:安徽教育出版社1993年版,第311—312页。

社伦敦分社演讲》,该文后载 1930 年 7 月第 6 期《中学生》杂志。从这两篇评介黑格尔及唯心主义的文章看,先生多少受到斯退士等唯理论和"先验主义"地解释倾向的影响。先生的观点概括起来大致有如下四点:

首先,先生当时是把黑格尔看作唯心主义的集大成者(后来改成克罗齐——编者),因而先生侧重从西欧哲学的思想逻辑进程来说明黑格尔的成就。在先生看来,柏拉图和康德哲学是黑格尔哲学的源头。这样,先生以他一贯的哲学态度——"哲学的趣味不在结论而在问题",从问题的发生处着手,继而指出:唯心哲学的最大关键是分别"实者不在"和"在者不实"。这里,先生指的"实"是"名实",即概念的实;"在"指占空间的存在,即物。用今天的话讲就是心与物、思维与存在的关系问题。先生也表明这是"哲学史上以来的最大难题"。柏拉图是唯心哲学的不祧之祖,其在这个问题上的答案是:共相(实=真实)是独立自在的。也就是说这些"共相"(圆、白、硬、冷、重等)是客观的。先生认为这个"客观共相"在黑格尔哲学中占极其重要的位置。

其次,先生把黑格尔哲学看作一次对柏拉图和康德哲学成功综合的结果。先生指出:"黑格尔的全部哲学可以一言以蔽之,他采取柏拉图的'客观的共相'之说和康德的'非感官的共相'之说,把他们的'物质'或'事物本身'打消,然后把心物证成同一的,把宇宙证为'非感官的'共相之产品,把诸'非感官的'共相证为一气贯串的。总而言之,他是绝对的唯心主义,是绝对的一原主义(一元主义——编者)。"①由此可见,先生早期接触黑格尔时,是将黑格尔看成消解"二元论"的英雄的(尽管当时先生也不满意黑格尔将唯理论的思想方法应用于美学研究领域——编者)。

再次,先生指出黑格尔不是简单地把柏拉图和康德凑在一起,而是要用他的"相反者之同一"原则来推翻旧有的"二原说"(二元论——编者)。先生认为,黑格尔是把心和物视为一体的。"知物的心,和心所知的物完全是一件事。我们把这一件事看作意识内容时,则称之为'心',把它看作意识对象时,则称之为物"。② 这样,先生很自然地指出,黑格尔之所以能把"相反者"看作"同一"的,实在是因为他提出了不同于以前形式逻辑的"辩证法"(即辩证逻辑),由此也可见先生的逻辑思想借研究黑格尔之便已经比其早先写的那两篇名学(逻辑

---

① 《朱光潜全集》第 8 卷,合肥:安徽教育出版社 1993 年版,第 319 页。
② 《朱光潜全集》第 8 卷,合肥:安徽教育出版社 1993 年版,第 323 页。

学)文章中的思想境界要高了。

最后,先生评价了黑格尔的"辩证法"。辩证法由类变种,而种是类性加种差得来的。我们如何能由类演出种来呢?换言之,我们如何由较高范畴演出较低范畴来呢?先生认为,这是"黑格尔哲学的大关键",并且指出:"从柏拉图到康德,哲学家都以为共相是'抽象的',都以为类性不含种差在内。……黑格尔首倡'具体的共相'(Concrete Universals)之说。所谓'具体的共相'就是含种差在内的类性。……所以黑格尔的'相反者之同一'律就是以'具体的共相'为基础。""'相反者之同一'律是黑格尔的最大发现。……这本是一个很浅显的道理,然而柏拉图没有看出,康德没有看出,无数其他的哲学家都没有看出,从此可见真理之难发现,可见黑格尔的功劳之伟大!"①先生评价黑格尔的文字至今看来都是非常准确精辟的,反映出先生的哲学素养非同一般。

继续写作《变态心理学派别》,次年出版。

11月,先生在英国伦敦大学学院注册,选修五门英文课程,主修英国文学,把大部分时间花在伦敦大英博物馆和学校图书馆里,一边阅读,一边写作。先生经常写作原因是一直在闹穷,官费经常发不下来,只得依靠写作挣稿费吃饭。同时,先生在巴黎大学注册,偶尔过海去听课,对该校文学院院长德拉库瓦(Delacroix)教授所讲的《艺术心理学》甚感兴趣,受其启发起念写《文艺心理学》。②

伦敦大学学院(University College London),简称UCL,始建于1826年,是历史最悠久、规模也巨大、师资也强大的知名学校。在UCL的校友中,就有33位诺贝尔奖获得者和3位菲尔兹奖获得者。其中艺术与人文科学院也颇负盛名。先生在这里选修的一门课为著名教授钱伯斯爵士的莎士比亚研究、伊丽莎白戏剧史。但是,先生对其所谓"版本批评"有些厌烦。他后来回忆道:"一九二九年在爱丁堡毕业后,我就转入伦敦大学的大学学院,听浅保斯(即钱伯斯——编者)教授讲莎士比亚,对他的繁琐考证和所谓'版本批评'我感到厌烦,于是把大部分功夫花在大英博物馆的阅览室里(图5-2)。"③

---

① 《朱光潜全集》第8卷,合肥:安徽教育出版社1993年版,第326-328页。
② 先生晚年接受冬晓采访时说《文艺心理学》手稿在爱丁堡写成,恐记忆有误,这和先生《作者自传》中的说法相矛盾,可能是指该书的主要章节,像《刚性美和柔性美》这样的章节在该书正式完稿之前就以论文的形式发表,《文艺心理学》里《两种美》一章即脱胎于此文。
③ 《朱光潜全集》(新编增订本)第10卷,北京:中华书局2012年版,第5页。

图 5-2　先生在大英博物馆查阅斯宾诺莎《伦理学》的借书单

由于伦敦和巴黎只隔一个海峡,先生同时在巴黎大学注册,偶尔过海去听课。这当然还有一个重要原因:奚今吾在巴黎进修法语,准备入巴黎大学攻读数学。于是,先生(1928 年 7 月至 1930 年春)在巴黎近郊枫丹纳玫瑰村一个裁缝家租屋居住,每月房租 300 法郎,按先生自己的估价,他是留学生中属于中等经济收入程度的那一类,在英国一年约花费 160 英镑左右,在巴黎一年花费约 8000 法郎左右,他自己觉得还过得去。在玫瑰村和先生合租的是太湖同乡朱湘的好友彭基相,两人在一起多少觉得不那么寂寞。

11 月,先生在大英博物馆译完法国柏地耶著的《瑟绮和丹斯愁》。在这本书的《译者序》里,先生说:"译这篇故事时常常得凌的怂恿和帮助。"[①]关于这个"凌",后来先生在 1936 年写的《慈慧殿三号——北平杂写之一》一文里描述北平住宅奇奇怪怪的情况时,有一段话看似是讲夫人(奚今吾)和他本人的亲历:"有一天晚上,我躺在沙发上看书,凌坐在对面的沙发上共着一盏灯做针线。"[②]有研究先生的学者据此段话就认为"凌"是奚今吾。[③] 这实际是错误的推断。先生在《慈慧殿三号——北平杂写之一》里提到的"凌"和早年翻译法国柏地耶著《瑟绮和丹斯愁》的《译者序》里提到的"凌"实际是一个人,凌叔华。关于为何是指凌叔华,详见《慈慧殿三号——北平杂写之一》相关说明部分。

是年,刘海粟去巴黎近郊的玫瑰村寓所拜访先生,并画了一幅《玫瑰村》的油画。

---

① 《朱光潜全集》第 11 卷,合肥:安徽教育出版社 1989 年版,第 10 页。
② 《朱光潜全集》第 8 卷,合肥:安徽教育出版社 1993 年版,第 437 页。
③ 朱洪:《朱光潜大传》,北京:人民日报出版社 2012 年版,第 99 页。

1930年(庚午　民国十九年)33岁

先生往返于伦敦与巴黎之间。

撰写《文艺心理学》①和《变态心理学》。《变态心理学》(图5-3)是年8月撰写完成于斯特拉斯堡。该书写作总要花费数月时间,由此可反推《文艺心理学》应该在1929年至1930上半年前就已完成初稿,或者主要章节。

与陆元诚、潘渊、陈元德、缪培基、罗长海、温嗣芳、邓燮纲、王兆俊、胡先庭等人交往。其中潘渊、温嗣芳是先生在爱丁堡大学的学友。

和奚今吾处在恋爱中。

曾去伦敦听蒙罗(H. Monro)组织的诗歌朗诵会,又去过巴黎歌剧院听诗歌朗诵。

3月,在《中学生》第3期,发表译文《歌德评〈最后的晚餐〉》。

4月,《变态心理学派别》由上海开明书店出版(图5-4)。

图5-3　1933年1月,《变态心理学》由上海商务印书馆出版。

先生的这部《变态心理学派别》成书于1929年,1930年4月由开明书店出版,这本书可以说是中国首部系统评介变态心理学派别的著作。在此之前,先生还在1921年7月25日出版的《东方杂志》第18卷第14期上撰长文评介弗洛伊德,题为《福鲁德的隐意识说与心理分析》。文章从九个方面全面介绍了弗洛伊德的隐意识(一般译为"无意识"或"潜意识")学说,主要包括:福鲁德的隐意

---

① 先生在《谈美》一书《开场话》里称:"我曾经费过一年的光阴写了一部《文艺心理学》。"参见《朱光潜全集》(新编增订本)第3卷,北京:中华书局2012年版,第8页。从这句话看,该书的写作很可能是在1929年—1930年间,这就可判断爱丁堡、伦敦、巴黎三地都是该书写作的地点。因此,先生晚年接受冬晓采访时说在爱丁堡完成此书,大概指的是一些未定型的单篇。先生到伦敦后,常渡过海峡去巴黎大学听德拉库瓦的《艺术心理学》课程,受到启发,从两本书的命名上也可看出些联系。先生把最初没有发表的《文艺心理学》给朱自清写序(1932年4月11日),根据朱自清日记记载的书名是《实验美学概要》(《朱自清全集》第9卷,南京:江苏教育出版社1997年版,第129-139页)。所以,先生后来20世纪80年代在《作者自传》中说:"他的启发(指德拉库瓦写《艺术心理学》——编者)使我起念写《文艺心理学》。"(《朱光潜全集》第1卷,合肥:安徽教育出版社1987年版,第4页。)

识说;隐意识与梦的心理;隐意识与神话;隐意识与神经病;心理分析;心理分析与神经病治疗学。该文对弗洛伊德评介的范围和分析的深度都远远超越了20世纪20年代初汪敬熙通过英文翻译介绍弗洛伊德心理学和罗迪先由日文译介厨川白村《近代文学十讲》而介绍的弗洛伊德精神分析学所达到的高度。这篇文章可以看作先生写《变态心理学派别》这本专著的思想雏形。所以,高觉敷在给先生《变态心理学派别》作的《序》里称"譬如我们现在都知道弗洛伊德,但是介绍弗洛伊德的学说的,算是他第一个"① 非虚言!

图5-4 1930年4月,《变态心理学派别》由上海开明书店出版。

现摘选《变态心理学派别》一书主要内容作一疏理:

全书共九章。另附参考书籍和一个简要书目。从书目看,所列大多为20世纪20年代前后的英法心理学家的著作。由此可以见出先生的研究极具前沿性,甚至研究的主要对象弗洛伊德那时仍然健在。

名不正则言不顺。第一章引论先给变态心理学"正名"。先生指出:"研究隐意识和潜意识的心理学通常叫做'变态心理学'(Abnormal Psychology)。严格的说,这个名词并不精确。从近代心理学的观点看,任何人的心理都带有若干所谓'变态'的成分。"②像梦和催眠暗示都是变态作用,"我们还可以说,通常所谓'变态'其实都是'常态',因为'变态'是潜意识或隐意识作用,而这两种作用实占心的最大部分"。③ 由此,先生引出近代变态心理学的两大"流":发源于法国的"巴黎派"和"南锡派"。

第二章巴黎派和南锡派与第三章新南锡派可以看成是围绕催眠术争论的相互关联的"流"与"变"的两个部分。巴黎派(以夏柯为代表)视催眠状态为一种精神病症,只有患精神病的人可被催眠。因此,催眠主因不是暗示;而南锡派

---

① 《朱光潜全集》(新编增订本)第2卷,北京:中华书局2012年版,第4页。
② 《朱光潜全集》(新编增订本)第2卷,北京:中华书局2012年版,第6页。
③ 《朱光潜全集》(新编增订本)第2卷,北京:中华书局2012年版,第6页。

(以般含为代表)则偏重催眠的心理方面,认为催眠与病理无关,催眠而成的睡眠与自然入睡的睡眠,根本无差异。先生从"变态"非生理而和心理"常态"并非抵牾的解释出发,对这两派之争作了有倾向的评价,他说:"巴黎派与南锡派争辩颇久。他们究竟谁是谁非呢?现代学者大半都赞同南锡派的主张,只有耶勒还跟着夏柯相信催眠是一种精神病态。"①第三章"新南锡派"(以鲍都文为代表),顾名思义,自然和南锡派在思想上有传承关系,这个传承就在于新南锡派接受了南锡派"念动的活动"这个基本信条。这是思想传承的"流"。但是,新南锡派对旧南锡派又有所发展,认为暗示不必要催眠,也不必要有催眠者,我们每个人皆可"自暗示"。因此,新南锡派更看重"暗示"这个观念在潜意识中实现于动作,而不是像旧南锡派仅局限于"施诊者暗示一观念于受诊者,而受诊者接收这个观念于心中"的教条。这是侧重思想的"变"。

  第四章耶勒是全书的"枢纽",先生指出:"巴黎派和南锡派的分子全是医生,偏重实际治疗的功效,对于学理却不甚过问。到了耶勒(Janet)的手里,他才根据精神病治疗和催眠暗示的经验,建筑一种变态心理学出来。耶勒的学说可以说是集巴黎派和南锡派之大成。"②这可以说明,先生以"耶勒"作为全书的"枢纽",耶勒的学说于前三派的观点而言,既是对"流"的因袭,也有"变"的突破,从写作的角度看,亦有"承接上文"的作用。耶勒认为变态心理之所以发生,是所谓"分裂作用",即由于全体心理系统"分裂"开去,而某一观念脱离这全体系统而独立,不受其他观念来节制,它也不能节制其他观念。耶勒进一步指出,精神病多起于分裂作用,意识之所以分裂是因为"综合作用的失败"。"综合作用的失败"又是因为"心力疲竭"(exhaustion)。"心力疲竭"又是由情感(emotion)的消耗与浪费所致,并伴随着"受伤记忆"(traumatic memories)。耶勒把这"受伤记忆"称之为"潜意识的固定观念"(subconscious fixed ideas)。这个说法颇类似弗洛伊德的"被压抑的欲望"。其实,耶勒和弗洛伊德的理论都是从这个"分裂作用"(精神病的诱发原因)出发的。当然,二者的观点有两点不同。"(一)论成因,弗洛伊德的根本原理是'压抑'(repression),耶勒的根本原理是'疲竭'(exhaustion)。(二)论内容,弗洛伊德的'被压抑的欲望'几全关性欲,而耶勒则力反对此说,他以为任何观念都可以形成潜意识。弗洛伊德的隐意

---

① 《朱光潜全集》(新编增订本)第 2 卷,北京:中华书局 2012 年版,第 13 页。
② 《朱光潜全集》(新编增订本)第 2 卷,北京:中华书局 2012 年版,第 122 页。

识,以情感为中心,耶勒的潜意识,以固定观念为中心。"①从写作的角度看,先生分析耶勒与弗洛伊德观点的不同之处,也是为了"引起下文":即对弗洛伊德的观点进行深入的剖析。

第五章弗洛伊德(上篇)、第六章弗洛伊德(下篇)、第七章荣格、第八章阿德勒,这四章可以作为一个整体来看:即都是以压抑作用解释隐意识现象者。在这四章中先生用两章篇幅评介弗洛伊德,也可见对弗洛伊德的剖析是本书的"重中之重",也说明在派别林立的变态心理学领域里,弗洛伊德的地位最高、贡献最大。

先生在介绍弗洛伊德变态心理学时,对中国心理学的贡献首先体现在他对英文 unconscious 一词在弗洛伊德精神分析学中应译成"隐意识",不能译成"无意识"的这一独特观点。把 unconscious 译成"潜意识"是我们现代心理学教科书的一般译法,先生也不赞成,因为在法国心理学派中用"潜意识"译 subconscious 比较妥当。"潜意识"一方面不是"无意识",在"主意识"失去作用时,它仍可回到意识界,如催眠状态、睡行症等;另一方面"潜意识"又和弗洛伊德的"隐意识"有别,它和意识虽然分裂却不是处于敌对状态。所以,先生主张用"潜意识"去翻译法国心理学派 subconscious;用"隐意识"去译弗洛伊德 unconscious 一词。这样意思不会混淆。这个区分是精确细致的,至今仍未被心理学界足够重视。因为这不仅仅是一个译名的问题,它还是理解法国心理学派和弗洛伊德精神分析学派理论的"分水岭"。先生指出无意识、潜意识、前意识、隐意识的分别:"德文 unbewussten,英文 unconscious 通常译为'无意识'。原来这个字在心理学上有两个意义:(一)暂时不在意识境界的心理构造和机能。(二)通常不能回到意识境界的心理构造和机能。第二义本包括在第一义之中,而却不可与第一义相混。第一义可译为'无意识',而第二义则译为'隐意识'较为精确。比如反射动作和习惯动作大半是'无意识'作用而非'隐意识'作用(如走路——编者),做梦大半是隐意识作用,若称为'无意识'则不免混糊。'无意识'的范围比'隐意识'大。非'隐意识'的'无意识',弗洛伊德称为'前意识'(preconscious),即通常容易召回的记忆。法国派心理学者所谓'潜意识'或'下意识'(subconscious)则用得很含混。它是'固定观念'所形成的系统,为精神病原所在,所以近于弗洛伊德的'隐意识',但是它并不一定是不能召回的

---

① 《朱光潜全集》(新编增订本)第 2 卷,北京:中华书局 2012 年版,第 38 页。

记忆,例如两重人格的两重记忆尝自由交替现于意识界,所以它又近于弗洛伊德的'前意识'。"① 由此可见,"潜意识和隐意识的分别极为重要。耶勒派和弗洛伊德派分道扬镳,就从这个界线出发。耶勒派偏重潜意识现象,统辖潜意识现象的基本原理是分裂作用;弗洛伊德派偏重隐意识现象,统辖隐意识现象的基本原理是压抑作用"。② 可以说,分裂作用是人的观念系统发生错乱的结果,而压抑作用则是人的本能(快感原则)和社会习俗、道德教育(现实原则)相冲突的产物。人的本能欲望大半为社会道德和法律规范相抵牾,"不过社会裁制力太强,而保存自我的冲动又不容我轻为欲望牺牲,结果往往是欲望让步。心理状况中于是有所谓'压抑'(repression)。'压抑'是弗洛伊德学说的精髓,我们须得懂透"。③ 这个被压抑下去的意识就成为"隐意识"。这个"隐意识"好比躲藏在舞台的幕后,中间有一个幕布"前意识"(通常记忆)把它和"意识"隔开。在弗洛伊德看来,意识只是前意识的一部分,从前意识到意识或者从意识到前意识,只是刹那间的事,二者虽有界限却没有不可逾越的鸿沟,因而此"界限"在图示中可以用虚线表示。

隐意识则不同,它要回到意识里来是困难的,所以用实线表示。"隐意识所以不易召回于意识界者,因为意识有一种'检察作用'(censor)。隐意识是欲望的遁逃薮,而意识则为道德法律功利等观念所支配。隐意识根据'快感原则'而活动,意识则根据'现实原则'而活动"。④

应该看到,耶勒把"分裂作用"看作人的心力疲竭(exhaustion)所致,而弗洛伊德则是把"压抑作用"看作人的本能欲望(包括用以绵延种族的性欲本能"sexual instinct"和用于保护个体的自我本能"ego instinct"两种欲望)得不到宣泄的结果。这个被压抑的"来比多"(libido)在暗中反倒更加活跃,并集积形成"情意综"(complexes)。"情意综"有"恋母情意综"(Oedipus complex,称为"俄狄浦斯情意综"),有"恋父情意综"(Electra complex,称为"厄勒克特拉情意综"),它们不断向意识领域明侵暗犯。隐意识向意识"明侵",于是有精神病发生;隐意识向意识"暗犯",于是有"梦",而且这"梦"常常是以伪装和象征来进行的。"梦何以要化装,要用象征呢?象征的用意在逃免意识的检察作用,意识

---

① 《朱光潜全集》(新编增订本)第2卷,北京:中华书局2012年版,第47页。
② 《朱光潜全集》(新编增订本)第2卷,北京:中华书局2012年版,第128页。
③ 《朱光潜全集》(新编增订本)第2卷,北京:中华书局2012年版,第46页。
④ 《朱光潜全集》(新编增订本)第2卷,北京:中华书局2012年版,第47-48页。

检察在睡眠中虽较疏懈,然亦非完全失去防范力,若欲望赤裸裸的冲进意阈,它的不道德的意味或能惊醒意识的检察作用,所以须化装"。①

治疗精神病的方法是运用"心理分析法"(psychoanalysis),把致病的诱因找出并召回到记忆中来,使被压抑的隐意识宣泄之后不再作祟;通过正当的途径来疏导淤积在隐意识中的本能欲望。所以,除了以男女异性对象为宣泄渠道之外,也可像文艺那样实现"意欲的升华","'升华'作用把隐意识引导到文艺上去发泄,好比把横行的劫盗训练为有纪律的军队"。②

关于弗洛伊德心理学理论的贡献,先生认为其最大贡献"就在打破唯理派的偏见,证明情感和本能在心理上占首要位置"。③ 在心理治疗方面,"弗洛伊德的最大贡献在发明心理分析法以治精神病"。④ 然而,弗洛伊德对梦的解释还是"太牵强"。隐意识何以要化装以避免意识的"检察作用"而出现于意识界呢?倘若说是为了寻求快感,这不是和隐意识本来是带有不快感而被压抑到深层相矛盾吗?弗洛伊德的"隐意识"也是一个非常暧昧的概念。"隐意识"既然不能从意识中察觉,就只存在一个推测,不可证明。此外,"弗洛伊德还有一大缺点,就是对于心理学的生理基础无所说明"。⑤ "他只管说压抑、化装、检察、升华,而丝毫没有顾虑到这些作用是否在现在生理科学上能寻得根据"。⑥

第七章荣格。荣格的学说是对他老师弗洛伊德的学说的改造。因此,先生在本章中是把荣格学说和弗洛伊德隐意识说作比较。先生指出荣格分隐意识为两种:"一为'个体的隐意识'(personal unconscious),一为'集团的隐意识'(collective unconscious),'个体的隐意识'有两大成分:(1)被遗忘的经验,相当于弗洛伊德的'前意识'。(2)被压抑的欲望,相当于弗洛伊德的'隐意识'。"⑦ "但是,'个体的隐意识'仅占意识的一小部分,其大部分则为'集团的隐意识'。'集团的隐意识'包含两大要素:(1)本能,荣格和弗洛伊德一样,都以为本能根本只有两种,一为绵延种族用的,即性欲本能,一为保存个体用的,即营养本能(nutritive instinct)(较弗洛伊德的'自我本能'稍窄狭)。(2)'原始印象'(pri-

---

① 《朱光潜全集》(新编增订本)第2卷,北京:中华书局2012年版,第49页。
② 《朱光潜全集》(新编增订本)第2卷,北京:中华书局2012年版,第54页。
③ 《朱光潜全集》(新编增订本)第2卷,北京:中华书局2012年版,第141页。
④ 《朱光潜全集》(新编增订本)第2卷,北京:中华书局2012年版,第63页。
⑤ 《朱光潜全集》(新编增订本)第2卷,北京:中华书局2012年版,第65页。
⑥ 《朱光潜全集》(新编增订本)第2卷,北京:中华书局2012年版,第65页。
⑦ 《朱光潜全集》(新编增订本)第2卷,北京:中华书局2012年版,第67页。

mordial images)。'原始印象'是人类在原始时代所蓄积的印象,其种类甚多。最普通的是神话(myths)。"①

另外,弗洛伊德持"性欲观"(sexual view),而荣格持"能力观"(energic view)。总之,"荣格最大的贡献有两点。第一点是把'来比多'看作广义的'心力',打破弗洛伊德的'泛性欲观'。第二点是着重'集团的隐意识'和'心理原型',这也是救弗洛伊德偏重个人环境而忽略种族遗传之弊"。②

第八章阿德勒。阿德勒也是弗洛伊德的学生。弗洛伊德认为一切神经精神病根源于性欲受到压抑。阿德勒则认为神经精神病在于"自卑感"和"在上意志"的冲突。前者只肯定性欲本能;后者则只认得自我本能,把性欲本能只看作自我本能的变相。"性欲是在上意志的化装"③。"在上意志"(the will to be above),就是要比旁人优胜。如果自觉有缺陷,便生"卑劣感觉",于是就会极力设法去"弥补"。譬如贝多芬、莫扎特和舒曼都有耳病,反倒成为大音乐家。

第九章普林斯。普林斯本来是耶勒的继承者,他以分裂作用解释潜意识现象。先生把其放在最后一章讨论,从学理上看似乎很吊诡。这样安排,当然有从时间先后考量的原因,但更重要的是,普林斯所代表的英美派不像大陆学派藐视"经验式"心理学那样,恰恰就是以心理学家的身份去研究变态心理学。这就契合了开篇先生主张"变态"和"常态"心理学非对立的观点。

当然,普林斯对变态心理学的贡献还在于他提出的"并存意识"。在耶勒那里,分裂开来的主意识和副意识是不能同时并存的,而普林斯则认为分裂的意识可以同时活动,有时甚至彼此相知觉,相记忆,他称之为"并存意识"(co-consciousness)。先生指出:"他把潜意识分为并存意识和无意识两部分。'无意识'存于意识边缘之外,包含过去经验中可复现于意识的记忆和不可复现于记忆的生理的留痕。并存意识存于意识边缘,和中心意识相对。"④综上所述,我们可以根据先生的介绍和分析,在学理上把变态心理按照"以分裂作用解释潜意识现象者"和"以压抑作用解释隐意识现象者"来梳理,见下图所示:

---

① 《朱光潜全集》(新编增订本)第2卷,北京:中华书局2012年版,第67—68页。
② 《朱光潜全集》(新编增订本)第2卷,北京:中华书局2012年版,第77页。
③ 《朱光潜全集》(新编增订本)第2卷,北京:中华书局2012年版,第83页。
④ 《朱光潜全集》(新编增订本)第2卷,北京:中华书局2012年版,第125页。

(一)

以分裂作用解释潜意识现象者
- 巴黎派——夏柯——耶勒（迷狂症）
- 南锡派——般含——（催眠术）
- 新南锡派——库维——鲍都文（自暗示）
- 英美派——以普林斯为代表（并存意识）

(二)

以压抑作用解释隐意识现象者
- 维也纳派——弗洛伊德（泛性欲观）
- 苏黎世派——荣格（集团的隐意识）
- 个别心理学派——阿德勒（缺陷器官与弥补）

5月，先生作序、张志渊翻译的都德名作《阿莱城的姑娘》由开明书店出版。先生称："现在《阿莱城的姑娘》已穿起中国衣服了，让我们掬诚向她表示欢迎！"其实先生的这篇序文是在1929年12月旅居伦敦高瓦街时所作。

7月，译著《愁斯丹和绮瑟》（[法]柏地耶著），今译《特里斯丹和绮瑟》，由开明书店出版。

8月，《谈出洋留学》发表于《中学生》第7期。文章对五十年间的中国留学制作了总结，认为是"失败"的。先生强调派遣留学应该偏重专门技艺，至于搞社会科学纯粹科学哲学文学之类，先生认为："学这些学问，在国内是抱书本子，在外国也还不过是抱书本子，我们又何必定要到外国去呢？"①对一些留学生的"坏脾气"先生也作了针砭："在中国时欢喜拿外国东西骗中国人，在外国时欢喜拿中国东西骗外国人。做博士论文的有几位不是拿中国古色斑斓的东西做题材？比如费两三年功夫在外国图书馆搜集'商鞅理财'或是'墨子哲学'的材料，论文成矣，博士到手矣，何补于学问之大？"②

是年前后，还著一部《符号逻辑》（后散佚——编者）。先生后来回忆道："在罗素的影响之下，我还写过一部叙述符号逻辑派别的书（稿交商务印书馆，抗日战争中遭火焚掉）。"③

先生在伦敦大学学院攻读英国文学及心理学，即将毕业，苦于经常收不到官费，于是给安徽教育厅长写信（图5-5）：

---

① 《朱光潜全集》第8卷，合肥：安徽教育出版社1993年版，第347页。
② 《朱光潜全集》第8卷，合肥：安徽教育出版社1993年版，第342页。
③ 《朱光潜全集》（新编增订本）第10卷，北京：中华书局2012年版，第6页。

安徽教育厅长钧启：
  兹遵章将上月份学业报告表填写寄呈敬乞察核。
  即颂
  台安！

留英省费生　朱光潜　敬上
十二月五日

从先生填写的十一月、十二月学业报告表可知，先生在伦敦大学学院攻读英国文学及心理学，即将毕业。在十一月报告表"本月曾作何种报告并述其概要"一栏中，先生填的内容是"一篇题为《色彩的感觉》的论文，讨论了布洛（Bullough）、瓦伦丁（Valentine）及其他人关于色彩偏好的观点"；在"本月曾否旅行有何感想"一栏中，先生填写"月初从斯特拉斯堡返回，已修完斯特拉斯堡大学《法语与法国文学》的夏季课程"；在"附录"一栏中，先生写道："1930—1931年学期计划：1.英国文学方面，将会特别关注伊丽莎白时期的戏剧；2.心理学方面，将完成一篇中文专题论文，总结近期心理美学试验的成果。"在十

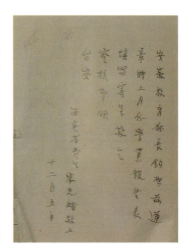

图5-5　先生因经常收不到官费，给安徽教育厅长写的信。

二月报告表"本月曾作何种报告并述其概要"一栏中，先生填写的内容是"马洛《浮士德博士的悲剧》与歌德《浮士德（第一部分）》的对比研究（课堂作业）"；在"本月曾否旅行有何感想"一栏中，先生填写"圣诞节假期打算去牛津大学"。

先生总是拿不到官费与当时的风气和规章有关。按照当时《安徽教育厅考核（省费奖学金）留学生学业成绩规则》（图5-6）的规定："1.省费及奖学金留学生须于每月五日以前将上月份及每学期终了后十日内将上学期学业成绩摘要填写于本厅所颁报告表寄交本厅审查；2.省费及奖学金留学生填寄报告表时须请学校校长或主任教授在'证明者'栏内签名方为有效；3.报告表须由该生亲笔填写不得潦草糊涂并不得请他人代填；4.每月学业报告表继续三个月不填写报者即停止发费；5.每月学业报告表继续五个月不填报或学期报告表二次不填报者即取消省费或奖学金资格。"

图 5-6 《安徽教育厅考核(省费奖学金)留学生学业成绩规则》

从上述规章看,奖学金的发放要求还是非常严格的。今在安徽省档案馆查到先生报表表(图5-7)不过数页。不知先生早先是否按要求每月都填写报告单,如过期三月不填即停发省费。当然,奖学金未能按时发放也可能是国内形势所致。总之,先生说的经常收不到官费是事实。

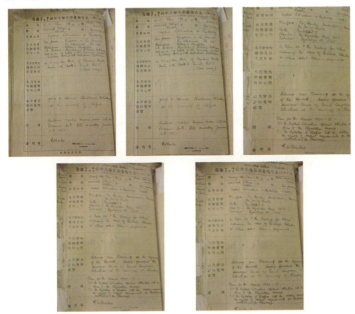

图 5-7 民国十九年(1930年)十一月、十二月先生的学业报告表

卷五 早期美学系统的建立 | 067

安徽省费奖学金留学生每月学业报告表(民国十九年十一月)

姓名	朱光潜	住址(国外)	蜜尔大学(?)(看不清——译者)伦敦
学校	伦敦大学学院	年级	研究生
学习科目	英国文学与心理学（文科）		
本月曾读何种书籍有何心得	马洛:《浮士德博士的悲剧》《帖木儿大帝》《爱德华二世》《马耳他岛的犹太人》、歌德:《浮士德(第一部分)》、钱伯斯:《伊丽莎白朝的舞台(第一卷)》、德拉库瓦:《艺术心理学》(法文书籍——译者)		
本月曾作何种报告并述其概要	一篇题为《色彩的感觉》的论文,讨论了布洛(Bullough)、瓦伦丁(Valentine)及其他人关于色彩偏好的观点		
本月曾作何种实习有何心得			
本月曾否旅行有何感想	月初从斯特拉斯堡返回,已修完斯特拉斯堡大学《法语与法国文学》的夏季课程		
附录	1930年—1931年学期计划:1.英国文学方面,将会特别关注伊丽莎白时期的戏剧 2.心理学方面,将完成一篇中文专题论文,总结近期心理美学试验的成果		
证明人	R.W.Chambers(R.W.钱伯斯)伦敦大学学院(钤印)		

安徽省费奖学金留学生每月学业报告表(民国十九年十二月)

姓名	朱光潜	住址(国外)	蜜尔旅馆
学校	伦敦大学学院	年级	研究生
学习科目	英国文学与心理学		
本月曾读何种书籍有何心得	本·琼森:《人人高兴》《炼金术士》《狐狸》、莎士比亚:《安东尼与克莉奥佩特拉》、I.A.理查德:《文学批评原理》涉及美学问题的英国及美国心理学期刊		
本月曾作何种报告并述其概要	马洛《浮士德博士的悲剧》与歌德《浮士德(第一部分)》的对比研究（课堂作业）		

本月曾作 何种实习 有何心得	
本月曾否旅 行有何感想	圣诞节假期打算去牛津大学
附录	圣诞假期从 1931 年 12 月 20 日周六开始至 1 月 12 日周一结束
证明人	R.W.Chambers（R.W.钱伯斯）伦敦大学学院（钤印）

1931 年（辛未 民国二十年）34 岁

根据安徽教育厅对官费生的要求，先生原计划在欧洲留学六年，然到 1931 年已满六年，先生并没有按期完成博士论文《悲剧心理学》并获博士学位。这样，不得不再向安徽省教育厅打报告申请延长公费留学一年。查 1931 年《安徽教育行政周刊》第 4 卷第 25 期"教育要闻"栏目登出的《留英省费生朱光潜经教育部核准延长给费期限一年》，全文如下：

"留英省费生朱光潜于十四年十月抵英，入爱丁堡大学硕士班肄业。十七年夏毕业后，复入爱丁堡大学研究院，肄业一年又转学伦敦大学，希由博返约，从事文学、哲学、美学、心理学多方面研究，俾完成《悲剧心理学》论文。惟该项著作虽已准备三年，关于德、法文著作尚待搜集。查教厅留学规程所订，留学期限只有六年，该生本年十月，即届满期，因特呈请延长修学期限一年，转学法国斯塔希堡（即斯特拉斯堡——编者）大学。教厅以该生历年成绩均极优异，此次呈请延长期限一年，转学法国继续研究，俾完成博士论文之理由尚属实在。惟事关定案，未便变更，而细核原呈，又觉该生志趣专笃，学业垂成，不予通融，亦深可惜。特抄同原呈备文呈教部核示。旋奉教部指令：'该生志趣专笃，殊堪嘉许，应准延长给费一年，俾竟所学。'教厅奉令后，已行知该生知照云。"

先生在 1930 年伦敦大学学院申请安徽官费生留学经费时就说那个夏季学期开始便在斯特拉斯堡学习法文。由此可知，先生和奚今吾大约在 1930 年下半年已频繁在斯特拉斯堡相会。这也符合《悲剧心理学》（中译本）《前言》里所

图 5-8　1931 年 11 月至 1933 年初,先生(右二)在斯特拉斯堡大学求学期间与友人合影。

述:"在法国斯特拉斯堡大学进修的三年中"①(图 5-8)这句话。当然,先生是两边跑,还有伦敦大学学院一些残留的琐事须处理。

是年 1 月 14 日—28 日吴宓游伦敦时,将其与先生交往的经历记录在了《吴宓日记》中,从日记里,可以见出先生在伦敦这段时间的学习和交往情况②:

"1 月 14 日……晚 8(时)—11(时)在 Mill's Hotel Aunex(79)③访朱光潜君(孟实),谈文学,及中国人之缺乏理想等。极洽。旋王兆俊君来共谈,并约定各事。

1 月 15 日……(晚)8(时)—10(时)独赴 Mill's Hotel Aunex 访朱光潜君。

---

① 编者认为,先生 1930 年夏季开学即在法国斯特拉斯堡大学注册。前面申请官费即提到"斯特拉斯堡大学《法语与法国文学》的夏季课程已经修完"。现存有关文献大多称先生是在 1931 年 10 月或 11 月转入斯特拉斯堡大学。这个说法编者认为是错误的。(参见王攸欣:《朱光潜传》,北京:人民出版社 2011 年版,第 115 页。朱洪:《朱光潜大传》,北京:人民日报出版社 2012 年版,第 77 页。蒯大申:《朱光潜后期美学思想述论》,上海:上海社会科学院出版社 2001 年版,第 283 页。)先生夫人奚今吾的回忆亦可验证编者的观点,奚今吾写道:"1930 年春天,算起来在奥勒翁女子中学只住了一年零几个月时间,在语言方面我们已基本没有障碍了。我们离开了这所学校,转到了法国与德国相邻的城市斯特拉斯堡,当地居民通用法语和德语,朱先生选择这里以便学习德语。"(奚今吾未发表的《回忆录》)

② 吴宓:《吴宓日记》(1930-1933),北京:三联书店 1998 年版,第 162-178 页。

③ 密勒氏旅馆增建部分 79 号房间。

缪培基君如约来。而品行恶劣、久闻其名之山东学生赵长敏亦在。10(时)—11(时)又共至 Tottenham Court Road 南口之 Mount View Café① 坐谈,朱君作东。归寝甚迟。

1月16日……遇朱光潜君。

1月17日……晨九时,至 Mill's Hotel Aunex 访朱光潜君。缪培基君亦来,遂同乘火车至 Windsor Castle② 游观。购画片数枚。正午,在其旁之某馆中午餐。即渡河桥,游 Eton College③,见亨利六世石像。次乘长途汽车,至 Virginia Waters④ 游。长湖如弧,野树丛生而密环之。在巨都近郊,别饶天然之趣,湖波荡涤,实叙情之佳地。五时,复至 Windsor 乘原火车归。

1月21日……是日本约朱光潜君同往,临时竟忘记往邀。

1月22日……回至 Mill's Hotel,遇朱光潜君,邀晚饭。又在其馆中谈,而温嗣芳、罗长海、缪培基诸君来。

1月25日……归寓,访陆元诚、朱光潜二君,不遇。

1月26日……晚饭后 8(时)—11(时),至 Mill's Hotel Aunex 访朱光潜君,而清华学生陈元德来访,适遇,久谈。十一时始归寝。

1月27日……晚 7(时)—11(时)访朱光潜君。朱君邀至 Mill's Hotel 晚饭,在其寓中谈。而缪培基来,又一客来。10(时)—11(时)同出,宓邀朱君至一小饭馆续谈。宓述彦事,朱君谓(一)宓太不了解女子心理,且须曲从。……(九)与彦关系应速明白决定,毋拖延。⑤

1月28日……10:00 车行,到站相送者,为朱光潜、缪培基、罗长海、陆元

---

① 托特纳姆法庭路南口之山景咖啡馆。
② 温莎堡。
③ 伊顿学院。
④ 弗吉尼亚矿泉。
⑤ 吴宓这半个月的日记反映了先生在英国的一些交往经历,其中最引起吴宓注意的是先生给他和毛彦文恋情的建议:(1)先生认为,吴宓不懂女人心,女性在婚姻上当然希望尊严和体面,希望男子崇仰和追求,这是很自然的事。更何况毛彦文已经历爱情挫折,这方面心理需求更强烈。(2)两人相互争执不下,虽都有不对的地方,但主要是吴宓没有给对方足够的尊重和合适的安排,加上毛彦文的矫情,自然难以合拍。(3)先生认为,吴宓对毛彦文的爱并非像吴自己陈述的那样,如不其然,应为毛彦文有作牺牲的考虑。先生认为,实际上吴宓注重的还是毛彦文的外表。(4)先生认为毛彦文爱吴宓则更浅,她答应结婚并非因为爱情而更多是出于利益考量。(5)先生认为,吴宓要真想和毛彦文结婚,则必须到美国,而不是让她到欧洲。(6)如真打算去美和毛彦文结婚,必须慎重评估俩人的性情是否能久处。(7)先生认为,吴宓内心深处更爱陈仰贤女士,而不是毛彦文。不过陈仰贤一心一意爱叶公超,恐未必能和吴宓结婚。(8)吴宓此时对毛彦文无任何道德责任和义务,所以首先考虑的是感情至上。(9)先生觉得吴宓如想这桩事成功,则宜速而不宜久拖。

诚、邓燮刚及潘君之友张璇君等,共十人。"

在情爱观与婚姻方面,先生对吴宓的一番忠告是切中要害的。吴宓的优柔寡断可能会让其在婚姻中两头落空。和吴宓、朱自清、叶公超同为清华教授的浦江清在日记里记载的情况从侧面验证了先生的看法是准确的。1930年12月26日,浦江清迎来了自己的27岁生日,他在日记里写道:

"我的第27个生日……预先约好,请蔡贞芳、(陈)仰贤来吃晚饭,并且请(叶)公超、(朱)佩弦作陪。佩弦和公超喝了些酒。我们回到西客厅闲谈,公超讲话最多,其次是仰贤。公超大骂燕京大学,拿那里的几个教授开玩笑。仰贤批评吴(宓)先生的离婚①,说吴先生是最好的教授,但是没有资格做父亲,亦没有资格做丈夫。这使我们都寒心,因为在座诸人都知道,吴在英国,用电报和快信与在美国的毛彦文女士来往交涉,他们的感情已决裂了。吴现在唯一希望再得到仰贤的爱。而仰贤的态度如此,恐怕将来要闹悲剧……"

先生后来回忆从伦敦大学学院转到法国斯特拉斯堡大学的原因:"后来就离开了英国,转到莱茵河畔斯特拉斯堡大学。一则因为那是德国大诗人歌德的母校,地方比较僻静(图5-9),生活较便宜;二则那地方法语和德语通用,可趁机学习对我的专科极为重要的德语。我的论文《悲剧心理学》是在该校心理学教授夏尔·布朗达尔指导之下写成和通过的。"②

上述两方面固然是先生选择到法国斯特拉斯堡大学继续深造的原因,但是不容否认的是,先生此时和奚今吾一同前往法国巴黎大学(奚今吾攻读数学——编者),并酝酿结婚,才是更重要的一方面原因。奚今吾后来回忆道:"到了斯特拉斯堡,朱先生就开始准备写博士论文,忙于查资料,学习法语和德语。我已进入斯特拉斯堡大学理科学习数学。夏天的星期六晚我们常到离大学不远的橘园听音乐,每人喝一杯咖啡或一杯啤酒。冬天的节假日我们到剧院看戏或电影,我的房东的女儿是影剧院的售票员,她可以为我们买到好座位的票。在当时那里的学生看电影或戏剧都是半价。我和朱先生在看话剧或歌剧以前,总是先仔细读剧本。记得我们一同看过《青鸟》《茶花女》《吝啬人》《罗密欧与朱丽叶》,等等。这对于我们学习语言帮助很大。朱先生当时一面写博士论文,一面还要写文章寄到开明书店挣稿费。""每天我们除了上课以外,都到离学校

---

① 指吴宓与原配陈心一离婚。
② 《朱光潜全集》(新编增订本)第10卷,北京:中华书局2012年版,第6页。

只有十来分钟远的图书馆学习,每天吃过晚饭,我刷洗完锅碗,在等图书馆开门以前,朱先生和我常常沿着教堂旁的河边散步。中国同学取笑我们说:'月上柳梢头,人约黄昏后。'到了图书馆,我们赶快走到自己的座位上。因为我们经常都来图书馆学习,晚上法国同学又都回家了,到图书馆的人已不多,我们每人差不多都有自己的固定的座位。来这里学习的人都是争分夺秒地工作,没有人走动,没有人大声咳嗽,静得连一支铅笔掉在地上也会惊动周围的人。十点半钟到了,图书馆闭馆的铃响了,我们才收拾书包回到各自宿舍。生活是多么紧凑而充实呵。"(奚今吾未发表的《回忆录》)

图 5-9　先生(左)与友人在斯特拉斯堡寓所后面一条通往莱茵河的小河边散步。

先生在夏尔·布朗达尔①(Charles Blondel)教授和科绪尔(A.Kozsul)教授指导下,扩充他早年在爱丁堡写的论文《论悲剧的快感》,并开始写作博士论文《悲剧心理学》。新近阅读布洛的"距离"说给先生带来了灵感,他开始以此为出发点撰写博士论文。

7月27日,先生收到刘海粟寄的、以其所作《卢森堡之雪》油画为底纹的明信片(图 5-10)。上面写着:

---

① 夏尔·布朗达尔教授是著名现象学大师莱维纳斯的老师,莱维纳斯于1924年进入斯特拉斯堡大学学习,可能和先生相识。

孟实兄，尊书欣悉，弟守约八月十五离法东归，二年后复来此，二年中整理美专办出版物，别无他图，今后一切当源源相告。此片印之画即此次展览时为法政府购藏于美术馆者，寄作纪念。

海

图 5-10　刘海粟寄给先生的明信片（右图明信片左下角书：《卢森堡之雪》刘海粟作　法国国立美术馆藏）

8月22日，收到凌叔华从罗马寄来的明信片（图5-11），收信地址是法国斯特拉斯堡橘园斯巴大道11a.，全文如下：

孟实，我终于归去了！八月二日和表弟王彦通离英伦，当晚到比京①逛宝希灯景，次日游滑铁卢战场，又次日看《里埃沿》展览会。五日到巴黎，住八天，名胜奇事看了不少。十三日至十八日在日内瓦登小游湖，把一切尘缘都洗涤干净。十九日来罗马，游教廷与上古时代的断瓦颓垣，随同美国游历团作一次"浮浅的不深入"的游览。今日去威尼斯，绕道过捷奥到柏林，九日初回国。原想到斯特拉司（斯）堡看你②，因不顺路作罢。真对不起。通信请寄北平西城灵境七号颂河。

八月廿二日

△是年，完成《文艺心理学》初稿，共十二章（后于1936年首次出版时加了

---

① "比京"指比利时首都布鲁塞尔。
② 说明先生和凌叔华早已相识，故1929年先生在给自己译作《瑟绮和丹斯愁》一书《译者序》里称此书受到"凌的怂恿和帮助"，这里的"凌"显然是指凌叔华。

第六、七、八、十、十一五章,成为十七章——编者)。

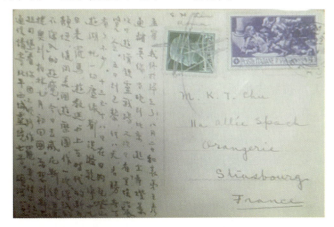

图 5-11　凌叔华寄给先生的明信片

1932 年(壬申　民国二十一年)35 岁

是年,先生将大部分时间用于撰写英文博士论文《悲剧心理学》。

1 月 1 日,先生到图书馆借阅乔治·杜马(G. Dumas)著作法文版《心理治疗》第一册和第二册(图 5-12)。

图 5-12　先生借阅乔治·杜马著作法文版《心理治疗》的借书单

3 月,先生完成《文艺心理学》的"缩写本"——《谈美》,并一起将两本书的初稿寄或托人交给朱自清请他作序。① 朱自清给先生提了切实的修改意见,尤

---

① 朱自清利用清华大学教授工作五年可以休假一年的机会游学欧洲,1931 年 9 月 8 日到伦敦,1932 年 5 月 13 日离开伦敦,后又去巴黎和欧洲大陆游历一两个月。

其是针对第六章《美感与联想》。早先先生受形式派美学的影响,否认联想的作用,认为美感是"损学益道"的,联想愈多(则涉及概念)愈会妨碍"孤立绝缘"的美感生成。后来在朱自清对"联想"作用的肯定和建议下,先生对自己的美学理论作了修正,承认"融贯的联想"有益于美感的生成,并重新改写了这一章。

关于《谈美》,按照先生所说:"在写《文艺心理学》时,我要先看几十部书才敢下笔写一章;在写这封信时,我和平时写信给我的弟弟妹妹一样,面前一张纸,手里一管笔,想到什么便写什么,什么书也不去翻看,我所说的话都是你所能了解的,但是我不敢勉强要你全盘接收。"①可见,先生在写《谈美》时有自己独到的考量。由于《给青年的十二封信》广受读者欢迎,所以先生仿效"十二封信"的书信体,将《文艺心理学》的内容通俗化,并以此为主体,重新写成《谈美》一书,且在首次发表时加了"给青年的第十三封信"作为副标题。因为《文艺心理学》一书的学理性更强,理应以谨慎的态度对书稿反复推敲,仔细修改,以保证其达到公开出版的水准,所以,虽然《文艺心理学》先于《谈美》完稿,且先生都请朱自清为这两本书作了序,但是《文艺心理学》直到1936年才首次出版。

夏,《谈美》完稿。在伦敦与正在法国巴黎大学攻读数学的奚今吾结婚(图5-13),先生时年35岁,夫人时年25岁。夫妇二人于蜜月后返回斯特拉斯堡。

图5-13　1932年夏,先生与奚今吾在伦敦结婚。图为二人寄给父母的结婚照片,照片背面写有"父亲母亲大人赐存"。

---

① 《朱光潜全集》(新编增订本)第3卷,北京:中华书局2012年版,第8页。

11月,《谈美》作为继《给青年的十二封信》之后的"第十三封信",由上海开明书店出版(图5-14)。① 恰如朱立元先生后来评价的那样:"他以书信方式,结合文艺、美学、哲学、道德、政治等,给青年谈论修养,指点迷津,深受青年欢迎。到1929年,这一组十二封信就结集出版。由于所谈问题十分贴近当时国内学生、青年探寻人生道路时的种种迷茫、彷徨、苦闷心情,因而此书一版再版,成为畅销书。由此,朱先生亦'和广大青年建立了友好关系',他以后写书撰文,常常想到青年读者,考虑到他们的需要。《谈美》便是三年之后的1932年,再以书信形式为青年所写的一本美学入门书。在某种意义上,它是前一部书的续篇或姐妹篇。前一部虽论及文艺美学,但主要谈人生修养;后一部主要谈艺术和美,却着眼于美化人生;可以说是一脉相承,相辅相成,相得益彰。"②

图5-14 1932年11月,《谈美》由上海开明书店出版。

关于《谈美》的结构和写作方法,张法先生的概括很简要:"作者达到了一种创造的境界:平居有西人,学力方深;下笔无西人,精神始出。因此,《谈美》从行文和结构,都可以说是朱光潜在'下笔无西人'的状态中,自己建立起来的美学体系,《谈美》分为四大部分,从第一到第三节,讲的是美是什么;第四到第六节,讲的是美与非美的区别;第七、八节,讲的是自然、现实与美的联系与区别;第九到第十四节,讲艺术美,实际上是讲美通过艺术而外化而公共化而永恒;第十五节,从宇宙人生的高度,也就是从哲学的高度讲美的意义。"③

---

① 由上海开明书店出版的这一版本的《谈美》一书中附有作者《致谢》。在《致谢》中,先生称:"这部稿子承朱自清、萧石君、奚今吾三位朋友替我仔细校改过。我每在印成的文章上发见自己不小心的地方就觉得头痛,所以对他们特别感谢。光潜。"

② 朱立元:《中国现代美学史上的一座丰碑》,载朱光潜:《谈美书简二种》,上海:上海文艺出版社1999年版,第1—2页。

③ 张法:《在西方丛林中的建树——朱光潜〈谈美〉与西方美学》,载牛宏宝、张法、吴琼、吴伟:《汉语语境中的西方美学》,合肥:安徽教育出版社2001年版,第363页。

当然,从内容看,最深刻的还是朱自清所作《序》里的评价:

"孟实先生还写了一部大书,《文艺心理学》。但这本小册子并非节略;它自成一个完整的有机体;有些处是那部大书所不详的;有些是那里面没有的。——'人生的艺术化'一章是著名的例子;这是孟实先生自己最重要的理论。他分人生为广狭两义:艺术虽与'实际人生'有距离,与'整个人生'却并无隔阂;'因为艺术是情趣的表现,而情趣的根源就在人生。反之,离开艺术也便无所谓人生;因为凡是创造和欣赏都是艺术的活动。'他说:'生活上的艺术家也不但能认真而且能摆脱。在认真时见出他的严肃,在摆脱时见出他的豁达。'又引西方哲人之说:'至高的善在无所为而为的玩索',以为这'还是一种美'。又说:'一切哲学系统也都只能当作艺术作品去看。'又说:'真理在离开实用而成为情趣中心时,就已经是美感的对象……所以科学的活动也还是一种艺术的活动。'这样真善美便成了三位一体了。孟实先生引读者由艺术走入人生,又将人生纳入艺术之中。这种'宏远的眼界和豁达的胸襟',值得学者深思。文艺理论当有以观其会通;局于一方一隅,是不会有真知灼见的。"[①]

朱自清不愧为先生的"知己",他在这里指出先生所说的"艺术"已经不单单是克罗齐讲的那一刹那的"直觉",它还集名理、道德、人生于"一体",虽然"美感经验"可以"孤立绝缘",但"艺术"则不能,"艺术"要比"美感经验"范围更大。在这个意义上,艺术和美是可以储"善"的;艺术和美也是能够启"真"的。

12月22日,先生在法国斯特拉斯堡大学图书馆借阅欧里庇得斯《悲剧(一)》(图5-15)。

是年,先生开始写作《诗论》提纲及初稿。

编年文:《"子非鱼安知鱼之乐?"——宇宙的人情化》《希腊女神的雕像和血色鲜丽的英国姑娘——美感与快感》《"记得绿罗裙,处处怜芳草"——美感与联想》《"依样画葫芦"——写实主义和理想主义的错误》《诗与散文》(对话体)、《替诗的音律辩护——读胡适的白话文学史后的意见》(后载《东方杂志》1933年第1期)。

---

① 《朱光潜全集》(新编增订本)第3卷,北京:中华书局2012年版,第5页。

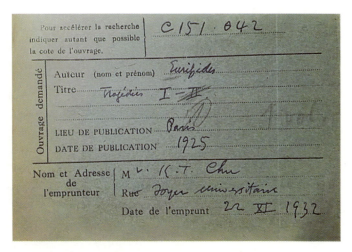

图 5-15　先生借阅欧里庇得斯著作《悲剧（一）》的借书单

1933 年上半年（癸酉　民国二十二年）36 岁

1月，《变态心理学》由上海商务印书馆出版。这和先生先前出版的《变态心理学派别》在编写的方法上有所不同。如先生在这本书的《自序》里称："在编本书之前，他（指朱光潜——编者）曾写过一部《变态心理学派别》，本编有些地方在'派别'中剪取若干材料。不过两书编制方法完全不同，'派别'以作家为中心，本书以问题为中心，而且本书为时较后，对于前作有几点错误已更正过。"①

这里先生除了强调两本书在写作体例上存在不同之处外，还说这本书对前本书的"错误已更正过"。举一例，如前本书在介绍弗洛伊德心理构造观时所列出的示例表②为：

意识
前意识（通常记忆）
隐意识（被压欲望）

这里面"意识"和"前意识"之间是用"实线"画的。严格地说，弗洛伊德的"前意识"和"意识"并无不可打通之处；只有"隐意识"不能招回到"意识"中来。

---

① 《朱光潜全集》（新编增订本）第 2 卷，北京：中华书局 2012 年版，第 117 页。
② 《朱光潜全集》（新编增订本）第 2 卷，北京：中华书局 2012 年版，第 47 页。

所以,"意识"和"前意识"之间应该用"虚线"。

而现在这本书在阐明弗洛伊德心理构造观时所列示例表①则改成：

意识
前意识
（可复现的记忆）
隐意识
（被压抑的欲望）

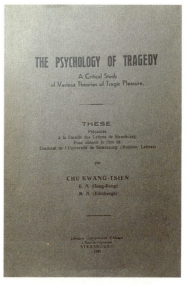

3月,先生在斯特拉斯堡大学为其博士论文、英文专著《悲剧心理学》(*The Psychology of Tragedy*)作《前言》。是年年初,该书由斯特拉斯堡大学出版社出版(图5-16)。先生顺利荣获文学博士学位(图5-17)。先生在离开法国斯特拉斯堡之前将出版的博士论文英文版寄给了母校爱丁堡大学图书馆(图5-18),因为毕竟这部著作写作的种子是由爱丁堡大学的老师们植下的。在英文版的《前言》里这样写道：

图5-16　1933年初,斯特拉斯堡大学出版社出版了先生的英文专著《悲剧心理学》。

图5-17　1933年初,先生(前排左一)获得斯特拉斯堡大学文学博士学位。图为法国斯特拉斯堡大学毕业生毕业合影。

---

① 《朱光潜全集》(新编增订本)第2卷,北京:中华书局2012年版,第169页。

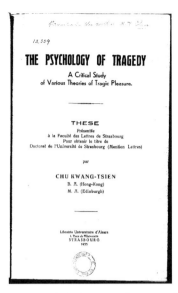 

图 5-18　先生寄给母校爱丁堡大学图书馆的英文专著(博士论文英文版)《悲剧心理学》。左图为专著封面,右图为专著扉页,其上附有先生手书:To the library of Edinburgh University from the author。(爱丁堡大学图书馆提供)

"这部论著的基础是 1927 年在爱丁堡大学心理学研究班小组讨论会上宣读的论文《论悲剧的快感》。心理学系主任詹姆斯·竺来佛博士(Dr. James Drever)建议我把这篇文章扩充成一部论著。我遵照他的建议,在竺来佛博士和英国文学教授谷里尔生博士(Dr. H. J. C. Grierson)共同指导下,对此问题进行了一年的研究。"①

《悲剧心理学》堪称先生早年最严谨的学术著作,它用西方的主流学术话语来阐述西方文化史上各种著名的悲剧快感理论,通过爬梳剔抉,条分缕析,"批判的综合",融铸成一个缜密的悲剧理论系统。美国圣路易斯华盛顿大学的讲座教授李维(Albert William Levi)被华裔学者吴森认为是在美国"从游"的最博雅的学者,对东西文化造诣颇深。而李维氏"竟及于我国美学学者朱光潜氏之博士论文《悲剧心理学》,并对朱氏之创见,称道不已"。②

《悲剧心理学》共分十三章,第一章为绪论,即内容提要;最后一章为总结与结论;其余十一章从审美态度与悲剧的"心理距离"谈起,分别讨论了从亚里士

---

① 《朱光潜全集》(新编增订本)第 4 卷,北京:中华书局 2012 年版,第 5 页。
② 吴森:《比较哲学与文化(一)》,台北:东大图书有限公司 1978 年版,第 212 页。

多德到黑格尔、布拉德雷、叔本华、尼采的各派悲剧理论与范畴。书中给尼采以很高的评价,认为他的《悲剧的诞生》是"出自哲学家笔下论悲剧的最好一部著作",他的酒神精神与日神精神冲突调和说"把握住了真理的两面"。先生很看重他的这部"处女作",并在由人民文学出版社于1983年出版的、高足张隆溪翻译的《悲剧心理学》一书的《中译本自序》里称:"这不仅因为这部处女作是我的文艺思想的起点,是《文艺心理学》和《诗论》的萌芽;也不仅因为我见知于少数西方文艺批评家,主要靠这部外文著作;更重要的是我从此较清楚地认识到我本来的思想面貌,不仅在美学方面,尤其在整个人生观方面。一般读者都认为我是克罗齐式的唯心主义信徒,现在我自己才认识到我实在是尼采式的唯心主义信徒。在我心灵里根植的倒不是克罗齐的《美学原理》中的直觉说,而是尼采的《悲剧的诞生》中的酒神精神和日神精神。"①

先生说自己在人生观方面,不是一般读者所认为的是克罗齐式的唯心主义直觉说的信徒,而是尼采《悲剧的诞生》里的酒神精神和日神精神的崇拜者。此话怎样理解呢?我们可以在《悲剧心理学》里一段概括尼采日神精神和酒神精神的话中看出:

"尼采用审美的解释来代替对人世的道德的解释。现实是痛苦的,但它的外表又是迷人的。不要到现实世界里去寻找正义和幸福,因为你永远也找不到;但是,如果你像艺术家看待风景那样看待它,你就会发现它是美丽而崇高的。尼采的格言:'从形象中得解救',就是这个意思。酒神艺术和日神艺术都是逃避的手段:酒神艺术沉浸在不断变动的旋涡之中以逃避存在的痛苦;日神艺术则凝视存在的形象以逃避变动的痛苦。"②

对这种侧重日神对现实苦难的静观以求解脱的看法,与先生晚年共事的程代熙在《读书》1983年11期上发表的题为《朱光潜与尼采——读〈悲剧心理学〉》一文中有段精辟的分析:

"尼采侧重的是酒神精神和酒神艺术,朱光潜侧重的却是日神精神和梦境艺术。具有日神精神的艺术家追求的是静观人生,怡情养性的境界。所以朱光潜倡导的艺术是不涉时事,独立自主。例如在《给青年的十二封信》里,他对人生就是采取一种超脱的态度。他说:'我无论站在台上或站在台下时,对于失

---

① 《朱光潜全集》(新编增订本)第4卷,北京:中华书局2012年版,第4页。
② 《朱光潜全集》(新编增订本)第4卷,北京:中华书局2012年版,第146-147页。

败,对于罪孽,对于殃咎,都是用一副冷眼看待,都是用一个热心惊赞。'因为人生的目的就在于生活。对于生活中的悲剧喜剧,他都同样看待,也勿须去认真理会善与恶、正确与错误之间的区别。在《谈美》,即《给青年的第十三封信》一书的《开场话》里,他进一步说道:'我坚信中国社会闹得如此之糟,不完全是制度的问题,是大半由于人心太坏。我坚信情感比理智重要,要洗刷人心,并非几句道德家言所可了事,一定要从'怡情养性'做起,一定要于饱食暖衣高官厚禄等之外,别有较高尚较纯洁的企求。要求人心净化,先要求人生美化。'①《谈美》著于一九三二年,时朱光潜还留学欧洲。这正是一九三一年'九·一八'日本侵占我东北三省,以及一九三二年'一·二八'日本帝国主义挑起淞沪战争之后不久,中国面临沦为日本帝国主义殖民地的危险。这一切恰恰就是国民党反动统治造成的灾难性的后果。朱光潜对于酿成当时危急时局的那班'饱食暖衣高官厚禄'之辈是不满的。他也想变革这种不合理的现实生活,但由于尼采的日神精神对他影响甚深,只看重艺术性,而忽视文艺与社会生活的密切关系,所以他的变革办法是用艺术来净化人心和美化人心。这完全是天真的书生之见。这是朱光潜文艺思想,以致美学思想的核心内涵。"②

春,游历欧洲名胜。先生为上海文艺出版社编写的五卷本《朱光潜美学文集》的《作者自传》有个初稿,初稿记录了这段时间先生的情况:"在回国之前去春游,在不同时期游历过苏格兰北部湖区、比利时、瑞士和法国,1933 年乘回国之便,还花了一个月游历了佛罗伦萨、罗马、威尼斯和其它以艺术文物闻名的城市,这些游历和巴黎卢浮宫的多次参观使我对欧洲艺术有些感性认识,夏天由马赛乘船(在船上结识了李健吾)回到上海,就由立达同人召宴'接风',初次结识了茅盾。"

是年,上半年写出《诗论》初稿,将书稿寄徐中舒并由其引荐给胡适。

---

① 朱光潜:《谈美》,开明书店 1947 年第 15 版,第 2 页。
② 程代熙:《朱光潜与尼采——读〈悲剧心理学〉》,载《读书》,1983 年 6 月 15 日第 11 期,第 50 页。

5月,先生接到胡适聘请他到北京大学西语系任教授的电报,遂准备回国的归程。①

7月,奚今吾因学业还需要在欧洲待两年,先生从马赛乘船回国。

---

① 先生于1925年夏到英国,至1933年离开,一共在欧洲英法各大学学习了九年,他回国的原因可能还和家里父亲病危有关,先生在《记夏丏尊先生》一文里有这样的话:"记得我回国时一下船就去看他,他从容地告诉我:'尊大人最近去世了',不露一点激动的声色,也不说一句安慰话。"(参见《生活与学习》,1946年第1卷第5—6期。)先生回国受聘在北京大学任教,他一般回忆都说是由徐中舒向胡适引荐而事成,但在"三反""五反"运动的自我检讨中,先生还有一个说法,他说:"我回国在一九三三年,由徐中舒的介绍,透过傅斯年的关系,进了北京大学。"(载《三反快报》,北京大学节约检查委员会宣传组编,1952年3月29日第3期。)其实,先生还担心谋北京大学一职落空,特在此之前便联系到安徽大学任文学院院长一职。《安徽大学周刊》民国二十一年(1932年)5月31日第85期刊登公告《文院长改聘朱光潜先生担任》,其开头为:"本校前所聘定文学院院长伍光建先生,因年事已高,不能来皖,现申聘在法之朱光潜先生担任,并促其即日返国就职。"

卷六　在京派文化圈里荡漾

（北平，1933年—1937年8月）

1933年下半年（癸酉　民国二十二年）36岁

7月—9月，先生从马赛乘船经地中海、红海、印度洋、香港回到上海，历时一个多月。同船巧遇李健吾①，一路畅谈甚欢，到沪受到立达同人"接风"宴请，在席上初次结识茅盾。随后便访夏丏尊好友，夏丏尊告之先生尊父已过世，先生旋即赶往家乡凭吊去世的父亲。

10月初，任北京大学图书委员会委员。先生被北京大学文学院院长胡适聘请为北京大学西语系教授，讲授西洋名著选读及欧洲文学批评史，直至抗日战争爆发。在此期间，先生还应朱自清邀请在清华大学研究班讲授《文艺心理学》一年，又在北京大学讲《诗论》。应徐悲鸿邀请在中央艺术学院讲授《文艺心理学》一年，同时还在北京女子文理学院、辅仁大学兼授英文。此时先生租居北平地安门里的慈慧殿三号，与梁宗岱合住，并结识杨振声、沈从文等人。先生很快成为京派文化圈中的"新人"。

10月8日，梁宗岱邀北大、清华、北平师范大学一批教授在他寓所（地安门大街慈慧殿三号——编者）举行午宴，赴宴的有先生和周作人、徐祖正（字耀辰）、贺麟（字自昭）、陈雪屏、王力（字了一）、杨宗翰（字伯屏）、李宗武（字季谷）、郑振铎（号西谛）、沉樱（梁宗岱夫人）。大家畅谈甚欢，至下午三点才散去。不久，先生

---

① 李健吾（1906-1982），山西运城人，笔名刘西渭。中国近代著名作家、戏剧家、翻译家。1930年毕业于清华大学，1931年—1933年留学法国。1933年回国后任教于暨南大学、北京大学等高校，1954年任中国科学院文学研究所研究员。李健吾和先生同船从法国回国一事在朱自清日记里有间接描述："健吾下午来，谈甚欢。先言外国诸友情形，秦君甚苦，吴君成绩极佳，已在法就事。又谈在沪遇茅盾情形，茅开口讲社会问题，健吾开口讲艺术（技巧）……谓孟实、同舟来时，甚盼其用同样方法批评《红楼梦》等书云。又述其翻译计划。健吾兴致极吐一如当年，但亦略有老成气矣。其谈小剧院事，理想甚好。论《子夜》谓太啰嗦又句法写法变化太少。"

受梁宗岱之邀,和梁宗岱一家合住在慈慧殿三号(图6-1)。

先生下半年为北京大学西语系学生开了四门专业课:作文与杂志论文选读、文学批评、希腊悲剧、浪漫诗人(1790—1850),这四门课都是高年级课程。

是年,写《中西诗在情趣上的比较》一文,此文由先生晚年亲定,收入三联书店于1984年出版的《诗论》一书里,另加入一篇《替诗的音律辩护——读胡适的〈白话文学史〉后的意见》①。《诗论》一书的出版引发了先生的诸多感叹:

"在我过去的写作中,自认为用功较多,比较有点独到见解的,还是这本《诗论》。我在这里试图用西方诗论来解释中国古典诗歌,用中国诗论来印证西方诗论,对中国诗的音律,为什么后走上律诗的道路,也作了探索分析。"②

图6-1　1933年10月,先生在北平慈慧殿三号寓所。

《中西诗在情趣上的比较》一文的确是比较诗学研究领域的佳作。全文以诗的题材为线索,层层展开论述,大量运用比较参证的方法,剥茧抽丝、鞭辟入里地对中西诗在情趣上的差异作了全面系统的比较。

先生确立了中西诗在人伦、自然、宗教和哲学方面的三大论域,然后依次进行比较分析。

先讲"人伦"。先生从中西社会和伦理的发展状况入手,指出这些方面的根

---

① 此文如前述在先生回国前一年发表在1933年第1期《东方杂志》上,文中对胡适"做诗如说话"观点作了批评。在先生看来,诗一定要有节奏和韵律,先生从桐城派刘海峰那里便继承了这一思想观点,并融合了西方谷鲁斯的"内摹仿说"。先生当然不能接受胡适的观点。编者认为胡适应该是知晓这篇批评他的文章的,尽管如此,胡适是令人敬佩的,他仍然接受先生好友徐中舒的推荐,聘请先生到北京大学任教。

② 《朱光潜全集》(新编增订本)第5卷,北京:中华书局2012年版,第316页。

本差异决定了恋爱这一题材在中西诗中的表现亦有所不同。如西方人重个人主义,个人的恋爱史往往就是这个人的生命史。中国文人骨子里却重兼善主义,"文人往往费大半生的光阴于仕宦羁旅,'老妻寄异县'是常事。他们朝夕所接触的不是妇女而是同僚与文字友。"① 此外西方人有"恋爱最上"的标语,中国人则重视婚姻而轻视恋爱,等等。先生独具慧眼地拈出两个字来说明中西爱情诗的不同:西方爱情诗最长于"慕",而中国爱情诗则最善于"怨"。总体上说,"西诗以直率胜,中诗以委婉胜;西诗以深刻胜,中诗以微妙胜;西诗以铺陈胜,中诗以简隽胜"。②

次讲"自然"。先生有一个深刻的洞见:自然情趣的兴起是诗的发达史中的一件大事。一般人谈诗都颇鄙视六朝诗作,其实这是一个大误解,因为"从六朝起,中国诗才有音律的专门研究,才创新形式,才寻新情趣,才有较精妍的意象,才吸哲理来扩大诗的内容"。③ 先生还就中国自然诗和西方自然诗论其短长,指出"西诗偏于刚,而中诗偏于柔"。这样也就分出了"诗人对自然的爱好"有着不同层次:中国诗在自然中只能体会自然,像陶潜就是这样,能达到人与自然两相默契忻合,但却又止于"欲辩已忘言"。西方诗人则要在自然中见出一种神秘(超自然的)巨大的力量。

最后论及"哲学和宗教"。先生认为,中国诗人之所以在爱情中只能见到爱情,在自然中只能见到自然,究其深刻的原因还在于中国诗人对"哲学和宗教"的淡薄,这导致诗人的思想不易达到深广的境界。他提醒国人在新诗创作过程中如要借鉴西方诗,恐怕还得从西方诗的文化底蕴——哲学和宗教等方面去挖掘可用之素材。先生说:"诗好比一株花,哲学和宗教好比土壤,土壤不肥沃,根就不能深,花就不能茂。西方诗比中国诗深广,就因为它有较深广的哲学和宗教在培养它的根干。"④

当然,笼统地说中国哲学思想和宗教情操淡薄,自然会受到各方指责,所以,先生也补充了老庄哲学对中国诗的影响可以从不同角度去看待这一看法。但是最终先生还是认为:"老学流为道家言,中国诗与其说是受老庄的影响,不

---

① 《朱光潜全集》(新编增订本)第5卷,北京:中华书局2012年版,第70页。
② 《朱光潜全集》(新编增订本)第5卷,北京:中华书局2012年版,第71页。
③ 《朱光潜全集》(新编增订本)第5卷,北京:中华书局2012年版,第72页。
④ 《朱光潜全集》(新编增订本)第5卷,北京:中华书局2012年版,第74页。

如说是受道家的影响。"①先生还特别以屈原、阮籍、郭璞、李白的诗举例,说明这些诗人不满意于现世而渴求于另一世界,表面上这很类似西方的宗教情操,照理也应该能产生一个很华严灿烂的理想世界,但不幸却"流产"了。为什么？原因就在于中国"哲学思想平易,所以无法在冲突中寻出调和,不能造成一个可以寄托心灵的理想世界。宗教情操淡薄,所以缺乏'坚持的努力',苟安于现世而无心在理想世界求寄托,求安慰"。②

至于佛教,先生指出它只是扩大了中国诗的情趣,例如"禅趣",但它并没有扩大诗的哲理的根底。由此先生得出结论:中国诗人"马虎妥协的精神本也有它的优点,但是与深邃的哲理和有宗教性的热烈的企求都不相容。中国诗达到幽美的境界而没有达到伟大的境界"。③

是年,先生还写过两篇文章:《诗人的孤寂》《长篇诗在中国何以不发达》。其中《长篇诗在中国何以不发达》可以说和《中西诗在情趣上的比较》构成了姐妹篇。不同的是,前者更侧重从形式方面(也从文化方面)探讨中西诗歌的不同。该文后在1934年2月《申报月刊》第3卷第2号上发表。

1934年(甲戌 民国二十三年)37岁

先生除了在北大、清华、中央艺术学院讲《文艺心理学》,还应沈尹默之邀在北平大学授课。在北大西语系开三门新课:《现代小说》《维多利亚时代诗人》《欧洲著名作品之研究》。

杨周翰回忆听先生欧洲著名作品之研究课,感慨到:

"在北大英文系学习的两年多,单就本系课程说,我上过朱光潜先生的欧洲名著。朱先生这时刚到北大来授课,他从史诗、悲剧一直讲到歌德的《浮士德》。他不是空讲,而是读作品,用的都是英译本,他也用英语讲授。朱先生最善于在纷纭的现象中提炼出本质的东西。"④

关于先生欧洲著名作品之研究课程,还有文学批评课程的教学情况,学生

---

① 《朱光潜全集》(新编增订本)第5卷,北京:中华书局2012年版,第75页。
② 《朱光潜全集》(新编增订本)第5卷,北京:中华书局2012年版,第78页。
③ 《朱光潜全集》(新编增订本)第5卷,北京:中华书局2012年版,第80页。
④ 杨周翰:《饮水思源——我学习外语和外国文学的经历》,载李良佑、刘犁:《外语教育往事谈——教授们的回忆》,上海:上海外语教育出版社1988年版,第217页。

蒋炳贤回忆道：

"1933年我在北京大学西洋语言文学系念书时，朱先生教授西洋名著，上起荷马史诗、柏拉图的对话集及圣经文学，下迄二十世纪现代派作家作品，他都作了透辟的讲述。后来，朱先生又为我们开设了一门欧洲文学批评课程，讲授西方文学批评发展史及重要文论的评价，从古代到中世纪、文艺复兴、启蒙运动时期以至于浪漫主义时期的主要文艺批评家、美学家，都有所涉猎。朱先生用英语讲授，语言流利畅达，条理清晰。一学年下来，我的听课笔记竟达五厚册之多。

朱先生所授的欧洲文艺批评课影响深远，对青年学生教育作用颇大。当时前来听课的学生都很踊跃，不限于攻西洋语言文学的学生，哲学系的何其芳也每课必到。"①

学生方敬记下关于先生欧洲著名作品之研究、文学批评、浪漫诗人（1970—1850）三门课听课的感想：

"他在学生中具有威望。授课受欢迎，都愿选他的课。他开的都是重头课，如欧洲文学名著选读、西方文学理论批评、英国十九世纪文学之类，课重难读、在教学上素来要求严格。在课堂上他用带安徽味的英国音讲授，讲得扎扎实实，让学生认真记笔记，规定课外必读的和选读的作品和参考书。早上课，迟下课，两堂连课，课间往往不休息。他提倡学生自己阅读、思考、探讨、写作、翻译，让学生自己动脑动笔。他批改作业和指导论文任劳尽责。他讲授的内容，注重文学作品、文学理论与文学史的结合，客观地论述评介各家，连苏联的文学理论也要涉及，虽然只限于柯根教授的说法。上了他的课，学生总有收获，觉得充实和满意。甚至住在北大附近一带公寓里的'偷听生'也慕名跑到红楼来'偷听'他的课。朱先生不象有些洋教授那样一股洋气，空口说洋话，虽然他在外国生活多年。他是一位受到尊重的笃学的良师。"②

季羡林回忆他青年时代在清华大学听先生讲课的情景，他的回忆刻画出先生教课时的生动形象：

"五十多年前，我在清华大学西洋文学系念书。我那时是二十岁上下。孟实先生是北京大学的教授，在清华大学兼课，年龄大概三十四五岁吧，他只教一

---

① 蒋炳贤：《一代宗师朱光潜》，载《浙江画报》，1986年第7期。转引自商金林：《朱光潜与中国现代文学》，合肥：安徽教育出版社1995年版，第90页。
② 方敬：《意气尚敢抗波涛——忆朱光潜先生》，载《朱光潜纪念集》，合肥：安徽教育出版社1987年版，第217页。

门文艺心理学,实际上就是美学,这是一门选修课。我选了这一门课,认真地听了一年。当时我就感觉到,这一门课非同凡响,是我最满意的一门课,比那些英、美、法、德等国来的外籍教授所开的课好到不能比的程度。朱先生不是那种口若悬河的人,他的口才并不好,讲一口带安徽味的蓝青官话,听起来并不'美'。看来他不是一个演说家,讲课从来不看学生,两只眼向上翻,看的好象是天花板上或者窗户上的某一块地方。然而却没有废话,每一句话都清清楚楚。他介绍西方各国流行的文艺理论,有时候举一些中国旧诗词作例子,并不牵强附会,我们一听就懂。对那些古里古怪的理论,他确实能讲出一个道理来,我听起来津津有味。我觉得,他是一个有学问的人,一个在学术上诚实的人,他不哗众取宠,他不用连自己都不懂的'洋玩意儿'去欺骗、吓唬年轻的中国学生。因此,在开课以后不久,我就爱上了这一门课,每周盼望上课,成为我的乐趣了。

孟实先生在课堂上介绍了许多欧洲心理学家和文艺理论家的新理论,比如李普斯的感情移入说,还有什么人的距离说,等等。他们从心理学方面,甚至从生理学方面来解释关于美的问题。其中有不少理论我觉得是有道理的,一直到今天我仍然记忆不忘。要说里面没有唯心主义成分,那是不能想象的。但是资产阶级的科学家,只要是一个有良心、不存心骗人的人,他总是会在不同程度上正视客观实际的,他的学说总会有合理成分的。我们倒洗澡水不应该连婴儿一起倒掉。达尔文和爱因斯坦难道不是资产阶级的科学家吗?但是,你能说,他们的学说完全不正确吗?我们过去有一些人习惯于用贴标签的办法来处理学术问题,把极其复杂的学术问题过分地简单化了。这不利于学术的发展。这种倾向到了'十年浩劫'期间,在'四人帮'的煽动下,达到了骇人听闻的荒谬的程度。'四人帮'竟号召对相对论一窍不通的人来批判爱因斯坦,成为千古笑谈。孟实先生完全不属于这一类人。他老老实实,本本分分①,自己认识到什么程度,就讲到什么程度,一步一个脚印,无形中影响了学生。"②

先生任教北大仅短短一年多,就开了九门课之多。一些课颇受到学生的青睐。先生平时沉默寡言,惜言如金,讲课时用一口带安徽口音的蓝青官话,眼睛不看学生,仿佛盯在天花板某个地方。这说明先生专注于自己思想表达的条理性,眼睛大

---

① 季羡林在《清华园日记》里有1934年3月27日探望先生的记录:"晚上访朱光潜闲谈。朱光潜真是十八成好人,非常 frank。"这个看法和此处说法是一致的。

② 季羡林:《他实现了生命的价值——悼念朱光潜先生》,载《朱光潜纪念集》,合肥:安徽教育出版社1987年版,第25-27页。

部分时间像是在看其实不在看,完全集中在自己的思想和语言的一致上。所以,他的表达总是言简意赅,没有废话。但是,当他面对你时,则往往眼睛直盯着你,他不多言,仿佛在倾听,等着你说出话来。他的目光犀利,直透你的心底。①

罗大冈先生准确地描绘了先生与人相处时的一般常态:

"我和朱先生相识将近有四十年之久,从来没有和他进行过一次长篇的谈话。他向我说的,或回答我的话,似乎有一条规律:每次不超过三句。有时我故意找一个话题,想逗引他打开话匣子,多谈几句他的满肚学问,他就是闭口不谈。我想引起他多说几句话(往往是和他单独相处,旁边并无第三者)的企图完全彻底失败了,没有一次获得成功,哪怕极小的成功。在我接触过的当代文人学者之中,象这样高度缄默,这样严格节言的例子是非常少的。朱先生有每天晚餐时喝一小杯酒的习惯。② 有时在会议期间,偶然在餐桌上大家喝一点酒,朱先生也喝一点,决不过量。他喝了一盅酒就有点微醺之意,脸上红晕充满笑容。但是他的话匣子却不因此而打开,反而锁得更紧了。他含笑听别人说醉话,自己一个字也不说,保持他永远清醒的沉默。"③

3月3日,《致林语堂》信④(《全集》未收):

语堂先生:

去秋过沪时,本拟请丐尊介绍造访,因父丧匆卒(促)返皖,遂失之交臂。弟初出来教书,如疲驴背重载,压得甚苦,绝对无暇作文。与先生为初文字交,不敢方命,检旧稿一篇,聊为贵刊塞白可也。

即颂

著祺

弟　光潜

三月三日

---

① 编者上大学后想学哲学,约先生专门指导。记得有一次先生把编者叫到他的书房里,面对编者而坐,直面编者的眼光让编者脊梁直冒汗。他的话不多,总是在你提出问题后给予简短、准确、精要的回答。

② 其实先生不光是晚上,中餐也喝一小盅白酒。据先生外孙姚昕回忆,先生曾和他说过自己一生酒没有断过,只在农场劳改时十几天中断过,因为当时口袋里没有买酒的钱。

③ 罗大冈:《得尊敬的智力劳动者——赞朱光潜先生的学风》,载《朱光潜纪念集》,合肥:安徽教育出版社1987年版,第58-59页。

④ 本函应写于1934年,函中所提"因父丧"即指先生父亲朱若兰已故。信中所言"检旧稿"随后在林语堂主编的《人间世》创刊号上发表,题为《诗的隐与显——关于王静安的〈人间词话〉的几点意见》,实为先生《诗论》第三章片断。

是年春,和先生合住慈慧殿三号的梁宗岱遇离婚纠纷,前妻何氏(指梁宗岱包办婚姻的妻子——编者)在 1932 年 10 月 17 日请胡适致函梁宗岱,希望梁宗岱付 5500 元了断这桩婚姻,梁宗岱不愿意。结果,在何氏的催促下,4 月 15 日,何氏亲笔写信,委托胡适与陈受颐全权代表,处理与丈夫的离婚事宜。先生和梁宗岱为留法好友,现又住在一起,自然成为梁宗岱离婚案的代表。

4 月 18 日,胡适在其日记里记录了梁宗岱离婚案调解的经过:

"廿三,四,十八(W.)

校改译稿。

梁宗岱婚变案,自前星期日梁夫人亲笔写信委托我与受颐为全权代表后,昨夜受颐报告与宗岱代表朱孟实谈判结果甚满意,今天我邀梁夫人与受颐〈今天〉来吃饭,又在电话上把这方面的意见告知孟实,请他饭后来谈。下午两点钟,孟实来了,我们三人把商定的条件写出来,梁夫人签了字,由孟实带回去,请宗岱签了字,仍送给我保存。

条件如下:

(1)须法律离婚。

(2)诉讼费归宗岱担负。

(3)法律判决之抚养费,自去年一月起,至今共一千六百元,由宗岱付与何氏。

(4)另由宗岱付给何氏生活费五千二百元,分四次付清。

此案我于一九三二年十月十七[日]代何氏致函宗岱,提议离婚,他只要求五千五百元。宗岱无赖,不理此事,就致诉讼。结果是要费七千多元,而宗岱名誉大受损失。小人之小不忍,自累如此!

上课,讲禅宗。"①

5 月 23 日,朱自清在日记中记载了这一天在先生家讨论诗的情况。参加讨

---

① 《胡适日记全编(1931-1937)》第 6 卷,合肥:安徽教育出版社 2001 年版,第 369-370 页。

论者还有钱稻孙。①

5月30日,胡适在其日记中说明了他不续聘梁宗岱的决定:"商定北大文学院旧教员续聘人数。不续聘者:梁宗岱、Hewvi Frei、林损、杨震文、陈同燮、许之衡。"②

7月14日,刘半农(刘复)因到包头考察方言,染上热病,在北平去世,年仅44岁。

10月14日,先生参加刘半农追悼会,写挽联《挽刘半农》:"起家稗史谐诗,于笑傲之中见风雅;越海审音辨律,在半农以前唯守温"(该挽联后载1935年1月《艺风月刊》3卷1期)。先生对刘半农评价甚高,刘半农1919年去欧洲留学,在法国获得音韵律学博士学位,故先生说"越海审音辨律,在半农以前唯守温"(守温为唐末、五代时期和尚,被学界公认为我国的韵学鼻祖——编者)。

是年底,先生撰文《一九三四年我所爱读的书籍》③,内容主要有:

一、Greek Anthology,希腊短诗选本。

二、阮籍《咏怀诗》,中国最沉痛的诗。

三、《菜根谭》,融会儒释道三家的哲学而成的处世法。

是年,任北京大学国学季刊委员会委员。

编年文:《中国律诗何以趋重排偶》(载1934年4月9日《华北日报·文艺周刊》,安徽教育出版社出版的《朱光潜全集》未收)、《笑与喜剧》《诗的隐与显——关于王静安先生的〈人间词话〉的几点意见》《刚性美和柔性美》《一个失败者的警告》(安徽教育出版社出版的《朱光潜全集》未收)、《诗的主观与客观》

---

① 根据李醒尘《朱光潜传略》记载:"从1933年起,他(指先生——编者)在家里经常举办文学沙龙,大约每月活动一次,朗诵中外诗歌和散文。"(李醒尘:《朱光潜传略》,载《新文学史料》,1988年第3期,第129页。)这就是有关先生家读诗会举办时间的说法。这个说法恐有问题。因为先生是1933年10月下旬才在慈慧殿三号安顿下来,当时课务也多。即使如李醒尘先生所言读诗会从1933年(假设为年底)开始举办,先生好友朱自清在日记里也不会不留下记载的。事实上,朱自清1934年日记中只记录了5月23日这次聚会,而且参加者也不多,很可能是一个偶合的讨论诗的聚会。1935年2月7日《北洋画报》一篇署名"无聊"的题为《朱光潜发起读书会》的新闻稿上称"最近",又说"其第一次会已于日前举行。"虽然作者未必是内情知晓者,但对1月20日那天聚会情况知之甚详。由此可知,先生家读诗会正式举办的时间可能是1935年初。在此之前如李醒尘先生所记述的应当是在先生家举办的由北平文人参加的有关诗歌讨论的非正式聚会。

② 《胡适日记全编(1931-1937)》第6卷,合肥:安徽教育出版社2001年版,第388页。梁宗岱被解聘后,暑期,和夫人沉樱赴日本叶山旅居,一年后返国,受聘于南开大学外文系。所以,暑期开始,先生实际成了慈慧殿三号唯一的主人。

③ 此文后载《人间世》(新年特大号),1935年1月5日第19期。

《近代实验美学(一)颜色》《近代实验美学(二)声音美》《近代实验美学(三)声音美续》

1935年(乙亥　民国二十四年)38岁

1月10日,先生写《子女教育问题》发表在《人寿》第8号上(《全集》未收)。先生称:"教育足以阐科学之精微,促社会之文明。民德堕落,教育克以救之;民生阻滞,教育得以浚之。"先生在此文中还提出建立教育的人寿保险的想法,指出:"语云:'养不教父之过'。以是为人父母者,对于子女有教育之责任也。唯力有未逮,遑论其他。是以为人父母而欲求尽教育子女之责任者,应作未雨绸缪之准备,然则舍投保人寿保险之外,更有何求哉?"

1月,先生在慈慧殿三号寓所组织读诗会(图6-2)。读诗会每月举办一到两次,先后参加的北平文艺界人士有多少,史料有不同的说法,姑且录之:

图6-2　1935年1月,先生在慈慧殿三号寓所组织读诗会。图为读诗会举办期间,先生(右一)与参会友人的合影。

(1)沈从文在《谈朗诵诗》中有段话举出了参加先生家里读诗会的成员:

"北平地方又有了一群新诗人和几个好事者,产生了一个读诗会。这个集会在北平后门朱光潜先生家中按时举行,参加的人实在不少。计北大梁宗岱、冯至、孙大雨、罗念生、周作人、叶公超、废名、卞之琳、何其芳、徐芳……诸先生,清华有朱自清、俞平伯、王了一、李健吾、林庚、曹葆华诸先生,此外尚有林徽因女士,周煦良先生,等等。"①

(2)李醒尘在《朱光潜传略》一文中还列举了一些人,如冰心、凌叔华、郑振铎、陈西滢,英国诗人尤连·伯罗、阿立通。

(3)根据朱自清日记记录,参加读诗会的人还有:顾宪良(清华大学外语系学生,1935年毕业)、钱稻孙(清华大学文学院教授)、董同和(清华大学中文系学生,后担任赵元任助教)、尤淑芬(李健吾妻子)、张清常、唐宝鑫、孙作云(三人均为清华大学研究生)。此外,还有"马小姐"(马静蕴,北平小剧院女演员)、"王小姐"(未记名)、先生小姨子奚茂芳、奚淑芳。

(4)顾颉刚在1936年4月25日记录了读诗会的情况:"到朱光潜家,为诵诗会讲吴歌。同会者有朱光潜、周作人、朱自清、沈从文、林徽因、李素英、徐芳、卞之琳等。"②

读诗会大约举办了两年,所以上述各种不同时间、不同参与者的回忆都可能是真实的,不过分析在先生家参加读诗会频率比较高的成员,我们可以列表如下:

朱光潜"文学沙龙"——读诗会参加成员一览表(1934年—1936年)

姓名	籍贯	出生年	教育背景	职位(职位)	文化活动	编辑期刊
朱光潜	安徽桐城	1897	肄业于英国爱丁堡大学、伦敦大学、法国巴黎大学、斯特拉斯堡大学	北京大学西语系、中文系教授	主持读诗会	《文学杂志》
梁宗岱	广东新会	1903	毕业于岭南大学,后于意大利游学	北京大学法学系主任	主持读诗会	
朱自清	江苏东海	1898	北京大学哲学系	清华大学文学系主任	编辑《新文学大系》诗歌卷	

---

① 参见沈从文:《谈朗诵诗》,载《沈从文全集》第17卷,太原:北岳文艺出版社2002年版,第247页。关于沈从文的这个名单,卞之琳在陈丙莹写的《卞之琳评传》手稿相关部分批注:"冯至'当时还不在北大',孙大雨'可能不在北平',李健吾'当时不在清华';朱光潜家,卞'很少去',何其芳则'实未去过'。"(陈丙莹:《卞之琳评传》,重庆:重庆出版社1998年版,第14页。)卞先生这个质疑未必成立,因为沈从文这篇文章作于1938年9月,此时诗会刚停办不到两年,卞先生1990年根据回忆作出上述判断,恐有误。卞先生说冯至当时不在北大,并不等于1938年之前冯至不可能在北大。文字上沈先生没有记述错误。更何况卞先生只是说自己很少去先生家,怎么能断定别人没去呢?

② 顾潮:《顾颉刚年谱》(增订版),北京:中华书局2011年版,第283页。

续表

姓名	籍贯	出生年	教育背景	职位(职位)	文化活动	编辑期刊
李健吾	山西	1906	清华大学文学院外文系、法国巴黎现代语言专修学院	剧作家		
林徽因	福建福州	1904	宾夕法尼亚大学美术系	诗人,营造学社成员		
王力	广西博白	1900	清华大学国学研究院、巴黎大学文学博士	语言学家		
俞平伯	浙江德清	1900	北京大学	散文家	著有《燕知草》等散文集	
钱稻孙	浙江吴兴	1887	在比利时接受法语教育,后毕业于意大利国立大学	清华大学教授		
顾颉刚	江苏吴县	1893	北京大学哲学系	燕京大学历史系教授		
周作人	浙江绍兴	1885	江南水师学堂,后留日先后在日本法政大学、东京立教大学学习	北京大学教授		《骆驼草》《水星》
罗念生	四川威远	1904	康纳尔大学研究院毕业	燕京大学教授	编辑《大公报·诗特刊》	
叶公超	江西九江	1904	剑桥大学文学硕士	清华大学西洋文学系教授		《学文月刊》
废名	湖北黄梅	1901	北平大学北大学院英文系	北京大学中文系讲师		《骆驼草》
孙大雨	上海	1905	清华学校(今清华大学)高等科	诗人,翻译家		
何其芳	四川万县	1912	北京大学哲学系	北京大学哲学系学生,诗人,散文家		

续表

姓名	籍贯	出生年	教育背景	职位（职位）	文化活动	编辑期刊
林庚	福建闽侯	1910	清华大学中文系	清华大学中文系讲师		《文学季刊》
曹葆华	四川乐山	1906	清华大学中文系	清华大学研究生		
徐芳	江苏无锡	1912	北京大学	北京大学文学研究所助理		《歌谣周刊》
冯至	河北涿州	1905	北京大学德文系			
周煦良	安徽池州	1905	光华大学化学系、英国爱丁堡大学文学系	翻译家		
唐宝鑫	河北通县（今北京市通州区）	1915	清华大学	清华大学研究生		
沈从文	湖南湘西	1902	小学毕业	小说家		《大公报·文艺》
顾宪良			清华大学外文系	清华大学外文系助教		
董同和	江苏如皋	1911	清华大学中文系	清华大学研究生		
尤淑芬①			清华大学经济系			
张清常	贵州安顺	1915	清华大学中文系	清华大学研究生		
孙作云	辽宁复县	1912	清华大学中文系	清华大学研究生		
李素英			燕京大学中文系	燕京大学研究生		
王小姐②						
马静蕴				小剧场演员		

---

① 尤淑芬为李健吾夫人。
② 王小姐具体身份未知。

续表

姓名	籍贯	出生年	教育背景	职位(职位)	文化活动	编辑期刊
萧乾	北京	1910	燕京大学新闻系	燕京大学新闻系学生,《大公报》编辑		《大公报·小公园》
卞之琳	江苏海门	1910	北京大学英文系	文学评论家、翻译家		《文学季刊》《水星》
陈世骧	河北滦县	1912	北京大学英文系	北京大学讲师		
启功①	北京	1912	受业陈垣先生	辅仁大学讲师		

---

① 现有文献均未提及启功参加了先生家的读诗会。启功曾赠与先生一把折扇(图6-3),此折扇一面是启功的山水画;另一面是启功录的《论书绝句》前二十首中的十一首,并请"孟实先生哂正"。但启功先生没有落款标明时间,留下疑团。20世纪80年代启功所著《论书绝句》一书中《引言》开篇就有段话:"此《论书绝句》一百首,前二十首为二十余岁时作;后八十首为五十岁后陆续所作。"(启功:《论书绝句》,北京:三联书店1990年版,第2页。)这就是说启功大约在1935年—1938年(23岁—26岁)左右作了前二十首诗。此时恰好是先生在北平旧皇族遗址慈慧殿三号举办读诗会的时间;也是启功经陈垣先生介绍在辅仁大学美术系任助教、讲师的时间。有意思的是,先生此时也恰巧在辅仁大学兼授英文课。所以,启功很有可能也是先生家读诗会的成员。

启功写给先生的十一首《论书绝句》和他1949年后公开的十一首《论书绝句》在内容上稍有出入,从这些个别字的更改情况能见出给先生写的《论书绝句》为启功青年时代所作。

西京隶势自堂堂,点画纷披态万方。何必残砖搜五凤,漆书天汉接元康。

启功赠先生的这首诗中"天汉"一词原是"太始",从年号统一性,从天汉(汉武帝)到五凤、元康(汉宣帝)的次序上看,用"天汉"似比"太始"较确切些。

二

翠墨黟然发古光,金题锦帙照琳琅。十年校遍流沙简,平复无惭署墨皇。启功赠先生此诗中"遍"字原作"编"。

三

大地将沉万国鱼,昭陵玉匣劫灰余。先茔松柏俱零落,肠断羲之丧乱书。

启功赠先生这首诗中"将"字原作"恒"。"恒"是"持久"之义,似有些悲观,后改为"将"显然表明启功把国土的沦陷只看作一个过程,对抗日战争必将取得胜利的意志犹存。

四

蝯翁睥睨慎翁狂,黑女文公费品量。翰墨有缘吾自幸,居然妙迹见高昌。

赠先生稿中"有"原作"回";"吾自幸"原作"关福命";"居然"原作"当时"。

五

风流江左有同音,折简书怀语倍深。一自楼兰物见,人间不复重来禽。给先生诗稿中"见"原作"现"。

六

底从骏骨辨媸妍,定武椎轮且不传。赖有唐摹存血脉,神龙小印白麻笺。

给先生诗稿中"椎轮"原作"真形";"且"原作"久"。

七

砚臼磨穿笔作堆,千文百面海东回。分明流水空山境,无数林花烂漫开。

给先生诗稿中"百面"原作"八百";"海东回"原作"渐东来"。

八

书楼片石万千墩,物论悠悠总未齐。照眼残编来陇右,九原何处起覃溪。

九

乳臭纷纷执笔初,几人雾鬓识匡庐。枣魂石魄才经眼,已薄经生是俗书。

十

笔姿京卞尽奸妍,蹑晋踪唐傲宋贤。一念云泥判德艺,遂教坡谷以人传。

十一

臣书刷字墨淋漓,舒卷烟云势最奇。更有神通知不尽,蜀缣游戏到乌丝。

先生后来虽然在《自我检讨》里谈到读诗会,但还是说:"我发起了一个文艺座谈会,按月在我家里集会,请人朗诵诗文或是讨论专题。当时(指1934年至1938年——编者)北京文人很少没有参加过这种集会的。"(《三反快报》,北京大学节约检查委员会宣传组编,1953年3月29日第3期。)由此看来,像启功这样与先生情趣相投的文人大概也不会例外吧!

图 6-3 启功赠与先生的折扇（正、反面）

先生在家办读诗会的想法其实早已有之，他曾回忆说："我在伦敦时，大英博物馆附近有个书店专门卖诗，这个书店的老板组织一个朗诵会，每逢周四为例会，当时听的人有四五十人。我也去听，觉得这种朗诵会好，诗要能朗诵才是好诗，有音节，有节奏，所以到北京后也搞起了朗诵会。"①先生在《敬悼朱佩弦先生》一文里也谈到办读诗会的初衷："于今还值得提起的有两件事。一是《文学杂志》，名义上虽由我主编，实际上他（指朱自清——编者）和沈从文、杨金甫、冯君培诸人撑持的力量最多。这刊物因抗战停了十年，去年算是又恢复起来了。头一期就有佩弦先生的文章，但是因为他多病，文债的担负又重，我们不像从前那样容易得到他的文章。其次是朗诵会，当时朋友们都觉得语体文必须读得上口，而且读起来一要能表情，二要能悦耳，以往我们中国人在这方面太不讲究，现在要想语体文走上正轨，我们就不能不在这方面讲究，所以大家定期集会，专门练习朗诵，有时趁便讨论一般文学问题。佩弦先生对于这件事最起劲。语文本是他的兴趣中心，他随时对于一个字的用法或一句话的讲法都潜心玩索，参加过朗诵会的朋友们都还记得，他对于语体文不但写得好，而且也读得好。"②

1月20日，先生在家举办读诗会，朱自清朗读散文《沉默》。这次读诗会被《北洋画报》署名"无聊"的记者于2月7日以《朱光潜发起读书会》（图6-4①，图6-4②）这一新闻稿的形式详细记录，新闻稿全文如下：

---

① 商金林：《朱光潜与中国现代文学》，合肥：安徽教育出版社1995年版，第91-92页。
② 《朱光潜全集》第9卷，合肥：安徽教育出版社1993年版，第488-489页。

图 6-4① 1935 年 2 月 7 日的《北洋画报》对先生发起的读诗会作了详细报道。图为新闻稿《朱光潜发起读书会》所在版面。

图 6-4② 《朱光潜发起读书会》新闻稿（部分）截图

"北大教授以作《给青年的十二封信》著名之朱光潜,最近发起在其寓所中举行读书会。集会现在旧都中之新文人,各诵其所作品。其第一次会已于日前举行。是日到会者计有梁任公之子梁思成及其夫人林徽因,戏剧作家李健吾,小剧场演员马静蕴,小说家废名,沈从文及其夫人,散文家朱佩弦,青年诗人林庚等。女性除上述各夫人外,尚有前本报记者吴秋尘之小姨徐芳,与朱光潜之小姨等,共二十余人。为最近北平文人罕有之盛会。

开会时间为下午三时,最初为李健吾与马静蕴对读剧本《委曲求全》。剧本为清华教授王文显以英文著,由李译成中文。因李等最近将上演此剧,借此机会作一练习。……[引者按:剧情介绍略]故是日李马两人所读即该剧末一幕。李马读毕,由朱佩弦读彼所作之散文《沉默》。朱后为废名所读自作之诗,并加以解释。废名与已死之梁遇春为北大同学,原为冯文炳,本以小说名。但其小说趣味如散文,故彼作诗实胜于作小说。废名与周作人曾同居一处,亦以受周等之推许而出名。是日彼解释其所作两小诗之意念,颇引起人兴趣。废名后,群请林徽因女士,读其作品,林以身体不适,辞,坚请,林始说一关于培根记日记之笑话。……[引者按:林之介绍略]林后由林庚读其自作诗两首。林为现在肄业清华之大学生。最后梁思成唱广东戏一段而散。此会拟每月举行,第二次已定在二月上旬举行,仍在朱光潜寓所。朱寓,即以离婚闻名之梁宗岱之故居也。"①

2月10日,未见有文献记载先生在1月20日读诗会上的发言,但先生将读诗会当天的情况诉之于笔端,在《大公报·文艺副刊》撰文《读〈委曲求全〉》,大加赞扬当日李健吾与马静蕴的表演,算是当日读诗会的余绪。

3月,《谈趣味》发表于天津《益世报·文艺副刊》第一期。文中说:"诗是培养趣味的最好的媒介。""真正的文学教育不在读过多少书和知道一些文学上的理论和史实,而在培养出纯正的趣味。"

3月25日,朱自清在日记中记载了他在先生家读诗会上和"PP"("PP"为朱自清所用代号,具体所指待考——编者)的一次谈话,朱自清认为年轻读者不会对古诗感兴趣,但"PP"不以为然,反倒主张新诗读者也不会太多。两人各持己见。

3月27日,先生在《中央日报》副刊第199期上发表《文学批评与美学》一文(该文实为3月上旬在北平师范大学的一次讲演,根据涂靖南记录整理——编者)。文章主要从克罗齐的美是"形象(相)的直觉"发挥,进而对克罗齐否认"传达"提出批评。该文内容大体和《文艺心理学》相关章节内容相同。

4月3日,先生继续在家中举办读诗会,读诗会上关于诵读诗的感情表达给朱自清留下了深刻印象,他在日记中评论道:"张清常与唐宝兴才华出众。王小姐朗诵时声音发抖,口型亦颇不雅,孙作云不够认真。"

4月14日,先生在天津《大公报·文艺副刊》第147期上发表《"创造的批评"》。在该文中先生说:"克罗齐派学者和印象派学者都把批评看成欣赏,不过克罗齐派比印象派更进一步。印象派只说:'批评就是欣赏',克罗齐派补充一句说:'欣赏就是创造',结果自然是'批评就是创造'了。"从某种意义上讲,这篇文章是先生和梁宗岱在读诗会上对"象征"和"直觉即表现"不同理解的一个理论形态的表达。

5月7日,先生在《大学新闻周报》第3卷第10期发表《研究文学的途径》一文,该文实际上脱胎于先生的一次谈自己治学经历的演讲稿。

6月,译作《艺术是什么》([意]克罗齐著)发表于《文学季刊》第二卷第二期。这说明并非像国内某些学者(夏中义)研究朱光潜和克罗齐关系时说先生

---

① 无聊:《朱光潜发起读书会》,载《北洋画报》,1935年2月7日第25卷第1202期,第1页。

早期只涉及克罗齐《美学原理》,未及《美学纲要》那样。《艺术是什么》即是《美学纲要》的一部分。

夏,与北大同事徐祖正去日本东京、京都等地游历。在东京访爱丁堡大学时同班同学岩桥武夫。当然,这次旅行更重要的目的是去看弟弟朱光澄。①

10月22日,朱自清在日记中记载了他未参加的一次读诗会上林徽因和梁宗岱发生口角的情况。朱自清是这样说的:"下午进城。沈从文告以林徽因与梁宗岱间之口角。"②

是日,陈世骧写给沈从文一封《对于诗刊的意见》的信,信中已经约略表示了对读诗会上讨论问题出现方向偏差的批评,可见后来读诗会各成员之间观点出现分歧已经难以调和,其解散也是必然。现将此信抄录如下:

> 那天在朱先生家"诗会"上会见,到现在已有几个礼拜了,自己每日忙着教书,很少有阅读杂志和拜会朋友的余暇,不知先生所计划诗刊已怎样。今天趁着学校放假,把自己对诗刊③的一点小意见写给先生……我的见解不一定对,但是我的注意点许是值得大家注意的。先生如果同意,下次大家聚会的时候是否可把以后诗刊中批评一栏规划的具体一点,凡是现代出过诗集对新诗有影响的诗人都分头讨论一下。以他们的作品为主,范围不怕狭,甚至只选一两首他的代表作来批判,从小地方推敲,把他们所用的工具检讨一下,用具体的例证判断他的情调、风格、成功与失败、总比空泛地讲些"内容""形式""艺术与人生"好些罢。④

---

① 20世纪80年代,侄子朱式蓉亲口问先生:"你去日本做什么?"先生答:"看你二伯父啊!"那时,先生的弟弟朱光澄正在日本东京工业大学预科班读书,其读书的费用许多出自先生。朱光澄(1905-1977),上海立达学园毕业,南京黄埔军官学校毕业,黄埔军校登记册上记:"姓名:朱光澄;别名:仲武;年龄:23;籍贯:安徽桐城;永久通讯处:桐城孔城苏盛宝号交。"

② 这可能是不久先生家中读诗会瓦解的内在原因之一。李健吾也描绘过梁宗岱和林徽因个性冲突的一面:"当着她(林徽因)的谈锋,人人低头。叶公超在酒席上忽然沉默了,梁宗岱一进屋子就闭拢了嘴,因为他们发现这位多才多艺的夫人在座。杨金甫(《玉君》的作者)笑了,说:'公超,你怎么尽吃菜?'公超放下筷子,指了指口若悬河的徽因。一位客人笑道:'公超,假如徽因不在,就只听你说话了。'公超提出抗议:'不对,还有宗岱。'"(李健吾:《林徽因》,载柯灵:《作家笔会》,上海:上海春秋杂志社1945年版,第31-32页。)

③ 《诗刊》即天津《大公报·文艺》副刊的《诗特刊》,这个《诗特刊》就是在慈慧殿三号的读诗会上商定筹办的。

④ 此信后载《大公报·文艺》(诗特刊),1935年12月6日第55期。

10月，先生在天津《大公报·文艺》第三十二期发表《从"距离说"辩护中国艺术》一文。先生指出："艺术和实际人生之中本来要有一种距离，所以近情理之中要有几分不近情理。严格的写实主义是不能成立的。是艺术就免不了几分形式化，免不了几分不自然。"根据这一观点，先生又为中国旧艺术作了辩护：一就中国的旧戏来说，戴面具、打花脸、穿古装、着高跟鞋，其实都是一种"形式化"，是将艺术和现实拉开一定的"距离"；二就中国绘画来说，有人嫌顾恺之的作品不用西方惯用的明暗透视、远近阴影，这也是不懂中国绘画重神似而不重形似的精义，这种人实乃是艺术中的"腓力斯人"；三就中国的诗来说，它更是一种"形式的"艺术，和实际人生的"距离"更是遥远。先生拿《西厢》里"软玉温香抱满怀，春至人间花弄色，露滴牡丹开"几句诗和《水浒》中用散文体描写西门庆和潘金莲的一段相比，认为材料虽大致相同，但诗的形式由于和实际拉开了"距离"，也使得"把淫秽的事迹摆在很幽美的意象里，使我们一看就为这种美妙和谐的意象和声音所摄引，不易想到背后淫秽的事迹"。

11月10日，朱自清受先生之邀在读诗会上就1927年以前新诗运动作讲演，由于朱自清准备不充分，讲演效果不佳。这也是读诗会式微的一个不祥征兆！

12月，先生在《中学生》第60期发表《说"曲终人不见，江上数峰青"——答夏丏尊先生》一文。这篇文章引发了先生和鲁迅之间的一场争执。先生在文中说："屈原、阮籍、李白、杜甫都不免有些像金刚怒目，愤愤不平的样子。陶潜浑身是'静穆'，所以他伟大。"鲁迅在《"题未定"草之七》一文中批评先生是玩的"摘句"的把戏，是所谓"割裂而美"，陶潜并非如先生所说"静穆"，他也有"金刚怒目"的一面，等等。孰是孰非，涉及美学的相关理论问题，不属年谱的阐述范围，另文探讨，此不赘述。关于鲁迅写批评先生文章的动机，目前学术界有许多猜测，都无实据。有人暗示先生写《雨天的书》说鲁迅"没有脱去'师爷气'⋯⋯《华盖集》里便不免冷而酷了"的词句刺激了鲁迅。[①]

此外，以先生和周作人关系较近，二人同属"京派"，而周作人和其兄反目为由来推测朱、鲁这场论争的原因都是缺乏理据的。事实是鲁迅不满先生正在筹划的《文学杂志》中所传达的文学理念和自己所持有的观点不合，这才是诱发这场论争的深层原因。鲁迅把"京派"看作所谓"帮闲文人"，在写《"题未定"草之

[①] 商金林：《朱光潜与中国现代文学》，合肥：安徽教育出版社1995年版，第177-178页。

七》前,鲁迅有两篇文章值得注意:一是《"京派"和"海派"》;二是《从帮忙到扯淡》。两篇文章都写于1935年,前一篇显然把矛头指向先生正酝酿筹备主办的刊物《文学杂志》,鲁迅称:"我是故意不举出那新出刊物的名目来的。"① 根据先生的回忆:刚回国时,"正逢'京派'和'海派'对垒。京派大半是文艺界旧知识分子,海派主要指左联。我由胡适约到北大,自然就成了京派人物,京派在'新月'时期最盛,自从诗人徐志摩死于飞机失事之后,就日渐衰落。胡适和杨振声等人想使京派再振作一下,就组织一个八人编委会,筹办一种《文学杂志》。编委会之中有杨振声、沈从文、周作人、俞平伯、朱自清、林徽因等人和我。他们看到我初出茅庐,不大为人所注目或容易成为靶子,就推我当主编。由胡适和王云五接洽,把新诞生的《文学杂志》交商务印书馆出版"。② 鲁迅在文章里讽刺这是"北京送秋波""上海叫'来嘘'",其实就是指京派和海派"京海杂烩"的《文学杂志》。杂志尚还未出炉,已成了鲁迅攻击的"靶子"。后一篇则挖苦"帮闲文学"一帮人有"帮闲"之"志",却无"帮闲"之"才",故称:"必须有帮闲之志,又有帮闲之才,这才是真正的帮闲。如果有其志而无其才,乱点古书,重抄笑话,吹拍名士,拉扯趣闻,而居然不顾脸皮,大摆架子,反自以为得意,——自然也还有人以为有趣,——但按其实,却不过'扯淡'而已。"③

所以,先生以为自己不会成"靶子"也只是"京派"胡适一帮的假想,实际先生很快就成了"左翼"文人的"靶子"。

编年文:《近代实验美学(四)形体美》《近代美学与文学批评》(未完稿——编者)《文学批评与美学》《近代美学》《给青年朋友们谈文艺的甘苦》《什么是古典主义》《什么是Classics》《从生理观点论诗的"气势"与"神韵"》《诗的实质与形式》(对话体)《文艺与道德问题的略史》《谈读诗与趣味的培养》。

1936年(丙子 民国二十五年)39岁

1月,先生在《绿洲》第一期上发表《论灵感》。

2月,先生在北平写《从儿戏说到追求无限》,后发表在1937年第8期《好文章》上。

---

① 《鲁迅全集》第6卷,北京:人民文学出版社2005年版,第313页。
② 《朱光潜全集》(新编增订本)第10卷,北京:中华书局2012年版,第7页。
③ 《鲁迅全集》第6卷,北京:人民文学出版社2005年版,第357页。

是月,(1)先生在北平慈慧殿寓所为《孟实文钞》作序。序文中称:"它们代表十年以来我的兴趣偏向,虽是一些散漫的理论文,篇篇都有我在里面。它们可以说是一种单纯的精神方面的自传,虽是敝帚,亦足自珍。"又说:"这部小册子也并没有建设什么理论,不过它的趣味是偏向理论方面的。这几年中我在写一部《文艺心理学》和一部《诗学》,这些杂文是抽空儿写的。在那两部书里我用力对于文艺理论作有系统的研究,这些杂文多少流露一些做正经工作时的情趣和感想。"

△(2)先生撰文《读李义山的〈锦瑟〉》载《现代青年》第3卷第4期。

2月14日,先生撰文《王静安的〈浣溪沙〉》载1936年第51期《武汉日报·现代文艺》。

2月15日,有一篇伪作《"艺术天才否定论"的质疑》发表在《大公报·文艺》上,署名"潜",并落款"1936.1东京"。根据编者和阎国忠先生对该文的内容分析,一致判定此文是伪作。因为先生是1935年夏去日本的,与此作发表的时间对不上,行文风格也不一样。

3月8日,先生在《大公报·文艺》上发表《诗与谐隐》(上)。

是月,先生在《重大校刊》第三期上发表《游戏与娱乐》,该文原载《申报周刊》第一卷第39期。

4月3日,先生写《朱光潜给朱光潸——为〈给青年的十三封信〉》。先生的书非常畅销,有人采取欺世盗名的方式,将"潜"改"潸"出版了《给青年的十三封信》,而且题目字体(毛笔书法)也与先生早先《给青年的十二封信》相仿,当然先生不能容忍,故写此文以警世那些弄虚作假的人做学问要走正道。

4月4日,撰文《我在〈春天〉里所见到的——鲍蒂切利杰作〈春天〉之欣赏》载天津《大公报·艺术周刊》第77期。

4月4—6日,先生参加了在北京大学举办的中国哲学学会第二届年会。会议确定以《哲学评论》为会刊。会刊由冯友兰任主编,刊发向大会提交的重要论文。先生向大会提交的论文为《克罗齐美学的批评》,其摘要刊登于《哲学评论》第七卷。

4月15日,先生在《大公报·文艺》上发表《诗与谐隐》(下)。

是月,(1)撰文《从研究歌谣后我对于诗的形式问题意见的变迁》载《歌谣》第2卷第2期。

△(2)《孟实文钞》作为"良友文学丛书"之一,由上海良友图书印刷公司印

行。书中收集了先生自1933年归国前后所写的十五篇文章和评论。其中《我与文学》阐述了学文学的进阶性,告诫文学爱好者不要指望一步登天,打好基础是关键。故而,先生说:"中国学者对于西方文艺思想和政教已有半世纪的接触了,而仍然是隔膜,不能不归咎于只想望尖顶而不肯顾到基础。"①而《谈学文艺的甘苦》这篇文章更是说明了一种"把'我'与类似'我'的一切东西同样看待"②的"文艺的观世法"。《谈趣味》《谈读诗与趣味的培养》③《诗的隐与显——关于王静安的〈人间词话〉的几点意见》《诗的主观与客观》几篇是把"趣味"和"诗"联系起来对审美经验作描述。

"所谓'诗'并无深文奥义,它只是在人生世相中见出某一点特别新鲜有趣而把它描绘出来"。④ 诗的主观和客观也不过是"情趣"的"意象化"和"意象"的"情趣化",前者是由"主观"到"客观",后者是由"客观"到"主观",而两者的"往复回流"和"契合"恰好就是美感经验。《从生理学观点谈诗的"气势"与"神韵"》则运用立普斯的"移情作用"说及谷鲁斯的"内摹仿"说,以讨论诗歌创作中诗与人生、人与物、心理与生理、情趣与意象等的关系。《悲剧与人生的距离》《从"距离说"辩护中国艺术》运用了布洛的"心理距离"理论以揭示艺术与人生为"不即不离"的"距离"关系。现实苦难不等于艺术的苦难,艺术的"悲剧"总是有些"形式化"和"理想化"成分在里面,中国的许多艺术也是如此。《近代美学与文学批评》系统介绍了康德-克罗齐形式派美学的基本原理及哲学思想的渊源。同时对克罗齐否认传达、否认美丑的价值区别作了批评。先生还从批评学的角度考查了柏拉图、安诺德、小泉八云的美学及文学观。书中《理想的文艺刊物》一文实际是先生主编的《文学杂志》的发刊词,原题为《我对于本刊的希望》,收入该书时在文字上略有改动。《从我怎样学国文说起》是一篇类似"自传"的治学经验谈。《孟实文钞》1943年重新出版时,先生为了避开书名容易使读者联想"诗钞""文钞"等自许之辞之嫌,将书名改为《我与文学及其他》。

5月16日,与胡适等人创办风谣学会。顾颉刚任风谣学会主席,成员还有钱玄同、魏建功、罗常培、常惠、沈从文、李素英、徐芳、章廷谦、周作人等三十

---

① 《朱光潜全集》(新编增订本)第6卷,北京:中华书局2012年版,第11页。
② 《朱光潜全集》(新编增订本)第6卷,北京:中华书局2012年版,第17页。
③ 《谈趣味》《谈读诗与趣味的培养》两篇文章为1982年先生在编《朱光潜美学文集》第2卷时插入《孟实文钞》一书。
④ 《朱光潜全集》(新编增订本)第6卷,北京:中华书局2012年版,第26页。

余人。

春,先生为《文艺心理学》一书写《作者自白》。

其中写道:"这部书还是我在外国当学生时代写成的。原来预备早发表,所以朱佩弦先生的序还是一九三二年在伦敦写成的。后来自己觉得有些地方还待修改,一搁就搁下了四年。在这四年中我拿它做讲义在清华大学讲过一年,今年又在北京大学的《诗论》课程里择要讲了一遍。每次讲演,我都把原稿更改过一次。只就分量说,现在付印的稿子较四年前请朱佩弦先生看过的原稿已超过三分之一。第六、七、八、十、十一诸章都完全是新添的。"[1]先生接着又说明了增加这些章节背后的思想变化:"在这新添的五章中,我对于美学的意见和四年前写初稿时的相比,经过一个很重要的变迁。从前,我受从康德到克罗齐一线相传的形式派美学的束缚,以为美感经验纯粹地是形象的直觉,在聚精会神中我们观赏一个孤立绝缘的意象,不旁迁他涉,所以抽象的思考、联想、道德观念等都是美感范围以外的事。现在,我觉察人生是有机体;科学的、伦理的和美感的种种活动在理论上虽可分辨,在事实上却不可分割开来,使彼此互相绝缘。因此,我根本反对克罗齐派形式美学所根据的机械观,和所用的抽象的分析法。这种态度的变迁我在第十一章——《克罗齐派美学的批评》——里说得很清楚。我两次更改初稿。都以这个怀疑形式派的态度去纠正从前尾随形式派所发的议论。我对于形式派美学并不敢说推倒,它所肯定的原理有许多是不可磨灭的。它的毛病在太偏,我对于它的贡献只是一种'补苴罅漏'。"[2]

7月,《文艺心理学》由上海开明书店出版(图6-5)。关于《文艺心理学》一书的章节安排,由于先生说明了修改和增加章节的思想变化,故而学术界对其章节的分类有不同的观点,现摘录如下。

(1)以劳承万为代表的一派认为该书以"美感经验"为核心,并以此为分类依据将全书的十七章分为五大部分:

1.美感经验的本体结构(第一至第四章)。介绍直觉说、距离说、移情说、内摹仿说等,融合作者自己的美感经验和心理-生理知识,汇聚成一个自身丰富但又孤立绝缘的"形象直觉"体系。

2.美感经验的外在网络(第五至第八章)。对以上四章(美感的本体结构)

---

[1] 《朱光潜全集》(新编增订本)第3卷,北京:中华书局2012年版,第110-111页。
[2] 《朱光潜全集》(新编增订本)第3卷,北京:中华书局2012年版,第111页。

进行简括性的小结,消除读者的几种误解。作者认为美感不等于喜感,也不等于名理思考。运用作者自己渊博的心理学知识,阐述美感与联想的关系,进而深刻地、全面地论证文艺与道德的关系,以其情趣的、至善的"宇宙-人生"的宏观把握(道德影响),消解了"形象直觉"系统的"孤立绝缘"性。显然,这一部分充分体现出先生的理论特色(中国儒道释哲学精神),以及丰富的艺术修养,突破了克罗齐直觉说的藩篱。但这仅仅是一种路向,美感的外在网络结构,仍裹夹在直觉说的襁褓之中,只有在先生后期的学术体系中才定型成熟。

3.美感经验的基础与起源(第九至第十二章)。作者通过自然美与自然丑的比较,大力倡导艺术家的主观创造精神,同时论述美的本质。

图6-5 1936年7月,《文艺心理学》由上海开明书店出版。图为先生题写的《文艺心理学》封面。

4.美感经验中的主观创造性(第十三、第十四章)。作者选择艺术创造中的几个关节点,做了充分的论证,首先是"想象与灵感"的作用,其次是"天才与人力"的关系。

5.美感经验范畴论(第十五至第十七章)。这是建构体系的范畴过程。作者一方面抓住中国哲学-美学中的阳刚-阴柔对峙范畴,另一方面也紧紧把握着西方的悲剧、喜剧及其特点。这部分可说是对美感经验类型的分类,作者大体上顾及中西双方的成果。

《文艺心理学》书后附录了《近代实验美学》部分,显示实证的强烈意识。[①]

(2)以阎国忠为代表的一派将全书分为"美论"和"艺术论"。认为:全书共含十七章,前十章是美论,着重讨论了美感经验中形象直觉、心理距离、物我同一、心理与生理等问题,以及美感与联想、文艺与道德、美与丑等问题;中间一章作为小结,同时作为引子,批评了克罗齐的美学及艺术观点;后六章是艺术论,

---

① 劳承万:《朱光潜美学论纲》,合肥:安徽教育出版社1998年版,第49-51页。

详细讨论了艺术的起源、艺术的创造及艺术美的诸范畴。书后附有一篇评介近代实验美学的专论。①

（3）以夏中义为代表的一派认为《文艺心理学》在结构上存在"美感链"的断裂，因而是"半成品"，由此指出：

《文艺心理学》的"美感链"是：心理距离→直觉→移情（含内摹仿）→审美意象→符号传达→形式→道德。但是，它是"半成品"，其核心部位发育得甚好，特别有涉《美感经验的分析》等头四章（"形象的直觉"→"心理的距离"→"物我同一"→"美感与生理"），缜密衔接，行云流水。然而，从第七章至第十七章，则不难发现，"美感链"的其余环节，如"审美意象""符号传达""形式""道德"，是被无序地湮没在学识铺陈中，以致"美感链"的理论递进线索，不是时隐时现，时断时续，便是前后倒置，走错次序。②

《文艺心理学》一书出版后，反响巨大。朱自清作序的一稿虽不是后来出版所包含全部内容的最终稿，但对先生的评价甚公允、透彻："他（指先生——编者）这书虽然并不忽略重要的哲人的学说，可是以'美感经验'开宗明义，逐步解释种种关联的心理的，以及相伴的生理的作用，自是科学的态度。在这个领域内介绍这个态度的，中国似乎还无先例；一般读者将乐于知道直到他们自己的时代止的对于美的事物的看法。孟实先生的选择是煞费苦心的；他并不将一大堆人名与书名向你头顶上直压下来，教你望而却步或者皱着眉毛走上去，直到掉到梦里而后已。他只举出一些继往开来的学说，为一般读者所必需知道的。所以你念下去时，熟人渐多，作者这样腾出地位给每一家学说足够的说明和例证，你这样也便于捉摸、记忆。"③"全书文字像行云流水，自在极了。他像谈话似的，一层层领着你走进高深和复杂里去。……你想得知识固可读它，你想得一些情趣或谈资也可读它；如入宝山，你决不会空手回去的。"④

向培良撰文《"文艺心理学"》刊登在1936年9月3日出版的第46期《大公报·文艺副刊》上。向培良称先生这部大作是"头头是道，津津有味的谈美的书"，并称在我国学者写的文艺理论著作中，"能以卓特的见解，自成一家之言的，数不能不自朱先生的《文艺心理学》始"。

---

① 阎国忠：《朱光潜美学思想研究》，沈阳：辽宁人民出版社1987年版，第309页。
② 夏中义：《朱光潜美学十辨》，北京：商务印书馆2011年版，第21页。
③ 《朱光潜全集》（新编增订本）第3卷，北京：中华书局2012年版，第107页。
④ 《朱光潜全集》（新编增订本）第3卷，北京：中华书局2012年版，第108-109页。

张景澄撰文《朱光潜的〈文艺心理学〉》刊登在1936年12月出版的第13卷第46期《国闻周刊》上。张景澄称:"文学批评的理论建设,若以中国作品作为针对的鹄的,在国内尚无其人,这本《文艺心理学》可说是阴天里掀开一片蓝天了。"

常风撰文《智慧的大书——读〈文艺心理学〉》刊登在1937年1月5日出版的《月报》创刊号上。常风称该书是"一部充满智慧与精神见解的大书"。

夏初,沈从文请从上海来的邵洵美和他的美国女朋友项美丽在西四同和居吃饭,先生在座,到场的还有杨振声、常风。席间有人提议上海和北平共同办一个大型刊物。因为当时北平因徐志摩乘机遇难后,"新月"派衰落,且北平文学刊物在数量上和上海同类型刊物相比相去甚远。具体情况如下表:

1933年—1937年5月北平与上海文学刊物数量对照表

年份	上海刊物数	北平刊物数
1933年	9	2
1934年	9	5
1935年	7	0
1936年	17	0
1937年1月—5月	6	0

按此表统计数字,北平文坛自1933年创刊的《文学杂志》和《文艺月报》,1934年创刊的《文学季刊》《新诗歌》《文学评论》《水星》《学文》相继停刊后,在1935年至1937年5月先生主编《文学杂志》这两年里,北平没有有影响力的文学刊物诞生。

大约一个月后,沈从文、杨振声、常风等人在慈慧殿三号先生住所讨论邵洵美提议上海、北平合办文学刊物事宜。大家赞成办一个杂志,但不赞成和邵洵美合作,怕控制不住。因为上海左翼作家对邵洵美攻击颇多,和邵洵美合作恐卷入纷争,且很可能由于邵洵美自行其是,结果将新创办的杂志弄成像《论语》一类的刊物。①

7月,先生被聘为《大公报》文艺奖裁判委员。同被聘为委员的还有杨振声、朱自清、叶圣陶、巴金、靳以、李健吾、沈从文、林徽因、凌叔华等著名作家。

8月,先生写《谈书评》发表在1936年8月2日出版的第190期《大公报·

---

① 常风:《回忆朱光潜先生》,载《逝水集》,沈阳:辽宁教育出版社1995年版,第75页。

文艺》"书评特刊"上。先生既然被聘为《大公报》文艺奖的裁判委员,那么表达一个文艺评判者的态度是适宜的。这篇文章里说:"真正的批评对象永远是作品,真正的好的批评家永远是书评家,真正的批评的成就永远是对于作品的兴趣和热情的养成。"①

是月,(1)先生7月写就的《给〈申报周刊〉的青年读者》一文发表在《申报周刊》第1卷第30期上。文中再次强调青年要走抵抗力强的道路,说道:"我相信一个人如果有自信力和奋斗的决心,无论环境如何困难,总可以打出一条生路来。"②面对民族危亡的局面,先生也有他一套救国之道,他说:"个人不放弃他的自信力和奋斗的决心,全民族不放弃它的自信力和奋斗的决心,都脚踏实地做下去,前途决不像一般人所想象的那么黑暗。"③并且,先生再次申明自己的"三此主义"——"此身"(此身应该做且能做的事绝不推诿别人来做)、"此时"(此时应该做且能做的事绝不拖延到未来去做)、"此地"(此地应该做且能做的事绝不推诿到另一个想象的空间去做)。先生总结自己的信条——"从现世修来世"!这还是先生对自己在另一场合说的"以出世的精神做入世的事业"的诠释。

△(2)在《论语》第94期发表《慈慧殿三号——北平杂写之一》一文,对读诗会创办者的住所有很美好的描述:"慈慧殿并没有殿,它只是后门里一个小胡同,因西口一座小庙得名。庙中供的是什么菩萨,我在此住了三年,始终没有去探头一看,虽然路过庙门时,心里总是要费一番揣测。慈慧殿三号和这座小庙隔着三四家居户,初次来访的朋友们都疑心它是庙,至少,它给他们的是一座古庙的印象,尤其是在树没有叶的时候;在北平,只有夏天才真是春天,所以慈慧殿三号像古庙的时候是很长的。它像庙,一则是因为它荒凉,二则是因为它冷清,但是最大的类似点恐怕在它的建筑,它孤零零地兀立在破墙荒园之中,显然与一般民房不同。这三年来,我做了它的临时'住持',到现在仍没有请书家题一个某某斋或某某馆之类的匾额来点缀,始终很固执地叫它'慈慧殿三号',这正如有庙无佛,多一事不如省一事。"④

先生在此文中还说了件"异"事:"有一天晚上,我躺在沙发上看书,凌坐在

---

① 《朱光潜全集》第8卷,合肥:安徽教育出版社1993年版,第423页。
② 《朱光潜全集》第8卷,合肥:安徽教育出版社1993年版,第429页。
③ 《朱光潜全集》第8卷,合肥:安徽教育出版社1993年版,第429页。
④ 《朱光潜全集》第8卷,合肥:安徽教育出版社1993年版,第433页。

对面的沙发上共着一盏灯做针线,一切都沉在寂静里,猛然间听见一位穿革履的女人滴滴搭搭地从外面走廊的砖地上一步一步地走进来。我听见了,她也听见了,都猜着这是沉樱来了——她有时踏这种步声走进来。我走到门前掀帘子去迎她,声音却没有了,什么也没有看见。"这个"凌"究竟是先生夫人奚今吾吗?编者认为不是,因为先生此文既交代了"三年前宗岱和我合住的时节",此处又说他和"凌"都猜脚步声是来自梁宗岱夫人"沉樱",用的都是"实名"。因此,认为"凌"是奚今吾的"小名"的说法应该是没有根据的。此处的"凌"就是凌叔华。凌叔华和其夫陈西滢都是先生的"至友",交往很深,所以,凌叔华客居先生家就如同亲戚串门是很正常的。先生发表此文是1936年,记的事可能在1935年至1936年之间。1936年1月,凌叔华因她老师克恩慈在京去世,便与武大英藉教英语写作、莎士比亚课程的教员朱利安·贝尔同行到京,朱利安是英著名女作家弗吉尼亚·伍尔夫的外甥。实际当时凌叔华和朱利安·贝尔婚外恋已处于半公开状态。凌叔华带朱利安一起游玩京城名胜古迹,又领其和朱自清、闻一多、齐白石、先生等京城名流相识。当时梁宗岱离婚案了结后,梁先生已离开慈慧殿三号。这样一来,先生家的斋院就更显宽敞了,奚今吾也从法国回来与先生住一处。凌叔华客居先生家是完全可能的事。而且,先生在文中提到"凌",或许陈西滢更放心,毕竟在友人家作客。坊间著述称先生此杂文中此处的"凌"是奚今吾显然因先生这种描述很亲切而误起。其实,当时慈慧殿三号先生家中的工作室也兼会客厅。奚今吾后来回忆道:"朱先生把书桌放在客厅里,我在旁边看看书报杂志陪着他工作。屋外刮着呼呼的北风,后窗下躺着三只羊。羊的胆小,不肯待在后墙角上的羊圈里,常悄悄地逃出来紧靠在我们的后窗下,这样它们也许感到安全些、暖和些。小猫则蜷缩在大炉旁的窝里,房里是那样安静,除了朱先生有时起身在书架上查阅材料以外,可以清楚地听见几只小猫,似睡非睡轻微地打呼噜的声音。"(奚今吾未发表的《回忆录》)

△(3)在1936年8月出版的第1卷第53期《申报周刊》上发表《给〈申报周刊〉的青年读者(二)——在混乱中创秩序》一文。文中写道:"现在中国社会是一团紊乱,谁也承认。它能否达到秩序,就看中国青年有没有艺术家的要求秩序的热忱以及创造秩序的灵心妙手,从这团紊乱中雕琢一种有秩序的形式出来。凡是紊乱都须经过一番整理,才能现出秩序。现在中国人的大病就在不下

手做整理的工夫,只望着目前的紊乱发呆,或是怨天尤人。"①

△(4)在1936年8月出版的第1卷第34期《申报周刊》上发表《给〈申报周刊〉的青年读者(三)——民族的生命力》一文。文中写道:"要真正想救中国,慢些谈学问,慢些谈政治,慢些谈道德,第一件要事,先把身体培养强健!要生活,先要储蓄生活力!如果中国民族仍不觉悟体力对于精神影响之大,以及健康运动之重要,仍然是那样黄皮刮瘦,暮气沉沉,要想中国不亡简直是无天理!"②

9月22日,先生在《京沪沪杭甬铁路周刊》上发表《体格与精神》一文,该文原载《申报周刊》第1卷第34期。

10月,在1936年10月出版的第1卷第39期《申报周刊》上发表《给〈申报周刊〉的青年读者(四)——游戏与娱乐》一文,文中写道:"无论是民族或是个人,生命力的富裕都流露于游戏与娱乐,所以如果你要观察一个人或是一个民族有无生气,游戏与娱乐是最好的试水准。"③

11月1日,在天津《大公报·文艺》第241期上发表《心理上个别的差异与诗的欣赏》一文。这实际是先生介入文坛一段时间以来所写的一篇讨论诗是否都应该"明白清楚"的问题的文章。引发这一问题的导火索是林徽因1936年3月15日刊载于《大公报·文艺》上的诗歌《别丢掉》。

别丢掉

别丢掉
这一把过往的热情
现在流水似的
轻轻
在幽冷的山泉底
在黑夜,在松林
叹息似的渺茫
你仍要保存着那真!
一样是月明

---

① 《朱光潜全集》第8卷,合肥:安徽教育出版社1993年版,第441页。
② 《朱光潜全集》第8卷,合肥:安徽教育出版社1993年版,第447页。
③ 《朱光潜全集》第8卷,合肥:安徽教育出版社1993年版,第449页。

>一样是隔山灯火
>
>满天的星
>
>只有人不见
>
>梦似的挂起
>
>你问黑夜要回那一句话——
>
>你仍得相信
>
>山谷中留着
>
>有那回音!

梁实秋在 3 月 20 日《自由评论》上发表《诗的意境与文字》,文中梁实秋化名"灵雨",以读者来信的方式对林徽因这首诗进行了批评。梁实秋首先指出胡适作诗的三大信条:一、说话要明白清楚;二、用材料要有剪裁;三、意境要平实。梁先生拿了这个标准来权衡林徽因的这首诗,提出:"我不得不老实的承认,我看不懂。前两行我懂,由第三行至第八行一整句,我就不明白了。'现在流水似的'是形容第二行的'热情'呢? 还是形容第七行的'渺茫'呢? 第八行是一句,但是和第三至第六行是什么关系呢? 第十二行'只有人不见'是何所指?"[1]

林徽因是先生家读诗会的常客,她的这首诗自然引起读诗会其他成员对这篇化名文章的关注,沈从文 1936 年 3 月 31 日给胡适写信,表达了对梁实秋文章的不满:"《自由评论》有篇灵雨文章,说徽因一首诗不大容易懂(那意思是说不大通)。文章据说是实秋写的。若真是他写的,您应当劝他以后别写这种文章。因为徽因的那首诗很明白,佩弦、孟实、公超、念生……大家都懂,都不觉得'不通',那文章却实在写的不大好。"[2]

先生《心理上个别的差异与诗的欣赏》一文实际上是代表读诗会同仁对梁实秋的回答。当然,先生并没有针对具体的人事之争,而是从读者的阅读接受心理差异上着眼,指出:"'明白清楚'不仅是诗的本身问题,同时也是读者了解程度的问题。""'明白清楚'不是批评诗的一个绝对的标准。现在有许多类似口号的诗,毛病并不在话没有说得明白清楚,而在话的本身没有意味。就另一方面来说,也有许多诗,比如说阮籍和李贺的作品,对于一般读者并不够'明白

---

[1] 梁实秋:《诗的意境与文字》,载《自由评论》,1936 年 3 月 20 日第 16 期。
[2] 《沈从文全集》第 18 卷,太原:北岳文艺出版社 2002 年版,第 224 页。

清楚',但是仍不失其为好诗。"又说:"谈到究竟,诗的好坏应该同时从两方面见出。第一,它的意境是否新鲜美妙? 第二,它的语言是否恰好传达它的意境? 一首诗不能叫人懂得,不能叫人觉得'明白清楚',往往不仅在语言,而在语言后面的意境。语言尽管做得很'明白清楚',而诗的要旨并不必就因而也'明白清楚'。"①

先生随后说明了欣赏和创作诗有人偏向"造形类",要求"明白清楚";也有人偏向"泛流类",则常要求"迷离隐约"。先生总结道:"上帝造人,本来就不只用一个模型。人在性情,资禀,修养,趣味各方面天然有分别。生来属于'造形类'的人们不容易产生或欣赏'迷离隐约'的诗,正犹如生来属于'泛流类'的人们不容易产生或欣赏'明白清楚'的诗,都是'理有固然'。彼此可以各是其所是,但不必强旁人是己之所是。文坛上许多无谓争执以起于迷信文艺只有一条正路可走,而且这条路就是自己所走的路。要破除这般人的迷信颇不容易,除非是他们肯到心理学实验室里去,或则只睁开眼睛多观察人性,很彻底地认识作者与读者在性情、资禀、修养、趣味各方面,都有许多个别的差异,不容易勉强纳在同一个窠臼里。"②

随后,先生的好友朱自清则在《文学》1937年1月第8卷第1号上发表《解诗》,既为林徽因那首诗是否"清楚明白"作了辩护;又肯定了先生早前的这篇文章是"持平之论"。朱自清写道:"今年上半年,有好些位先生讨论诗的传达问题。有些说诗应该明白清楚;有些说诗有时候不能也不必像散文一样明白清楚。关于这问题,朱孟实先生《心理上个别的差异与诗的欣赏》(二十五年十一月一日《大公报·文艺》)确是持平之论。"

朱自清随后逐句解答了梁实秋对《别丢掉》不"清楚明白"的质疑:

"这是一首理想的爱情诗,托为当事人的一造向另一造的说话:说你'别丢掉''过往的热情',那热情'现在'虽然'渺茫'了,可是'你仍要保存着那真'。三行至七行是一个显喻,以'流水'的'轻轻''叹息'比'热情'的'渺茫';但诗里'渺茫'似乎是形容词。下文说'月明'(明月),'隔山灯火','满天的星',和往日两人同在时还是'一样',只是你却不在了,这'月',这些'灯火',这些'星',只'梦似的挂起'而已。你当时说过'我爱你'这一句话,虽没第三人听

---

① 《朱光潜全集》第8卷,合肥:安徽教育出版社1993年版,第459页。
② 《朱光潜全集》第8卷,合肥:安徽教育出版社1993年版,第467页。

见,却有'黑夜'听见;你想'要回那一句话',你可以'问黑夜要回那一句话'。但是'黑夜'肯了,'山谷中留着有那回音',你的话还是要不回的。总而言之,我还恋着你。'黑夜'可以听话,是一个隐喻。第一二行和第八行本来是一句话的两种说法,只因'流水'那个长比喻,又带着转了个弯儿,便容易把读者绕住了。'梦似的挂起'本来指明月灯火和星,却插了'只有人不见'一语,也容易教读者看错了主词。但这一点技巧的运用,作者是应该有权利的。"

11月,先生在《国闻周报》第13卷第43期上发表《论大学授课方式的机械化》一文。文中对仿效欧美的失败教育作了剖析。指出机械化表现在"师生之间不能发生亲切的关系";教育也不能"因材而教";由于大学只是造毕业生,大学教授只是在教书,大学生只是在听讲预备考试,这种死板的教育自然谈不上"自由研究"的风气的养成。针对这些弊端,先生提出:中学减少课,注重基本训练,到大学再做专门研究;大学应减少授课时间,增加师生讨论时间,要因材施教;在可能范围内采取中国旧有的书院制以及英国牛津、剑桥的导师制(tutorial system);大学应少办,专门学校应多办,两职不能错位。

11月4日,在《世界日报·明珠》上发表《中国文坛缺乏什么?》一文。指出在欧洲各国,从事文学有三派:一是经院派;二是新闻纸派;三是地道的文人派。这第三派像英国的 Bloomsbury Group 和法国的 Nouvelle Revue Francaise 里面的作者。"他们有经院派的训练而没有经院派的陈腐,有新闻纸派的流动新颖而没有新闻纸派的油滑肤浅。""而中国文坛中所缺乏的也正是这第三派人"。①

11月18日,在《大公报·文艺》上发表《谈作文》(上)。

11月20日,在《大公报·文艺》上发表《谈作文》(下)。

是月下旬,(1)在《申报周刊》第1卷第44期上发表《给〈申报周刊〉的青年读者(五)——谈理想与事实》一文。其主要观点和胡适"多研究些问题,少谈些主义"相仿,先生指出:"在今日谈中国政治,'图存'是第一要义。中国是一个久病之夫,一切摧残元气的举动,一切聊快一时的毁坏,都与'图存'一个基本要义不相容。'社会革命''打倒帝国主义''永久平等''大同平等',种种方剂都要牵涉到全世界的制度组织。在加入这个全世界的大战线以前,中国人首先须要把自己训练到能荷枪执戟,才可以有资格。"②

---

① 《朱光潜全集》第8卷,合肥:安徽教育出版社1993年版,第474-475页。
② 《朱光潜全集》第8卷,合肥:安徽教育出版社1993年版,第481-482页。

△(2)在《歌谣》第 2 卷第 26 期上发表《性欲"母题"在原始诗歌中的位置》一文。该文就中西民歌中性欲"母题"作了比较,认为:"弗洛伊德和达尔文都着重诗歌与性欲的关系,所不同者达尔文以为诗歌是性欲的工具,是引诱异性的饵;弗洛伊德以为诗歌是性欲的化装的表现,是心的力量由性欲转注到艺术。据苗瑶蛮诸族的歌谣看,达尔文的学说似较有力,因为它们大半是赤裸裸的表现,没有什么'化装',目的也很明显地在引诱异性。据中国各地的山歌秧歌的唱法看,异性引诱的目的似很少有,但是歌的性质往往很淫猥。这个道理似亦无用深求,性欲是最强的本能,带有最丰富的情趣,民歌多以男女恋爱为'母题',也不过因为它比较有趣罢了。我们仔细分析中国民歌,无论是古代的或现代的弗洛伊德所说的'俄狄浦斯情意结'似都不存在。中国民歌和西方民歌有一个重要分别,就是在中国民歌里故事或神话的成分根本就极少,情感都赤裸裸地流露,不但不用象征,而且不常用第三人称的间接叙述。"① 当然,先生还补充一句:"性欲的表现虽是一般民歌的特色,但是说民歌起源于性欲的表现,也还有商酌的余地。"②

12 月 1 日,先生在《大公报·文艺》上发表《克罗齐的美学》(上)。

12 月 8 日,先生在《大公报·文艺》上发表《克罗齐的美学》(下)。

12 月 30 日,先生在《大公报·文艺》上发表《当前教育问题》。

是月,由北平新文化出版社主办的并由先生和沈从文等主编的《现代文录》正式出版。

编年文:《文艺与道德问题的略史》(载 1936 年 33 卷 1 号《东方杂志》)、《文艺与道德有何关系?》(载 1936 年第 1、2 期《中山文化教育季刊》)、《欣慨室读诗札记》(载 1936 年 6 月 1 日出版的杂志《新苗》)、《诗歌与纯粹的文字游戏》(载 1936 年 6 月 16 日出版的第 8 期《天地人》)、《体格与精神》《中国诗何以走上"律"的路?》《论中国诗的顿》《中国诗中四声的分析》《诗与画——评莱辛的〈拉奥孔〉》、译文《歌德与白蒂娜》。

1937 年(丁丑 民国二十六年)40 岁

1 月 1 日,先生在天津《大公报·文艺》第 276 期上发表《"舍不得分手"》一

---

① 《朱光潜全集》第 8 卷,合肥:安徽教育出版社 1993 年版,第 486 页。
② 《朱光潜全集》第 8 卷,合肥:安徽教育出版社 1993 年版,第 486 页。

文。该期《大公报》同时还登载了茅盾、沈从文、谢迪克、巴金等人对《日出》的评论。先生对《日出》的评论是从一个文艺批评家专业角度出发的。先生认为，从整个剧本结构布局来看，《日出》作为一出四幕剧，第三幕主要以"小东西"的命运为线索，与全剧没有必然关联，建议把第三幕去掉。这样，"如果把有关这段故事的部分——第一幕后部以及第三幕全部——完全割去，全剧不但没有损失，而且布局更较紧凑"。①

关于第三幕应不应该保留，曹禺本人一个多月后（1937 年 2 月 28 日——编者）在《大公报·文艺》上发表了《我怎样写〈日出〉》一文，这显然是回应先生的质疑。曹禺非常坦率，甚至把自己到妓院体验生活的经历都和盘托出以说明第三幕不能割舍："说老实话，《日出》里面的戏只有第三幕略具形态。在那短短的 35 页里，我费的力气较多，时间较久。那里面的人我曾经面对面地混在一起，并且各人真是以人与人的关系，流着泪，'掏出心窝子'的话，叙述自己的身世。这里有说不尽的凄惨的故事，只恨没有一支 Balzac（巴尔扎克——编者）的笔来记载下来。在这堆'人类的渣滓'里，我怀着无限的惊异，发现一颗金子似的心，那就是叫翠喜的妇人……情感上讲，第三幕确已最贴近我的心的。为着写这一段戏，我遭受了多少折磨，伤害，以至于侮辱……这里我苦痛地杀了我在《文季月刊》上刊登第三幕的附言里那位'供给我材料的大量的朋友'，为着保全第三幕的生命，我只好出来自首了。"②

此外，先生还就曹禺的创作态度提出商榷，认为："他应该很冷静很酷毒地把人生世相的本来面目揭给人看呢？还是送一点'打鼓骂曹'式的义气，在人生世相中显出一点报应昭彰的道理来，自己心里痛快一场，叫观众看着也痛快一场呢？"③先生坦承自己喜欢第一种创作方式。

曹禺的答复是："孟实先生自己是喜欢第一种，而讨厌戏里'打鼓骂曹'式的义气。本来，老老实实写人生最困难，最味永，而把自己放在里面，歪曲事实，故意叫观众喝彩，使他们尝到'义愤发泄后的甜蜜'较容易，但也很无聊。舞台上有多少皮相的手法，几种滥用的情绪，如果用得巧，单看这些滥调也可以达到一个肤浅的成功。孟实先生举出几个例子，证明《日出》就用了若干'打鼓骂曹'式的义气来博得一些普通的观众的喝彩。他给我指了一条自新之路，他要我以

---

① 《朱光潜全集》第 8 卷，合肥：安徽教育出版社 1993 年版，第 489 页。
② 这篇文章后收入《日出》，参见曹禺：《日出》，上海：文化生活出版社 1937 年版，第 20-22 页。
③ 《朱光潜全集》第 8 卷，合肥：安徽教育出版社 1993 年版，第 489-490 页。

后采取第一种态度。这种诚挚的关心是非常可感的。不过……写戏的人是否要一点 Poetic Justices[诗的正义],来一些善恶报应的玩意……这种文艺批评的大问题,我一个外行人本无置喙之余地,不过以常识来揣度,想到是非之心人总是有的,因而自有善恶赏罚情感上的甄别,无论智愚贤不肖,进了戏场,着上迷,看见秦桧,便恨得牙痒痒的,恨不立刻一刀将他结果,见了好人就希望他苦尽甘来,终得善报。所以应运而生的大团圆的戏的流行恐怕也有不得已的苦衷……中国的话剧运动,方兴未艾,实在需要提携,怎样拥有广大的观众而揭示出来的又不失'人生世相的本来面目',是颇值得内行的先生们严重讨论的问题,无疑地天才的作家,自然一面拥有大众,一面又把真实犀利地显示个清楚,次一等的人便有些捉襟见肘,招架不来,写成经得起演经不得读的东西。不过,万一因才有所限,二者不得兼顾,我希望还是想想中国目前的话剧事业,写一些经得起演的东西,先造出普遍酷爱戏剧的空气,我们虽然愚昧,但我相信我们的子孙会生出天才的。"①

在戏剧创作中,先生站在应当努力构建符合内在逻辑关系的理论体系的立场上,曹禺站在应当体现中国戏剧的民族性时代性特征和强化观众意识的立场上,各自言之凿凿。其实,先生虽然批评严厉,但也说《日出》有"许多好处",只是对曹禺而言,某些错误于"这样一个有希望的聪明作家是不必需的"。然而,曹禺不能接受这个批评,先生也就没有再作回应。

是月,(1)先生在《申报周刊》第 2 卷第 2 期上发表《给〈申报周刊〉的青年读者(六)——谈敬》一文,文中写道:"我想,无论是一个民族或是一个人,如果心里没有'敬'的情感,决不会有伟大的成就。我不能仔细用逻辑说明这层道理。这也许仅是我的一种直觉,也许是历史传记把无数古今伟大人物的经验在我心中所积累成的总印象。"②又进一步申论"敬"是本心、良心、情感的自然流露;"礼"则不过是呈现、公式化、刻板化的"外表"。"敬"是"精神";"礼"是"形骸"。这篇文章也流露出先生对"公式化""刻板化"的厌恶之情,也多少折射了当时文坛上由好友沈从文挑起的反"差不多"运动中的北方文人和左翼作

---

① 曹禺:《日出》,上海:文化生活出版社 1937 年版,第 27-28 页。
② 《朱光潜全集》第 8 卷,合肥:安徽教育出版社 1993 年版,第 493 页。

家的矛盾。①

△(2)先生在《大众知识》第1卷第7期上发表《眼泪文学》一文。开门见山就对某作家在后记中称自己(指巴金)如何被自己作品所感动而流泪,以及在看了某作家(指曹禺)新剧本时"流过四次眼泪"这一现象,提出了"叫人流泪的多寡是否是衡量文学价值的靠得住的标准"②这一质疑。这看上去不经意的批评却招来了巴金一反常态的激烈反击,巴金写了《向朱光潜先生进一个忠告》(载1937年4月20日出版的第2卷第3期《中流》——编者)的文章,用了一系列尖刻、龌龊的词语,如"少见多怪的妄人""大言不惭""无的放矢""一个没有眼睛的人""不学无术盗名欺世的妄人""胡说""梦呓""老气横秋""冒充内行"等来抨击先生。不仅如此,左联刊物《中流》半月刊连续发表了张天翼的《士林秘笈·一个青年上某导师书——关于美学的几个问题》和《某教授致青年导师书——谈"应用上的多元论"》、王任叔的《现实主义者的路》、佳冰的《"最后的晚餐"与油画》、巴金的《给朱光潜先生》、唐弢的《美学家的两面——文苑闲话之六》等文③。这些文章的言词都有刻薄的一面,在先生看来不免有"帮行之骂"的嫌疑。先生于是写了《答复巴金先生的忠告》,并称他自己引述巴金的话"只是借它做一个实例来说明有人欢喜一种文学作品是因为它能叫他们流泪。我那篇文章的要旨是说能叫人流泪的文学不都是好的,我并没有说能叫人流泪的文学都是不好的,尤其没有存心要骂任何人"。④ 先生在这里的的确确是向世人昭示了一个文学创作与欣赏中的难题——移情和不动情的关系问题。然而,先生在不合时宜之时(抗日战争爆发——编者)讲了不适时宜的话,使争论方不能从学理的层面来进一步深思这一学术问题,而是转到了像巴金那样吹毛求疵地要和先生讨论起什么"世纪病"有无,以及诸如《最后的晚餐》是不是油彩画

---

① 沈从文在1936年10月25日出版的第23期《大公报·文艺》上发表《作家间需要一种运动》一文,指出文坛上有"差不多"现象,即公式化创作的倾向,都是一个模式,都"差不多"。因此,沈从文提出要反对文学"差不多"运动。这一举动很快引起了讨论,天津《大公报·文艺》于1937年2月21日出版了"讨论反差不多运动"专刊,登载有萧云的《反差不多运动的根数值》、樊蔷的《老实话》、彭昭仪的《文坛上的公式主义》、炯之(沈从文)的《一封信》和田庐的《题材:现实的反映》等文章,由于北方文坛的自由主义和"左翼"现实主义世界观的差异,讨论各自出发点不同,对"差不多"的解读也不一样。站在先生的立场上看,"文以载道"和"为文艺而文艺"都不是光明大道,"自由出发,自由讨论"才是文坛应该倡导的文风。

② 《朱光潜全集》第8卷,合肥:安徽教育出版社1993年版,第497页。

③ 上述文章均集中发表在1937年5月至7月出版的第2卷第5、6、7期《中流》杂志上。

④ 《朱光潜全集》第8卷,合肥:安徽教育出版社1993年版,第541页。

这样一些远离主题的问题上去。理所当然,先生不得不草草收场,很无奈地说出:"寻找和攻讦别人的错过永远不能成就你(指巴金——编者)的伟大。这是我报答你的一句诚恳的忠告。它够使你受用一生,也够使你骂我一生。它究竟产生哪一种效果,看你的造化吧,至于我的话却到此为止。"①这场争论就以先生停笔缄口的方式结束了。

1月18日,先生在《北平晨报·文艺》发表《谈选本》一文。

1月22日,胡适在日记中记载:"杨金甫、朱孟实、沈从文来谈办文学月报及文学丛书事。"②

据常风《回忆朱光潜先生》一文,我们可以对先生在其《作者自传》中列举《文学杂志》编委会成员时的错误作些更正。③确切的情况是,杨振声、沈从文、先生和商务印书馆商谈的结果是先生担任主编,除杨、沈外,另请周作人、叶公超、朱自清、废名、林徽因组成编委会。商务印书馆方面推荐郑振铎担任编委,因郑振铎本来和北平京派往来密切,现居上海以便商务印书馆和北平联系,但遭到先生等北平方面人士的委婉回绝。于是,商务印书馆认为这八人不足以代表京沪两地的文人,代表性不够强,遂又再商议,结果推荐了已去上海任教的李健吾和武汉方面的凌叔华担任编委。最终议定刊名为《文学杂志》。《文学杂志》的办刊目标除提倡创作小品文、散文外,还鼓励读者撰写学术论文,并加强评论工作和舆论引导;每期要有几篇书评;不登翻译作品;杂志封面由林徽因来设计;每月一期,24开本,约8万字,后实际增加到10万字;创刊号于1937年3月1日集稿,5月1日出版,以后每期提前两个月定稿。编辑会议一般在先生(主编)家中召开。

1月底,先生在《新诗》第5期上发表《答罗念生先生论节奏》一文。这篇文章是针对罗念生就先生早先在《新诗》第2期、第3期上发表两篇为《论中国诗的韵》和《论中国诗的顿》的文章提出批评的"反批评"。先生除了为自己观点辩护之外,也提出罗念生的"根本毛病在没有把'节奏'弄清楚"。当然,先生也在文章伊始乞望大家来"细心检讨",毕竟,"某一个人的意见十分靠不住"。

2月2日,在《大公报·文艺》上发表《克罗齐的〈历史学〉》(上)。

---

① 《朱光潜全集》第8卷,合肥:安徽教育出版社1993年版,第545页。
② 《胡适日记全编(1931-1937)》第6卷,合肥:安徽教育出版社2001年版,第644页。
③ 先生在《作者自传》里称编委有"杨振声、沈从文、周作人、俞平伯、朱自清、林徽因等人和我"。(《朱光潜全集》第1卷,合肥:安徽教育出版社1987年版,第5页。)根据常风回忆,应该有叶公超,废名。(参见常风:《回忆朱光潜先生》,载《逝水集》,沈阳:辽宁教育出版社1995年版,第76页。)编委中有俞平伯应当是先生记忆有误。

2月9日,在《大公报·文艺》上发表《克罗齐的〈历史学〉》(下)。

2月22日,先生在《北平晨报》发表《与梁实秋先生论"文学的美"》一文。

3月20日,先生在《中央日报》发表《答高一凌君谈新诗》一文,对新诗谈了三点还值得继续讨论的问题:一是说"'词曲放弃了呆板的平仄'"这句话未必尽然如此。事实上,放弃的只是字句的长短一律因而变得多样,并没有放弃对平仄的要求,甚至词曲讲平仄还比律诗更严;二是"认为新诗是从旧诗解放出来的固是错误,认为新诗是从词曲解放出来的"也有问题。先生以为"新诗的最大的成因是白话运动与西方诗的输入"。① 三是新诗应注意自然的停"顿",但并非如旧诗呆板地分"顿","顿"在诗、词、曲中都不是自然而是人为的。

4月4日,先生在天津《大公报》上发表《中国思想的危机》一文,这篇文章既是参与沈从文反"差不多"运动以呼应他好友的有深度思考的观念表达;又是对即将创刊的《文学杂志》追求思想自由,不受公式化、套板化思维左右、禁锢的一种理性思索的诉求。文中写道:"中国青年思想还未经生发期就已跨到凝固期,刚少年便已老成,他们的思想的习惯是演绎的而不是归纳的,守旧的而不是探险的。中国思想前途自然要希望青年去开发,而现代青年大多数却已因脑中被压进去过量的固定观念与陈腐反应,而失去思想所必要的无偏见,灵活,冷静与谦虚。这就是中国思想的最大的危机。"②

4月25日,先生在天津《大公报·文艺》第328期上发表《法朗士和布吕纳介的对话》一文。这是一篇非常有趣且有思想深度的文章,文章采用了柏拉图的"对话体",并借文艺批评家法朗士和布吕纳介之口讨论是否有所谓"客观的价值"与"客观的标准"之说。法朗士实际是先生的"化身",其倡导"客观的价值",追求个性,反对强加于人的教条式的批判,主张归纳,而不是演绎。这篇文章的主调和先生倡导的"自由生发"思想是一致的。

5月1日,由先生主编的《文学杂志》创刊号在北平问世,该杂志由上海商务印书馆出版(图6-6)。后来先生给上海文艺出版社出版的《朱光潜美学文集》五卷本写的《作者自传》里有段话被学界公认为是对《文学杂志》创办过程的经典表述:"当时正逢'京派'和'海派'对垒。京派大半是文艺界旧知识分子,海派主要指左联。我由胡适约到北大(图6-7),自然就成了京派人物,京派在'新月'时期

---

① 《朱光潜全集》第8卷,合肥:安徽教育出版社1993年版,第513页。
② 《朱光潜全集》第8卷,合肥:安徽教育出版社1993年版,第517页。

最盛,自从诗人徐志摩死于飞机失事之后,就日渐衰落。胡适和杨振声等人想使京派再振作一下,就组织一个八人编委会,筹办一种《文学杂志》。编委会之中有杨振声、沈从文、周作人、俞平伯、朱自清、林徽因等人和我。他们看到我初出茅庐,不大为人所注目或容易成为靶子,就推我当主编。由胡适和王云五接洽,把新诞生的《文学杂志》交商务印书馆出版。在第一期我写了一篇发刊词,大意说在诞生中的中国新文化要走的路宜于广阔些,丰富多彩些,不宜过早地窄狭化到只准走一条路。这是我的文艺独立自由的老调。《文学杂志》尽管是京派刊物,发表的稿件并不限于京派,有不同程度左派色彩的作家们如朱自清、闻一多、冯至、李广田、何其芳、卞之琳等人,也经常出现在《文学杂志》上。杂志一出世,就成为最畅销的一种文艺刊物。尽管它只出了两期①就因抗日战争爆发(图6-8)而停刊,至今文艺界还有不少的人记得它(不过抗战胜利后复刊,出了几期就日渐衰落了)。"②

图6-6　1937年5月1日,《文学杂志》创刊号由上海商务印书馆出版。图为《文学杂志》创刊号封面。

图6-7　1937年,先生(前排右四)与北京大学外文系师生合影。

---

① 先生这里记忆有误,实际是在抗日战争爆发前出了四期,"每期销行都在两万份以上"。(参见朱光潜:《复刊卷头语》,载《文学杂志》1947年6月第2卷第1期,第1—4页。)《文学杂志》创刊后半月间,编辑部每天都收到十几篇来稿,可见当时该刊的影响之大。

② 《朱光潜全集》(新编增订本)第10卷,北京:中华书局2012年版,第7页。

图 6-8　1937 年抗日战争爆发前,先生在北平(北京)故宫留影。

先生还存有一份《作者自传》的未修改的底稿,与公开发表的《作者自传》相比,有一点值得注意,就是先生提到了他的助手常风在编《文学杂志》时所作的贡献：

"当时文学界的新月派和现代评论派已成了'京派',和上海的左联派形成了对垒的形势,京派头头当然是胡适,而最活跃的组织者是杨今甫,最有力量的作家是沈从文,他们为着在左联之外另树一帜,于是在抗战前夕筹办一个《文学杂志》,因为我初出茅庐,不大为人们所注目,不易当箭靶子,就让我当主编。由胡适和王云五接洽,给商务印书馆出版,我有些官僚主义,不爱管事物,就把编辑事务统统交给清华大学研究所常风。刚出了两期,抗日战争就爆发,《文学杂志》就停刊。"(图 6-9)

先生为《文学杂志》写的发刊词题为《我对于本刊的希望》(后将题目改为《理想的文艺刊物》,收入《我与文学及其他》中——编者)。其中提出了《文学杂志》的使命和目标。

"对于文艺本身,我们所抱的态度与对于文化思想的相同。中国的新文艺也还是在幼稚的生发期,也应该有多方面的调和的自由发展。我们主张多探险,多尝试,不希望某一种特殊趣味或风格成为'正统'。这是我们的新文艺试验时期。在试验时期,我们免不着要牺牲一点,要走些曲路甚至于错路,不能马上就希望有如何惊人的成就。不过多播下一些种子,将来会有较丰富的收获。在不同的趣味与风格并行不悖时,我们可以互相观摩,互相启发,互相匡正。在文艺方面,无论是对于旁人或是对于自己,冷静严正的批评都是维持健康的良药。有作用的谩骂和有作用的标榜都是'艺术良心'薄弱的表现。没有'艺术良心',决不会有真正的艺术上的成就。别人的趣味和风格尽管和我们的背道而驰,只要他们的态度诚恳严肃,我们仍应表示相当的敬意。我们努力的方向尽管不同,但是'条条大路通罗马',只要真正努力前进,大家终于可以殊途同归地替中国新文艺开发出一个泱泱大国。

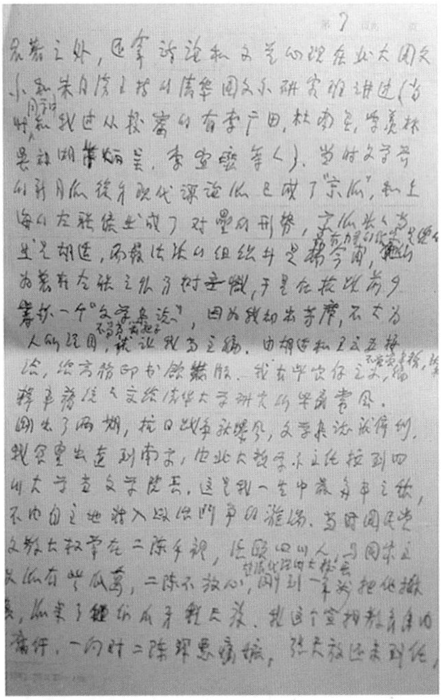

图6-9 先生《自传》手稿说明了自己被推举为《文学杂志》主编的缘由

根据这个信念,一种宽大自由而严肃的文艺刊物对于现代中国新文艺运动应该负有什么样的使命呢?它应该认清时代的弊病和需要,尽一部分纠正和向导的责任;它应该集合全国作家作分途探险的工作,使人人在自由发展个性之中,仍意识到彼此都望着开发新文艺一个公同目标;它应该时常回顾到已占有的领域,给以冷静严正的估价,看成功何在,失败何在,作前进努力的借鉴;同时,它应该是新风气的传播者,在读者群众中养成爱好纯正文艺的趣味与热诚。它不仅是一种选本,不仅是回顾的而同时是向前望的,应该维持长久生命,与时代同生展;它也不仅是一种'文艺情报',应该在陈腐枯燥的经院习气与油滑肤浅的新闻习气之中,辟一清新而严肃的境界,替经院派与新闻派作一种康健的调剂。"①

并且,先生在《文学杂志》创刊号的发刊词里对文化思想活动的基本态度用了八个字来概括:"自由生发、自由讨论"。同时,对"为文艺而文艺"和"文以载道"都作了批判性的分析考察。

---

① 《朱光潜全集》(新编增订本)第6卷,北京:中华书局2012年版,第107-108页。

《文学杂志》的前四期也的的确确是循着先生拟定的办刊理想编排的,在栏目设置上突出了对理论研究的系统阐释和对文学现象的深度分析,书评的比重较突出,约占了五分之二。诗歌、小说、散文、戏剧约占五分之三。作者的队伍也整齐。以第1至第4期为例,作者就有先生、叶公超、胡适、戴望舒、卞之琳、沈从文、老舍、杨振声、陈西滢、李健吾、林徽因、周作人、钱锺书、杨绛、废名、程鹤西、周煦良、常风、梁实秋、王了一、郭绍虞、陆志韦、梁宗岱、施蛰存、萧乾、何其芳、朱自清、林庚、曹葆华、冯至、方令孺、杨世骥、蹇先艾、俞平伯、徐迟、李影心、朱东润、孙毓棠、朱颜、贾芝、石民、路易士、贾处谦、高一凌、凌叔华、杜衡、杨刚、章郏、史卫斯、方家达、张骏祥,共五十一位。

先生指出《文学杂志》是参考了"欧洲几种著名的文艺刊物的编配方法",以五分之三篇幅登"创作",五分之二篇幅登"论文和书评",要达到使读者"不仅要读,还要谈、要想"的目的。①

姑举《文学杂志》创刊号为例以说明作者队伍、内容及栏目设计的特色:

《文学杂志》创刊号目录(图6-10)

朱光潜:我对于本刊的希望

叶公超:论新诗

[诗]

胡适:月亮的歌

戴望舒:新作二章

卞之琳:近作四章

[小说]

沈从文:贵生

老舍:"火"车

杨振声:抛锚

西滢译:大国之风

[戏剧]

李健吾:一个未登记的同志(独幕)

林徽因:梅真同他们(第一幕)

---

① 引自《文学杂志》创刊号《编辑后记》。参见《朱光潜全集》第8卷,合肥:安徽教育出版社1993年版,第529页。

[短篇散文]

知堂:谈笔记

钱锺书:谈交友

杨季康:阴

废名:随笔

程鹤西:灯

[书评]

周煦良:赛金花剧本的写实性

常风:活的中国

孟实:望舒诗稿

编辑后记

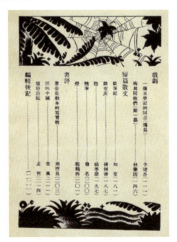

图 6-10 《文学杂志》创刊号目录

《文学杂志》的封面由林徽因设计,刊名用的是宋体。封面四周绘有一粗一细两条单色(彩色)线框,中有大量的留白,仅在正中有一副图案。图案为两条小鱼(双色)双龙戏珠一般环绕一支黑色的笔,大小仅占页面的二十分之一。这样清新雅致的设计自然受到各方好评。胡不归撰文《评〈文学杂志〉》(后载1937 年 6 月 11 日出版的第 43 期《是非公论》——编者)称:

"宣传许久的《文学杂志》,创刊号于五月一日问世了,它的封面没有鲜艳的颜色,或刺目的花纹,只是几根大方而雅致的线条与宋体字,和内容一样,它代表着保守、认真、中庸、踏实的特色,我们看厌了那些用花花绿绿的封面来吸引读者的文艺刊物,一旦看见这清新而大方的封面,忍不住要说一句:'谢谢天,世上居然也还有不肯乱跟着别人学时髦的编辑者。'"

先生这段时间几乎把全部精力都投入《文学杂志》的编撰过程中①,他自己不仅仅发表文章,还给像戴望舒的《望舒诗稿》、废名的长篇小说《桥》、芦焚的短篇小说集《谷》和《落日光》一类的作品写书评,先生总能抓住每篇作品的某个方面的审美特性作申论和提醒读者注意。此外,前四期每期都有《编辑后记》。

5月5日,先生在《北平晨报》上发表《创办编译研究院的建议》一文。

5月10日,先生在天津《大公报》和李幼芳谈大学训育问题(后收入安徽教育出版社出版的《朱光潜全集》,题目拟为《关于大学训育的五点意见》)。

5月14日,先生在《北平晨报》上发表《津大直沽浮尸案》一文。

是月下旬,先生在《新诗》第2卷第2期上发表《谈晦涩》一文。这篇文章发表的时机很耐人寻味。这本来是就梁实秋对林徽因《别丢掉》那首新诗批评引发的关于诗的"清楚明白"的讨论而发的。先生已经在上一年底发表过《心理上个别的差异与诗的欣赏》,表达了自己的观点,此时旧话重提,事出有因。先生在这篇文章开头就说:"我个人对于诗的显晦问题,已经写过几篇文章了,实无须再来哓舌。现在新诗社邀我参加这次讨论,我姑且很简赅地总束鄙见,并对于从前写的文章略加补充。"②一是说明是朋友相邀;二是说明有"补充"。首先,先生在文中认为"晦涩"究竟在诗的传达上是一个"污点"。就一首好诗来说,"我以为与其说明白与晦涩,不如说易懂与难懂。晦涩的诗无可辩护,而难懂的诗却有理由存在。"③而"诗的最难懂的——一般人所谓'晦涩'的——一部分就是它的声音节奏。现在一般谈诗的清楚与晦涩的人们根本就不提这一点,他们仿佛以为只要语言意义明白清楚了,诗也一定是明白清楚的。这似乎是没有认清问题的症结所在。"④就新诗来说,除了最难懂的声音节奏,还有一个难关,就是意境。于是,先生借自己的阅读经验表达了对梁实秋和朱自清等人的不同观点加以"调和折中"的态度(当然,基本的态度倾向,还是倾向朱自清、沈

---

① 据陪伴先生度过晚年的外孙姚昕回忆:"外公一生最黄金的时期就是编辑《文学杂志》这段时间,这之后便是不断的运动。"
② 《朱光潜全集》第8卷,合肥:安徽教育出版社1993年版,第533页。
③ 《朱光潜全集》第8卷,合肥:安徽教育出版社1993年版,第533页。
④ 《朱光潜全集》第8卷,合肥:安徽教育出版社1993年版,535-536页。

从文、梁宗岱、废名、林徽因、卞之琳等读诗会的成员——编者)。先生写道:"依我个人的经验来说,新诗使我觉得难懂,倒不在语言的晦涩,而在联想的离奇。……诗的新鲜往往就在这种联想的突然性,而同时这种突然性又基于必然性。……使联想有突然性而同时又有必然性,这是诗人所要走的难关;见到它的突然性而同时又见到它的必然性,这是读者所要走的难关。诗两种难关都非常微妙,差之毫厘,便谬以千里。诚实是诗人的责任,努力求领悟是读者的责任。读者费极大努力而发现所得不偿所失,咎在诗人(此间暗指有一些新诗创作者自己不能真懂自己究竟要通过语音传达些什么,这当然不是指林徽因这样的诗人,而是就一般新诗人存在的毛病而言——编者);以习惯的陈腐的联想方法去衡量诗人,不努力求了解而徒责诗人晦涩不可解,咎在读者(暗指梁实秋,甚至像胡适那样持落伍新诗观的一批人——编者)。"①

  先生选择这个时机"不偏不倚"地表达了对梁实秋、胡适与朱自清、沈从文、梁宗岱等之间争论的"中间"态度。显然,先生预感到刚刚创刊的《文学杂志》

---

① 《朱光潜全集》第8卷,合肥:安徽教育出版社1993年版,第536页。

的一个"疏忽"可能要带来的一场"义气"之争①,这是应该可以避免的。

————————

① 本来作为胡适邀请到北大来,并且和先生同在一个系的梁实秋,先生主编《文学杂志》邀请其供稿是理所当然的事。梁先生也确实提交了一篇《莎士比亚是诗人还是戏剧家》的文章。可是在《文学杂志》创刊号的集稿会上,先生没收到梁先生的文章,卞之琳在场说了句:"噢,还有梁实秋!"卞先生说这番话是出于梁先生曾和左翼作家有论战的考量,怕会影响到刚出炉的《文学杂志》的前途。当然梁先生这篇文章也因有针对先生读诗会成员孙大雨之嫌!这样,先生就没有把梁先生的文章放在创刊号,而是改在第二期发表。先生此间发表《谈晦涩》无非是想表明他办刊的宗旨是自由生发,自由讨论,并不会刻意倒向某一边。果然,先生发过这篇文章之后,梁实秋在1937年6月13日《独立评论》上化名"絮如"(以一个中学教师的身份)给胡适写信,题为《看不懂的新文艺》。由此引发了新一轮关于新诗晦涩不晦涩的讨论。卞之琳站在自己立场上后来写了一篇《追忆邵洵美和一场文学小争论》的文章(后载《卞之琳文集》中卷,合肥:安徽教育出版社2002年版,第227—230页)。该文描述了这段经过,不妨录下,以说明"京派"作家内部的观点也是各种各样的:

(梁实秋文章——编者)开头几句话就很有意思。他自我介绍:"我是一个中学国文教员,已然教了七年的书了。"因为心虚,进一步掩蔽关系,他说:"虽与先生没有什么相识,但是由种种文字及行动上,确是十分敬佩你的。"他在这里也忘不了鲁迅,模仿他《狂人日记》最后一句"救救孩子"的口吻说:"现在写这封信的目的,并无别事,想请求先生救一救中学生!"

"自从五四运动以来,"他接下去说,"提倡语体文的,不能不以先生为最出力。提倡语体文之目的,就为是把那艰难晦涩,劳时费神的文言打倒,使文学普遍化,使人民的文学水准提高。""不幸得很,现在竟有一部分所谓作家,走入了魔道,故意做出那种只有极少数人、也许还没有人,能懂的诗与小品文。"

"自然,人人有发表文字的自由,旁人是无法干涉的,可是因为刊物上流行了这种糊涂诗文之后,一般学生,尤其是中学生,因而阅读、模仿,于是一个清清楚楚的学生竟会做出任何人不懂的糊涂文字。做教师的如果为他改正,他便说这是象征派,这是某大作家的体裁。"这里他报复了邵洵美一下,也侧击了一下以大谈象征主义闻名,与梁实秋以至胡适也持不同诗见的梁宗岱。接下去就是:"一个小小的中学教员,自然比不上大作家,因而中学生便要走入这个魔道。假如入了这个魔道之后,我相信他一辈子也不会明白了。"

他在这里已经做出关于"魔道"的结论,很自信,已经在教训人了,可是这才转入正文,以"也许我没有文学修养"的幌子,举出"糊涂诗文"的三例。第一个"看不懂"的例子,就是我在《文学杂志》创刊号上发表的四首近作中的四行小诗《第一盏灯》,全文如下:

鸟吞小石子,可以磨食品。
兽畏火。人养火,乃有文明。
与太阳同起同睡的有福了,
可是我赞美人间第一盏灯。

第二例《扇上的烟云》(按:即何其芳《画梦录》代序,引文略。)第三例大约是他自己戏拟的所谓"现在此地流行的学生们办的刊物"《望益》二卷十期上的十二行歪诗。

他断然说:"可惜一般青年相率坠入魔道,却是教育上,也可说社会上的一个大问题。"最后还是自称"人微言轻",呼吁胡适出来"加以纠正"。

末署名"絮如。二十六,六,三,保定。"

关于这个问题,胡适在同期"编辑后记"里说了两条话:

第一条说:"'絮如'先生来信指摘现在最时髦的'看不懂的新文艺'。这个问题确是今日最值得注意的一个问题。"下引明朝李东阳所说"作诗必使老妪听解,固不可。然必使士大夫读而不能解,亦何故耶?"认为"这句话说得最公平。我们觉得,现在做这种叫人看不懂的诗文的人,都只是因为表现的能力太差,他们根本没有叫人人看得懂的本领。我们应该哀怜他们,不必责怪他们。"

第二条说:"'絮如'先生举的三个例子,我们不能不说,他的第一个例子有点冤枉。《第一盏灯》是看得懂的,虽然不能算是好诗。其余的两个例子,都是我们所谓应该哀怜的例子。"

……胡适却因为是常识大家,自然看得懂我这几行诗,替我叫了冤,无意中把梁的主要矛头挡开了,落了空,有"仇"未能报,有苦说不出,只能庆幸胡适以他的权威痛斥了在沈从文、林徽因等支持下以《画梦录》获得《大公报》文艺奖金的何其芳。

卞先生上述的描述虽然是站在自己立场讲的话,但从一个侧面可以看到胡适不管是不是真的知道"絮如"就是梁实秋,起码可以表明他对新诗的立场和朱自清、沈从文等人差距较大。学界普遍认为是胡适和梁实秋"唱的双簧"。编者倒不这样认为,编者认为对新诗的看法存在着不同理解,胡适算一个层面,甚至先生也未必完全和胡适都是唱"反调"。

6月4日,先生在《北平晨报》发表《从北平文化界的纷争谈到政论家的风度》一文。

6月,先生去上海,向商务印书馆了解《文学杂志》发行情况,听取其意见,并提出编一套西方文学批评丛书的设想。

7月,先生回了趟老家和黄山,这在奚今吾的回忆中有记载:"1937年7月7日卢沟桥日本侵略军的炮声打破了慈慧殿的安宁生活。当时朱先生已由安徽桐城老家到了黄山。我打电报给他,告诉他不要回北京。眼看日军一步步地向北京城区逼近,清华大学的老师都纷纷撤退到城内,王力先生全家也搬来和我们同住。我把正房腾出来给他们,自己带着我们刚满周岁的大女儿①,住到前排朱先生刚回国时住过的两明一暗的三间房里。不久王力先生他们动身回广西去了。"(奚今吾未发表的《回忆录》)

7月,先生在《文学杂志》发稿之前由上海返回北平。

7月28日,北平沦陷。王了一(王力)一家三口从清华园搬来先生家同住。

8月13日,先生和杨希声(杨振声)、上官碧(沈从文)和银行经理黄子默等人从北平乘火车到天津,再从天津乘船到烟台,从烟台转车到济南,再由济南乘火车到南京。先生到南京中央医院探望胡适,听了胡适关于时局的意见后,决定接受四川大学之聘,遂由南京到上海,从上海赶赴四川。②

是月,《文学杂志》第一卷出了第四期后停刊。

编年文:《谈选本》(后载1937年1月18日《北平晨报》,1946年先生以此文为基础写成《谈文学选本》一文——编者)、《青年与文学》(后载1937年第55、56期《学校新闻》,此文由稜三记录的先生的一次讲演整理而成——编者)、《中文诗的"顿"》《从儿戏说到追求"无限"》、译文《歌德与白蒂娜》(后载1937年1月第34卷第1号《东方杂志》)、译诗《露西》(后载1937年6月26日第12期《中央日报·诗刊》)、与巴金论战的两篇文章《读〈论骂人文章〉》(后载1937年7月15日《北平晨报·风雨谈》)、《答复巴金先生的忠告》(后载1937年7月一卷十二期《大众知识》)。

---

① 先生大女儿后到南充时因病夭折。
② 关于先生从北平动身到天津路上的艰辛,先生作散文《露宿》详细记述了这个逃难的过程。《露宿》原载《工作》,1938年4月第2期。现载《朱光潜全集》第9卷,合肥:安徽教育出版社1993年版,第1—4页。

卷七　以传统资源重修早期美学系统

（成都、乐山，1937年9月—1946年）

1937年(丁丑　民国二十六年)40岁

9月19日，先生在《大公报》发表《改善大学入学考试的建议》一文。此文中提出关于高校实行全国统一入学考试的建议。先生的这一愿望直至"文革"结束后才得以实现。

9月20日，先生在四川大学总理纪念周上发表演讲，该演讲由薛星奎记录，后载《国立四川大学周刊》第6卷2期，题为《在四川大学总理纪念周上的讲演》。① 先生在演讲中说："我是8月13号就离开北平的，那时天津已失守。平时由北平到天津只须两小时，这次因军事悾惚便已花了十六小时。火车上以平时能够容下八个人的地方，这次便挤了二三十人。到天津时，因为租界里戒严，深夜不能进去，便和几百位同行人在法租界外面万国桥街上露宿一夜。后来等了几天才上了船，到了烟台。船上拥挤困顿的情形更甚于火车。到了烟台以后，又转车到济南，再由济南乘津浦车到南京。这次所有离平的人们，都得经过这般周折。

我到南京后，总共住了四天。② 每天都有飞机来攻，弄到寝不安席。我所眼见的地方除了四川以外，所有教职员学生及一般人等，均在流离失所中。这次最大的损失，我认为是在文化方面。素负最大文化使命的北京大学、清华大学、师范大学、南开大学、中央大学、武汉大学、浙江大学等，或者已遭重大的损失，

---

① 安徽教育出版社于1993年出版的《朱光潜全集》第8卷第566页上称先生发表该演讲的时间为1937年7月20日，因先生在演讲中称"我是8月13号就离开北平的"，故这一说法属错讹。

② 参见王攸欣：《朱光潜传》，北京：人民出版社2011年版，第217页。有一种说法是先生入川途中由南京到上海与商务印书馆商谈是否继续发行《文学杂志》事宜，王云五把这一决定权交给先生。先生写信给北平常风，让他和周作人、废名商量，是办还是停刊，后决定停办。此说为常风在《回忆朱光潜先生》一文中所提出，因先生在回顾自己行程时未提及上海，故编者与王攸欣持同样观点，即先生从南京写信给常风，常风将南京误记为上海。

或者因已经酿成恐怖情势,也没有学生到校了。现在只有四川成都,俨然世外桃源。一般人虽然在报纸上见到前方战士的痛苦和敌人的残酷,究竟还没有亲自尝到战争的痛苦。他处的同学,不独无书可读,甚至无家可归,尤其是平津的同学,还正在被敌人残杀之中。那末,我们这个机会,实在很不容易得到。我们的机会愈难得,所负的责任也就愈重大。文化教育是国家的命脉。"①

是月,先生应四川大学代理校长张颐②之聘,任成都四川大学(图7-1)文学院院长兼英文系主任(图7-2)。同时兼任学报出版编审委员会主任委员,主持出版《国立四川大学学报》。

图7-1 国立四川大学校门

图7-2 1937年8月起在四川大学任教的先生

12月,先生在《国立四川大学周刊》第6卷第12期上发表《国难期中我们应有

---

① 《朱光潜全集》第8卷,合肥:安徽教育出版社1993年版,第567-568页。
② 张颐(1887-1969),字真如,又名唯识,四川叙永人。中国现代研究黑格尔哲学的专家,这一点连贺麟都承认,贺麟认为张颐是最早在北京大学讲黑格尔哲学的。张颐在英国牛津大学获得博士学位的论文就是《黑氏伦理探究》(英文版)。当然,作为研究黑格尔的专家,又在北大和先生共事,他当然知道先生在20世纪30年代就对黑格尔研究写得很好的文章。所以,他一再写信催促蒋梦麟、胡适,让他们敦促先生尽快到四川大学任教。原信如下:"孟邻、适之学长兄鉴:近常可欢(当为劝——编者)挽叔永(按:任鸿隽字)一事,电函相扰,其结果乃遗大投艰于弟身。辞谢非川中同人所许,担任又恐力有不胜,唯有央恳诸公鼎力维持而已。弟昔年在厦,蔡先生曾怂恿北大同仁赴彼帮忙,此次想亦同此态度。两公意态固绝不至与蔡先生相抵牾也。昨曾电邀朱孟硕(一般先生笔名为孟实,但是不是用过'孟硕',待考。钱锺书送先生折扇,扇面中行文以'孟硕'称先生,可见非一人这样称呼——编者)兄来此担任文学院院长,弟于孟硕平时虽极钦佩,然晤聚时间却不甚多,务恳二公极力为我劝驾。弟在此倘以无人相助而塌台,亦非北大之荣幸也。此颂近祺,弟张颐再拜。"(详见《胡适遗稿及秘藏书信》第34卷,合肥:黄山书社1994年版,第29-30页。)

的自信与自省》(此文由先生的一次演讲的演讲稿整理而成——编者)一文。先生说道:"我们如果要抗战到底,一定要有真正的自信,真正的自信要根据彻底的自知。要自知必须能自省。能自省才能知耻。所谓知耻,就是西文所谓 sense of honour,从前人说'知耻近乎勇',又说'明耻教战'。不知耻的人不会有勇气,不'明耻'也决不能教战。我们现在要确实感觉到日本人对于我们烧杀淫掳,是我们的极大的耻辱,在这种耻辱之下,我们如果不能真正的觉悟,下极大的决心,去脚踏实地同心协力地去洗清我们的国耻,这是我们的更大的耻辱。"①

年底,夫人奚今吾携女儿②抵成都,后回南充老家。奚今吾回忆道:"秋天开学后,朱先生已被张颐先生邀请到四川大学任文学院长……秋末冬初,我带着女儿先到天津,等船到武汉,辗转回到四川。在成都,朱先生已为我们租了川大同事胡子麟先生的两间住房……就在那年之后,我带着孩子回到我的老家南充。"

是年,先生担任国立四川大学二十六年度公费免费委员会委员(图7-3)、国立四川大学校务会议和行政会议委员(图7-4)、国立四川大学招生委员会监试员(图7-5)。

图7-3 国立四川大学二十六年度公费免费委员会委员名单,右起第二列第二位为朱光潜。(四川大学图书馆提供)

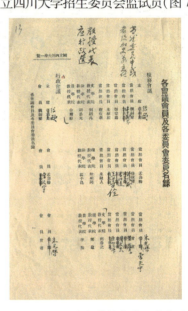

图7-4 国立四川大学校务会议和行政会议委员会委员名录,第三排右一、左二为朱光潜。(四川大学图书馆提供)

---

① 《朱光潜全集》第8卷,合肥:安徽教育出版社1993年版,第574-575页。
② 指先生大女儿,于1938年夭折。

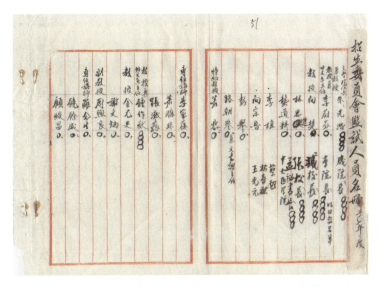

图7-5 国立四川大学招生委员会监试人员名册,右起第一列为朱光潜。(四川大学图书馆提供)

1938年(戊寅 民国二十七年)41岁

1月,陈立夫继任教育部长,开始实行国立院校统一课程、统一招生、统一教材、审订大学教师资格、推行导师制、统一大学行政组织等新规章。

3月1日,先生在《学生半月刊》第1卷第6期上发表《读经与做古文》一文。先生也是该刊挂名编辑顾问。先生认为,"古文"于现代青年而言实不可做。"现代青年还要学做'古文',那是老鼠钻牛角,死路一条。"先生认为这一二十年来没有"'古文'卷有几篇说得上'通'"的。所以,时至今日,白话文(文中称"语体文")代替文言已是不可逆转的事实。当然,这样说并不等于说专门研究国学的人不去读经书,因为"经书是中国文化思想的渊源,是中国民族特殊精神的表现"。只是说不能以限定全国学生都必须读经书这种迂腐的方式。先生最后有一个给青年人的忠告:"经书可读但不必人人都读,古文则绝对不可做。读经书也要脱除冬烘腐气,用新方法去整理,用新观点去鉴赏。带冬烘腐气去读经,那就不免愈读愈腐。"(该文未收入安徽教育出版社出版的《朱光潜全集》)

春,先生与何其芳、卞之琳、谢文炳、罗念生、方敬共同创办《工作》半月刊,并在《工作》上发表《露宿》《花会》《再论周作人事件》等文章。

6月,先生在《工作》第6期上发表《再论周作人事件》一文,该文是在何其芳先在《工作》上发表《论周作人事件》后的"再论",是申明"个人的观感略有不同",[①]先生在写这篇"再论"前收到周作人来信,信上未谈及周作人的近况,而北大和周作人相近的友人来信也并未提及周作人"附逆"。

在周作人是否为"汉奸"问题上,卞之琳和先生观点相近,认为应该等一等,给周作人一条路,不要上了谣言的当,硬把周作人推到汉奸的路上。

7月,在《新新新闻每旬增刊》创刊号上发表《文学与民众》一文。

7月25日,夫人奚今吾在南充老家(图7-6)生下第二个女儿(图7-7),因女儿出生在南充的嘉陵江畔,故取名"世嘉"。然而此时也发生了令先生意想不到的事,年仅两岁的大女儿病故了。奚今吾后来回忆道:

"1938年我们又有了第二个女儿世嘉。大女儿骤然生病,发烧呕吐,只两三天时间,大夫还没有诊断清楚究竟是什么病就夭折了。朱先生十分痛心。"(奚今吾未发表的《回忆录》)

图7-6 "七七事变"后,在四川南充老家的奚今吾。

图7-7 先生与女儿朱世嘉的合影。

[①] 1938年4月28日,《文摘》第19期刊登了余士华译自大阪《每日新闻》的一篇关于"更生中国文化建设座谈会"的文章,题为《所谓"更生中国文化建设座谈会"(附图)》。该座谈会由大阪《每日新闻》社3月召集,文章所附照片上有北京大学教授周作人。消息传开,全国学界哗然,纷纷指责周作人"附逆",当"汉奸"。何其芳也撰文和这一呼声相应。先生不是徇私情,而是觉得周作人恐还未见得到做"汉奸"的份上,大概6月收到周作人一封信要先生帮忙将学生徐君转到四川大学。这勾起了先生写这篇文章为周作人辩护的想法。

暑夏,先生同事卞之琳、何其芳、沙汀夫妻悄悄去延安访问。《工作》出版了8期便停刊了。

10月8日(中秋节),"合肥四姐妹"中的小妹张充和①遵"孟实家师之命"赠先生折扇一幅(图7-8):一面是张充和"拟北苑法章"所绘山水图画;另一面是其所作书法作品和制印。

图7-8 张充和赠与先生的折扇

10月,原中国驻德全权大使程天放卸任回国。

11月,国民党"中央党部"为"彻底整理四川党务",在成都举办"党务工作人员干部培训班"。培训班由程天放主持。

12月13日,国民政府行政院会议决定,任命程天放②为四川大学校长。

12月14日,先生得知此消息,并联理学、农学院长魏时珍、董时进商议,决定致电重庆行营主任张群,请求"中央"收回成命。电文由先生起草,文曰:"顷见报载,川大校长于学期中途无故变动,校务进行极感困难。校内外群情惑然,拟请我公顾念桑梓,婉致当轴,暂缓明令发表,用维教育,而息流言。"③

12月15日,由先生、魏时珍、董时进、曾天宇④四院长联名邀请全校教师在

---

① 张充和(1914-2015),女,生于上海,祖籍合肥,为两广总督兼直隶总督张树声的曾孙女,苏州教育家张武龄的四女。1949年随夫君赴美,50多年来,执教于哈佛、耶鲁等20多所大学,弘扬中华传统书法和昆曲,擅书法绘画,被誉为"民国"闺秀,"最后的才女"。自成都中秋一聚四十年后,先生和张充和及其夫君傅汉斯有通信往来。

② 程天放(1899-1967),江西新建人,美国伊利诺伊大学政治学学士、硕士,多伦多大学政治经济学博士。曾任江西、安徽、湖北省政府委员兼教育厅长、安徽省政府代主席、浙江大学校长、安徽大学校长等职务,是CC派"四大金刚"之一。国民党派程天放任四川大学校长是实行"党化教育"的一个具体步骤。

③ 《新民报》(成都版),1938年12月16日,第11页。

④ 曾天宇为法学院院长,在"拒程"运动初期是投赞成票的,后来转向接受程。

至公堂参加大会,由先生主持。会上众教师情绪激昂,皆要求联名致电教育部请求收回成命,并推先生起草电文。

图 7-9　1938 年 12 月 14 日(先生起草电文当天),学生粟玉生献给先生的书签。①

12 月 16 日下午,四川大学五十名教授(签名者达六十三人)联名致电教育部,电文全文如下:

> 四川为今日抗战后方重地,四川大学为今日全国仅存之完整的最高学府,人事进退,匪仅关系一校,实为抗战全局视听所系。自更换校长之息披露于报端后,同人等服务川中,与闻较切。除已电陈当局,请即收回成命外,兹特以所见为全国关心教育之人士沥陈之。大学作为高深学术人才之机关,学术理想贵在保持自由独立之尊严,远离潮政之波荡,研究工作,尤需环境安定,不容轻易更改。欧美各国对于大学校长人选,必求其学术精深。一经任命,决无无故纷更之理。今加以撤换,使全校师生研究工作,顿受影响。今后何人尚肯实任,此同人等所认为不可者一。后方教育事业于政治、军事、社会一切设施息息相关,当抗战前途千钧一发之际,后方人心

---

① 其实,"拒程"运动背后的政治、党派纷争之复杂,先生虽然过去没有体验过,但运动开始,他院里教育系的一个叫粟玉生的学生在 1938 年 12 月 14 日献给先生一枚书签(图 7-9),书签上录胡汉民的一首诗:"合传韩非已不伦,神仙祖述更非真。如何一样图中绘,向'左'倾旋便惑人。"实暗示四川大学"拒程"运动背后的地方势力、中央势力、左派势力都靠不住,劝先生收手。值得注意的是,粟玉生赠与先生这一书签的时间恰恰是先生和魏时珍、董时进联合致电张群的日子。先生把这个学生送的书签一直保存着,内心肯定有颇多感慨!

之安定，实为首务。川大自抗战以来，全校师生对研究学术之外，努力救国工作，尚无愧于国家。今于全校无问题之时，忽生翳问题，风声所播，窃恐人存观望，影响一切事业，有碍抗战工作，此同人等所认为不可者之二。国家兴亡，系于士气。养士之来道，节操为先。近年以来，从事政治活动者，往往排斥异己。世风日下，国亦随之。为校长自宜奖励学术，专心教育，人格皎然者，然后足为青年师表。今必欲去洁身自好之学术界先进，流弊所及，影响士风。此同人等所认为不可者三。以上三点，为同人等共同之认识，为今后进退之标准。事关教育学术前沿，揭诸国人，以求公论，谨此宣言。

朱光潜、魏时珍、董时进、林思进、龚道耕、向楚、李植、叶麐、钟作猷、周谦冲、周太玄、胡助、张洪沅、郑衍芬、徐墩璋、向宗鲁、萧参、曹任远、熊子骏、顾葆常、李蔚芬、何鲁之、彭举、宋诚之、邓胥功、张敷荣、胡子霖、顾绥昌、饶孟侃、张佐时、罗念生、杨秀夫、熊祖同、周光烈、谭其骧、杨人楩、谢文炳、罗容梓、黄建中、刘绍禹、冯汉骥、柯召、傅葆琛、王善佺、杨伯谦、谢苍璃、曹诚英、邵均、余其心、张文曦、蓝梦九、张文湘、朱显祯、李家葆、高新亚、刘世楷、郑愈、曾宪朴、萧公权、李华宗、赵人儁、忓去邪、饶余威。①

12月18日晚，程天放接受记者采访，称："从事教育行政多年，实已有倦意"，但"中央极为重视川大，今后本人一切唯中央之命是从。何日到校视事，尚待回渝与中枢教育当局详商，三数日后返蓉，方可决定云。"②显然程天放已得到"尚方宝剑"，准备赴任。

12月19日，程天放飞往重庆。当日中央社电：程天放日内返省接事。③

12月19日中午，先生、魏时珍和董时进在成都明湖春宴请成都市新闻界人士，④显然这是先生为寻求舆论支持的一个举动。

12月20日，就在程天放晋谒教育部长陈立夫的当日，教育部给代理校长张颐发了一份措辞严厉的电报，全文如下：

---

① 《新民报》（成都版），1938年12月18日，第11页。
② 《民声报晚刊》，1938年12月19日，第4版。
③ 《新新新闻》，1938年12月20日，第3版。
④ 《民声报晚刊》，1938年12月19日，第4版。

国立四川大学张代校长,该校校长一职已奉院议通过,以程天放继任。本已令程校长克日到校就职,并令该代理校长移交在案。顷悉该校有少数院长教授对于校长问题颇持异议。查简命校长,权在政府。该院长教授,身为学生师表,应知服从政令,何能出位干政,败坏学风。本部甚望传闻之失实。如果确有此项情事,该代理校长应有导正之责,勿使学校前途发生不良影响,并盼于移交后来渝报告。特电知照。教育部号印。①

12月21日,《兴中时报》(该刊刊头是四川省主席王瓒绪题,所登文章代表地方政府亲"中央"一派的意见)刊出短评,宣布了"程天放即飞蓉接长川大"的消息,更明确点出"党化教育"的主题:"如果不是倭寇和汉奸,绝不能说党化教育已成过去的话。"短评称先生等教授为"别有用心的人们"。

12月21日晚,孔祥熙设宴招待程天放。

12月22日,张颐收到电文后,感到事态紧急,遂在电文上批示:"速笺函各院长及全体教员查照。""速"字下并画有3个圈,焦虑之情可见一斑。先生等收到电文后昂扬激愤,遂召集魏时珍、董时进院长,并全体教师80余人在文殊院举行大会,先生任大会主席。据汪潜记载:"朱(指先生——编者)讲话慷慨激昂,痛斥陈立夫专横颟顸,蔑视大学教授人格,主张全体罢教,以示抗议。魏、董两院长亦相继发言,对陈立夫之挟其党派偏见排斥异己,摧残学术自由,大加抨击。会上群情激烈,全场赞同罢教。当即决定自二十三日起实行罢教,公推朱光潜草拟罢教宣言及驳斥教育部文电,请求社会各界声援。"②

12月23日上午八时,上课教师们将先生起草的《罢教宣言》发给学生后集体退出教室。《罢教宣言》全文如下:

本校校长问题,同人前为维持学术尊严,陈述意见,公诸社会。倾由张校长转到教部来电,谓为出位干政,败坏学风,并谓校长有导正之则。披览之余,不胜骇异。窃同人以学术界之人谈学术界之事,何为出位干政?同人在校并未制造派系,利诱生徒,何为败坏学风?院长、教授皆由学校礼聘而来,与校长不过暂时宾主,迥非主管僚属之比,何得言受其导正?! 教部

---

① 教育部1938年号电,"川大档案"第1940卷,载《新民报》,1938年12月21日,第7页。
② 《反对程天放作川大校长》,载四川省省志编辑委员会:《四川文史资料选辑》,1964年第13辑,第59页。

之电,实属不明体质,蔑视教授人格,同人认为此学术界莫大耻辱。自本日起,不再到校上课。特此声明,伏维公鉴。①

12月23日,罢教教师还向外界发布一则启事,宣布了罢教的消息,并公开了致教育部电文②,全文如下:

> 查本大学更动校长问题,引起校内校外重大纠纷。所有经过情形,大部容或未能尽悉。既承指示,"勿使学校前途,发生不良影响",具见尊重学术,维护教育之意,同人等敢不将事实真相及所持理由,为大部一详陈之:
> 窃大学校长地位,与普通行政官吏不同。进退黜陟虽由政府,而其道德学问必为社会所公认,而后可以为人师表。故政府有任免之权,而社会实司其选择之任,非可纯用政治权利,强之服从。使学术界教育界人士,一切如小吏之于长官,奉事惟谨而已也。故欧美大学校长,多行推选之制,其尊重学术,因而推崇大学教授地位,不以寻常法令格之,意其盛也。今推选制虽不行于吾国,然大学教授对于校长问题,自述其意见,以为本身进退之标准,而乃谓之出位干政,岂普通言论自由,出处进退自由,一经置身国立大学,遂为赫赫威令所剥夺乎?此同人所不解者一也。
> 大学教授有发展文化领导社会之责。平时在既定国策之下,自由讲学。遇国家多事之时,无论政治法律外交,乃至国策之修正,或受政府咨询,而发抒谠言;或自陈所见,以供社会采择,皆为国法之所容许,贤明政府之所乐受。汉制,博士与九卿、中二千石会议大致。君主时代,犹且重视学术人才如此。即在近年,如上海十教授之本位文化宣言,及最高领袖所召集之庐山座谈会,教育问题之外,大学教授尚可自由发表主张,况对于政府任用大学校长之标准,陈述意见,公诸社会,无触犯忌讳之辞,无牵涉私人之语,尤无所谓阻挠政府行政用人之意,何得目之为出位干政?此同人所不解者二也。
> 且以学术所得贡献政治,则政治可期改善;以政治之力束缚学术,则学

---

① 《国立四川大学教授罢教宣言》,载《新民报》(成都版),1938年12月21日、22日、23日、24日、25日,均为第8页。
② 《四川大学教授启示》,载《新民报》(成都版),1938年12月21日、22日、23日、24日、25日,均为第8页。

术日就衰败。故欲保持学术机关之尊严,但于既定国策之下,不使有扰乱政治之行;此外不以政治手段干之,不以派系私意行之。所以然者,惧其以势利而乱学术之公是公非;惧使学生慑于威武,诱以利禄而隳其节概也;惧政治权力,利用学术机关,以惑乱社会之视听也。故大学无论公立私立,要必使之成一纯粹学术集团。而大学校长之唯一选格,必其学术湛深,操行纯洁,为学术界教育界所推服而不营营于政治活动者。若其人具政治长才乏教育兴趣,而以之为大学校长,非用违其才,则别有用意。二者无一而可。知其不可,而曰此政府命令也,服从之而已,是则非大学教授所宜出也。大部以同人此举为败坏学风,不知败坏学风之责,究应谁属?此同人所不解者三也。

　　校长之于教授,非如长官之于属僚。聘任之始,自当慎重人选;既聘之后,则当尽量使之发抒其学术能力与主张。又当尊重其人格与地位,不容干涉其个人言论行动。此次同人发表宣言,动机纯洁,不受意于任何要人,不就谋于任何党派。况在张君,自有志趣,岂同人所得而强制之?而同人所欲为,又岂为校长者所得而约束之?校长非尊官,同人实否认其导正之权,而大部以此责之张君,此又同人所不解者四也。

　　又大部电中标目同人为少数院长教授。查本大学设文理法农四学院,院长四人,教授八十余人。列名宣言者,朱光潜、魏嗣銮、董时进三院长也,林思进等七十余人,皆教授也。大部有案可查,其不为少数甚明。此则事实真相,大部或为人所蒙蔽,而未能尽悉,尤不能不为大部郑重声明者矣。

　　要之国家垂危,至于今日,我最高领袖之宵旰勤劳,全国人士之艰苦奋斗,只为民族生存,争最后之胜利而已。语曰:"白刃在胸,目不暇瞬"。我政府宜多为有利抗战之举,少做后方不必要之事。如学年中途,而更张平静无事之大学,同人所谓不必要者也。惟大部慎重权衡而措施之。国家幸甚!全国教育幸甚!

文末并希望"各界同胞,同声响应,予以援助"。

在罢教宣言及电文上签名者,由在"拒程"宣言上签名的六十三人增至八十六人。

新增者有余锡嘏、凌均吉、张宗元、吴永权、阎汶玉、郭子雄、吴太岗、祝同曾、曾宇康、周煦良、游学泽、吴昌源、曾用修、庞俊、路朝銮、林如稷、李万沅、李仲卿、黄斗懿、萧敦俊、孙炳章、何崇焕、马骥群、李君懿、冯素芸、丁缉熙、陈义掞、濮毂、高华寿、桂质柏、吴天墀、张垂诚、胡芳萍、张孟修、熊世骐、刘雅声、徐荣中。

当然，也有在拒程宣言上签名而在罢教宣言上未签名者，未签名者有宋诚之、张敷荣、饶孟侃、罗容梓、黄建中、柯召、曹诚英、邵均、余其心等九人。

12月23日，孟寿椿秘书长到出纳科，逼迫干事张文淮（张颐侄子）打开保险箱，取出校印。

12月23日上午十时，程天放到校，受到百余名学生欢迎。随即孟寿椿奉上印箱，程天放正式就职，并宣布聘请周岸登为文书主任。

12月23日下午两时，在至公堂召开欢迎程天放大会，来宾有黄仲翔、省政府王白与、省政府秘书长陈筑山、教育厅代表吴且雄等。欢迎大会先由学生代表蒋祥信致辞欢迎，接着程天放训话，之后陈、黄、王、吴先后发言，至三时半结束。

12月27日，成都报纸登出张颐的声明，披露孟寿椿夺印经过，声明这是"违法渎职"，应"依法追究"才是。先生等七十七人又一次致电蒋介石，希望蒋介石不畏教育部"立言失体"之影响，独立任命"胡适、李四光、任鸿隽、王世杰、陈启修"这样"学术湛深，行谊端正"的学者作校长。电文全文如下：

> 教部立言失体，致激动公愤，演成罢教。光潜等曾将致教育部代电录呈，谅蒙垂查，现在新任校长程天放未约定交代日期，竟于梗日到校，劫夺印信，强为接替。内外喧鄙，纷扰益甚。窃念川大易长问题，教钧座维护教育，尊重学术，历年对于川大扶持奖掖，尤具苦心。夭非为国家培养士风，为民族阐扬文化。复兴之效，实基于是。今此完整之大学，忽乱清宁之学风，推演所届，将使士类蒙羞，群情沮丧。上负高献，下泱民志。国难当前，岂宜有此？光潜等身居大库，出处进退自有节度。惟事有关学术消长，事业兴坏，与夫钧座所兢兢爱护者，公正发愤，义不容已。近日默察情势，深知程天放不洽舆情，恐难继任。似宜别简学行俱优，声望素孚之士，接长川大，以慰士林之望，以系川人之心。不揣冒昧，敢举所知如胡适、李四光、任鸿隽、王世杰、陈启修等学术湛深，行谊端正，物望所归，足备斯选。钧座领导全民，尽瘁国家，素以汲引人才为重，敬乞一言主持，俾后方安定之。大

学得复常轨,不特芸芸学子沾被大德,全国学术前途实利赖之。①

从此电文看,以先生为代表的教师们已由"留张拒程"改成"拒程"。先生等已经意识到"留张"不可能了,倘若"钧座"不能"明鉴",实已无法达成最初的愿望了。与此同时,国民党籍学生组成复课团体游说,要求复课。

12月31日,学生派代表见程天放,程天放表示不动人事,对调整孟寿椿职务一事再行考虑。

1939年(己卯 民国二十八年)42岁

1月2日,陈立夫为息事宁人,给罢教签名教授复电,除强调学术研究应尊重外,反复说明任命程天放是合乎"行政体制"的,因为张颐是代校长,前校长辞任后实为空缺,此次为"任命正式校长""决非为任何妨碍学术自由之意""朱、魏、董三院长,能于复教后来渝一叙,尤所企盼"。

至此,领导罢教运动的先生、魏时珍、董时进不得不选择辞职以示抗议。此后,先生和张颐一起赴乐山武汉大学(图7-10)任教,董时进自办农场并主编《现代农民》杂志,魏时珍于1940年起任川康农工学院院长。

---

① 陈立夫在电文上"深知程天放不洽舆情"旁圈点,并在文后附批:"本党竟无一人!"可见,国民党一开始就把这次"拒程"运动看作党派之间的斗争,国家青年党的老巢在四川,张颐虽然不是青年党党员,但他是青年党领袖李璜的姐夫。魏时珍、周谦冲、何鲁之、彭举、顾葆常等皆是青年党党员。至于像先生这样捍卫学术自由的教授等人,在国民党看来是不可怕的,可怕的是地方乡绅和地方军人。所以在整个"拒程"运动中,国民党都在注意分化"拒程"的这几种势力。先生毕竟本色是一介书生,对复杂的政治斗争估计恐有不足。在他为上海文艺出版社选编的《朱光潜美学文集》的《作者自传》原稿中有这样一段话(后部分删掉):"这是我一生中最多事之秋,不由自主地卷入政治斗争的漩涡,当时国民党文教大权掌在二陈手里,张颐四川人,与国家主义派有些瓜葛,二陈不放心,趁张代理川大校长刚到一年就把他撤换,派来了他们爪牙程天放,我这个宣扬教育自由的腐儒,一向对二陈深恶痛疾,程天放还未到任,我立即带头在校中掀起反对易长的风潮,闹了两三个月,当初喊反对易长的人纷纷打退堂鼓,延安听到了消息,周扬写信约我去延安参观,我通过沙汀和周文回信给周扬说想去,这消息透露出来了,国民党就由留英同学杭立武和留法同学吴俊升来信劝阻,把我介绍到武汉大学西语系任教,校长王星拱是我的同乡,文学院长陈西滢也是现代评论派的老友,于是我就到武汉大学。"

图 7-10 武汉大学西迁乐山后的大礼堂(乐山市文庙)。大礼堂位于校长办公室后面的老霄顶上,学校定期举办的"总理纪念周"活动、主要集会、各种讲座均在此举行,朱光潜、郭沫若、陈立夫、李约瑟、冯玉祥、白崇禧、黄炎培、吴宓等人曾在此演讲。

图 7-11　1939 年 1 月起先生转到武汉大学,并于 1941 年—1945 年期间任教务长。

1月15日,先生到武大(图 7-11)后,辗转收到周扬 1938 年 12 月 29 日寄到成都的来信。关于信的内容,先生后来回忆说周扬在信中邀请其去延安参观,究竟其他内容如何,不得而知。先生的回信①全文如下:

周扬先生:

你的 12 月 29 日的信到本月 15 日才由成都转到这里。假如它早到一个月,此刻我也许不在嘉定而到了延安和你们在一块了。

教部于去年 12 月中发表程天放做川大校长,我素来不高兴和政客们在一起,尤其厌恶与程氏那个小组织的政客在一起。他到了学校,我就离开了成都。

本来我早就有意思丢开学校行政职务,一则因为那种事太无聊,终日开会签杂货单吃应酬饭,什么事也做不出;二则因为我这一两年来思想经过很大的改革,觉得社会和我个人都须经过一番彻底的改革。延安回来的朋友我见过几位,关于叙述延安事业的书籍也见过几种,觉得那里还有一

---

① 该信后由周扬在先生从教六十周年纪念会上公开,题为《周扬同志和朱光潜同志的两封信》,载《人民日报》,1982 年 11 月 29 日第 8 版,第 8 页。

线生机。从去年秋天起,我就起了到延安的念头,所以写信给之琳、其芳①说明这个意思。我预料11月底可以得到回信,不料等一天又是一天,渺无音息。我以为之琳和其芳也许觉得我去那里无用,所以离开川大后又应武大之约到嘉定教书。

你的信到了,你可想象到我的兴奋,但是也可想到我的懊丧。既然答应朋友们在这里帮忙,半途自然不好丢着走。同时,你知道我已是年过四十的人,暮气,已往那一套教育和习惯经验,以及家庭和朋友的关系都像一层又一层的重累压到肩上来,压得叫人不得容易翻身。你如果也已经过了中年,一定会了解我这种苦闷。我的朋友中间有这种苦闷而要挣扎翻身的人还不少,这是目前智识阶级中一个颇严重的问题。

无论如何,我总要找一个机会到延安来看看,希望今年暑假中可以成行,行前当再奉闻。

谢谢你招邀的厚意。我对于你们的工作十分同情,你大概能明瞭。将来有晤见的机会,再详谈一切。

专此顺颂

时礼!

弟 朱光潜
1月20日

这里"早到一个月"是客气话,因为从周扬写信到先生收信时间还不足一个月。此时先生已到武大任教,既然应了杭立武②、吴俊升③、王星拱④等老朋友的劝邀,自然不能半途而离开。当然,先生也表示了心中的烦闷,希望有机会去延

---

① 即卞之琳、何其芳,二人1938年夏从四川到延安。周扬时任延安鲁迅艺术学院校长。

② 杭立武(1904-1991),安徽滁县(今滁州)人。1923年毕业于金陵大学,1929年获英国伦敦大学博士学位。归国后受聘为"中央大学"政治系教授兼主任。抗日战争期间任国民参政会参议员。

③ 吴俊升(1901-2000),江苏如皋人,著名教育家。1924年卒业于南京高等师范学校教育系。1928年赴法国巴黎大学留学,1931年获教育哲学博士学位。回国后历任北京大学教育系教授兼系主任、安徽省教育厅主任秘书、国民政府教育部高等教育司长等职,最后担任香港中文大学新亚书院第二任院长。

④ 王星拱(1888-1949),字抚五,安徽怀宁人,著名教育家、化学家、哲学家。早年毕业于英国伦敦大学帝国科学技术学院。1916年获硕士学位回国,先在北京大学任化学系主任,后历任安徽大学、武汉大学、中山大学校长。

安看看。①

先生流寓四川这段时期心情苦闷是毋庸置疑的。对此,舒芜曾回忆道:"解放以前我没有见过朱先生,他的一幅字却使我了解他是一个爱国的知识分子,那是抗战期间大家流寓四川时,他写赠我的叔父的,写的是宋人文及翁那阕著名的《贺新郎》:

> 一勺西湖水,渡江来,百年歌舞,百年酣醉。回首洛阳花石尽,烟渺黍离之地。更不复新亭坠泪。簇乐红妆摇画舫,问中流击楫何人是?千古恨,几时洗。
>
> 余生自负澄清志,更有谁磻溪未遇,傅岩未起?国事如今谁倚仗,衣带一江而已。便都道江神堪恃。借问孤山林处士,但掉头笑指梅花蕊。天下事,以知矣。

我的叔父把这幅字张挂在重庆寓居的墙壁上,我每次去总要反复赏玩,从中体会到朱先生对国民党政府消极抗日、苟且偷安、醉生梦死的无限忿慨的心情。"②

3月3日,国立武汉大学召开第351次校务会议,会议通过了"校训校歌迭奉部令饬拟呈报应如何办理案",议决"推定徐天闵、刘博平、朱光潜三先生组织校歌撰拟委员会,由徐天闵先生召集"。③

3月19日,萧军到乐山,晚,与王淑静、郑宝林造访先生,称先生为"文坛先辈",先生约萧、王、郑三人次日在自家小饮聚谈。

3月20日下午六时,萧军三人应约赴先生家,先生以酒相待,四人畅谈甚

---

① 先生在"三反""五反"运动中有交代打算去延安的动机,虽然是"自我检讨",但有一定参考价值,录如下:"就在这次风潮中,我放出要去延安的空气,实际上原先已透过文艺界朋友的关系,向延安方面接洽过。我的动机是非常卑鄙的,要向陈立夫派作姿态,要是闹得天放不成功,请他们不要逼人太甚,如果逼得我无路可走,我就跑延安。同时,这也是狡兔三窟之计。我心想得罪了陈立夫,旁的大学怕不敢轻于找我。万一无路可走,延安还是一条路。当时去延安回来的人很多,他们告诉我延安值得去看看。去了延安并不等于说就参加革命,去了还是可以回来。由于一时的情感激动,我忘记了我的反动的本质,心里动摇一下,就起了去延安的念头。后来事实证明,像我这样反动的人是决不会转弯的。"(载《三反快报》,北京大学节约检查委员会宣传组编,1952年4月9日第6期。)

② 舒芜:《敬悼朱光潜先生》,载《朱光潜纪念集》,合肥:安徽教育出版社1987年版,第37页。

③ 吴骁、程斯辉:《功盖珞嘉"一代完人"——武汉大学校长王星拱》,济南:山东教育出版社2011年版,第383页。

欢。先生就萧军小说《第三代》提了些意见,觉得篇幅不短的长篇,似乎开头稍显单薄,同时也表达了对萧军小说的欣赏。笑谈中恰好先生好友叶圣陶也来到先生家,大家一起饮酒叙谈,气氛十分融洽。

春,先生的二弟朱光澂突然来到乐山,兄弟有数年不见,相见惊喜万分。后来先生在"文革"初期(1966年—1967年)的《自我简历》里有对弟弟朱光澂的记述(受政治气候的影响,考虑朱光澂在台湾,先生未表示出亲情——编者):

"朱光澂 弟　(年在六十岁左右),上海立达学园毕业。南京黄埔军官学校毕业,在国民党军队里做了几个月的小军官。他不愿在军队里工作,就入上海同济大学学德文,后到日本东京工业大学学无线电。到抗战初期因参加留日同学的爱国运动,被日寇拘禁了两年左右。出狱后回到成都,在成都军官学校当无线电教官。约三年后(1943?)就转到广西的一个无线电器材厂当工程师。抗战胜利那一年国民党派陈仪去接管台湾,由于他的立达学园教师沈仲九(陈仪的亲戚)介绍,跟陈仪到了台湾,当一个无线电厂的厂长,后因故去职(他没有告诉我原因),不久就转到台中和朋友开一家五金电料商行。这是解放前的最后消息。解放后即断绝通信。他在同济当学生和日本时经费由我接济。"①

5月,长沙商务印书馆出版了冯友兰的《新理学》。

7月,署名"光潜"的《周公思想及其治教》一文发表在《赈学》创刊号上。此文是否为先生所作?编者认为文中有数个疑点:(1)《赈学》刊系赈学合作社办,而该社为日本人操纵的北京新民会下属机构。先生此时已逃难入蜀,在北平日伪刊物上发文可能性不大。(2)文中许多用词并非符合先生习惯,如"泰西""请先就""笔者""约之",等等。(3)文中观点称学习周公如何"建设王道国家",这似日奸语气。因此,此篇极有可能是伪作。(4)先生在稍后1941年写过一篇文言文《政与教》,大体是说政与教并行不悖,政与教相得益彰,但目的诚如先生后来自我检讨时说:"我替《思想与时代》写了几篇文章,其中一篇叫做《政与教》,还是弹'学术自由'的老调,主张政教分立,用意还是反对陈立夫的党化教育。"②可见,"自由主义"的政教观和此文中"政教合一"的主张以及周公的政教合一方法是制礼作乐的观点相去甚远。

7月—8月间,先生和马一浮先生偶然谈及对冯友兰《新理学》一书的观感,

---

① 《朱光潜全集》(新编增订本)第10卷,北京:中华书局2012年版,第282页。
② 《三反快报》,北京:北京大学节约检查委员会宣传组编,1952年3月29日第3期。

马一浮说:"好倒还好,只是不是先儒的意见,是另一套东西。"先生虽也不同意冯先生的"新理学"观点,但认为冯先生是"接着"宋儒讲,不是"照着"讲,哲学家有"这种权利"①。

8月,先生去成都探望三弟朱光澄。暑期将结束时,邀约老友徐中舒一同游乐山。

8月23日,先生和徐中舒一道自成都乘木船下岷江,历时两天半到达乐山。先生陪徐中舒参观大佛和凌云、乌尤两寺,还一起探访了先生家后面不远处小山洞里的石棺。

11月,先生邀请熊十力到乐山的武汉大学作短期讲学。熊十力始劝先生读些佛经。先生在1944年写的《谈心》(《全集》未收)里称:"近来我也开始看佛书,但那里面的广大精微,有些使我望洋兴叹。对此我恐终止于浅尝,假如能把唯识宗摸索清楚,我也就算了了心愿。"②

是年,张高峰考入武汉大学,成了先生家的常客。据他后来回忆:

---

① 关于先生究竟是否一定是和马一浮先生谈到对冯友兰《新理学》的看法,先生在《冯友兰先生的〈新理学〉》一文里并未明讲,只是说"和一位国学大师偶然谈到它"。这个"国学大师"称呼在先生严谨审查的态度中不会有多少,而在四川这段时间,先生和马一浮、熊十力都有交往,这一称呼究竟是指马一浮还是熊十力?依编者看,是指马一浮应该无疑。因为熊十力20世纪30年代和先生在北大共事,两人年龄相差十二岁,活动圈子也不一样,此时称"国学大师"于熊先生,可能性不大。倒是马一浮先生素被称为"国学"大师,他自己也以"楷定国学名义"而自豪。况且,据编者父亲朱陈回忆,先生在四川时曾请马一浮给自己书斋"欣慨室"书写横幅"欣慨书斋",可见二人交谊非同一般。在马一浮在四川乐山乌尤寺正式成立"复性书院"后,先生还举荐黄天明任职该书院。但马一浮先生看到先生一并奉寄的黄天明大作,认为治学的理趣与自己与黄天明不同调,故写了一封信回绝了先生的推荐,这封信是马一浮1939年12月2日致先生的。不妨录如下:"向辱枉驾,久阙答候,想不以疏简为罪。承示黄君天明著述两种,知其为新考据家。至谓理学出于李习之,目为阳儒阴释,是义不然,未免轻下判断。书院所讲学者,实与黄君舛驰,未敢引为同调,不妨各求其志。且院中枯槁,亦非其所能堪。原稿两册附还,原信仍夹置册内。并希代致歉意为感。率此,顺颂撰安,不具。"(《马一浮集》第二册,杭州:浙江古籍出版社、浙江教育出版社1996年版,第707页。)马一浮先生同年12月12日又有封致先生的信,是因先生乡贤方守敦过世,先生受李光烱之托,恳请马一浮首署联名请国史馆为方守敬立传。马一浮先生觉得"首置"不妥,自己只和方守敦有"一日之雅",年辈差后,写信婉言谢拒。此信全文如下:"奉来教,并承李光烱先生示以方槃君先生诗简。既悲方先生凋谢之速,益钦李先生风义之厚。请史馆立传一举,固当由阿乡耆硕与士林公意出之。李先生欲使贱名附其列,所不容辞,但首署则万万不敢。匪特嫌于僭越,即以私谊言之,与槃君先生虽有一日之雅,谬承爱重,然年辈差后,未及游从之久,实未敢汰然自附于交末也。此意务恳婉达于李先生。至见示方先生诗简共四叶,肃容浣诵,佩仰弗谖,谨以附还,并乞代转、赐复为祷。书院仅出《学规》数条,其平日所讲亦未及一一记录付刊。今奉去二册,一以就正,一请代致李先生乞教。浅薄之言,聊志初学,实无足观也。二方索阅,当分别依谕运寄。率复,敬颂教安,不具。光烱先生处乞代致拳拳,恕不另肃。"(《马一浮集》第二册,杭州:浙江古籍出版社、浙江教育出版社1996年版,第707—708页。)

② 朱光潜:《谈心》,载《自由文摘》,1947年第7期,第15页。

"朱先生给我留下的第一个印象,是他的音容笑貌。他个子不高,前额宽阔,四十岁刚出头就有些驼背了。一双很象广东人的眼睛,讲课或思考问题时老是往上看。说一口安徽腔官话。

那时,武大的外文系是比较有名的,朱先生本身就兼外文系教授,由于他的关系请来方重、陈源、钱歌川、戴镏龄、孙家琇等教授。朱先生主讲几门必修课(图7-12),难读的是'莎士比亚',不及格便留级,所以每晚在自修室里都有学生'啃莎士比亚'。

我们一些爱好文学和新闻的同学,组织有'文联''新闻部队'等社团,每年春秋两季,必请朱光潜、叶圣陶、苏雪林、钱歌川等教授郊游茶话,请他们指导学习和写作。

每逢星期天或假日,我常约一二同学去朱先生家请教。他家的陈设很简陋,引人注意的是满满的书架与书柜,陈列着硬皮精装的各种外文书籍,平装和线装的中文书籍,可以相信它们的主人是一位博古通今、融贯中西的学者。"①

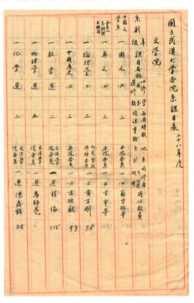

图7-12 1939年,先生在武汉大学讲授美学、散文选读、作文等课程。图为国立武汉大学各院系课目表。

---

① 张高峰:《我所崇敬的朱光潜老师》,载《朱光潜纪念集》,合肥:安徽教育出版社1987年版,第144—145页。

1940年(庚辰 民国二十九年)43岁

年初,国民党政府教育部长陈立夫为了推行"党化教育",决定把王星拱从武大调走,委任四川大学校长程天放执掌武大。这样一来,无论是从教育的理念,还是从人事的直接关系上而言,显然都对先生构成了挑战和威胁。于是,先生再次发起"拒程"运动,提出"挽留王星拱,抵制程天放"的口号,并公开发表宣言。在宣言上签名的教授有先生、叶圣陶、陆侃如、冯沅君、丁燮和、戴名巽、邵相华、彭迪先、郭霖等。

此次"拒程"运动在发起之时似乎已经有了胜利的希望。教育部在"拒程"运动发起前并没有向外界公布任命程天放为武大校长的决议,王星拱也不同于昔日的张颐,他无需像张颐那样受困于"代理校长"的尴尬局面。这样一来,尽管陈立夫在1940年12月亲赴武大督促王星拱让位,也未能使程天放顺利执掌武大,程天放任武大校长的计划最终落空了。

3月,先生任教育部大学用书编辑委员会委员。

6月20日,李儒勉招邀先生和叶圣陶、胡墨林(叶圣陶夫人——编者)、袁昌英等在家小聚,宴席上先生谈及四川中学教师和学生无适当刊物可看,语文教学水平尚待提高,建议叶圣陶考虑重新再办一个类似早先《一般》(《中学生》)的杂志,叶圣陶深表赞同。这次谈话之后,在叶圣陶的积极筹划下,开明书店复刊了《中学生》《开明少年》并创办了《国文杂志》。

7月,《致广田》信①(《全集》未收),信中称:

> 近接丰子恺君来信,对于《笔阵》中尊文②有所解释,特附寄一阅,阅后请寄还南充大北街奚宅。我也认识马一浮先生,其见解非敢苟同,其风范尚可景仰。我以为见解不同究竟是小事。尊文没见到,说些什么?之琳

---

① 摘自1940年7月16日李广田日记,参见《李广田文集》第五卷,济南:山东文艺出版社1986年版,第337页。该信李广田在日记中仅录片断,前按"得朱光潜先生由成都横小南街2号来信,内云"。

② 尊文指李广田在1940年第1卷第2期《笔阵》上发表的《写在〈泰和宜山会语合刊〉的空白上》一文,此文批马一浮1938年在浙江大学的讲稿《泰和宜山会语合刊》观念陈腐,在抗日战争中印行似不合时宜。时任浙江大学教席的丰子恺也在1940年2月第21期《宇宙风》(乙刊)上连载的《教师日记(四续)》中抄录了马一浮的两篇讲稿,也受到李广田的批评。7月2日,丰子恺致信先生说明此文产生的背景,并请先生代向成都出版界朋友解释。

说,听人说写得很好。

是月,(1)先生在《战国策》第 7 期发表《流行文学三弊》一文,对文坛上的"陈腐""虚伪的""油滑"三种弊端作了剖析。先生指出:"白话文运动起来以后,许多人过于兴奋,以为这是中国文学的空前的革命。从外表说,这种看法或者不无片面真理;但是,我们放冷静一点去衡量,就会觉得已往传统精神最坏的方面是在'流毒'。真正的文学革命不只是换一个语言躯壳就可以了事。用文言可以说谎和摆空架子,用白话还是可以说谎和摆空架子。"①

△(2)先生在《教育通讯》第 3 卷第 27、28 期合刊发表《文学院》②一文。文章对中国文学系、外国语文系、哲学系、历史学系,大学课程设置,各系的办学性质与目的都详加论述,不乏精彩观点。如大学教育之对象有二:一是为文化学术;另一是治文化学术之人。任务也有二:一是"对于已有传统加以流传广布,以维持历史的赓续性";二是"从已有传统出发,根据新经验与新需要,孜孜研究,以求发展与新创"。③

8 月,先生在《读书通讯》第 7 期发表《美感教育》一文。这篇文章一开始先生就说对真、善、美的追求是人的一种"天性",既然是天性,儒家讲的"尽性"就是美感教育的出发点。

当然,"尽性"不是放任自由不受道德约束,是所谓"怡情养性"。换句话说,中国传统先秦儒家强调的是把合理的情欲通过正常的渠道宣泄出来,与"理"是一致的,甚至"养性",也是能促进"理"的。这当然不是宋儒"以理灭欲"的看法,更不是西方柏拉图将"理"与"欲"对立的看法。所以,先生说:"《论语》有一段话总述儒家教育宗旨说:'兴于诗,立于礼,成于乐。'诗、礼、乐三项可以说都属于美感教育。诗与乐相关,目的在怡情养性,养成内心的和谐(harmony);礼重仪节,目的在使行为仪表就规范,养成生活上的秩序(order)。蕴于中的是性情,受诗与乐的陶冶而达到和谐;发于外的是行为仪表,受礼的调节而进到秩序。内具和谐而外具秩序的生活,从伦理观点看,是最善的;从美感观点看,也是最美的。"④这当然是把美育看作道德教育不可分割的另一部分,美

---

① 《朱光潜全集》第 9 卷,合肥:安徽教育出版社 1993 年版,第 26 页。
② 此文为先生代当时教育部高等教育司起草的《升学指导》的一部分。
③ 《朱光潜全集》第 9 卷,合肥:安徽教育出版社 1993 年版,第 28 页。
④ 《朱光潜全集》(新编增订本)第 1 卷,北京:中华书局 2012 年版,第 228 页。

育不但不妨害德育而且是德育的基础。

美育又是一种情感的教育。美感教育能够陶冶性情,给情感赋予一定的形式。如我们看到一片风景、听到一件趣事,"乐"了,这是由内心而发的,这"内心"就是情感由内及外引发的(感于物而动)。然后把你所见的意象和情趣融合无间,一体俱化,"情景交融""物我两忘""物我同一"便是这"境界"("和")。

同时,先生还认为美育也还是一种艺术的教育。西方有句谚语,"艺术是解放的,给人以自由"(Art is Liberative)。艺术由本能的冲动而抒发情感,它使人"畅神"。

总之,这篇谈美感教育的文章,体现了先生这段时间思想正在经历一个由中国传统美学资源向西方美学理论"反哺"的阶段。

10月19日,先生43岁农历生日,叶圣陶恰好从成都回到乐山的家中,先生在家邀请了他和陈源、杨人楩等小聚。先生用从法国带回保存了近十年的三十年白兰地招待客人。大家畅谈甚欢。

12月25日,先生在嘉定写《冯友兰先生的〈新理学〉》一文,后发表在1941年1月出版的1卷2期《文史杂志》上。按照先生自述,这篇文章原来的"动机是在批评冯先生的艺术论,因为要批评这一项,不能不审查他的出发点,他所根据的哲学。一讨论到哲学的基本原则,艺术就变成一个枝节问题,在篇幅分量上不能占到过重的位置"。① 也就是说,对于像冯先生这样以构筑哲学体系为目标的古典型学者而言,美学和艺术问题往往是从"形上学"引申出来的,倘若对其"形上学"讨论充分,美学和艺术问题也可以迎刃而解,这应该也是合情合理的说法。然而,冯先生看到先生这篇文章却不能接受先生这种批评方式,回应了一篇《新理学问答之一》②,称:"朱先生的文章的末段,很令人失望。因为美学是朱先生所特别专长底。我很希望他在此方面多予指示……而这篇文章,对于《新理学》讲艺术底部分,所说极少。说句笑话,这真可谓'下笔千言,离题万里'了。"③冯先生颇有点不屑一顾之意,意思是你朱光潜先生还应该守着你的美学领域,不应该对我所拥有的地盘指手画脚。

尽管如此,先生对他这篇批评冯先生的文章还是非常看重的,并不认为自己"越界"。相反,他发表这篇评论文章后还托卢代曾君将其代寄给宗白华和方

---

① 《朱光潜全集》第9卷,合肥:安徽教育出版社1993年版,第52页。
② 《三松堂学术文集》,北京:北京大学出版社1984年版,第476—485页。
③ 方克立、李锦全:《现代新儒家学案》(中),北京:中国社会科学出版社1995年版,第106页。

东美先生,"以征求他们对该文的意见"。同时先生又将此文给好友朱自清先生看,因为朱自清和冯友兰过去同在清华共事,实际上,朱自清也看过先生这篇大作并询问冯先生本人对先生这篇批评文章的读后感。冯友兰答朱自清曰:"兄指出的地方(指先生批评的看法——编者)只是他措辞欠斟酌。"言下之意,那不过只是瑕疵,无关《新理学》宏旨。与冯先生对自己的文章自信满满的看法不同,朱自清倒是很欣赏先生这篇佳作,说:"读了兄(指先生——编者)的文字,真有豁然开朗之乐,佩服佩服。芝生兄(指冯友兰——编者)回答似乎很费力(若我是他的话),但我渴想看看他的答文。"朱自清和先生是至交,又是同以文学为第一爱好。所以,朱自清还是冷静地补充了"渴想"冯先生作答的愿望。果然,如前面提到的,冯友兰先生逐一反驳先生对他的种种批评。

虽然,看上去冯先生和先生之争是围绕着《新理学》展开的,实际上从他们来回争辩的论题看,牵涉美学治学的路径和方法问题。检讨两人的争论观点:冯先生给美之理以"本然样子"的说明,无非是一种有真无实的从"虚"处去讲的"形上学",到底和经验隔了一层;而先生虽然从知识论出发讲美的情趣和意象的契合,符合"aesthetic"这个"直觉学"的知识论本义,但终究又对中国传统艺术精神讲"虚"的一面有所忽略。然而,两人都学贯中西,都试图在中西融合的道路上建构自己的哲学和美学体系。最难能可贵的是:两人都受过很好的逻辑训练,对西方文化能从骨子里去体会。冯先生20世纪40年代还写了《新知言》,直接回应了维也纳学派和自己哲学观点关系问题;先生也在20世纪30年代写过《符号逻辑》,可惜该书书稿交商务印书馆未及出版便因日寇轰炸而焚毁了。

从他俩一来一往的对哲学和美学讨论的深度上看,应该说是认真拿维也纳学派对"形上学"的种种拷问来检讨各自学说的。所以,这对我们今天中国哲学和美学如何建构一个新形态且经得起时代考验的体系来说是极具启发意义的。

是年,先生写《庚辰岁暮感怀二章》(《全集》未收):

神州文物已西迁,半壁关河忍弃捐。
狐鼠难凭新社稷,羯膻未改旧山川。
元戎早定平夷策,童稚群呼决胜年。
草檄枕戈俱未得,放怀聊诵北征篇。
客里匆匆岁又迁,云烟过眼任相捐。

恨无长戟挥颓日,徒有归心托逝川。
载酒寻奇酏宿癖,磨棱斩角过中年。
风流未许追王谢,难继流觞曲水篇。

庚辰岁暮感怀二章,次无量、抚王二公原韵,录呈歌川兄校正。

光潜

1941年(辛巳 民国三十年)44岁

1月,先生在《文史杂志》1卷2期上发表《冯友兰先生的〈新理学〉》一文。先生对冯先生新理学既有肯定,同时认为"无极而太极"打成两橛的说法还只是柏拉图所说的老问题(即"形下"和"形上"之间无法打通的问题——编者),这一问题仍未解决。

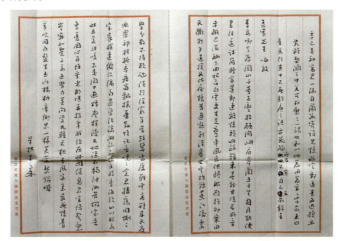

图7-13 1941年初春,王星拱手书其《青鸟行》一诗赠与先生。

初春,校长王星拱作新诗(图7-13),呈刘永济①与先生哂正,刘永济即填词《踏莎行》一首予以赏叹,先生也兴致所至,步刘永济韵,作《踏莎行》(图7-14)(《全集》未收)一首,全文如下:

---

① 刘永济(1887—1966),字弘度,号诵帚,湖南新宁人。出身于书香门第,师从著名词家况周颐、朱祖谋,深得况朱二师真传,其主张与学衡派在理念上相近,在《学衡》上发表著述颇丰。

流水孤村,青桑翠柳,端居未减清欢旧。东篱小步望平芜,三山渺渺莲葩秀。

旭日光融,新苗绿溜,森森万象罗轩牖。新诗改罢自长吟,近来风味醇於酒。

敬题

抚五先生新构
光潜呈稿

春,彭云荪在由张君劢创办的大理民族文化书院做主讲人并作诗一首寄与先生,先生依韵奉和作《和彭举》(《全集》未收)一首,全文如下:

图7-14　先生步刘永济韵,作《踏莎行》一首。

玄风久寂寞,衣钵到鸡林。不意永嘉末,犹闻正始音。弦歌忘鹿逐,风雨起龙吟。得书如晤对,冲融似浑金。

云荪①兄主讲大理文化书院,寄示见怀诗一首,依韵奉和。

光潜
辛巳春　嘉州

3月,(1)先生在《高等教育季刊》1卷3期上发表《从教育部的几种新政谈到功令与学风》一文,对教育部统一课程、统一招生和导师制"三种新政"谈了自己的观点。先生认为问题的症结不在制度本身的好坏,"而在推行制度的精神是否健康"。目前教育不是"法"不行,而是因为"人"不行。学风不正,再好的制度也是枉谈。所以,"罪过并不在功令,今日教育家如果仍借口功令牵制,而卸脱自己的

---

① 即彭举。彭举(1887-1966),字云生,四川崇庆(今崇州)人,古典文学研究专家,尤致力于薛涛和杜甫研究。彭举寄呈先生原诗如下:"我爱嘉州好,山水绕园林。峰峦开秀色,钟磬发清音。足慰待人老,应无客子吟。江鱼可佐酒,不用惜千金。苍山冬日有怀,懋实仁兄先生条呈哂正。弟　彭举拜稿。"

责任,那是没有良心与自省,今日教育家所最需要的不是制度方法上的新花样而是良心与自省,是彻底地认清自己在文化与教育上所站的地位,而忠实地果决地向前迈进,求完成自己所担负的神圣使命"。①

△(2)先生在《国立武汉大学周刊》第321期发表《说校风》一文。先生对校风给出了自己独特的定义:校"风"的"风"有五个意义——风格、风行、风气、风范、风化。先生指出这之间的关联是:"一种风格风行,就成为风气,其所以能流行,因为它是风范,感受风范者为之所化,就是风化。"②

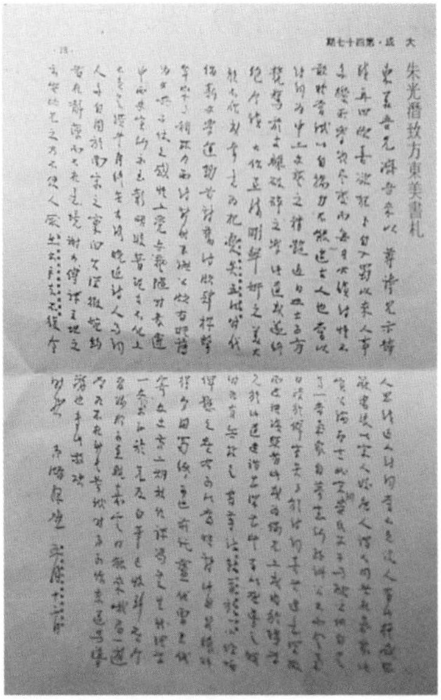

4月,先生在《大公报·文艺》第14期上发表《给一位写诗的青年朋友》一文,提出"中国诗现在还没有形成一个新的'民族形式','民族形式'的产生必在伟大的'民族诗'之后,我们现在用不着谈'民族形式',且努力去创造'民族诗'"。

图7-15 1941年5月12日,先生致信方东美的诗札。

5月12日,先生致信方东美③论诗,云:"弟自入蜀以来,人事多扰,所学几尽废,而每日必读诗。"(图7-15)

又曰:"弟于诗词,喜其造意深微而造语浅显者,此或为偏见,亦或由于浅学。兄于此道,造诣甚深,甚望有以启导之。暇时如有兴致,乞书尊诗数首于一小条幅,俾悬之座右,可以当晤对。此时佳纸难得,即用蜀纸可也。前托卢代曾君代寄《文史》,第二期拙作评冯芝生《新理学》一文,求正于兄及白华,已收到否?今夏轮船可直航嘉定,能来峨眉一游否?如不在新生考试时,弟可作东道与导游也。"

方东美先生为先生在桐城中学同窗好友,因当时和熊十力正围绕对"性"字

---

① 《朱光潜全集》第9卷,合肥:安徽教育出版社1993年版,第61页。
② 《朱光潜全集》第9卷,合肥:安徽教育出版社1993年版,第64页。
③ 方东美(1899-1977),名珣,字德怀,后改字东美,安徽桐城人。1921年赴美留学,以《伯格森生命哲学之评述》获威斯康星大学哲学硕士学位,1924年6月以《英国与美国唯实主义的比较研究》获博士学位。回国后任"中央大学"教授,1948年赴台湾定居。

的理解展开论战,所以未应先生招邀去峨眉一游,回信尊先生嘱抄了十几首坚白精舍①小诗(图7-16,图7-17)。

图7-16　方东美尊先生嘱,抄赠给先生的坚白精舍小诗之一。

图7-17　方东美尊先生嘱,抄赠给先生的坚白精舍小诗之二。

其中一首为《孟实约赴成都同游青城峨眉懒散未应》,全诗如下:

峨眉皓月峨眉态,峭壁青山峭笔苔。
娟娟艳舞干雯毲,粲粲妍簪万萼梅。
未除玄览遭狂笑,肯写文心娱赤孩。
峡外烽烟危客感,鸣鞭怕近望乡台。

显然,这里"遭狂笑"暗指熊十力先生对其讥语,"肯写文心娱赤孩"表明了一种发奋用功以回击讥语的决心。

7月,西南联大校长梅贻琦到乐山武大,向王星拱提出请求,让先生返回联

---

① "坚白精舍"为方东美的书斋名。

大(北大、清华、南开合并后的西南联合大学——编者)。王星拱正颜厉色地说："武大对于朱光潜比联大更重要,请你们就暂时借给我们几年罢!"

是月,(1)公布"蒋夫人文学奖金"评奖结果,该奖项是由新生活运动妇女指导委员会主办,分论文组和文艺组,是从1940年3月就开始征稿的,评审委员会由十人组成,论文组的评阅人为陈衡哲、吴贻芳、钱同和、陈布雷、罗家伦;文艺组的评阅人为郭沫若、杨振声、朱光潜、苏雪林、谢冰心。后来先生在"三反""五反"运动的自我检讨里有这样一段话:"在入国民党之前,我还替宋美龄服过一次务。她要收买妇女作家,举行所谓'蒋夫人文学奖金',我是六个评判员之一。记得还有杨振声和萧乾,其他三人已记不得是谁了。从这些评判员的人选看,过去北京反动文人所做的替反动统治服务的工作,是被蒋家赏识;这些人的名字是摆在蒋家的夹带里,随时拿来呼唤指使的。应征的文稿有二三十篇,是寄给我看的。当时我虽然很忙,立即把旁的工作放下,在一星期中就把几十万字的稿子看完了。我心里想,要巴结蒋介石,宋美龄也是要巴结的,她交给我的任务不能不好好地替她完成。"①

△(2)先生在《高等教育季刊》第1卷第3期上发表《文学院课程之检讨》一文,对文、史、哲各科的课程作了深入分析,颇多慧见。

8月,先生在《中学生》战时版第47、48期合刊上发表《青年往哪里走》长文,该文后经删改收入1943年版《谈修养》一书,标题重拟为《一番语重心长的话——给现代中国青年》。

10月,好友朱自清从成都到西南联大去,特意绕道乐山拜访先生及杨人楩、叶麐老友,再经西南联大在四川叙永的分校去昆明。朱自清在叙永因无车,停留了数日,趁便写信(图7-18)表达承先生接待的感谢之情,信中涉及和先生的交谊及学术切磋。全文录如下:

---

① 《三反快报》,北京:北京大学节约检查委员会宣传组编,1952年4月9日第6期。

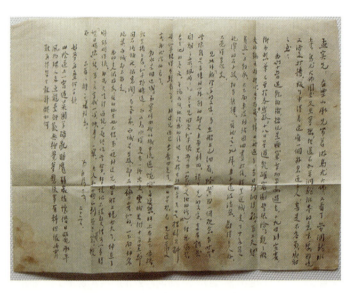

图 7-18　朱自清写给先生的感谢信

孟实兄：

　　在乐山承兄带着游乌尤大佛，又看了蛮洞、龙泓寺。乌尤大佛固然久在梦想，但还不如蛮洞、龙泓寺的意味厚。那晚又诸多打扰。旅行中得着这么一个好东道主人，真是不容易，感谢之至！

　　……兄批评《新理学》的文字，弟在船上已细看。除"势"那一个观念，当时也有些怀疑是多余之外，别的都是未曾见到的。读了兄的文字，真有豁然开朗之乐，佩服佩服。芝生兄回答似乎很费力（若我是他的话），但我渴想看看他的答文。无论如何，他给我的信说兄指出的地方只是他措辞欠斟酌，似乎说得太轻易了。到这儿遇见李广田兄了，他也早想看兄这篇文字，我就给他看了。

　　……

　　夫人和小姐到否？并念。

　　祝好！

　　石荪、人楩二兄请致意。

弟自清顿首
二十一日

是月,先生在《思想与时代》①第 3 期上发表《政与教》一文。认为:"欲明政教,当探其原。政之职在治,治之具为制度法律。集民众为社会,有社会必有秩序,无制度法律,则秩序乱,人竞其私而群趋于争。教之职在化,化之具为德行风范与思想学术。民生而冥顽,学术思想所以启其知,德行风范所以导之于善,知之深而后行之笃,起于渐而后推之广,于是蔚成醇风美俗,国运亦蒸蒸日臻于隆盛。不如是则民终安于鄙野,社会亦竞相欺凌争夺而不安宁。政与教实殊途而同归。其共同目的皆在人类生活之改善,此理至浅,固无用繁陈也。"②

夏,武汉大学已毕业五年的学生金绍先③拜访先生,谈及鲁迅 1936 年与先生关于陶渊明诗是否全是"静穆"美学观问题的争论。这里录金绍先后来发表在 1993 年第 3 期《文史杂志》上的一篇题为《"曲终人不见,江上数峰青"——忆朱光潜与鲁迅的一次分歧》的文章(择要录如下):

> 我说:"先生曾经用孟子'口之于味,有同嗜焉'来说明审美的共同性,但是对'曲终人不见'二句的评价,鲁迅先生的看法却又是如此不同,如果仅用审美的差异性来解释先生与鲁迅的分歧,似乎又有些勉强,这就是我想请教先生之处。"
>
> 朱先生说:"'曲终人不见,江上数峰青'这是自古以来公认的名句,它已说明了审美的共同性。当然我们也可以举出无数例证来说明审美的差异性,但是我认为重要的不在于证明这种共同性或差异性的存在,而在于研究为什么会存

---

① 先生在《我的简历》里称:"在我入国民党之前不久(大约在 1939 年),参加浙江大学张其昀主办的《思想与时代》(蒋介石出钱办的以学术论为名的刊物)的编委。"估计先生晚年记忆有误,先生加入《思想与时代》编委会按时间推算应该是 1941 年 8 月,编委有先生、张其昀、钱穆、郭斌和、冯友兰、贺麟,张其昀为主编。

② 《朱光潜全集》第 9 卷,合肥:安徽教育出版社 1993 年版,第 88 页。后来先生在"三反""五反"自我检讨时谈到这篇文章,他说:"我在《思想与时代》里发表的文章中,有两篇是写来要蒋匪看的。一篇是《政与教》,是向他献政教分立的计策,意思是说,文化教育的事还是专托我们这批'学者'来管。那篇文章是用文言写的,这有两层用意。一是给蒋匪看,我还能写文言,如果要写用文言的官样文章,可以找我。其次,六个编辑之中,张其昀、钱穆、郭斌龢三人通常都写文言,我要让他们看,文言我也能写,我够合作的条件。另一篇是《礼的精神和乐的精神》。我知道蒋匪爱玩弄中国哲学中维持封建统治的思想,我要表示我也懂得一点中国哲学。后来在中训团里轮到我演讲,我就把这篇文章拿出来讲,因为前者有献鼎一幕丑剧,我想,讲礼乐正好与献鼎配合,都正好借此向蒋匪献媚。"(载《三反快报》,北京大学节约检查委员会宣传组编,1952 年 4 月 9 日第 6 期。)

③ 金绍先(1912-),原名金家龙,湖北阳新人。1929 年—1936 年就读于武汉大学。中华人民共和国成立后,在民革第二次全国代表大会上当选为中央团结委员,后转任中央委员、中央监察委员会常务委员,任全国政协委员等职。

在。"说到这里,先生顿一顿加重语气说:"我坚持认为,审美应当是超功利的纯粹的感性活动,一旦人们把各自不同的利害判断掺入其中,他们就不是在审美了。所以严格说来,这不是一个审美差异性的问题,而是是否属于审美的问题。"

我说:"我记得先生曾举过这样一个例子,一个西方作家曾声称:最美好的维纳斯雕像,也比不上一个活泼的血肉丰满的姑娘。先生认为,这位作家便是把自己功利性的欲念掺入了审美性的判断,那么维纳斯雕像当然不如一个活泼的姑娘来得实用,当然也就不如她美了。可是,我还不大能把这种功利性欲念同鲁迅先生的批评联系起来……"

"人类作为一种高级动物,最显著的标志,就是他们除了衣、食、性等生存欲求之外,还有审美的追求",朱先生举起手中的茶杯,"这个茶杯的实用性只在于装水解渴,在这一点上,它不比任何一只粗陋的陶碗优越,但是人们还要超出这个实用性为它做出美丽的形状和花纹。我在欣赏这些花纹时,根本不考虑它的实用性。但是制作这只茶杯的工匠可能是极穷苦的,他的妻子儿女可能正在挨饿受冻,他是在贫困的煎熬中为谋生而劳作。一想到这些,我也不会感受到这茶杯的美了。"

我开始有些领会到朱先生与鲁迅分歧的所在了。朱先生继续说:"同样,人们在欣赏'曲终人不见,江上数峰青'时,几个会始终考虑着钱起坎坷愁苦的经历和这首诗的应试背景呢?作者的意图与读者的感受大相径庭,这种情形是屡见不鲜的。所谓'作者未必然,读者未必不然'。'美学'一词是德文'感性'之意,它不涉及理性分析研究,因而也不涉及功利的判断。可惜,大多数人并不懂得这一点,总是把自己的功利判断也误认为是审美。"

关于鲁迅先生所批评的"摘句"问题,朱先生认为:"一首好的诗,不可能也不应该句句都好,它应该是一首有起伏有回旋有高潮的乐曲。戏剧、绘画也无不如此。伦勃朗的画总是将光线集中于局部,而其余都置于暗影中,但是哪怕是最愚蠢的人去买伦勃朗的画,也不会只要那局部的亮而撕去大部分的暗,我认为这是极合中国古典诗意的。古诗往往以名句的形式流传于众口,这并不等于割裂了诗的全篇,恰恰是在全篇的烘托下,才产生出名句,恰如一座金字塔,在尖顶之下是巨大底座,它是浑然一体的,但我们终不因它是浑然一体就不去区别其尖顶和底座,无论如何,金字塔的尖顶总是会吸引大多数人的更多注意的。"

但是，朱先生有一点是作了自我批评的，那就是陶潜"浑身都是'静穆'"的说法，他说："陶渊明《读山海经》《咏荆轲》等诗，的确也有'金刚怒目'之态，我说他浑身都是'静穆'是不准确的，但鲁迅说陶潜之伟大正在于他的'金刚怒目'，我想这恐怕又是出于一种特殊的利害判断了。'采菊东篱下，悠然见南山'固然是摘句，但这两句的精神却贯穿于全诗，甚至贯穿于陶潜的大多数诗，而'刑天舞干戚，猛志固常在'却只能是陶诗罕见的一种变奏。我说他'浑身都是静穆'，是指陶诗主流而言，我并没有想到招致鲁迅先生的批评，所以没有很讲究用语的分寸。但是我认为文学艺术是一种审美创造活动，它的创造者应当以一种超越一切忧喜的纯粹审美的态度来观照社会人生，而不应当直接卷入社会人生中的纷繁矛盾冲突之中。"

朱先生的声音变得分外庄重起来："我非常尊敬鲁迅，他是中国最有才华最有学识的作者，但是我认为他的文学成就并未能与他的才华和学识相称，这是中国文学的巨大损失。原因何在呢？我认为鲁迅先生不幸把他的全部身心都投入了复杂的社会矛盾之中而不能自拔，诚如他自己所说的，他看见日本人砍中国人的头就决定从事文学，以改造国民的精神。但文学其实并不具有这种伟大的功能。政治的目的应当用政治的手段去实现，而我们中国人从传统上总是过分夸大文学的力量，统治者也因此总是习惯于干预、摧残文学，结果是既于政治改革无效，也妨碍了文学自身的发展。鲁迅放弃小说创作而致力于杂文'投枪'，他在巨大的痛苦和愤怒中过早地去世，这无论如何也是中国文学的大损失。我们中国人似乎从来不懂得 Art for art's sake（为艺术而艺术），但是把巨大的社会历史使命赋予艺术是不可能也不应当的。"

是年，先生任三青团中央候补监察委员。先生后来在《我的简历》里有这样一段话："我当武大教务长后不久（大约在 1941 年），在国民党政府代表武大阀势力的王世杰（当过司法部长和外交部长）推荐先当伪三青团监察委员，后来伪三青团中央合并到伪国民党中央，又推荐我当国民党中央监察委员，1946 年升为常务监察委员，我始终没有到过会，也没有执行什么监察的职务。"[①]

---

① 《朱光潜全集》（新编增订本）第 10 卷，北京：中华书局 2012 年版，第 276 页。

编年文:《论大学的校风》《朝抵抗力最大的路径走》《谈立志》。

1942年(壬午　民国三十一年)45岁

关于先生任武大教务长后的生活和研究状况,奚今吾在她未发表的《回忆录》中作过很形象的描述:

"他早上七点多钟就出门,拿着一根粗藤方杖,从城墙的小道走,大约半小时可以走到乐山的旧文庙。当时这里是武汉大学的办公室。……朱先生中午回家吃饭,饭后休息一会儿,不到两点又匆匆地拿着手杖走了。每天往来四趟,几乎都是一定时间,一定的路线。所以,有的老乡把他当作报时的钟表,看见朱先生走过,估计到这是该吃早饭,或是该吃晚饭的时候了。

朱先生是白天上学校处理行政事务,晚上吃口饭以后,我们都睡了,他再开始写作。冬天天气很冷,他坐一阵,手上感到有些僵了,就起身在房间里轻轻走动。因为他的书房就是我们的睡房,也是家里的客厅。夏天蚊虫多,朱先生不敢点蚊香,怕熏着我们。他在工作前,先在房间各个角落找蚊虫,用巴掌一个一个地把它们打死。打死的蚊虫都放在书桌的一个角上,还要点点数。第二天,我们起来后,他会得意地告诉我们'昨晚我又消灭了多少只蚊子'。

我们的房里老鼠多而且大,朱先生白天没时间,晚上看准了老鼠从窗户上几个洞出入,他横七竖八地在这些洞上插了旧刀片,并笑着告诉我们,给老鼠准备了刀山。可是老鼠却不理会这一套,还是照样溜进溜出,在房里咔嚓咔嚓地啃东西。

朱先生把这些预备工作做完以后,才提笔写文章。我当时还觉得他是自作自受。心里想:活该!谁叫你白天瞎忙,夜里来受罪。"①

先生在《谈修养》一书《自序》里也称:"这些文章大半在匆迫中写成的。我每天要到校办公、上课、开会、和同事同学们搬唇舌、写信、预备功课。到晚来精疲力竭走回来,和妻子、女孩、女仆挤在一间卧室兼书房里,谈笑了一阵后,已是八九点钟,家人都去睡了,我才开始做我的工作,看书或是作文。这些文章就是这样在深夜里听着妻女打呼鼾写成的。"②

---

① 奚今吾晚年回忆材料现存于宛小平处。
② 《朱光潜全集》(新编增订本)第1卷,北京:中华书局2012年版,第91页。

2月,先生在《思想与时代》第7期上发表《乐的精神与礼的精神——儒家思想系统的基础》一文。这篇文章是先生用功之作,即便在政治气候发生变化的几十年后,他依然不无"批判"的眼光提及了这篇文章,"只记得其(指给《思想与时代》撰写的几篇文章——编者)中有一篇是《礼的精神和乐的精神》,宣扬封建思想,在伪中训团里用这篇文章作过'学术'演讲"。①

先生认为乐的精神是"和",礼的精神是"序",这构成了中国文化尤其是儒家文化的思想基础。先生在这篇文章中没有按照一般孔学专家从仁义礼智信的节目谈起,而是依照西方伦理学、教育学和政治学,乃至宇宙哲学和宗教哲学的学科形态来梳理儒学思想,企图以儒家"礼""乐"两个基本概念融合贯串起整个儒家思想体系起来。《乐记》是先生常引的经典。可见先生所认为的儒家精神是一个很宽泛的概念,并不限于孔学。他认为,乐的精神是和、静、乐、仁、爱、道志,是情之不可变;礼的精神则是序,是节、中、文、理、义、敬、节事,是理之不可易。这乐和礼、情和理是相通的。"和"是个人修养与社会生展的一种胜境,要达到这个境界当然要有路径——"序"。简言之,"序"是"和"的条件,所以乐之中有礼。然而,礼之中也要有乐。礼乐本是内外相应,相反相成,两者是不能相离的。古人说"乐胜则流,礼胜则离""达于礼而不达于乐,谓之素;达于乐而不达于礼,谓之偏"。先生相信礼乐精神是打破二元对立的调和精神。这和西方把人之性情与理相分离的二元思维不同。故而,先生认为:"就一个人的内心说,思想要成一个融贯的系统,他必定有条理秩序,人格要成一个完美的有机体,知情意各种活动必须各安其位,各守其分。就一个社会说,分子与分子要和而无争,他也必有制度法律,使每个人都遵照。世间决没有一个无'序'而能'和'的现象。"②总之,"乐本乎情,而礼则求情当于理"。乐与礼是相辅相成的,情与理也不是截然对立的。这样,情溢于理或理胜于情都不免偏执,唯有在这两极之间求"中和"方是正道。

这篇文章体现了先生从传统资源出发,重修早期美学系统过于偏向形式派美学的纰漏的治学方向。

是月,先生在《中国青年》6卷第5期上发表《五四运动的意义和影响》一文。这篇文章恰好和前篇从传统思想资源出发相反,而是从现代层面去构造,

---

① 《朱光潜全集》(新编增订本)第10卷,北京:中华书局2012年版,第276页。
② 《朱光潜全集》第9卷,合肥:安徽教育出版社1993年版,第97页。

是从"五四"运动的"现代"意义出发,对"五四"运动肯定它"不仅是一种政治运动,尤其重要的,是一种文化运动"。① 指出"五四"运动后,白话文写作日益兴盛。同时,先生也指出"五四"运动有种种不足,它有些类似德国的"狂飙突进"运动,但没有像德国孕育了歌德和席勒那样伟大人物的时代的到来,更没有"像德国唯心派那样雄厚的哲学潮流去灌输生气。……它多少是一种流产"。②

这里,可以见出在先生心目中,要把这兴起的新文化运动推演下去,使之健康地发展,往思想深处去寻一个民族文化的基础是必不可少的步骤。这一点在先生后来《谈心》一文里也有提及,他要从哲学和宗教中去找思想动力,这也可以被视为现代中国社会文化演化的必然结果。

3月16日,先生的小女儿朱世乐在南充出生了,因营养不足,缺钙,患了骨结核。

是月,先生为《诗论》作序(《抗战版序》——编者)。先生写道:"写成了《文艺心理学》之后,我就想对于平素用功较多的一种艺术——诗——作一个理论的检讨。""当前有两大问题须特别研究,一是固有的传统究竟有几分可以沿袭,一是外来的影响究竟有几分可以接收。"③

4月6日,给在美任教的陈受颐④写信(图7-19),邀请他到武汉大学来任教。此信安徽教育出版社出版的《朱光潜全集》未收,全文如下:

图7-19　先生写给陈受颐的信(截自高艳华主编的《品墨》,北方文艺出版社2017年版。)

---

①　《朱光潜全集》第9卷,合肥:安徽教育出版社1993年版,第113页。
②　《朱光潜全集》第9卷,合肥:安徽教育出版社1993年版,第115页。关于此文的发表时间,安徽教育出版社出版的《朱光潜全集》署日期是1942年2月,从文中内容是纪念"五四"运动看,该文应该是发表在1942年5月。
③　《朱光潜全集》(新编增订本)第5卷,北京:中华书局2012年版,第4页。
④　陈受颐(1899-1978),广东番禺人,毕业于岭南大学。1925年赴美国芝加哥大学留学,获比较文学哲学博士学位。回国后历任岭南大学中文系教授兼系主任、北京大学史学系教授兼系主任等职。先生写此信时,陈受颐任美国夏威夷州立大学东西文化研究所教授,正在夏威夷主持一个中西方哲学交流会。

受颐尊兄有道：

自台从去国后，音信杳然，国内友朋常切思念。弟自平津陷落后即入川，任川大文学院事，后以他故转武大，近复因抚五校长再三相（邀——编者）强出任教务事，颇欲趁此将学校稍加整顿。文学院长一席自通伯辞后迄今尚未得适当人选，抚五校长以及全校师生均盼兄能早日返国屈就此职。武大在国立大学中有相当历史与地位，抗战中西迁四川嘉定，图书文章无大损失。现时学生数近三千五百人，大半尚能好学。文院分中文外文史哲四系。倘得兄来此主持，前途发展尚未可量。此时吾国文物已集中于西南后方，教育关系抗战建国前途甚重，兄久居异国，国内士子之仰望风采者均极盼公终能早日回国指导国内教育文化事业，当乞赐予考虑。万一不愿立任行政事务，即暂任史系教授亦所欢迎。虚席相待，敬候覆旨。

专此敬颂

时祺

弟朱光潜拜启
四月六日

此信托联大友人转寄，想能收到。

4月8日，教育部指令——嘉字第1482号呈一件为遂令补荐教务长一人，祈鉴核示遵由。呈件均悉兹核定朱光潜为该校（武大）教务长。云云，陈立夫部长签字。①

5月25日，先生为诗集《小兰花》作序（《全集》未收），后发表在《大公报》上。该诗集为武大外文系学生考昭绪所出。先生在指出作者的作品还不够成熟的同时，也肯定了作者没有时下一些新进作家只是"呐喊叫嚣"而"心里并没有深的感触而要现出兴奋的样子，使人觉得他空洞虚伪"的毛病。"他很朴素地

---

① 关于先生究竟何时被教育部任命为武汉大学教务长，有不同的说法：(1)《作者自传》里的说法："到了一九四二年，由于校内有湘皖两派之争，我是皖人而和湘派较友好，王星拱就拉我当教务长来调和内讧。"参见《朱光潜全集》第1卷，合肥：安徽教育出版社1987年版，第6页。(2)《我的简历》里称："头两年只教课，到了1940年兼任教务长。"参见《朱光潜全集》（新编增订本）第10卷，北京：中华书局2012年版，第276页。这两种说法前者应该是正确的。王攸欣在《朱光潜传》里的说法是：朱光潜《作者自传》说任教务长是在1942年，据武汉大学校史，应是1941年9月。但据1941年3月第321期《国立武汉大学周刊》刊发的朱光潜演讲稿《说校风》判断，此次演讲似乎是朱光潜就任教务长之后的演讲。总之，朱光潜应该在1941年任教务长，而不是他自己回忆的1942年。参见王攸欣：《朱光潜传》，北京：人民出版社2011年版，第250页。编者认为王攸欣的这一说法缺乏根据。

写自己所见到的东西,没有什么造作,也没有什么炫耀。他所见到的也许有时不很深刻,写的技巧也许有时不免单纯,但是时间、学力和经验会逐渐引他走上比较宽大的路。"

8月25日,《致关山月》信①(《全集》未收),全文如下:

山月先生:

  过嘉展览得睹宏制,无任快意,又承赐墨宝,尤为感激。先生画法备中西之长,并具雄奇幽美之胜,竿头日进,必能独张一帜。窃以为中画与诗文多共通之美,以往大家常求于胸襟意境上致力涵养,其气韵深厚,往往深藏外溢,如此艺术乃真为人格之表现。近来画家多仅于技巧上下功夫,一月过去未尝不可喜,若深加玩赏,则硗薄寡味,此为须急改正者。先生于群趋浅薄之际,冥心孤往甚丰,将来能大有造于艺术界也。因来书略陈鄙见。

  即颂

时祺

弟 朱光潜 拜启
八月廿五日

  夏,先生和程千帆一起到成都招生,当地许多军阀子女也报考。这些考生通过各种途径把考试题目弄到手了(据说东北大学方面透了题——编者)。先生听说此事后,连夜把题改了,用了第二套考题。第二天考卷发下来,那些权贵子女个个目瞪口呆。先生知道必然有人要来找他,连夜又赶回了乐山。

  9月,先生在《中央周刊》5卷4期上发表《人文方面几类应读的书》一文。值得注意的是,先生在这篇文章中明确说明"我所学的偏重人文方面,对于社会科学和自然科学都是外行"。② 这对于理解这一时期先生把自己研究的美学看作"人文科学"而非"社会科学和自然科学"的学科定位十分重要。

  9月24日,《致傅斯年》信(《全集》未收),全文如下:

---

① 关山月1942年曾到乐山举办画展,此信是先生收到关山月"墨宝"又"睹(展览)宏制"后的回信。
② 《朱光潜全集》第9卷,合肥:安徽教育出版社1993年版,第117页。

孟真先生赐鉴：

倾得汤锡予先生一函，误将宗兄一札插入内，兹特转还，请察收。前承介绍逯君①，比即覆一函，想已达计室。兹江西胡君②已来校，本年暂无需要，来年再设法借重，尚乞谅宥，尊体已恢复健康否？重以为念。

专颂

时祺

弟　朱光潜　拜启

九月廿四日

是月，先生在《高等教育季刊》二卷三期上发表《就部颁〈大学国文选目〉论大学国文教材》一文。该文对教育部推定的由魏建功、朱自清、黎锦熙等六位专家编选的《大学国文选目》提出了不同看法。先生认为，"编选者似没有很注意到大学国文只有一年，和现在大学生国文程度很低落两个重要的事实。他们多选两汉以前作品，用意似在立本与训练阅读的能力，忘记国文选本在任何级学校中都应偏重示范。我相信《易·坤文言》《书·秦誓》《庄子·秋水》《荀子·天论篇》《赋篇》，《淮南子·冥览训》以至于《离骚》、长门赋之类文章，决不宜做现在大学生的作文模范"。③先生倒是认为，"比较易模仿的还是唐宋以后的文章，因为规模法度比较明显，技巧比较浅近，就大体说，姚姬传的《古文辞类纂》所示的路径是很纯正而且便于初学的"。④

此外，先生对专家多是白话文高手却不选白话文表示不解，尖锐地指出："我不愿在这篇短文里再翻出文言和白话的老争执。白话文能否完全取文言文而代之，我不敢武断；不过白话文日渐推广，大多数学生在做白话文，却是铁一般的事实。现在编选大学国文教材的人把白话文完全撇开，只有两种可能的解释。第一种是他们反对白话文。这是受成见与短见的累，时间会证明他们的反抗白费气力。另一种是他们以为白话文容易，无可讲亦无须讲。这更是一个极大的误解。白话文并不比文言文容易，其中也有很大的讲究。"⑤

---

① 逯君即逯钦立，中国著名古代文学史研究专家、古文献研究专家。1942年毕业于北京大学研究院文科研究所，后到"中央研究院"历史语言研究所工作。
② 胡君即胡守仁，1942年8月受聘于武汉大学中文系。
③ 《朱光潜全集》第9卷，合肥：安徽教育出版社1993年版，第127-128页。
④ 《朱光潜全集》第9卷，合肥：安徽教育出版社1993年版，第127页。
⑤ 《朱光潜全集》第9卷，合肥：安徽教育出版社1993年版，第129页。

是年秋,先生好友朱自清对先生的批评为自己作了辩护。朱自清认为:"一般学生根本就不愿读古文;凡是古文,他们觉得隔着他们老远的,周秦如此,唐宋明清也一样。其中原因现在无暇讨论。"①当然,这场老友之间的争辩并没有伤及两人之间的感情。

10月20日,先生在乐山《诚报》上发表《谈体育与运动》(《全集》未收)一文。该文分析了中国人体质羸弱的原因,鼓励每一个中国公民都应当注意锻炼身体。

编年文:《谈冷静》《个人本位与社会本位的伦理观》《谈青年的心理变态》《谈学问》《谈价值意识》《谈读书》《谈休息》《谈升学》《谈消遣》《谈恻隐之心》《谈英雄崇拜》《谈羞恶之心》《谈交友》《谈青年恋爱与婚姻》。

1943年(癸未 民国三十二年)46岁

1月21日,恰逢57岁的夏丏尊与夫人结婚40周年纪念日,夏丏尊寄示叶圣陶七律一首②:

> 如幻前尘似水年,佳期见月卅回圆。
> 悲欢磨得人偕老,福寿敢求天予全。
> 故物都随风火尽,家山时入梦魂妍。
> 良宵且忘乱离苦,珍重亲朋此醵筵。

叶圣陶和诗一首:

> 无诗排闷欲经年,捉笔祝公人月圆。
> 遥审双杯为乐旨,醉吟四韵见神全。
> 望中乡国春将近,偕老夫妻情更妍。
> 此意同参堪共慰,预期会日启芳筵。

---

① 《朱自清全集》第2卷,南京:江苏教育出版社1996年版,第18页。
② 该组诗作由章锡琛(雪村)首作四首,和者有王伯祥、顾均正、周振甫、夏丏尊、王统照、叶圣陶、贺昌群、朱自清、朱光潜、卢前、马叙伦。

叶圣陶把夏丏尊原诗与自己所作和诗寄给先生,先生依韵吟诗《夏丏翁羊毛婚①唱和诗——圣陶以丏翁结婚四十年纪念诗见示依韵奉和录寄丏翁以博一粲》②一首:

> 一别鸿光二十年,传来好句讶珠圆。
> 尝嗟胜侣云泥隔,尚喜高人福慧全。
> 心与逝川忘昼夜,诗从禅悟证清妍。
> 近来酒兴如前否?何日湖居再醵筵。

2月,《从我怎样学国文说起》发表于《文学创作》第1卷第5期。这是篇先生自述性的文章,通过"用自然科学家解剖形态和穷究发展的方法"将自己为什么抛弃文言走上白话文的写作经历"作一番检讨"。对于文言和白话之争,先生就个人经验作出自己的结论:"把成见撇开,我可以说,文言和白话的分别并不如一般人所想象的那样大。第一,就写作的难易说,文章要做得好都很难,白话也并不比文言容易。第二,就流弊说,文言固然可以空洞俗滥板滞,白话也并非天生地可以免除这些毛病。第三,就表现力说,白话与文言各有所长,如果要写得简练,有含蓄,富于伸缩性,宜于用文言;如果要写得生动,直率,切合于现实生活,宜于用白话。这只是大体说,重要的关键在作者的技巧,两种不同的工具在有能力的作者的手里都可运用自如。我并没有发现某种思想和感情只有文言可表现,或者只有白话可表现。第四,就写作技巧说,好文章的条件都是一样,第一要有话说,第二要把话说得好。思想条理必须清楚,情致必须真切,境界必须新鲜,文字必须表现得恰到好处,谨严而生动,简朴不至枯涩,高华不至浮杂。文言文要好须如此,白话文要好也还须如此。话虽如此说,我大体上比较爱写白话。"③同时,先生还强调白话文可以从文言中"借字借词"。但"之乎者也"之类在写白话时要避免,因为白话和文言各有自己的"空气"。最后,先生强调写白话"要适宜程度的欧化"以保证语句的"弹性"、节奏。

是月,先生在《中央周刊》5卷28期上发表《再谈青年与恋爱结婚——答王毅君》一文。这篇文章因先生《谈青年与恋爱结婚》一文引发读者王毅君的质

---

① 依欧方风格,四十年为羊毛婚。
② 先生此诗后来登于《万象》,1943年9月第3卷第3期,第58页。
③ 《朱光潜全集》(新编增订本)第6卷,北京:中华书局2012年版,第115页。

疑，《中央周刊》编辑将读者来信转给先生，先生觉得有必要说明一下。故而，先生撰此文表示"我的是一个看法，他（指王毅君——编者）不否认；他的是一个看法，我也不否认"。先生对王毅君的几个误读作了说明，亮出自己对青年恋爱的态度是："我赞成'遇'，不赞成'谋'，也不赞成'压制'"。①

春节，先生在成都，李劼人得好酒，遂邀先生和刘永济、叶麐、程千帆去郊外豪宅"菱窠"相聚咏诗豪饮。

春，奚今吾带6岁的大女儿朱世嘉和1岁的小女儿朱世乐由南充到乐山。一家人在水井冲7号租了刘元舫两间西厢房居住。

3月，先生给武汉大学学生钟期荣散文集《血泪残痕》作序（《全集》未收）。先生称："尼采说过，最好的文学作品都是血和泪写的，做过逻辑练习的人都知道这话不能翻倒过来。血和泪有时不能保障最好的文学作品之产生。我们需要在痛定思痛时，超过血和泪的迸发，创造出一种生动而真实的具体情境，同时，还要找出一种恰到好处的语言把它表现出来。"

4月6日（清明节）晚，先生与丰子恺一起去看望陈源及夫人凌叔华。先生在陈源家与其聊天，在座还有武大数学系萧君绛教授。陈源小女陈小滢取出先生送给她的纪念册，请丰子恺作画，先生题词。丰子恺画了一幅小女孩浇花漫画，题"努力惜春华"字样。先生题词：

> 小滢，你今晚看萧先生开药方，丰先生画画，丰先生似乎比萧先生更健旺快乐。假如你一定要学医，也不要丢开你所擅长的文艺，文艺也是可医人医自己的。
>
> 　　　　　　　　　　　你的爸爸妈妈的朋友　光潜　卅二年清明②

△是日，《谈修养》由重庆中周出版社出版。该书收入作者1940年至1942年撰写的文章二十二篇。先生在《自序》里说明早先写《给青年的十二封信》一举成名，毁誉参半，皆在"意料之外"，最不能接受的是有人把先生"看作一个欢喜教训人的人"。先生说明为什么以这种书信体来给青年写作，目的是平等地彼此交心。先生在其他场合也说过写文章可以居高临下，也可仰视，但平视是

---

① 《朱光潜全集》第9卷，合肥：安徽教育出版社1993年版，第130页。
② 陈小滢、高艳华：《散落的珍珠——小滢的纪念册》，天津：百花文艺出版社2008年版，第105页。

先生最喜爱的,因为这可以"掏心"地和读者交流。现在这本《谈修养》也是自那"十二封信"之后隔了很长时间,不断有书店和青年来信抱怨先生为什么不再给他们写了,所以,先生说:"于今我毕竟为《中央周刊》破戒,也有一个缘故。从前在那部处女作里所说的话很有些青年人的稚气,写时不免为一时热情所驱遣,有失检点,现在回想,颇有些羞愧。于今多吃了十年饭,多读了几部书,多接触了一些人情世故,也多用了一些思考体验,觉得旧话虽不必重提,漏洞却须填补。"①先生借此说明此时满足一般青年读者的要求以"谈心"的缘由。

关于此书有无"系统"和"中心思想",先生的回答很简要、深刻。一是说"不能说是完全没有系统""问题自身有些联络,我的感想也随之有些联络。万变不离宗,谈来谈去,都归结到做人的道理";二是说"也不能说是完全没有中心思想""我的先天的资禀和后天的陶冶所组成的人格是一个完整的有机体,我的每篇文章都是这有机体所放射的花花絮絮。我的个性就是这些文章的中心。如果向旁人检讨自己不是一桩罪过,我可以说:我大体上欢喜冷静、沉着、稳重、刚毅,以出世精神做入世事业,尊崇理性和意志,却也不菲薄情感和想象。我的思想就抱着这个中心旋转,我不另找玄学或形而上学的基础。我信赖我的四十余年的积蓄,不向主义铸造者举债"。②

先生素来主张"人格即文格",因此本书序文中对自己人格的解剖应该看作先生的"自画像"。

5月,先生在《中央周刊》5卷38期上发表《有志青年要做中小学教师》一文。文中先生说:"就个人经验说,我当过大学教师,当过中学教师,也当过小学教师,前后比较起来,我觉得当小学教师比当中学教师有趣,当中学教师也比当大学教师有趣。原因很简单,从小学生到大学生,天真纯朴的气象逐渐减少,情感也逐渐凉薄。"③

6月,《诗论》由重庆国民图书出版社出版(图7-20),被称为"抗战版"。全书共十章,正文前为作者自序,附录为《给一位写新诗的青年朋友》。《诗论》是先生最珍爱的著作。在耄耋之年回忆这部著作时先生曾写道:"在我过去的写作中,自认为用功较多,比较有点独到见解的,还是这本《诗论》。我在这里试图用西方诗论来解释中国古典诗歌,用中国诗论来印证西方诗论,对中国诗的音

---

① 《朱光潜全集》(新编增订本)第1卷,北京:中华书局2012年版,第90页。
② 《朱光潜全集》(新编增订本)第1卷,北京:中华书局2012年版,第91页。
③ 《朱光潜全集》第9卷,合肥:安徽教育出版社1993年版,第135页。

律,为什么后来走上律诗的道路,也作了探索分析。"①

这是先生对自己这部著作冷静的估价。而事实上,学界也是好评如潮。在"抗战版"《诗论》出版两年后,张世禄写了长达15000字的书评《评朱光潜〈诗论〉》,该文发表在《国文月刊》第58期上。张世禄就先生这部"惊世之作"给予如下评价:

"此书确是诗学上一种极有系统的著作;凡是对于诗学的重要的和基本的问题,大致一一加以探讨,包罗无遗。开头从诗的起源上,探索诗歌和乐舞的关系,因此确定了'诗是有音律的纯文学'这一个基本的观念,再以此为出发点,进而讨论诗的创作及内容与形式上的种种问题,终于归结到了内容与形式的不可分隔。诗的作品,一半是音乐的,一半又是语言的;因为是音乐的,所以要注意声音的节奏及和谐,因为是语

图7-20　1943年6月,《诗论》由重庆国民图书出版社出版。

言的,所以要讲究情趣与意象的美妙,以及两者间的契合。诗人所追求的,就是在怎样使音乐化的声音和含有情意的语言,相融合起来,以构成一种艺术品。朱氏此书颇能依据这种意旨来发挥,不但使读者对于诗学得到一个深切的认识,而且给予中国目前的新诗运动一个明确的指示:就是希望新诗的作者,不要专从旧形式的解放上着想,而要从根本的正确的艺术活动上努力锻炼,以求得一种新的内容与形式相融化的作品出现。"②

---

①　《朱光潜全集》(新编增订本)第5卷,北京:中华书局2012年版,第316页。这是先生在1984年由三联书店再版的《诗论》的《后记》里的话,在"增订版",即增加《中国诗何以走上律的路》(上、下)和《陶渊明》两篇文章的基础上,又补充了《中西诗在情趣上的比较》和《替诗的音律辩护》两篇文章,故而,先生说对中国诗音律"也作了探索分析"。虽然"抗战版"没有"增订版"和"三联书店版"增加的若干篇讨论诗音律的文章,但这个评价仍适用于"抗战版"。因为"抗战版"对诗的节奏和声韵的讨论和后来增加的若干章节在内容上是一脉相承的。

②　张世禄:《评朱光潜〈诗论〉》,载《国文月刊》,1947年第58期,第16页。

不仅如此,该书出版后,随即申报教育部学术奖,教育部学术审查委员会聘请吴宓等人评审,在次年(1944年)5月教育部颁发的1943年度学术奖获奖书籍名单中,《诗论》获文学类学术二等奖。

先生素来信奉"以出世的精神做入世的事业"。"入世"在治学上往往就是"经世治用"。当然,《诗论》也不例外,先生在"抗战版"《诗论》序文里便称:"在目前中国,研究诗学似尤刻不容缓。第一,一切价值都由比较得来,不比较无由见长短优劣。现在西方诗作品与诗理论开始流传到中国来,我们的比较材料比从前丰富得多,我们应该利用这个机会,研究我们以往在诗创作与理论两方面的长短究竟何在,西方人的成就究竟可否借鉴。其次,我们的新诗运动正在开始,这运动的成功或失败对中国文学的前途必有极大影响,我们必须郑重谨慎,不能让它流产。当前有两大问题须特别研究,一是固有的传统究竟有几分可以沿袭,一是外来的影响究竟有几分可以接收。这都是诗学者所应虚心探讨的。"[①]对于这"古为今用,洋为中用",先生究竟做到了几分？张世禄的评价是:"朱氏此书里所列各章,讨论诗学上的各种问题,都引用西洋文艺的学说,以和中国原有的学说来相参合比较,以和中国诗歌的实例来衡量证验,这已经足以指示我们研究中国文学的一个必由的途径。却又一方面,对于西洋的各种学说,也并非一味盲从,往往能融会众说,择长舍短,从中抉取一个最精确的理论,以作为断案;并且有时因为看到了中国的事实,依据了中国原有的理论,回转来补正西洋学说的缺点,这就接受外来的学术而言,可以说是近于消化的地步。"[②]"近于消化的地步",当然是将西方有利于"己"身的养料溶解消化,最终构成一个完整的有机体。

"抗战版"《诗论》各章内容要旨及内在关联如下:第一章探寻诗的起源,以诗、乐、舞同源,三位一体加以揭示。第二章考察诗与诙谐、隐语、文字游戏的关系。第三章讨论诗的境界乃是"情趣与意象的契合"的命题,分梳了几种关于诗境的差别。第四章从情感思想与语言文字一致的关系出发,既继承又改造了克罗齐的表现说,提出自己的思言一致的表现说。第五、六、七章依次分辨诗歌与散文、与音乐、与绘画的联系与区别,提出"诗是有音律的纯文学";指出诗的命脉"节奏"兼有纯形式的和语言的两方面;对莱辛的诗画异质说进行了批评。第

---

① 《朱光潜全集》(新编增订本)第5卷,北京:中华书局2012年版,第4页。
② 张世禄:《评朱光潜〈诗论〉》,载《国文月刊》,1947年第58期,第16页。

八、九、十章从声、顿、韵三个方面分析中国诗的节奏和声韵的特点,替诗的音律辩护,回应当时关于新诗的节奏和音律的论争。总之,先生回国将这部草成的《诗论》"纲要"经好友徐中舒推荐给胡适以作为"学术资历的凭证",从而任教于北京大学,单从这一点看,他不送给胡适《文艺心理学》,而送《诗论》,足见先生对这部著作的珍视程度。这之后如不是好友陈西滢要编一套文艺丛书,在其竭力鼓动下才将《诗论》拿出去出版的话,照先生的说法,"再搁七八年"也无妨。先生在清华、武大"每次演讲,都把原稿大加修改一番"。可以想见,先生是想打造出一部洁静精微的巨作。

7月,先生在《中央周刊》5卷36期上发表《关于〈谈美〉——复王锐》一文,对读者王锐就《谈美》求教先生一一答复。其中强调"美"只是直觉中见意象(或云境界),是不宜分类的,将"人性美""自然美""艺术美"分类仅是一种"方便""与美本身无关"。这种观点既是先生从克罗齐那里继承下来的,又是后来先生在20世纪五六十年代美学大讨论中也反复强调的观点。

是月,(1)先生在《中学生》杂志第65期上发表《音乐与教育》一文。文中谈到中西方音乐时称:"一个民族的性格常表现于音乐,最显著的是中西音乐的分别。西方音乐偏于阳刚,使听者发扬蹈厉;中国音乐偏于阴柔,使听者沉潜肃穆。"①

△(2)先生在《中央周刊》5卷49期上发表《学业·职业·事业》一文。先生对择学择业提出建议,认为:"我们中国人对于职业向来有一个更错误的观念,以为世间职业有些是天生的高贵,有些是天生的下贱。所以大家都希望做官而不希望做农工兵警。其实职业起于社会的分工合作的需要。社会需要一种职业,那一种职业就对于社会有效益。"②

8月3日,先生收到熊十力的信。熊十力此前和马一浮在办复性书院的理念上相左,愤而离开书院。此时给先生写信,一方面,婉言相拒先生邀请其去武汉大学任教的好意;另一方面,熊十力知道先生和马一浮交情深厚,有悔过之意,至少有通过先生、叶石荪、张立民(马一浮的学生)恢复同马的友谊之愿望。信的全文如下:

---

① 《朱光潜全集》第9卷,合肥:安徽教育出版社1993年版,第144页。
② 《朱光潜全集》第9卷,合肥:安徽教育出版社1993年版,第151页。

孟实先生并示石荪老弟：

今春内院吕秋逸先生对于《新论》①（即《新唯识论》——编者）语体本曾大肆攻诋。吾以欧阳翁新逝，初不欲与深辨，后愈来愈凶，吾乃作答，即此本所录各书是也。欧阳大师在时，向以吾为不究佛法。吕君之论，亦欧翁之遗教也。窃以清儒考据之风盛行以来，义理之学其亡已久。儒学既失，而佛门之敝更不忍言。欧阳大师崛起，董理内籍，一扫唐以后和尚、居士之迷谬，功诚不细，然只是辨识名相，考正文义。至于辨识名相，而复能忘名相以究实相；考正文义，而复能遗文义以契实义，则不可苛求于欧翁，而非敢挟私意以薄之也。吾与复性马居士虽绝交，但其冥悟处，真有不可薄者。吾既老矣，念斯道之丧，尝有慨于心。今之学人并心外驰，思想日益浮杂，先哲真意，日就晦塞。吾尝欲来嘉得与兄等切磋，然今之生活太困，哪可轻动？② 人生到六十，稍一困折，便易陨落，此所以审慎不敢前也。先生于本心之义③，不妨时过马居士谈谈，透此一关，其余理论自易了矣。兹寄上答吕各书，只与石荪及张立民三人同看，此外请勿示之。因吕君不许吾发表，吾已允可，即不可暗中又向多人宣布也。吕量隘，切勿外泄。立民可以此信与之一阅。

八月三日

8月，先生在《中学生》杂志第66期上发表《丰子恺先生的人品与画品——为嘉定丰子恺画展作》一文。作为丰子恺的好友，先生这篇文章素来被研究丰子恺的学者经常引用，因为先生和丰子恺心灵的契合可以透过这篇文字呈现出来。先生对丰子恺推崇备至，说在他的浙江朋友身上都有一股"清气"，而子恺于"清"字之外还得加一个"和"字，并进一步说："我认为他是一个真正能了解佛家精神的。他的性情向来深挚，待人无论尊卑大小，一律蔼然可亲，也偶露侠

---

① 即熊十力《新唯识论》语体文本。熊十力在《初印上中卷序言》中曾谈及和先生论学的情景："尝与朱孟实光潜书云：'哲学之事，基实测以游玄，从观象而知化。大易之妙在此。穷大则建本立极，冒天下之物；通微则极深研几，洞万化之原。解析入细，茧丝牛毛喻其密；组织精严，纵经横纬尽其巧。思凑单微，言成统类，此所以笼群言而成一家之学，其业诚无可苟也。'"（熊十力：《新唯识论》，北京：中华书局1985年版，第241—242页。）
② 指先生邀熊十力去武汉大学哲学系任教之事。
③ 指先生此前有函向熊十力问及"本心"之义，熊十力婉转推向马一浮一解，既表达了他和马一浮心心相印，又有透过先生表达希望和马一浮和解之意。

义风味。弘一法师近来圆寂,他不远千里,亲自到嘉定来,请马蠲叟(即马一浮——编者)先生替他老师作传。即此一端,可以见他对于师友情谊的深厚。"先生又对丰子恺的人品和画品的关系写道:"我对于子恺的人品说这么多的话,因为要了解他的画品,必先了解他的人品。一个人须先是一个艺术家,才能创造真正的艺术。子恺从顶至踵是一个艺术家,他的胸襟,他的言动笑貌,全都是艺术的。他的作品有一点与时下一般画家不同的,就在他有至性深情的流露。"①

是月,(1)先生发表《英国人的童年和学校教育》,载《时与潮副刊》1卷4期。

△(2)先生在《青年杂志》第2卷第3期上发表《谈理想的青年——回答一位青年朋友的询问》一文。主张青年首先要从强健体魄入手,因为英国有句谚语:健全精神宿于健全身体。其次要有科学家的头脑,再次要有宗教家的热忱,最后还要有艺术家的胸襟。

10月,《我与文学及其他》由上海开明书店出版。此为1936年出版的《孟实文钞》的增订版。修订时抽去了先生在欧洲留学期间写的《小泉八云》《阿诺德》《诗人的孤寂》三篇,保留了先生在1933年至1936年间撰写的十二篇,增加了1937年发表的《理想的文学刊物》和1943年发表的《从我怎样学国文说起》两篇。

12月8日,给《当代文艺》编辑写信,称"弟于10月底来渝,入中训团"并称"颇费心血"写得了五千字的《谈谦虚》一文,先生调侃:"不知值得五斗米否?"

---

① 《朱光潜全集》第9卷,合肥:安徽教育出版社1993年版,第154页。

并称"弟于本月底返嘉定"。①

---

① 朱光潜:《谈谦虚》,载《当代文艺》,1944年第1卷第1期,第27-30页。先生这里称10月入重庆复兴关中央训练团,又说12月后返嘉定,事实上可能到1944年1月中旬才返嘉定。为了讨好蒋介石,在1944年元旦过后的1月10日复兴关中央训练团搞了一次"献鼎"的丑剧,先生后来在"三反""五反"运动的西语师生大会、文学院师生大会、全校师生大会上检讨时都不同程度地提到了这次中训团经历。当然,受政治意识形态的影响,对某个历史事件可以从不同的视角诠解,"检讨"显然是一种"自我保护"的方式,立场、观点只能作为今人观察20世纪50年代政治气候的一种思考。记录先生三种递进式自我检讨的言词,对今人了解那个时代是有益的。

(1)先生在北京大学西语系师生大会上检讨时涉及中训团的言词:

"一九四三年秋天,伪中央训练团召集各大学校长、教务长和训导长到重庆受训。当时我心里想,这对我是耻辱,我是一个大学名教授,还要去受训!我的自尊心受了打击。可是同时我又想,不去怕要丢掉我的地盘,而且做了蒋介石的'天子门生',可以添一重往上爬的资格,更甚的反动作用,所以我又屈服了,到重庆受了八星期的训。在那里我亲眼看见所谓'全国各界'献鼎的丑剧。这个典礼就是在中训团举行的。蒋介石亲自到场受鼎,当然是事先布置好的,可是他到场演说,却把献鼎的人们大骂了一顿,说国家情势那样危急,还来做这种事,要被外国人耻笑。他假惺惺地说,原来他看到献鼎的公文,只批了一个'阅'字,并没有批'准'字。他没有批'准'字,他到会是为什么呢?当时我心里暗笑他想学曹操学的太不像,可是我并没有起痛恨,我还是以看戏的态度看他。在中训团期内,党官要人们常分别请客,表示拉拢,陈立夫和朱家骅都请过我,我认识他们也从这时开始。这就是说,我和国民党里许多匪头子打在一伙了。"(参见《三反快报》,北京大学节约检查委员会宣传组编,1952年3月27日第1期。)

(2)先生在北京大学文学院师生大会上检讨时涉及中训团的言词:

"入了国民党不到一年,我就以武大教务长的身份调到中央训练团,受了八个星期的训。当时我确向武大同事们表示,这有失教授的尊严,说不愿去。其实这还是一句欺人的话,骨子里我是很愿意去的,因为想巴结蒋介石,这是一个好机会。所以结果我还是去了。我在中训团里是规规矩矩的,有报告必去听,有小组讨论必去参加。当时调训的不尽是国民党员,但是入团以后,都要一律入党。南开教务长杨石先和经济系教授吴大业都不大愿入党,教育长王东原还派我去说服他们。我去作了说服的工作,当时他们两人都没有作很明显的表示,以后结果如何,我也没去打听。段锡朋向我打听武大教授们有没有人可以到中训团,我举了政治系教授孟云桥。他问到历史系教授杨人楩怎样,我说他是讲自由主义的,不会来。这两件事都是足见我替国民党拉人下水。中训团还常请教授们演讲,我也加鲜明。这个意识此后就随时支配我的思想、言论和行动。这就是说,它使我的反动思想更加明确化和尖锐化。其次,国民党也有它的一套党义和一套思想体系,从前我一向不大看这方面的书籍,在中训团时期,每人都得读党义、三民主义、蒋介石文集之类东西。此外,我又听到蒋匪的几次演讲和许多匪头子的报告。这样我就传染了一些国民党的反动的想法,从此我相信了蒋匪所讲的三民主义最适合中国的国情,有了民生主义便用不着共产主义,共产党在阻挠抗日之类鬼话。第三,在中训团时期,我勾结上了国民党里一些要人。头一个是蒋介石,我本来早已把他看成一个民族英雄,中训团毕业时,他召见了几十个人,其中教育界的人只有郭斌龢和我。那一期教育界受训的近百人,他只召见了郭斌龢和我。这就看出他重视我,我因此对他有了感激的情绪。召见只谈了五分钟,他征求我对中训团的意见,我颂扬了一番,说我这次得益很多,尤其是听到他的训话,受了很大的感动,对他真是崇拜。他告诉我今后还望'多多赐教'。他的恩宠,冲昏了我的头脑。此外,我和陈立夫、朱家骅、段锡朋等人的认识,也从这时开始,上次检讨已经讲过。这些人事关系对我的影响也很大,从此我意识到我已经爬到国民党的上层,有责任要报效蒋匪,支撑国民党的反动统治。"(参见《三反快报》,北京大学节约检查委员会宣传组编,1952年4月9日第6期。)

1944年(甲申　民国三十三年)47岁

1月12日《致朱世宗》信(《全集》未收):

世宗侄见字:

　　来书收到。二叔到桂林职务尚未决定,暂时不可前去,俟其住定,有机可图,再请其设法可也。世粤①已抵蓉,学校未定,或留蓉,或赴江津。我年假中或须赴蓉一行,侄宜在荣县稍待。黄县长②与我交谊素厚,必能照拂也。

　　即询

近佳

　　　　　　　　　　　　　　　　　　　　　　　　　　潜字

　　　　　　　　　　　　　　　　　　　　　　　　　一月十二日

1月,先生在《春秋》1卷6期上发表《题吴龙丘先生画竹》一文(该文未收入安徽教育出版社出版的《朱光潜全集》)。

2月,先生在《当代文艺》第1卷第2期上发表《谈谦虚》一文。文中指出:"谦虚并非故意自贬声价,作客套应酬,象虚伪者所常表现的假面孔;它是起于自知之明,知道自己所已知的比起世间所可知的非常渺小,未知世界随着已知世界扩大,愈前走发见天边愈远。他发见宇宙的无边无底,对之不能不起崇高雄伟之感,返观自己渺小,就不能不起谦虚之感。"③"看浅一点,谦虚是一种处世哲学。"④"看深一点,谦虚是一种宗教情绪。"⑤同时,先生在这篇文章中也指出"自尊"和"自谦"形影相伴,他写道:"意识到人性的尊严而自尊,意识到自我的渺小而自谦,自尊与自谦合一,于是法天行健,自强不息,这就是《易经》所说

---

①　即先生长子朱陈。
②　即黄希濂,1932年北京大学毕业后曾在北平创办大学出版社,1941年5月至1945年4月任四川荣县县长,积极推行新县制,先生曾赴荣县考察过。
③　《朱光潜全集》第9卷,合肥:安徽教育出版社1993年版,第165页。
④　《朱光潜全集》第9卷,合肥:安徽教育出版社1993年版,第165页。
⑤　《朱光潜全集》第9卷,合肥:安徽教育出版社1993年版,第166页。

的'谦尊而光,卑而不可逾.'"①

3月4日,《致嘉乐纸厂》函(《全集》未收):

>承惠捐黄方刚先生奖学基金国币壹万元,已全数照收,暂存中央银行。稍迟当正式奉函申谢,先将此收据送上。
>
>即请
>
>嘉乐纸厂台照
>
>黄方刚奖学金
>
>临时保管人方重
>
>朱光潜
>
>卅三年三月四日

3月,翻译《叶芝诗选》发表于《时与潮文艺》第3卷第1期。

4月,先生在重庆《大公报》上发表《宪政促进与言论自由》一文。在该文中,先生为"言论自由"作了辩护,希望国民党政府也向西方学习,给人民以言论自由,并指出"政治本身应该是一种教化而不只是一种统制"。②

4月15日,先生在《燕京新闻》上发表《谈新学风运动》一文。

5月,国民政府教育部颁发1943年度学术奖,《诗论》获二等奖。

是月,(1)先生在《中学生杂志》第57期上发表《知识的有机化》一文。开宗明义指出:"我们应该把自己的知识加以有机化,这就是说,要使它像一棵花,一只鸟或是一个人,成为一种活的东西。"③这可以见出先生在《文艺心理学》序文里称从前追随康德-克罗齐形式派美学,后来发现其将知、情、意割裂;把科学的人、情感的人、道德的人分离的错误,进而主张有机整全的人。这篇文章可以说是从另一个侧面说明这种思想的变化,也是从传统的思想资源——尤其是从中国传统的生命本体观中吸取养料,对重新修正原先已形成的美学体系的一种表白。

△(2)先生在《文学创作》第3卷第1期上发表《回忆二十五年前的香港大学》一文。文中对港大生活、师友情谊作了很生动的描述。其中说道:"但是我在学校里和朱铁苍和高觉敷有 three wise men 的诨号。Wise men(哲人)自然是

---

① 《朱光潜全集》第9卷,合肥:安徽教育出版社1993年版,第171页。
② 《朱光潜全集》第9卷,合肥:安徽教育出版社1993年版,第173页。
③ 《朱光潜全集》第9卷,合肥:安徽教育出版社1993年版,第176页。

queer fish(怪物)的较好听的代名词。当时的同学大约还记得香港植物园的一件值得注意的事,常见三位老者,坐在一条凳上晒太阳,度他们悠闲的岁月。朱高两人和我形影相伴,容易使同学们联想到那三位老者,于是只有那三位老者可以当的尊号就落到我们三位'北京学生'的头上了。"①

6月,《国立武汉大学民国三三级毕业同学录》出版,其中收有先生的寄语:"个人温饱以外,别无高尚理想,士当引以为耻。"(图7-21)

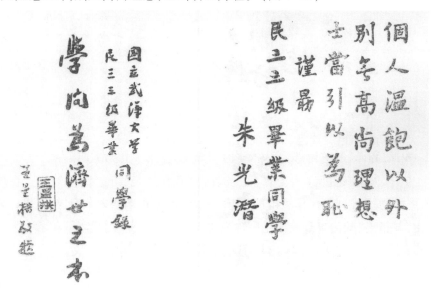

图7-21　1944年,先生为《国立武汉大学民国三三级毕业同学录》题词。

6月15日,《致张作人》信(《全集》未收),全文如下:

作人②吾兄:

惠函敬悉一一。敝校转学生必经考试(七月廿三日),借读生必由教部分发,别无他径。经济系以原有学生太多,已决不招转学生。徐君成绩单璧还。

尊兄何如,来函未提及,至念。达夫③仍在中大否?弟在此任职极忙,

---

①　《朱光潜全集》第9卷,合肥:安徽教育出版社1993年版,第184页。
②　作人即张作人,曾与先生同任教于中国公学中学部,并同期留学法国,时在中山大学任教。
③　达夫即陈兼善,曾与先生同任教于中国公学中学部,并同期留学法国,1941至1945年任贵州黔江中学校长。

舍眷亦在此,维持生活颇费力。觉夫①亦久无来信,闻在蓝田。

匆颂

时祺

弟　朱光潜启

六月十五日

6月20日,《致朱世宗》函(《全集》未收):

世宗侄如晤:

信到。致丁思园先生书可面陈之。汝久不写信到家,家人甚念,望即去一信。目前谋事不易,宜多设法。我不久即来成都。

即询

近佳

潜启

六月廿日

夏,武汉大学哲学系齐邦媛②在大一英文全校统考中获得第一名,其父齐世英,字铁生,铁岭人,1938年任《时与潮》杂志社社长(先生很可能和其有交往,因这段时间先生常为该社《文艺副刊》杂志写稿——编者)。齐邦媛原本想去西南联大(因为那里有许多旧时同学——编者),结果被武大哲学系录取,此时考得全校英文第一名,便想转到西南联大,先生看了她国文课作文,觉得她多愁善感,似乎没有学哲学的慧根,建议她到武大外文系学习,可以同时旁听中文系课,并表示愿意做她导师。后齐邦媛也征询其父的看法,其父和先生持相同意见。结果,齐邦媛在二年级进入武大外文系学习。她记录了听先生课的情景:

"进入外文系二年级即有朱老师的'英诗'全年课,虽是紧张面对挑战,却也有些定心作用,我立刻开始用功。朱老师用当时全世界的标准选本,美国诗人

---

① 即高觉敷(高卓),为先生在香港大学求学时的同学,1940至1944年任湖南蓝田国立师范学校教育系主任。

② 齐邦媛(1924-),辽宁铁岭人,武汉大学外文系毕业,1947年赴台,1968年赴美国印第安纳大学任教,1969年任台湾中兴大学外文系主任,1988年从台湾大学外文系教授任内退休,受聘为台湾大学荣誉教授。

帕尔格雷夫主编的《英诗金库》,但武大迁来的图书馆只有六本课本,分配三本给女生、三本给男生,轮流按课程进度先抄诗再上课。我去嘉乐纸厂买了三大本最好的嘉乐纸笔记本,从里到外都是梦幻般的浅蓝,在昏暗灯光下抄得满满的诗句和老师的指引。一年欣喜学习的笔迹仍在一触即碎的纸上,随我至今(图7-22)。

 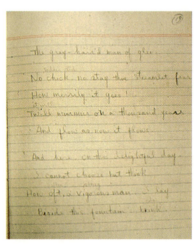

图7-22　齐邦媛的"英诗"课笔记

朱老师虽以《英诗金库》作课本,但并不按照编者的编年史次序——分莎士比亚、弥尔顿、格雷和浪漫时期。他在上学期所选之诗都以教育文学品位为主,教我们什么是好诗,第一组竟是华兹华斯那一串晶莹璀璨的《露西组诗》。

那幽雅静美的少女露西是谁,至今两百年无人确定,但他为追忆这早夭的十八岁情人所写的五首小诗,却是英国文学史的瑰宝,平实简朴的深情至今少有人能超越。最后一首《彼时,幽黯遮蔽我心》是我六十年来疗伤止痛最好的良药之一。我在演讲、文章中背诵它,希望证明诗对人生的力量,当年朱老师必是希望以此开启对我们的西方文学的教育吧。这组诗第三首《我在陌生人中旅行》,诗人说我再也不离开英国了,因为露西最后看到的是英国的绿野——这对当时爱国高于一切的我,是最美最有力的爱国情诗了。

朱老师选了十多首华兹华斯的短诗,指出文字简洁,情景贴切之处,讲到他《孤独的收割者》,说她歌声渐远时,令人联想唐人钱起诗:'曲终人不见,江上数峰青'的余韵。

直到有一天,教到华兹华斯较长的一首《玛格丽特的悲苦》,写一妇女,其独子出外谋生，七年无音讯。诗人隔着沼泽，每夜听见她呼唤儿子名字：'Where art thou, my beloved son, …'（你在哪儿，我亲爱的儿啊……）逢人便问有无遇见，揣想种种失踪情境。

朱老师读到'the fowls of heaven have wings, …Chains tie us down by land and sea'（天上的鸟儿有翅膀……链紧我们的是大地和海洋），说中国古诗有相似的'风云有鸟路，江汉限无梁'之句，此时竟然语带哽咽，稍微停顿又继续念下去，念到最后两行：'If any chance to heave a sign,'（若有人为我叹息,）'They pity me, and not my grief.'（他们怜悯的是我，不是我的悲苦。）老师取下了眼镜，眼泪流下双颊，突然把书合上，快步走出教室，留下满室愕然，却无人开口说话。也许，在那样一个艰困的时代，坦率表现感情是一件奢侈的事，对于仍然崇拜偶像的大学二年级学生来说，这是一件难于评论的意外，甚至是感到荣幸的事，能看到文学名师至情的眼泪。

二十多年后，我教英国文学史课程时，《英诗金库》已完全被新时代的选本取代，这首诗很少被选。不同的时代流不同的眼泪。但是朱老师所选诗篇大多数仍在今日各重要选集上。

英诗课第二部分则以知性为主，莎士比亚的几首十四行诗，谈到短暂与永恒的意义，雪莱的《奥兹曼迪斯》也在这一组中出现；威武的埃及君王毁裂的头像半掩埋在风沙里，'boundless and bare, The lone and level sand, stretch far away'（寂寞与荒凉，无边地伸向远方的黄沙）。朱老师引证说，这就是人间千年只是天上隔宿之意，中国文学中甚多此等名句，但是你听听这 boundless 和 bare 声音之重，lone and level 声音之轻，可见另一种语言中不同的感觉之美。

至于《西风颂》，老师说，中国自有白话文学以来，人人引诵它的名句：'冬天到了，春天还会远吗？'（If Winter comes, can Spring be far behind?）已到了令人厌倦的浮泛地步。雪莱的颂歌所要歌颂的是一种狂野的精神，是青春生命的灵感，是摧枯拉朽的震慑力量。全诗以五段十四行诗合成，七十行必须一气读完，天象的四季循环，人心内在的悸动，节节相扣才见浪漫诗思的宏伟感人力量。在文庙配殿那间小小的的斗室之中，朱老师讲书表情严肃，也很少有手势，但此时，他用手大力地挥拂、横扫……口中念着诗句，教我们用 the mind's eye 想象西风怒吼的意象（imagery）。这是我第一次真正地看到了西方诗中的意象。一生受用不尽。"①

8月,先生为和方重、戴镏龄合编的《近代英美散文选》作序,该书当月印行出版,后又在1945年4月再版,先生在再版序文里说明对初版中的错误作了纠正,并加了注释。

9月20日,为侄朱世宗②写学力证明(《全集》未收),全文如下:

> 学生朱世宗系本人之侄,自廿七年离开天津志达中学后,曾继续在家庭从师补习,与高中毕业有同等学力。此证。
>
> 家长　朱光潜
> 卅三年九月廿日

是月,先生在《燕京新闻》10卷23期上发表《谈新学风运动》一文。

11月,先生在《华声半月刊》第1卷第2期上发表《教育的质与量——战后高等教育问题之一》一文,提出要重"质"而不是重"量"的观点。

是年,刘永济把自己1939年以来的词作编选成集,命名为《惊燕集》,请先生、王星拱、徐天闵、叶麐等人传阅。先生阅后,对精彩处以蓝笔勾出,并批语:"甲申自夏徂秋,敬读一过。有会意处,识以蓝铅。桐城朱光潜。"刘永济遂请先生题词,先生欣然题曰:"谐婉似清真,明快似东坡,冷峭似白石,洗净铅华,深秀在骨,是犹永嘉之末闻正始之音也。"此间,先生和诸友常有唱和,算是度过了一段相对比较惬意的时光。

12月,先生辞去教务长一职,由经济系教授陶因接任。③

1945年(乙酉　民国三十四年)48岁

1月,先生读到好友梁宗岱在《复旦大学学报》第1期上发表的《试论直觉和表现》一文,文中写道:"至于你来信所提及的我底'鹊踏枝'比前人特别富于

---

① 齐邦媛:《朱光潜先生的英诗课》,载《巨流河》,北京:三联书店2010年版,第112-114页。
② 朱世宗1944年10月起就读于西康技艺专科学校农林科。
③ 此是一种说法,见朱洪:《朱光潜大传》,北京:人民日报出版社2012年版,第183页。而先生自己在《我的简历》里称:"1945年夏,校长王星拱生病就医,我代理校长,因校务和工学院闹意见,我坚持撤他的职,我也辞去教务长职。"参见《朱光潜全集》(新编增订本)第10卷,北京:中华书局2012年版,第276页。先生的回忆应当更可靠些。

双声叠韵及前人所很少的重韵如'叠韵'和'再作'和'哀乐',我可以坦白……"依此判断,梁宗岱是接到先生的信后公开自己看法的,由于文中用词不当,自然,先生的回应在所难免。于是,先生写了《论直觉与表现答难——给梁宗岱先生》一文发表在当年5月出版的《文艺先锋》第七卷第1期上。这场争论围绕这样一些问题展开:克罗齐讲的"直觉"与"概念"是截然分立,还是两者仍有关系?是否"改了一个字同时也就改变了意境"?究竟直觉是否即表现呢?是否没有表现即没有直觉呢?"直觉即表现"是否忽视"传达"的作用?此外还涉及诗和散文的分别等五个方面的问题。

站在这场争论之外作历史距离的透视分析,似乎可以说,无论是先生还是梁宗岱实际上都不赞成克罗齐抹杀传达在艺术表现中的作用这一做法,这完全是因为先生和梁宗岱都是中国人,中国传统生命有机体的理论流淌在他们的学脉中,因而他们对于西方只重逻辑、单从知识论(认识论)看直觉多少持质疑的态度。这从先生的直觉即表现那"一刹那"前后不排斥"名理"(包括概念、道德、社会内容);梁宗岱的艺术要"经过四个阶段:受感、酝酿、结晶和表现或传达"的观点中可以得到证明。这是西方直觉说"本土化"(中国化或华化)的一个典型案例。当然,先生也适度保留了美学作为认识论的规定性,对克罗齐心灵的客观唯心论认识似有不足。同样,梁宗岱恰恰没有分清楚哲学的直觉和艺术的直觉的分别,但是对于直觉的超越性质有不自觉的感受和表述。

3月,先生在乐山武汉大学写《论自然画与人物画——凌叔华作〈小哥儿俩〉序》,发表在是年5月出版的《天下周刊》创刊号上。先生写道:"作者把写《小哥儿俩》的笔墨移用到画艺里面去,替中国画艺别开一个生面。我始终不相信莱辛(Lessing)的文艺只宜叙述动作,造形艺术只宜描绘静态那一套理论。作者写小说像她写画一样,轻描淡写,着墨不多,而传出来的意味很隽永。"①此外,先生在这篇文章里还表达了中国艺术家对人物画重视不够,过于沉迷自然画的看法,发出"为什么不能在现实人物中发现庄严幽美的意象世界呢?"②的拷问。

5月5日,国民党六大召开前夕,在朱家骅与陈立夫联名向蒋介石推荐的九十八名"最优秀教授党员"中,黎锦熙、陈寅恪、伍蠡甫、熊庆来、萨本栋、金毓黻、竺可桢、王星拱、朱光潜、张伯苓、蒋梦麟、梅贻琦、冯友兰、贺麟、华罗庚、姚从吾

---

① 《朱光潜全集》第9卷,合肥:安徽教育出版社1993年版,第215页。
② 《朱光潜全集》第9卷,合肥:安徽教育出版社1993年版,第213页。

等十六名最为著名的大学校长、教授赫然在列。

是日,收到缪钺来信,信中称:"惠简并尊著《谈心》一文均诵悉,大文称心而言,恬穆静适,如天光云影,摇荡漾波,想见襟期之超旷,修养之深醇,敬佩敬佩!"

5月底,王星拱校长与先生及理学院代理院长叶峤三人在乐山文庙一同接待(图7-23)来校访问的世界著名生物化学和科学史学家、英国剑桥大学李约瑟博士(Dr.Joseph Needham)。

图7-23　1945年5月底,朱光潜(右)、王星拱(中)、叶峤(左)三人接待李约瑟时的合影。(照片由英国剑桥大学李约瑟研究所提供)

6月,先生《谈心》一文发表在1947年《自由文摘》第7期。此文未收入安徽教育出版社和中华书局出版的《朱光潜全集》,是一篇很重要的先生的"自述"。这篇"自述"既谈到兴趣开始转向哲学;又说明对自我反省的结果是觉得自己兴趣还在"学问"上。这也揭示出先生后来拒绝接受教育部下达给他的组建"国立安徽大学"的任务,并坚辞校长一职的缘由。更重要的是,这篇文章说明了先生日后作"学问"努力的方向。现全文直抄如下:

"今年我已快满四十八岁,以中国人寿平均在六十岁计算,我大概还有十二年左右可活,这只占一生光阴的五分之一。剩下底光阴不算太长。如果努力,也还不算太短。

初入中年时,我尝为回顾青春底惆怅所苦,现在眼看来日无多了。心情倒反而泰然自适。英国史学家吉邦在自传里曾引古人把黄金时代摆在晚年的话而深加赞许,我也颇有同感。过去的事尝不免令人追悔,现在仿佛是一个流浪人在蹉跎许多岁月之后,渐向家园归宿了,我以静穆的心情凭眺我的晚景,我从来没有经过很舒适的生活,却也没有经过很苦的生活,一向随遇而安,将来简单的生活也许还不难维持。功名事业,我素来不大感觉兴趣。少壮既没有从事于此,到老来想不会为此劳心焦思。家庭琐事我向来不很经心,天下大事对于我也只是云烟过眼,少年也曾为爱情颠倒过,到了这个年龄,这一类幻想与理想也就自然消散了。我对于子女也怀着一般做父母的希望,但是我不打算在他们身上多尽心血,能自立底终归自立。世界实在没有值得我操心计较的事,我与人无争,看不惯的事自然常有,但是我有我的幽默,这种不经心无执着底态度,我知道是谈事功与道德底人们所诋毁底。各人有各人的看法。人生世相本来是混整的,我们似乎不必勉强把它弄得太单调。人固然是政治的动物,但是我想一个人超出普通所谓政治与道德之外,或许还可以有他的超然底独立底人性,朋友的乐趣是人生幸福的要素,我在许多相识者中环顾一下。真正知心的朋友很寥寥,我常以此自咎性分的浅薄。但是我们所向往底古人很多,在精神上和他们尝有往还,所以并不很感到寂寞。

这一些心情种根虽然很早,近来才逐渐成熟,我指望老年能得到收获,总之,我朝前一看,虽是'近黄昏',却仍觉'夕阳无限好',我还有相当勇气,颇想尽量利用我还可以作主底一段时光,我的兴趣大体是在学问,我所以始终没有离开这条路,是想藉此填塞自然所厌恶底虚空,在这方面得到一点愉快,并不想有一般所说的'成就',我虽无'成就',却明白'成就'很不易言。已往东奔西窜,没有一件本色当行,也就是因为这个缘故,论职业,我是教英国文学底,文学本是我的主要底嗜好,将来或许不致完全放弃,但是也许因为年龄的增长,我近来对於哲学底兴趣似比较浓厚。理比较一切似都实在,耐人探索玩味,我打算以剩下来底大部分时光,翻译几部真正重要底哲学著作,翻译可以集中注意力,帮助彻底了解,同时我心里也还有一个实用的念头。我相信支配世界动向的终於是思想,要想中国一切入正轨,中国人必须在思想上作更切实的努力。多翻译几部好书,也许就是多下几粒思想的种子,目前虫飞轰轰,声气虽然不小,恐怕那都是浮的,假的,无补於长久大计,我认定在我的能力范围之内,对于现在社会所能给的最大贡献是翻译,所以发愿就从这方面努力,放弃从前爱做零星文字底习惯,在最近几年内我预料先把克罗齐,康德,赫格尔(即一般翻译成的黑格尔——编者)三人的美学著作译成,以后再译我最心爱的柏拉图,我的翻译标准是自己透懂原文,把它译为充实而流畅底中文,使不懂西文而肯用心底读者读起来不太觉难涩。

我的宗教情操向来很淡薄,但是很爱看宗教书,这些年来我不断地在注意耶稣教会史,我觉得在孔子,释迦,苏格腊底(即一般翻译成的苏格拉底——编者)一班先哲之中,耶稣最平易近人。最简单而深刻,理想和生活打成一片,成为一个古典型的艺术品,假如我有时间。我还想写一部综合 Strauss Reman Papini 三人之长的耶稣传,近来我也在开始看佛书,但那里面的广大精微,有些使我望洋兴叹。对此我恐终止於浅尝,假如能把唯识宗摸索清楚,我也就算了了心愿。

生命的热□我还是有的,还希望能多活几年,先天本来很弱,近来我才感觉身心都有加意珍卫的必要。我每天早晨做几分钟的体操,午后有一小时的饭后睡和半小时至一小时的静坐,我希望用这个简单的方法,持之以恒,可以维持程度底健康。我很懊悔从前没有学会一种音乐或其它艺术。如果没有这个缺陷,我的余年,必定更快乐些,我有时看看碑帖,写写字,就是想得到一点调剂,但是这究竟比不上音乐。我生平最爱陶渊明的'勤靡余劳,心有常闲,乐天委命,以至百年'几句话,我也想把这几句话做个理想,到了'百年'时,我用 Landor 的两句诗向这个世界告别:

'在生命的炉火前,我伸过双手取暖。'

'现在火灭熄了,我准备好了离开。'"

8月7日,周鲠生在教育部次长杭立武陪同下,奔赴乐山,第二天正式就任武汉大学校长。传言和周鲠生相交30多年的好友杨端六可能接替先生出任教务长。先生在《我的简历》里回忆道:"1945年夏,校长王星拱生病就医,我代理校长,因校务和工学院长闹意见,我坚持撤他的职,我也辞去教务长职。"①

是月,武汉大学复校委员会成立。先生任第一外国语委员会委员(图7-24)。

9月,先生在《国文杂志》第3卷第4期上发表《研究诗歌的方法》一文。该文对如何读诗作了深入分析,强调"读了一个诗人的专集,才能彻底了解他的人格"。② 不能只停留在"选本"上。主张要用"历史意识"来读诗,写道:"我们最

---

① 《朱光潜全集》(新编增订本)第10卷,北京:中华书局2012年版,第276页。
② 《朱光潜全集》第9卷,合肥:安徽教育出版社1993年版,第205页。

好顺时代的次序,由古代读到现代,看出前启后的道理;再由下溯上,由现代读到古代,看出后变前的道理。"①并且,先生指出读诗要注重比较,"一切价值都由比较得来,常作比较也是读诗的一种极切要的工夫"。② 正是通过比较,先生认为:"中诗有胜过西诗的地方,也有不及西诗的地方,各有胜境,很可以互相印证。"③

是月,陈寅恪发表《陶渊明之思想与清淡之关系》,该文于 1943 年写于桂林,后由哈佛燕京学社出版单行本,仅 1 万多字,遂引起先生写《陶渊明》和陈寅恪商榷。

图 7-24　1945 年 8 月,先生任武汉大学第一外国语委员会委员的聘书。

图 7-25　1945 年,先生任武汉大学外国文学系主任的聘书。

10 月,武汉大学全体师生迁回武汉。先生也随之离开,结束了七年的乐山教研生活。

11 月 7 日,周鲠生聘请先生为外国文学系主任(图 7-25),而在此之前,先生已收到胡适敦促其回北大任西语系主任的信函。先生决意离开武大已成定局。

---

① 《朱光潜全集》第 9 卷,合肥:安徽教育出版社 1993 年版,第 206 页。
② 《朱光潜全集》第 9 卷,合肥:安徽教育出版社 1993 年版,第 209 页。
③ 《朱光潜全集》第 9 卷,合肥:安徽教育出版社 1993 年版,第 209 页。

卷八　风雨飘摇中的艰难抉择

（北平，1946年—1949年1月初）

1946年(丙戌　民国三十五年)49岁

1月25日，南京国民政府教育部决定重建安徽大学，由教育部直接管辖，称"国立安徽大学"，朱家骅担任部长的国民政府教育部任命先生为国立安徽大学筹备委员会主任委员，武大教务长陶因兼任筹委会秘书。筹备委员会成员还有高一涵、叶云龙、杨亮功、章益、刘真如、张忠道、汪少伦、程寅生、刘英士和王培仁等。先生后来回忆道："抗战胜利后内迁的学校筹备复原，伪教育部长朱家骅接受副部长杭立武（我的同乡和留英同学）的建议，任命我当安徽大学校长，我不愿搞行政职务，辞了没有就，回到北大。"①这个没有就任安徽大学校长的理由是先生真实的想法。坊间还流传一种说法：先生担心不能面对父亲包办婚姻的第一夫人陈自仪，因为她那时还和朱母待在安庆。这种说法显然很肤浅。这里我们还可以引1945年先生写的《谈心》（《全集》未收）一文中的一段话佐证上述自述的理由是正确的。文章开头就说："今年我已快满四十八岁……初入中年时，我尝为回顾青春底惆怅所苦，现在眼看来日无多了。心情倒反而泰然自适……我的兴趣大体是在学问。"并且，文中还说明了今后要在学问上做哪些事，其中特别说到要翻译黑格尔、康德、克罗齐的著作，甚至还想写一本耶稣传等。显然，先生回到北京大学以满足他有生之年想做学问的愿望自然在情理之中。

---

① 《朱光潜全集》（新编增订本）第10卷，北京：中华书局2012年版，第277页。先生在"三反""五反"运动的检讨中也提到他未就任安徽大学校长之职的原因，他是这样说的："抗日胜利之后，朱家骅听从杭立武的推荐，要我去办安徽大学。我没有去安大而回到北大，这有两个动机。第一是看北大在全国大学中地位最高，而且有胡适做校长，我想靠着他，在文化教育界形成一个压倒一切的宗派，就是造成一个学阀。其次，安徽局面小，北京局面大，当时除南京以外，北京是一个反动政治中心，活动的范围比较大。"（载《三反快报》，北京大学节约检查委员会宣传组编，1952年3月29日第3期。）

是月，先生收到尚在美国逗留的新任北京大学校长胡适的信，信中敦请先生回北京大学主持西语系的工作。①

2月9日，先生设宴招待吴宓。当时吴宓犹豫是接受先生和刘永济、程千帆的意见去武大，还是回到清华。但是清华那边阻力很大。先生已决然离开武大，为支持时任文学院院长刘永济，设法请吴宓来接任因先生离开武大、方重又去英国访学而空缺出的外文系主任一职。此外，先生这段时间往返于乐山与成都之间，为武大聘请教师，先后推荐了周煦良、顾绶昌等人。

3月，国民党撕毁了政协关于宪法原则和成立联合政府的决议。国共两党的战争已经迫在爆发的边缘。

4月4日，国民政府教育部长朱家骅见先生拒绝到南京主持安徽大学筹备委员会的工作，退而取其次，让先生的同事陶因代理主任去南京主持筹委会。

4月20日，在教育部常务次长杭立武主持下，国立安大筹委会第一次会议在南京举行，杨亮功、程寅生、章益、叶云龙、陶因、刘英士、刘真如、王培仁及汪少伦出席会议。先生和高一涵、张忠道缺席会议。

会议决定：

（1）校址暂定为安庆原省立安徽大学原址，至于永久校址，待第二次筹委会会议再决定。

（2）设置文法学院、理学院和农学院三院，在文法学院内设中文系、西文系、经济系、政治系和法律系；理学院内设数学系、物理系、化学系和生物系；农学院内设农艺系和森林系。理学院和农学院均自第一年级办起，文法学院各年级同时开办。

（3）开办经费核准为5亿元。

（4）自1946年暑假后开始招生。

是日，先生在《中央日报》撰文《题丁学洙画卷》。

5月，《谈文学》由上海开明书店出版。该书收入先生在抗日战争后期撰写的文章十九篇。书中涉及问题很广，既有一般文学与人生，文学的资禀、修养和趣味问题，也有文学创作中选择、安排、运思及修辞等问题，同时还有文学作品的内容与形式、体裁与风格、文言与白话、想象与写实等问题。可以见出先生对克罗齐的直觉说的改造是和受新文化运动影响的"新文学"紧密联系在一起的，

---

① 王攸欣：《朱光潜传》，北京：人民出版社2011年版，第288页。

这其中先生对传统桐城派的评价尤值得今人注意。

是月,1945 年 3 月在嘉定写就的《论自然画与人物画——凌叔华作〈小哥儿俩〉序》发表在《天下周刊》创刊号上。

6 月 2 日,先生赴上海参加教育家夏丏尊先生的追悼会,为追悼会四十五个主持人之一。

先生撰文《记夏丏尊先生》发表在《生活与学习》1 卷 5—6 期上。

夏初,先生为《国立武汉大学民三五级同学录》作序(《全集》未收),这是先生写的为数不多的文言文作品之一。

先生写道:"人之大患在于私,执私见于是矜己傲物,党同伐异;逞私欲于是失德败行,寡廉鲜耻。人与人、国与国之欺诈凌虐,莫不误于私。私由于蔽,囿于一隅而昧于全局,凭短见以争是非,计利害,其在一隅为是而在全局为非,弗察也;在一隅为利而在全局为害,弗计也。各持其所是,各趋其所利,而是非淆乱矣,利害冲突矣;其结果也全局混乱而一隅是非利害之争亦徒费心力,营私而反足以败私,其恃奸巧黠慧自视以为得计者冥顽不灵之尤者也。人鲜有自甘为恶者,其自甘为恶者见之不周,察之不明也。古希腊哲人之所深恶痛疾者不在罪恶而在愚昧,苏格腊底至谓知识即德行,良以愚昧为罪恶之源而知为行之本,行为知之用也。"接着先生又进一步说明"祛私莫如去蔽,防恶莫如致知。"并指出:"吾所谓致知祛蔽者其道有二。其一为致力于两人之所谓'普遍文化修养'(general culture),对现文化阶段之各种重要学问皆稍涉其藩篱,明其精神,通其门径,了然于其间相互关系,于是凭高远视,见现文化阶段之全局焉。"其二,"则为培养科学精神。"最后,先生勉力学生道:"诸君既卒业于最高学府,其所负发扬文化学术之责至重且大,吾之所不敢望于世俗者不能不望于诸君。吾亦不能尽吾所欲言,择吾所认为最重要者为诸君言之,语重心长,惟诸君勉之。"

6 月 23 日,先生出席程千帆夫妇的宴会,在座还有吴宓、刘永济、朱自清、曾缄、李健章、赵世忠(少咸)。

7 月 1 日,先生上午八时至九时,到吴宓寓所,力劝吴宓赴武大任外文系主任,并推荐成都郊区青城山可一游。

7 月 2 日,吴宓一大早没吃饭便给刘永济写信,信中谈及昨天钱穆和先生力劝他去武大,表示"济在武大必需宓护外系,则宓愿来武大,然仍存迟疑"。

是日上午九时半,吴宓去看程千帆夫妇,程千帆送吴宓出来时称:"如朱光潜推荐你去武大就不要再犹豫了。"吴宓随后走至西玉龙街恰好遇到先生。先生问:"你考虑怎么样了?"吴宓说:"愿往武汉大学。"先生听后非常高兴,说:"我马上给刘永济写信,寄珞珈山本校,好叫刘永济与周鲤生校长商定。"

7月19日下午一时至四时,吴宓访程千帆夫妇,程千帆夫妇出示刘永济信给吴宓看。五时至七时,吴宓刚回寓所不久,刘芃如来,谈及四川大学外文系下半年要新聘教授,托吴宓帮说话想在川大兼职。随后,刘芃如带吴宓去横小南街1号奚致和寓所,造访先生。结果先生不在,吴宓留下字条约先生第二天上午一谈。

7月20日上午九时,先生如约来吴宓寓所,因为先生有事,谈了几分钟就匆匆离开。吴宓起疑心,觉得先生在敷衍自己,遂在日记中写道:"宓示以济函。潜允函武大周校长、杨教务长荐宓(未明言教授或主任)。又谓当另函复济。在此坐仅五分钟,即托辞匆匆急去(不肯与宓多谈,似唯恐宓有所询商者。其行径态度,与朱自清正出一辙。盖新文学家皆冷酷无情,重利而自私者欤!)。宓婉词逼促,潜乃允行事如上。又自言,离去武大,决不再归。彼闻川大罗致武大外文系教授甚多,亦毫不介意。证以其不肯聘煦良而聘顾绥昌至武大,则潜实圆滑自私之尤者矣。是则宓今年之至武大任教,必不免忍受诸多委曲与困苦也。念之凄悲。……邮局送复济函,寄珞珈山,述见潜状。愿一切听济之秘命。……4:00回舍,三楼热甚幸有风。宓勉写日记。"①

傍晚,吴宓到程千帆家。程千帆夫妇劝他,说:"朱光潜言必果。"正说之间,先生来了,并说给周校长、刘永济的信已经写了。吴宓回寓所,又补了日记道:

"宓独访昌、棻,述今晨事。昌、棻谓潜所言必照行,且今不为迟。……适潜也至,言函已发出。"②

7月31日,微晴。吴宓访问了住在成都少城公园(图8-1)西门边奚致和寓所的先生。作如下日记:

"访潜,示以济函。潜答,正在考虑,当直复济。又谓获济汉口函,聘宓事周校长已赞成。潜拟聘煦良今年即至武大云。……宓访昌、棻,述济函及见潜事。"③

吴宓前后自相矛盾的记述也反映了他个性多疑、优柔寡断的一面,他怀疑先生的诚意也增添了两人交往的一段趣话。

---

① 《吴宓日记》(1946-1948),北京:三联书店1998年版,第90-91页。
② 《吴宓日记》(1946-1948),北京:三联书店1998年版,第91页。
③ 《吴宓日记》(1946-1948),北京:三联书店1998年版,第95-96页。

图8-1 1946年,先生与夫人奚今吾游览成都少城公园。

8月4日,先生参加成都北大校友聚会,刘明扬任校友会主席。席间先生豪言:"今天的中国,已经难得有能够安心学术研究的学校了,北京大学是唯一可研究学术的地方,我们北大人应该承担起中国学术的重任。"

8月15日,先生经重庆、武汉辗转回到离开八年的北平。住北大附近的中老胡同32号①(图8-2,图8-3)。关于先生所住北大教授宿舍的情况,当时的《世界日报》登载的《民国学人访问记之一——北大西语系主任朱光潜》里记载先生时说道:"北大教授宿舍曾被日寇居住过,所以外面看是瓦房,屋里都是日本格式。那木制的拉门,窗户和矮床,都依然没有变动。朱先生的住屋是北房,进门右首有一间书房,陈设着满架子中西书籍,朱先生说这是战前存在友人家而得以保存的一部分,书房里有一张书桌,还有几把椅子,这便是朱先生朝夕读书的地方。至于朱先生招待客人的地方,是在迎了中间的屋门,摆列着一套沙发,虽然罩了一袭白布套,也显得不太十分整齐。沙发前一张硬木长方形矮脚桌,上面堆积着报纸,书籍,名片和一叠以前北大开办补习班用的英文讲义,还有茶壶、茶碗和烟具,一只茶碗里还满满的盛有一杯冷了的茶。我推测在记者来访以前不久,曾有客人来访过。在中间屋的两厢,都有屋门可通,那便是朱先生的卧室了。记者问到朱先生吃饭是自己烧吗?他说:'不是,我们在一起

---

① 关于中老胡同(图8-4)32号,先生大女儿朱世嘉在2001年第4期《北京纪事》上发表的《中老胡同32号——童年杂记》一文以及未发表的日记里有详细记载。朱世嘉写道:"而抗战胜利后的家就在中老胡同了。中老胡同地处沙滩,站在胡同口可以看到北大红楼。其中32号在1952年院系调整前是北大的教授宿舍。一对小石狮守在高台阶门坎的两侧,门洞的左侧是收发室、公用电话房。从大门进去基本上是一个四排宿舍的格局,院中有院,错落有致住着二十多户人家。"参见朱世嘉(化名朱燕):《中老胡同32号——童年杂记》,载《北京纪事》,2001年第4期,第40页。"院内有一个小场地,一头有假山,藤萝,另一边是小空地,这是我们孩子们的天地。春天爬上假山,一串串的紫藤花香的发甜,摘下一串和面粉搅成糊摊成饼,清香又可口。小空场是我们玩球的地方,用皮球当垒球打。48年冬天,北京围城了,学校停了课,大人们也不许我们出院门。战争和拘禁都阻挡不住孩子们爱玩的天性,为了防止断水,学校在紫藤花架下修一个压水井,我们就把小空场一头浇成了冰场,整天溜冰玩。长大了,才知道那是很艰难的几个月,父母们都面临着出走与留下的重大抉择。国共双方都在为争夺教授们忙碌。最后,我熟悉的人家都没走,迎接了新中国的来临。"(参见朱世嘉未发表的日记)朱世嘉根据回忆还草拟了中老胡同几十户人家的住宅分布平面图:

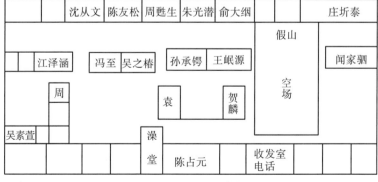

有伙食'。"

图8-2　1946年8月15日，先生经重庆、武汉辗转回到北平。图为先生在中老胡同32号寓所门前。

图8-3　中老胡同32号，先生故居院子入口。

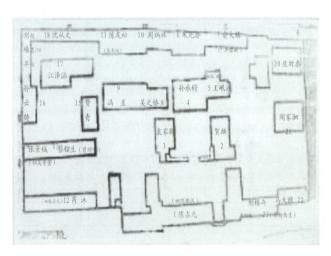

图8-4　中老胡同住户住宅分布平面图（北京大学校史馆提供）

是月，先生任北京大学西语系教授兼系主任。

9月，由先生、梁实秋、潘家洵、范存忠、李儒勉、林天兰编辑的《部定大学用书大学英文选》由正中书局印行。

10月，《陶渊明》（上、下）发表于天津《大公报·星期文艺》第一、二两期。对于这篇佳作，先生在1948年《大公报》记者曾问及他写作有何打算时，他回答说:"二十年前就已蓄意写一部《魏晋人品》,想在魏晋时代选十来个代表人物,替他们写想象的传记(如同 Ludwig 和 Maurois 所做的),综合起来可以见出那个时代的精神,这些年来,我颇留意中国诗,也想挑选一些诗人出来作一种批评的研究(如同我去年写的《陶渊明》那一类文章)。"事实上,先生后来受政局变化的影响,一直未曾完成这部大作,只留下了《陶渊明》这一名篇。

《陶渊明》一文既出,反响就很热烈,当时文人少若就评价道:"近来谈陶渊明的作品,最公允最周到也最深刻的,窃谓无过于朱光潜先生的一篇专文《陶渊明》。"这并非溢美之词,先生之所以能写出《陶渊明》这样流芳千古的佳作,实得益于他和陶渊明有一样的人生感悟和一样的人格。少年时,先生就常拿陶诗"纵浪大化中,不喜亦不惧"来表达心声。抗日战争爆发前还从陶潜《时运》诗序"春服既成,景物斯和,偶景独游,欣慨交心"中取"欣慨"两字以作书斋名,还嘱友人汪奠基篆刻两枚椭圆形阴阳纹图章(图8-5)以作纪念。在先生心目中,"欣慨交心"这句话恰恰是陶公内心世界的写照,对人生既有欣喜,又有感慨。说是欣喜,又不落于浅薄的嬉笑;说是感慨,又不陷于奋激佯狂,对这世界的缺陷有深刻的领悟。所以,先生才认为陶渊明是"浑身的静穆的伟大"。从某种意义上说,透过陶渊明文字背后可以见出陶公的人格,而透过先生对陶公的赞誉之词和同情的理解,也可略窥陶公的人格实乃是先生人格的一种反照。

图8-5 "欣慨室"图章

11月3日,先生改写旧文《谈文学选本》发表在《经世日报·文艺周刊》第12期上。文中建议:"每个研究文学者对于所读的作家都应自作一个选本……

学问如果常在进展,趣味会愈趋纯正。今年所私定的选目与去年的不同,前后比较,见出个人趣味的变迁,往往很有意味。同时,你可以拿自己的选目和他人的选本参观互较,好比同旁人闲谈游历某一胜境的印象,如果彼此所见相同,你会增加你的自信,否则,你也会发生愉快的惊讶,对于自己的好恶加一番反省,这是文学批评的一种有益的训练。"①

是月,(1)先生撰写《几个常见的哲学译词的正误》一文载《新思潮月刊》第1卷第4期。其中对哲学概念的译名提出了非常好的建议。如对中国哲学的"知"与"行",主张用西文的 theory 和 practice 分别来翻译,反对用"理论"和"实用"两词翻译。再如对 idealism 用"唯心主义"去译贝克莱、康德大致不差,但用来译柏拉图、谢林、黑格尔诸家都不妥。这些意见至今尚未引起学界足够的注意。

△(2)写《欧洲文学的渊源》发表在《益世报·文学周刊》第15期上。

12月13日,先生参加在北京大学蔡子民先生纪念馆召开的中国语文诵读方法座谈会,并在会上发言,强调"古文诵读式须抓住所谓气势神韵,也就是节奏。"这体现出其受桐城派刘大櫆注重诵读的字句的节奏之影响,并称"所以旧日读文法多少还有点价值"。先生的这番言论后来发表在《国文月刊》第53期上。

12月27日,先生和常风等一起到雨花台饭店商谈《文学杂志》复刊之事。先生本有推脱之意,但大家一致推举先生担任主编,盛情难却,先生还是接受了商务印书馆的邀请。

12月30日,袁翰青到中老胡同探望费青教授,巧遇先生。袁翰青顺便就为当月26日晚北京大学预科女生沈崇被美兵强奸起草的一份《北京大学教授联名致司徒大使抗议书》请先生签名,先生立即签上了自己的名字,并情绪非常激动地表示了对国民党政府的不满。这次签名抗议联合了北大教授四十八名之多。其中有沈从文、向达、容肇祖等。

是月,《文学杂志》准备复刊,重组后的五人编委会成员为杨振声、朱光潜、沈从文、冯至、姚可崑。先生仍任主编,常风仍任助理编辑。

《文学杂志》复刊集聚了当时文坛名宿,虽然主要是学院派自由主义知识分子,像废名、林徽因、杨振声、沈从文、李健吾、朱光潜、俞平伯、常风等,也还有西南联大和复员后的北大和清华师生,像朱自清、冯至、李长之、陈占元、穆旦、季

---

① 《朱光潜全集》第9卷,合肥:安徽教育出版社1993年版,第220页。

羡林、王佐良、袁可嘉、盛澄华、汪曾祺、林庚等。甚至还包括一些倾向左翼的作家,如艾芜、李广田、徐盈、闻一多等。

是年,上海长风书店印行一本署名"朱光潜"的《给青年二十四封信》。据《民国时期总书目》记载,该书实为原作者林萍著《个人与社会(给青年的二十四封信)》,后作者被篡改成"朱光潜"。《民国时期总书目(1911—1949)哲学·心理学分册》相关书目信息如下:

第2521号:

《个人与社会(给青年的二十四封信)》

林萍著

①上海长风书店　1939年12月再版　160页32开　青年丛书2

②上海长风书店　1946年增订再版　147页32开

谈论青年进修、修养等方面的问题(B.S.)

第2522号:

《给青年的二十二封信(个人与社会)》

林萍著

成都长风书局　1942年10月出版　1945年再版　143页36开　青年丛书2

谈论青年修养问题(B.C.)①

显然,该书应在篡名"朱光潜"之前数年(至少是1939年12月前)就以"林萍"为署名出版,至于为什么在1946年增订再版时将"林萍"改成"朱光潜",恐怕篡改者是出于经济利益考量这一根本原因。

1947年(丁亥　民国三十六年)50岁

春,《致汤用彤》信(《全集》未收),全文如下:

敬启者

本日上午西文系审查人九人开会,票决推荐袁可嘉、夏志清、张祥保三

---

① 北京市图书馆编:《民国时期总书目(1911-1949)哲学·心理学分册》,北京:书目文献出版社1991年版,第255页。

先生为李氏奖学金①候选人。

> 谨上
> 汤院长
> 朱光潜谨启
> 所有文件随后送还

先生回北大后除教一班大学一年级基础英语和一门高年级专业课②外,大部分时间料理系主任的行政事务(图8-6)。常风回忆当时先生的工作情景:

"每天除了教课,上下午他都得待在办公室,还须出席许多会议,料理许多行政事务。可是他很会安排时间。他还照旧读书、写文章、翻译书……一九四七年至一九四八年这一学年文学院院长汤用彤先生出国,朱先生代理文学院院长职务,除了处理系务还须处理文学院的日常事务。学校里许多会议也须参加。朱先生仍然是从容不迫,人们看不出他一点紧张。晚饭后他的家里经常有客人,大家喝茶、吸烟、聊天,十分热闹,朱先生手里握着烟斗和大家一起谈古说今,毫无倦容。他一直坚持锻炼,打太极拳,做自己编的一套健身操。"③

图8-6　1947年,先生任北京大学西语系主任时签发的西方语言文学系续聘教员名单。

---

①　1947年,美国华侨李国钦为北大捐赠奖学金,资助文、理、法三科各一名资浅教员(讲师、讲员、助教)出国留学。此函为先生向文学院院长汤用彤上报的西语系教员初选名单。后经评定,夏志清获得文科的留学名额。

②　这可能指西文吟诗课程。据当时《世界日报》登载的《民国学人访问记之一——北大西语系主任朱光潜》里记载,先生说道:"在北大担任的是西文吟诗,我在辅仁大学,却上国文系课。"

③　常风:《回忆朱光潜先生》,载《逝水集》,沈阳:辽宁教育出版社1995年版,第84页。

北京大学西方语言文学系教员名单（卅六年度）

教授

朱光潜

蒯淑平

袁家骅

潘家洵

俞大缜

王云槐

夔卜孙　　William EMPSON

朱章甦　　停发

施松卿

林书闵（德文）

依上表续聘

朱光潜代

1月，先生给周福全著作《英文音学》作的序由协和印书馆印刷出版。先生在序文中称："余受而细读之，觉其简明便捷，极合初学之用。"此序文实完成于1946年冬。

春，夫人奚今吾带两个女儿回到北平。小女儿朱世乐患骨结核，要打固定石膏模型，须常晒太阳。先生在公务之外常抽时间陪女儿诵诗。大女儿朱世嘉后来回忆道："妹妹小时身体不好，常在院子里晒太阳。父亲空闲时就坐在门前台阶上拿着书给我们讲聊斋，古诗，也让我们背一些唐诗，高兴时也会抑扬顿挫地吟诗。吟诗是一种介乎于唱歌和朗诵之间，没有一定曲调一定成规的即兴表演，一种情感的抒发。当时也只有老夫子才会摇头晃脑地吟诵诗词，如今已经绝迹了吧！家中晚上的'文学沙龙'及父亲并不生动的照本宣科的说书是我文化的启蒙教育。"①

孟春，先生在光绪三年（1877年）三月成立的湖北崇文书局开雕《楚辞集注》，并参照诸家旧校，以闻一多《楚辞校补》为主要节录，眉批数千字（图8-7）。

---

① 朱世嘉（化名朱燕）：《中老胡同32号——童年杂记》，载《北京纪事》，2001年第4期，第40页。

图 8-7　先生给《楚辞集注》作注

5月4日,先生于《北平日报》发表《"五四"以后的翻译文学》一文,以纪念"五四"新文化运动。

5月21日,先生撰文《克罗齐》载《大公报》,在该文后附注有一个提示:"这是一个极简略的介绍。本人曾经写过一部《克罗齐哲学述评》,比较详细,将由中国哲学编辑会出版。"事实上,先生此时已大致译完了克罗齐的《美学原理》,本篇可能原是介绍著者的小文,但后来愈写愈大,成了《克罗齐哲学述评》一书。

是月,(1)先生后来回忆道:"参加以胡适为后台老板的垄断全国白区报纸社论的'独立时论社',我写了十篇左右社论,内容已经记不起,只记其中有篇批评'金圆券',另一篇讲政治学英美民主,经济学苏联。"①

△(2)《独立时论》第一集出版。

6月,《文学杂志》复刊。复刊号为第2卷第1期。复刊卷头语称:"我们的目标在原刊第一期已表明过,就是采取宽大自由而严肃的态度,集合全国作者和读者的力量,来培养成一个较合理想的文学刊物,借此在一般民众中树立一个健康的纯正的文学风气。"

是月,(1)先生写《诗的难与易》发表于《文学杂志》第2卷第1期复刊号。复刊后的《文学杂志》第2卷出了12期,到1948年5月止;第3卷出了6期,到1948年11月止。

△(2)先生在《独立时论》第一集上发表《学潮的事后检讨》。先生认为学潮是一般青年不满社会现状的呐喊,学生干政有一定的合理性。同时,先生指

---

① 《朱光潜全集》(新编增订本)第10卷,北京:中华书局2012年版,第277页。

出学潮不应该为党派所利用,也不应该被当作政治宣传的工具。

7月,《谈心》载1947年第7期《自由文摘》。

是月,《看戏与演戏——两种人生理想》发表于《文学杂志》第2卷第2期。这是一篇很能体现先生学贯中西的美学名作。

先生认为,人生好似一个大舞台,有演戏的,也有看戏的。有的人的理想在看戏,有的则在演戏,还有的人既看又演戏。"就大体说,儒家能看戏而却偏重演戏,道家根本藐视演戏,会看戏而却也不明白地把看戏当作人生理想"。

接着先生从哲学、宗教、文艺诸多方面展开论述,通过相互比较,相互印证,相互阐释,最后得出结论:"我们很能了解斯蒂文森(主张看戏)的聪明的打算,而且心悦诚服地随他站在一条线上——我们这批袖手旁观的人们。但是我们看了那出会游行而开心之后,也要深心感激那些扛旗子的人们。假如他们也都坐在房子里眺望,世间还有什么戏可看呢?并且,他们不也在开心么?你难道能否认?"

可见,先生的观点其实是调和折中的,并不偏袒任何一方,虽然强调"观赏者",那也是出于本身是知识分子的缘故。认真地说来,人生理想究竟应该是道家,抑或是儒家?这"大半受性格决定,生来爱看戏的以看为人生归宿,生来爱演戏的以演为人生归宿,就是理所当然的事了"。

至于先生自己的人生理想应该说兼有"演"和"看"两者,是把"看"和"演"、"知"和"行"有机地统一于个体的人身上。天下有道,则偏于儒家(行大于知);天下无道,则退而守于道家(知大于行)。这也只是大体相对一种环境变化而言的,用他自己常说的话最能反映这一精义:"以出世的精神做入世的事业!"但是,这篇文章后来被郭沫若严厉批评,从批评内容可以看出这实际上是继早年周扬参与先生和梁实秋讨论"文学的美",并以左翼学者身份对先生的观点进行批评的一种延续,是从政治立场出发来否定先生的人生观。这里不妨引郭文为证,郭沫若说:

"什么是蓝?人们在这一色下边应该想到著名的蓝衣社之蓝,国民党的党旗也是蓝色的……记得在重庆时蒋宋美龄曾与谢冰心作过一番谈话。蒋宋美龄问:'中国国民党为什么没有一位女作家?'谢冰心回:'中国国民党又有哪一位男作家?'这是在文艺圈子里面传播得很广的一段插话。但我想:冰心在回问时恐怕疏忽了一点,国民党是可以有一位男作家的,那便是国民党中央监察委员的朱光潜教授了。朱监委虽然不是普通意义的'作家',而是表表堂堂的一名文艺学者,现今正主编着商务印书馆出版的《文学杂志》。我现在就把他来代表蓝色。

抱歉得很,关于这位教授的著作,在十天以前,我实在一个字也没有读过。为了要写这篇文章,朋友们才替我找了两本《文学杂志》来,我因此得以拜读了他的一篇《看戏与演戏——两种人生理想》(二卷二期)。这俨然是一位教授写的文章,东方说到孔丘、老庄,还有释迦牟尼,西方则从柏拉图、亚里士多德,说到尼采和克罗齐,又是哲学,又是文艺,又是《神曲》,又是佛典,一下嵇康、王羲之、陶潜、杜甫,一下又是但丁、歌德、莎士比亚、斯蒂文生,学通中外,道贯古今,的确是够教授的斤两,也够监察委员的斤两的。然而他说了些什么呢?他只说了一篇连自己也并未能圆其说的宿命论而已。他说:'人生有两种类型,一种是生来爱看戏底,一种是生来爱演戏底''这是一件前生注定丝毫不能改动底事'。真是呜呼妙哉了! 中国到了今天,还有这样高明、坐享盛名的大学教授! 这些都不必管,且看这位大教授自认为属于他所说的那一类型。教授自己说'我们这批袖手旁观底人们',他当然是属于'看戏底'的类型了。但要留意,这倒并不是谦虚,而是自命为和孔子、老子、庄子、释迦、耶稣、柏拉图、亚里士多德、尼采、克罗齐等大思想家并驾齐驱的。但是,不幸得很,我这个不知道应该属于那一类型的,就亲自'袖手旁观'过我们这位当今大文艺思想家,在重庆浮屠关受军训的时候,对于康泽特别'必恭必敬'地行其军礼,那到底是在'看戏',还是在'演戏'呢? 我在这里还可以更进一步问:当今国民党当权,为所欲为的宰治着老百姓,是不是党老爷们都是'生来演戏'的,而老百姓们是'生来看戏'的呢? 照朱教授的逻辑说来,只能够得出一个答案,便是'是也'! 认真说,这就是朱大教授整套'思想'的核心了,他的文艺思想当然也就是从这儿出发的。由他这样的一位思想家所羽翼着的文艺,你看,到底是应该属于正动,还是反动?"[①]

8月,因北大文学院院长汤用彤访美讲学(图8-8),先生代理文学院院长。聘文写"任期一年自民国卅六年八月至次年七月此订""敬聘朱光潜先生为国立北京大学文学院代理院长"(图8-9)。

是月,先生在《文学杂志》第2卷第3期发表《生命》一文。

这篇几乎和《看戏与演戏——两种人生理想》构成了姐妹篇,前后发表相隔不足一月,核心都是对人生的意义的思考。《看戏与演戏——两种人生理想》发

[①] 郭沫若:《斥反动文艺》,载《中国新文学大系1937-1949》(第二集文学理论卷二),上海:上海文艺出版社1990年版,第763-764页。

挥了"人生苦恼起于演,人生解脱在看"的观点,强调尼采的"从形象得解脱"的化凄苦为愉悦的要义。而这一篇则侧重于从个体"生命"角度来凝视人生。

图8-8 1947年,汤用彤(右五)受邀访美讲学,赴美前与沈从文(右一)、先生(右二)、杨振声(右四)等北京大学同仁合影。

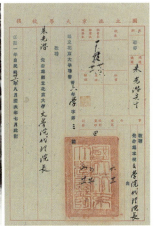

图8-9 1947年8月,先生任国立北京大学文学院代理院长的聘书。

先生通过勾勒二十年前亲历的一幕场景:海滩前裸露着胳膊大腿"卖眼色"的男男女女发出的喧嚷声,和站在一旁近乎自言自语的传教士背着空洞经文的声音交织在一起,形成了一幅不协调的图画。"这难道不就是生命吗?"先生发出了这样的感叹。

但是,感悟归感悟,终还不能代替理智的思考,要真正弄清生命的意义,必须从观念形态上揭示它。先生写这篇文章的动机显然于此。

先生认为,顺从自然才是对生命的正解。这句话在儒家就是所谓赞天地之化育,在庄子就是一个"化"字,"生命原就是化,就是流动与变易。整个宇宙在化,物在化,我也在化。只是化。……庄子破了'我执',也解决了生死问题。人在造化手里,听他铸,听他'化'而已,强立物我分别,是为不祥"。

这里,我们可以演绎出先生的一个极为深刻的观点:人的本质和自然的本质是同构的,是"物物有一太极",生命和审美的人生也是一致的,人的情趣和物的姿态的往复回流,从而达到物我两忘、物我同一的"宇宙的人情化"的境界,这就是对人生何以要艺术化以及怎样艺术化的解读。

夏,先生为增订版《诗论》作序,到上海主持高等学校的招生工作。上海正中书局吴俊升约先生主编一套《正中文艺丛书》。

9月,先生被列名国民党中央监察委员。就在这一年,蒋介石和蒋经国在北平宴请"知名人士",先生列在其中。席间蒋介石大谈时局,且希望在座"党国栋梁"追随政府"效忠党国"。先生后来回忆时这样写道:"在辽沈战役中,蒋介石由沈阳逃回北京,妄想安抚人心,请教育界二三十人吃饭,我也参加了。"①

是月,胡适接受《大公报》记者采访时提议制定一个争取中国学术独立的十年的规划。集国家力量,七年内培植五到十所大学成为学术研究中心,并在世界取得学术地位。十年规划分作两期,第一个五年以北大、清华、浙大、武大、中大(中央大学)为基础建立。胡适随后又将此思路整理成《争取学术独立的十年计划》一文,并发表在9月28日的《中央日报》上。此议一出,遂引发学术界邹鲁、陈序经、胡先骕等人的质疑,多家报刊参与讨论,先生的意见也见诸报端,以《平津学者批评胡适教育计划》发表在10月4日的《益世报》上。先生基本同意胡适的看法,认为:"不但大学应如此,中学也应如此,就是报纸也应如此。平津两地有这样多的报纸,实在是浪费。五个大学的选择应该按教授、设备和毕业生服务成绩为标准。如一校仅有一系成绩好,则应改为专门学校。研究工作,单独一系是不够的,须要各科互相配合贯通。现在交通发达,大学的地域并不是重要条件。"先生又指出要仿照燕京大学的做法,"宁缺毋滥"。

11月,先生根据昂斯勒(Douglas Ainslie)的英译本(1922年伦敦麦美伦书店出版),参照意大利原文第五版(1922年版)译出《美学原理》([意]克罗齐著),并由上海正中书局出版(图8-10)。先生在《译者序》中写道:"我起念要译克罗齐的《美学》,远在十五六年以前,因为翻译事难,一直没有敢动手。这十五六年中我却写过几篇介绍克罗齐学说的文章,事后每发见自己有误解处,恐怕

---

① 《朱光潜全集》(新编增订本)第10卷,北京:中华书局2012年版,第277页。先生在"三反""五反"运动的自我检讨中也有对这段经历的描述,因为是在重压下的招供,录下仅作参考:"解放前我在北京赴过蒋介石的两次宴会。第一次说是'慰问'各大学教授,到的有二十多人。他轮流谈话,轮到我时,胡适替我介绍了一句。他说知道我,问我近来是否还经常写文章。我说还在写。他说他读过我的文章,连说很好很好。我当时很得意,原来写那些文章,就想讨好蒋介石,他说好,当然就会重视我了。第二次宴会到的人较多,翁文灏也在场。当时蒋介石在东北吃了败仗,他怕人心动摇,向我们解释时局,想掩饰他的失败。他说:'军事绝对有把握,请诸位不要担心,只是政治经济有些困难,我决心要整顿,希望诸位多到南京去帮忙。'大家于是讨论推动哪些人去。我说最好找研究政治经济的。于是大家就推了几个人,其中有北大经济系教授蒋硕杰。蒋介石当时没有找我,不过他的爪牙邓彦芬来找过我一次,表示望我到南京去,没有说这是否是蒋介石的意思,也没有说去做什么事。我说我只愿教书,不愿做官,他也就没有说下去。我从前一向自以为不愿做官,现在仔细想想,这还是我自欺欺人的花样。我在学校任过几次重要的职位,都干得顶起劲的,做了三青团中央干事和国民党中央常委,也是很得意的。"(载《三反快报》,北京大学节约检查委员会宣传组,1952年3月29日第3期。)

道听途说,以讹传讹,对不起作者,于是决定把《美学》翻译出来,让读者自己去看作者的真面目。"①这也应了先生早在1945年写《谈心》一文称准备翻译克罗齐著作的说法。

是月,(1)写《从禁舞说到全国性的消遣》发表在《中央日报》上,先生反对禁舞,表明要培养高尚健康的消遣方式。

△(2)先生写《苏格拉底在中国(对话)——谈中国民族性和中国文化的弱点》一文发表在《文学杂志》第2卷第6期上。这是一篇先生对中国文化批评很有深度的文章。文体采用对话体,这也是先生所赞赏的哲学文体,先生自己也曾用该文体写过若干篇文章。此篇虚构苏格拉底1947年夏坐飞机来到北平,和中国褚教授、林老

图8-10 1947年11月,先生翻译的《美学原理》由上海正中书局出版。

先生一见如故,展开了别开生面的对话。这也算是两种不同文化的撞击。"文化"一词在对话中,先生借苏格拉底之口称:对于个别分子有熏染性的传统的集团的生活方式和生活理想便是文化。"文"是体,"化"是用,"文"是生活方式和生活理想;"化"是对于个别分子熏染的效果。然后,又由文化的传承离不开中国士大夫精神说开去,称士大夫"懒惰或是苟且因循的风气"自有其哲学的根基。中国文化表现于中国民族的没有一种很活跃的穷理求知的空气,一般人太不 philosophical,因此没有希腊人的"思想的自由生发"。在学术上没有逻辑,只有《墨经》类似逻辑的部分,印度因明学传过来也不发达。没有知识论(即现在讲的认识论——编者),没有形而上学。重要著作和西方著作不同有几点:一、其目的是现世的、实用的,无所为而为的致知穷理精神似不显著;二、思想方式是直觉的,综合的,有结论而无达到结论的线索和步骤,缺乏条贯缕析;三、大半偏于教训的口吻,作者常以权威自居。把自己的思想交给读者,目的不在要对方了解而在要对方信仰、奉行。最后,先生借苏格拉底之口总结道:"这就是你

---

① 《朱光潜全集》第11卷,合肥:安徽教育出版社1989年版,第129页。

们的致命伤了。你们虽不是一个虔信宗教的民族,可是你们的文化始终没有脱离宗教的阶段,始终没有进入哲学的或科学的阶段。你们的思想方式铸就了你们的生活理想。你们崇奉中庸主义,不肯走极端,这固然有它的美点;可是,遇事做到彻底的那股蛮劲儿你们没有,你们只求折衷,结果往往是苟且敷衍。你们听天由命,到了人力无可如何的时候,便放下手来,不肯作无用的挣扎,这也是你们的智慧;可是这往往做了你们不肯出最后五分钟力的借口,天命主义其实还是失败主义。你们中间聪明人暗地里都是老庄的信徒,讲究清虚无为,相信静可制动,柔弱可以胜刚强,我不敢否认这是老于世故者的聪明的处世法,可是连带地你们轻视知识,轻视努力,轻视文化,轻视群众与团体生活,渐渐地养成了极端的自然主义和极端的个人主义。这一切成为你们中国文化的核心,成为熔铸你们每个人的心理模型的洪炉烈焰。你们的懒惰和苟且有你们的文化背景,有你们的哲学根据。"①

12月22日,先生发表《自由分子与民主政治》于《香港民国日报》上,表明其对自由主义的一贯态度。先生认为:"自由分子不属于一个政党。"接着先生写道:"在今日中国,自由分子处在怎样一个地位呢?他被挤在夹缝里,左右做人难。在朝党嫌他太左,在野党嫌他太右。"这反映出先生在国共两党之争中的"中间立场"以及思想上的困惑。最后似乎无奈地喊出:"中国真正的民意还要借社会上少数优秀的自由分子去形成,去表现。假使这一部分人逼得终归于没落,民主政治的前途恐怕更渺茫。这是一个严重的问题,值得各方人士郑重考虑一番。"②

是月,先生收到汤用彤12月12日从美国柏克莱寄来的Thomas Mann著作 *Essays of Three Decades*(《三十年散文集》)(图8-11)。

---

① 《朱光潜全集》第9卷,合肥:安徽教育出版社1993年版,第300-301页。
② 《朱光潜全集》第9卷,合肥:安徽教育出版社1993年版,第303-306页。

 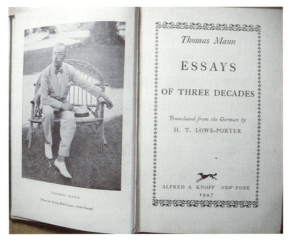

图 8-11　先生收到汤用彤从美国寄来的《三十年散文集》

编年文：译文《人生与艺术的简语》《胡适论学术独立十年计划及其反响》（载 1947 年第 144 期《读书通讯》）、《谈作文》（载 1947 年 1 卷 2 期《教育短波》）。

1948 年（戊子　民国三十七年）51 岁

1 月 1 日，先生发表《诗的严肃与幽默》一文在《华北日报》上。开头即指出："人生对于能想的人是一部喜剧，对于能感的人是一部悲剧"引出"'感'必须执着，必须设身处境，体物入微，于亲领身受中起同情的了解；'想'必须超脱，必须超然物外，视悲欢得失如镜纳物影，寂然无动于中［衷］，但觉变化光怪陆离，大可娱目赏心而徜徉自得。'感'是能入，'想'是能出；'感'是认真，'想'是玩索，'感'是狄俄倪索斯的精神，'想'是阿波罗的精神；'感'是严肃，'想'是幽默。"继而讨论到"诗"的严肃与幽默是同一的，认为"悲喜剧的分别是一个庸俗的分别""悲中往往有喜，喜中也往往有悲，正如典型的如来佛面孔，你说不出那里是悲悯还是喜悦。这就由于严肃与幽默的同一，这也足见诗的无限"。[①]

是日，先生撰文《刊物消毒》发表在《天津民国日报》上，文中提出从法律上禁止"黄色刊物"。先生写道，"玛啡鸦片的毒是有形的，人人知其祸害；黄色刊物的毒是无形的，许多人深中其毒而不自知。它的猖獗反映着民族精神的颓

---

① 《朱光潜全集》第 9 卷，合肥：安徽教育出版社 1993 年版，第 313—317 页。

废,一般人的生活趣味的低落;大家对它多见不怪,所以法律不加禁止,舆论不加制裁,教育不加防范""这种黄色刊物一日不扑灭,中国人就一日不能成为一个纯洁的健康的民族,而现在中国社会一切黑暗现象也就一日不能消除"。①

1月17日,先生写《诗的普遍性与历史的连续性》一文发表在天津《益世报》上。该文表现了对新诗出路的关注,认为:"新诗在中国还只是在探路,已往探过的一些路恐怕都难行得通。如何使新诗真正地接近民众,并且接得上过去两千余年中旧诗的连续一贯到底的生命,这是新诗所必须解决的问题。新诗能否踏上康庄大道,也就要看这个问题解决到什么程度。"②

1月25日,先生写《挽回人心》载天津《益世报》。先生虽对国民党政府不满,但仍希望它能"挽回人心"。先生提出三大要政:一、彻底实行"天下为公,选贤任能";二、彻底推行有效的经济救急措施;三、彻底澄清吏治,并称这是"救命的呼声"。

1月29日,先生在北京《益世报》上发表《如何学习英文》一文。先生讲了六点,强调不要把英文当作死文字看,"其实语言是活的东西,我们应该把它当作活的东西来用才好。我们要练习多听、多读、多写,尤其要紧的是,要用英文思想,当然这是一般英文程度较高的大才能如是的"。"熟读""常想""默写"是基本的功夫。"翻译"也是练习英文的好方法。

是月,(1)先生开始担任《周论》编委,又担任《生活与知识》撰稿委员。他后来回忆道:"参加国民党北京市委会办的由雷海宗主编的《周论》的编委会,我写过一篇攻击学运的文章。"③

△(2)先生在重庆《大公报》上发表《答重庆〈大公报〉问》一文,回答了《大公报》记者问的问题:他的第一本书是《给青年的十二封信》,它由朋友夏丏尊、叶圣陶敦促在《一般》杂志上发表,后反响很大,遂编成单行小册子发行,并打算今后再写一部叫作《魏晋人品》的书。

△(3)先生在《文学杂志》第2卷第8期上发表《现代中国文学》一文。作者在文前还有一段提示:"本文是应张晓峰先生之约为《现代中国文化》一部书写的一章。字限五千左右,所以只能说一个概括,粗略在所难免。因为它还可

---

① 《朱光潜全集》第9卷,合肥:安徽教育出版社1993年版,第322页。
② 《朱光潜全集》第9卷,合肥:安徽教育出版社1993年版,第340页。
③ 《朱光潜全集》(新编增订本)第10卷,北京:中华书局2012年版,第277页。

以见出变迁的大势,附载于此。"①其中对白话代替文言、新文化运动作了冷静客观的评价,称:"平心而论,胡陈诸人当初站在白话文一方面说话,持论时或不免偏剧,例如把古文学一律谥为'死文字',以为写的语文与说的语文必定全一致,而且一用白话文,文学就可以免去虚伪、陈腐、空疏之类毛病,这些见解在理论与事实的分析上诚不免粗疏;但是,他们的基本主张是对的,文学以语文为工具,语文都随时代生长变迁,居今之世,不能一味学古人说话。用现代语言表现现代情感思想,使现代一般民众都能了解欣赏,这不但在教育上是一个大便利,在文学上也是一个大进步。要论维新运动以来影响到中国文化的大事件,白话文运动恐怕不亚于民主政体的建立。"②

△(4)先生在《周论》创刊号上撰文《旧书之灾》。先生在文中感叹:"'如今世界只有两种东西贱,书贱,读书人也贱!'"③先生在回北平这几年中,常和沈从文去旧书摊和古董市场淘书淘古玩,花四万元就买了一部海源阁藏的《十三经古注》,而当时买稿纸八万元才一百页,可见旧书连稿纸的价格都不如。先生写道:"现在一般线装书的无用是否等于时文闱墨的无用呢?其中无用的当然不少,可是大部分是中国民族几千年来伟大的历史的成就,哲学思想的结晶,文物典章的碑石,诗文艺术的宝库,于今竟一旦一文不值了么?西方文化发展到现代这样的高潮,荷马、柏拉图、但丁、莎士比亚、康德、歌德、卢梭等一长串的作者并未变成陈腐无用,何以孔子、庄子、屈原、司马迁、陶潜、杜甫、朱熹一类人物就应该突然失去他们的意义呢?"④于是,先生在文中建议:第一,政府在三五年内提出约当现值一百亿的款项(在当时只是维持一个国立大学两个月的费用)去分发各大都市公立图书馆或大学图书馆,责成就近采购旧书。第二,向有资产的私人建议抢救旧书,功德无量。第三,向各地旧书店建议,千万不能把旧书卖去做还魂纸。

2月2日,先生在《天津民国日报》上发表《谈报章文学》一文。作者肯定报章文学贴近群众,要纠正一般学人不写"报屁股",以为那不是学术的态度。认为"真正伟大的作者,必须了解现实人生,因此他就必须接近民众,就多对于人

---

① 《朱光潜全集》第9卷,合肥:安徽教育出版社1993年版,第324页。
② 《朱光潜全集》第9卷,合肥:安徽教育出版社1993年版,第326-327页。
③ 《朱光潜全集》第9卷,合肥:安徽教育出版社1993年版,第332页。
④ 《朱光潜全集》第9卷,合肥:安徽教育出版社1993年版,第333页。

生起深刻的同情的了解,多吸收文学的生命力"。①

是月,(1)发表《谈群众培养怯懦与凶残》载《周论》1卷5期上。这篇就是先生后来回忆说写的一篇反对学运的文章。这篇文章当时就招来了邵荃麟写《朱光潜的怯懦与凶残》(载《大众文艺丛刊》第二辑《人民与文艺》——编者)对先生的反击,称:"这一年来,我们看过许多御用文人的无耻文章。但我们还找不出一篇像朱光潜在《周论》第五期上所发表的《谈群众培养怯懦与凶残》那样卑劣、无耻、阴险、狠毒的文字,这位国民党中央常务监察老爷,现在是俨然以戈培尔的姿态出现了。"有学者对先生这种观点分析认为:"这是朱光潜政论中最激烈、最走极端的一篇,与他一贯的冷静、沉着的人生态度有较大的差别。尽管他对群众运动中个人心理的分析,应该说有一定道理,但他没有充分意识到,或者说不够重视群众运动爆发的真正根源,是社会秩序已经被破坏扭曲,整个社会缺乏公平正义,多数人处于受压抑被剥夺的地位、感觉不到任何希望。"②

△(2)先生给暴式昭之孙暴春霆所藏歌颂其祖的画作《林屋山民送米图卷子》题记,此画为秦敏树(散之)所绘,1947年暴式昭之孙请北平文教界名人为画题词,题词名人有胡适、冯友兰、朱自清、游国恩、俞平伯、浦江清、马衡、于海晏、张东荪、徐炳昶、陈垣、沈从文、黎锦熙、张大千、李石曾、徐悲鸿等。

3月1日,先生写《日记——小品文略谈之一》发表在《天津民国日报》上。先生对日记这一体裁和作用及意义分别作了考察,写道:"我们都是人,了解人性是人性中一个最强烈的要求,我们都有很浓厚的好奇心,要窥探自己的深心的秘密和旁人的深心的秘密。在要求了解之中,我们博取同情也寄与同情。我们惊喜发现旁人与自己有许多相同,也有许多不同。这世界不是一个陌生的世界,却也不是一个陈腐单调的世界。因为这个缘故,记日记与读日记都永远是一件有趣的事。"③

是月,(1)先生写《给不管闲事的人们》载《周论》第1卷第10期。这篇依然是不满政府现状却又要维护政府立场的杂文,有一半自嘲的意味,作者署名"一个近于爱管闲事的人拜上"。

△(2)《正中文艺丛书》开始出版。第一种是先生的《诗论》(增订本),增收三篇论文。"《中国诗何以走上"律"的路》上下两篇是对于诗作历史检讨的一

---

① 《朱光潜全集》第9卷,合肥:安徽教育出版社1993年版,第352页。
② 王攸欣:《朱光潜传》,北京:人民出版社2011年版,第309页。
③ 《朱光潜全集》第9卷,合肥:安徽教育出版社1993年版,第363页。

个尝试,《陶渊明》一篇是对于个别作家作批评研究的一个尝试。"此后该出版社又出版了冯至的《歌德四述》和常风的《窥天集》。

△(3)《诗的意象与情趣》发表于《文学杂志》第 2 卷第 10 期。从标题看似和先生在《诗论》里"诗的境界——情趣与意象"一章相仿。但事实上,先生在此文中对诗的意象和情趣两个要素缺一不可有更清晰的表达。开头就说:"诗是心感于物的结果。有见于物为意象,有感于心为情趣。"又说:"意象容易引生情感,却也不一定就能引生情感。举头向外一望,我看见房屋、树木、道路、人马,等等,在我心中都印下意象,可是,我对它们漠然无动于衷,它们没有感动我,对我可有可无,我不加留恋,它们就没有成为诗的境界。但是,这些寻常事物的意象也可能触动我的某一种心情,使我觉到在其它境界不能觉到的喜悦或惆怅,使我不得不在它上面流连玩索。如果我把那依稀隐隐约约的情与景的配合加以意匠经营,使它具体化,明朗化,并且凝定于语言,那就成为诗了。"①这显然和仅仅把美看作意象,而抽去情感的融化意象的观点不同。

4月9日,先生写《随感录(上)——小品文略论之二》发表在《天津民国日报》上。先生说:"就大体说,随感录这一类文章是属于'悟'的。它没有系统,没有方法,没有拘束,偶有感触,随时记录,意到笔随,意完笔止,片言零语如群星罗布,各各自放光彩。由于中国人的思想长于综合而短于分析,长于直悟而短于推证,中国许多散文作品就体裁说,大半属于随感录。"②

4月12日,北京大学二百余名教授召开紧急教授会议,决议罢教七天,并推举周炳琳、袁翰青、王铁崖、朱光潜、刘思炽、马大猷、熊大任七位教授起草《国立北京大学全体教授罢教抗议暴行并呼吁保障教育安全宣言》。

4月26日,先生写《随感录(下)——小品文略论之二》一文发表在《天津民国日报》上,先生称:"人类思想和语文都逐渐由简朴而繁富,随感录一类文章的特色在简朴而隽永,所以古代人只要寥寥数语就可以了事。不过近代人也有一个特殊倾向,宜于在随感录方面发展,就是他们比古人较锐意求精巧,不惜钩心斗角雕章琢句,一方面炫耀自己的才智,一方面博取听者的惊心夺目。"③

4月28日,先生写《养士与用士》发表于《中华日报》上,就大学生失业发表了看法。

---

① 《朱光潜全集》第 9 卷,合肥:安徽教育出版社 1993 年版,第 369-370 页。
② 《朱光潜全集》第 9 卷,合肥:安徽教育出版社 1993 年版,第 396-397 页。
③ 《朱光潜全集》第 9 卷,合肥:安徽教育出版社 1993 年版,第 402 页。

是日,给胡适写信(《全集》未收),全文如下:

适之先生:

听说教部拟派一人参加联合国文教组之文艺工作,人选当在物色中,我任教已十五年,很想出国一行,借长见闻,您能否向朱部长①为我一推荐?汤先生快回国了,我如果暂去,对学校只有好处,没有坏处。希望您能给我一个进修的机会。

专颂

时祺

光潜拜上

四月二十八日

是月,写《谈行政效率》发表在《智慧半月刊》第44期上。

5月,先生和任铭善共同编的《近代中国文学》由上海华夏图书出版公司出版。先生和任铭善共同署名写了《〈近代中国文学〉序》。

是月,(1)先生著作《克罗齐哲学述评》由上海正中书局出版,此书原是作为《美学原理》绪论写的,因为文字太长,遂单行成册出版。全书大致分三个部分:第一章,探讨了克罗齐哲学的理论渊源;第二章到第六章,介绍了克罗齐的哲学体系,包括他的美学、逻辑学、实用活动的哲学,即经济学和伦理学及历史学;第七章,围绕克罗齐哲学中的生展问题、物质问题、直觉即表现问题、艺术传达问题、艺术价值问题、科学概念的真实性问题、痛快感陪伴其他心灵活动问题等十大问题提出质疑和批评。先生认为,克罗齐在哲学上"集合了康德的先验综合说与黑格尔的辩证法""建立了在现代比较最完满的美学和历史学"。但是他并没有说出关于哲学的"最后一句话",因为他并没有像他期望的那样打消心与物的对立。在美学上,他的一个根本性错误是把直觉与表现、艺术等同起来,没有看到艺术直觉不同于一般直觉,是"熔铸知觉、直觉、概念于一炉的'想象'";他的另一个错误是否认传达属于艺术,因此实际上也否认了艺术的价值。但是,先生在这部著作里对自己早先在《文艺心理学》里批评克罗齐把知、情、意割裂的看法作了修正。先生说:"一般人单看克罗齐的第一部著作《美学》,或不

---

① 指朱家骅。

免误解他把艺术的独立自主性说得太过火,以为他把整个人格割裂开来了(作者自己从前就有这个误解,所以写出《文艺心理学》第十一章批评克罗齐的机械观那一段错误的议论)。其实这种看法与克罗齐的哲学系统全体相违。他固然着重每一阶段心灵活动的整一性,却也着重全体心灵活动的整一性;直觉、概念、经济、道德四阶段虽各有别,却互相影响,循环生展。这道理他在大英百科全书里《美学》那篇论文中特别说得明白。这篇论文出来较晚,有些话显然是针对旁人的批评而说的。"①先生这一自我纠正错误的行为反映出孜孜不倦追求真理的学术良心。

显然,这部著作体现先生对克罗齐哲学(包括美学)研究的深入。同时,也可见中华人民共和国成立以后先生接受马克思主义辩证唯物论实践观的思想线索。这种"接受"有一定的思想逻辑的必然性。所以,在该书《序》里先生称,"作者自己一向醉心于唯心派哲学,经过这一番检讨,发现唯心主义打破心物二元论的英雄的企图是一个惨败,而康德以来许多哲学家都在一个迷径里使力绕圈子,心里深深感觉到惋惜与怅惘,犹如发现一位多年的好友终于不可靠一样",②但"唯心派哲学仍是最能引人入胜的,因为它指出或是生出许多有趣的问题"。③

△(2)先生在《周论》1卷17期上发表《给苦闷的青年朋友们》一文。这篇文章先生以自己苦闷的心情来教育青年"苦闷是危难时期青年所必经的阶段,但是这只能是一个阶段,不能长久在这上面停止着"。但是,先生以"过来人"的口吻教训青年不要谈什么革命或改造社会,空洞口号不起作用,显然低估了社会正处在剧变的前夜,青年的思想已不会是像先生一贯主张的自由主义者的态度那样了。

5月9日,先生写《行宪以后如何?》发表在《申报》上。尽管先生在这篇文章中也说:"国事恶化到今日这个局面,全由纲纪不存,风气败坏,人心丧失。"④但是,还是寄希望国民党政府能起死回生,以为:"人民今日所迫切希望的是两件大事:第一,就政治说,是澄清吏治,稳定经济,使社会渐入正轨;其次,就军事

---

① 《朱光潜全集》(新编增订本)第7卷,北京:中华书局2012年版,第38页。
② 《朱光潜全集》(新编增订本)第7卷,北京:中华书局2012年版,第4页。
③ 《朱光潜全集》(新编增订本)第7卷,北京:中华书局2012年版,第4页。
④ 《朱光潜全集》第9卷,合肥:安徽教育出版社1993年版,第416页。

说,是整顿军纪,加强军备,使戡乱早日成功。"①先生既然已知国民党政府"人心丧失",却又以"人民"自居,殊不知此时的国民政府已不能代表"人民"两字。

5月11日,《诗的格律》发表在《天津民国日报》上。先生对诗和散文的区别,以及新诗弃格律的弊端作了说明,认为:"诗的本性在表现情感,诗常用有定型的格律,这就足证明定型的格律最适宜于表现情感。诗与散文的对立可以说是艺术与哲学科学的对立,也可以说是情感与理智的对立。""情感是走曲线的,愈纡回往复愈见出缠绵不尽,所谓'一唱三叹'。诗的格律的大原则就在纡回往复,周而复始,意不尽于言,而情多见于声。因此,散文主要地是哲学科学的传达工具,宜于直截流畅,明晰精研,诗主要的是抒情的语言,宜于纡回往复,含蓄蕴藉,言在此而意在彼,取之不尽,用之不竭。格律内在于诗的本性的成因大要如此。""因此,我颇怀疑一部分新诗人摈弃格律的理由是否充足,办法是否聪明。我十分赞成自觉不用格律为便而就不用格律,但是我想不出理由说那是诗而不是散文。"②

5月28日,先生撰文《英文》发表在《周论》1卷20期上。

是月,先生在《文学杂志》第3卷第1期发表《谈书牍》一文。就书牍言,先生并不看好唐、明的尺牍、语录。古文派及文选派力荐"帖扎派",对曹操、王羲之、苏轼一批人颇多嘉言。先生总结道:"书牍虽小道,却是最家常亲切的艺术,大可以见一时代的风气,小可以见一人的性格。回顾中国两千年来书牍风格的演变,约有三个主潮。一是古文派,像乐毅《报燕惠王书》,司马迁《报任安书》,杨恽《报孙会宗书》,马援《与杨广书》以及韩愈、柳宗元、欧阳修、王安石诸古文家的作品所代表的,这派作品在文体上以骈为主,严肃有如正式著述,宏肆有如长江大河,一泻千里。一是骈俪派,像曹丕《与吴质书》,邱迟《与陈伯之书》,鲍照《登大雷岸与妹书》,梁简文帝《与萧临川书》,祖鸿勋《与阳休之书》,庾信《代萧悫与妇书》之类所代表的。这派作品在文体上以骈为主,镂金绣彩,备极精工,情称其文时风致亦复翩翩可喜,辞溢于情时易流为浮华俗滥。一是帖札派,像曹操、王羲之、苏轼、黄鲁直诸人作品所代表的。这派作品与前两派的最大异点在随时应机,无意为文,称心而言,意到笔随,意尽笔止。就文体说,它随兴所至,时而骈,时而散,时而严肃,时而诙谐,不拘一格。在这三派之中,最家常亲切而也最能尽书牍功用的当推后

---

① 《朱光潜全集》第9卷,合肥:安徽教育出版社1993年版,第414页。
② 《朱光潜全集》第9卷,合肥:安徽教育出版社1993年版,第421-422页。

一派。但是这后一派在已往也最为人所忽视,因为过去文人不属于古文派就属于文选派,在古文派看,尺牍与语录小说同为芜杂不雅驯,在文选派看,他们在这里面找不到他们所羡慕的辞藻声色。因此,这一派尺牍往往不收入文集或是选本。如果尺牍要走上正轨,这风气必须矫正过来。我们要记得书牍本是代替面谈,我们所需要的是家常便饭而不是正式筵席。"①

6月14日,先生写《欧洲书牍示例》一文发表在《天津民国日报》上。这和前篇以中国书牍为关注点的《谈书牍》构成了姐妹篇,前篇并未论及西方书牍,本篇除举例谈西方书牍外,立场、观点和前篇相同,就是认为书牍要走家常便饭的风格道路。所以,先生写道:"中国书牍,像我们已经谈过的,不是取法于六朝骈俪,就是取法于唐宋古文,如踩高跷行路,如拉腔调说话,都难免有几分做作;西方书牍就不然,它们自古就奠定了一种家常亲切的风格,有如好友对面谈天,什么话都可以说,所谓'称心而言',言无不尽。"②

6月15日,先生与北大同仁等出席泰戈尔画展开幕式。(图8-12)

图8-12　1948年6月15日,先生与北大同仁等出席泰戈尔画展开幕式,在北大孑民堂前合影。图前排左一至左三为季羡林、黎锦熙、朱光潜,左八、左九为胡适、徐悲鸿;二排左三、左四为饶毓泰、邓懿,左七至左九为郑天挺、冯友兰、廖静文;三排左五为邓广铭。

---

① 《朱光潜全集》第9卷,合肥:安徽教育出版社1993年版,第440-441页。
② 《朱光潜全集》第9卷,合肥:安徽教育出版社1993年版,第442页。

6月24日，先生在《世界日报》上发表《立法院与责任内阁——不要以空招牌的民主，促成政府的软弱无力》一文。一方面，先生表示了对国民政府的失望，称"已往中国政治所以闹到现在这般糟，其主要原因就在派系的自私自利，既不能集中力量，又不能以国家大局为努力的对象。在许多派系之中操纵国民党的那一个派系所种下来的恶因尤其深重，这也是一般人民所久已痛心疾首的"；另一方面，先生又寄希望"我们尤其需要一个强有力的政府"，以为这样民主才不致落空。

6月29日，先生与北平各院校教授沈从文、俞平伯、吴晗、李广田、袁翰青、陈寅恪、许德珩、费孝通、杨振声、雷洁琼、潘光旦、钱伟长等一百零四人联合发表宣言《抗议轰炸开封》，对国民党自6月17日以来轰炸解放军占领的开封表示抗议。

是月，在《周论》1卷24期上发表《文学院学生的出路——从文学院说到一般》一文，首先，建议政府对各部门事业应有一个缜密周详的统计与设计，认为大学与专科学校不分，通才教育与专才教育不分是"致命伤"；其次，建议政府应该立刻建立健全的考核制度，彻底废除人事上的恩惠制度。

7月4日，译文《传统与个人的资禀》（[英]艾略特著）载《平明日报》上。

7月12日，先生发表《诗人与英雄主义》一文在《天津民国日报》上。文中对李一痕在《过不了冬天的人》里的一句话"英雄主义者，不是诗人"提出质疑，先生认为英雄主义并不和诗处于敌对状态，那种认为新诗时代就不崇尚英雄主义，而只崇尚平民主义的看法是不合逻辑的。

7月29日，先生在霁清轩①沈从文处小酌（图8-13）。沈从文在给张兆和的信中称："今天上午孟实在我们这里吃饭。"先生后来在《自我检讨》里也称："有一年夏天，杨今甫向他（指何思源——编者）借住颐和园的房子过夏，我和冯至、沈从文也去住

图8-13 先生（左二）与沈从文（右二）、张兆和（左一）在颐和园霁清轩

---

① 霁清轩为颐和园东北偏僻处的园中园，供时任北平市长何思源度假之用。何思源将此园借于杨振声（杨今甫）使用，杨振声遂邀请先生、冯至、沈从文来此度假。

过几星期。"①

7月30日,先生和沈从文一同去颐和园附近的青龙桥赶早市、买菜。沈从文在给张兆和的信中称:"我早上即和孟实去青龙桥走走,看看乡村早市。带了点菜返回。"

是月,(1)先生给国立安徽大学民国三七级毕业同学题词(图8-14):

> 诸君行将毕业矣,回顾四年所学足以济世救民乎,国事至此,人人皆有一份责任,尚望努力共图挽救时艰。
>
> 朱光潜

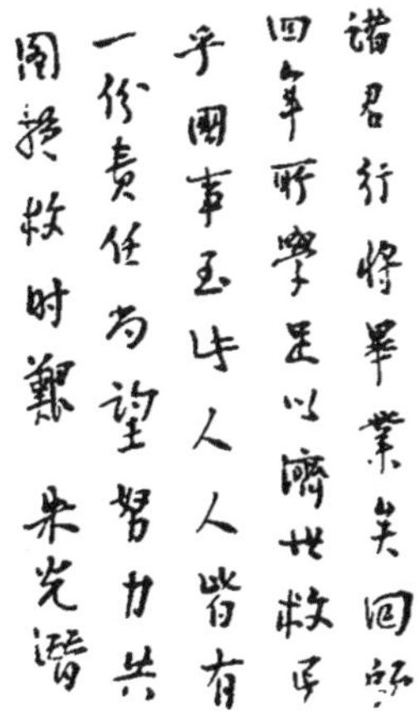

△(2)发表《谈对话体》在《文学杂志》第3卷第2期上。该文写得非常有趣,对中西对话体进行了比较,认为:"中国周秦诸子的著述用对话的也很多,不过和希腊的对话相较,差别甚多。第一,对话往往限于一问一答,很少有一层逼着一层问下去,对于一个事理作逻辑分析的。原因在中国思想类型长于直觉而短于分析,长于体验而短于辩证,师儒往往本其经验涵养,以寥寥数语答弟子的疑问,听者默契于心,便涣然冰释,无劳繁词释证。""其次,周秦诸子大半自居论主的地位发抒一番议论,中间夹杂对话,以阐明自己的主旨。""从这一点可以看出先秦文章风格的一个特点,就是它侧重横面的发展。作者先立定一个主旨,便抱着它四方八面反复盘旋,旁敲侧击,尽量喧染。这种写法已开汉魏辞赋骈俪的风气。西方文章风格却不然,它像柏拉图对话所代表的,大体是沿纵线发展。作者很少开门见山,马上揭出主旨。他先从主旨的胚胎出发,由胎生芽,由芽成树,由树开花,由花结果,层层生展,不蔓不枝。说理文如此,叙事文也是如此。""中国思想偏向平排横展,西方思想偏向沿线直展。先秦诸子与柏拉图用对话的方式不同也就在此:一个是抱定主旨,反复盘旋;一个是剥茧抽丝,层

图8-14 先生给国立安徽大学民国三七级毕业同学的题词

---

① 《三反快报》,北京:北京大学节约检查委员会宣传组编,1952年3月29日第3期。

层深人。"①

△(3)先生当选为国立北平研究院文艺组院士。

8月2日,先生在《平明日报》发表《为"戡建委会"进一言》一文。先生言:"戡建委会的设立所给一般人民的印象是:政府仍然不能与国人相见以诚,无以取信于民,还想以妥协弥缝的老伎俩来挽救目前这个万分艰危的时局。"②

8月8日,先生在《华北日报》上发表《谈中西爱情诗》一文。这篇文章实际是将1934年发表的《中西诗在情趣上的比较》中涉及爱情的部分抽出来,又扩充写成的。对原作讲西诗最善于"慕",中诗最善于"怨"一说稍作补充,指出:"中国诗亦有能'慕'者,陶渊明的《闲情赋》是著例;但是末流之弊,'慕'每流于'荡',如《西厢》的'惊艳'和'酬韵'。西方诗亦有能'怨'者,罗塞蒂的短诗和拉马丁的《湖》《秋》《谷》诸作是著例;但是末流之弊,'怨'每流于'怒',如拜伦的《当我们分手时》和缪塞的《十月之夜》。'乐而不淫,哀而不伤',所以是诗的一个很高的理想。"③

8月12日,好友朱自清去世,朱自清1898年生,享年51岁。

8月19日,先生接受《民国日报》记者昭贤采访,谈到朱自清先生,先生说:"两个月前我们还同席吃饭呢,想不到那便成了最后的一面。"又说:"他入殓时,我到医院看他,可是并没见着面。"

8月20日下午六时,先生参加了由北平欧美同学会、《正论》杂志社共同举办的一个讨论当前大学教育问题的座谈会。座谈会主持人是陈寿琦和张起钧教授,其他参加者有金澍荣、欧阳湘、齐泮林、邱椿、郑华炽。

8月23日,先生在《天津民国日报》发表《敬悼朱佩弦先生》一文。先生对朱自清有一段非常经典的描述:"他对一切大抵都如此,乘兴而来,适可而止,从不流连忘返;他虽严肃,却不古板干枯。听过他的谈吐的人们都忘不了他的谐趣,他对于旁人的谐趣也很欣赏,不过开玩笑打趣在他只是偶然间灵机一现,有时竟像出诸有心,他的长处并不在此。就他的整个性格来说,他属于古典型的多,属于浪漫型的少;得诸孔颜的多,得诸庄老的少。"④

---

① 《朱光潜全集》第9卷,合肥:安徽教育出版社1993年版,第463-464页。
② 《朱光潜全集》第9卷,合肥:安徽教育出版社1993年版,第477页。
③ 《朱光潜全集》第9卷,合肥:安徽教育出版社1993年版,第485页。
④ 《朱光潜全集》第9卷,合肥:安徽教育出版社1993年版,第490页。

8月28日,《致马鉴》信①(图8-15)(《全集》未收):

季鸣②先生:

　　成都别后,时以尊况为念。昨晤叔平③先生,承转询弟可否短期赴港大任教,具见关注殷切,至以为感。港大原为弟之母校,旧日师友尚有留任者,风物气候亦佳。弟颇望明年在北大请得休假机会,藉作香港之游。须任何课,待遇如何,校方能否供给眷属(共四人)宿舍,统祈详示,以便考虑。沈顺④教授系弟业师,便中不妨以此事商之。

　　专此

敬颂

弟　朱光潜拜启

八月廿八日

是月,(1)先生在《周论》2卷4期发表《自由主义与文艺》一文,指出自己为什么要在文艺领域里维护自由主义。这是因为:一是文艺应自由,意思是说它能自主,不是一种奴隶的活动。二是文艺的要求是人性中最宝贵的一点。它就是有自由的生展,不应受压抑或摧残。人性中有求知、想好、爱美三种基本的要求。求知,才有学问的活动,才实现真的价值;想好,才有道德的活动,才实现善的价值;爱美,才是艺术的活动,才实现美的价值。

△(2)发表《朱佩弦先生的〈诗言志辨〉》一文在《周论》2卷7期上。先生指出朱自清《诗言志辨》一个重要贡献是"替文学批评史指点出一个正当的路径和一个有成效

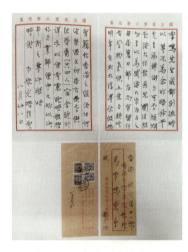

图8-15　先生给季鸣的信

---

① 从此信内容看,先生除想通过胡适的引荐赴美国联合国总部谋职外,也有意愿去母校香港大学任教。
② 季鸣即马鉴,时为香港大学中文系主任。
③ 叔平即马鉴之兄马衡,时为北平故宫博物院院长。
④ 沈顺为先生在香港大学求学时的业师。

的方法。第一是他能从大处着眼"。也就是从诗来说事,提纲挈领。其次一个就诗论来说,揭示了四大中心观点:"(一)诗言志,(二)比兴,(三)诗教,(四)正变。""在表面上他虽似只弄清楚了这四大问题,在实际上他以大处落墨的办法画出全部中国文学批评史的轮廓。"①当然,先生也提出两点觉得可以和佩弦商榷:一是佩弦把"言志"与"缘情"对举,而在先生看来,两者都出于"情",用现代的话说就是"表现";二是佩弦对比兴的解释虽新颖但没有证据。先生还是相信毛传"比是显譬,兴是隐喻旁引,赋是直陈其事"的解释。

9月1日,先生写《常识看金圆》一文发表在北京《益世报》上。后来先生晚年还依稀记得这篇文章,称:"只记其中有篇批评'金圆券'。"反映了先生对国民党政权已失望乃至绝望的心情。

9月4日,先生为《天津民国日报·文艺》刊登的老友朱自清先生遗诗《怀平伯》写按语,认为:"佩弦先生与平伯先生交谊最笃,三十年如一日。"

9月10日,先生与樊际昌、毛子水、张佛泉、胡先骕等十六位北大清华教授在天津《大公报》上联名发表《中国的出路》,这是自由主义的一个政治宣言。随后《人民日报》1948年10月18日发表新华社通电《胡适派反动教授真形更暴露发表无耻宣言吹弹战败滥调》,全文如下:

> 上月十日天津大公报登载樊际昌、朱光潜、胡先骕等十六个反动教授题为"中国的出路"宣言,该宣言表示中国大资产阶级的反动派别正在积极出卖祖国,以追求美帝国主义对于中国的进一步武装干涉。曾经伪装某种自由主义面貌的十六个反动教授,在这个宣言里表明了他们拥护蒋介石集团和帝国主义阵营的坚决立场。这一小群美国反动派的学舌者说:"现在全世界的民主制度都在受着极权共产主义的威胁。所以,对外我们主张联合爱好自由民主的国家共同对抗极权的侵略,一如在二次大战期间。对内虽然我们对当前的政治不满意,但我们不能否认当局所努力的方向是对的。"跟旁的反动分子一样,他们并把自己的卑鄙梦想寄托于外国援助和他们所鼓吹的第三次世界大战上面。他们说:"在这紧张对立的国际情势下,大战随时有爆发的可能……时不及待,我们公开坦白的主张,应与西方民主国家成立紧密的军事联系,尤应借重他们的技术与设备。"虽然宣言上没

---

① 《朱光潜全集》第9卷,合肥:安徽教育出版社1993年版,第494—495页。

有胡适的名字,人们都相信这个宣言代表着胡适的立场,宣言的署名者不少是出名的胡适派。观察家认为这个宣言实际上只有两个作用:第一是让人们知道,胡适集团已经比以前更加死心塌地为国内外最反动的分子效忠。第二是让人们知道,愿意在这个反动文件上签名的人是这样少。这与北平旁的教授们历次所发表的真正反对外国侵略与拥护民主的宣言有成百人签名一事,是一个鲜明的对照。

9月20日,先生写《谈勤俭建国运动》发表在《申报》上。

9月23日,先生为一个李姓的同学回川饯行,邀罗荣渠作陪。因罗是四川人,所以同席还有潘家洵。

是月,(1)蔡仪①为配合香港掀起的反对学术上的自由主义的斗争,写了《论朱光潜》一文,从阶级立场出发批判先生,称先生是"旧的士大夫底子,而加上洋化的镀金"。在此之前,蔡仪还在其1944年写的《新美学》里把先生作为学术上的批判对象。

△(2)据方东美学生冯沪祥称:"先生(指方东美——编者)建议傅斯年校长,争取专机,接运大陆名校名师来台,有些成功,有些未成。如其好友,从桐城中小学即同学的朱光潜先生,即因文学院长沈刚伯杯葛,终未成行。先生终身引以为憾,晚年向笔者提到时,仍痛心朱光潜未及来台,而在'文革'时饱受迫害;他当时为表抗议,愤而辞系主任。先生对于此事,曾向多位门生提及。"②

△(3)《游仙诗》发表于《文学杂志》第3卷第4期。此文1981年收入《艺文杂谈》时,作了删节,题目改为《〈楚辞〉与游仙诗》,先生说此文"代表了我对中国诗史的摸索"。

△(4)《诗的无限》发表于《学原》第2卷第5期。先生主张意言一致(思想和语言一致),所以在《诗论》里反对"意在言先""意内言外"。但是,先生并不反对"言有尽而意无穷"。他说:"言者与读者所了解的意思有一部分叠合(即所谓'言中之意'),有一部分参差(即所谓'言外之意'),其所以参差的原因在

---

① 蔡仪(1906-1992),湖南攸县人,美学家、文艺理论家。1925年考入北京大学预科文学部,1929年—1937年留学日本,1948年任华北大学教授。中华人民共和国成立后任中央美术学院教授,并先后兼任北京大学教授、中国人民大学教授。1953年任中国科学院哲学社会科学部研究员。

② 冯沪祥:《方东美先生的哲学典型》,台北:台湾学生书局2007年版,第189页。

言与读者的资禀经验修养的不同。"①"从此我们可以明白诗以有限寓无限的道理。有限者言中之意,无限者言外之意;有限者常数,无限者变数;有限者诗的有形的迹象,无限者诗的随时生长的生命。一首诗的可能的意义往往是诗人自己所不能预料到的。"②

　　△(5)《学术会议与实际研究工作》发表于《周论》2卷11期。先生对学术会议和实际研究工作脱节表示了不满,认为"会议年年有,研究件件空"。针对过分强调环境以推脱研究的水平低下的观点,先生说:"今日中国学术界消沉,最大的病源还不在环境的困难,而在学术界人士的意志的薄弱。他们对于学术,兴趣不够浓厚,态度不够忠实,很少有人在学术中发见自家安身立命处。"③

　　10月,《国民党的改造》发表于《周论》2卷15期。该文对国民党彻底失去信心,指出:"为要想有真正反对党的存在,国民党与其自告奋勇来包办,倒不如善意地扶植一个第三党出来,包含目前所谓社会贤达与自由分子在内。"④

　　是月,与郑华炽、王聿修、贺麟等十七位教授为"解除人为的经济苦难与不平",联名拟文《为民请命——解除人为的经济苦难与不平》。该文由胡适呈交蒋介石及行政院长翁文灏。

　　11月2日,《世界的出路——也就是中国的出路》发表于《中央日报》。文中说:"目前世界政治的大道至理是民主自由与共产主义的结合与改善。这是世界的出路,也就是中国的出路。"⑤

　　11月4日,与北平各高等院校教授共四十七人联名发表《我们对于政府压迫民盟的看法》抗议书。

　　11月19日,《谈恐惧心理》发表于《周论》2卷19期。文中称:"我也很向往中国先贤所提倡的雍容镇静和大无畏的精神。"

　　是月,(1)《鸵鸟埋头的老故事》发表于《新路》周刊2卷1期。

　　△(2)《文学杂志》第3卷第6期出版后停刊。

　　秋,先生为徐悲鸿于1937年在香港购得的一卷古画《八十七神仙卷》题跋(《全集》未收),此画曾在抗日战争期间失窃,战后徐悲鸿购回,始而复得,请张

---

① 《朱光潜全集》第9卷,合肥:安徽教育出版社1993年版,第504页。
② 《朱光潜全集》第9卷,合肥:安徽教育出版社1993年版,第507-508页。
③ 《朱光潜全集》第9卷,合肥:安徽教育出版社1993年版,第510-511页。
④ 《朱光潜全集》第9卷,合肥:安徽教育出版社1993年版,第522页。
⑤ 《朱光潜全集》第9卷,合肥:安徽教育出版社1993年版,第526页。

大千、谢稚柳、艾克(Gustav Ecke)、先生题跋。先生题跋曰：

> 唐以前人物造象之用笔布局约有二端：一则如武梁祠及新津汉墓石函诸作，大笔濡染，沉雄朴茂；一则如魏刘根造象及晋顾恺之《女史箴图》诸作，细线钩挑，精妍整肃。以书譬之，则隶与篆之别也。是幅盖画中云铁线篆，人物近百，而姿态服饰各具个性；仪仗成列西行，而升降向背变化多方，形成极生动之韵律，于祗敬肃穆之中寓雍容愉悦之趣，是古典艺术之极致也。悲鸿先生其永宝之。
>
> 卅七年秋，光潜敬题。

12月，《思想就是使用语言》(英文版)发表于《北京大学五十周年校庆文学院纪念专刊》。此文中文版由张金言译出，后载1989年第一期《哲学研究》。

12月中旬，北大教授陈雪屏到先生家劝其南下，先生和陈有下列对话：

陈说："孟实，你还是走吧！共产党对我们这类人，是不会有什么好脸色的。"

朱说："走到哪里去呢？"

陈说："先到南京再说。"

朱说："看这种形势，南京恐怕也很难保住，下一步又怎么办？"

陈说："蒋总统说要做到隔江而治，凭长江天险，或许有可能吧！万一不行，还可以退到台湾去。"

朱说："大陆这一大片江山都保不住，区区台湾孤岛能保住吗？"

陈说："台湾是战略要地，美国会尽全力帮忙的。"

朱说："要这么辗转走的话，我的小女儿世乐自己又不能走路，需要人照顾，我们要走，很不方便，还是看看形势再说吧。"

12月15日，胡适、陈寅恪、毛子水等二十五人乘坐两架飞机南下，胡适一到南京，建议蒋介石指定一个三人小组，由蒋经国、傅斯年、陈雪屏组成，负责速派飞机"抢救"北平文化界名流。傅斯年、陈雪屏在第二天，即开出名单①，以加急电报发给平津路政局局长石树德，先生被列为因政治关系必须撤离的人员

---

① 此名单应在12月15日前即已开出，其中包括了一些12月15日已南下的人员。一种说法是胡适居首，先生居第三。

之首①。

12月17日,蒋介石发电报给傅作义,要求傅作义帮忙安排指定的六十二名学者搭飞机到南京,撤离北平,电文如下:

> 北平傅总司令宜生兄,口密。(一)在平教育行政负责人为:"梅贻琦""李书华""袁同礼""袁敦礼"、李麟玉、陈垣、"胡先骕"、汤用彤、"冯友兰"、叶企孙、饶毓泰、陈岱孙、"郑天挺""贺麟"、郑华炽、沈履、霍秉权、褚士荃、黎锦熙、温广汉、黄金鳌、徐悲鸿。(二)因政治关系必须离平者为:"朱光潜""毛子水""丘椿""张颐""陈友松"、刘思职、"梅贻宝"、齐思和、雷宗海[案:应为雷海宗]、刘崇铉、戴世光、邵循恪、吴泽霖、赵凤喈、敦福堂、张恒、金澍荣、"英千里"、张汉民、徐侍峰。(三)在平之中央研究院院士为:"许宝騄"、张景钺、陈达、戴芳澜、"俞大绂"、李宗恩。(四)学术上有地位,自愿南来者,如"杨振声"、罗常培、钱思亮、马祖圣、赵乃抟、钱三强、严济慈、张政烺、沈从文、邵循正、邓广铭、李辑祥、孙毓棠、蒯淑平。请兄分别疏导,即日南移,如获彼等同意□□□,可派机或备船接运。其搭机人员并请兄代排订次序电告,尤以有括弧者,务须来京,如何?请速电覆中。②

12月下旬,袁翰青去先生家,从胡适前些天搭乘国民党政府派去北平飞机南下谈起,试探先生今后的打算。先生表示今后想做点学问,去南方就什么也做不成了。又说小女儿有残疾。袁翰青看到先生留恋北平,乘势开导说:"为了自己,为了孩子,为了国家,你应当留在北平不要走。"先生也表示:"跟国民党走没有出路,只会一起灭亡的。"但又考虑到自己经历比较复杂,担心共产党也会像国民党对待共产党那样对待自己。袁翰青说:"共产党讲实事求是,您是一个学者,共产党来了对知识分子会很尊重很重视的。"③另据先生小女朱世乐回忆,

---

① 欧阳哲生主编:《傅斯年全集》第七卷,长沙:湖南教育出版社2003年版,第355页。
② 《蒋中正总统文物》,国史馆藏,卷名:武装叛国(一七四),典藏号:002090300197213,1948-12-17。
③ 袁翰青对先生的劝说详见商金林:《朱光潜在北平解放前夕的抉择》,载《朱光潜纪念集》,合肥:安徽教育出版社1987年版,第119-123页。先生在"三反""五反"运动的自我检讨里还提到了另外几条出路:"在解放前一两年,我托过陈世骧进行过夏威夷大学的事,托过陈源和杭立武进行过联合国文教组织的事,又托过马鉴进行过香港大学的事。一直到解放后,我还妄想通过芮伽兹的关系,在英国谋一个教育的位置。"(载《三反快报》,北京大学节约检查委员会宣传组编,1952年4月9日第6期)。

说父亲留下的很大一部分原因是因为她的病。①

是年,(1)撰《谈文艺欣赏》发表在《青年杂志》(南京版)1卷1期上(《全集》未收)。

△(2)撰《文学的修养》讲演稿,该讲演稿由李晴谿记录整理,后载《平津铁路杂志》第2期(《全集》未收)。

△(3)写《冷天早起难》载《时与潮副刊》9卷2期(《全集》未收)。

是年冬,先生母亲左东宜在桐城余家湾7号(图8-16)病逝。此时北平处于解放军的包围中,先生未及时获得消息,也没有回家吊孝。

图8-16 朱光潜(右二)与母亲左东宜(前排左二)、三弟朱光泽(后排左三)、弟媳江兰轩(后排左一)及其孩子朱式庆(怀抱者)、朱式桐(前排左一)、朱式蓉(右一)合影。照片1946年摄于桐城余家湾7号。

---

① 奚今吾的回忆也大致和这一说法差不多,她写道:"1948年秋天以后,共产党的军队已逼近北京,城内人心惶惶,有些人开始逃到南方去了,战事一天紧似一天,去南方的火车、轮船都不通了,城里已不时听见隆隆的炮声。傅作义将军当时犹豫不定,是和平起义,还是拼死一战,曾找一些大学教授去座谈形势。而多数人的意见赞同前者,要保住古老的北京城免毁于炮火。我们家也经常有袁翰青、齐声乔和俞铭传几位先生来和朱先生谈,宣传共产党的政策。我们自己也亲身感到在国民党统治下这几十年,尤其是在抗战这八年当中,国民党为保存实力,不战而逃,使大半个中国遭受日本侵略军铁蹄的践踏,对国家的领土主权,人民的生命财产而不顾。老百姓对它已完全丧失信心。朱先生反复考虑以后,决定留在北京。我因为小女儿世乐患脊椎结核,躺在石膏床上,搬家很困难,更重要的是这些年几经搬迁,生活十分不安定,使我感到很苦恼。现在如果再逃,又逃到哪儿去呢?朱先生愿意留下,等候共产党进北京城,我也欣然同意了。"(奚今吾未发表的《回忆录》)

1949年(己丑) 52岁

1月,《我要向青年说的》载《中学生》第207期,称:"我以为青年们如果想尽他们的时代的使命,第一要有宗教家的悲悯心肠,其次要养成科学家的冷静的客观的缜密的头脑。现在这一辈子老年人和中年人正在受自私和愚昧的惩罚,我希望青年人提防重蹈这覆辙。"①

是月,先生称:"在北京被围时,参加过李宗仁和傅作义分别召开的各院校教授和政界人物的几次座谈会,谈和战问题,我和大多数人都主张和,理由是不要北京遭到毁坏。记得最后一次我和多数人都劝傅作义起义。"②又说:"国民党撤出北京时,陈雪屏力劝我到台湾,有些民主人士(其中有闻家驷)劝我不走,我看国民党已垮台了,就留下来了。"③

1月初至3月底,先生校完《道德经》。先生研究老子《道德经》,用的本子是线装《集唐字老子道德经注》(晋王弼本),先生在眉边和字行间缝用毛笔蝇头小楷,批注两万余字(图8-17),其参考以下诸本:《老子河上公注》(世德堂本)、焦竑《老子翼》、苏辙《老子注》、马叙伦《老子校诂》、高亨《老子正诂》、石田羊一郎《老子说》、陈柱《老子集训》七种刊本。集注校完署"1949年3月完成"字样。先生此时校注老子,是和当时特定历史情境相吻合的,咀嚼一下他素来敬仰的老庄道家的生死超脱观点以及处乱世于不惊的雍容镇静,以填补他这段心理恍惚的时空。

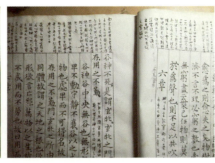

图8-17　先生给《道德经》作注

---

① 《朱光潜全集》第9卷,合肥:安徽教育出版社1993年版,第533-534页。
② 《朱光潜全集》(新编增订本)第10卷,北京:中华书局2012年版,第278页。
③ 《朱光潜全集》(新编增订本)第10卷,北京:中华书局2012年版,第278页。

卷九　割断联系中的学术挣扎

（北京，1949 年 1 月底—1976 年 8 月）

1949 年(己丑)52 岁

1 月 31 日，北平宣告和平解放。

2 月 8 日，先生拿到了生活维持费 3000 元人民币。

2 月 9 日，北平军事管制委员会文化接管委员会主任钱俊瑞、副主任陈微明到北大，商讨接管事宜。

2 月 28 日，上午十时，北平军事管制委员会代表钱俊瑞、李伯钊、吴晗、楚图南、王冶秋等十人到校，在蔡元培纪念塔召开校系领导座谈会。下午两时，欢迎接管北大的大会在民主广场举行。先生后来回忆说："接管后的北大撤了我的系主任职，但仍为教授。""按照军管条例，公开声明脱离国民党，上缴伪党团证件。公安局没有正式宣告我受管制，但解放约五六个月以后，正式向我宣告取消管制。"①

3 月 20 日，好友叶圣陶来北大教师宿舍探望先生，叶圣陶在日记中记道："早起见飘雪，地上屋上略有积雪。九时许，与墨访平伯夫妇。多年不见，共叹老苍。……饭后偕铎兄访赵万里，由赵陪同访介泉于红楼，未晤。遂访孟实及从文。从文近来精神失常，类于所谓被迫害狂。意颇怜之。杂谈一切，五时始辞出。"

3 月 22 日，先生好友沈从文在家切腕自杀未遂。此事件也可略窥当时先生所处的那个文人圈子里学人们所承受的精神压力非同一般，虽说先生和沈从文性格并不相同，但是都是被郭沫若点名的国民党反动文人，先生是"蓝色作家"代表，沈从文是"桃红色作家"代表。

---

① 《朱光潜全集》(新编增订本)第 10 卷,北京:中华书局 2012 年版,第 278 页。

4月,家乡桐城解放。先生为12岁侄子朱式蓉上中学之事先后给桐城中学校长方百殊①写了三封信,请方给做弟弟朱光泽的工作。

5月,北大成立校务委员会,文学院院长汤用彤任主席。他请了周扬、艾思奇、范文澜、何思敬、胡绳、谢觉哉等人进行革命理论系统讲演,每周讲一次。先生也常去听。此外,先生还读了《共产党宣言》《联共(布)党史》《毛泽东选集》及唯物论辩证法等相关哲学著作,对苏联及马克思主义理论有了一个深入的了解。

5月9日,北大教授联谊会在北大蔡元培纪念堂举行座谈会,请周恩来总理主谈。先生和其他教授共一百二十九人参加了座谈会。周恩来作了《关于新民主主义的教育》的讲话。总理谈对欧美文化也应批判的吸收,这对先生是一个鼓舞。大约这之后不久,先生辗转从留美学生那里弄到一本路易·哈拉普著的《艺术的社会根源》,这是有关西方马克思主义理论比较新的成果。先生开始翻译这部书。

7月,中华全国文学艺术工作者代表大会召开,决定正式成立中华全国文学艺术界联合会。这次大会没有邀请先生参加。

10月,新创办的半月刊《文艺报》第1卷第3期上刊登了丁进和蔡仪的美学论文②,其中对先生《文艺心理学》和《谈美》中的观点进行了批评。《文艺报》为扩大影响,树立一个靶子,有意把此期《文艺报》寄给先生并请先生发表自己的意见。这就是后来先生《关于美感问题》一文写作的缘由。

11月27日,《自我检讨》发表在《人民日报》上。在这篇文章中,先生称自己愿意洗心革面,虚心学习马克思列宁主义,认识到"共产党所走的是世界在理论上所应走而在事实上所必走的一条大路"的观点。学界有人认为:"因为当时特定的时代和历史背景,以及朱光潜本人的处境,这份检讨究竟在多大程度上,表达了朱光潜的真实思想,是值得仔细考虑的。但这份检讨预示着朱光潜在新社会中将选择什么样的方式来应对自己的处境,调整自己的观念。"③

---

① 方百殊是先生桐城中学同学,二人一起考入武昌高等师范学校。1936年,方百殊父亲在桐城去世,先生还写了挽联云:"与哲嗣总髫言交,难忘教诲谆谆、慈颜蔼蔼;倘先君黄泉相遇,信道诸儿碌碌、国事霏霏。"(这里"哲嗣"指方百殊,"先君"指先生父亲朱黑兰。)

② 10月25日,《文艺报》以"文艺信箱"形式发表了丁进的读者来信,信中称:"我的理论或者染了朱光潜的什么毒,但我希望这个问题能够展开讨论。"紧接着《文艺报》又特请蔡仪同志以答复丁进来信形式撰写了《谈"距离说"与"移情说"》一文。

③ 王攸欣:《朱光潜传》,北京:人民出版社2011年版,第325页。

1950年(庚寅)53岁

1月,《关于美感问题》一文发表在《文艺报》1卷8期上。这是对早先蔡仪、丁进两先生批评先生美学观的回应。先生承认从马克思主义观点看,以前介绍西方流行美学观点"有许多地方是错误的或过偏的"。但在这句话后面加括号说:"二十年前的书有几部能免这些毛病呢?"显然,先生内心对蔡、丁两人的批评是不接受的,更何况先生介绍的"移情说"和"距离说"是西方的,蔡不分皂白说成是"朱光潜的移情说和距离说"。所以,一开始靶心就歪了。故而先生说:"一切学说思想都有它的历史环境的背景,我们读任何书,都要还它一个历史的本来面目。历史环境变了,硬要墨守成规,说它完全是对的;或是执今责古,说它完全要不得,这两种态度都未免缺乏历史发展的认识和批判的精神。"从这种辩证观点出发,先生甚至天真地相信他旧有的接受西方美学流派的观点还可以融合到马克思主义文艺观中去。又说:"我想过去的许多美学原理也许有一部分是如此。比如'移情说'和'距离说'是否可以经过批判而融会于新美学呢?"①文中还试图纠正蔡仪对先生所提出的美感经验和人生关系的错误理解,这种错误理解早在30年代巴金、张天翼,乃至鲁迅等左翼代表性作家那里就存在,即把先生看作"为文艺而文艺"的代表。事实上,这都是没读懂先生所说的文艺和道德关系的曲解之谈。因为,先生是强调在美感经验前或后是有名理和道德介入的,艺术和人生是紧密关联的。先生只能无奈地说:"我不明白蔡仪先生从何看出我否认艺术与人生的关系?断章取义呢?还是由于我的表达意思的能力不够,没有能让他懂得我的意思呢?"②

2月27日,先生给留美某同学写信,这封信后来在5月13日载《留美学生通讯》第4卷第2期上,题为《致留美某同学》。信中称:"每周任课八小时""生活尚可维持""身体上渐有衰象矣"。同时也表露出因政治学习过多,导致自己科研时间不够用的无奈之情,说:"师生每周均有政治学习及讨论小组,故苦时间不够支配。"③

4月,按照政府规定,先生去北京市公安局登记,接受管制8个月,到12月

---

① 《朱光潜全集》第10卷,合肥:安徽教育出版社1993年版,第1—2页。
② 《朱光潜全集》第10卷,合肥:安徽教育出版社1993年版,第4页。
③ 《朱光潜全集》第10卷,合肥:安徽教育出版社1993年版,第6页。

解除管制。

5月,冯至接替任校务委员会常委的闻家驷,任西语系主任。

是月,先生参加北京市文学艺术工作者代表大会,为特邀代表。

11月4日,北大教务处公布"北京大学1950年各系教学研究指导组一览表",先生任西语系翻译教研组主任。

12月1日,先生写《给志愿军战士的慰问信》,信中称:"一个五十几岁身体不太好的教书人,因为你和你的同胞们的英勇,他能够站在比较安全的岗位进行他的工作。特写信致敬,祝把美国鬼子打垮,准备庆祝你们的凯旋。"

是年,(1)先生撰文《李光炯先生传》载《文史资料选辑》第七十八辑。李光炯为安徽枞阳人,早年从吴汝纶受教,后襄助吴汝纶创办桐城学堂。故先生为其作传,以表彰其杰出贡献。

△(2)冬,先生参加北京各院校教师组成的西北土改参观团,在陕西长安县东大村住了一个月左右。

关于参加土改时间,先生在《我的简历》里称是1949年冬,显然有记忆错误,应该是1950年冬开始准备工作。王攸欣著《朱光潜传》、朱洪著《朱光潜大传》都称是1951年2月。这个说法显笼统,准确时间应该是2月12日到长安县,19日进驻东大村。这在先生写的《检讨靖生富》一文中有说明。当时西北参观团成员包括——北京大学:朱光潜、贺麟;清华大学:吴景超(团长)、徐毓枬、萧嘉魁、雷海宗、李广田、戴世光;燕京大学:李德滋;师范大学:陆宗达(副团长);辅仁大学:张重一;华北大学工学院:杨一之、丁儆、薛寿漳(秘书),共十四人。

△(3)艾·阿·瑞恰慈(I.A.Richards)来京讲学,他在1920年—1930年期间,一直在清华大学外文系执教,他出版过《批评原理》《实用批评》,是"新批评派"理论的创始人,他对先生美学思想的形成曾产生过影响。先生全程陪同并

在北海揽翠轩招待了芮迦兹(瑞恰慈)。①

1951年(辛卯)54岁

2月12日,先生一行人来到陕西西安郊区的长安县,先参加了长安县第一期土改工作总结会议。这次总结会议参加者包括700多位县、区、乡各级干部和参观团成员,时间达一星期之久。先生"听了六次总结报告,参加了干部小组讨论"。

2月19日—3月中旬,"会议结束之后,我们随工作组干部到了终南山脚的东大村,和他们都住在农民家里,始而参观,终于参加了他们的分组访问,了解情况,整顿村干部,扩大村农会,发动群众,斗争恶霸地主,以及初步划定成份的工作"。②

先生后来写了《检讨靖生富》一文(《全集》未收),详细描述了在东大村进行土地改革的全部过程。因为刚到东大村农会任主任的靖生富"本是一个贫农,据一部分群众的反映,他在解放前在终南山里当过土匪。解放后东大村原任农会主任升任了乡农会主任,村农会主任出了缺"。靖生富是自告奋勇地当上村农会主任的。因他当过土匪,农民不敢吐真言。"这里显然存在一个严重的问题,靠这样贪污腐败的一个农会主任所领导的农会来执行土改工作一定是要失败的"。于是,工作组干部会议决定把检讨靖生富和扩大农会作为第一阶段的中心工作。具体而言,分四步:第一步是召开村干部座谈会,先把思想搞通,把群众反映靖生富的材料公布出来;第二步是扩大农会,"不但把靖生富所洗刷去的积极分子收回来,还吸收些本未入会的贫雇农,和比较积极地中农";第三步是"召开积极分子会议,整理真凭实据揭发靖生富欺压群众的材料,为检讨会预备";第四步是"工作组干部轮流和靖单独谈话,把人证物证都举出来,使

---

① 先生后来多次回忆瑞恰慈对其美学思想形成的影响,在香港中文大学接受校刊采访时说:"至于文学批评,我还受理查兹(I.A.Richards)的影响,但我当时(指在爱丁堡大学读书时——编者)没有认识他,后来我在北京大学教书时,他到中国来过。"(《朱光潜全集》第10卷,合肥:安徽教育出版社1993年版,第651-652页。)在"三反""五反"运动检讨中,先生说:"解放后不久,我的亲英的买办思想还出现过一次。那就是芮迦兹来北京的时候,我不仅约些同事在北海揽翠轩招待他一次,还在英国文化协会作过一个演讲,讲的是英国浪漫诗人。我的动机是要巴结英国人,同时也出一出风头。后来英国文化协会送来二十几万元的演讲费,我也收了。"(载《三反快报》,北京大学节约检查委员会宣传组编,1952年3月27日第1期。)

② 《朱光潜全集》第10卷,合肥:安徽教育出版社1993年版,第10-11页。

他自知罪无可逃,然后对他施以启发教育,要他对群众认错,并且要他明白只要保证改过自新,农民还是把他当作自家人看待"。

上述步骤都走过了,于是正式开群众检讨靖生富大会。

先生在《检讨靖生富》一文最后总结道:"这次的检讨说明了很多事实。第一,土改的内容不仅是经济的,尤其是政治的,它从头至尾是发动群众,给群众以民主政治教育和训练的工作。土改完成了,乡村中就建立起健全的政权,人民民主专政在乡村里就'生了根'。其次,土改工作组干部都以民族(原文如此,疑误,应是'主'——编者)作风去彻底贯彻政府的政策,对一切措施事先都有缜密的计划和广泛的酝酿,事后都有深刻的检讨,勇于认错和改错。第三,土改后的农民不是过去的农民了,他们已经有高度的阶级觉悟和民主政治的训练,有团结组织,有能力运用自己的政权,在经济和政治方面,他们不但是'翻身'了,而且简直是'脱胎换骨'了。从这些地方,我们可以望见社会主义的光明的远景。"

3月18日,毛泽东于吴景超、先生在《人民日报》上发表文章之前,可能看到过先生《检讨靖生富》这样的类似材料,在亲自审阅过几个大区政治首脑饶漱石、邓子恢、邓小平、习仲勋的信后,拿先生的事例回信,全文如下。

漱石、子恢、小平、仲勋同志:

民主人士及大学教授愿意去看土改的,应放手让他们去看,不要事先布置,让他们随意去看,不要只让他们看好的,也要让他们看些坏的,这样来教育他们。吴景超、朱光潜等去西安附近看土改,影响很好。要将这样的事例教育我们的干部,打破关门主义的思想。

毛泽东
三月十八日①

3月27日,先生写《从参观西北土地改革认识新中国的伟大》载《人民日报》。先生诚恳地说道:"在这里我们看见共产党对于政治上每一项措施,每一工作中的每一细节,都要求它对于群众有教育的效果。就拿上述东大村检讨农会主任为例来说,这次检讨是一系列的政治课。它对于全村农民是教育,农民

---

① 《毛泽东书信选集》,北京:人民出版社1983年版,第405页。

因此明白了要斗争地主,必先整顿自己的队伍;明白了政权是自己建立的,不称职的干部可以由自己给以批评或用选举方式撤换;明白了本阶级的人不应推到本阶级以外,受敌人利用,应该加以团结改造。它不仅对于那位犯错误的农会主任是教育,使其他干部也因此明白了过去的某些错误。过去的保甲作风在现时已行不通;明白了群众的力量伟大,不依靠群众就要失败;明白了同阶级的友爱团结,只要他改过自新,他是农民,就还可以站在农民的队伍里。最后,它对于工作组干部自己也是教育,他们因此明白了检讨会中还出了一些小偏差,由于事先还没有能充分掌握实在情况,群众还没有完全发动,布置还没有十分周密,下次做这一类工作,就要更谨慎些。这只是一端,其实在土地改革工作中我们随时随地都见出教育的用意。我们学校中人一向只知道读书听讲是教育。从土地改革中我们见到一切实际工作都是教育,而且比学校教育来得更切实,更有效验。就这一点认识来说,土地改革也教育了我。"(图9-1)①

图9-1 在1951年秋至1952年秋开展的全国知识分子思想改造运动中,先生(前排左四)等到西北地区考察。

4月4日,中共中央统一战线工作部举行茶会,招待北京大学、清华大学、师范大学、燕京大学等学校一部分教授组织的华东区、中南区、西北区等三个土地

---

① 《朱光潜全集》第10卷,合肥:安徽教育出版社1993年版,第15页。

改革参观团回京的全体团员。与会的各大学教授吴景超、郑天挺、楼邦彦、朱光潜、卞之琳等都热烈发言。《人民日报》于 1951 年 4 月 6 日刊发了通讯,题为《中共中央统战部招待参观土改回京教授》。

4 月 13 日,《从土改中我明白了阶级立场》载《光明日报》(《全集》未收)。

5 月,《在"五四"翻译座谈会上的发言》一文载《翻译通讯》第 2 卷第 5 期。针对翻译"第一流书籍多被遗漏,第二、三流书籍译的比较多,甚至有重译几次的"这一情况,先生提出:(一)计划——集各科专家,对各科应译的书籍作一个统筹,分缓急拟个目录。(二)组织和联络——寻适合译的译者。(三)审核——译稿须请专家二人以上负责审核。(四)强调集体做工作。

9 月 29 日下午,先生和北大教师集体步行去中南海怀仁堂听周总理作报告,报告题目为《关于知识分子的改造问题》。

10 月,译著《艺术的社会根源》([美]路易·哈拉普著)由新文艺出版社出版。

先生在路易·哈拉普(Louis Harap)著《艺术的社会根源》的"译后记"里称:"他(指哈拉普——编者)对马列主义掌握得很稳,对于各种艺术的历史发展又有很渊博的学识,所以能把理论和实际结合得很好。"也称自己通过翻译这部书"不但从此对马列主义的文艺理论,有较深一点的了解,而且拿作者的问题和看法,来对照我们自己的当前一些文艺问题,也随时得到许多启发"。[①] 对于这部译著,诚如郭因所说:"从朱光潜的翻译这部书以及所写的译后记与两则补记来看,朱光潜服膺马克思主义拥护中国共产党和热爱社会主义祖国,紧跟时代步伐,都是很真诚的,可是由于当时朱光潜正作为重点对象挨批判,因此,他翻译这部书的劳绩与苦心以及这部书应受到注意的重要意义都落在时人的视线之外了。"[②]其实,艺术作为一种生产劳动及其掌握世界的方式这一观点已在此书中孕育而生,这后来成了先生对马克思主义实践美学进行阐释的核心观点。该书出版作者没有署名国籍,而是署名种族犹太,说明在抗美援朝那个特定时期先生这本书也不可能受到重视。

10 月前后,在北京大学经济系读书的檀子平在沙滩灰楼前民主广场遇见先生,先生得知檀是望江县人,抓住檀的手,兴高采烈地说:"我们是怀(宁)、桐

[①] 《朱光潜全集》第 11 卷,合肥:安徽教育出版社 1989 年版,第 513-514 页。
[②] 郭因:《郭因美学选集》第二卷,合肥:黄山书社 2015 年版,第 135 页。

(城)、潜(山)、太(湖)、宿(松)、望(江)六邑同乡。你刚到北京,一定有很多困难,可随时来找我,千万不要客气。"①

11月18日,《致李劼人》函(《全集》未收):

劼人老兄:
　　真如②来信说嘉乐纸厂股东须重新登记,兹将登记表填好寄奉。原股票尚存寄存武汉大学之书箱中,无从查明"股数""股本金额""股票号数""入股时间"各项,务请执事者代为查明填上。劳神至感。拙况如常,正努力学习。
　　专致
　敬礼

弟　朱光潜谨启
十一月十八日

11月19日,《致嘉乐纸厂》信(《全集》未收):

　　兹委托张真如先生为本人嘉乐纸厂股份③之长期法定代表人,以后如有开会或应办手续,即请直接通知张先生。本人在北大任教,路途辽远,不能尽股东应尽之职责,尚请原谅。
　　此致

嘉乐制纸厂股份有限公司
股东朱光潜(孟实)谨启
十一月十九日

11月26日,《最近学习中几点检讨》载《人民日报》。先生开始用旧式教育为"封建教育"、留学教育为"英法帝国主义的教育"这样的主流意识形态语言反省自己的错误,检讨自己不该在20年代给青年写了那些"有毒思想"的书,不该加入国民党,不该在北平学潮期间反对罢课等错误。甚至对自己在参加政治

---

① 郭因:《郭因美学选集》第二卷,合肥:黄山书社2015年版,第137页。
② 真如即张颐。
③ 先生于1941年购买嘉乐纸厂股票。

学习时被推荐为小组长也检讨道:"做小组长我还不免持'不求有功,但求无过'的态度,缩手缩脚,只是为着怕犯错误。这就说明了我为自己打算的多,为人民打算的少。"①

11月30日,中共中央发出《关于在学校中进行思想改造和组织清理的指示》,强调运动目的是分清敌我,树立为人民服务的思想。

12月1日,《人民日报》刊发了谢亮生的题为《朱光潜应该继续深入地批判自己的错误思想》的读者来信,信中再次表达了"朱光潜应该继续深入地批判自己的错误思想"的要求:"朱光潜还应该继续深入地批判自己。这不单是他个人改造的问题,也是他对受过他影响的人应负的责任。"

是日,《澄清对于胡适的看法》②发表在《新观察》第3卷第9期上。先生一直称自己是"胡适派"的人,先生回国就是通过武昌高师好友徐中舒将《诗论》初稿呈给胡适的,胡适随后就聘先生为北大西语系教授,办《文学杂志》也是在胡适支持下,抗日战争胜利后返校也是胡适力荐。自秋始,大陆开始了清算胡适思想流毒的运动(11月14日,在北京正式开始,上海开始是12月2日,广州是12月23日开始——编者)。当然,像先生这样跟胡适关系密切且有国民党"中央监察委员"身份的人自然要"交待"。这篇文章就是在这样的背景下写出的。远在海外的胡适也很快就看到了这篇文章,并将文章粘贴在自己的日记中,题注曰:"此文是一个会做文章的人写的。"先生在这篇文章中首先指出胡适的"一点一滴的改革"和李大钊等先进共产主义者要彻底反帝反封建的立场是背道而驰的,同时也说:"胡适的账上只有提倡白话文运动一笔账可列在收入项。孤立的看,白话文运动在当时不能说没有它的进步性。但是把它摆在胡适的整个思想体系里来看,它还只是在接受封建大局面之下的'一点一滴的改革'。"③据周策纵说,胡适把最后一段文字重点画了线,大概在胡适看来,这段文字是先生联系胡适来自我批判的画龙点睛之笔。

先生在文中还说:"拿他(指胡适——编者)这面镜子照一照我自己,我竟是

---

① 《朱光潜全集》第10卷,合肥:安徽教育出版社1993年版,第24页。

② 据周策纵回忆:"20世纪50年代,朱光潜先生被逼发表一篇文章批评胡适,说以前有一天,他去看胡适,见他书屋桌上到处摊开着许多书,这就证明他平日无实学,临时东抄西摘。这篇文章,纽约华文报纸也有转载,我的一位熟人去问胡先生,读过有什么反应?胡先生大笑说:'朱光潜先生文章写得很好!在那种环境里他怎能不写?我非常同情他。'"参见《周策纵作品集2:文史杂谈》,北京:世界图书出版公司北京公司2014年版,第267页。

③ 《朱光潜全集》第10卷,合肥:安徽教育出版社1993年版,第27-28页。

一个胡适的'具体而微'。我有封建意识的包袱,也有买办思想的包袱。他所走过的路,我也都走过,走的远近或略有不同。我也宣传过帝国主义的文化,也主张过缓步改良,也曾由主张学术自由不问政治的冬烘教授转变成国民党的帮凶,站在反动的维护封建权威的立场仇视过学生爱国运动。"①

12月3日,《人民日报》又刊发了赵瑞芝的题为《朱光潜应该继续深入检查分清敌我界限站稳立场》的文章,再次呼吁先生作进一步检讨:"我觉得朱光潜的检讨是不够深刻的,他还没有把过去的错误思想完全暴露出来,并作批判……希望朱光潜对自己过去进行进一步的检查,否则,他今后怎么能分清敌我,站稳立场呢?"

1952年(壬辰)55岁

年初,先生被北京大学思想改造领导小组确定为西语系唯一的重点批判和改造对象,和尚未充分认识自己"错误"的北大原法学院院长两人被确定为全校重点批判对象。领导小组决定搞一个"朱光潜展览室",将先生人生经历和思想演进制成一套漫画,漫画中少年时代的先生留着小辫子跪在天地君亲师的牌位前。展览正式开馆前,让先生自己去看,先生只回答:"办得很好。"先生长女朱世嘉谈及这次展览时认为,这次展览上实物罪证令人啼笑皆非!一张抄家时从书里找到的"民国"时的钱币,一把剪刀,这就是国民党反攻倒算的"证据"。先生看后还坦然对女儿说:"你不妨也去看看。"

3月7日,先生在西语系全体师生大会上作检讨。本来会场安排在北大西语系一个小教室,因人已坐满,冯至主任临时决定调换到大教室,然而教室外人仍然很多,只能再换到食堂的新膳厅进行。这也是北大思想改造运动场面最大、人最多的一次。先生检讨没有通过,五位西语系师生被安排在大会上发言,揭批先生的反动思想。先生一直站在由前面四个课桌拼在一起的台子上。

这次检讨在北京大学节约检查委员会宣传组编印的第1期《三反快报》(1952年3月27日铅字印行)上登出。从内容看,先生先从自己幼时受儒家影响:"小时候的旧书主要地是四书五经,属儒家的一类""中年以后,我爱读老庄之类道家的书。在这里我学得一套老于世故的处世哲学",接着又从二十二三

---

① 《朱光潜全集》第10卷,合肥:安徽教育出版社1993年版,第30页。

岁之后,陆续受到西方唯心派美学以及浪漫派文学的影响入手批判自己。先生还就前两次《人民日报》上自己的检讨不够作了"忏悔",只是"自白"而未加以反省,说明这次检讨是针对自己的"思想毛病的严重性"而发的。又说:"但是根据前两次检讨的经验看,检讨的深刻程度要看当时政治觉悟的水平。我的政治水平还很低,我的毛病特别深沉。一两次检讨决不够的。我决定今后加倍努力提高自己的政治水平,不断地检讨自己的错误的思想,一直到洗清一切污毒,站上人民立场,配得上做人民教师为止。我请求同事们和同学们时常给我启发和帮助。"(此次检讨文字《全集》未收)

3月28日,由于先生前一次的检讨还不够深刻,这次听取检讨的人员范围扩大到整个文学院师生。在先生的检讨过程中,不断有人递条子给会议主持人、副校长兼文学院院长汤用彤,表示对先生的检讨仍然不能接受。

3月29日,由于先生检讨时间长,揭批的人很多,接着前天的批判继续进行。在文学院全体师生的大会上,有八位教授四位同学一共十二人揭发和批判先生。其中也有先生"三个得意学生"之一的朱虹①。

这次先生的检讨已经不是简单用"儒家""道家""西方资本主义大学教育"这样一些词了,而是更加上纲上线用了"封建教育与买办教育"这样一些词。检讨内容分五个方面:(一)反动思想的根源——封建教育与买办教育;(二)抗战以前我的反动言论的本质、动机和作用;(三)抗战中我和国民党的关系,我的反动言论和它的危害作用;(四)抗日胜利后我的反动活动和言论及我的社会关系;(五)解放以来我的反动思想的表现和我改造的决心。先生总结这次检讨说:"在诸位同志这样费力帮助我之下,我自己应该怎样努力呢?我已经说过,我的过去那些反动思想不但是人民不需要的,而且是不法的,是人民所不能容忍的。我还想做人,不但为人民设想,就是为自己设想,我也要努力把我的反动思想彻底肃清、努力站上人民的立场。以往我尽的努力还差得太远,今后我要拼命地努力。我要保证做到以下三点:一、时时刻刻提高警惕,作自我检讨,彻底洗清种种反动思想的毒素。二、尽量争取参加群众爱国运动,多和劳动人民打在一起,多认识新中国的伟大,来培养我的爱人民爱祖国的热忱,作为我积极

---

① 据朱虹回忆:"在针对知识分子的思想改造运动中,他作为主要对象,站在旧北大校园大饭厅里临时搭起的台子上。我看见他还是穿着那身简朴的蓝布衣裳,看起来那样单薄,又那样地虚弱,但又总是神态自若,毫无沮丧的神情。大会连着小会,永无休止的批判会。对他来说,这是何等地痛苦啊……"(朱虹:《我的老师朱光潜先生》,载《人民文学》,1986年第5期,第64页。)

为人民服务的动力。三、加强学习,用马列主义和毛泽东思想来武装自己,争取做一个名副其实的人民教师。"这次检讨在北京大学节约检查委员会宣传组编的《三反快报》第3期上登出(《全集》未收)。

4月9日,先生在全校师生大会上作了第三次检讨,这次范围由文学院扩大到全校,马寅初等全部校领导参加会议。这次先生用了这样一些话总结:"因此,我下了大决心,老老实实地把过去的反动思想和行动检讨了一番。我发见我过去的面目真正太丑恶,我的罪过真正太严重;我也认识了像我这样反动思想严重的人,不但不配做人民教师,而且留在人民中间做人民的敌人,一定要造成更多的损害。我痛恨过去的我,从今以后决定要把他一刀斩断,努力学习新的事物,努力培养对于人民和祖国的热爱。"这次检讨在北京大学节约检查委员会宣传组编的《三反快报》第6期上登出(《全集》未收)。

4月10日,先生在第四次批判自己的大会上作检讨,十四位教师和同学登台揭批,马寅初说:"朱光潜的检讨有进步,但还需要继续反省,加强改造,根据群众意见,彻底批判自己的思想,批判资产阶级的思想,根本改变反动立场,站到人民一方面来。"①

5月—8月,北大又开始发动"忠诚老实运动",其目的就是让知识分子包括教师和学生再次交待1949年以前的所谓"历史问题"。先生依然是重点要交待错误的对象。此时,先生一家人承受了巨大精神压力,大女儿朱世嘉回忆当时情景:"解放后不久开展了知识分子改造运动,开始了对父亲的批判。我虽然小,也感受到家中紧张沉重的气氛。一次我找到了学校的负责人,问问我可以做些什么。他们要我划清界线,关心父亲的情绪反应,帮助他好好改造。我虽未能做什么,但从此背上了沉重的包袱,告别了无忧无虑的童年。"②小女儿朱世乐后来则回忆道:"父亲在沙滩的灰楼里上班,那里还有一个民主广场。有的晚上,民主广场会演电影,你们这个年龄的人大概是没有看过那种电影了:挂一个幕布,两边都可以看的那种。就是这样的电影,也是要票的。到了演电影的时候,哪个小朋友有票,都会让其他的小伙伴羡慕不已。他们在一起议论着谁谁有票了。但是我总是没有票,有一次,小朋友们在议论的时候,我说:'我也想去啊,我爸也没给我拿票!'他们对我说:'你爸还给你拿票呢,他站在四个桌子上

---

① 王学珍、王效挺、黄文一、郭建荣:《北京大学纪事》(1898-1997),北京:北京大学出版社2008年版,第536页。
② 朱世嘉(化名朱燕):《中老胡同32号——童年杂记》,载《北京纪事》,2001年第4期,第40页。

呢,他顾不上给你拿票。'那时候,我不知道什么叫'站在四个桌子上'。后来我大学毕业,接受毕业教育的时候,在北大的生物楼后面的墙根底下。我们开会的时候,看到造反派正在一片空地上批斗陆平,让陆平在太阳底下晒着,七八月份下午两三点的太阳是很毒的,我看到在陆平的脚下,汗水流了整整一圈。我想,怎么可以对人这样呢?实在是有点残酷。突然,我想起了我小时候我曾经羡慕过别的小朋友的电影票,还有父亲的'站在四个桌子上呢'!两件看起来本来没有联系的事情,那一刻在我的脑子里凸显的十分清晰。不过在那个年代里,我又敢说什么呢。"①小女儿朱世乐也曾问过先生留在大陆后悔不后悔的问题。她说:"解放之后,父亲成了各次运动当然的'运动员',我也曾经问过他:'你后悔吗?'他说:'不后悔,对于自己的事情,如果是你应该负责的,那就没有什么后悔的。'"②编者也曾问过大姑朱世嘉,先生没有去台湾后悔不后悔,大姑说了一番很耐人寻味的话,她说她八十年代陪先生去香港讲学,先生见到钱穆精神矍铄,和自己在大陆不断受到冲击,身体已瘦骨嶙峋,这形成了鲜明的对照。先生很是羡慕钱穆的健康身体!

奚今吾后来回忆先生这段时间的经历写道:

"全国解放不久党发起思想改造运动,朱先生受到严厉批判,第一,他是国民党党员,又挂上国民党中央监察委员的名义;第二,他的社会关系复杂,有弟弟朱光澄在台湾,各方面的朋友又多,难免鱼龙混杂。为了清除社会上的渣滓,为了巩固新生的人民共和国,党不能不详细了解每一个工作人员的来龙去脉。朱先生仔细交待他过去各个时期的生活和工作情况,北京大学方面撤销了他所担任西语系主任的职务,还不时有人来动员我,要我检举揭发他,要我为此立功。说实在的,我以前对他的活动,了解得很少。比如他所写的文章,我虽大半读过,但都是浮皮潦草地没有读懂;又比如他参加什么宴会,而我喜欢安静的生活,总是避免和他一同出去。更主要地是我相信朱先生,我们既然决定留在北京,不再跟国民党逃跑,就绝不会对党有所隐瞒。他会一是一,二是二,老老实实把过去的所作所为交待清楚。接着是'抗美援朝''三反''五反''反右'等运动,一个接一个,每次都要和朱先生的过去牵扯上,他没完没了地写检查,也没

---

① 朱世乐口述,陈远整理:《美学家朱光潜:在不美的年月里》。参见陈远:《在不美的年代里》,重庆:重庆出版社 2011 年版,第 126 页。
② 朱世乐口述,陈远整理:《父亲朱光潜的人生片断》,载《温故》(十三),桂林:广西师范大学出版社 2008 年版,第 100-101 页。

完没了要我检举揭发。回家见了,我们相对无言,我一阵阵感到心酸。朱先生胸怀开朗,在这种时候,他往往反而宽慰我:'再想想看,是不是还有什么地方没有交待清楚。'我曾为此困惑不解,党为什么不能相信我们呢?毛主席不是说过:'金无赤足,人无完人''有过错改了就好嘛',这些念头,只在脑里一闪就过了,因为我坚信事实真相是会弄清楚的。"(奚今吾未发表的《回忆录》)

9月,北京大学迁到北京西郊旧燕京大学校址。先生离开了住了六年的中老胡同宿舍,迁到新北大校南门内八号东,这根本不能算是一套房子,实际是一位教授的中式住宅的后灶房,面积不足三十平方,大雨一来,屋顶直往下漏雨。不过先生很乐观,他在给吴耕莘的信中称:"弟于去秋随校迁到西郊,住北大校南门内八号东。现在任教,大非昔比。弟任四年级翻译两班,每周考卷近六十本,每周政治学习和开会也要占用不少时间,此外每天还要花点工夫学俄文,所以没有工夫多和朋友们通讯。身体尚无恙,惟精力已大不如前。内子在教部工作。生活尚可维持。俄文已可勉强翻字典看书,此外研究都已停顿。"①

奚今吾后来的回忆也说明了迁校的背景,她写道:"1952年北京大学经过院系调整,原来的医学院、工学院和农学院都分出去成立了独立的院校,北大校本部只保留了文、理学院两部分,并迁到西郊原燕京大学的校址。中老胡同同住的各家,留在北大工作的都分别分配住到燕京大学的教授宿舍,燕东园或燕南园的小楼里。我们一家分配到南校门旁边的几间平房,北屋是两明一暗,大间作了朱先生的书房,小间是我们和小女儿世乐的卧室;对面南屋是一排三小间,除厨房外,老女保姆李妈、大女儿世嘉各住一间,另一间堆放着书箱和零杂物件。两排住房当中有一狭长的小院,我们搬进来以后,种了海棠、杏树和几株月季。房子虽不如中老胡同原来住的宿舍宽敞,也不如燕东园、燕南园的小楼'高级',但还是很清静合用。在院系调整前,学校为教师们家属的工作和子女的上学问题都作了安排,曾告诉大家,搬到西郊以后,家属原有工作的可以调到北大工作,子女可以在附近的学校上学。我和大女儿世嘉都不愿调动,我在人教社的集体宿舍得到一个床位,世嘉在她的学校寄食宿。星期日我们才回家。"(奚今吾未发表的《回忆录》)

10月2日—13日,先生作为翻译顾问参加了在北京召开的亚洲及太平洋

---

① 《朱光潜全集》第10卷,合肥:安徽教育出版社1993年版,第32页。

区域和平会议①。会上见到多年不见的学生方敬，师生二人编在一个民主生活小组，在中南海庆云堂相处了十几天。会上先生还带一本列宁的《唯物主义与经验批判主义》俄文本，一有空就阅读。他向人说这既学了马列经典，又学了俄文，可谓一举两得。

10月20日，北大西语系正式上课（因校迁址推迟了上课时间——编者）。先生教两个班的翻译课。据朱虹回忆："他精心备好课，从无一句赘言。我们交的作业，他总是仔细看过。然后，他把大家关于某一词语的不同译法——列出，择其最佳者，再解释原由。能得到他的肯定，是我们同学最珍惜的一种荣誉。他又是铁面无私的公正，以同样不偏不倚的态度指出我们的错误。有一次，他要我们把一篇中文译成英文，题目是《与冰的斗争》。我将英文题目译为《人冰之间》，得意地交上了作业。但是出乎我的意料，他并没有表扬我，'当然，我注意到了，你是在借用斯坦贝克的《鼠人之间》来使你的题目更为醒目。但是，后者的用词中有一种我们的作业中不存在的联想。为什么不朴素无华、直截了当呢？'是的，朴素无华、直截了当，这就是先生的风格，这也是他的人品，是他留给我们这些学生的宝贵遗产之一。"②

1953年（癸巳）56岁

是年，全国实行新的工资方案，先生由原来一级教授调整到七级教授，收入大幅减少。不过并没有终止学术研究，先生开始选择他素来敬仰的柏拉图的若干代表作翻译，其中包括《伊安篇》《斐德若篇》《会饮篇》全篇及《理想国》等。其中《会饮篇》还用蝇头小楷工工整整抄写了一部自我珍藏，并写了一篇长长的《引论》（图9-2）（《全集》未收）。《引论》开篇就称："《会饮篇》是我生平最爱读的一部书，少年爱它的文章美妙，中年爱它综合了柏拉图的中心思想，精深博大，现在稍窥辩证唯物论，从这个观点去看它，觉得它含有辩证唯物论的萌芽。"可见先生以马克思主义哲学观来批判和吸收西方美学经典。

不过，先生此时的心情和状况在他自"文革"开始的《自我检讨（二）》里有交代："在1951年思想改造运动中，我在北大是重点批判的对象之一，经过党和

---

① 该会议是为了反对美国介入朝鲜战争，由宋庆龄、郭沫若、彭真等11人在这年3月联合建议召开的，出席大会的有37个国家的正式代表344人，列席代表34人，共378人。
② 朱虹：《我的老师朱光潜先生》，载《朱光潜纪念集》，合肥：安徽教育出版社1987年版，第150-151页。

群众的耐心帮助和教育,我初步认识到自己的反动面目。但是这种认识还是很不够,还以为自己固然有罪,但是不为群众所说的那么严重,心中有些冤屈感。此后有四五年时间,我灰溜溜地理头搞教学工作,不敢乱说乱动,怕再犯错误。"①

图 9-2　先生用蝇头小楷抄写《会饮篇》并为其作《引论》自我珍藏

9月1日,《致外文出版社编辑》函②(《全集》未收):

(一)目录中诗题与译文所用的有不符的,须重订。

(二)杜甫的《北征》《兵车行》的第二页均误置。

(三)《茅屋为秋风所破》移置《人民呼声》中较妥(参见《人民呼声》)。

(四)译文标点符号及分行留空等会有不妥处,宜请译者自己校最后校样。

(五)每篇后注"译者姓名及译的年月"可删。

(六)白县尹《不平诗》与原文意思相差甚远,可删去。

(七)项兆麟诗所说的"黑虎旗"疑指太平天国军,应否删去,宜考虑。

---

① 《朱光潜全集》(新编增订本)第10卷,北京:中华书局2012年版,第256页。
② 本函系先生为路易·艾黎(Rewi Alley)《历代和平诗选》(*Peace through the Ages*: *Translations from the Poets of China*)译稿提的意见,该书于1954年出版。《人民的声音》(*The People Speak Out*: *Translations of Poems and Songs of the People of China*)系艾黎于1954年出版的另一部中国诗选集。就先生上述所提各条意见,外文社批注:(一)以译文为准,重订。(二)已更正。(三)删。(四)交艾黎同志办。(五)问艾黎决定。(六)删。(七)删。(八)照改。(九)删。

（八）诗人姓名宜一律用名，例如"苏东坡"宜用"苏轼"，"高青丘"宜用"高启"，"陶渊明"宜用"陶潜"。

（九）杜甫《遣兴三首》中《高秋登塞山》首译文与原文相差甚远，宜改或删。

朱光潜

九月一日

9月20日，《致外文出版社编辑》函（《全集》未收）：

承来信征求艾黎先生译诗插图意见，我想过一番，但是因为对中国古代艺术知道的极有限，不能提出完满的答案。郑振铎先生对此素有研究，是否可将目录送他一看，请他选几种插图？我所想到的也记在下面：

一、长城图片。理由：(1)举世皆知的伟大建筑；(2)代表防御而不侵略的理想；(3)边塞诗常提到它。

二、《桃花源图》或类似的山水画。理由：(1)山水画是中国艺术的特色；(2)代表和平静穆的理想；(3)说明陶渊明的诗。

三、《耕织图》或《清明上河图》的一部分。理由：代表中国劳动人民的生产活动和太平气象。

四、杜甫像。理由：中国最大的反战诗人，集中选他的诗最多。

五、岳坟图片。甲"青山有幸埋忠骨，白铁无辜铸佞臣"一联的英译作题词。理由：说明中国人民对爱国志士的崇敬，对汉奸的痛恨；说明所选的《满江红》。

六、赵望云或丰子恺画的抗战时代漫画，说明国民党统治下人民流离困苦，受日寇蹂躏的情况。

七、关于和平运动的图片。

插图不一定限于图画，其它方面的中国艺术代表作如陶瓷织锦之类亦可用，但我是外行，不能提名哪一种。

此复

外文出版社图书编辑部

朱光潜

九月廿日

1954年(甲午)57岁

1月15日,《我也在总路线的总计划里面——学习总路线的几点体会》载《光明日报》,先生反省了过去两种矛盾思想,认为自己一是对新社会起不了多大作用;二是对教书不能搞翻译或研究有些厌倦。于是自我批判地写道:"学习了总路线以后,我对这两种思想都做了初步的批判。第一,国家在今天需要'人尽其力',不能要有一个人不起作用,也就不能要我不起作用。而且国家把我摆在高等学府里担任培养干部的工作,这是一个极光荣的任务;肯把这任务交给我,是对我有极大的信任,是把我当做一个人。我自己也就要把自己当做一个人。我相信我自己已开始在建立主人翁的态度。其次,我检查了我肯作翻译、研究而不愿教书的思想,看出它的病根在个人主义自由主义与剥削思想,以为作翻译工作或研究工作,可以轻松一点,不要每周都忙着改卷子,备教案。对自己兴趣也适合一点,因为可以搞一点性之所近的比较高深一点的东西。但是最主要地还是名利思想,出一本书赚的钱要多些,得到的名声要广大些。这中间对于过去所学的资产阶级的那一套还是有些留恋。现在我明白了正是这些思想是我的改造的大障碍,也就是执行总路线一大障碍。"[①]一个学贯中西的大学者被逼着说不该对教学有厌倦情绪,放弃翻译或研究也是革命总路线的需要,这种大材小用的无奈虽然没有直接从字面反映出来,表面上还是说不应该有这种错误思想,但仔细分辨先生的用句可以见出其反省中的屈辱和辛酸尽在不言之中:先生不是说"我要把自己当做人",而是说"是把我当做一个人",所以,"我自己也就要把自己当做一个人"。足见是"被"认作"人",而不是自己就是"人"。

5月,《文艺对话集》([希腊]柏拉图著)根据法国布德学会(Association Guillaume Budé)印行的《柏拉图全集》法译本,参照纠微特(Jowett)及《勒布古典丛书》(Loeb classical Library)等的英译本译出,由上海文艺联合出版社出版。先生给所选每篇还作了"题解"以帮助读者了解和读懂原著。先生每翻译西方一部名著后面总都附一篇长长的《译后记》。这个译后记和后来先生写的《西方美学史》里柏拉图一章内容大体相同。从行文的标题和次序以及表达可以窥见

---

① 《朱光潜全集》第10卷,合肥:安徽教育出版社1993年版,第36—37页。

当时意识形态的价值取向。先生说:"在攻击诗人的两大罪状里,柏拉图从他的政治立场去解决文艺对现实的关系和文艺的社会功用那两个基本问题。现在先就这两个问题进一步说明柏拉图的美学观点。"但事实上,先生接着说的不止这"两个基本问题",还有"文艺才能的来源——灵感说",为什么前面不说,是疏忽?不是的,实际上,当时文艺理论是以马克思主义现实主义为标杆的,其价值取向是理性主义,而对于非理性(诸如直觉、灵感)通通斥之为神秘主义和资产阶级的反动思想。所以,先生这里的"曲线救国"实属无奈之举,因为毕竟"灵感说"在柏拉图美学中仍然是重要的。

就具体的介绍和批评柏拉图美学来说,先生也不遵循一般哲学和美学史教科书的"取"与"舍"的原则,一般哲学史书多强调柏拉图《理想国》"理式"(有译"共相""理念")为感性客观世界的根源,不受感性客观世界影响,是"一般",现实感性世界是"个别"的组合,是不真实的,是"摹写"理式世界的"真相",走的路线是客观唯心主义从一般到个别的路线;而一般流行的美学史教科书也多以柏拉图《大希庇阿斯》篇里讨论"美自身""美的共相"为一般唯心主义路线出发。但是,先生偏偏不选《大希庇阿斯》篇作为讨论对象,有可能对其"真伪"有自己的看法,但更重要的是先生在介绍柏拉图美学时,认为柏拉图美学存在《理想国》中从一般到个别和《会饮篇》里第俄提玛启示部分认为认识美的"理式"走的是从个别到一般(具体个别事物美逐步上升到一般理式的美——编者)这样两种互相矛盾的看法。而先生从现实主义美学观出发,认为《会饮篇》才是正确的探求美的"理式"的正确道路。这当然是先生从柏拉图美学思想可以融合于马克思主义文艺理论的视角出发的,至于对柏拉图文艺和现实世界关系的批评,先生也承认:"他歪曲了希腊流行的摹仿说,虽然肯定了文艺摹仿现实世界,却否定了现实世界的真实性,因而否定了文艺的真实性,这也就是否定了文艺的认识作用。这是反现实主义的文艺思想"。[①] 恰恰是柏拉图美学里自身存在着这种矛盾,所以,先生说:"对柏拉图作出恰当的估价并不是一件易事,很有一部分人因为柏拉图是唯心主义的祖师和雅典贵族反动统治的维护者,就对他全盘否定,甚至说柏拉图只能对反动派发生过影响,对进步的人类来说,他是毫无可取的。但是在唯物主义的进步的思想家之中,也有持相反意见的。车尔尼雪夫斯基就是一个例子,这位俄国革命民主主义的美学家说,'柏拉图的著作比亚

[①] 《朱光潜全集》第12卷,合肥:安徽教育出版社1991年版,第306页。

理斯多德的具有更多的真正伟大的思想';对于摹仿说,'柏拉图比亚理斯多德发挥得更深刻,更多面'"。①

关于"文艺的社会功用"。先生站在文艺和道德有密切关系的立场上考量文艺的社会功用,这也在一定程度上反映出他在《文艺心理学》一书《作者自白》里所称的:自己从前受康德-克罗齐形式派美学的束缚,认为道德观念是美感范围以外的事,现在觉察到人生是有机体,文艺与道德自然是不可分割开来的。因此,他说:"柏拉图在西方是第一个人明确地把政治教育定作文艺的评价标准,对卢梭和托尔斯泰的艺术观点都起了一些影响。近代许多资产阶级文艺理论家往往特别攻击柏拉图的这个政治第一的观点,其实一切统治阶级都是运用这个标准,不过不常明说而已。"②

关于"文艺才能的来源——灵感说"。先生是肯定了柏拉图把摹仿类诗人(第六等人)和"爱智慧者、爱美者、诗神和爱神的顶礼者"(第一等人)区分的观点,认为"灵感说"就是诗人"迷狂状态"(非理性)直觉的产物。但在当时这种看法显然要遭到批判。于是,先生又说:"很显然,灵感说基本上是神秘的反动的。它的反动性特别表现在它强调文艺的无理性。"③

最后,先生说:"美学史家们一方面要认识到柏拉图的客观唯心主义的反动性,另一方面也要追究他在西方既然起了那么大的影响,他的思想中究竟是否还有什么值得学习的。对于我们来说,这个工作还仅仅在开始。"④

7月22日,《致施咸荣》信⑤(《全集》未收):

咸荣同志:

选目已看,大致甚好,意见写在选目上。

总的来看过于照顾面,点不够突出。次要的作家还可以删去一些,首要的作家不妨略一两篇较长的诗。例如拜伦专长在讽刺,可摘选几段 *Don Juan* 或全用 *The Vision of Judgement*。Wordsworth 可选 "*The Affliction of Margaret*"。如 Coleridge 选 *Ancient Mariner*,则 Keats 可选一篇故事诗如

---

① 《朱光潜全集》第12卷,合肥:安徽教育出版社1991年版,第307页。
② 《朱光潜全集》第12卷,合肥:安徽教育出版社1991年版,第301页。
③ 《朱光潜全集》第12卷,合肥:安徽教育出版社1991年版,第304页。
④ 《朱光潜全集》第12卷,合肥:安徽教育出版社1991年版,第310页。
⑤ 施咸荣1953年从北京大学西语系毕业,到人民文学出版社原稿整理科工作,1954年调入外国文学编辑室。本函所期筹划的英诗选集未见出版。

Isabella; Or, the Pot of Basil. （Keats 故事诗，有些思想性，但意义不大）。

周底即赴长春。

匆颂

时祺

潜

七月廿二日

11 月,《给我所认识的跟随蒋贼逃到台湾的人们》载《新华日报》11 期(《全集》未收)。该文先后在 10 月 27 日《大公报》(天津版)和 11 月 10 日《大公报》(香港版)上发表。

11 月 7 日,在中国文联和作协主席团联席会议上,胡风发表了批评《文艺报》的发言(发言稿后载 1954 年第 22 期《文艺报》——编者),认为《文艺报》在向资产阶级(以先生为代表——编者)的"挑战""求饶"(举蔡仪事例——编者)。这篇文章也是后来先生写《剥去胡风的伪装看他的主观唯心论的真相》一文的直接动因。胡风说:"在第一卷第三期,发表了一封读者关于朱光潜底美学思想的短信和蔡仪同志底简单的回答。第八期,发表了朱光潜底一篇文章和黄药眠、蔡仪两同志回答朱光潜的文章。

对于朱光潜,今天在座的年纪大的当然都知道他。但恐怕年青的同志们有的就不大熟悉了。在反动统治的许多年中间,我们看到朱光潜这个名字是会感到痛的。朱光潜,是国民党(或三青团)的中委,是第一个以名教授和名学者的身份自愿到蒋介石中央训练团去受训,起了'带头'作用,是蒋介石《中央周刊》的经常撰稿人,强烈地表现了污蔑革命的'思想',他抗战前和抗战后主编过《文学》(当为《文学杂志》,原话如此——编者)杂志,坚守资产阶级文学的阵地,到抗日胜利后蒋介石发动内战的时候,他是胡适所倡导的'和比战难'主张底支持者,到解放前蒋介石政权快要完蛋的时候,他又是所谓'新的第三方面'底主要策动者之一。但朱光潜又是名'学者',大约二十年以来,他出版了《给青年的十二封信》《谈美》《文艺心理学》《诗学》(当为《诗论》,原话如此——编者)等,在读者里面发生了极其广泛的影响。他用资产阶级唯心论深入到美学这个领域,'开辟'了广大的战场,在单纯的青年们和文学教授中间起了极其危害的作用。他是胡适派的旗帜之一,在胡适派学阀里面是一个大台柱。他是在这样基础上一成不变地为蒋介石服务的。所以,朱光潜是为蒋介石法西斯思想服务,单纯地当作资产阶级思想都是掩盖了问题的。

……他以纯学者自命,要别人对他的理论'还它一个历史的本来面目',骂别人'执今责古',要'染了毒'的读者担负缺乏批判的责任,骂别人不该把他的理论'全盘打到九层地狱中去',而且宣称他的学说'并不一定不能与马列主义的观点相融洽',示威地说:'请马列主义学者们想一想'。这不是挑战是什么?"①

11月10日,黎之再次在《人民日报》上发表《"文艺报"编者应该彻底检查资产阶级作风》一文,对《文艺报》创刊以来工作中的各种"资产阶级庸俗作风"及"错误思想"进行了追根溯源式地清算,并同样揪出先生这一事例严加指责:"'文艺报'第一卷第三期和第八期关于朱光潜的美学思想的讨论,就表现了这种态度。'文艺报'编者不但根本没有指出朱光潜的美学思想的资产阶级唯心论的实质,还让朱光潜狂妄地向马克思列宁主义进攻,甚至诿卸他在青年中间散播毒素的罪过,说'染毒的人们也应该负缺乏批判的责任。'对于朱先潜的这种荒谬理论,'文艺报'编者竟不置一词。我们文艺界对资产阶级唯心论文艺思想的批判实行了长期的怠工。"

1955年(乙未)58岁

1月26日,中央发出《关于在干部和知识分子中组织宣传唯物主义思想批判资产阶级唯心主义思想的演讲工作的通知》。

3月1日,中央又发出《关于宣传唯物主义思想,批判资产阶级唯心主义思想的指示》。

4月11日,《人民日报》再次发表社论《展开对资产阶级唯心主义思想的批判》。

5月,在批判胡风反革命集团运动中,先生在《文艺报》第九、十号上发表《剥去胡风的伪装看他的主观唯心论的真相》一文。先生指出,胡风的文艺理论和自己过去文艺思想的来源同属于主观唯心主义。关于客观世界与主观世界谁处在第一位的问题,都是强调主观处于第一位,客观处于第二位。关于直觉与感觉机能的相互关系,都主张文艺只关乎直觉或直觉与理性无关。关于文艺

---

① 胡风:《胡风的发言》,载《文艺报》,1954年第22期,第7页。

的社会作用问题,由于否定了作品本身题材的重要性,把创作者个人提到中心地位,这实质上都落入到"为文艺而文艺"的泥潭。和胡风稍有不同的是:先生的主观唯心主义是赤裸裸的,而胡风的主观唯心主义是有层层伪装的。最后,先生借批评胡风作自我批评称:"我拿胡风的镜子照了照自己,发现他的错误在基本上有许多是我过去犯的,把肮脏的东西翻出来见见太阳,这对于我倒有很大的帮助。从此我更进一步认识到主观唯心论危害的严重性。"①

10月,收到曾在留学期间结识的英人好友爱丁堡大学汤姆逊讲师寄来的《古代希腊社会》(第二卷)(图9-3)。汤姆逊也是早年常在先生面前谈起克罗齐并借克罗齐的书给先生读的人。这或许是一个信号:先生最早从那时起便产生了将研究领域从心理学转向美学的想法。

 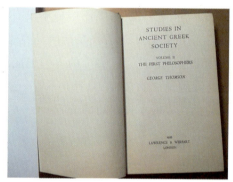

图9-3　汤姆逊寄与先生的《古代希腊社会》(第二卷)

10月10日,人民文学出版社要出版《萧伯纳戏剧集》,其中《苹果车》一文请老舍翻译,老舍通过出版社请先生校读译稿,因为老舍20世纪30年代留学欧洲就和先生相识,先生也以"自恃和你(指老舍——编者)多年相识"称呼对方。这样,先生很认真看了译稿,本来文学出版社只要求先生看看译稿是否忠实于原文而已,并没叫先生提意见,但是,先生觉得老舍是作白话文的高手,此译作似与其一贯流畅的白话表达相左,故给老舍写信说:"对于读过你的作品的人,这部译文倒不大象出于你的手笔。人家一看到,就感觉到这是翻译,而且有些地方直译的痕迹相当突出。我因此不免要窥探你的翻译的原则。我所猜想到的不外两种:一种是小心地追随原文亦步亦趋,寸步不离;一种是大胆地尝试新文体,要吸收西文的词汇和语法,来丰富中文。无论是哪一种,我都以为是不

---

① 《朱光潜全集》第5卷,合肥:安徽教育出版社1989年版,第9页。

很明智的。理由很简单:第一,你没有尽量利用你所特别擅长的中文口语,本来是个打枪的能手,现在却要耍大刀,这就不一定能操必胜之权;其次,你在读者群众中威信和影响都很大,从你手里出来的文字,无论是自己作的还是译的,都是许多青年学习的对象;我们现正在争取汉语的规范化,说到究竟,真正促成语文规范化的还是在群众中有威信的作家,你也不能不注意到这一点。"①

这封《致老舍》的信,1990年收入《新文学史料》第一期。内容很典型地体现了先生直译和意译相结合的翻译原则:即先把原文意思弄懂、弄清楚,然后再用白话(适合群众的叙述方式)流畅地表达出来。

是年,先生写《英语省略在翻译中的处理》长文(《全集》未收),后收入《北京大学1955—1956学年科学讨论会西方语言文学分会论文》,其中引了老舍翻译《苹果车》的文稿,并说明了是"委托校阅"。

1956年(丙申)59岁

1月14日,在中国共产党中央委员会召开的关于知识分子问题的会议上,周恩来作了《关于知识分子问题的报告》。先生后来回忆道:"1956年周总理发表了《关于知识分子问题的报告》,号召加强对知识分子的团结教育改造,接着一般知识分子的待遇就突然提高了。我被提升为一级教授,参加了民盟,不久就被选为民盟中央委员,并被特邀为全国政协委员,此外又参加了作协和文联,在第三届文化大会上被选为全国文联委员。从此以后,我就获得极其广泛的学习和教育改造的机会,经常听到党中央领导同志关于国内国际形势,中央制定的各种方针政策和规则以及实施情况的报告;经常参加政协所组织的到全国各地工农业先进单位的参观学习;经常参加民盟中央的定期学习,讨论当前的形势和任务以及有关知识分子改造的问题。这些活动使我对毛主席的英明领导,共产党忠心为人民服务的精神以及国内国际的一片大好形势的认识不断地有所提高,使我在政治上不断地有所转变。我自问这些年来心情是舒畅的,对毛主席,对共产党,对社会主义事业是衷心拥护的。"②

先生除了被提升为新工资标准中一级教授外(月薪280元),住房条件也得

---

① 《朱光潜全集》第10卷,合肥:安徽教育出版社1993年版,第38-39页。
② 《朱光潜全集》(新编增订本)第10卷,北京:中华书局2012年版,第256页。

到改善,搬进了北京大学东门外靠近清华园的燕东园的一栋小洋楼——燕东园27号。

1月15日,《致人民文学出版社编辑》信(《全集》未收):

人民文学出版社同志:

　　译稿①承整理提意见,甚感除极少例外,均照改。请随时派人到北京大学南门内八号朱寓取稿,万一本人不在寓,可向助理员索取。

　　标准本156-157的乐谱是我所据的本子没有的,如可能,望插入译文里印出。

　　拙译剧本如系单行,拟自购二十册,请登记。

　　此致

敬礼!

朱光潜谨启
一月十五日

是月,《文艺报》苦心孤诣,组织文艺界人士召开了"朱光潜美学思想座谈会"。"会议开了一整天,由林默涵主持",并"商定由黄药眠和蔡仪分头写评朱光潜的文章"。②

5月,经董枝枝、叶汝琏介绍,先生在北京大学加入中国民主同盟。

是月,李泽厚在《哲学研究》上发表《论美感、美和艺术》一文,关于此文产生的背景,后来李泽厚本人还有一段回忆:"我那第一篇美学文章是在当时批朱先生的高潮中写成的。印出油印稿后,我寄了一份给贺麟先生看。贺先生认为不错,便转给了朱先生。朱回信给贺说,他认为这是批评他文章中最好的一篇。贺把这信给我看了。当时我二十几岁,虽已发了几篇文章,但毕竟是言辞凶厉而知识浅薄的'毛孩子'。这篇文章的口气调门便也不低,被批评者却如此豁达大度,这相当触动了我,虽未对人常说,却至今记得。贺先生也许早淡忘了,但不知那封信还在不? 当然,朱先生在一些文章中也动过气,也说过重话,但与有些人写文章来罗织罪状,夸张其辞,想一举打垮别人的风格,相去何止天

---

① 译稿即《英国佬的另一个岛》。
② 乔象钟:《蔡仪传》,北京:文化艺术出版社2002年版,第81页。

壤?我想,学术风格与人品、人格以至人生态度、学术的客观性与个体的主观性大概的确有些关系。"①

6月13日,陆定一《百花齐放,百家争鸣——1956年5月26日在怀仁堂的讲话》在《人民日报》上发表。原先在《文艺报》组织召开的会议上拟定的黄药眠写的文章(实际在4月份已写好,名为《论食利者的美学》——编者)和蔡仪的文章均和"双百"方针不允许"利用行政力量,强制推行一种风格,一种学派"的宗旨相背离。于是,黄药眠还与当时任《文艺报》编委的康濯一起就文章专门到先生家里征询意见,并在北京师范大学科研会上预先作了报告。

6月30日,《文艺报》在一边响应党中央"关于批判资产阶级唯心主义思想"的指示,一边结合"双百"方针的具体要求,在胡乔木、邓拓、周扬和邵荃麟分别给先生打招呼的情况下②,刊登了先生《我的文艺思想的反动性》长文。这篇文章实际成了美学大讨论的导火线。

值得一提的是,先生这篇文章发表在先,但随后陆续发表的贺麟《朱光潜文艺思想的哲学根源》、黄药眠《论食利者的美学》、蔡仪《朱光潜美学思想的本来面目》等文章写作时间实际上都是在先生这篇文章发表之前,这种匠心安排,也有把先生树成一个靶子的用意。这一点从《文艺报》在朱文前的"编者按"可见一斑:

> 编者按:我们在这里发表了朱光潜先生的《我的文艺思想的反动性》一文,这是作者对他过去的美学观点的一个自我批判。大家知道,朱光潜先生的美学思想是唯心主义的。他在解放以前,曾多年致力于美学的研究,先后出版了他的《文艺心理学》《谈美》《诗论》等著作,系统地宣传了唯心主义的美学思想,在知识青年中曾有过相当的影响。近几年来,特别是去年全国知识界展开对胡适、胡风思想的批判以来,朱先生对于自己过去的文艺思想已开始有所批判,现在的这篇文章,进一步表示了他抛弃旧观点,获取新观点的努力。我们觉得,作者的态度是诚恳的,他的这种努力是应

---

① 李泽厚:《悼朱光潜先生》,载《朱光潜纪念集》,合肥:安徽教育出版社1987年版,第64-65页。
② 先生称:"在美学讨论开始前,胡乔木、邓拓、周扬和邵荃麟等同志就已分别向我打过招呼,说这次美学讨论是为澄清思想,不是要整人。我积极地投入了这场论争,不隐瞒或回避我过去的美学观点,也不轻易地接纳我认为并不正确的批判。"参见《朱光潜全集》(新编增订本)第10卷,北京:中华书局2012年版,第8页。

当欢迎的……我们将在本刊继续发表关于美学问题的文章,其中包括批评朱光潜先生的美学观点及其他讨论美学问题的文章。我们认为,只有充分的、自由的、认真的互相探讨和批判,真正科学的、根据马克思列宁主义原则的美学才能逐步地建设起来。

对于先生这篇名文,首先要肯定的是:的确是先生立场和方法转变的开始,标志他逐步走向马克思主义实践美学观。他在此文中称:"我现在看清楚了,站在唯心主义的迷径里绕圈子,尽管如何'使力',始终是不会绕出这个圈子的。要真的绕出这个圈子,就非有马克思列宁主义的光辉照耀不可。象我这样'在迷径里使力绕圈子'的过来人,接触到马克思列宁主义,对于它的威力的认识或许比没有在迷径里绕过圈子的人略有不同,我的感觉是'相知恨晚'!是欣喜也是悔恨。"①先生清晰地说明自己思想上的这种转变存在一定的学理的内在逻辑发展的必然性:

"我在美学上思想发展过程可分三个阶段:首先是恭顺地跟着克罗齐走(《文艺心理学》初稿),继而对他的'艺术即直觉'这个定义所否定的东西开始怀疑,想法弥补他的漏洞,由于没有放弃'艺术即直觉'的基本定义,弄得矛盾百出(《文艺心理学》的修正稿)。后来,我由美学涉猎到克罗齐的全部哲学,对它作了一些逻辑的分析,就开始怀疑到唯心主义哲学本身《克罗齐哲学述评》。"②

其次,先生也表明自己在批评克罗齐形式派美学时提出自己"前因后果的美感经验"论依然有其合理性,仍然可以融合于马克思主义辩证思维之中。关于这一点,学界注意得并不够。先生是这样说的:"克罗齐从他的定义所推演的结论是:直觉不带抽象思维,所以与科学哲学无关;直觉又不带意志,所以与政治道德等实际活动也无关;直觉是独立自足的单纯活动,所以与联想无关。我发现这些结论与众所周知的事实不相容,与我自己对于文艺的认识也不相容,于是想出一个调和折衷的途径,说直觉活动只限于创造或欣赏白热化的那一刹那,而艺术活动并不只限于那一刹那,在那一刹那的前或后,抽象的思维,道德政治等的考虑,以及与对象有关的种种联想都还是可以对艺术发生影响的。这个看法我至今还以为是基本正确的,因为它符合形象思维与抽象思维的辩证的

---

① 《朱光潜全集》第5卷,合肥:安徽教育出版社1989年版,第21页。
② 《朱光潜全集》第5卷,合肥:安徽教育出版社1989年版,第20页。

统一,也符合艺术与其他部门的人生活动的联系。"①

再次,先生对美的本质也采取了谨慎的态度,称:"美学里一个中心问题是:美究竟是什么?坦白地说,这是一个极复杂的问题,我现在对于这个问题还不敢下结论。"②

显然,把美感经验(一刹那)和艺术活动(包括名理和道德)看作范围不同的范畴,以及对美的本质持谨慎态度,这都和现代西方反"形上学"(旧唯物实体和唯心实体思维——编者)相合拍,和古典抽象唯物、抽象唯心有别。这说明当时先生的美学观实际已比批判他的客观派和主观派(实际上就是抽象唯物和抽象唯心——编者)所持有的美学观高一筹。只是当时一般学术界普遍受苏联机械唯物思维方式(非此即彼)的影响,对先生的美是主客观统一论不能理解。这可能是后来美学大讨论在先生心目中评价不高的原因。

先生这种学识占先,客观上也无形在批判自己的文章外传递给了读者一些在机械思维模式下所无法获得的知识。所以,西方著名中国当代文学研究者佛克玛(D.W.Fokkema)在《中国文学理论与苏联影响(1956-1960)》[*Literary Doctrine in China and Soviet Influence* (1956-1960)]一书里就这篇名文说出了另外一番新意:"但细观全文,他的忏悔是轻微的,可能只是表面形式上的。他的真诚程度问题这里可放在一边且不去谈论,重要的事实是,朱光潜的检查实际上为《文艺报》读者提供了大量他们通常接触不到的理论知识。"③

这一点也可以透过季羡林的回忆得到证明:"思想改造运动时,有人告诉我说是喜欢读朱先生写的自我批评的文章。我当时觉得非常可笑;这是什么时候呀,你居然还有闲情逸致来欣赏文章!然而这却是事实,可见朱先生文章感人之深。"④

7月9日、10日,贺麟《朱光潜文艺思想的哲学根源》原本是要在《文艺报》上发表的,经胡乔木推荐在《人民日报》第7版连载刊发。随后黄药眠、曹景元、敏译等人批评先生的文章相继登出。其实,贺麟1949年以前介绍黑格尔是从非理性角度出发的,而且对直观(直觉)发表了很有深度的论文。然而,1949年

---

① 《朱光潜全集》第5卷,合肥:安徽教育出版社1989年版,第20页。
② 《朱光潜全集》第5卷,合肥:安徽教育出版社1989年版,第27页。
③ [荷兰]D.W.佛克玛:《中国文学理论与苏联影响》,海牙:海牙默顿出版公司(Mouton &co. The Hague)1965年版,第94页。
④ 季羡林:《他实现了生命的价值——悼念朱光潜先生》,载《朱光潜纪念集》,合肥:安徽教育出版社1987年版,第25-27页。

后马克思主义在中国的表现形态是理性的,贺麟和先生都曾和蒋介石有关系。因此,贺麟这篇文章是借批评先生以表明自己也脱离了非理性的哲学思考方式的一种形式。但是,贺麟行文没有就自己像先生批胡适、胡风连带批自己那样,而是只是说先生和克罗齐都是把"艺术即直觉"奉为家珍,这就抹杀了艺术中具有的形象思维和理性成分,把艺术弄成神秘主义的东西,云云。甚至上纲上线道:"总之,谁也看得出孤立绝缘的形象正是客观现实、社会生活、人民大众的情感和命运等的反面。一点也不奇怪何以朱先潜和喜爱朱光潜这一套文艺思想的人过去会脱离人民走上反对人民革命的道路。"

显然,这种批评方式先生是不能接受的,在先生稍后发表的《克罗齐美学的批判》里,有这样为自己辩护的话:"贺麟教授在批判我的美学思想的文章(指《朱光潜文艺思想的哲学根源》一文——编者)里曾说过:'艺术即直觉说'包含有如下三点错误:第一,在于把供给科学知识的感性直觉与艺术的直觉混淆起来;第二,在于形而上学地……把直觉与概念割裂,割裂开了之后,又想去勉强凑合;第三,艺术即直觉说的根本错误在于把艺术划归在感性认识范围内,艺术应该是形象的思维,怎能与理性认识无关?

这三点其实只是一件事,就是混淆感性直觉与艺术直觉,有了这个混淆,就必然割裂直觉与概念,也就必然割裂形象思维与抽象思维。我在 1948 年发表的《克罗齐哲学述评》里也就指出过这种混淆的错误:

> 我可以意识到一点绿色的形状,一片绿叶的形状和一棵绿树的形状。这些形状已有单复的分别,而从艺术观点看,可能都没有'形式'。……克罗齐以为这形状就是艺术的'形式',就不免是把两个不同的东西混而为一。……直觉有是艺术,有不是艺术的。不是艺术的直觉只是单纯的对于个别事物的认识,是艺术的直觉还应有一个区别因素。……不是艺术的直觉是最基层的认识活动,而艺术的直觉却不是,它是熔铸知觉、直觉、概念于一炉的'想象'。

这种混淆是很明显的。但是问题还不在克罗齐是否混淆了这两种不同的心理活动,而在他为什么要混淆它们。这是与他要取消物质、打消二元论的企图分不开的。他的目的正是要证明一切事物都是艺术活动所创造出来的意象。"①

显然,先生这里指出了贺麟对他的批评没有弄清楚早在《克罗齐哲学述评》中,先生就已经不同意克罗齐把哲学的直觉和艺术的直觉混淆的看法了。

7月11日,《百家争鸣,定于一是》发表在《人民日报》上。先生写道:"百家争鸣可以说就是批评与自我批评这个马克思主义武器的正确的运用。""定于一是,就是百家争鸣的最终目的。"②先生后来回忆道:"《人民日报》请客座谈'双百'方针。"这就是这篇文章出炉的背景。

7月18日,《致中国青年出版社编辑》函③(《全集》未收):

青年出版社编辑部同志:

  来信久收到,因为天天忙,没有能早复。你们原先提到方重和我合编《近代英美散文选》,我误会了你们所需的是一个英文选本。既然是中文的,问题就难了。因为不像戏剧小说,外国散文过去译成中文的很少,大半要新译。我实在忙,不能担任编选工作。北大里也找不到很合适的人。只有一件事我可以帮忙,英国散文我过去在教翻译时译过几十篇,其中有一部分稍加修改就可以用。你们最好就①法②德③其它国家三方面各请一人选译一些材料,法文可找文研所的罗大冈或香山军委会外语学校的鲍文蔚;德文可找南大的商章苏或陈铨(北大冯至太忙),其它国家可找译文社陈永易,还可以利用一部分译文已发表的材料。英美部分我可以担任,但请告知全书的分量以及英美部分的分量,英美部分我可以约旁人补充一些。

  此致
敬礼!

朱光潜
七月十八日

---

① 《朱光潜全集》第5卷,合肥:安徽教育出版社1989年版,第158-159页。
② 《朱光潜全集》第10卷,合肥:安徽教育出版社1993年版,第41页。
③ 青年出版社1950年成立,1953年与开明书店合并,改名"中国青年出版社"。函中提到鲍文蔚,时任北京香山军委外国语文学校教员。商章苏即商承祖,时任南京大学外文系主任。陈铨时任职于南京大学外文系。

7月22日,《致周扬》函①(《全集》未收):

周扬同志:

　　五月初在文联开会,承您问到我的克罗齐美学译稿,并且答应代为设法再版。我回来后即将译文仔细校改一遍,找人抄了一份。兹将第一版原文及修正文钞本一同寄奉审正。如认为可以再版,即请转交出版社,否则尚望将原件寄还。您很忙,为这点琐细事麻烦您,只有心感。

　　此致

敬礼!

朱光潜
七月廿二日

9月,先生写诗《别长安》,后载旅港嘉图商会1982年3月出版的第4期《文丛》。

先生参加了全国文联和全国政协组织的参观活动,参观了西安、兰州、玉门等地,写下一些记游诗抒发观感。先生后来回忆道:"参加文联组织的西北参观团到了西安、延安、兰州、玉门、敦煌等地。写了一些旧诗载《光明日报》和《红旗漫卷西风》集里。"②

9月13日,先生正式加入中国作家协会。

10月6日,《甘肃记游杂诗》载《光明日报》。

10月12日,《致中国青年出版社编辑》函③(《全集》未收):

---

　　① 寄给周扬原信上有周扬和人民文学出版社负责人的批语:"任叔同志:此书我意可由作家出版社出版,印数可少点;如不合适,望代转新文艺出版社或三联出,结果望告。周扬八月九日。""我认为此书可由作家出版社出版,请四编室审定后,复周扬同志并与朱光潜联系订约。任叔八月十二日。""此信请先送效洵同志一阅,然后登记送四编室。□□八月十三日。""同意任叔同志意见,印数可予控制。第一版原稿如无用,可先退还译者自己保存,以免遗失。请即复周扬同志并与朱先生联系。效洵八月十四即日收。"周扬时任中宣部副部长,王任叔为人民文学出版社副社长,郑效洵为分管外国文学的四编室主任。作家出版社时为人民文学出版社副牌。

　　② 《朱光潜全集》(新编增订本)第10卷,北京:中华书局2012年版,第278-279页。

　　③ 本函是先生应中国青年出版社拟出版青少年外国古典文学读物系列选本征求名家意见的回复函。

青年出版第二编辑室同志们：

来信收到。

书目意见见另纸。

诗较难译。过去有些人已译过的不妨选用,例如梁遇春译的十九世纪英诗(现由北大袁家骅教授在整理),梁宗岱译的莎士比亚十四行诗和歌德的一些短诗,冯至译的海涅诗,卞之琳译的一些英国短诗,都不妨和译者接洽,采用一部分。还有朱湘也译过些诗。Wordsworth 的诗我过去译了一些,但是未发表,稿子都丢了。另外可加一些新译的,暂定入选诗人,不定诗目,由译者自选较妥。英诗译者:卞之琳(北大)、孙大雨(复旦)、佘坤珊(广州中大)、罗念生(北大);法诗译者:罗大冈(北大)、闻家驷(北大)、梁宗岱(广州中大)、傅雷(上海);德诗译者:冯至(北大)、商章荪(南大)。我的《会饮篇》译稿未发表,随时可以检奉。实在是忙,不然我很想译 Diderot 的《谈演剧》(一篇很好的对话,也是一篇很好的谈演剧的文章,约五六万字)。此书未见英译本。

此致

敬礼！

朱光潜

十月十二日

附书目：

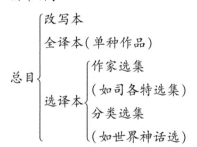

这样眉目较清楚

改写本

增：

希腊悲剧故事集

中世纪传奇故事集

列那狐

全译本移最后

三种故事选续

作家选集类

增：

法 { Voltaire : *Candide*
Diderot : *Le Neveu de Rameau*
Bernardin De St. Pierre : *Paul et Virginie*

英 { Kingsley : *Westward Ho*！
Gaskell : *Mary Barton*
C. Brontë : *Jane Eyre*

选集　意 Boccaccio：《十日谈》（选）

斯蒂文生、库柏、霍桑、凡尔纳都选得太多，和他们的文学上的地位不称。

增：

莫里哀戏剧选集（包括《悭吝人》《市民绅士》等，英名剧亦可）

歌德选集（包括《浮士德》）

席勒选集（包括《威廉特尔》）

托尔斯泰（《复活》　短篇小说）

屠格勒夫选集（包括《父与子》　短篇小说）

柴霍夫选集（包括《三姊妹》《樱桃园》　短篇小说）

高尔基选集（包括《母亲》）

选本

近代世界名诗选

英：

莎士比亚：十四行诗选

密尔敦：短诗

蒲伯（Pope）：讽刺诗

华兹华斯、拜伦、雪莱、济慈、候德（Hood）

法：André Chénier、Lamartine、Hugo、Alfred de Vigny、Béranger

德：Goethe、Schiller、Heine

美：Whitman（《草叶集》选）

世界散文选

去斯蒂文生加 Hazlitt

法国加 Pascal, Diderot 和 Anatole France

德国加 Lessing, Goethe, Heine

对话

柏拉图:《苏格拉底受审记》《会饮篇》

Cicero:《谈友谊》等

Diderot:《谈演剧》(*Paradoxe sur le comédien*)

歌德:《与艾克曼的谈话》(选)

Landor: *Imaginary Conversations*(选三四篇即可)

11月24日,《新诗从旧诗能学习得些什么?》发表在《光明日报》上。先生称:"向传统学习的问题是每个新诗人所必须郑重考虑的。"

是月,译著《文艺对话集》([希腊]柏拉图著)新一版由上海新文艺出版社出版。

12月1日,蔡仪《评"论食利者的美学"》发表在《人民日报》上。①

是日,先生《教师应加强对同学自学的辅导——从西语教学中的几个问题谈起》发表在《北京大学校刊》第100期。

12月25日,《美学怎样才能既是唯物的又是辩证的——评蔡仪同志的美学观点》发表在《人民日报》上。文中首次提出"物甲物乙"说和两种反映形式说。先生批评蔡仪没有认清美感对象,没有在"物"与"物的形象"之中见出分别,没有认出美感的对象是"物的形象"而不是"物"本身。"物的形象"是"物"在人的既定的主观条件(如意识形态、情趣等)的影响下反映于人的意识的结果,所以只是一种知识形式。在这个反映的关系上,物是第一性的,物的形象是第二性

---

① 这篇文章原投《人民日报》题目是《黄药眠从什么观点批评朱光潜的美学思想?——评"论食利者的美学"》,正式发表被编辑删改为《评"论食利者的美学"》。事实上,蔡仪6月份就完成了《文艺报》原先与他的约稿《朱光潜美学思想的本来面目》。因《文艺报》没用他的稿,甚至《人民日报》也将其稿"退还"。蔡先生在日记上写下:"去年一年也是灾难的一年,灾难是稿子写的不多,有的也不好,但是不论好坏,发表都困难,特别是《文艺报》硬是要压制我的文章,要去的稿子不登,约的稿子不登,约了不取,取了也不登,就是反驳吕荧的文章他们要去也无消息。这是可恶的作风。"(转引自乔象钟:《蔡仪传》,北京:文化艺术出版社2002年版,第88页。)这样,在百般无奈的情况下,蔡先生把枪头调转对准他的"战友"黄药眠,写下了上面这篇文章,因为在蔡先生看来,他自己才是批评先生的比较早的"权威",黄药眠批评先生的观点也不对。

的。但是这"物的形象"在形成之中就成了认识的对象,就其为对象来说,它也可以叫作"物",不过这个"物"(姑简称物乙)不同于原来产生形象的那个"物"(姑简称物甲),物甲是自然物,物乙是自然物的客观条件加上人的主观条件的影响而产生的,所以已经不纯是自然物,而是夹杂着人的主观成分的物,换句话说,已经是社会的物了。

美感的或艺术的反映形式与一般知识或科学的反映形式并不一样,如"花是美的"与"花是红的"两个判断就不一样,前者是审美判断,主观成分就起作用,而后者则主观条件不起什么作用。

是月,(1)《涉江采芙蓉》载《中国青年》第二十四期。

△(2)先生翻译《英国佬的另一个岛》,后载人民文学出版社出版的《萧伯纳戏剧集》第二卷。

1957 年(丁酉)60 岁

1月,《怎样学习中国古典诗词》发表于《中国青年》第一期。

1月9日,《人民日报》上发表李泽厚《美的客观性和社会性——评朱光潜蔡仪的美学观》一文。在蔡仪客观(派)和先生主客观统一(派)之外形成自己独特的客观社会(派)观点。

是月,《从切身的经验谈百家争鸣》发表于《文艺报》第一期。先生写道:"在'百家争鸣'的号召出来之前,有五六年的时间我没有写一篇学术性的文章,没有读一部象样的美学书籍,或是就美学里某个问题认真地作一番思考。其所以如此,并非由于我不愿,而是由于我不敢。""在'群起而攻之'的形势之下,我心里日渐形成很深的罪孽感觉,抬不起头来,当然也就张不开口来。不敢说话,当然也就用不着思想,也用不着读书或进行研究。""在美学上要说服我的人就得自己懂得美学,就得拿我所能懂得的道理说服我。单是替我扣一个帽子,尽管这个帽子非常合式,是不能解决问题的;单是拿'马克思列宁主义美学认为……'的口气来吓唬我,也是不解决问题的。""'百家争鸣'的号召出来了,我就松了一大口气。""我们喜形于色,倒不是庆幸唯心主义从此可以抬头,而是庆幸我们的唯心主义的包袱从此可以用最合理最有效的方式放下,我们还可以趁有用的余年在学术上替大家一样心爱的祖国出一把力。"①

1月22日—26日,北京大学哲学系连续几天召开了中国哲学史问题讨论会,讨论中国哲学史上的一些问题,先生参加了会议,后来就参加会议的感想写成了《谈思想两栖》。

2月,出席中国人民政治协商会议第二届全国委员会第三次全体会议,被增补为全国政协委员。此后历任第三、四、五届全国政协委员,第六届全国政协常务委员会委员。

2月27日,毛泽东在最高国务会议第十一次(扩大)会议上作《关于正确处理人民内部矛盾的问题》的讲话。先生列席了会议,后来回忆写道:"列席了最高国务会议,听了毛主席《关于正确处理人民内部矛盾的问题》的报告。"②又说:"1957年听毛主席讲《关于正确处理人民内部矛盾的问题》时说到功课要少而精,应考虑把现在的课程砍掉三分之一(正式发表的文件这段话删去了,听说是由于教育部的反对)。"③先生感到很振奋,因为这和先生的想法一致。

是月,《谈白居易和辛弃疾的词四首》发表在《语文学习》第2期上。

3月13日,中宣部部长陆定一作《在全国宣传工作会议上的讲话》,其中说道:"学术批评中我们有过两种办法,一种是请被批评者到场;一种例如批评朱光潜,先写好了批评文章,请朱光潜看,主席提出批评前最好进行访问,我们不是问批评怎么能既打中要害,又不粗暴?那就先访问,见见面,讨论一下,以便改正错误,达到团结。只有对那些十分顽固的官僚主义者才是另外一回事。"④

先生后来回忆道:"列席了中国共产党全国宣传工作会议,听了毛主席的讲话。"⑤

是月,《谈思想两栖》载《新建设》第三期上。先生写道:"研究中国哲学史,是象研究其它中国问题一样,必须根据马克思列宁主义,结合中国具体情况,作仔细的具体分析。""就是有些人的思想就象蛤蟆一样,是水陆两栖的,时而唯心,时而唯物。""每个思想家从历史传统所继承来的东西也是复杂的,有些符合新的历史条件,也有些不符合新的历史条件而保存原来的落后的形式。"⑥这

---

① 《朱光潜全集》第10卷,合肥:安徽教育出版社1993年版,第79-80页。
② 《朱光潜全集》(新编增订本)第10卷,北京:中华书局2012年版,第279页。
③ 《朱光潜全集》(新编增订本)第10卷,北京:中华书局2012年版,第257页。
④ 《陆定一文集》,北京:人民出版社1992年版,第560页。
⑤ 《朱光潜全集》(新编增订本)第10卷,北京:中华书局2012年版,第279页。
⑥ 《朱光潜全集》第10卷,合肥:安徽教育出版社1993年版,第71页。

已蕴含后来先生提出的唯心和唯物也可以因时因条件互相转化的观点。

图9-4　1957年4月,先生当选中国作家协会会员。图为先生的中国作家协会会员证(1957年4月签发)。

4月,《迢迢牵牛星》载《中国青年》第七期上。

5月19日,《读〈在延安文艺座谈会上的讲话〉的一些体会》发表于《文艺报》第七期。先生说:"中国古典的整理与外国古典的翻译在今日都是刻不容缓的事。总之,遵照毛主席所指示的方向,我们所要做的工作还是很多的,而且是很艰巨的。"①

是月,《党能不能领导科学》载《思想战线》第五期(《全集》未收)。

6月,反右运动在全国范围内迅猛展开。先生"参加了校内反右斗争"。②小女儿朱世乐看到清华附中校长孔祥英(钱伟长夫人——编者)家被贴满大字报,有同学也问她家里是不是也是这样,世乐提心吊胆回家看是否也有了这种变化,结果没看到,就把看到的情况和先生说了。先生沉默了一会儿说:"这次大概把我漏了吧。"③

6月24日,《我们有了标准》发表于《文汇报》。在民盟中,先生和章伯钧是同乡,现在要参加批判章伯钧,他写道:"不过我心坎里还有一些怀疑,作为人民内部矛盾问题来看待,象现在这样近于'围剿'式的批判是否过火一点呢? 正在这样怀疑时,我读到了毛主席的文章。我首先想从这篇文章得到解决的正是关于右派分子的问题。我得到了辨别是非的标准,不单是那六条,这篇文章全部

---

① 《朱光潜全集》(新编增订本)第10卷,北京:中华书局2012年版,第228页。
② 《朱光潜全集》(新编增订本)第10卷,北京:中华书局2012年版,第279页。
③ 朱世乐口述,陈远整理:《美学家朱光潜:在不美的年月里》。参见陈远:《在不美的年代里》,重庆:重庆出版社2011年版,第127页。

都是帮助我们辨别是非的标准。我拿这些政治标准来衡量一下章伯钧、罗隆基、章乃器、储安平等,我发现六条之中没有哪一条可以作为根据,断定他们不是毒草而是香花。"①

是月,(1)《一个幼稚的愿望》载《诗刊》第六期。

△(2)《关于外语教学的一些杂感》载《西方语文》第一卷第一期。

7月,《为什么要放?怎样放?》载《中国青年》第十三期。

7月—8月,先生"参加了作家协会批判丁、陈②反党集团。"③

8月,《论美是客观与主观的统一》发表于《哲学研究》第四期。这篇文章清楚地说明了先生美学观和蔡仪、李泽厚美学观的差异,并进一步提出马克思主义美学的四个基本原则:(1)马克思主义的反映论有两个层次,艺术或美感的反映要经过两个阶段——第一个阶段是一般感觉,就是对于客观世界的反映——第二阶段才是正式美感阶段,就是意识形态对于客观现实世界的反映。"这两个阶段是紧联着的,有时甚至是互相起伏的,但是绝对不可混同"。④ (2)艺术是一种意识形态。(3)艺术是一种生产劳动。(4)美学不能只是一种认识论。这实际开启了先生后期从认识论朝向认识与实践(知与行)相结合统一的美学观转变的道路。

关于先生和蔡仪、李泽厚美学观的差别,先生写道:"李泽厚与蔡仪的分歧在于蔡把美看成物的自然属性,李却把美看成物的社会属性。⑤ 李泽厚与我的分歧在于我所说的美的社会性属于物的形象,起于社会意识形态,李所说的美的社会性属于自然物本身,起于他所说的与自然叠合的'社会存在'。"⑥

对美学仅仅是一种认识论的质疑,先生下述一段话几乎是被中国当代美学界公认清楚说明美学不仅仅是一种认识论的经典话语:

"我们应该提出一个对美学是根本性的问题:应不应该把美学看成只是一种认识论?从1750年德国学者鲍姆嘉通把美学(Aesthetik)作为一种专门学问起,经过康德、黑格尔、克罗齐诸人一直到现在,都把美学看成只是一种认识论。一般只从反映观点看文艺的美学家们也还是只把美学当作一种认识论。这不

---

① 《朱光潜全集》(新编增订本)第10卷,北京:中华书局2012年版,第230页。
② 指丁玲、陈企霞。
③ 《朱光潜全集》(新编增订本)第10卷,北京:中华书局2012年版,第279页。
④ 《朱光潜全集》第5卷,合肥:安徽教育出版社1989年版,第67页。
⑤ 这在先生看来都属于"见物不见人"的美学。
⑥ 《朱光潜全集》第5卷,合肥:安徽教育出版社1989年版,第56-57页。

能说不是唯心美学所遗留下来的一个须经重新审定的概念。"①

关于先生和自己之前美学观的变化,先生也说得很清楚:"我接受了存在决定意识这个唯物主义的基本原则,这就从根本上推翻了我过去的直觉创造形象的主观唯心主义。我接受了艺术为社会意识形态和艺术为生产劳动这两个马克思主义关于文艺的基本原则,这就从根本上推翻了我过去的艺术形象孤立绝缘,不关道德政治实用等那种颓废主义的美学思想体系。你问我现在的观点和过去的观点有什么不同,这就是我的答复。"②

秋,北京大学反右规模已很大,被定为右派分子有526人,其中教员90人、学生436人,先生后来只是简短地说:"参加了校内反右斗争。"③

10月25日,《不能先打毒针而后医治》发表于《光明日报》。从行文以"首先同意几位同志的意见"为开头看,这篇文字是在一次批右会上的发言。其中说道:"很难想象,我们既然要跟着党走向社会主义,同时还要培养出一批反党反社会主义的'专家',来腐蚀我们自己,消灭我们自己。"④这就是为什么"不能先打毒针而后医治"的原因,那么,唯有走"红"与"专"相统一的道路。而"现在搞社会科学真正要'专',非'红'不可,不'红'则'专'不进去,不懂马列主义方法,愈'专'愈不对头。"⑤

12月25日,《罗隆基要把知识分子勾引到什么道路上去?》发表于《光明日报》。先生这篇批评罗隆基的文章肯定是为当时社会历史条件所迫,⑥他写道:"罗隆基这一批人要勾引我们走的是洋奴买办的道路。我们要向他们进行激烈的斗争,原因也就在此。我们在这次严重斗争中,不但要彻底打垮敌人,而且也要提高自己的政治觉悟。罗隆基的问题说明了如果让知识分子两面性之中落后的那一面发展下去,会产生什么样严重的后果,同时也说明了知识分子思想改造的重要性和必要性。所以我们今后必须抓紧思想改造的工作。"⑦

---

① 《朱光潜全集》第5卷,合肥:安徽教育出版社1989年版,第70页。
② 《朱光潜全集》第5卷,合肥:安徽教育出版社1989年版,第96页。
③ 《朱光潜全集》(新编增订本)第10卷,北京:中华书局2012年版,第279页。
④ 《朱光潜全集》(新编增订本)第10卷,北京:中华书局2012年版,第239页。
⑤ 《朱光潜全集》(新编增订本)第10卷,北京:中华书局2012年版,第240页。
⑥ 晚年编者曾问过先生,在他眼里有没有智慧出群的人。先生想了想,脱口说了"罗隆基"三个字。但当时先生是在生命的最后不到一年时说的,当即先生夫人奚今吾就在旁插话说先生又在乱说了。先生的这一举动从侧面反映出,当时有关人道主义批评涉及先生,先生潜意识联系到批判罗、章反党集团的事件。
⑦ 《朱光潜全集》(新编增订本)第10卷,北京:中华书局2012年版,第247页。

12月3日,《人民日报》发表了吕荧《美是什么》一文,毛泽东亲自校阅了文前的"编者按"。全文如下:"编者按:本文作者在解放前和胡风有较密切的来往。当1955年胡风反革命集团被揭露、引起全国人民声讨的时候,他对胡风的反革命面目依然没有认识,反而为胡风辩解,这是严重的错误。后来查明,作者和胡风反革命集团并无政治上的联系。他对自己过去历史上和思想上的错误,已经有所认识。我们欢迎他参加关于美学问题的讨论。"

是年,翻译《论艺术》([美]爱默生著),后载1957年2月出版的《译文》。翻译《苏联大百科全书》中的"德国"词条,后被收入安徽教育出版社出版的《朱光潜全集》,题为《德国的语言学、文学、造形艺术与建筑》。

1958年(戊戌)61岁

1月,《美必然是意识形态性的——答李泽厚、洪毅然两同志》发表于《学术月刊》第一期。这篇文章在强调文艺是一种意识形态性的这一马克思主义的基本原则的同时,先生犀利地批评了李泽厚、洪毅然的美学观是旧"形上学"的产物,即把"美"实体化,以为"美"是永恒不变的,是一切"美"的根据。先生写道:"把美加以实体化、绝对化和形式化,这个倾向在洪的思想中特别突出。""这就是说,有一种包罗万象的一成不变的'美',作为一切'美的'的标准或根据。诗里的'美的'根据那个'美',图画、音乐等里的'美的',以及古今中外的凡是'美的',也都根据那个'美'。我可以告诉洪先生说:这就叫做客观唯心主义。"①并且,先生指出这种"客观唯心主义"和"机械唯物主义者"的思维模式是一致的,即实体化的思维模式。"这种绝对的'美'是客观唯心主义所遗留下来的一个顽强的迷信,它也影响了机械唯物主义者。"②也就是说,机械唯物主义把"美"看作"物"的一种属性。实际上,"美"和"美的"是分不开的。"美"的主体和"美的"属性是普遍性与特殊性的统一,不存在"美"独立于"美的"之外的实体。先生的这一思想和现当代西方反"形上学"思潮是一致的。

1月16日,《美就是美的观念吗?——评吕荧先生的美学观点》发表于《人民日报》。先生指出:吕荧把社会意识形态看作"美"(实体)是错误的,社会意

---

① 《朱光潜全集》第5卷,合肥:安徽教育出版社1989年版,第118-119页。
② 《朱光潜全集》第5卷,合肥:安徽教育出版社1989年版,第119页。

识形态不是实体,只是属性,"很显然,不是所有的社会意识形态都是美的,美学的任务就要找出美的社会意识形态所不同于其他社会意识形态的特点。吕荧对于'美的观念'和'社会意识'两词的任意互换使用就把这个问题掩盖起来了。其次,更重要的问题是:这种'美的观念'是否就等于'美'呢?说二者相等,就无异于说'花的观念'就等于'花'。谁也可以看出,这是彻头彻尾的主观唯心主义。尽管你承认'花的观念'由客观决定,这也不能挽救你,使你摆脱唯心主义,因为你毕竟肯定了意识(美的观念)就是存在(美),把观念代替了存在。"①可见,先生批评吕荧的主观唯心主义还是从批评实体化的"形上学"思维方法出发的。

2月,译著《美学原理》([意]克罗齐著)修正版由作家出版社出版。先生在《修正版译者序》中写道:"这几年国内美学界在批判我的主观唯心主义的美学思想中,常涉及我所依据的克罗齐的美学思想。"克罗齐的美学思想"属于主观唯心主义的范畴""不过他对美学也并非毫无贡献"。而且,里面有一个重要观点被提出:"象康德和黑格尔一样,克罗齐是把美学看成哲学中一个部门的,他用的方法主要地是概念的分析和推演,所以他反对从作为经验科学的心理学观点去研究美学。我在'文艺心理学'里,一方面依据了克罗齐纯粹从哲学出发所建立的理论,一方面又掺杂了一些心理学派的学说。如果单从介绍克罗齐来说,我对他有些歪曲。"②也可见先生是通过批判吸收克罗齐来建构自己美学观的。后来1970年意大利汉学家马利奥·沙巴蒂尼(Mario Sabatini)在罗马出版的《东方与西方》杂志上《朱光潜的〈文艺心理学〉中的"克罗齐主义"》一文中批评先生不是一个彻底的克罗齐者,如果他看到先生这番"自供",恐怕他也就不会奇怪了。

是月,(1)《谈李白诗三首》载《语文学习》第二期。

△(2)《在〈文艺〉文风座谈会上的书面发言》载《文艺报》第四期。

3月,《基督教与西方文化——一种重新估价的尝试》发表于《北京大学学报》(人文科学版)第一期。早在1945年,先生就曾想写一部《耶稣传》。这篇文章反映出先生受西方文化浸润很深,他写道:"基督教在欧洲长期占住统治的地位,与政治紧密联系,文化教育,文学艺术,哲学思想等没有哪一个生活领域没有受到基督教的深刻影响。我们可以说,不了解基督教,就不能彻底了解西

---

① 《朱光潜全集》第5卷,合肥:安徽教育出版社1989年版,第104页。
② [意]克罗齐著,朱光潜译:《美学原理》,北京:外国文学出版社1983年版,第3-4页。

方文化的整体或是其中任何一个部门。"①当然,针对基督教对西方文化的负面影响,先生也写道:"姑举唯心派哲学两个大师——康德和黑格尔——为例,他们都以神的信仰为他们的哲学的最后支柱,他们的著作都带着极浓厚的中世纪经院哲学的繁琐气味。所以基督教对于哲学思想的影响虽是深刻的,却不是很健康的。"②

4月,《"见物不见人"的美学——再答洪毅然先生》发表于《新建设》第四期。文中提出审美活动"四因素说",表明对马克思的"整全的人"和实践观有更深入的理解。先生说:"要了解艺术和审美活动,就要把以下四种因素结合在一起来看:

一、作为有生物机能的有机体的人(生理基础);

二、作为有历史传统和社会意识形态的社会人(社会基础);

三、作为单纯物质及其运动的自然事物(自然的自然性);

四、作为具有社会意义和功用的自然事物(自然的社会性)。

在具体的反应中,这四项是紧密结合起来的。过去的美学观之所以错误,可以一言以蔽之,就在孤立这四项中某一两项去看问题。唯心主义所孤立的是一、二两项所结成的主体而又剥去这主体的社会基础。机械唯物主义可能有两种:第一种是孤立第一项的生理机能,过去快感主义派美学以及新近资产阶级美学所提出的'复合有机感觉说'都属于这一类,第二种是孤立三、四两项所结成的客体,蔡仪、李泽厚、洪毅然以及多数参加美学讨论者都属这一类,所不同者只在自然事物有无社会性的问题上。我所主张的'客观与主观的统一',就是要把上列四项因素结合在一起来看艺术和美。"③

先生在文末引苏轼诗句:"若言琴上有琴声,放在匣中何不鸣? 若言声在指头上,何不于君指上听?"以此说明琴声在指头上是主观唯心主义,是先生过去的看法;琴声就在琴上是机械唯物主义。而说要有琴声,就既有琴(客观条件),又有弹琴的手指(主观条件),则是先生现在的主客观统一之说。

5月,《克罗齐美学的批判》发表于《北京大学学报》(人文科学版)第二期。先生写这篇文章时克罗齐刚逝世不久。他注意到克罗齐替大英百科全书第十四版所写的"美学"词条里的思想变化,认为克罗齐在分清艺术与其他心灵活动的界限之后,加了一段说明艺术与其他心灵活动关系的文字,实际是强调艺术

---

① 《朱光潜全集》第10卷,合肥:安徽教育出版社1993年版,第132页。
② 《朱光潜全集》第10卷,合肥:安徽教育出版社1993年版,第156页。
③ 《朱光潜全集》第5卷,合肥:安徽教育出版社1989年版,第129—130页。

与道德的关联,这可能是克罗齐对自己早先主张的"艺术独立自主说"的颠覆性的反驳,说明克罗齐已经对"艺术独立自主说"这一观点作了修正。

因此,大概考虑到克罗齐本人思想有变化,限于当时特殊的历史情况,先生也不可能获得克罗齐晚年的大部分著作,这篇文章没有像早先写《克罗齐哲学述评》是就克罗齐整个体系来述评的。这里,先生只根据克罗齐两部比较有代表性的著作《美学原理》和《美学纲要》展开述评。先生概述道:

"总之,克罗齐的艺术即直觉说是他的主观唯心主义哲学的基础,他要根据这个学说来取消物质世界,证明心灵活动的世界是唯一真实的世界。经过我们的分析,这个企图酿成了他的学说中许多矛盾。两度四阶段的心灵活动并不是象他所说的那样可以截然分开,而且这些心灵活动也产生不出物质世界来,他的道德观以及他的艺术传达说都要假定个人以外的客观世界的存在。他之所以达到他的错误的结论,是和他单凭概念分析的形而上学的方法分不开的。在概念上有分别,在现实生活中不一定就可以割裂。艺术家与哲学家和实践的人在概念上固然有别,而在现实生活中艺术家也不能不进行抽象思考,不能不考虑到经济和道德的问题(注意,这和先生早年在《文艺心理学》中所指出的克罗齐把有机整体按知、情、意割裂的机械观不同——编者)。克罗齐把艺术看成直觉,是完全在心中成就的,认为传达出来的作品只是'物理的事实',而传达本身只是实践的活动,与艺术无关。这种看法不但忽视了艺术与艺术媒介的密切关系,而且也抹煞了艺术的社会功用以及社会对于艺术的影响。他把直觉或艺术混淆成为形式,因而达到美的绝对价值论,否定了内容对于艺术的重要性。所以他的美学观点基本上是'为艺术而艺术'和形式主义的观点。他之所以达到这种观点,是与资产阶级没落期一般艺术理想和实践密切相关的。他的美学可以说是十九世纪后半期资产阶级文艺的辩护。它之所以曾经在资产阶级美学界风行一时,原因也就在此。

克罗齐的美学是否就应该全盘否定,没有一点可取呢?我并不这么想。肯定它的价值还有待于进一步的研究,现在只能约略地指出几点。第一,他对于过去欧洲美学思想有相当渊博的认识,而且进行了相当中肯的批判。例如他对于快感说、联想说、同情说、形式美说等的批评确实是为美学进展扫清了一些障碍。其次,唯心哲学的一般毛病在于把片面的真理夸大为全部的真理,我们既然明白了这种夸大性,也就不妨接受其中的片面的真理。有了这点认识,我们就可以说克罗齐美学中有两个基本主张是含有片面真理的:第一是艺术的整一性,既然是艺术,不管它是图画、雕刻、音乐或诗歌,它就有艺术之所以为艺术的普遍性;既然是美,不管它是自然美或艺术美,不管它是创造所见到的美还是欣赏所见到的美,它就有美之所以为美的普遍性。其次是意象表现情感说,尽管克罗齐所理解的意象纯粹是唯心的,他理解的情感也纯粹是主观的,盲目的,他的这个公式毕竟还是符合艺术的事实的。这是两千多年以来中国艺术家的普遍信条,也是两千多年以来欧洲艺术家的普遍信条。问题在于怎样解释这个公式或是这个事实。按照马克思主义来看,艺术是一种意识形态,反映客观存在,所谓主观方面的情感毕竟还是客观存在的反映。换句话说,单从客观方面看,艺术是反映,单从主观方面看,艺术是表现。这两方面统一起来看,才是全部的真理。此外,克罗齐还提出艺术与语言的统一说,美学与语言学的统一说,以及思想与语言的统一说,尽管他的理论根据是唯心的,他的结论还是值得我们慎重考虑的。"①

是月,译作《论美——对资产阶级美学的研究》([英]克·考德威尔著)和书评《关于考德威尔的〈论美〉》发表于《译文》第五期。先生发现考德威尔所阐述的人(主体)对环境(现实、自然实体)的关系等问题,很富有启发性,对于纠正美学研究中的机械唯物主义还是有帮助的。先生说:"我们可以说,人里面有环境的因素,环境里也有人的因素('人化的自然')。"先生开始用"人化的自然"表示人的本质对象化了后的"自然"已经有"人"的因素在里面。

6月20日,《总路线合唱》载《光明日报》。

是月,写《美学批判论文集》"编后记"。先生称:"破与立是相因为用的,不破固然不能立,不立也就不能破。在批判自己的主观唯心主义的同时,我也在开始作'立'的尝试。我根据马克思主义的对立面统一和文艺为一种意识形态两个基本原则,推论出美是意识形态性的,是客观与主观统一的结果。根据这个基本论点,我一方面批判了自己过去孤立主观因素而抹煞客观因素的错误,一方面也对蔡仪同志和其他参加美学讨论者的'美是物的客观属性,不依赖于人而存在'的看法提出了一些批评。"②

《美学批判论文集》由作家出版社出版。该文集收辑了先生1955年至1958年间写作的十篇美学论文,并附有英国美学家考德威尔《论美》的中译文。

---

① 《朱光潜全集》第5卷,合肥:安徽教育出版社1989年版,第172—173页。
② 《朱光潜全集》第5卷,合肥:安徽教育出版社1989年版,第224—225页。

12月,译著《美学》(第一卷)([德]黑格尔著)由人民文学出版社出版。此后搁了十年,至1970年冬季又动手续译,1975年全部译出,1978年又校改了一遍,第一版的许多注被修改(图9-5)。如第一版译康德Verstand(德文)为"理解力",后都一律改成"知解力"。这个词也有译"悟性",先生认为不好,因为"悟性"在禅宗有"一旦豁然贯通"的能力,不符合康德原意,原义只是认识功能。也有译"知性",显然,先生吸收了"知性"译法的某些优点,但觉得这还不能表示康德是对知识能力的考察,故后都译成"知解力"。还有第一版译黑格尔Subjekt(德文)这个词为"主观",译Objekt(德文)这个词为"客观",后来一律改为"主体"和"客体",因为在黑格尔那里这两个词有本体论意味,不能单从认识论出发来理解。

图9-5　先生《诗的类别》手稿(黑格尔《美学》相关章节译文)

1979年,《美学》被收入"汉译世界学术名著丛书",转由商务印书馆出版,1979年1月印出第一、二卷,1979年11月印出第三卷上册,1981年7月印出第三卷下册。

《美学》原是黑格尔在海德堡大学和柏林大学授课的讲义。他去世后由他的门徒霍托根据他亲笔写的提纲和几个听课者的笔记编辑成书,于1835年出版。先生的译本是根据1955年柏林出版的由巴森格重编的新版本,同时参照英、法、俄的一些译本译出的。译本后面附《译后记》及《黑格尔生平和著作年表》。先生认为,对深入学习马克思主义理论的人,这部书是"值得细读的"。

先生后来回忆该年有三件事:"1.继续参加美学讨论。2.参加政协组织的河南参观团,到了三门峡、洛阳、郑州等地,参观工农业方面的大跃进。3.参加了校内大炼钢铁,参观徐水人民公社。"①

---

① 《朱光潜全集》(新编增订本)第10卷,北京:中华书局2012年版,第279页。

先生夫人奚今吾对先生这一年的工作也有记载:"1958年朱先生被教育部评为一级教授,我们从南校门旁边的宿舍搬到燕东园27号的小楼楼上与杨人楩先生合住。朱先生现在有一间大的书房,书房向南有三扇大玻璃窗,光线很好,他的书桌就放在窗前。东边的小楼住着西语系的吴达元先生和哲学系的洪谦先生,西边的住着历史系的翦伯赞先生,每幢楼之间只隔着矮矮的一排松树墙,从窗户望出去,视野很开阔。朱先生开始翻译黑格尔《美学》。当时学校的师生正在热火朝天地大炼钢铁,他告诉我,他有时也到他们的工地看看。他还告诉我,他们到徐水参观了新成立的人民公社,那里的老百姓情绪很高,公社的一切安排得井井有条,要我也找机会去开开眼界。""这时他正一方面准备写《西方美学史》的资料,一方面积极投入'美学大辩论'中。他精力充沛,仔细读批判他美学思想的文章,也精心一一写出答复。曾在闲谈中这样说:'有来必往,无批不复。'他的确也是这样做的,'不隐瞒或回避我过去的美学观点,也不轻易接纳我认为并不正确的批判。'这场大辩论持续了三四年。我不是学文学的,对文艺理论方面的问题更是一窍不通,同时自己的工作又压得很紧,但我回家时,总要翻翻一周来报上发表的关于这方面的文章,很担心他'旧账'还没算清,又要加上新账。朱先生看见我忧心忡忡的样子,安慰我说:'这次美学讨论是为澄清思想,不是要整人。你放心好了。'后来他总结说:'这次美学大辩论是新中国文艺界的一件大事,就全国来说,它大大提高了文艺工作者和一般青年研究美学的兴趣和热情;就我个人来说,它帮助我认识自己过去宣扬的美学观点大半是片面而唯心的。从此我开始认真钻研历史唯物主义和辩证唯物主义。'他在前几年学习俄语的基础上,进一步读马列主义的经典著作。'译文看不懂的就对照英法德俄四种文字的版本去摸索原文的真义……'同时他感到关于美学方面的资料很贫乏,对于做研究工作的人很不利,他决心以后多做一些翻译重要资料的工作。"(奚今吾未发表的《回忆录》)

1959年(己亥)62岁

3月11日,中国人民政治协商会议第二届全国委员会常务委员会第五十二次(扩大)会议协商决定:先生为中国人民政治协商会议第三届全国委员会委员(图9-6)。

3月,《谈新诗格律》发表于《文学评论》第三期。

4月16日,《致刘纲纪》信,信中称:"我在北大一直在外文系任教,业务与美学无联系,大跃进以来,须以全部精力投入到教学方面,所以美学的翻译工作只好暂时搁下。一到可以抽出一些闲空时,当陆续把全书(指黑格尔《美学》——编者)译完。好在这种书没有什么时间性。"

5月27日,译文[英]彭斯《农民诗人抗议的声音》载《光明日报》,后收入安徽教育出版社出版的《朱光潜全集》,题目改为《彭斯诗三首》。

7月11日,《新建设》编委会邀请当时北京的一些学者召开座谈会,参与美学论争的不少人与会,如朱光潜、宗白华、蔡仪、李泽厚、何其芳、李希凡、王庆淑、甘霖、郑昕、马奇、潘梓年、杨辛等,座谈会由《新建设》编委会召集人张友渔主持,主要是总结几年来美学大论争的经验教训,为下一阶段深入讨论作准备。先生在会上发表了《在探讨基本理论问题的同时多研究一些实际问题》的讲话(《全集》未收),讲话内容如下:

图9-6 先生当选为中国人民政治协商会议第三届全国委员会委员

> 我感到前三年的美学讨论成绩是很大的。我个人在这个讨论中得到许多同志的批评,帮助我认识到过去美学观点上的唯心主义的错误。对此我要表示感谢。在这一讨论过程中,一些同志受了旁人的影响,在美学观点上都有一些改变。这是一个好现象。经过讨论,美学的基本问题在哪里,比过去是更加明确了。每个人的看法摆出来了,尽管分歧还很大。通过这一讨论,还引起了许多人,特别是一些青年对美学的浓厚兴趣,这也是一种收获。
>
> 在前三年的美学讨论中存在着什么需要改进的问题呢?我个人认为有如下几点:(一)就我个人来说,存在着这样一个问题:参加讨论多,但研究工作做得少。我个人的本行是在学校里教外文,没有很多的时间对美学问题进行深入的研究。由于研究工作做得少,因而讨论到一定程度,就很难再前进一步。不仅我个人是这样,其他一些同志恐怕也或多或少存在着类似的情况。看来,光讨论不行,还得加强研究。要把研究和讨论很好地

结合起来。(二)据一般读者反映,过去一阶段的美学讨论,局限在概念问题的争论,而很少接触到现实问题。这是一个大缺点。当然,不能因此就否定讨论一些基本概念的必要性。有些基本问题,如唯心、唯物、形而上学和辩证法等问题,如果不弄清楚,就很难把美学研究推进一步,就很难对美学上的一些具体问题获得正确的解决。但是,无论如何,结合实际少,在概念问题上绕圈子,是一个需要克服的缺点。我觉得,今后的美学讨论,应当在不忽视探讨基本理论问题的情况下,多研究一些实际问题。(三)任何学术讨论,都应注意文风。过去的美学讨论,有些文章(包括我自己的)太长,一写就是两三万字。现在大家都很忙,没有那么多的工夫看那么长的文章。当然不是说,文章长了就一定不好,但希望尽可能写得精练些,少些繁文。(四)另外,还有一点值得今后注意。在学术讨论和批评中,应当实事求是。在批评别人的观点时,至少应当弄清对方的论点,不要断章取义地在一字一句上作文章,不要对别人的论点进行歪曲。过去的讨论中,这种情况是有的。要注意克服。

今后的美学讨论怎样进行?我觉得,首先,还是要解决那些美学上的基本问题。我自己在解放后才开始学习马列主义,马列主义水平很低,要用马列主义的观点来研究美学问题是有困难的。在过去的美学讨论中,大家对一些马列主义的基本问题了解得不一样。例如人与自然的关系问题,大家都引了马克思的话,却各有各的解释,很不一致。又如美究竟是不是上层建筑性的问题,大家的意见也很分歧。我觉得,弄清这些基本问题,对深入开展美学的讨论有重大的意义。在今后的讨论中,要严肃对待这些问题。我觉得应当有这样的决心:再研究和讨论三年,首先把这些基本问题弄清。这些马克思主义的基本问题不弄清,要解决美学上的一些具体问题是不可能的。希望大家加强研究工作,弄清这些基本问题。再下一步,就可以讨论美学中的一些其他理论问题。

提出以上意见,供大家讨论。①

8月1日,宗白华在给刘纲纪的信函里称:"朱先生亦已加入哲学系美学小

---

① 载《新建设》,1959年8月号。后收入《美学问题讨论集》第五集,北京:作家出版社1962年版,第2-4页。

组,前途颇为可观。"①

是月,《黑格尔美学的基本原理》发表于《哲学研究》第八、九期合刊。

9月19日,给大女儿朱世嘉信(《全集》未收),信中称:"今早得到你的信,知道你调到物理教研室准备当人民教师,我很高兴,在共产主义建设事业中,每种专业都有它的不可缺少的功用,从事工程和从事教学本来都一样可以发挥效用。但是就你的条件来说,当教师似更适合。你应当把这件工作看作光荣的任务担当下来。有几点要注意:(1)组织上的用意是要培养新的师资队伍,你就应该努力要求能符合新的师资队伍的要求,在政治上继续要求提高,在业务上要特别注意理论基础课的学习,在现在想精通一门科学,必须至少掌握一种外国文。你对俄文已学过几年,基础还不巩固,应该努力把俄文学好,至少要能顺畅地阅读专业科学书刊。(2)要把教学工作做得好,这不只是业务水平问题(这当然是基本的),还要经常注意同学具体情况,运用适合的教学法,要有耐心。你说话太快,首先要克服这个缺点。(3)身体强健是做好工作的一个重要条件,你还要继续坚持锻炼,在可能范围里注意营养,工作要有规律,有节奏,有恒心,一味埋头读书工作,没有适当的休息,这并不是很好的学习或工作的方法。"

10月1日,《把美学建设得更美》发表于《文汇报》。

是月,《高中语文第五册中三首唐诗的浅释》载《语文学习》第十期(《全集》未收)。

11月,译著《柏拉图文艺对话集》由人民文学出版社出版修订本。

秋,先生游览黄山,作《黄山》②诗一首(《全集》未收),全文如下:

> 重峦俯伏朝黄岳,戈戟森森御仗前。
> 海外群峰争赴壑,云端巨掌欲擎天。
> 狂风直袭千寻索,急雨时倾百丈泉。
> 为问绰棋诸羽客,谁挥斤斧劈山川?

1960年(庚子)63岁

关于该年所做事后来先生有回忆:

---

① 《宗白华全集》第三卷,合肥:安徽教育出版社1994年版,第296页。
② 黄松林:《黄山古今游览诗选》,合肥:黄山书社1989年版,第95页。

"1960年　大约在这年左右有三件事。

1.在这一年或稍前一点参加第三届文代大会,被选为文联的全国委员。

2.大约在这年左右①参加周扬召集的各高等院校教师约三十人的座谈会,谈重新合理安排工作,他说对我的工作也要和北大商量重新安排。不久冯至就告诉我要我转到哲学系工作,继续译黑格尔,替青年教师讲西方美学史,指导研究生,后来又在本科开西方美学史选修课。

3.高级党校召开了一次美学座谈会,由康生同志主持,总结过去几年美学讨论的经验。最后康生回去建议让我在高级党校讲几次西方美学史,我去讲了两三个月,开始编西方美学史讲义。"②

2月27日夜10时35分,先生以全国政协组织参观团成员的身份搭乘火车开启了考察活动(图9-7)。③ 此次活动历时半个多月,行程安排为:洛阳(6—7天)→三门峡(2—3天)→郑州(5—6天)。

2月28日下午,先生一行听取了洛阳市谢副市长有关洛阳市发展情况的介绍并于当晚参加了在旅社举行的欢迎晚会。

2月29日上午,先生一行参观洛阳轴承厂,听取了厂长金德源有关工厂发展情况的报告,又于当日下午参观了洛阳耐火材料厂。

3月1日,先生随团参观了第一拖拉机制造厂,听取有关人员介绍该厂发展情况。

3月2日上午,先生随团参观矿山机械厂,听取了总工程师高文彬有关该厂发展情况的介绍。当日下午,参观团召开了学习座谈会。

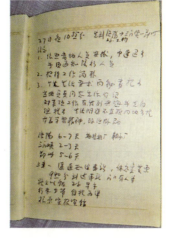

图9-7　先生未公开发表的日记记录了他赴洛阳、三门峡、郑州等地考察的详情。

---

①　这个"左右"表明先生记得不是十分清楚,如调到哲学系,至少实际在前一年就参加了哲学系美学小组的活动,这从宗白华给刘纲纪的信函中可见出。宗白华1962年1月4日给刘纲纪写信,信中称:"北大美学教研室朱先生来担任西方美学史方面,编写讲稿,翻出资料,成绩丰富,已油印出一部分,但因纸张关系,印份不多,外来索取者不能供应,大概可用资料交换方式,望由贵处直接和系中交涉,我亦无能为力也。"(《宗白华全集》第三卷,合肥:安徽教育出版社1994年版,第397页。)

②　《朱光潜全集》(新编增订本)第10卷,北京:中华书局2012年版,第279页。

③　有关此次参观考察活动的详细记录收录于朱光潜未公开发表的私人日记。

3月3日,先生一行参观了社办工厂(麻袋厂、宫灯雨具厂),当日下午又参观了敬事街小学六一厂。

3月4日,参观团一行原计划前往关林、钢铁厂考察,因先生患感冒取消了行程而后在旅社停留了一天并于当晚观看了豫剧晚会。

3月5日上午,先生随团参观了白马寺。参观团原计划于当日下午参观瞿泉红专大学,后又按3月6日上午的计划参观了瀍河区敬老院、敬老服务站。

3月6日上午,先生一行考察了汉墓。

3月7日晚六时四十分,参观团抵达三门峡市。

3月10日,参观团一行抵达郑州市紫荆小宾馆并听取了郭副市长有关郑州工农业生产情况的介绍。

3月11日,先生随团参观了郑州国营纺织机械厂,听取了孙副厂长有关该厂生产情况的介绍。

3月12日上午,先生参观了郑州砂轮厂,听取了王厂长有关该厂生产发展情况的介绍并于当日下午参观了管城区红旗人民公社。

3月13日,参观团围绕人民公社发展的相关问题(体制、社员、生活福利、社会主义改造、文化教育、城市公社所有制等)召开了主题座谈会。

3月14日,先生一行参观了郑州东郊人民公社。

是月,(1)在中共中央党校讲亚里士多德的美学思想。

△(2)《美学研究些什么?怎样研究美学?》发表于《新建设》第三期。该文是先生为写《西方美学史》做的准备,可以见出先生从最基本的美学学科的对象、方法层层深入分析。其中一些提法非常具有代表性。如先生说:"资产阶级的美学书籍几乎毫无例外地从分析审美的主观心理活动去寻求美的本质,结果是言人人殊,把美的概念愈弄愈糊涂。这是理所当然的,因为美的本质只有在弄清艺术的本质之后才能弄清,脱离艺术实践而去抽象地寻求美,美是永远寻不到的。历史已经证明这是美学的死胡同。我们要建立马克思列宁主义的美学,没有任何理由再去走这条死胡同。"①再如对美学学科的定位,先生说:"第一,美学朝上看,必以哲学为基础,必须从一般出发,即从马克思列宁主义哲学的认识论和实践论出发。但是美学不能终止于哲学上的一般原则,它的特殊任务是对它的特殊对象找出种差,找出艺术掌握现实的方式之所以不同于其他掌

---

① 《朱光潜全集》第10卷,合肥:安徽教育出版社1993年版,第179页。

握现实的方式,不能以哲学代替美学。第二,美学朝下看,必须找到各种形式的艺术掌握的一般规律,替各别艺术理论做基础。但是找各别艺术的种差却是各别艺术理论的任务,美学不必越俎代庖。换句话说,美学不能代替音乐理论、文学理论等,而这些各别艺术的理论也不能代替美学。"[1]

3月28日,先生《致滕万林》信。信中谈对"人性论"的理解。先生写道:"关于'普遍人性'问题,是近来批判修正主义中的对象之一。对于我来说,这个问题是复杂的,困难的。这首先牵涉到马克思恩格斯都强调的人的全面发展问题(既然说'全面发展',被发展的就当然有些普遍性,不只是就某一个人的个别情况说的)。我想还是毛主席说得对:'人性论,有没有人性这种东西?当然有的,但是只有具体的人性,没有抽象的人性,在阶级社会里就是只有带着阶级性的人性,而没有什么超阶级的人性。'毛主席肯定了有'人性'这种东西,但是也肯定了在阶级社会中'只有带着阶级性的人性'。修正主义者的错误不在承认有'人性',而在借此否定阶级社会中文艺的阶级性。"[2]信中还提到自己同时在西语系和哲学系任课,很忙。

是日,《致新建设》编辑函[3](《全集》未收):

《新建设》编辑部:

本信已收到,所提问题奉答如下:

1.《马恩论文学》莫斯科苏联政府文学出版社出版。

2.《马恩论文艺》应改为"论艺术"。

3.阿斯木斯是一位较老的美学史家,《古代思想家论艺术》是苏联一般美学史论著所依据的文献。塔沙洛夫是一位新起的美学家,所引的是他的博士论文。

敬礼!

朱光潜

三月廿八日夜

论《美学研究什么》一文听说已发表,我还未见到,可否寄我两份?

---

[1] 《朱光潜全集》第10卷,合肥:安徽教育出版社1993年版,第183页。
[2] 《朱光潜全集》第10卷,合肥:安徽教育出版社1993年版,第187页。
[3] 《新建设》准备登载先生《生产劳动与人对世界的艺术掌握——马克思主义美学的实践观点》一文,本函是在该文发表之前为答复《新建设》编辑就该文所提疑问而作。

3 月 29 日，参加政协会议。

春，陆平任北京大学校长，遵照北京市委指示，在办公楼礼堂组织召开了一个研讨会，讨论“人性论”问题。这次会议宗旨是“以巴人[①]为靶子”来批判“人性论”，不以本校任何人为目标，但有敲山震虎对像先生这样的知识分子起警示作用的意味。先生照常上台发言，坦陈他对马克思《1844 年经济学—哲学手稿》中讲到的“人的全面发展”问题，认为普遍人性是存在的。学校还找了一个北大西语系的学生夏玟向先生开炮，先生不想和这位学生争辩，只说了一句：“你先回去好好看看马克思的《经济学—哲学手稿》再说。”当时在场的人没有嘲笑这位无知的学生，反倒为她鼓掌，这也反映了当时缺乏学术争鸣的外在条件。后来，先生没有怪罪这位学生，反倒是在中宣部指定自己编《从文艺复兴到十九世纪资产阶级文学家艺术家有关人道主义人性论言论选辑》时，点名这位后来留在西语系的青年教师当自己的助手。

4 月，《生产劳动与人对世界的艺术掌握——马克思主义美学的实践观点》发表于《新建设》第四期。先生明确提出“马克思主义美学的实践观点”。试图把美学建立在马克思主义实践观上，并以此作为和此前所有美学体系相区别的分水岭。先生对“人的本质力量的对象化”作了阐述，认为：“第一，它说明了人在劳动生产过程中改变了自然，自然经过了‘人化’‘对象化’了‘人的本质力量’，因而具有人的意义，即社会的意义。其次，这段话说明了人在劳动生产过程中也改变了自己，使自己成为社会的人（‘种族的存在’），发挥了自己的‘本质力量’，在对象中肯定自己，观照自己，认识自己，因而丰富了自己的物质生活和精神生活。”[②]谈到马克思主义实践观和过去美学家直观观点的对立以及实践观将给“美学造成的翻天覆地的变革”影响时，先生写道：“《费尔巴哈论纲》第一条所要说明的正是对于现实事物，既要从客观方面加以理解，又要从实践或主观能动的方面加以理解，美学对于艺术或审美事实当然也不是例外。但是这些年来很有一部分美学家对于马克思主义美学观点作了片面的理解，单提‘艺术是现实的反映’而不提艺术是人对现实的一种掌握方式，侧重艺术的认识的意义而忽视艺术的实践意义。这就是仍旧停留在美学的直观观点。直观观点

① 巴人（1901-1972），原名王任叔，浙江奉化人。作家、文学理论批评家。著作《文学初步》《文学论稿》较有影响。1957 年发表杂文《论人情》，强调文学作品中的人性问题，为此受到批判。

② 《朱光潜全集》第 10 卷，合肥：安徽教育出版社 1993 年版，第 196 页。

只注意到片面,所以必然是形而上学的;形而上学的直观观点既然忽视艺术的实践的一方面,所以在一些具体的美学问题,例如美学对象,艺术对现实的关系,美的性质,美感的性质,艺术美与自然美的关系等问题上面,也就必然导致片面性的甚至完全错误的结论。要纠正这些毛病,就要从学习马克思主义创始人的美学的实践观点开始。"①自此以后,先生一直认为自己已经在自己的美学体系中树立了马克思主义实践美学观的旗帜。

6月,《美学的新观点不能是"主观和客观相分裂"的观点——答蔡仪同志》发表于《新建设》第六期。文中写道:"不错,我始终坚持美不单纯在物而在心与物的关系上,从前如此,现在还如此。但是同一抽象的论断,由于基本出发点不同,在具体内容上就可以有本质的不同,正如思维与存在统一这一论断在黑格尔哲学里和在马克思主义哲学里有本质的不同,一个是从客观唯心论出发,一个是从辩证唯物论出发。"②

夏,北京大学组织老师到郊区采育人民公社参加了麦收和插秧劳动。西语系同事看先生年逾古稀,未叫他参加一整天的农忙。

图9-8 先生与学生们的合影(1960年8月摄于北京大学校园内)

10月,冯友兰女儿宗璞调往《世界文学》编辑部,组到第一篇稿子就是先生摘译的莱辛名著《拉奥孔:论画与诗的界限》(译稿两万多字,原书共计十六万

---

① 《朱光潜全集》第10卷,合肥:安徽教育出版社1993年版,第215-216页。
② 《朱光潜全集》第10卷,合肥:安徽教育出版社1993年版,第219页。

字——编者)。先生和宗璞讲莱辛论诗与画的界限有化静为动的妙想,因此,应该用"媚"去译 charming 最合适,因为"媚是流动的,不是静止的;不只有外貌的形状,还是内心的精神。'回头一笑百媚生',那'生'字多么好!"①宗璞后来一直记得先生这句话。

11月23日,给在合肥师范学院外国文学组任教的长子朱陈写信。朱陈想翻译《唐吉诃德》,让父亲给买这本书的英文版。先生回信(《全集》未收)说:

式粤:

上周到国际书店看了一下,没有你要的书。东安市场中原书店有一本旧的,美国出版,但没有标译者名,所以没有买(价:4.50)。

今天到图书馆借出了三种译本,其中 Puturar 的是新译,你最好把后面的 Notes 摘抄下来,那对翻译会有很大的帮助,这种书借的不多,但一旦有人借,图书馆就要索回。Orurshy 的译本借的人少。如无人借,到暑假后还都可以。

Don Quixote 是否已有人在译,你宜打听清楚,最好直接与人民文学出版社(与作家书店是一回事),通信接洽(先寄译样数千字),戴望舒从前有上部译稿,去年晤叶君鉴(即马耳,外文出版社编辑),他说在译,没有问他是否是上部。

书到回信。

潜

23日

12月,《山水诗与自然美》发表在《文学评论》第六期上。文中称:"如果承认'美'是自然事物原已有之的一种属性,那么,它就应该象自然事物的其他属性如'大小''轻重''红白'之类一样,可以用科学器具来测量和分析;而'美'这个属性尽管在许多艺术品和自然景物上面可以感觉到,任何科学却不能象测量分析红色那样来把美这个属性测量出来,分析出来。这就证明它不是什么一种纯然客观存在的自然属性。单靠自然不能产生美,要使自然产生美,人的意识一定要起作用。自然美也好,艺术美也好,都是主观与客观的辩证统一的产

---

① 宗璞:《霞落燕园》,载《朱光潜纪念集》,合肥:安徽教育出版社1987年版,第130页。

品。"①这实际还是早年先生在《谈美》里说的是自然就不美,是美就不自然。"自然美"是两个词的复合,美学大讨论中许多人把"自然"可以独立于意识之外,而"自然美"不能独立于意识之外这两个不同概念搞混淆了。是"美"就必有"人"参与其中。

是月,节译《拉奥孔——论绘画与诗的界限》([德]莱辛著)发表于《世界文学》第十二期上。先生还写了一篇《译后记》。

是年,先生后来回忆:"在这一年或稍前一点参加第三届文代大会,被选为文联的全国委员。"②

1961年(辛丑)64岁

1月,《从美学讨论中体会"百花齐放,百家争鸣"的政策》发表于《新建设》第一期。

是月,(1)《莱辛的〈拉奥孔〉》发表于《文艺报》第一期。

△(2)先生《致滕万林》信,信中称:"可是我一直在忙,长时期在校内校外开会,有教学任务,有社会活动,有时还被拉写些稿子,简直不得开交。也许你不知道我已经六十几岁了,虽无病,却很衰弱,精神是很有限的。"③

2月2日,《狄德罗的〈论演员的矛盾〉》发表在《人民日报》上,这篇文章较为详细地介绍并解读了狄德罗的戏剧表演理论。提出狄德罗的表演理论是所谓"理想的范本",就好似中国画家说的"成竹在胸"。"演员要事先仔细研究剧本,揣摩人物的性格和内心生活以及它的表现方式,先在心中把这个人物的形象塑造好,把他的一举一动,一言一笑,都准确地塑造出来,这样他心里就有了一个'理想的范本',于是把它练习得滚透烂熟,以后每次表演都要把这个已经塑造好而且练习好的'范本',象镜子在不同的时候反映同一事物一样,前后丝毫不差地复现出来。这样做,所需要的就不是飘忽的热情而是冷静的头脑"④。也就是说,演员是清醒地意识到自己"在演",而不是放弃"自我",任凭情感宣泄在舞台上的所谓"体验"(斯坦尼斯拉夫斯基派)。

---

① 《朱光潜全集》第10卷,合肥:安徽教育出版社1993年版,第223页。
② 《朱光潜全集》(新编增订本)第10卷,北京:中华书局2012年版,第279页。
③ 《朱光潜全集》第10卷,合肥:安徽教育出版社1993年版,第257页。
④ 《朱光潜全集》第10卷,合肥:安徽教育出版社1993年版,第261-262页。

先生此文一出,引发了当时司徒冰等人所谓主流派(该派主张从斯坦尼斯拉夫斯基戏剧体系出发——编者)的激烈反对。

2月23日,《狄德罗对于艺术与自然的看法》发表在《光明日报》上。先生介绍狄德罗有关艺术与自然的看法是针对当时的美学大讨论中机械唯物主义观点而发的。他写道:"狄德罗的这种对艺术与自然的看法对我们当前的美学讨论有没有现实意义呢? 我看不能说没有,因为我们的美学界显然还流行着一种思想倾向:认为脱离了人的主观能动性和创造活动,艺术仿佛就可以被动地反映现实,艺术所塑造的典型仿佛就是现实中原已存在只消搬过来的典型,艺术美仿佛就是从现实中依样画葫芦似地抄袭过来的自然美;美仿佛是一种天生自在的'不依人的意志为转移的'绝对的永恒的客观存在,人的主观能动性和创造性,人的世界观和阶级意识等对这种美的形成都绝对不起作用,如果有人认为这些主观因素对美能起作用,那就是肯定了精神第一性,就是主观唯心主义。这种思想倾向和马克思主义从生产实践出发的美学观点以及毛泽东同志对马克思主义所建立的美学观点的发挥是对立的,而且也比十八世纪的狄德罗还落后一大步。狄德罗至少看出了艺术美的理想性,看出了艺术虽根据现实而也要超越现实;看出了艺术家在塑造典型形象的过程中发挥了他的创造作用,实现了他的理想,而且这个过程对作品的美是必然起作用的。"[1]

是月,《亚里士多德的美学思想》载《北京大学学报》(人文科学版)第二期。

3月11日,《致新建设编辑》函(《全集》未收):

《新建设》杂志社同志:

　　来信收到,事忙稽复为歉!

　　《演员的矛盾》一文关于中国传统剧的表演不删,谨同意。[2]

　　本期我有课,同时续编教材,也有时出去开会或听报告。一般除星期一上午星期六下午以外,在家时多。但不能预约会谈时间,因为说不定临时有事须外出。如有事相商,取通信方式较稳妥。

　　敬礼!

朱光潜

三月十一日

---

[1] 《朱光潜全集》第10卷,合肥:安徽教育出版社1993年版,第273-274页。

[2] 1961年2月2日,先生在《人民日报》发表《狄德罗的〈谈演员的矛盾〉》,引发戏剧界广泛讨论,《新建设》杂志社也为此召开座谈会。

3月17日,《从姚文元的美学观点谈到美学中理论与现实的结合》发表于《文汇报》。

是月,(1)《了解了艺术美,有助于了解现实美》载《新建设》第二、三期合刊。针对姚文元强调生活、环境美学,先生写道:"他(指姚文元——编者)强调现实生活美是对的,但是把'环境布置、衣裳打扮、挑选爱人'之类和'艺术创造'并列起来,而在《论生活中的美与丑》一文中,只提到毛主席所说的社会生活为文学艺术的唯一源泉的原则,而把文艺所反映的生活比现实生活更高、更理想、更带普遍性那一段话抛开不提,这未必是妥当的。"①

△(2)《美学中唯物主义与唯心主义之争——交美学的底》载《哲学研究》第二期。该文之所以用"交底",是希望争论各方都根据马克思主义基本原则,把其运用到美学中的具体问题说清楚,以避免各自都挂着"马克思列宁主义美学"的招牌。先生"先"作交代。文中对以前争论的美学问题作了更清晰的梳理,如先生自己主张的"反映论"不是"镜子"式的反映,是"主客观对立统一"经过一番"斗争",克服"矛盾"的"反映"。这里,人的主观能动性更具有意义。再如:"花是红的"和"花是美的"两种不同反映形式,反对者如果认为这两者没有区别,请拿出证据来。再如,明确用标题标出"直观观点与实践观点的分别"。这体现先生已经自觉以马克思《1844年经济学—哲学手稿》中的美学实践观点作为自己后期主客观统一美学的总称。谈到"实践"观将给美学带来的变化,先生说得很干脆、坚决:"这是美学观点的一个翻天覆地的转变。随着这个大转变,许多文艺问题和美学问题都得从这个角度重新加以考虑,而这种考虑的结果必然要推翻或改变我们过去的许多看法。"②

最后,先生对美学讨论中实体化、绝对化、形式化思维极其不满,那种不是"唯物"就是"唯心"非此即彼的思想方法没有注意到实际上唯物和唯心也可以互相转化的道理。所以,先生写道:"不但唯心主义可以转化为唯物主义,唯物主义也可以转化为唯心主义,这就是思想的'蜕化'。"③

4月,《补充的意见——在剧协召开的座谈会上的发言》载《戏剧报》第七、八期合刊。这是在剧作家协会上的一个发言,因先生早先谈狄德罗表演理论引

---

① 《朱光潜全集》第10卷,合肥:安徽教育出版社1993年版,第278页。
② 《朱光潜全集》第10卷,合肥:安徽教育出版社1993年版,第304页。
③ 《朱光潜全集》第10卷,合肥:安徽教育出版社1993年版,第311页。

起了主流体验派（斯坦尼斯拉夫斯基表演系统派）的反对。剧作家协会请了一些职业演员来针对先生的观点展开批评讨论。田汉也出席了会议，对先生强调"理智"在表演中的作用表示反对。先生强调狄德罗并不是只重视"理智"，而是主张对"情感"要有一个"回味"，有个冷静的意识。实际上，狄德罗是非常重视生活的，如果前篇文章让读者有误解，责任不在狄德罗，在先生自己的介绍。先生尽管作了这样的说明和"补充"，但像先生这种主张表演中拉开一定心理"距离"的、和中国京剧表演如出一辙的理论还不能为当时表演界的实际工作者所接受。

5月，《黑格尔美学的评介》载《北京大学学报》（人文科学版）第五期。

6月，中共中央宣传部和教育部联合组织、领导编写全国高等学校文科教材。哲学专业教材编写组组长艾思奇，副组长洪禹、齐一，负责组织一批具有较高学术水平和教学经验的学者编写六种教材，其中指定由朱光潜编写一部《西方美学史》。先生后来回忆写道："参加了周扬主持的文科教材会议，会议决定由我编写西方美学史教材和资料附编。"①

6月21日，给大女儿朱世嘉信（《全集》未收），信中写道："看到你的信，知道你对工作和学习都还有些急躁情绪。现在各高校对青年教师的培养计划确实还有不合理处，教学任务重，自学时间不够，具体的指导也不够。北大已开始在调整，其它学校想来也不会长久维持现状。在现在的情况下，你首先设法把课教好，这就会保证你对基础知识掌握得牢固，教学是打好基础的最好路途。如果还可以抽出一点时间来，可制一较长期的计划，就专业先择一重点课进行自学，学好一门再另学一门，头绪不要太多，速度不要太快，'不怕慢，只怕站'。不要操之过急，要经常保持精力饱满，精神舒畅，这样，效率才会高。你年纪还轻，如果有目的有计划地按部就班做下去，不怕没有成就。对于一切，要学会从容镇定，心中有数，不慌不忙。在这方面要学毛主席，他的负担多么繁重，我每次看见他，他都是那样'好整以暇'，从容镇静，有说有笑，不慌不忙，你看他还有闲情做诗填词，就可以想象到他的心境总是开朗的。我认为这是成功秘诀之一。你应该在这种修养方面下点工夫。""关于脱产学习问题，目前或有困难，将来总会办到。办法之一就是准备考研究生，北大或其它学校都可以试试。你就抱定物理吧，做一两年准备的工夫是必要的。"

---

① 《朱光潜全集》（新编增订本）第10卷，北京：中华书局2012年版，第279-280页。

7月,《整理我们的美学遗产,应该做些什么?》发表于《文艺报》第七期。这是一篇高屋建瓴规划怎样批判继承传统文化和吸收外来文化的文章。先生在文中指出,西方美学中有一些概念我们传统美学中未必有,如希腊的悲剧、基督教的美是由上帝放射出来的以及康德"无所为而为的观照";而我国美学思想中也有一些影响整个时代的概念,如"言志""载道""温柔敦厚""风骨""气势""神韵""性灵""境界"等在西方也未必存在,或不完全相同。"因此,认为美学是一种新科学,我们自己仿佛还没有,必须由外国搬过来的看法是不正确的"。[①]于是,怎样吸收?怎样继承?先生写道:"首先是要考虑到我们的社会主义的文艺路线,要新建立的美学能为这个路线服务,这也就是说,要能反映我们现在的社会基础,这就不但不同于西方过去的美学,而且也不同于我们自己过去的美学。其次是要考虑到文化历史持续性与对文化遗产批判继承的问题,我们可以批判地吸收一些西方美学中的优秀传统,但是更加重要的是批判地继承我们自己的丰富悠久的传统,因为历史持续性的原则只能使我们在自己已有的基础上创造和发展。总之,我们在建立我们自己的美学的过程中,民族化和社会主义化是应当紧密结合在一起而不可分割的。这就规定了我们的任务在于根据马克思主义的指导原则,总结我们自己过去与现在的文艺创造和欣赏的实践经验,并且适当地借鉴外国的优秀美学遗产,得出一套适合我们社会主义文化建设需要的美学理论。"[②]

夏,夏玟[③](后来成为先生助手)得知先生指定她协助编写《西方资产阶级关于人道主义和人性论的资料》[④],高兴地去探望先生。先生在和她一番寒暄之后,鼓励她说:"课堂上学的东西总是有限的,即使没有这些运动,扎扎实实念四年,知识也不会够用,还得在工作中边干边学。学习这件事,不怕慢,只怕站。只要你坚持不懈,抓紧一切可利用的时间充实自己,必能有所前进。学习主要不是靠上课,读书、思考和写作才是提高的主要途径。我在国外读书时,大部分时间都是泡在图书馆里自学,还有人根本没上过大学,靠着勤奋努力,也能取得

---

① 《朱光潜全集》第10卷,合肥:安徽教育出版社1993年版,第316页。
② 《朱光潜全集》第10卷,合肥:安徽教育出版社1993年版,第316—317页。
③ 夏玟,笔名艾珉,女,湖北武汉人。1961年毕业于北京大学西语系法国语言文学专业,毕业后留校,任文学教研室教师、副主任,同时担任先生的助手。1964年赴法国汉纳大学留学。1975年调人民文学出版社外国文学编辑室。
④ 即《从文艺复兴到十九世纪资产阶级文学家艺术家有关人道主义人性论言论选辑》一书。

很高的成就。记住,永远不要丧失信心! 只要肯付出,就会有收益。"①

8月3日,《典型性格在欧洲美学思想中的发展》载《人民日报》。

9月,译作《文艺复兴时代意大利文艺理论选译》([意]达·芬奇等著)发表于《世界文学》第八、九期合刊。

是年,先生后来回忆写道:"1961年 1. 参加了周扬主持的文科教材会议,会议决定由我编写西方美学史教材和资料附编。2. 参加了中央统战部领导的各民主党派召开的'神仙会'。由讨论《列宁主义万岁》三篇反修的文章②,转到国内国际形势和文教界问题,回校后又在基层续开,前后花了四五个月。3. 参加文联组织的《毛泽东选集》第四卷(出版不久)③的集中学习,时间半个月,地点:西山万寿寺(或在1960年)。"④

关于该年给学生上《西方美学史》课程的情景,吴泰昌有一段详细的记录:

"六十年代初,他从西方语言文学系到哲学系,特为美学教研室和文艺理论教研室的教师和研究生讲授西方美学史。我们及时拿到了讲义,后来这些讲义成为高校教材正式出版了。也许因为听课的人只有一二十位,房间也变小了,或许也因为我们这些学生年龄增长了,在朱先生的眼中我们算得上是大学生了,他讲课时常停下来,用眼神向我们发问。逼得我在每次听课前必须认真预习,听课时全神贯注,以防他的突然提问。后来渐渐熟了,他主动约我们去他家辅导,要我们将问题先写好,头两天送去,一般是下午三时约我们去他的寓所。那时他住在燕东园,怕迟到,我们总是提前去,有时走到未名湖发现才两点,只好放慢脚步观赏一番湖光塔影,消磨时间,一会儿又急匆匆地赶去。星散在花园里的一座座小洋楼静谧得连一点声音也没有。我们悄声地上了二楼,只见朱先生已在伏案工作。桌面上摊开了大大小小的西文书,桌旁小书架上堆放了积木似的外文辞典。他听见我们的脚步声近了才放下笔,抬起头来看我们。他辅导的语调仍然是随和的,但我并没有太感到他的亲切,只顾低着头,迅速地一字一字一句一句地记。我们提多少问题,他答多少,有的答得详细,有的巧妙地绕

---

① 艾珉:《忆朱光潜先生和我的师生情谊》,载《新文学史料》,2007年第2期,第80页。
② 先生记忆可能有误。《列宁主义万岁》是1960年4月22日为纪念列宁诞辰90周年在《红旗》杂志上发表的,"三篇反修文章"还包括《人民日报》编辑部发表的《沿着伟大列宁的道路前进》和中共中央宣传部长陆定一发表的《在列宁的革命旗帜下团结起来》两篇。
③ 先生记忆可能有误。《毛泽东选集》第四卷首次出版是在1960年,学习时长自然有半个月之多,具体学习时间可能是从1960年跨到1961年。
④ 《朱光潜全集》(新编增订本)第10卷,北京:中华书局2012年版,第279-280页。

开。他事先没有写成文字,连一页简单的提纲都没有。他说得有条不紊,记下来就是一段段干净的文字。每次走回校园,晚饭都快收摊了,一碗白菜汤,两个馒头,内心也感到充实。晚上就着微弱昏暗的灯光再细读朱先生的谈话记录。他谈的问题,往往两三句,只点题,思索的柴扉就顿开了。"[1]

1962年(壬寅)65岁

1月2日,《致刘纲纪》信(《全集》未收),全文如下:

纲纪同志:

　　承惠寄大作六法研究,久已收到,但直到现在才得抽暇拜读。恭贺你,这是一本好书,叙述清楚,论证确切,没有一般小册子简单化的毛病,我读了获得很多益处,我过去在这方面注意不够。

　　只有一点小意见,33—34页谈在骨法表现上中西不同时,说中画重线条,西画重明暗,这对于近代西画是正确的。过去西画也一直重线条,到文艺复兴时代,达·芬奇虽重视光影透视,但他下功夫大半还是在线条方面。转变与工具媒介有关,油画起来以后,才渐侧重明暗,特别是到印象派起,才专在这方面下功夫。但有些画家还是重视线条,Hogarth 的《美的分析》就是一例。

　　我今年在编写西方美学史和资料,预秋季完成,完成后即续译黑格尔。明日即随政协去广州和海南参观。回来大概在月底,过武汉时如停留,当谋晤谈。

　　此致

敬礼

朱光潜
1962年1月2日

1月11日,先生随全国政协组织的参观团抵达广州,当日下午,先生一行听

---

[1] 节选自吴泰昌:《听朱光潜老师闲谈》,载《美术之友》,2004年第4期,第64-65页。文字略有改动后收入《我认识的朱光潜》一书为代序,参见吴泰昌:《我认识的朱光潜》,上海:上海文艺出版社2008年版,第2-3页。

取林副省长作广东省省情报告。

1月12日,参观团赴江门新会。

1月14日,参观团赴茂名。

1月16日,参观团赴湛江,听取了有关领导对茂名与湛江及湛江全市18个县(县级市)、一个镇(北海)的情况介绍。

1月18日上午,先生一行参观了海头公社陈铁大队。

1月20日上午十一时二十分,参观团抵达嘉积镇。当日下午三时二十分,参观团抵达兴隆农场进行参观考察。

1月22日,参观团赴天涯海角,参观了天涯公社。

1月23日,参观团赴通什镇保亭县,先后参观了通什红旗人民公社与广东民族学院(即现在的广东技术师范大学——编者)。

1月24日,参观团赴琼中县营根镇参观考察。

1月25日,参观团赴海口参观五公祠。"五公"指唐宋两朝被贬谪至海南的唐朝宰相李德裕、南宋宰相李纲和赵鼎、南宋大学士李光和胡铨。

1月26日,参观团抵达南宁。

1月27日,先生一行参观了广西大学。

1月28日,先生一行赴武鸣参观考察,期间参观了明秀园。明秀园为旧桂系军阀首领陆荣廷的私人庭院。当日下午,听取陆副主席作广西壮族自治区区情报告。

1月29日,参观团经来宾、柳州赴桂林。沿途峰峦叠起,绵延数百余里,先生得以饱览风景。

1月30日,先生一行游览了月牙山、七星岩、伏波山、独秀峰、叠彩山景区。①

1月12日,《怎样理解艺术形式的相对独立性》发表于《光明日报》。先生认为"形式美有相对独立性"这个提法是不正确的。即使像音乐和书法看上去没有多少内容而注重形式的艺术,仔细思量,实际还是和内容分不开的。先生以音乐为例,再后又以书法举例说明这个道理:"再举我们中国的书法为例。中国的字是由直竖撇捺勾点一些抽象的笔划构成的。照表面看,书法的美仿佛象图案画一样,是典型的形式美。其实中国书法就美来说,最近于音乐,可以说是

---

① 上述参观考察活动的详细记录收录于先生未公开发表的私人日记。

有形的音乐,它最能直接表现一个人的胸襟气度和品格。一看到颜真卿的字,你就立刻体会到他的刚劲;一看到赵孟頫的字,你就立刻体会到他的韶秀和妩媚。你所体会到的便是书法的'神'或内容,而这种'神'是和'形'处在不可分割的统一体中。所以中国的书法是一种很高的艺术,而它的美也决不只是一种形式美。音乐和书法的道理也多少适用于一些仿佛没有内容的花纹或图案画。康德所说的纯粹的形式美实际上是不存在的。"①

是月,(1)《怎样学习美学?——答青年同志们的来信》发表于《新建设》第一期。先生在这篇回答青年如何学习美学的文章中指出:"所谓美学并不是什么高深或神秘的学问。它所要做的事就是把感性经验提高到理性认识,从知其美进到知其所以美,从亲身经验的美感现象进一步追求美的本质或规律。"②对于读什么书,先生特别指出:"我认为学习马克思列宁主义的美学观点,必须从经典原著里去学习。在这方面真正重要的首先是马克思的1844年的《经济学—哲学手稿》(其中论劳动异化和共产主义远景两章是马克思主义美学思想的奠基石)。"③谈到要读美学史,除举了克罗齐、鲍申葵,举了基尔博特和库恩(Gilbert and Kuhn)的《美学史》之外,还说明了比较适合中国读者的恐怕还是自己正在编的《西方美学史》(还附编选一部《西方美学史资料》),并"希望在1962年秋季完成"。④

△(2)《但丁的〈论俗语〉》载《文艺报》第二期。先生对但丁的《论俗语》非常重视,其原因就在于当时的意大利历史背景和中国"五四"以来白话代替文言运动的历史背景相仿。先生说:"他所谓'俗语',就是与教会所用的官方语言(拉丁)相对立的各国人民大众所用的地方语言。在《论俗语》里他所要解决的是当时文学界的一个最迫切的问题,就是在放弃拉丁之后,改用近代语言来写文学作品特别是写诗所引起的问题。但丁所面临的问题颇类似我们在五四时代'白话'运动中所面临的问题:第一,白话(相当于但丁的'俗语')是否比文言(相当于当时教会通用的拉丁)更适宜于表达思想情感呢?其次,白话应如何提炼,才更适合于用来写文学作品呢?这里第一个问题我们早就解决了。经验证明:只有用白话,才能使文学接近现实生活和接近群众。至于第二个问题,我们

---

① 《朱光潜全集》第10卷,合肥:安徽教育出版社1993年版,第332页。
② 《朱光潜全集》第10卷,合肥:安徽教育出版社1993年版,第337页。
③ 《朱光潜全集》第10卷,合肥:安徽教育出版社1993年版,第340页。
④ 《朱光潜全集》第10卷,合肥:安徽教育出版社1993年版,第341页。

还在摸索中,它的重要性已日渐为人们所认识到,但它还不能说是已经解决了,特别是就诗歌来说。所以但丁的《论俗语》对我们还有很大的现实意义。"①

△(3)《法国新古典主义的美学思想》载《北京大学学报》(人文科学版)第一期。

2月1日,先生一行参观了桂林茅头山(又称光明山)、芦笛岩。②

是月,(1)《德国启蒙运动中的美学思想——鲍姆嘉通、文克尔曼和莱辛等》载《北京大学学报》(人文科学版)第二期。

△(2)《学外语要防暗病》(安徽教育出版社出版的《朱光潜全集》未收)载《英语学习》第二期。

3月,《漫谈说理文》发表于《人民文学》第三期。文中提到:"最近我到广州、湛江、海南岛、桂林等地参观了一个月。"③

是月,《康德的美学思想》载《哲学研究》第三期。

4月,"由周扬指定我(指先生——编者)和钱锺书、缪灵珠三人赴上海参加复旦大学召开的座谈会,讨论伍蠡甫主编的《西方文论选》的选目"。④

5月,《狄德罗的文艺理论和美学思想》载《新建设》第五期。

6月,《英国经验主义派的美学思想——休谟与博克》载《北京大学学报》(人文科学版)第六期。

7月16日,《美感问题》载《光明日报》。先生在文中对"美感"一词的两种意义作了界定,他写道:"'美感'这一词在流行的用法里很含糊,如不弄明确,就会造成许多思想上的混乱。'美感'可能有两个不同的含义。一个指审美的能力,其用法和'道德感''正义感'相类似。另一个指审美的情感。在英文里前者叫做 the sense of beauty,后者叫做 the aesthetic feeling,分别是很明显的,粗略地说,这二者之间的关系是因与果的关系。因与果总是既有区别而又有联系的。"⑤并且,文中对这两种"美感"存在的种种问题提出应该继续研究的愿望。例如"内在感官说"虽然找不出证据,但有没有审美的能力或一种决定人爱好什么不爱好什么的总的心理结构或心理倾向?假如有,它是怎样形成的?先天的

---

① 《朱光潜全集》第10卷,合肥:安徽教育出版社1993年版,第322页。
② 此部分详细记录收录于先生未公开发表的私人日记。
③ 先生后来回忆也说:"随政协组织的参观团赴广州、肇庆、湛江、海南岛、南宁、桂林等地参观工农业建设。"参见《朱光潜全集》(新编增订本)第10卷,北京:中华书局2012年版,第280页。
④ 《朱光潜全集》(新编增订本)第10卷,北京:中华书局2012年版,第280页。
⑤ 《朱光潜全集》第10卷,合肥:安徽教育出版社1993年版,第354页。

还是后天的？是资禀还是修养的结果？还是资禀和修养都有份？如果都有份，究竟哪一个是主要的？再如，关于普遍人性论问题，先生说这是一个难题，"还不能说它已得到最后的合理的解决。"①

△是月，《目送归鸿，手挥五弦》载《诗刊》第四期。文中称："诗有触类旁通的道理，所以言在此而意在彼，言有尽而意无穷，从有限可以见无限。诗的引人入胜处也就在此。"②

夏，文联组织作家艺术家们到北戴河休养，先生带大女儿世嘉、小女儿世乐一同参加。朱世嘉因念着学校工作，提前返哈尔滨，并写信给父亲报平安，先生收到信后于8月19日给大女儿朱世嘉回信（《全集》未收）：

> 嘉嘉，你在哈尔滨发到北戴河的信11日晚即收到，知道你沿途顺利为慰。我和冯、罗（注，指冯至和罗大纲）等于17日下午回京，因为不能对号入座，也买了软席座，坐的实是软卧厢，很舒适。北戴河天气凉了，不宜下海，所以提早回来。你住的时间实在太短，没有得到充分的休息。须知任何事情想做好，一定要精力饱满，一年中一定时期的休养，每日里一定时距的休息是绝对必要的。我看你对这点还没有足够的认识，有些提不起放不下的情况，心情经常处在紧张状态，身体因此也受影响、胃口不强，这又反过来影响你的情绪。我看你有时在无意间面带愁容，对事物的看法也缺乏乐观积极态度，例如看不到北戴河休养的好处。回家后看到你的信知道伙食很坏，还是想家，当初何不在家里多住一些时候？哈尔滨工大生活多数人可以过，你也就应该可以过，恐怕你的不满也有一半由于主观心理状态。应该努力加餐，如果营养不够，就应该设法弥补，好在现在条件已在好转。望你认真考虑一下这些生活上的问题，力图使一切合理化，规律化，这与工作质量有关，祝你好！
>
> 8月19日

夏，先生在《朱光潜美学文集》第一卷《作者自传》里写道："党中央一些领导同志在高级党校召集过一次会议，胡乔木同志就这次美学讨论作了总结性的

---

① 《朱光潜全集》第10卷，合肥：安徽教育出版社1993年版，第364页。
② 《朱光潜全集》第10卷，合肥：安徽教育出版社1993年版，第351页。

发言,肯定了成绩,也指出了今后努力方向。会议还决定派我在高级党校讲了三个月的美学史①。此前北大哲学系已成立了美学组,把我从西语系调到哲学系,替美学组训练一批美学教师,我讲的也是西方美学史。"②

9月27日,《致朱光泽》函(《全集》未收),信中说:"你应该吸取过去的深刻教训,努力重新做人。如果真心真意为人民事业服务而有所贡献(不论大小),人们是看得见的,不会不重视的,前途就会是光明的。"

10月,先生出席教育部文科教材办公室召开的高校文艺理论教材初稿讨论会,讨论蔡仪主编的《文学概论》大纲和以群主编的《文学的基本原理》上册初稿。

11月6日,《致梅振才》信。先生建议梅振才多读些俄国、苏联和中国现代的优秀文学作品,如屠格涅夫的《前夜》,高尔基的《母亲》,鲁迅的《阿Q正传》,杨沫的《青春之歌》。

是月,《维柯的美学思想》载《学术月刊》第十一期。

12月,《谈诗歌朗诵》载《诗刊》第六期。

是年,(1)开始编选《从文艺复兴到十九世纪资产阶级文学家艺术家有关人道主义人性论言论选辑》一书。③

△(2)应邀为中共中央高级党校讲授了三个月的西方美学史。估计应在10月—12月之间。

1963年(癸卯)66岁

2月,《歌德的美学思想》载《哲学研究》第二期。

2月28日和3月23日,《美学史的对象、意义和研究方法——〈西方美学史

---

① 胡乔木后来印证了这件事,他说:"我认识朱光潜先生很迟,现在能记清的似乎就是朱先生在《美学文集》第一卷《作者自传》中提到的一九六二年夏天在中央党校为开设美学课而召集的座谈会上才第一次见面。"(胡乔木:《记朱光潜先生和我的一些交往》,载《朱光潜纪念集》,合肥:安徽教育出版社1987年版,第22页。)

② 《朱光潜全集》第1卷,合肥:安徽教育出版社1987年版,第7-8页。

③ 艾珉回忆:"1961和1962年,整整两年内他的主要精力都放在这件工作上。"(艾珉:《忆朱光潜先生和我的师生情谊》,载《新文学史料》,2007年第2期,第81页。)先生后来回忆1963年"代冯至主编中宣委托北大西语系选编的《西方资产阶级关于人道主义和人性论的资料》,写序文批判。"[《朱光潜全集》(新编增订本)第10卷,北京:中华书局2012年版,第280页。]先生又说1964年编完此书。估计此书的编写应在1962年—1963年。

稿〉的导论》分期发表于《文汇报》。

3月,《浪漫主义和现实主义》载《吉林大学社会科学学报》第三期。

4月,《车尔尼雪夫斯基的美学思想》载《北京大学学报》(人文科学版)第四期。

6月,《从历史的发展看美的本质》发表于《新建设》第六期。

7月,《西方美学史》(上卷)由人民文学出版社出版。这部书,上册为1963年第1版,下册为1964第1版,1979年上下册出第2版,后被国家教委评为国家级特等优秀教材。台湾、香港皆有繁体翻印本,在海内外产生了广泛影响。先生这部大著虽然分上下册跨两年出版,实际上,上册出版时下册基本写好(这从该书下册内容以单篇论文的形式在各个学术期刊发表可以见出——编者),只是因修改和出版周期时限才间隔这么长时间,因此我们这里放在一起介绍。

先生的《西方美学史》既是受国家教委之托给全国大专院校文科大类编写的一部教材,也是反映他本人美学思想的一部重要著作。先生对这部书的自我评价是:"建国以后,我唯一重要的著作就是《西方美学史》。"①又说:"这是我回国后头二十年中唯一的一部下过功夫的美学著作。"②全书由序论和三个部分组成,第一部分,古希腊罗马时期到文艺复兴;第二部分,17、18世纪和启蒙运动;第三部分,18世纪末到20世纪初,最后有个结束语对全书四个关键性美学问题作专题研究。

先生对该书的主要流派中主要代表的选择是根据:"代表性较大,影响较深远,公认为经典性权威,可说明历史发展线索,有积极意义因而足资借鉴的。"③而在具体评述每一个美学家时,先生总是先有个总的时代背景和思想渊源的介绍,然后再分析和评价他的具体美学观点,最后又小结这个美学家的得与失。应该说,先生的《西方美学史》是以时代为线索,以代表人物为纲要,点与面、述与评、史与论相结合的一部巨著。具体地说,以历史为线索,从古希腊罗马发其端,中世纪文艺复兴扬其绪,以拉丁文化延展下达近代启蒙运动时期,又兼顾国别分类的原则,逐一对近代启蒙之在英、法、德、意等国家兴衰详加评述。考虑到美学是1750年由德国哲学家鲍姆嘉通建立,故而下卷转到康德调和大陆理性和英国经验论美学,再经席勒、歌德、黑格尔把德国古典美学推向高峰,最后

---

① 《朱光潜全集》第10卷,合肥:安徽教育出版社1993年版,第532页。
② 《朱光潜全集》第10卷,合肥:安徽教育出版社1993年版,第565页。
③ 《朱光潜美学文集》第4卷,上海:上海文艺出版社1984年版,第3页。

到克罗齐收尾。以代表人物为纲要,先生详略适当,古希腊美学部分,主要突出柏拉图和亚里士多德。即便是前苏格拉底美学,在选择代表人物上也极其精炼,只选古希腊西派侧重"静"的毕达哥拉斯和东派侧重"动"的赫拉克利特,然后到"动静"综合的"多元"论德谟克利特,转而引出苏格拉底"他把注意的中心由自然界转到社会,美学也转变成为社会科学的一个组成部分。"[①]罗马时期美学选贺拉斯、朗吉努斯和普洛丁,因为贺拉斯的古典主义影响到17世纪的布瓦罗,从而形成新古典主义;而朗吉努斯提出崇高的审美范畴,后经博克、康德发展成美学中最重要的范畴;普洛丁则前承柏拉图,后接中世纪,是"两希"文化的交汇点。中世纪是奥古斯丁、托马斯·亚昆那和但丁;文艺复兴是薄迦丘、达·芬奇和卡斯特尔维屈罗等;法国古典主义有笛卡尔和布瓦罗;英国经验主义有培根、霍布斯、洛克、夏夫兹博里、哈奇生、休谟和博克;法国启蒙运动则有伏尔泰、卢梭和狄德罗;德国启蒙运动有高特雪特、鲍姆嘉通、文克尔曼和莱辛;意大利历史学派有维柯;德国古典美学有康德、歌德、席勒和黑格尔;俄国革命民主主义和现实主义有别林斯基和车尔尼雪夫斯基;19世纪末到20世纪初的审美移情有费肖尔、立普斯、谷鲁斯、浮龙·李和巴希,最后是克罗齐,可以说每个代表人物都是精心挑选的。

当然,先生在评述这些美学思想时,其详其略、其重其轻是有偏向的,如我们前面提到的柏拉图、亚里士多德就论述详尽。休谟、博克、狄德罗、莱辛、维柯也颇费笔墨。而下卷的康德、席勒、歌德、黑格尔、移情派别、克罗齐则可说是先生对专门人物研究的心得。在全书的结构安排上尤其值得注意的是:先生个别地方打破时间先后,有意把维柯放在上卷尾,把克罗齐放在下卷尾,这不能不说是先生自己美学问题意识的一种体现。他晚年则正是通过研究马克思,逆向经克罗齐、黑格尔、歌德回到了维柯,并试图和中国传统知行合一观统合为一个有机的美学系统。

先生这部《西方美学史》除了体系和结构的完整谨严之外,在内容上也做到了忠实、可靠。这主要建立在先生个人的中西贯通的学识和学养上,也依赖于他那一丝不苟的治学态度。他自己说:"编者在工作过程中,在搜集和翻译原始资料方面所花的工夫比起编写本身至少要多两三倍。用意是要史有实据,不要

---

① 《朱光潜美学文集》第4卷,上海:上海文艺出版社1984年版,第38页。

凭空杜撰或摭拾道听途说。"①这种从原著出发评述的风格保证了这部巨著的学术趣味的纯正性,以及资料可靠的耐久性。

众所周知,先生是被朱自清称为"行云流水、自在极了"的这样一个写说理文的高手,《西方美学史》延续了他一贯的行文风格。不是故作高深,而是平实地把道理说清楚,真正做到言浅而意不浅,是所谓深入浅出的经典。

先生这部大著有几个特点:

1. 从横向看,先生在写作上非常注重美学与文艺学、美学与哲学、美学与心理学的交叉渗透的学科特性。

第一,美学是一门交叉和边缘综合性的科学,它和文艺批评、哲学、自然科学有着密切的关系。先生自己很形象地以身说法,多次讲到他在西方留学时未曾听过一堂美学课,但他第一喜欢文学,第二是心理学,第三是哲学。结果能把这几门知识结合起来恰好就是美学。这就从一个侧面告诉我们,学习西方美学史要注重美学和其他学科的关系。美学的正式命名出自德国哲学家鲍姆嘉通在1750年发表的《埃斯特惕克》(Aesthetik),自此美学才成为一门独立科学。在此之前,美学往往是结合文艺作品来进行研究的,所以它历来是文艺批评的附庸。像贺拉斯、布瓦罗、狄德罗、莱辛等人,都同时是文艺批评家。在许多艺术家那里留下了极为珍贵的美学见解和思想,像绘画方面的达·芬奇,诗和戏剧方面的但丁和歌德。所以,"从历史发展看,西方美学思想一直侧重文艺理论,根据文艺创作实践作出结论,又转过来指导创作实践。"②因此,从一个方面讲,美学是从哲学层面对艺术实践加以概括,是所谓"艺术的哲学"。

第二,美学实际上是一种认识论,所以它历来是哲学和神学的附庸。西方著名的美学家大多数首先是哲学家,美学往往是他们哲学系统里的一个部分,像柏拉图、亚里士多德一直到康德、黑格尔和克罗齐,都是从哲学出发来研究美学的。无怪乎著名美学史家鲍桑葵把美学史定义为"美的哲学的历史"。③ 由于西方美学史和西方哲学史的发展是一致的,这样,古希腊侧重本体论的哲学方法往往也影响到对美的追问方式。大致说来,先生认为古典主义对美的本质探索侧重于物体的形式方面。中世纪很长一段时期美学是附属于神学的,代表人物是普洛丁、托马斯·亚昆那,对美的本质的看法往往体现为将中世纪新柏

---

① 《朱光潜美学文集》第4卷,上海:上海文艺出版社1984年版,第2页。
② 《朱光潜美学文集》第4卷,上海:上海文艺出版社1984年版,第4页。
③ [英]鲍桑葵著,张今译:《美学史》,北京:商务印书馆1985年版,第5页。

拉图派所理解的形式与基督教中上帝赋形式于物质的概念纠结在一起。这之后,近代西方哲学从本体论转向认识论,对美的本质的看法也转向认识方面,鲍姆嘉通把美学和逻辑学看作哲学中的高低不同层面的两个研究部门。这和近代哲学兴起的以法国笛卡尔为代表的大陆理性派和以英国培根为代表的经验派之间围绕着认识的起源、性质、限度的争论相关。结果经验主义在自然科学日益发展的推动下占了上风,从而产生了德国古典哲学在更高层面上调和这两种哲学对立派别的企图,最终形成了德国古典哲学。与此相应,对于美的本质的看法往往也表现为:大陆理性主义主张"美在完善",而英国经验主义则主张"美感即快感,美即愉快";到了德国古典美学则把感性和理性统一起来。而且,先生的《西方美学史》,要特别注意甄别康德、席勒、歌德、黑格尔对美是感性和理性统一这一观点表述的不同样式。康德的"先验美学"是调和经验派和大陆理性派的产物,他抛弃了鲍姆嘉通的"美即完善说"和博克的"美感即快感说",吸收了理性派的理性、先验范畴和"内外相应"的目的论和一部分形式主义的观点,以及经验派的美的生理和心理的基础,感觉的直接性以及美与崇高的对立,结果就造成了他认为感性和理性是"拼合"而不是"统一"。歌德则通过提出"特征"和"意蕴",把美看作对内容经过艺术处理而成为作品的体现。这个看法一方面批判了文克尔曼的古代艺术的"静穆"排斥表情的形式主义观点(不动情主义),另一方面又纠正了希尔特为强调特征而排斥"客观的美"(即对象形式的美)的片面性。从而也达到了形式与内容、感性和理性的统一。席勒把美看作调和"形式冲动"和"理性冲动"的"游戏冲动"。他的这种感性和理性的统一涉及艺术的内容和形式的统一,体现了一定的"客观的存在"。所以,先生认为"席勒是德国古典美学由康德的主观唯心主义转到黑格尔的客观唯心主义之间的一个重要桥梁"。①

黑格尔"美是理念的感性显现"是发挥和改造席勒的理论而来的,"他把理念看作艺术的内容,把'感性显现'看作艺术的形式,这种对'形式'的新的理解也是从席勒那里得来的。所不同者席勒用词有时不统一,他有时把概念(一般)看作内容,有时又把生活(特殊现象)看作内容;有时把对形式的要求看作理性的,有时又把'活的形象'看作形式,足见他在思想上仍不免有些混淆。黑格尔的定义却比较明确:理性

---

① 《朱光潜美学文集》第4卷,上海:上海文艺出版社1984年版,第709页。

内容(理念)显现于感性形象(形式)。"①"黑格尔的客观唯心主义哲学系统注定了他的美的定义要从抽象的理念出发,这是他的基本缺点所在;但是理性内容和感性形式的统一这个思想却仍是他的美学的合理内核。"②

第三,伴随着17和18世纪欧洲的产业革命,自然科学发展蒸蒸日上,美学日益受到自然科学、特别是生理学、心理学和人类学的影响。这就产生了英国经验派美学注重心理分析的倾向,继起的德、美诸国的实验美学、德国新黑格尔派费肖尔和立普斯的移情说以及谷鲁斯的内摹仿说和游戏说。在先生这部《西方美学史》的第18章,非常注重运用对理论的全局和部分进行比较的阐述方法。费肖尔(Vischer)父子、立普斯(Lipps)、谷鲁斯(Groos)、浮龙·李(Vernon Lee)、巴希(V. Basch)等都是"移情说"的代表人物,学术活动处于同一时期。先生在介绍这些美学观点时,时常进行横向的比较。如讲立普斯的"移情"说是侧重美感经验的"由我及物"的移情一方面,而谷鲁斯则侧重"由物及我"的内摹仿的移情一方面,再如讲浮龙·李的观点和谷鲁斯的观点非常接近,但指出"谷鲁斯更侧重内摹仿中筋肉运动的感觉",而浮龙·李则"更侧重内摹仿中情绪反应所涉及的内脏器官感觉"。这种同中见异、异中见同的比较在《西方美学史》里俯拾即是。这样一来,看似五花八门的受心理学影响的美学理论就不那么支离破碎了,使得读者从中见出了各自论证的"片面的道理",是所谓"披沙拣金"的功夫。

2.从纵向看,先生的写作非常注重美学的范畴、问题在不同历史时期的"思想线索"的关联特性。

鲍桑葵曾说过美学史不是美学家的历史。也就是说,美学史不止于各人的意见,它实际要形成一个整体,犹如大海,各人的美学思想只是其中的一波,一波推一波,才形成全体的波澜壮阔。美学史中的"范畴"就好似这每一波。因此,美学史乃是美学范畴的逻辑演化及变更的纪录。先生非常强调美学范畴在美学史中的结构关系,他认为:如果没有这种纵向范畴交织并由问题延展的思想线索,那"就难免是一盘散沙或是一架干枯的骨胳"。③ 因此,先生特别交代了范畴在不同时期的含义及其随时代发展衍生的新义。

就范畴来说,先生总是尊重历史的客观性,他指出,我们近人一讲到艺术常和"美"或"审美"联系在一起,其实,在希腊文里"审美"根本就不存在,"美"在

---

① 《朱光潜美学文集》第4卷,上海:上海文艺出版社1984年版,第710页。
② 《朱光潜美学文集》第4卷,上海:上海文艺出版社1984年版,第711页。
③ 《朱光潜美学文集》第4卷,上海:上海文艺出版社1984年版,第694页。

亚里士多德《诗学》里也仅出现过几次,"古希腊人说'和谐'多于说'美'"。[①]这也是为什么先生不把柏拉图的《大希庇阿斯篇》放在中心讨论的缘故。因为当时的希腊人并没有我们今天对美学的看法,而且,他们对"艺术"(tekhne)的理解也和我们今天一般意义上所指的诗歌、音乐、绘画、雕塑的艺术不同,在古希腊,凡可凭专门知识来学会的技巧都属于"艺术"的范畴,像手工业、农业、医药、骑射、烹调之类。由此看来,先生拈出文艺与现实的关系以及文艺的社会功用,作为诠释柏拉图和亚里士多德的美学思想的问题主线,恰恰是考虑到当时的一般文艺思想的状况。

与"美"这个范畴相关的"典型"一词,在先生《西方美学史》所关注的不同历史时期都依据美学家的思想作了阐述。他认为,亚里士多德在《诗学》第九章最早提出诗与历史不同,"历史家描述已发生的事,而诗人则描述可能发生的事。因此,诗比历史是更哲学的,更严肃的,因为诗所说的多半带有普遍性,而历史所说的则是个别的事"。这实质上就是典型说,要义有三:一、从文艺的真实性来看典型,诗比历史真实,因为它有普遍性或典型性;二、诗所写的是个别人("安上姓名")所见出的那个普遍性,即依据的是一般与特殊统一的原则;三、这种普遍性不是数量上的总结或统计的平均数,而是规律的体现("可然律或或然律")。先生很注意区别和典型说相近的类型说和定型说(虽然它们也属于典型范畴)的差异。像贺拉斯所奉行的文艺创作必须依不同年龄来描绘不同人的典型形象就是一种概念化和公式化的"类型说",在摹仿古人的创作方法上,贺拉斯还提出"定型说",这也是抹杀个性、反对变化的一种僵化的创作方法。但是对于贺拉斯主张诗有教益和娱乐的两重功用,先生肯定贺拉斯明确地提出了"寓教于乐"的主张,这也突显了贺拉斯在美学史上的地位。

"寓教于乐"就是承认美感教育既有快感又有道德教育的功能。先生的《西方美学史》对这个问题予以强调。他指出欧洲文艺界有一个长久争辩的问题:文艺的目的是什么?快感,教益,还是情感兼教益?在这个问题上,先生批评了西方美学史家常常把亚里士多德看作把美感的目的和道德分开来看的第一人。在先生看来,亚里士多德是把"审美的""逻辑的""道德"范畴统一起来看的人,并非"为文艺而文艺"的代表。亚里士多德承认诗产生快感是合乎自然的,他同时又承认诗的教育功用。他的悲剧理性的"过失"说和"净化"说能很好地证明

[①]《朱光潜美学文集》第4卷,上海:上海文艺出版社1984年版,第695页。

这一点。不仅如此,先生在讲到文艺复兴时代的卡斯特尔维屈罗时,也指出他未必有"为文艺而文艺"的想法,"他不过是从实际情况出发,看到当时多数人所期望于文艺的是娱乐而不是思想教育,诗人和艺术家要想作品受到欢迎,就必须考虑到人民大众的趣味"。[①]

同样,先生也不满足于一般西方美学史家谈到康德美学时,常常只注重他的"美的分析",只把康德看作形式主义美学的代表。先生的《西方美学史》则努力使读者认识到:"在西方美学经典著作中没有哪一部比《判断力批判》显示出更多的矛盾,也没有哪一部比它更富于启发性。不理解康德,就不可能理解近代西方美学的发展。"[②]康德美学思想的矛盾还表现在康德在写"美的分析"时有形式主义倾向,但到了写"美的理想"部分时,说美是非功利,不涉及概念的形式主义的一方面,人应被当作一个有机整体,审美功能不能脱离其他功能(社会的、道德的),因此"理想美"就不能是"纯粹的",而必然是"依存的""美是道德的象征"。这些都是先生的《西方美学史》和西方美学史家的同类著述所不同的地方。

先生是一位学贯中西的美学大师,他谙熟五六种语言。在这部《西方美学史》中,我们看到他笔下许多专名的中文译名和其他国内的学者译法不同。这都倾注了先生一生思考西方美学的心血。譬如,他翻译柏拉图的 Idea,他不是译作"理念""共相"(早期先生也译过——编者),而是翻译成"理式"。还有英文 Understanding 这个词,一般译作"知性""悟性",而先生则译作"知解力",尤其这个译名用在康德那里就非常贴切,因为康德是就人性的"知、情、意"的认识功能进行审查、检视。在谈到我们一般人都自认为很了解的"文艺复兴"这个词时,先生指出"文艺复兴"这个词不能仅仅像一般读者理解成只是文艺领域里的一场复兴古希腊文艺的运动。事实上,西文应该译成"古典学术的再生",用"文艺"代替"学术",就抹杀了"学术"不仅指文艺方面,还指自然科学方面。再譬如:先生指出康德在《判断力批判》里所用的 Idee,在汉语中一般译为"观念",而"观念"在汉语中近于概念,是抽象的,不符合康德的原意,康德原义是指一种带有概括性和标准性的具体形象,所以应该依 Idee 在希腊文的本义译为"意象"较妥。像这样的专名翻译直接涉及对每个美学家思想的准确理解,读者尤其不

---

① 《朱光潜美学文集》第 4 卷,上海:上海文艺出版社 1984 年版,第 174 页。
② 《朱光潜美学文集》第 4 卷,上海:上海文艺出版社 1984 年版,第 428 页。

能忽略。

此外,"共同人性""形象思维",注重艺术创作的"第二自然","现实主义与浪漫主义"都是贯穿于全书思想的问题线索。

3.从方法上看,先生在写作上尤其注重运用中西互证的比较美学方法。

先生的《西方美学史》的阅读对象主要是汉语语境下的读者,因此,他大量运用了中西互证的比较美学方法,为的是使中国读者借助对自己已知晓的文化去读懂异于自己的其他民族文化。

其一,中西互证。如谈到毕达哥拉斯学派关于艺术与人的关系的两个"神秘"观点,一是"小宇宙"(人)类似"大宇宙"的看法。先生指出,这类似中国道家的"同声相应"的"小周天"的"欣然契合"的看法。二是用中土的"阴阳五行"说来说明毕达哥拉斯所谓人体的内在和谐与外在和谐交互影响的观点。又比如,谈到贺拉斯的"类型说"的凝固和僵化的文艺创作原则,便拿家喻户晓的曹操来说明,说"这好比中国旧戏写曹操,一向都把他写成老奸巨猾,这已经成了定型,后来的作家就不敢翻案"。① 再比如,谈到狄德罗的演剧理论时,为了说明狄德罗所谓"理想的演员"要在冷静中把平时练习的滚瓜烂熟的技巧像镜子一样复现出来,这就是所谓"理想的范本"之说,先生用中国画家的"成竹在胸"的艺术法则印证这一点。此外,像先生以中国古代的鲁班代表技艺高超者,以华佗代表神医,都好似维柯说的"想象性的类概念",毫无疑问,中西互证的手法起到了画龙点睛的作用。

其二,以西观中。先生在论及但丁改造意大利民族语言的问题时,联想到中国"五四"以来的"文白"之争。他指出:"但丁所面临的问题颇类似我们在'五四'时代初用白话写诗文时所面临的问题:白话(相当于但丁的'俗语')是否比文言(相当于教会流行的拉丁语)更适宜于表达思想情感呢? 白话应如何提炼,才更适合于用来写文学作品呢? 这里第一个问题我们早就解决了,事实证明:只有用白话,才能使文学接近现实生活和接近群众。至于第二个问题,我们还在摸索中,还不能说是解决了,特别是就诗歌来说。因此,但丁的《论俗语》还值得我们参考。"② 又比如,先生谈到文克尔曼的古希腊艺术之"高贵的单纯,静穆的伟大"说时,认为"当时德国知识界对于希腊古典的看法,颇近似我们过

---

① 《朱光潜美学文集》第4卷,上海:上海文艺出版社1984年版,第105页。
② 《朱光潜美学文集》第4卷,上海:上海文艺出版社1984年版,第147页。

去对于陶潜的看法,仿佛陶潜也是浑身静穆,只有'采菊东篱下,悠然见南山'的一面,没'刑天舞干戚,猛志固常在'的一面"。① 这是先生借对文克尔曼的批评,间接地对自己解放前只注重形式美,而没有注意"个性和内容"的反省。这种把美学史研究和当下文艺创作中的问题紧密结合的方法,体现了先生"有的放矢地研究美学史"的态度。

其三,以中印西。先生在论莱辛的诗与画关系时,指出了莱辛从三个论点来说明诗画异同说并非绝对。事实上,莱辛并不否认在一定程度上诗也可以描绘物体,画也可以叙述动作。先生用中国古典诗词来说明莱辛的"化静为动"的手法,他认为有三种。第一种是借动作暗示静态,如"红杏枝头春意闹""山从人面起,云傍马头生""山舞银蛇,原驰蜡象,欲与天公试比高"。第二种是借所产生的效果来暗示物体美,如古诗《陌上桑》:"行者见罗敷,下担捋髭须。少年见罗敷,脱帽著帩头。耕者忘其犁,锄者忘其锄。来归相怨怒,但坐观罗敷。"这就比这首诗的上文"头上倭堕髻,耳中明月珠。缃绮为下裙,紫绮为上襦"那一段静止现象的罗列要生动得多。第三种是化美为媚,"媚是在动态中的美"。《诗经·卫风》有一个例子:"手如柔荑,肤如凝脂,领如蝤蛴,齿如瓠犀,螓首蛾眉,巧笑倩兮,美目盼兮。"前五句历数静态,拼合成一个美人形象,而后两句便是化美为媚,化静为动,活生生地把一个美人的姿态神韵描画出来了。凡此种种,都是先生运用匠心独运的美学史的写作手法,把一部西方美学史写得让东方人容易读懂。

4. 从先生的美学立场看,《西方美学史》应该是属于先生自己美学体系的一个部分。

先生在这部美学史的《序论》里说,他的这部著作"兼顾到教师和学生",同时他还指出"一部教材不仅要传授知识,更重要的是训练独立研究和独立思考的能力"。② 可见,李泽厚先生把这部书看作高级读物是有道理的。不仅如此,要真正阅读懂先生这部著作,实际上还必须了解先生本人的美学思想。因为,如果一个写美学史的作者没有自己的美学系统,它就缺乏一个稳定的、对不同时代不同美学理论系统的统一评判的尺度。先生在美学史上被中国学界公认为"美是主客观统一"派的代表,他有这个资格,他能做到使自己的美学"原理"

---

① 《朱光潜美学文集》第4卷,上海:上海文艺出版社1984年版,第323页。
② 《朱光潜美学文集》第4卷,上海:上海文艺出版社1984年版,第2-3页。

和美学史统一起来。正如他所说的:"美学史所研究的是过去美学思想的发展,主要是文艺方面美学思想的发展。美学史与美学只有一点不同:美学更多地面对现在,美学史更多地面对过去。但是这个分别也只是相对的:美学固然不能割断历史的联系,美学史也必须从现实出发。"① 换言之,"史"的写作者往往是要拿自己的"成见"和历史上诸多美学家的成见"较量"一番。我们会发现:先生的这部美学史中的许多地方的介绍和评价是对自己美学观点和理论系统的一种曲折的呈现。如他介绍柏拉图美学思想中的文艺和现实世界的关系时,虽然指出柏拉图在《理想国》里和在《会饮篇》里存在着两种探索美的思想方法,前者是从一般到个别,后者则是从个别到一般,但是,在叙述语言上明显倾向于后者,认为柏拉图"过河拆桥",把本是由综合个别事物所得到的概念孤立化,绝对化,使之成为永恒不变的"理式"。"柏拉图的形而上学的思想方法和他的客观唯心主义哲学系统是分不开的"。② 如果我们了解心理经验分析在先生美学体系中所占的位置,就会对他异乎寻常地肯定《会饮篇》有"同情的了解"。又比如:对朗吉弩斯的"崇高"是否应该被看作严格意义上的审美范畴。学术界一般以为,朗吉弩斯只是从修辞学意义上提出了这个范畴,至于对这个范畴的近代认知和心理学含义则要到博克和康德那里去找。先生却力排众议,认为"第一,没有理由可以断定文章风格的雄伟就不能产生审美的'崇高'效果;近代美学家讨论崇高,从文学作品中举例证,也是常见的事。其次,即使把崇高限于自然景物和人的伟大品质和事迹(这是不正确的),这些对象如果在文学作品中得到真实的反映,并不会因此就失去原有的崇高"。③ 这显然体现了先生注重文艺在美学中的重要位置。最能说明先生自己美学观点和他美学史关系的"解释学"意义的部分,在评述休谟和康德的章节里看得最清楚。

先生对休谟的"同情的了解"溢于言表,他不赞成学术界给休谟扣上主观唯心主义和相对主义的帽子,认为休谟反对把美看作事物的属性,但并不反对美感经验形成中的对象的某种"秩序和结构""形式或性质"的作用。先生认为这就是要"这客观的和主观的两方面因素须协调合作,才能产生审美的快感。这个看法和康德的美起于外在形式符合认识功能说是一致的,不过没有象康德说的那么玄奥,康德相信目的论,而休谟并不相信目的论。这里也未见得有多大

---

① 《朱光潜美学文集》第3卷,上海:上海文艺出版社1983年版,第399页。
② 《朱光潜美学文集》第4卷,上海:上海文艺出版社1984年版,第47页。
③ 《朱光潜美学文集》第4卷,上海:上海文艺出版社1984年版,第119页。

的主观唯心主义的色彩"。①

在谈到休谟关于美的本质论证以及相关的审美趣味标准的问题时,先生也不同意学界一般常引休谟在《论怀疑派》一文所说的"美与价值都是相对的"这句话从而得出休谟是相对主义者的结论。先生说:"审美趣味方面的个别分歧是一个客观事实,承认这个客观事实并不就构成相对主义。相反地,休谟并不曾把重点摆在相对性上,他的著名的《论审美趣味的标准》全文主旨正是要驳斥相对主义,要论证审美趣味不管有多么大的分歧,毕竟还有一种普遍的尺度,人与人在这方面还是显出基本一致性。"②什么是基本一致性,说白了,就是共同人性论。这是先生努力要为其辩护的美学的一个原则,如果没有这一条,美学之被称作为美的科学的普遍性基础就要失去。恰恰是基于此,先生在评述康德关于美的主观的普遍性和必然性时,指出其形成理论的预设(或假设)前提正是"共同感觉力",先生很机智地用中国的"人同此心,心同此理"来说明这一假设。这就是康德认为我们觉得一朵花美,就同时有理由要求一切人都感觉到这种美(美的主观的普遍性和必然性)。先生评价道:"如果承认康德这种假设,他从这假设出发所提出的论点是可以理解的。"③又说:"他(指康德——编者)所强调的'共同感觉力'和美感的'普遍可传达性'虽是植根于未经科学分析的人性论,却也有它的正确的进步的一方面,即对于美感的社会性的重视。"④有人把先生这部《西方美学史》称作"压抑的文本",这是因为他写作该书的年代是不能讲普遍人性论的。可见,先生以这样的方式表达出来,已经很清楚地证明了他对共同人性论的肯定。

总而言之,先生的《西方美学史》是中国学者第一部全面、系统的西方美学史著作,它代表了当今中国美学界在西方美学史研究领域的研究水平。虽然从该书问世以来,也不断有人提出为什么不把叔本华、尼采、弗洛伊德这样著名的美学家写进去的疑问,其实,先生对这些美学家都有深入的研究和著述,没有放在这部著作中讲,是迫于当时的意识形态压力,因为这些人在当时都被扣上"反动"资产阶级思想家的帽子。关于先生对于这些美学家的论述,可以参见他的英文博士论文《悲剧心理学》(由张隆溪翻译,人民文学出版社1983年出版)和

---

① 《朱光潜美学文集》第4卷,上海:上海文艺出版社1984年版,第238-239页。
② 《朱光潜美学文集》第4卷,上海:上海文艺出版社1984年版,第244页。
③ 《朱光潜美学文集》第4卷,上海:上海文艺出版社1984年版,第388页。
④ 《朱光潜美学文集》第4卷,上海:上海文艺出版社1984年版,第391页。

《文艺心理学》等其他著述。我们也无需为先生这部书护短,的确,像泰纳(H.A. Taine)、顾约(J.M.Guyan)、费希特(J.G.Fichte)、谢林(F. W.J.Schelling)、费尔巴哈(L. A. Feuerbach)、柏格森(H. Bergson)、罗斯金(J. Ruskin)、莫里斯(W. Morris)、托尔斯泰(Leo Tolstoy),甚至像先生在西方留学时已开始影响西方美学界的现象学美学、逻辑实证主义等,先生都没有论及。不过,一本好的美学著作也不可能面面俱到。

8月,先生与顾颉刚、张静秋夫妇在大连大传家庄叙谈友情。

图 9-9　顾颉刚、张静秋夫妇赠与先生的照片(1963年8月摄于大连大传家庄,照片背书"光潜先生存念"。)

是月,到吉林大学作为期半月的短期讲学。主要讲题是德国古典美学,还讲了典型问题、浪漫主义和现实主义两个专题。

9月,译著《文艺对话集》([希腊]柏拉图著)由人民文学出版社出版。与1954年上海文艺出版社出版的译本相比,增加了"斐利布斯篇——论美感""法律篇——论文艺教育"两篇译文和"题记""译后记——柏拉图的美学思想""人名索引"。

10月,《表现主义与反映论两种艺术观的基本分歧——评周谷城先生的"使情成体"说》发表在《文艺报》第十期。

先生后来回忆写道:"参加科学院哲学社会科学部门扩大会议,发言批判周谷城的美学观点,题为《反映论与表现主义的基本分歧》,在《文艺报》发表。会后荣幸地由毛主席召见,同时召见的有十余人。"①

是年,(1)先生回忆:"参加政协组织的农村社会主义教育现场学习,在灞县煎茶铺公社住了半个月。"②

△(2)先生招了那年唯一一名研究生——丁枫。据丁枫回忆:

"二十三年前,即1963年,我考取了朱老指导的美学研究生。那一年,他只录取了我一个人。""记得第一次到朱老的书房,我就被那里严整、肃穆的氛围弄得不知所措。也是一个晚上,二十多平米的书房,人们的注意力却自然地集中在一个落地灯的光环所笼罩的范围内。那里除了沙发、茶几之外,还有沙发后面用两幅大镜框分别镶着的徐悲鸿送给先生的奔马和一位和尚用瘦体字写的条幅。再远临窗处就是先生的书案和一个书柜了。晚上那边只有一座台灯亮着。有时那座台灯也关掉了。此外,几乎什么都没有了。一切都是那样的简洁,那样的井然有序。显然,坐在那里就只能谈功课。我最初感到紧张的是,总怕自己的思路突然中断了,或者跟不上先生所讲的意思,那不就糟了吗。幸好这样尴尬的局面一次也没有出现过。

先生的话不多。总不时地吸那支木头烟斗。那烟斗很古朴,仿佛是截下的一段树干,掏了洞,又插上一根细棍儿似的。不知是烟丝潮,还是别的什么缘故,似乎隔一会儿就得划着一支火柴,而且他习惯把点烟的火柴顺便插在烟斗里。有时会有四五支火柴插在那里,好像刚刚冒出来的烟,但又都是直挺挺的。

言简意赅是先生的风格。但那时,在我和先生之间大概都还隐约地感到有一层无形的窗纸把我们隔开。而我们又都很谨慎地谁也不去把它捅破。人们不会忘记,六十年代强调'千万不要忘记阶级斗争'的时候,研究生的思想政治工作,最敏感的一点就是,'要提高警惕,不要被资产阶级拉过去'。其实,我自己最清楚,当时朱老和我除功课之外什么都不谈。记得有一次,先生作为全国政协委员到大西南考察,出去很多日子。回来的时候,我真想听先生谈谈一路的见闻。但他只简单地说了几句就一带而过了。就学于朱老,我确信他并不'争夺'什么,相反,他却总是兢兢业业地'给予',而且'给予'得那样真诚,那样严格。"③

---

① 《朱光潜全集》(新编增订本)第10卷,北京:中华书局2012年版,第280页。
② 《朱光潜全集》(新编增订本)第10卷,北京:中华书局2012年版,第280页。
③ 丁枫:《长歌当哭——纪念朱光潜先生逝世一周年》,载《朱光潜纪念集》,合肥:安徽教育出版社1987年版,第228-230页。

△(3)《古典文艺理论译丛》编辑柳鸣九因出版该刊美学专号(第 8 册)里面有先生翻译《论移情作用》([德]里普斯著)一文而登门拜访先生。① 柳鸣九谈了对先生的印象,他写道:"我见到朱光潜的时候,他已经六十多岁,虽然瘦小单薄,白发苍苍,但精干灵便,神情烁烁,他宽而高的前额下一对深陷的眼睛炯炯有神,老是专注地注视着、甚至是逼视着眼前的对象,手里则握着一支烟斗,不时吸上一口,那态式、那神情似乎面前的你就是他观察分析的对象,研究揣摸的对象。""他绝不跟对方讲多余的话,但当我小心翼翼从业务工作范围里挪出去一小步,恭维他精神很好,身体很好时,他也很和气,很善意地告诫我:'身体就是要锻炼,每天不必要长时间,但一定要坚持。'当我又得寸进尺奉承他的太极拳打得好,青年学子称为'出神入化'时,他以权威的口吻提示我:'跑步,最好的运动是慢跑,每天慢跑半小时,它给我的身体带来的好处最大。'"②

1964 年(甲辰)67 岁

1 月,杨周翰、吴达元、赵萝蕤主编的《欧洲文学史》上卷由人民文学出版社出版。其中第一章第三节"古希腊古典时期文学和悲剧、喜剧"部分由先生撰写,安徽教育出版社出版的《朱光潜全集》中将此部分拟题为《柏拉图、亚里士多德》。

2 月,周谷城写了《评朱光潜的艺术评论》,随后与先生文章同时发表在《文艺报》第四期。

2 月 12 日,《致朱光泽》信(《全集》未收),信中写道:"我每年有出去参观的机会,将来想趁便回安徽看看,再谋晤谈,这于你比较方便些。望你安心工作,努力改进!"

5 月,先生《读周谷城〈评朱光潜的艺术评论〉书后》载《文艺报》第四期。在文中,先生坚持原先批评周谷城"使情为体"的观点是鼓吹"无差别境界",这不符合毛泽东《矛盾论》里的观点;"使情为体"说只能是表现主义的,不是反映论的。并且尖锐批评了周谷城强词夺理、文过饰非的态度。对周谷城的强辩说,情来自生活,因此主张"使情为体",先生指出:"以情感为文艺的源泉,也就是主

---

① 《古典文艺理论译丛》第 8 册是 1964 年 2 月由人民文学出版社出版的,估计柳鸣九是 1963 年底拜访先生的。
② 柳鸣九:《两点之间的曲线人生——关于朱光潜的回忆与思考》,载《粤海风》,2005 年第 5 期,第 29-30 页。

张以生活为文艺的源泉,这显然是把主观的东西和客观的东西混为一谈了。"而实际上,周谷城的思想是混乱的,他在回答王子野对他的批评时,还明确说:"不能说生活就是艺术的源泉。"

春,先生完成了编写《从文艺复兴到十九世纪资产阶级文学家艺术家有关人道主义人性论言论选辑》的任务。该书系统搜集了从文艺复兴到19世纪末西方资产阶级文学家、艺术家有关"人道主义""人性论"方面的言论,资料重点放在理论(包括美学)著作上,同时也选收表现这些思想的若干文艺作品。入选作家凡六十余人,每位作家列有数百字的小传。由于此书在"文革"前已打好纸型,因此在"文革"中由商务印书馆初版时(1971年11月)得以完全保持原貌,只是在书前加了一个按照当时政治口径写的"出版说明",并将编者改为"北京大学西语系资料组",作为"内部读物"发行。先生原为该书写的长篇"概述"则被撤下,直到1978年才重见天日。

先生后来回忆写道:"1964年 编完《人道主义和人性论的资料》。译完莱辛的《拉奥孔》。继续译黑格尔《美学》。"①

先生还留下一封给冯至的信(图9-10),全文如下:

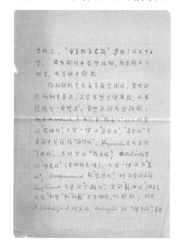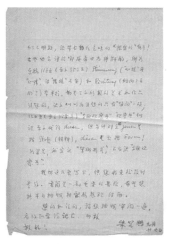

图9-10 1964年9月27日,先生给冯至信,对其译稿《审美教育书简》提出若干意见。

君培兄②,《审美教育书简》选用了约九千多字。因为校对中有些改

---

① 《朱光潜全集》(新编增订本)第10卷,北京:中华书局2012年版,第280页。
② 冯至(1905—1993),原名冯承植,字君培,河北涿县(今涿州市)人。翻译家、语言学家、文学家,曾任中国社会科学院外国文学研究所所长。

动,在原稿上不好写,在另纸上抄出。

你的译稿是在多年前完成的。当时译法似侧重直译,文字有些生硬拖沓,不易使读者一目了然。有些译词当宜斟酌,例如 moralisch 在用作和"物质的"对立时直译"精神的",不宜一律译"道德的","道德的"在书简中往往作"伦理的";physische 有时宜译"身体的",有时宜译"物质的";ästhetische 宜译"审美的"(有活动意味),不宜一律译为"美的";ausspannend 译"紧张的",则与它对立的 auflösend 不宜译"分解的",宜译"松弛的"(86 页),如译"加紧"和"放松"见出动作,似较好;同页与 schmelzend 对立的 energisch 译"强力的",意思似不明显,译带有动作意味的"振奋的"何如?有些地方语法衔接处也尚待斟酌,例如原稿 118 页(原文 353 页)Stimmung("心境"或"心情",译"情境"不妥)和 Richtung(倾向?方向?)本平行,都是下文所说的艺术和作品引的,译文似以为引起的只有"倾向"一项;120 页(原文 355 页)"支配观察者","观察者"似译原文代词 diesen,但与此对立的 jenen 是指 stoff(材料),diesen 是否指 form! 如果是,就宜译"驾驭形式",不应译"支配观察者。"

我把这几条写下,供您将来校改时参考,书简是一部重要的著作,希望您能早日抽暇把译稿整理付印。

选的和注的,请您抽暇审阅一遍,应改正处请记下。

即致

敬礼!

朱光潜
九月廿七日

此封信是对冯至提供的席勒(J.C.F. Schiller)《审美教育书简》译稿稍加改动的意见,冯至的译稿可能是被用在《从文艺复兴到十九世纪资产阶级文学家艺术家有关人道主义人性论言论选辑》里席勒部分;也可能被用在先生为《西方美学史》编选附注的《资料汇编》里。

8月,《西方美学史》(下卷)由人民文学出版社出版[内容见前文 1963 年 7 月《西方美学史》(上卷)由人民文学出版社出版条里详细介绍——编者]。该书为有史以来中国学者第一部全面、系统地研究西方美学史的著作,也是中国美学界第一部以马克思主义理论为指导,分析、总结西方美学思想发展的著作。

此书对当代中国美学建设具有开创性意义,代表了中国美学界在西方美学史领域研究的最高水平。

12月20日—次年1月5日,举行全国政协第四届委员会第一次全体会议。先生作为全国政协委员参加了会议。来自北京大学的政协委员还有二十四人,除先生外,还有冯友兰、闻家驷、俞大纲、向达、郑昕、饶毓泰、傅鹰、王力、金克木、游国恩、周培源、陈岱孙、季羡林、冯定、江泽涵等。

是年,美学大讨论到1964年算是告一段落了。对于这场大讨论,有学者以20世纪80年代的眼光作了总结,颇有意味:

"以八十年代的眼光回顾五七年至六二年的美学讨论,我们不能不看到那场讨论和后来文艺界乃至整个学术领域里发生的许多事情的关系,不能不把它和'四人帮'统治下走到极端的文化专制主义联系起来思考。我们亲身经历过的历史现实使我们不能不认识到,'见物不见人',否定人和人的价值,正是那个时代一个可悲的偏向。朱先生美学思想的一个主要贡献,也恰好是在几个关键的时刻,在重大的理论问题上,和这种偏向作不懈的斗争。朱先生回忆起当年那场争论的时候,觉得争辩各方对马克思主义的了解都很幼稚肤浅,而对他个人说来,最重要的是使他从此认真研究马克思主义,把美学建立在唯物辩证法的基础之上。记得有一次和朱先生谈起这类问题,他承认'幼稚肤浅'也适用于评价当时他自己。我们如果重读他那时的文章,不难发现有许多观点和语汇都带着那个时候的特别印记和局限。在那时候,讨论问题的方式和对一些基本概念的理解,往往是机械而粗糙的;对于很多重大理论问题,苏联学者们的意见几乎和马克思原著有同等的份量,许多人接受的是经过别人过滤了的马克思主义。除对马克思主义缺乏深入了解之外,参加美学论争的人有许多对哲学、心理学、人类学和社会学之类与美学密切相关的学科,更缺乏必要的知识,甚至对文学艺术缺乏了解和切身体会。在知识的广博、理论修养的深厚和鉴赏能力的敏锐等方面,可以说朱先生是大大超出许多人的。尤其因为他懂英、法、德、俄数种语言,不仅能接触到丰富的美学资料,而且可以直接从原文去把握马克思原著的意义,所以在运用马克思主义原理于美学研究上,他往往有自己深入的见解,而且往往针对美学研究的实际,提出重大的理论问题。"[①]

---

① 张隆溪:《探求美而完善的精神——怀念朱光潜先生》,载《朱光潜纪念集》,合肥:安徽教育出版社1987年版,第178-179页。

又过了二十年,以 21 世纪的眼光来审视那场大讨论,有学者持下述立场和观点,尽管有些评论有失偏颇,但作为一种把对先生美学观延伸到中华人民共和国成立前和后整个论域的新的透视的角度,仍值得咀嚼:

"从学术的角度看,那场讨论(连同对朱光潜的批判)也有很大的缺陷。第一,对朱光潜的批判,带有很大的片面性。如前所述,朱光潜在 50 年代之前,在介绍西方美学方面,在探索中西美学的的融合方面,在美学基本理论的建设方面,都做了许多有益的工作,有积极的贡献。但是这些积极的方面在批判中基本上都被否定了。更重要的是,在批判朱光潜美学观点的同时,对西方近现代美学也采取了全盘否定的态度,这就使中国美学和世界美学的潮流脱节,对中国美学的理论建设产生了消极的影响。第二,在那场讨论中,不论哪一派的美学家,有一点是共同的,就是都把美学纳入认识论的框框,都把审美活动等同于认识活动,都从主体和客体之间的认识论关系这个角度来考察审美活动。整个这场讨论,都是在'主客二分'这样一种思维模式的范围内展开的。而这样一种思维模式,既没有反映西方美学从近代到现代发展的大趋势,同时也在很大程度上脱离了中国传统美学的基本精神。这种思维模式,在以后很长时间内一直在中国美学界起支配作用。这对于中国美学的理论建设也产生了消极的影响。"①

1965 年(乙巳)68 岁

关于这一年先生所做的事,先生后来回忆道:

"1. 参加政协组织的西南学习访问团,到四川成都、德阳、峨边、自贡市、重庆和贵州的娄山关、遵义、乌江等地参观成昆路建筑工程、轻重工业,了解第三战线战备情况,向解放军和工人学习活学活用毛主席著作的经验,访问红军长征经过的一些战略地点。

2. 参加过三次《哲学研究》和《新建设》召开的座谈会,谈文化遗产继承问题,有一次我作了发言,题为《谈古为今用,外为中用》,后在《内部未定稿》上发表(1965 年 4 期)。"②

这篇文章很长,主要有四个部分:(一)文化交流的客观规律;(二)今天何

---

① 叶朗:《美学原理》,北京:北京大学出版社 2009 年版,第 10-11 页。
② 《朱光潜全集》(新编增订本)第 10 卷,北京:中华书局 2012 年版,第 280-281 页。

以发生批判继承的问题;(三)关键在于吃透两头:毛泽东思想和专业知识;(四)两个关键性的问题(指"阶级观点和历史主义的关系"和"继承的是抽象还是具体,是形式还是内容?"——编者)。先生指出:"我们坚持阶级观点,就必然要坚持历史观点,但是排斥客观主义的历史主义的悬空的阶级分析。"又指出:"如果封建道德真是绝对不可继承,那就会导致两种可能的结论:(1)剥削阶级的东西无继承的可能,(2)继承剥削阶级的东西是抽象的普遍形式。像前面已经说过,第一个命题是反马克思列宁主义的,第二个命题(抽象继承)割裂内容与形式,同样是反马克思列宁主义的。"

10月,为译著《拉奥孔》([德]莱辛著)作"译后记"。

11月3日—12月6日,先生作为全国政协组织的西南学习访问团成员先后到四川成都、德阳、峨边、自贡和重庆以及贵州娄山关、遵义、乌江等地学习访问(9-11)。同行者有:胡愈之、周培源、贾祖璋、游国恩、陈文彬、江泽涵、茅以升、尹赞勋、冯友兰、梁明、王力、芮沐、葛志诚、乐森璕、施嘉炀、徐楚波、叶圣陶、储钟瑞、雷圭元、林汉达、周□□、千家驹、陈麟瑞、王遵明、谢家□、王历耕、叶培大、顾均正(9-12)。

图9-11 先生未公开发表的日记记录了1965年11月至12月间赴四川参观学习的详情

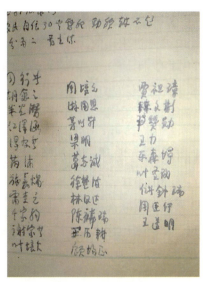

图9-12 先生未公开发表的日记中记载的1965年全国政协西南学习访问团成员名单

11月3日下午三时十分,先生离家启程,经西安、宝鸡,于当晚六时—八时过秦岭。

11月4日上午八时四十五分,先生一行抵达成都,并于当日下午参观了杜甫草堂和武侯祠。

11月5日,先生一行赴大邑参观了大地主刘文彩家庄园,并于当晚观看了话剧《柜台内外》。

11月6日,访问团启程赴峨眉山,中午于眉山歇脚,游览三苏公园,下午4时20分抵报国寺,参观了报国寺、伏虎寺。当晚,访问团观看了电影《海鹰》。

11月7日,先生一行抵赵坪一号工地,实地观看修筑成昆铁路。

11月8日—10日上午,先生一行实地考察了官村坝工地。

11月10日下午,先生一行从乌斯河返回峨眉山。

11月11日,先生一行抵达成都,留宿锦江宾馆。

11月12日,先生给家里写信告知行程安排。当日,访问团召开全团大会,胡愈之向大会作了有关行程安排的报告。

11月12日—13日,访问团召开座谈会,周培源在会上作了如何开好座谈会的发言。

11月14日,先生一行赴灌县参观了都江堰。当日,先生先后给大女儿朱世嘉和小女儿朱世乐写信。

11月15日上午,先生一行参观了成都无缝钢管厂,听取了赵厂长有关该厂发展概况的介绍。当日下午,又先后参观了电子管厂、光学玻璃厂。

11月16日,先生一行参观了德阳重机器制造厂。

11月17日,先生一行参观了东方电机厂。

11月18日,访问团召开了座谈会。

11月19日下午一时五十八分,先生一行乘火车抵达自贡市,听取了市长有关自贡市的发展状况介绍。

11月20日上午,先生一行参观了张家坝制盐化工厂,当日下午又参观了鸿鹤镇化工厂。

11月21日,先生一行参观了邓关镇厂(原第一轻工业部直管)。

11月22日,先生一行由自贡市乘汽车经隆昌抵达泸州市,留宿市人委会招待所。

11月23日,先生一行参观了纳溪天然冶化工厂。

11月24日上午九时,先生一行乘川丰轮离开泸州,于当日下午两时半经过江津。

11月25日,先生一行抵达遵义并于当晚乘车实地考察川黔铁路。

11月26日—27日,先生一行返回遵义并参观了遵义会议纪念馆。

11月28日上午,先生一行乘客车返回重庆。

11月29日,访问团召开了座谈会。

11月30日上午,先生一行参观了渣滓洞旧址,当日下午又参观了红岩革命纪念馆。

12月1日,先生一行参观了重庆钢铁公司。

12月2日,先生一行参观了浦陵机器厂。

12月3日—7日,访问团就此次西南学习访问召开座谈会,总结学习访问经验、成果。

12月8日,访问团离开重庆。

12月12日—13日,先生等访问团成员陆续抵京。①

是年,参加北京文化界举行的一次座谈会,讨论形象思维问题。先生在会上直率地表达了对形象思维的肯定意见。这可以说是先生《西方美学史》贯穿始终的一个重要核心范畴。然而,不久,吉林省委书记郑季翘②写了一篇《文艺领域里必须坚持马克思主义的认识论——对形象思维的批判》。其中写道:

"所谓形象思维论,不是别的,正是一个反马克思主义的认识论体系,正是现代修正主义文艺思潮的一个认识论基础。近年以来,文艺领域中不断发生这样那样的问题,这反映了这个战线上复杂尖锐的阶级斗争;而形象思维论,却正给一些否定马克思主义和党的领导的人们提供了认识论的'根据',起了很坏的作用。这个特殊的理论,无益于作家创作,相反,正是它,迷惘了许多作家。"

1966年3月20日,毛泽东主席在中央政治局扩大会议上的讲话中肯定了这一论述。毛主席说:"吉林的一个文教书记,有篇文章对形象思维批判,写得好。"这样,这篇文章在《红旗》杂志1966年第五期上发表。十二年后的1978年1月,《诗刊》发表了毛泽东《给陈毅同志谈诗的一封信》。其中说道:"要作今诗,则要用形象思维方法,反映阶级斗争与生产斗争,古典绝不能要。"可见,毛

---

① 上述学习访问活动的详细记录收录于朱光潜未公开发表的私人日记。
② 郑季翘(1912-1984),山西五台人。清华大学肄业。1935年加入左联,曾任《晋察冀日报》副总编辑。中华人民共和国成立后,曾任天津市委宣传部副部长、红旗杂志社常务编委、中共吉林省委书记、第五届全国人大常委会副秘书长等。

主席此一时彼一时地对"形象思维"的否定与肯定,一定程度上反映了当时的现实。大概也是如此,先生仿佛已经嗅到政治运动即将到来前的某种味道。这以后两年(到"文革"爆发——编者)先生几乎没写什么。关于这一点,先生后来在《西方美学史》新版本的结束语中有交代,指出学术问题"不再有谈论的余地了,但是心里并没有被说服"。

1966年(丙午)69岁

2月2日,《新建设》编辑部邀请了先生,还有翦伯赞、冯友兰、贺麟、唐兰、郑天挺、吴世昌、杨一之等一批著名学者,专门讨论"清官"及其评价问题。翦伯赞作为北京大学副校长、历史学家发言,称在历史上为清官和贪官划一条界线是很困难的。先生同意翦伯赞的观点,发表了如下谈话(《全集》未收):

"封建统治阶级提倡'清官',是为了对人民起麻痹作用。我们今天还有什么必要把'清官'和贪官区别开来?究竟有没有'清官'?大家刚才都是从历史上说的。过去历史的这笔糊涂账,究竟可信到什么程度,不必谈古,就从我们自己经历过的事情想想也可以。我快七十岁了,经历了清朝末年、袁世凯、北洋军阀,直到蒋介石的统治时代。就我知道的官想了一想,究竟哪一个是'清官'?找不出来!

要不要把'清官'和贪官区别开来?大家说'清官'是皇帝'钦定'的,封建统治者提倡'清官',是为了他们的统治利益,对人民起麻痹作用。封建统治者把'清官'和贪官分开来,对他们是有好处的。我们今天从马克思主义的观点来研究历史,有什么必要把'清官'和贪官区别开来,这对我们说明历史究竟有多大好处?

马克思说过,资本家要尽量剥削工人,但还要给工人最低限度的生活资料,以便继续剥削他们。我想,过去一切剥削阶级对劳动人民都是这样,都有一个既要尽量剥削他们,又要使他们维持最低限度的生活条件,以便继续剥削他们的矛盾。贪官是剥削到底,不管人民的死活;'清官'剥削到一定的程度,使农民能够活下去,继续受剥削。"①

3月25日,戚本禹发表《翦伯赞同志的历史观点应该批判》,称翦伯赞为

---

① 《北京学术界部分人士座谈"清官"问题》,载《人民日报》,1966年3月11日第5版。

"反动学术权威",发动大家来批判翦伯赞。

4月5日、12日,北京大学先后两次召开座谈会,揭发和批判翦伯赞的反动历史观。

4月16日,《北京日报》发表文章,点名批判邓拓、吴晗、廖沫沙,这在北京大学师生中引起巨大震动。

5月25日,北京大学哲学系聂元梓、宋一秀、夏剑豸、杨克明、赵正义、高云鹏、李醒尘①等七人发表了《宋硕、陆平、彭珮云在文化革命中究竟干些什么?》的大字报。

6月1日晚八时,根据毛主席的批示,中央人民广播电台播出北大哲学系聂元梓等七人的大字报,震惊了全校师生。当晚,打电话到广播电台责问的多达59人次,中央派工作组进驻北京大学取代原来的领导班子,工作组组长是张承先②。

6月2日,《人民日报》头版以醒目标题《北京大学七同学一张大字报揭穿了一个大阴谋》,全文刊登了聂元梓等7人的大字报,并发表评论员文章《欢呼北大的一张大字报》。

6月4日,陈伯达到北京大学看大字报,后来称北大学生是"文革"的先锋。

6月10日始,北京大学学生开始造老师的反。北大到处张贴着"资产阶级教授靠边站"的标语口号。

6月17日止,北京大学被斗的干部、师生达178人,其中"黑帮分子"45人。首当其冲的是陆平、冯友兰、冯定、翦伯赞、朱光潜等人。

6月18日,北京大学发生了"六·一八"事件。上午八时许,聂元梓等在北大38楼等处搭设了批斗台,将陆平、彭珮云等拉到台上批斗。同一天,北大有69人被抓到"斗鬼台"接受批斗。先生也在所难免,批斗长久站立对一个年近70岁的老人是残酷的,先生腿一软摔倒在地,在旁陪斗的西语系副主任严宝瑜赶忙上去扶先生。为此,严宝瑜挨了一顿痛打。

6月26日,北京市委驻北大工作队统计战果,全校被批斗师生达230人,被

---

① 李醒尘是继夏玫之后先生的教研助手。先生并不知此事,李醒尘的立场表明他已经和先生决裂。
② 张承先(1915—2011),山东高苑人。清华大学肄业。曾任河北省委副书记,"文革"期间遭受迫害。1979年后任全国人大教科文卫委员会副主任委员、教育部副部长等职。

打94人,戴高帽游街107人。

当时陆平的罪名之一就包括包庇像先生这样的坏人。"文革"开始后,先生被不断要求写"自我检讨"交代罪过。先生在《自我检讨(二)》(也不知是第十几次——编者)中开头就说"我在这次运动中已陆续写过十几份交代和一些思想汇报"①。其中谈到和陆平的关系,在当时重压之下,也只是这样写道:"我和陆平的关系比较浅。1956年以后我的活动在校外的比在校内的多。但是作为一个资产阶级教授,我是陆平推行修正主义教育路线的社会基础。"②

8月,先生被揪出抄家,家里、校广场到处张贴有"打倒朱光潜!""打倒资产阶级学术权威!""漏网右派!"的标语口号。先生先是被以"历史反革命"定罪,后又以"反动学术权威"的名义,被宣布为"资产阶级专政的对象",必须接受监督和劳动改造。

10月28日,北京大学"文革"办公室发出《加强对黑帮管理》的通知,将先生等所谓黑帮,分两次集中到朝阳区南磨房和昌平县太平庄统一监管劳动。

关于1966年的上半年所发生的事情,先生回忆除上述情况,还有些事情,写道:"参加多次民盟召开的和《新建设》《哲学评论》召开的座谈会,批判吴晗的《海瑞罢官》。四月里在学校里继续参加批判吴晗和三家村的座谈会和小组会。"③

先生夫人奚今吾后来回忆道:"1966年夏天'文革'开始了。不久我们隔壁的翦伯赞先生便被点名揪了出来。记得有一天夜里,我刚好从城里回家,听到外面人声嘈杂,高喊着:'打倒翦伯赞!打倒翦伯赞!'我出于好奇,也出于害怕的心理,赶紧下楼躲在松树墙后面远远地看。这时翦伯赞已被推推搡搡到了他们门外的马路边,一群人围着他嚷:'老实交待!''快说!快说!',只见翦伯赞弯腰低头站在他们中间,因为叫喊声太高了,听不见翦伯赞说的什么。一些人把他拉来拉去,翦忽然倒下了,他们的人有的恶狠狠地叫:'站起来!站起来!'有的过去拉他,因为翦身材高大,年纪又大,又是老病号,折腾了好一阵,翦也没法站起来。大家很扫兴,嘴里骂骂咧咧:'简直是赖皮!耍死狗!'无情打采地慢慢散了。围着看热闹的几个中学生模样的孩子说:'真没劲,站着两腿直发抖,倒在地上就站不起来。真没什么好看。''那天斗×××的时候,她是多神气,昂首

---

① 《朱光潜全集》(新编增订本)第10卷,北京:中华书局2012年版,第252页。
② 《朱光潜全集》(新编增订本)第10卷,北京:中华书局2012年版,第264页。
③ 《朱光潜全集》(新编增订本)第10卷,北京:中华书局2012年版,第281页。

挺胸,一点不害怕!'我看着听着,心里感到十分凄惶,这样的灾难说不定还会落在谁的头上呢。一次我回家时,看见朱先生的书房里放着一个黑书包,我问:'谁的书包?''吴兴华的。'朱先生说:'我们在一块儿拔草,我先走,他要我给他带回来。'接着他很平静地又说:'已经好几天了,他还没来取。我也没碰上他。'后来才知道吴兴华这时已死了几天了。又一次我们的老女保姆李妈告诉我:'前面小桥边住的俞大纲先生也死了。前几天下雨,俞先生被押到学校西南角上的稻田里拔草,回来时,听说她全身都淋湿了。'接着她放低了声音说:'俞先生洗洗澡,收拾收拾,大家就睡了。第二天起来,她的女保姆发现她已死在床上。'据说俞先生在书桌上还留下一张字条写着:请给烧锅炉的张玉师傅的工资,给她女保姆的工资和回老家湖南的路费。'俞先生死了,她的女保姆哭得了不得。学校来的人(指当时的红卫兵)说女保姆立场不稳,要她马上走吧。'我听了什么话也没说,只觉得身上发冷,胆战心惊。吴兴华和俞大纲先生都是西语系的老师,我们熟识的朋友。

'文革'运动一天紧似一天,朱先生被关进了'牛棚',楼下住的杨人楩已被送到南口劳动。我回家,看到家里已翻得乱七八糟,书架上的书散落在地上,沙发上。朱先生费尽心思收藏的各种信笺,红的,花的,贴盒的,以及一卷一卷的宣纸,在地上铺了厚厚的一层。我想朱先生看了这些,该多心痛呵。原来在窗台上放着的一个汉白玉观音头像和另一个头上挽着发结的老人头像以及书桌上的几方砚台都没有了。连在壁橱里的几尊弥勒佛都不见了。我看了一下,就走开了。我问老女保姆朱先生这几天回来过没有。老女保姆说:'没有。他们都关在西语系后边的平房里。给我们常送信的小刘说,他看见朱先生同一些人在学校扫马路呢。'我思绪乱得很,什么话也说不出来。这时朱先生的工资停发了,每月只给他十二元生活费,工资的其余部分都交与我暂时保管,我在银行开了户头把它存起来。""自从朱先生被关进'牛棚'以后,我很不放心,每周都要多回家一两次,打听消息。有一次回家看见邻居李老太太正在为朱先生包扎伤口,据说是前几天被斗以后走下台来不小心跌倒了,额头上碰破一条有两寸来长的口子。朱先生见我呆呆地看着,他向我解释:'伤口不大,已经不疼了。'"(奚今吾未发表的《回忆录》)

1967 年(丁未)70 岁

先生根据记忆写了《我的简历》。前面有一个说明:"仅凭追忆,因年老记忆差,年份和某些专名细节可能小有出入。"①这个简历的内容主要为先生出生至 1966 年 4 月间的大事记。

关于"文革"抄朱家一事,先生的小女儿朱世乐在接受《新京报》采访时说得很形象:

"我记得比较清楚的,是父亲在'文革'中受到的冲击。在'文革'中,关于父亲的大字报,不只是出现在广场的墙上,就是我们家里也被贴得满满的。""有时候,我们吃着晚饭,抄家的人就来了,有些还是七八岁的孩子,其中也包括在我们家住的人。那些七八岁的孩子闯进我们的家:'朱光潜,站起来,站着!老实交待你是怎么反党的?'有时候我看不下去:'你们让他吃完饭不行吗?''不行,我们还没有吃饭呢!'有时候街道的老太太也到我们家来:'你们家还吃这么好?'""我们的邻居翦伯赞家里也是一天到晚遭到抄家,到翦家去的人,总会顺带着到我们家里,我们家遭到抄家的时候,翦家也逃不过去。翦伯赞本来是马克思主义史学家,很清高,跟我们家是不来往的,但是在那个特殊的年代阴差阳错地把两个不相干的家庭和不相干的人的命运连在了一起。"②

1968 年(戊申)71 岁

3 月,"新北大公社文艺批判战斗队"编辑的《文艺批判》改名为《文化批判》,在《改刊致读者》中称"陆平、彭珮云以及冯友兰、冯定、翦伯赞、朱光潜等反动权威是中国赫鲁晓夫(刘少奇),是彭真、陆定一、周扬等党内最大的一小撮走资派在意识形态领域内进行资产阶级复辟活动的黑干将"。

5 月始,先生被关进"牛棚"。"四人帮"在北大西门内成直角排列的民主楼和外文楼对面围起来两面墙,构成一个封闭大院,称"监改大院"(牛棚)。先生受尽了非人折磨。先生后来回忆道:"在'文革'中我被'四人帮'关进牛棚,受

---

① 《朱光潜全集》(新编增订本)第 10 卷,北京:中华书局 2012 年版,第 273 页。
② 朱世乐口述,陈远整理:《美学家朱光潜:在不美的年月里》。参见陈远:《在不美的年代里》,重庆:重庆出版社 2011 年版,第 127-128 页。

尽精神上和肉体上的折磨,一场大病几乎送了命。但我对国家和个人的前途是乐观的,于是,坚持慢跑、打简易太极拳和做气功之类简单的锻炼,身体就逐渐恢复过来了。"①

先生这种在逆境中仍能保持对国家和个人命运达观的态度实在和他长期以来信奉的"以出世的精神做入世的事业"有关。所以,后来在"文革"后期,当小女儿朱世乐劝先生说"不要弄你的美学了,你弄了哪次运动落下你了?!再弄,也不过是运动再次来临的时候让你灭亡的证据"时,先生依然我行我素,有一阵子把自己搞得很累,夫人奚今吾也对先生说:"你把自己搞得这么累做什么?这些东西有什么用处?"先生说:"有些东西现在看起来没有用,但是将来用得着,搞学术研究总还是有用的。我要趁自己能干的时候干出来。"小女儿朱世乐说:"你还没有搞够吗?"先生却说:"我不搞就没有人搞了。"②大有我不入地狱谁入地狱的气魄。

关于住进"牛棚",季羡林描述了当时的情景:

"孟实先生被关进了牛棚。我是自己'跳'出来的,一跳也就跳进了牛棚。想不到几十年前的师生现在成了'同棚'。牛棚生活不是三言两语所能说清的。在这里暂且不谈。孟实先生在棚里的一件小事,我却始终忘记不了。他锻炼身体有一套方术,大概是东西均备,佛道沟通。在那种阴森森的生活环境中,他居然还在锻炼身体,我实在非常吃惊,而且替他捏一把汗。晚上睡下以后,我发现他在被窝里胡折腾,不知道搞一些什么名堂。早晨他还偷跑到一个角落里去打太极拳一类的东西。有一次被'监改人员'发现了,大大地挨了一通批。在这些'大老爷'眼中,我们锻炼身体是罪大恶极的。这是一件微不足道的小事,然而它的意义却不小。从中可以看到,孟实先生对自己的前途没有绝望,对我们的事业也没有绝望,他执着于生命,坚决要活下去。否则的话,他尽可以象一些别的难兄难弟一样,破罐子破摔算了。说老实话,我在当时的态度实在比不上他。这一件事,我从来没有同他谈起过,只是暗暗地记在心中。"③

---

① 《朱光潜全集》第10卷,合肥:安徽教育出版社1993年版,第572页。
② 朱世乐口述,陈远整理:《美学家朱光潜:在不美的年月里》。参见陈远:《在不美的年代里》,重庆:重庆出版社2011年版,第129页。
③ 季羡林:《他实现了生命的价值——悼念朱光潜先生》,载《朱光潜纪念集》,合肥:安徽教育出版社1987年版,第28-29页。

8月,驻北京大学工宣队提审先生以证明刘侠任①在中央训练团指使先生等人动员知识界人士加入国民党以及蒋介石曾送刘侠任一套黄呢制服之事属实。先生在显然是已经罗织好罪名的呈文上签了字。材料②全文如下:

> 1942年—1943年秋天在武大当教务长,被教育部调到中训团受训。时间八个星期,担任训育干事。分成两部分,中训部分训军事,一部分训育。我们参加训育。训育委员会主任段锡朋。
>
> 每天早上一个早会,时间——。读总理遗嘱,精神讲话(生活纪律、思想方面、三民主义)。
>
> 分普通班,期间二月。普通毕业后才能入高级班,人数七八十,期限在半年以上。高级班有特务训练,特务联系。
>
> 刘侠任时为常任训育干事,有特务联系。临时训育干事主持小组讨论。
>
> 去学校训的是学校的教务长、校长、三青团骨干。
>
> 刘(侠任)叫朱(光潜)、郭斌龢(南京大学)动员杨石先(南开大学)、杨钟健(科学院古生物)、饶毓泰(北大物理系)参加国民党,他们拒绝,说是搞科技,不谈政治。
>
> 刘当时(结业前)布置朱、郭等:"中训团希望参加中训团都参加党,听说北京几个人没有参加党,请动员他们也参加党。"后我们(朱、郭)在一个阅览室动员。
>
> 解放后来北京一次,在社会主义教育学院听报告时碰一次。
>
> 朱光潜
> 1968年8月19日

---

① 刘侠任(1895—1979),四川涪陵人,1925年肄业于省立南京东南大学教育主系和体育辅系。1926年参加北伐,任国民革命军第十一军炮兵团第三营指导员。1944年,参与组织三民主义同志联合会(简称"民联"),是"民联"(中国国民党革命委员会前身)发起人之一。中华人民共和国成立后,历任福建师范专科学校教授、华东师范大学政治经济学教授、总务长,中国国民党革命委员会委员,民革上海第三、四、五届副主任委员。

② 先生当时已被认定为"反革命分子",此材料为提审先生时的文字记录,故录入,仅供参考。

蒋介石送过刘一套黄呢制服,他指给我看过。

王东原　副团长

张治中

段锡朋

朱光潜

1968 年 8 月 19 日

11 月 28 日,进驻北京大学的工宣队负责人召集全校一部分年纪较老的"有问题"的教师开会,传达中共中央关于对知识分子"给出路"的政策,说政治上仍要批倒批臭,但生活上要给予照顾。也就在这一天,先生终于结束了"牛棚"①生活,搬到生活条件稍好一点的 40 楼。

秋,《文化批判》第五期刊登了《朱光潜是蒋介石的乏走狗》一文,再次将先生和蒋介石国民党联系起来批判。

12 月 26 日,先生终于从燕东园 27 号迁到了燕南园西北角 66 号,与人合住在原统战部的一栋小楼里,先生住楼下,楼上为楚珏辉和一家姓赵的合住。虽说是回到了家,但每天还必须到 27 楼去参加西语系的"学习班"。

1969 年(己酉)72 岁

5 月,先生参加西语系随班学习,工资恢复到原额。

7 月,夫人奚今吾下放到安徽凤阳教育部"五七"干校劳动。前一年,儿子朱陈由安徽大学下放到安徽肥东青龙中学教书。大女儿朱世嘉下放到哈尔滨附近哨城安家落户,小女儿朱世乐下放到山西洪洞部队农场劳动。先生孤苦伶仃地生活在北京。

9 月 27 日,北京大学"文化革命委员会"成立。常委中有聂元梓、迟群、谢静宜等十三人。

9 月 29 日,先生给长子朱陈信(《全集》未收),全文如下:

---

① 另一说法,先生和其他许多教授一直被关在牛棚到 1969 年 2 月 17 日(春节)。参见朱洪:《朱光潜大传》,北京:人民日报出版社 2012 年版,第 319 页。

式粤：

　　接到9月19日的信，知道你和新彬的近况为慰！我在运动初即被揪出来，作为历史反革命和反动学术权威，受到了一些冲击，参加了一些轻微劳动，大部分时期是挂起来靠边站。自从去年8月工宣队和军宣队进了北大，即受到领导方面特殊照顾，因为我患腰痛（腰肌劳损、脊椎炎和前列腺炎）须医疗，把我从燕东园迁到燕南园66号（和校医院很近），让我住校医院治疗了两个多月，出院后仍继续理疗，现在已基本痊愈，从5月份即随班参加学习。工资已恢复原额，不过定性处理还须待清队工作结束后才能见分晓，希望可以得到宽大处理，十之七八属于"一批二养"之列。

　　今吾所属的人教社已于7月中全体下放到安徽凤阳教育部"五七"干校，她的问题也要等到批改结束后才能解决。她是地主，问题或不太大，身体不太好，可能退休。

　　你和新彬将来下放到中学也很好，宜请求在一地，比较方便。永春腿骨受伤，虽经过医疗，仍宜随时注意。听说食道癌①近来有特效医疗方法，仍须医疗，不能听其发展。

　　今吾曾说问题解决后可能到合肥去看看新彬，你的信我准备转给她一看，此信也转新彬一看。祝你们好！

　　世嘉已和她的系里同事姚秀琛结了婚，生了一个男孩，寄养在上海复旦大学姚家。她夫妇现在都参加了毛泽东思想宣传队，在哈尔滨附近哨城工作（住在一个医院里），世乐在秋下放到山西洪洞2658部队二中队六八小队的农场里工作。她们的情况都还好。

潜

29日

是年，先生对自己在"文革"中的交代总结性地写了《自我检讨》（安徽教育出版社出版的《朱光潜全集》未收，中华书局出版的《朱光潜全集》收入第10卷——编者）。全文分三个大项目：(1)解放前反革命历史；(2)解放后在一些关键性问题上的错误想法；(3)对毛泽东思想的违背和歪曲，向广大革命师生坦白交代，低头认罪，请求广大革命师生对我痛加批判，帮助我提高认识，加强改

---

① 先生前夫人陈自仪患食道癌和儿子朱陈住在一起。

造,重新做人。①

显然,迫于当时运动的压力,先生的"检讨"完全是"自虐式"的,或许以今天的眼光看,可以让未经历那个时代的人约略了解当时知识分子的一般境况。从先生给奚今吾的信(《全集》未收)里可以见出他内心的苦闷与寂寞,先生写道:"今吾:近些日子心情非常沉重,苦闷,寂寞。天天望你来信,而你又许久没有信来。我现在所处的境地是亲友没有串连,子女没有来往,就指望你这个老伴还能多少给我一些安慰和帮助,所以我总希望你不要再恨我,不理我。人总是人……"

1970年(庚戌)73岁

5月1日,给外孙姚昕生日题词(图9-13):

少年努力纵谈笑,看我形容已枯槁

孟实

这一年先生除了天天上系里参加"天天读"学习活动,做检讨之外,就是参加大大小小的"认错"会。像他自己说的"有时闲得无聊",一日到耿鉴庭医师的诊室,耿鉴庭记载下了两人的交谈情况:

"到了七〇年左右,朱老比较自由了,能看到他独自在未名湖畔散步了。有一天,他来到我的诊室,说是耳朵忽然听不到了,并且说,即使全聋了也还能做些翻译工作,可见他不为病魔及一切魔障吓倒的精神。

他所患的是耵聍栓塞,因沐浴浸水而起。我让他用药水泡一泡,约期再为之取出。他到我家小坐,谈到那次"斗争会"②。看到我书架上有一本未被抄走的线装书,黄天朋著《韩愈研究》(扉页原是他题的),很高兴,随即提起笔来,在一

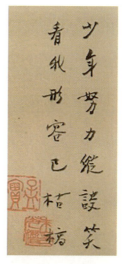

图9-13 先生给外孙姚昕的生日题词

---

① 《朱光潜全集》(新编增订本)第10卷,北京:中华书局2012年版,第252页。
② 指"文革"中,耿鉴庭亲眼看到先生、翦伯赞、冯定、冯友兰"四老"被批斗的情况,唯有先生"显出生死置之度外的从容神态",其他三老皆"怒形于色"。

张薛涛笺上写了一首七绝:'杜诗韩笔麻姑爪,轻诋前贤恐未公。省识旧题真潦草,新题潦草又龙钟。'第二句语涉双关,第四句兼及当时的疾病状态。"

图9-14　先生1970年国庆期间于北京香山碧云寺留影

1971年(辛亥)74岁

2月,在清查"五·一六"运动中,聂元梓被隔离审查。这意味着像先生这样所谓"黑帮分子"可望获得自由。

2月17日,先生给长子朱陈信(《全集》未收),全文如下:

式粤:

　　2月8日信上周即收到,知道你和全家人的近况为慰,今吾春节申请了二十多天的探亲假回北京,中间到哈尔滨去看世嘉,花了一周,上星期日回到凤阳了,在此期间世乐也回来过两次。他们都过得还好。今吾说想有机会到合肥看看新彬,但去过两次信,都没有得复,她的问题早已解决,将来或请休假回家。

　　我的问题主要是和国民党的关系。开始宣传队指定我交代的范围是武大时期和复原到解放的北大时期,最后又把范围缩小到解放前夕两三个月,他们疑心我参加了迁校中阴谋活动,实际上我自从1948年暑假即不代理文学院长,即不再参加北大的行政会议(最高决策机关),我已据实交代,以后宣传队就没有再叫我写交待。现在北大正在进一步清"五·一六"和揭发批判聂元梓的反革命的罪行。全校问题的处理大概要在这个运动结束之后,大约也不会太久了。你来京最好在宣布处理之后,因为你来要搬一些书籍去,在未经正式处理之前,这不好办。

我现在每周到系里参加天天读(隔一天一次下午),没有教学任务,也不要参加劳动,闲得很,等正式处理了,我就马上写信通知你。

我的身体已不如从前,但对75岁的人来说,总算是健康的了,每晨起坚持锻炼半小时,大有益处,你在这方面也应注意,冬天每晚喝一杯白酒,来时带几斤花生米有用。在合肥如果买到过去安庆胡玉美卖的那种糟鱼或腌咸鱼(淡水鱼,我的腰病听中医说不宜吃海鱼),也望买十斤左右。其他的东西不要。下次写信给你时预备寄些钱给你。

来信提到永安过去给我写过信,我想起是有这么一回事,当时忙,没有写回信,替我致意。

我想将来回安徽住,在合肥能否租得两三间民房?能否请得一个帮忙做饭的?望代我留意一下。我在京住下去本无问题,只是冬天稍冷,而且住久了,还是有些念家乡,有机会我还想到南方去游历一些地方。依目前健康情况,三五年还可活(如迁居,要移户口,当然要得到学校同意和帮助)。

祝你们全家好!

潜
1971年2月17日

3月13日,先生给长子朱陈信(《全集》未收),全文如下:

式粤:

信和花生米都已收到。

今吾已可退休,但退休条例中有下放干部退休后不能回住大城市的规定,干校已派人直接和北大联系请让她回北大,结果还不知道,照常理推测,或可邀准。前信托在合肥或附近物色房屋,是为万一不能住大城市之计,北大退休的人大半还住北大,我的问题将来正式处理后,我是否要退休,退休后是否仍须住北大,都还在未定之数,所以租房事暂且不能决定,等到有必要时再和你联系。

寄你一百元,作为你家用的补助,小孩们的营养要照顾到。

糟鱼或咸鱼暂不必寄。将来你如果能来京顺便带来就行了,你要用的书籍也待你将来来京时选运。花生米可以吃到秋天,暂也不必再寄。

祝你们全家安好!

潜

3月13日

7月9日,先生给长子朱陈信(《全集》未收),全文如下:

式粤:

来信收到,知道你的近况为慰,我的身体近来似有好转,腰久已不痛,只是还有些僵,这或是老年人的常态。耳鸣和白内障不是什么严重的病,医得好就医(近来在中医研究院扎针,效果似不大),医不好也没有多大关系。最后处理还没有定,大概全国进度基本上是一致的,希望处理决定后你能来京一行,把你所用得着的书物带走。

祝你们全家好!

潜

7月9日

11月24日,给长子朱陈信(《全集》未收),全文如下:

式粤:

11月20日来信上周收到,你给今吾信她也寄我看过,她在国庆节曾回京住了两周,世乐在山西军垦农场劳动两年之后,于今年国庆前分配到京郊顺义县文化馆工作,也回来过。

我的问题一直悬起,军宣队领导小组政委从到校时就告诉我说,我的问题是历史问题,叫我交代武大时期和从复原到解放的旧北大时期的反动组织和罪行。我就我所能想起和认识到的都交代了,但是最近"一打三反"运动中又叫我继续地清,我决心彻底交代,像我这样和国民党关系深目标大的人大概要到最后一批才能处理。

廿五史和其他书籍都还放在燕东园27号一间储藏室里,还没有搬过来,这些书我都不会用了,将来对你有用的你都可以选择搬去。不过我没有劳动力,不能自己检寄,也请不到别人。等我的问题解决后再写信告诉你,你最好能请假来京探亲一次,路费可以在我这里拿。

我的身体已基本复原,每天坚持锻炼,下午到系参加"天天读",有时参加全系性和全校性的大会,没有工作也不参加劳动,有时闲得无聊。

祝你们平安!

潜

11月24日

是年,先生无意中在西语系里打扫垃圾时发现自己翻译的黑格尔《美学》第二卷译稿,心中暗喜,大女儿朱世嘉回忆起当时的经过:

"'文革'中,父亲从'牛棚'里放出来,又被指派到北大校内的联合国文件资料翻译组'接受改造',每天在扫地、冲洗厕所之余,做些翻译工作。有一次父亲在西语系清扫垃圾,从乱纸堆里发现了自己翻译的黑格尔《美学》第二卷的译稿,那是抄家的时候被当作'封资修'抄走的;惊喜之余,他偷偷地告诉了联合国文件资料翻译组负责人马士沂同志,并且表示了自己想拿回来又不敢去拿的矛盾心情,因为译稿尚待校改,而自己又已经写过'认罪书',说不再搞这些东西了。马士沂同志很了解我父亲此刻的心情。翻译黑格尔《美学》是中央一位领导同志①交给父亲的一项艰巨任务,也是父亲多年的夙愿。'文革'中,翻译《美学》不仅成了父亲的罪名,也成了那位领导同志'包庇、重用反动学术权威'的'重要罪证'之一。马士沂同志从乱纸堆中找出译稿送到父亲手中,对父亲说:'既然你以前放了毒,现在再把全书好好看看,错在哪里,批判批判也好嘛!'父亲心照不宣,开始在劳动之余做这部译稿的整理工作。马士沂同志是个细心人,他找了一套两间的房子,让父亲躲在里间整理《美学》译稿,自己在外间工作,同时掩护我父亲。下班时,他再用联合国资料将父亲的译稿遮盖起来,不露一点痕迹。这几年,是父亲不停地挨批挨斗、劳动改造的几年,也是父亲争分夺秒埋头整理译稿的几年,就连监管父亲的'军、工宣队'队员也说:'这个老头还挺努力的!'而这几年,马士沂同志也一直细心地做着这种特殊的掩护工作,从未大意过。父亲逐字逐句推敲、修改译稿,稿纸上写得密密麻麻,难以辨认。马士沂同志又私下找到中文、外文都很好的一位女同志为父亲誊写。那个时候父亲每月只能领到二十元生活费;那位女同志没

---

① 这里指的可能是周恩来。根据叶朗称:"周恩来总理说,翻译黑格尔《美学》这样的经典著作,只有朱光潜先生才能'胜任愉快'"。(叶朗:《美学原理》,北京:北京大学出版社2009年版,第7页。)如果是指周扬,似乎这个"中央领导"帽子大了点。待考。

有工作,生活也不宽裕,但她分文不取,为父亲抄写了大量稿件,还对译稿提出了很多宝贵意见。黑格尔《美学》第二卷的译稿修订工作,就是这样在这二位同志无私无畏的帮助下秘密完成的。"①

1972年(壬子)75岁

1月4日,先生给长子朱陈信(《全集》未收),全文如下:

式粤:

寄的东西和信都收到了,我每天晚餐都喝一杯酒,寄来的是很好的下酒物。今冬这里过得比较热闹,世嘉来此医病,大约要到3月间分娩以后才回哈尔滨,她的3岁多的男孩也带来了,很聪明但也很淘气。

我的状况如常,只参加全校性的大会,一般不上班。白内障和耳鸣没有好转,但也没有恶化,进行过几个疗程的针灸,近来还不断吃药(大半是补药),每日仍坚持锻炼和散步,总的健康情况比过去似较有起色。

祝你们全家安好!

潜

1972年1月4日

2月—3月,先生先后写了两篇《我的认罪书和决心书》(安徽教育出版社出版的《朱光潜全集》未收,中华书局出版的《朱光潜全集》收入第10卷——编者),其中写道:"为着赎罪,为着感恩,为着不被历史前进的车轮碾碎,我都必须认罪服罪,学习到老,改造到老,服务到老,我今年已七十五岁了,身体还不算太坏,还不至于什么有用的事都不能做。剩下的岁月不多了,立功赎罪的机会不多了,我决心不让这不多的岁月和机会轻轻地滑过去,要抓紧它,尽量利用它。在我们这个伟大祖国里,废砖烂铁可以利用,污水毒气可以净化回收,对社会主义建设事业起它们应有的作用。我愿意做这种废砖烂铁和污水毒气,对社会主义建设事业做一点有用的事,哪怕是极其微细的事。"②

---

① 朱世嘉:《带着永恒的感恩……》,载《朱光潜纪念集》,合肥:安徽教育出版社1987年版,第255-256页。
② 《朱光潜全集》(新编增订本)第10卷,北京:中华书局2012年版,第285页。

3月17日—4月6日,先生翻译英国库若宁所作小说《青春的岁月》(《全集》未收)。

4月,中共北京大学党委和"文化革命委员会"结束了对先生长达数年的历史问题审查。

7月28日,先生给长子朱陈短信(《全集》未收),全文如下:

式粤:

  今冬我的身体有好转,每天仍坚持运动和散步,读几个小时的书,祝你们好!

潜

1972年7月28日

8月,长子朱陈探望父亲(图9-15),取走两箱碑帖和书籍。因太重,托运回合肥。

8月17日,先生给长子朱陈信(《全集》未收),全文如下:

式粤:

  你寄来的信都看过,知道运的东西没有损失,颇为欣慰!《会饮篇》译稿将来寄给你。

  有朋友到城里荣宝斋看过,标价出售的名人书画和碑帖一般都标得很高,近两百年的小名家的一幅画就标到两千以上,碑帖的标价也比"文革"前高得多,希望你挑的那些东西要好好珍藏,不要轻易地丧失掉。

  我近来每天花四五个小时译黑格尔,其余的时间都花在看报和散步,身体状况基本上还好。

  祝你全家平安!

图9-15 长子朱陈探望父亲

潜

8月17日

卷九 割断联系中的学术挣扎

1973 年(癸丑)76 岁

4月15日,先生给弟弟朱光泽写信。"文革"开始后,两人没有通过信。弟弟也不知大哥近况。先生信中大致说明了家里的情况,并写道:"我在西语系要了一间办公室,每天上午去那里工作。等我的工作告一段落后,如果有适当的机会,当谋一会晤。顺祝全家安好!"①

先生在"文革"交待材料里有对弟弟朱光泽的简介(写于1966年):

"朱光泽 弟 年在五十岁左右。安徽大学农院毕业,留校当助教。他的岳父江澄伯,是安徽恶霸地主,他的妻子带来几十亩'陪嫁田',也成了地主。解放后土改前夕江澄伯畏罪潜逃到南京,他陪送去,住在江的儿子江海寿、江海筹处(两人都在中央大学),不久他们都由公安局押解回籍,江澄伯被镇压。朱光泽被判处五年徒刑。后期转为劳动改造。他服刑期满后留在霍邱劳改大队新生农场当医生,来信告诉我他的情况,要求我寄点钱买医书。我寄给他两次钱(每次一二十元)。回信给他,要他吸取教训,努力改造重新做人,但是后来听家乡的人说,在1957年反右斗争中又犯了错误。他没有来信告诉我这件事,我也就和他断绝了通信。他的儿子在安庆读小学,曾来信要求我接济过学费,我接济过两三次,毕业后他再来信要钱进中学,我就回信劝他入工厂当学徒,以后不再接济了。约在三年前我又突然接到朱光泽的一封信说他的问题已解决,仍当医生,想来京看我一次,我去信拒绝他来,此后就断绝了通信。"②

8月,孙子宛小平和兄朱永和(二哥)、朱永春(大哥)、姐宛小清③(和宛小平是龙凤胎)一起去京探望祖父,先生兴致勃勃地带孙子孙女及外孙姚昕去颐和园。到了颐和园,五个孩子去划船,先生拄着拐杖在万寿山下等着。孩子们划完船,祖孙一同登上万寿山。回去路过海淀照相馆,祖孙一起合了影(图9-16)。

---

① 这封信题为《致朱光泽》(《全集》未收),现存于朱光泽儿子朱式庆处。
② 《朱光潜全集》(新编增订本)第10卷,北京:中华书局2012年版,第282页。
③ 宛小平和宛小清原名分别是朱小平和朱小清,有两个哥哥:大哥朱永春,二哥朱永和。"永"是"永"字辈,"春、和、清、平"实名都是先生起的。

图9-16　1973年8月,先生与孙辈合影(图前排左一姚昕,中朱光潜,右一宛小平;后排左一宛小清,中朱永春,右一朱永和)。

10月21日,先生给长子朱陈信(《全集》未收),全文如下:

式粤:

来信收到,关于你的工作问题,你的打算是对的。今天同新斌①的父亲也谈到这个问题。工作到处都是一样,只要能胜任就行。医学史需要专业知识,要教也要有一两年准备。如果你留中医学院工作,趁此在中医方面下一点工夫也是很好的事。世间无难事,只怕有心人,不必怕动手太迟。

美学译稿有空就抄,不必着急,虽列在出版计划,看来一两年内不会出版。

我们这里在"批林批孔"外还要讨论《红楼梦》,学习十大文件,我有选择地参加。身体状况如常。

祝你们全家安好!

潜
1973年10月21日

---

① 新斌即宛新彬,朱陈夫人。

卷九　割断联系中的学术挣扎

12月9日,先生给长子朱陈信(《全集》未收),全文如下:

式粤:

看到你最近的一封长信,你们家务事似很复杂。人过五十,习性一时不易改过来,有些事望看开些。你对孩子们的看法是正确的,让他们下乡多锻炼,多接受些再教育,是唯一的出路,万万不能让年轻的人就把心眼放在金钱上,也不要为往上爬着想,搞些没有多大用处的活动。

我一切如常,用手杖已丢掉了。近经校医普查,只有胆固醇280偏高,其余正常。

你的醴泉铭文稿仍在沈从文处,将来见面时当索还。

你前次来信问的一句英文,我查过牛津大字典和Partridge的现代成语字典都没有查到,我想那句话可能是Don't listen to small talk,即"不要听闲话"的意思。这要看上下文才能决定。

祝你们安好!

潜

1973年12月9日

12月14日,先生在《新北大》第28期上发表《剥去林彪的祖师爷孔子的"圣人"伪装,还他的反动派的本来面目》一文。

12月20日,先生给赴安徽省肖县朔里公社郭庄大队接受贫下中农再教育的宛新彬写信(《全集》未收),全文如下:

式粤、新斌如晤:

接连收到你们的几封信,知道你们又在闹不和,心里很难过,我老了,管不着你们的家务纠纷了,只希望你们站高点,望远点,在政治进步上多努一把力。在金钱问题上计较太多,对子女的影响不会好。有问题就彼此开诚布公地谈一谈,互相接受意见,求得一致。

去年叫式粤带回去那笔款子仍望存下,没有急用就不必动用,不要寄回,我们和"苏修"的关系日益紧张,迟早恐不免一战,或有疏散的必要,有一点存款应急,比较方便些。我们原先给你们那笔款子,用意也就在此。

十大后北大清华就开始批林整风,墙壁上到处贴满了大字报,我在"批林批孔"大会上发了言,反映还好。北京的中学也在开始了,口号是揭到底,批到底。你们应有思想准备。

祝你们全家安好!

潜

1973年12月20日

12月21日,先生给长子朱陈信(《全集》未收),全文如下:

式粤:

关于醴泉铭的文章我已看过,我对于醴泉铭素无研究,又没有见过拓片和照片,很难参加意见。欧书自唐至清一向见重于世,所以论拓本既不见于记录,又无收藏家印记题跋,我觉有可疑之处。宜设法调查照片的来源,我想把你的文章送给对碑帖有研究的人看看(如启功和周祖谟等),因久未和他们见面,还须打听他们的最近住址。你查过方药雨的校碑随笔没有?

世嘉今明天到此,顺祝

全家安好!

潜

12月21日

图9-17 1973年12月,先生与匡互生之女(匡达人、匡介人)等合影。

1974年(甲寅)77岁

1月19日,先生《新春寄语台湾的朋友们》载《大公报》。其中说道:"我今年已七十七岁了。在北大西语系,除掉你们都认识或知道的美籍教授温德先生一人已过八十以外,我算是最老的了,但身体还健旺,每晨起床后即做半小时的气功和简易太极拳,风雪无阻。上午做三小时的编写或翻译,下午看报、学习或散步。春秋假日,经常到附近颐和园、香山碧云寺散步和练习爬山,我的老伴已退休,在家照顾两个小外孙。子女都已长大,各有工作,用不着我操心,家庭生活算是很幸福的。'文革'后,校里为照顾一般年老体弱的教师,不用上班讲课,只在家里自愿地做力所能及的科研和资料工作,对我的安排是把我过去已译过一部分的黑格尔的三卷巨著《美学》译完,目前已完全脱稿了,大约有一百多万字。共产党对学术方面的研究和介绍的工作是很重视的。古今中外优秀的文化遗产都要批判地继承,推陈出新,做到古为今用,洋为中用。百花齐放,百家争鸣的方法也是要坚决贯彻的。学术上的不同意见可以辩论,可以保留,绝不轻易下结论。"①

6月26日,奚今吾给朱陈信,其中写道:"你父亲近来在翻译一批联合国的文件(英译中)。听说这项工作的数量很大,目前已组织上海、天津、北京几处学校的教师在翻译。北大也组织了一个翻译班子,但绝大部分是年老有病,原来没有担任工作的教师,这样,分摊在每个人身上的任务就显得更重了。你的父

---

① 《朱光潜全集》第10卷,合肥:安徽教育出版社1993年版,第425—426页。这一次对台发表讲话,许多在台的旧友才知先生还健在,同时知道先生在"文革"中历经磨难,心情十分复杂。冯沪祥作为先生少时朋友方东美的学生,谈了在方东美身边听到的先生和方东美之间的一段交往:"民国三十六年,方师先到台湾,他看到当时台大哲学系图书很丰富,曾经特别邀请名美学家朱光潜先生到台大任教,朱先生时任北大文学院长,原来都已谈好了,朱光潜也愿意到台湾来,可是却被当时台大的文学院长沈刚伯阻挡。当时沈刚伯说:'朱光潜来了就好了,他来了就好了!我这个文学院长可以让他当了!'方老师听了之后,非常气愤的强调:'我跟朱光潜从小同学(指桐城小学),我知道他不是这种人。'但因为聘书一直被扣,时局变化很快,朱光潜终于没有能出来,台大青年也平白损失了亲炙美学大师的机会。后来'文革'时期,当方老师知道,朱光潜饱受虐待、惨遭迫害的消息,每一次表情都很痛苦。'文革'平反之后,朱光潜已经瘦得只剩一把骨头,但是整个照片,仍然可以看到他深陷的两颗大眼睛,眼神仍然炯炯有神,仿佛在说:'我绝对不会被打倒!'我当时因为在'心庐'兼任研究员,看到这张照片,曾经拿给方老师看。方师看后沉默很久、很久,我至今都还记得,他当时脸上肌肉都在抽筋,明显可见悲痛之情;由此也很可看出他重情重义的生命精神。"(冯沪祥:《方东美先生的哲学典型》,台北:台湾学生书局2007年版,第75—76页。)

亲每天上午和下午都到系里(民主楼)去工作,因为住房光线太差,他的眼睛又不好,长时间在这样阴暗的地方写东西,恐更影响他的视力。"

7月5日,先生给长子朱陈信(《全集》未收),全文如下:

式粤:

近得两信,知道你下期在医校的任务。既在医校任教,趁机掌握一些中医知识,这是很必要的。《红楼梦》正确评价问题才开始提出,估计还要讨论一些时候。胡适、俞平伯的著作,去年新印出来,我在系里买了两本,已看过,付寄给你,可供批判参考。李希凡的文章已辑成一册,我没有买到,但看过,觉得值得一读,合肥图书馆或可查到。江青同志传达毛主席的讲话,是托人代购的,看后还望便中寄回。

我暑中由领导安排,翻译一些安理会的文件,工作还不算繁重。北京方面教授一律不准退休,实际上也等于养着。这比退休较好,因为可以多得到一些照顾。至于工作,可以量力而为。今年曾向台湾作过两次广播,香港大公报和中国新闻曾发表过,付将打印稿寄你一看,看后可存着,不必寄回。

黑格尔稿你有空时就整理完,不必急,反正一两年内不会出版这类著作。

上月你院有一位钱耕森同志来看过我,他是最近调到你院任政治课,说知道你,还来不及见面。他本是北大哲学系毕业生,听过我的美学课,这次调到北大西方哲学史补训班学习,年底才回皖。

北京近来常下雨,但不大。天气还不算热,我的身体状况还好。

祝你们全家安好!

潜

7月5日

材料分包寄

胡俞两本已为朋友借去,还后即寄。

9月22日,先生5给长子朱陈信(《全集》未收),全文如下:

式粤如晤:

近来人民文学出版社向系里转问黑格尔美学译稿是否已完成。现在还不是出版这种书的时机,揣测他们的意思,将来或可备用,收进他们书稿库里比较妥当些。你如果已把该稿整理,望即挂号寄来。

瑜清所抄稿,我因为不懂数学,不能提什么意见,较早的算学书《周髀算经》(我家旧有抄本,恐已遗失)似应着重提一提。勾方加股方等于弦方的公式在中国发明很早,似可着重地提一提。写信给瑜清时,望为致相念之意。

祝你们好!

潜

九月二十二日

11月5日,先生得到旧时好友章道衡来信,甚是高兴,提笔致信章道衡,信中写道:"批林批孔中,我也趁便读了一些历史著作和法家著作。三千年中国历史这笔糊涂账经过这次相当彻底清算,总算比较清楚些了,这实在是件意义重大的快事。"谈到旧时武昌师院徐中舒及好友时写道:"中舒1963年来京尚见过几次面,想仍在川大,向朋友几次打听过则纲,得不到确实消息。"①

图9-18　77岁的先生(邓伟摄于1974年8月7日)

---

① 《朱光潜全集》第10卷,合肥:安徽教育出版社1993年版,第428-429页。

11月14日,奚今吾给朱陈信,其中写道:"你的父亲从上周起参加在北京的部分人大代表和政协委员的参观活动。回来后,还得看手头的稿子(联合国文件的翻译),工作比较忙,但他的身体还好,请你勿念。黑格尔《美学》译稿,学校已问过好几次。昨天你寄的包裹到时,西语系的领导同志正在我们家里,他告诉你的父亲,等他再看过一遍以后就交给他们。你的父亲的意思,也认为出版与否,交给学校或出版社存起来,比较妥当。因为这究竟花了他不少力气才搞出来的。"

12月24日,先生给长子朱陈信(《全集》未收),全文如下:

式粤如晤:

来信收到,知道你的工作情况为慰。最近我在开始校阅美学译稿,你抄的部分已大致看过,没有什么问题。章节号码已按原书改过,唯译名尚有少数需要统一处,注释有重复处,亦拟稍删繁就简。校改完毕后,当拟写一篇不太长的译后记,略作说明和批判。人民出版社最近派人来询问译稿事,我已如实告诉了他们,希望明春把译稿交出去。他们还约我选译歌德和爱克曼的对话集。能否答应下来,要看明春学校工作情况。

寄来的一首词写得不坏,"风调雨顺"句改"银锄铁背"较好。"美酒嘉肴"句嫌重视吃喝,可改为"高歌曼舞"或嵌入批儒习法的意思。

你前年寄的关于醴泉铭的初稿仍存我处,等检出寄还。改订稿曾寄沈从文,托他和历史博物馆的唐兰先生看一下和提意见,后去信索回,久未见复。今日再去一函,探询该稿下落,俟得回信后立即告诉你。他在埋头写工艺美学史方面的著作,确实很忙,而我怕城里车子拥挤,绝少进城访友。

上个月我曾参加政协组织的参观学习,花了二十天左右看了部队,公社和工厂和学校一些先进单位。沈从文本属政协,但没有约他参加,否则就可以当面问他一声。

我的情况如常,只是白内障有点恶化,今天上午还到北医三院检查了取了药回来。

祝你们全家安好!

潜
1974年12月24日

1975 年(乙卯)78 岁

1月,大约1974年,袁水拍、叶君健、钱锺书等人也相对比较自由了,先生在钱锺书工作的中国社会科学院文学所7号楼西尽头的一间办公室开始重新修改1963年外国文书籍出版局出版的《毛主席诗词》①。袁水拍作为中宣部的领导直接参与,说明这项工作出自党中央的部署。大约就在1975年年初,他们把一本16开印刷精致的《毛主席诗词》英译本(图9-19)送到先生手里,先生写了一万五千多字的"修改意见"(图9-20)。对《毛主席诗词》英译本中37首诗一一提了修改意见,由于"修改意见"已上交,现保留的底稿缺少了《元旦》和《长征》两首诗的修改意见。

为此,袁水拍还到北京大学和其他高校,多次开座谈会征求意见。

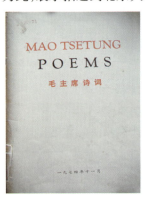

图9-19 《毛主席诗词》英译本

图9-20 先生给《毛主席诗词》英译本提的修改意见

3月28日,先生《致章道衡》信,收到安徽师范大学章道衡两帧古朴遒劲的书法,玩味之余,如见故人,借题发挥:"弟素不能书,但爱读碑帖,正如素不能诗而每日必读诗。颇谓书法表现人品,亦表现时代精神。我国书法之日趋委靡,自唐太宗独尊王羲之以致王欧悬为馆阁正宗之时起。此道至今仍应首推汉人,书家各有特色,尚无摩拟之风,也少弄姿作态之恶习。兄所赠两帧仍有汉魏人

---

① 重新出版英译本《毛主席诗词》的直接原因很可能是1974年10月传闻尼克松要再度访华,外文出版社遵照上级命令要尽快将《毛主席诗词》英文修订版出版赠与尼克松。1976年3月,乔冠华便将专为赠与尼克松而出版的《毛主席诗词》呈送给毛主席和尼克松各一册。

的韵味。弟过去搜藏碑帖颇多,前年小儿来京搬去两箱,尚有一两箱堆在乱书堆中,将来清理出,兄如须临池之助,当检寄几种。"①

5月14日,奚今吾给朱陈信,信里提到:"这一两年以来,你的父亲身体很好,上下午都坚持工作,他感到晚年能为党为人民做些工作,心里很痛快,这也是他的健康能保持良好的主要原因。"

9月8日,奚今吾给朱陈信,信中写道:"你的父亲近来身体还好,他仍在搞联合国文件翻译,这项工作近几年完不了,他的《美学》译稿已从头到尾整理了一遍,预备写一篇介绍的文章,现在好像还没有动笔。他说,你抄的一部分基本没有错误,目前没有什么需要抄写的东西。"

9月20日,奚今吾给朱陈信,信中说:"你的父亲说,他已动手写一篇《美学》的译后记,如果需要誊清时,当寄与你。我认为他的稿子一般还比较清楚,不必费事抄写了。"

11月1日,奚今吾给朱陈信,其中写道:"你父亲的《美学》译稿的译后记,在国庆节前已送出去找人抄写了,至今还没有拿来。早知如此费事,还不如寄到合肥让你抄一下。""你父亲的身体很好,这几年很少生病,每晚仍喝一杯酒,他喜欢用花生米下酒,如果在安徽还能买到,希望寄一点来。"

是年,先生收到旧时北大学生荒芜读《西方美学史》咏的一首诗:

> 曾在红楼听说诗,楚骚商籁是真知。
> 锦江水碧长卿赋,夏口云生崔颢词。
> 述美谁堪称国手,译书公合是名师。
> 穷经共道须眉白,赢得都城尽口碑。

先生欣然作答,赋诗两首,以书情怀:

> 荒芜来诗称《美学史》,近二十年不作诗,戏占二首奉达,不计工拙,聊博一粲。
> 述美区区岂草玄,贻讥投阁却非冤。
> 世人尚有侯芭在,过誉毋乃夔怜蚿?

---

① 《朱光潜全集》第10卷,合肥:安徽教育出版社1993年版,第430页。

老来照旧忙中过,难得浮生半日闲。
常忆闭门陈正字,不拈枯笔闯诗关。①

1976年(丙辰)79岁

2月9日,先生偕夫人奚今吾探望叶圣陶。

叶老在日记中有记载:"朱光潜和夫人奚今吾来访,特馈浙江某地之黄酒一瓶,其情可感。"

3月,先生着手翻译《歌德谈话录》。这部书是歌德秘书爱克曼(J.P.Eckermann)辑录的歌德晚年与他的谈话,内容涉及文艺、美学、哲学、自然科学、政治、宗教等各个方面,由于先生广博的知识和独具慧眼,精选了不到原书的一半内容,赋之以明白晓畅的译文,所以此书一经问世就受到广大读者热烈欢迎。柴静读过《歌德谈话录》,谈了这样的感想:

"前两天看《歌德谈话录》,看到十多页,忍不住回头看译者是谁,朱光潜,嗯,不服不行。

没有一字不直白,但像饱熟不坠的果子,重得很。

看这本书,就像歌德说的'在最近这两个破烂的世纪里,生活本身已经变得多么孱弱呀,我们哪里还能碰到一个纯真的,有独创性的人呢?哪里还有足够的力量能做一个诚实人,本来是什么样就显出什么样呢?'

常有人把艺术说得云山雾罩的,看到这样的话就格外亲切,'我只是有勇气把我心里感到的诚实地写出来……使我感到切肤之痛,迫使我创作《维特》的,只是我生活过,恋爱过,苦痛过,关键就在这里'。说的人,译的人,都平实而深永。"②

3月下旬,先生参加了由罗念生发起,沈从文、冯至、贺麟、卞之琳、李健吾、曹禺等人参加的在北京举办的聚会。沈从文回家在日记中对此事记载道:"内中有四位都得靠拐杖帮忙,才便于行动。居多且'形容枯槁,面目憔悴'。"③

4月5日,先生给长子朱陈信(《全集》未收),全文如下:

---

① 《朱光潜全集》第10卷,合肥:安徽教育出版社1993年版,第431-432页。
② 柴静:《朱光潜的座右铭》,载《光明日报》,2012年2月24日第15版。
③ 吴世勇:《沈从文年谱》,天津:天津人民出版社2006年版,第548页。

式粤：

长信收到，信中提到三个问题，最重要的当然还是子女教育问题，要抓住这个主要矛盾把它处理好。这个问题与第二个问题，你和新彬的关系，固然也有牵连，但是可以分开来处理。你对于青年人教育的看法是符合毛主席教育政策和社会主义革命大形势的，我完全赞同。几个小孩来京时我都仔细观察过，永春较老实，永和较聪明，两个小的都还幼稚，总的来说，在思想教育上都还很落后，赶不上现在多数优秀的上山下乡知识青年，赶不上客观形势的需要，路线决定一切，他们走的路线还不大端正，我还记得几句老话，"君子坦荡荡，小人常戚戚""小人行险以徼（侥）幸"，"坦荡荡"就是走的是康庄大道，心情总是舒畅；"行险以徼（侥）幸"，就是投机取巧，这在风尚良好的社会里总要失败，所以"常戚戚"。几个小孩在家时，我没有把这种想法向他们讲，这是我的疏忽。另外我也有个想法，我相信社会，青年人还是在社会中受教育较好，家庭教育靠不住，特别是像我们这样资产阶级知识分子的老家庭对青年人的影响只能是坏的。青年人对新事物比老年人总是比较容易接受，你的长信应该让几个小孩仔细看看，有机会多同他们谈心。记得新彬父亲回你的信建议由小孩们参加家庭会议来解决所面临的问题，我觉得这是个好主张。总之，小孩们的问题，你和新彬都有责，靠新彬不成，靠你也未必成，首先要动员他们自己端正态度，提高觉悟，向好人看齐，不要向坏人学坏。他们年纪都不算小了，自己的问题首先要靠自己解决。我这封短信也可给他们看看。

夫妻间的纠纷从来不是单方面的。不过你们都已年过五十，能将就过去最好，否则也没有什么大不了的事。许多事也可以和永春永和他们谈谈。他们似偏向母亲，话就难说了。

关于款子问题①，你夫妇双方都在这方面搅脑筋，这就反映了你们的思想状态。原先我有余款，知道你们生活紧，所以拨给你们一些，原来也不是要你们浪费的，而是贴补你们日用必需的。你们留着，细水长流地用下去，千万不要寄还，这对于我毫无用处，反多叫我劳神。

---

① 1973年孙辈们去探望先生，先生看朱陈、宛新彬夫妇生活较紧张，给了一笔钱。宛新彬用这笔款子给家里添置了一些物品（如黑白九寸电视机、尼龙帐等），朱陈看不惯，认为这是资产阶级教育方式，和宛新彬发生矛盾。这是先生从教育子女角度出发调解夫妻纠纷的一封信。

我坚持锻炼和生活规律,所以身体尚无大病,只是白内障有所恶化,等成熟时再动手术。

我们参加联合国文件翻译工作,此外人文社通过系领导约我选译爱克曼的《歌德谈话录》,从今春起已译了七八万字,准备再选七八万字,于今年底完成。此书颇有意思,译起来是一种工作,也是一种消遣。

政协礼堂经常发电影票,我常去看,像《闪闪的红星》《春苗》《决裂》《年青的一代》之类都已看几遍了。教育意义很大,让小孩们多看看。世嘉的小明也成了电影迷了。

不多谈了,祝你们全家好!

潜
1976 年清明节

4月16日,《致章道衡》信,先生前信承诺检寄些碑帖,此信随寄去碑帖一包,其中有梁鹄书孔碑一种、龙藏寺一种、岳麓碑一种以及郑苏战和方小东(安徽的一个收藏家)所藏的一些稀有拓片。先生写道:"我过去亦喜北海,他的碑文大半是亲手刻的,所搜五六种风格各不相同,云麾俊秀,不如岳麓凝炼,端州石室端庄,颇近魏碑,最为上乘。"①

7月28日三时四十二分五十三点八秒,唐山、丰南一带发生了里氏7.8级地震,波及北京。先生家住燕南园66号一楼(当时和姓郑家合住,楼上为郑家),地震时被惊醒,当时大女儿朱世嘉尚未调入北大,还在东北,家中只有先生夫妇和小女儿世乐及世嘉的4岁儿子。

7月29日,先生给长子朱陈信(《全集》未收),全文如下:

世粤:

前几次来信都看过,我的意见在前几次信里都已说得很清楚,你斟酌办就行了。家庭中彼此互让一点,少一点纠纷,不要对小一辈子留下不良的影响,这就是我的希望。

我近来身体还好,白内障日益恶化,对工作有些妨碍。准备待必要时再动手术。这也是医生的意见。

---

① 《朱光潜全集》第10卷,合肥:安徽教育出版社1993年版,第433页。

地震难免有些余波,领导上组织得很好,不会有多大的问题。

今年我选译爱克曼和歌德的对话,已译成十四五万字(占全书约一半不到),人文社原来的计划也只限这么多篇幅。此书亲切具体,值得一读,大约十月前可完工(加注,写译后记)。你如果有暇,将来拟寄你一看,或誊清一部分。

祝你们全家安好。

潜

1976年7月29日

8月16日,《致章道衡》信,信中称:"北京旧房屋有一部分震倒,伤亡不多。当日即遵上级指示,在户外空地搭棚居住,住了半个多月……住棚生活颇有少时在雨天搭夜行船风味,平静生活中偶有些小波澜亦难得也。学校即将复学上班,弟本期拟译完爱克曼的《歌德谈话录》,此系人文社与北大西语系的安排,作为我的正式工作的一部分。"①随信先生还附创作《自破自立二首》和《颂春苗》请章道衡斧正。

8月18日,给长子朱陈信(《全集》未收),其中写道:"关于光泽近况我不大清楚,过去只知他在霍邱新生农场当医生,是否有改变,望你就近查明告诉我。"

---

① 《朱光潜全集》第10卷,合肥:安徽教育出版社1993年版,第434页。

卷十　以维柯和马克思美学研究为突破口，重铸晚年学术风范

（北京，1976年10月—1986年3月）

1976年(丙辰)79岁

9月9日，毛泽东逝世。

10月6日，王洪文、张春桥、江青、姚文元"四人帮"被粉碎，同一天，北京市委对北京大学迟群、谢静宜实行隔离审查。

10月18日，《致荒芜》信（《全集》未收）：

荒芜：

　　来信收到，知仍在搞鲁迅研究资料，有正常工作做就好①。我译的《歌德谈话录》也基本完工了，还差一篇译后记，估计最近还要有一段时间参加运动，等稍闲再说了。

　　报告②已出，真相暴露，大快人心！北大的大字报又多起来了。

　　近几天天气甚好，昨日下午我还到颐和园走了一趟。待有闲空，想到香山看一次红叶。

　　匆颂

日祺！

光潜
10月18日

11月25日，《致荒芜》信（《全集》未收）：

---

① 荒芜时在中国科学院文学研究所工作。
② 即1976年10月18日中共中央向党内发布的《关于王洪文、张春桥、江青、姚文元反党集团事件的通知》。

荒芜同志：

前几天因有震情，图书馆暂闭。昨日复开，已把你要看的书借出，另包挂号寄上。

这个月既要批"四人帮"，又要防震，忙的不得开交。我家已在门前挖洞，盖了一间可容三张床的棚，还生了炉子，已在棚里过了六个夜了。

匆颂

日祺！

光潜
1976 年 11 月 25 日

△是年，先生作诗《咏诗一首》（《全集》未收），全诗如下：

吕雉庸愚随夫贵，分封异种耍阴谋。
高祖英明见遗命，老成周勃意安刘。

1977 年（丁巳）80 岁

收到梅兰芳秘书许姬传①2 月 11 日来信，信中回忆了二十年前与先生的相会，希望先生将 1960 年前后在《人民日报》上发表的译文《布莱希特艺术论》寄与他重读，并称梅兰芳"极欣赏此文"。

收到姚雪垠 2 月 17 日给先生的信，信中姚雪垠详细说明了自己写《李自成》一书时所遇到的种种问题，譬如"如何使现实主义同浪漫主义结合起来？大部头长篇小说的结构如何处理方好？正面英雄究竟应该怎么写？反面人物应该怎么写？倘若出现有个性的人物有几十个或更多，这是写英雄群众，应该怎样安排方好？"，等等。

---

① 许姬传（1900-1990），字闻武，号思潜，原浙江海宁人，生于江苏苏州。幼承庭训，8 岁随外祖父徐致靖读书，经史诗文、棋、笛、昆曲无不擅长。中国当代著名梅派艺术研究家。数日后，先生又收到许姬传 3 月 16 日来信，信中除感谢先生寄布莱希特译本二册外，又称自己"老悖可哂"，把先生在 20 世纪 60 年代对狄德罗演员表演理论的相关论述误记成"布莱希特"，并再索先生关于狄德罗演剧理论方面的大作，称："梅先生对此文某些论点，曾作仔细分析，认为与中国戏曲表演艺术有不少相同之处。"

收到姚雪垠3月9日寄出的信(图10-1),信中除说明《李自成》第二卷中册挂号寄上之外,还说从荒芜处转来的先生的大札及早先先生给他的信均收到,并约"下月春日更暖,百花盛开"时去北大看望先生。

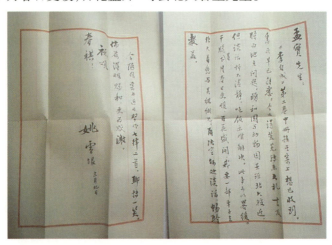

图10-1　1977年3月9日,姚雪垠给先生的信。

3月21日,后来成为著名摄影家而当时才读高中的邓伟去拜访先生,邓伟是李可染的徒弟,走时,先生送了邓伟一册旧版本的《李杜诗选》,并在书扉页题"邓伟学友欣赏　朱光潜"。

3月25日,先生写《读姚雪垠先生〈李自成〉第二卷上中册笔记》,先生谈了五点。前两点肯定这是一部"杰作";第三点认为把李自成部队写得像解放军,失败内因很难见出;第四点指出书中有许多重复处或详略不当之处;第五点说明正文中解释性文字可移到注中,"注不嫌详"。

4月13日,姚雪垠给先生信,信中称从吴组缃那里得知先生正等待他去北大向他们求教,姚雪垠希望星期六或星期日一晤。

7月2日,先生的弟弟朱光澄在台北去世。朱光澄1906年出生。先生在"文革"初有"交待"其弟的一段话:

"朱光澄　弟　(年在六十岁左右),上海立达学园毕业。南京黄浦军官学校毕业,在国民党军队里做了几个月的小军官。他不愿在军队里工作,就入上海同济大学学德文,后到日本东京工业大学学无线电。到抗战初期因参加留日同学的爱国运动,被日寇拘禁了两年左右。出狱后回到成都,在成都军官学校当无线电教官。约三年后(1943年?)就转到广西的一个无线电器材厂当工程师。抗战胜利那一年国民党派陈仪去接管台湾,由于他的立达学园教师沈仲九(陈仪的亲戚)介绍,跟陈仪到了台湾,当一个无线电厂的厂长,后因故去职(他没有告诉我原因),不久就转到台中和朋友开一家五金电料商行。这是解放前的最后消息。解放后即断绝通信。他在同济当学生和日本时经费由我接济。"[1]

9月5日,收到《致北大哲学系外国哲学史编辑组》(《全集》未收)。这是一封北大哲学系外国哲学史编辑组转示给先生的由张志扬针对先生译的黑格尔《美学》译文和注释提的九条意见的信。实际上这位张志扬先生根本没有读懂黑格尔,以为黑格尔讲"具体观念",就想当然地把先生翻"犹太人和土耳其人的神还说不上是这种根据理解力所形成的抽象概念"一句话里面"抽象概念"改成"具体概念"。先生指出"犹太人和土耳其人在艺术类型上还处在'象征'的初级阶段,所以连凭知解力(Verstand)去形成抽象观念也还不可能,只有到了希腊古典艺术阶段才达到根据理性(Vernunft)的'具体真实'(Konkreten Wahrheit)。"所以,不是先生译错了,而是这位张志扬先生根本没对照原文,也没有弄懂黑格尔。所以,先生给这位"张先生"忠告:"从张先生的信看,他在谦虚谨慎方面还大有改进的地方。"

10月16日,给长子朱陈信(《全集》未收),全文如下:

世粤如晤:

上月中你托王张两同志带一信来,当即收到,《十三经古注》系海源阁藏书,不可多得,全箱共一百卷,来人须在埠浦换车,携带恐不便。拟待将来加包用货运的办法寄给你。你处有几件重要的李北海碑,但尚缺端州石室记。片是李碑凝练的一种,"文革"前由友人借去,近可送还,也拟附寄给你,如还要其他书,可预先告我,以便一阵寄出(李碑即日寄出)。

《美学》四卷改由商务出(因为黑格尔全集都在那里出),在准备付排中,去年译完的爱克曼的《歌德谈话录》交人文社,据说年内即可付排。《西方美学史》也有再版的消息,今后一段时间专校改这部著作。我的健康状况无大变化,只是白内障有些恶化,每晨仍坚持锻炼半小时(跑几百步后做点深呼吸,打点简易太极),身体能给维持住,全靠这点锻炼,这方面你也应多加注意,要有恒心和耐心。

---

[1] 《朱光潜全集》(新编增订本)第10卷,北京:中华书局2012年版,第282页。

北大人事处已准备接收世嘉和姚秀琛,档案已送市委人事局后发调令,据目前形势,有成功的希望。

北大运动几起几落,关键在重点人虽已靠边站而下边的余党仍掌握基层实权,都在消极怠工,最近中央决定北大清华之类重点大学主要来教育部领导,派出周林(曾任南大第一书记)为北大第一书记,近已到京,不过市委不同意多带人马(市委会原曾派工作队一百多人仍在北大),整顿当不易,还要经过一番斗争才行。

奚母身体近也无大变化,仍经常打针服药。

祝你们全家安好。

潜
1977 年 10 月 16 日

10月29日,给长子朱陈信(《全集》未收),全文如下:

式粤:

前后两封信都收到,关于你预备写的文稿大纲,我觉得有些独到见解,值得用心写出。不过有些地方还应斟酌。

①你认为儒家思想在中国封建社会是最进步的思想,历代农民起义都信它,这是由于马克思所说的"每一时代的统治的思想都是统治阶级的思想",至于它的时代进步性不宜说得太绝对,它也有由上升下降到反动的发展过程。封建主信孔孟有是真心真意的,也有是伪装的愚民政策的一部分。"四人帮"反儒就是伪装,他们骨子里还是信奉儒家的反动的一面。

②从历史发展看,法实出于儒,也有一部分出于道家和兵家。最早的法家代表是荀子,荀出于孟,特别崇尚儒所崇奉的礼(三礼),儒的"礼"实际上是"法",孔崇仁,孟崇义,孟就已有法家倾向,所以儒法虽有分别,却也不可分得太绝对。你已说到柳宗元王安石等人都是调和儒释道,这是对的。柳(偏法)韩(偏儒)和王(偏法)苏(偏儒)都有很好的私交。"四人帮"把儒法看作绝对对立的,法进步而儒反动,这是他们歪曲历史的一例。

③孔子是殷人,是奴隶主之后,他对奴隶社会有怀念的一面,但他基本上是主张开明君主制(讲仁)的,所以在当时是进步的,因为封建制比奴隶制进步。孟子的"民为重"的思想已有点民主思想的萌芽了。秦以后的封

建朝代的统治思想无疑是并不排法的儒家思想。唐宋以后封建制渐趋没落,农民起义日渐兴起,其中又夹杂着外族欺凌的问题,孔孟思想没有哪个封建主身体力行,只是用作愚民的工具,也就日渐变成反动的,其原因在于封建制本身日趋反动,儒所服务的对象是反动的,没落的封建制在精神实质上不但反儒,而且也反法。更说不上儒法对立。"四人帮"也是如此。

④你对西方历史的认识很片面,例如你说到雅典城邦有过奴隶主阶级的民主政治,"次于儒家的君主政治学是古代希腊的(柏拉图的)"都有可议之处,在这里不能详谈,我认为你不必牵涉到西方历史,最好侧重我国历史发展,特别是周秦这个大转变时代,重点是批"四人帮",这一点应突出。

⑤你提到姚雪垠的《李自成》,我在四川时与姚有过一面之交。去年他曾把《李自成》中部寄我看过,最近又把改写过的上部寄给我(添了一篇长序,其中提到李自成与儒家思想的关系,你见过没有?),此书是部杰作,只是把李自成写成像八路军一样,很难见出他失败的原因,是个缺点。

毋复,
祝你们全家安好。

潜
1977年10月29日

是年底,为《莱辛〈拉奥孔〉译后记》作"附记"。云:"这部译稿原是六十年代编写《西方美学史》时拟选译的资料附编之中的一种。一九六五年便已译完,并已排印出清样。嗣后因'四人帮'横行肆虐,它被打入冷宫十余年,现在才重见天日。"

是年,写《中国画史提要》,内容如下(现只是根据残稿整理——编者)。

"中国造型艺术达到最高成就而为世人所熟知的是绘画。像俑一样,最早的绘画大半是放在墓穴里为死人服务或纪念死人的。这种画可以采取各种形式,最常见的是壁画,其次是墓志碑上的'造像'浮雕,也有用笔涂水彩画在帛上的死者生平事迹,铺在棺材上,例如近来发掘出来的长沙马王堆林侯墓的帛画就是这样。墓穴之外,一些著名的宫殿和庙宇也常用壁画作为雕饰,纪念神佛或表相功勋。此外像上文已提到的敦煌莫高窟以及麦积山,榆林,辽阳之类的石窟是专门凿制出来,为宣传佛教用的。

综合这些壁画和造像来看,中国早期绘画都侧重仙佛人物和他们的事迹,往往采取连环画的形式。这种画艺到隋唐时代在顾恺之,陆探微,阎立本,吴道子,周昉一系列大画师手里已达到高度成熟。隋唐以后一直到明清,中国画就由侧重人物事迹转到侧重山水风景,也就是由专业画师的画转到'文人画'。这是一个重要的转折。自东晋陶渊明、谢康乐以后,一般文士多以隐逸和怡情山水相标榜,为的是逃避尘世纷争或自慰穷途失意(应记住当时是个兵荒马乱,社会矛盾日趋剧烈的时代)。陶渊明的《桃花源记》,王羲之的《兰亭诗序》和孔稚珪的《北山移文》都透露出此中消息。这多少也受到佛教的影响。这些文士大半与僧徒有来往,中国向来是'天下名山僧占多',他们'入山惟恐不深',于是也的确尝到'世外桃源'的乐趣。陶谢以后中国诗转到侧重歌咏自然,中国画也转到侧重山水风景,道理是一样的。这个大转折有两个明显的结果:其一是诗与画开始密切联系起来,其次论画的理论著作也日渐多起来,绘画领域的美学从此诞生了。这方面的资料有人民美术出版社的《画论丛刊》和《宣和画谱》等书可以参考。

关于诗画结合一点,唐王维(摩诘)最足以说明问题。他是山水画的开山祖,也是伟大的自然诗人。宋苏轼(东坡)称赞他的作品说,'味摩诘之诗,诗中有画;观摩诘之画,画中有诗'。宋画论家赵孟𫖯也说过:'诗为有声之画,画为无声之诗',和希腊诗人 Simonides 的著名的格言几乎一字不差。罗马诗人 Horace 也说过,'画如此,诗亦然'。从此可见诗与画有共同点,这是古今公论。但是这个看法和德国诗人莱辛(Lessing)在 *Laokoon* 里所论证的诗画异质,诗写动态而画写静态之说却显然是对立的。不过莱辛并不否认诗可以用'化静为动'和'化美为媚'的办法去描述特宜于画的静态。他举荷马史诗描写特洛伊元老们在危城上接见海伦后为例。我们为便于说明,可以举中国《诗经》中一段描写美人的名句:

'手如柔荑,肤如凝脂,领如蝤蛴,齿如瓠犀,螓首蛾眉;巧笑倩兮,美目盼兮!'

这段诗头五句用油脂,蚕蛹,瓜子和灯蛾之类杂凑在一起,费了许多笔墨,终写不出美人的美;到了最后两句'巧笑倩兮,美目盼兮!'美人便一跃而出,活灵活现,这便是'化静为动''化美为媚'。读王维的《辋川诗集》[《辋川集》]歌咏自然的短诗,就经常碰见类似的事例。

关于画论,晋唐以来这方面的论著是美不胜收的,这里只能举意义深长影响深远的三种为例。

一、顾恺之的'以形写神'说

形(体躯)与神(精神)是画艺中两个重要概念。中国画家历来强调'神似',文人画往往轻视单纯的'形似'。顾恺之是东晋擅长人物画的大画师,他的《仕女箴图》仍存大英博物馆。他的主张是通过'形似'进一步去求'神似'。《宣和画谱》举过他的一些实践事例来说明他的主张,现在姑选其中四个事例:

……恺之每画人成,或数年不点睛。人问其故,答曰:'四体妍蚩(美丑),本无关于妙处,传神写照,正在阿堵(此,即睛)。'尝图裴楷像,颊上加三毛,观者觉神明殊胜。又为谢鲲像在石岩里,云:'此子宜置在丘壑中',欲图殷仲堪,仲堪有目病,固辞。恺之曰:'明府(仲堪)正为眼耳。若明点瞳子,飞白拂上,便如轻云之蔽月,岂不美乎?'……

这里几个具体事例说明了画艺中几个重要原理。第一个点睛例说明了画艺首先要求'神似',而'神似'首先表现于眼睛,西方美学家黑格尔也曾提过类似的论点(见《美学》①),从上引'美目盼兮'句也可以见出这个道理。第二个'颊上加三毛'例说明了为着达到'神似',画者可以借助于虚构夸张,颊上本无三毛,加上三毛,观者就觉得'神明殊胜',也就是说,牺牲浮面的'形似'有时可以加强'神似'。第三个置谢鲲像于丘壑中,说明了'典型环境下的典型性格'的道理。谢鲲是一位好《老》《易》,善歌唱和弹琴的高人雅士,尝自谓'一丘一壑'胜于当时宰相庾亮。第四个画殷仲堪像用'轻云蔽月'的例说明了画家可以凭艺术手腕把'形似'方面的短转化为'神似'方面的长,也就是说艺术转化'第一自然'为'第二自然'。

二、荆浩《笔法记》中的六要

荆浩是五代梁朝的一位著名的山水画家,他的《笔法记》讨论山水画的要素和表现方法,是用对话体写的。对话者为洪谷子和一位老叟(实际上是荆浩一人自问自答)。老叟问洪谷子是否懂得画法,洪谷子谢不知;叟曰:'……夫画有六要:一曰气,二曰韵,三曰思,四曰景,五曰笔,六曰墨。'

下文叟又对六要进行如下的说明:

'叟曰……图画之要,与子备言;气者,心随笔运,取象不惑;韵者,隐迹立形,备仪不俗;思者,删拔大要,凝想形物;景者,制度时因,搜妙创真;笔者,虽依

---

① 先生没有注明黑格尔观点的具体出处,估计应是《美学》第1卷里这段话:"艺术也可以说是要把每一个形象的看得见的外表上的每一点都化成眼睛或灵魂的住所,使它把心灵显现出来。"([德]黑格尔著,朱光潜译:《美学》第1卷,北京:商务印书馆1979年版,第198页。)

法则,运转变通,不质不形,如飞为动;墨者,高低晕淡,品物深浅,文采自然,似非因笔。'

这段文字艰晦,参考后来画家的论述,略作如下的解释:

气:气随笔运,即意到笔随,摄形(客观景象)必同时立意(主观情思),才胸有成竹,意到笔随,画出正确的形象(取象不惑)。

韵:隐迹立形,删削浮面细节,突出要表现的形象;备仪不俗,仪即宜,具备必要的法则而不落俗套。

气韵二要即谢赫的'六法'中的'气韵生动'。

思:相当于'六法'中'经营位置',包括构图方面的构思,删拔大要,即去粗取精,概括集中;凝想形物,即聚精会神地构造艺术形像。

景:景即情境。'制度时宜,搜妙创真',即衡量具体情境而作适合时宜的处理,使作品既妙而又真实,'搜'与'创'才见出苦心经营,'笔夺造化之功',是创造而不是单纯摩仿。

笔:即画笔的运用,依法而不拘于法,运转自如,'不质不形'指不粘滞于外形和质朴粗糙的末节,这样才可见游龙流水之妙。

墨:相当于着色渲染烘托,浓淡深浅都符合对象的自然本色,像是自然生出来而不是画出来的。

笔墨两要是中国画的特色,作者在文中还提到'吴道子画山水有笔而无墨,项容有墨而无笔'。明画家董其昌在《画旨》里解释说:'但有轮廓而无皴法,即谓之无笔;有皴法而不分轻重,向背,明晦,即谓之无墨。'

《笔记法》除标出六要外,还谈到'华'与'实'和'真'与'似'的分别和关系。洪谷子听到老叟提到六要之后,就提出疑问:

曰:'画者,华也(画是一种有文采的花)。但贵似得真,岂此挠矣!'(只要画得像,见出真相就行了,何必讲这些诀窍?)叟曰:'不然。画者,画(刻画)也。度物象而取其真(衡量事物形象,取出它的真实本质)。物之华,取其华;物之实,取其实,不可执华以为实。(是华就取华,是实就取实,不可以华为实)。若不知术(法),苟似(貌似)可也,图真(掌握精神实质,即'神似')不可及也。'

曰:'何以为似,何以为真?'

叟曰:'似者得其形,遗其气(即'神'或精神本质);真者气质(神形)俱盛。凡气(神)传于华(花的文采),遗于象(如果象没有神),象之死也(象就没有生气)'。

这里寥寥数语,说透了自然主义和现实主义的根本区别所在。荆浩是现实主义文艺的一个很早的而且自觉的拥护者,所以可贵。

三、谢赫(缺)

此外,先生还有这篇文稿的一个提纲,从提纲看,他是原打算写到明清的。现也照录如下:

"人物　汉魏六朝成熟　山水　　唐宋——明清

诗是无形画,画是有形诗　张舜民

顾恺之'以形写神'

如人画家,数年不点睛,人问其故,他说'四体妍媸,本无关于妙处,传神写照正在阿堵(此-睛)中'。

六要

荆浩　笔法记

'画有六要:一气,二韵,三思,四景,五笔,六墨。'

六法　　谢赫:《古画品录》

'一气韵生动,二骨法用笔,三应物象形,四随类赋采,五经营位置,六转移模写。'

唐　张彦远《历代名画记》'论画六法'章

南北宋　董其昌将唐以来山水画划分为南北两大宗'禅家有南北二宗,唐时始分,画之南北二宗亦唐时分也,北宋则李思训父子着色山水,流传而为宋之赵幹、马(远)、夏(珪)辈,南宋则王摩诘始用渲淡,一变钩斫之法,其传为张璪、荆(浩)、关(仝)、董(源)、巨(然)、郭忠恕、米家父子以至元之四大家(黄公望、吴镇、倪瓒、王蒙)……而北宗微矣。

展子虔　隋　青绿山水　小幅咫尺千里之势

《游春图》韩幹牧马图。"①

由于先生这个"提要"是他为数不多的讨论中国绘画美学的文章,过去美学界对先生在中国绘画方面研究成果认识不足,而这篇"提要"所隐含的内容既宏伟又不易揭示出来,故略作如下分析:

"残稿"所用的稿纸是1977年的,由此可以断定先生是在"文革"结束后"重操旧业",来重新审视他早年一直关注的诗与画的美学相关问题。这个视角

---

① 《朱光潜全集》(新编增订本)第9卷,北京:中华书局2012年版,第282-288页。

是直面中国绘画史的。虽然先生并没有像他在《诗论》里系统说明的"诗中有画"(情趣的意象化)的观点那样来从绘画的视角说明"画中有诗"(意象的情趣化)。但是已经大体可以见出绘画美学在先生美学思想系统中的地位。大致说来,有几点值得强调:

其一,自然主义文艺创作(先生早期美学称"写实主义")是"见物不见人"的美学方法。艺术离不开人,"第二自然"高于"第一自然",就是说明审美有艺术家的理想在里面,是要来源于"自然"(第一自然),但又要高于自然(第二自然)。用先生早期美学思想里的观点看,这种自然主义(写实主义)就是"距离"太近,而不是审美心理距离的"不即不离"。从现实主义的观点看,都是要透过现象的表层把握某种本质和规律性的东西。中国绘画的"传神写照""度物象而取其真"则都是对这种"见物不见人"的美学观点的反驳。所以,先生说:"中国从前画家本有'远山无皱,远水无波,远树无枝,远人无目'的说法,但是画家精义并不在此。看到吴道子的人物或是关同的山水而嫌他们不用远近阴影,这种人对于艺术只是'腓力斯人'(Philistines)而已。"①

其二,先生看重顾恺之的"传神"的"神",用黑格尔的话讲是体现了"心灵的理想和自由"。这"心灵的理想和自由"在黑格尔那里是比自然要在价值上高一层。只有人才有理想,人的自然美(人体)自然比自然美更高一层。先生在"残稿"里虽没有申论,但我们从他早期美学论著中可以找到这样的说明:"不过我们不能不明白这些皈依自然在已往叫做'山林隐逸'的艺术家有一种心理的冲突——理想与现实的冲突,或者说,自然与人的冲突——而他们只走到这冲突两端中的一端,没有能达到黑格尔的较高的调和。为什么不能在现实人物中发现庄严幽美的意象世界呢?我们很难放下这一个问题。放下但丁、莎士比亚和曹雪芹一班人所创造的有血有肉的人物不说,单提武梁祠和巴惕楞(Parthenon)的浮雕,或是普拉克什特理斯(Praxiteles)的雕像和吴道子的白描,它们所达到的境界是否真比不上关马董王诸人所给我们的呢?我们在山林隐逸的气氛中胎息生长已很久了,对于自然和文人画已养成一种先天的在心里伸着根的爱好,这爱好本是自然而且正常的,但是放开眼睛一看,这些幽美的林泉花鸟究竟只是大世界中的一角落,此外可欣喜的对象还多着咧。我们自己——人——的言动笑貌也并不是例外。身份比较高的艺术家,不尝肯拿他们的笔墨

---

① 朱光潜:《文艺心理学》,合肥:安徽教育出版社1996年版,第36页。

在这一方面点染,不能不算是一种缺陷。"①可见,人物画逐渐为"人文画"所替代固然有其合理性,但轻视人物,就是抛弃了自然(人也是自然)中最美、最该表现的对象!顾恺之还处于人物画时代,先生有意拿顾恺之和黑格尔强调人的美学思想来比较,其用意是深刻的。

其三,先生认为美是情趣和意象的契合。这情趣和意象的契合有受媒介的限制而有偏于主观和偏于客观之别。粗略地说,诗偏于主观,它主情(志);画则偏于客观,它主形(象)。先生在《诗论》里很好地、系统地说明了诗中的情趣与意象相契合的分量,是侧重"诗中有画"的视角。至于从绘画美学的角度,也就是从"画中有诗"的观察入径,似乎先生有系统从中国绘画美学理论的角度来说明这点的愿望,"残稿"大概就是这项工作的开始。倘若能完成这项伟业,必定更能深化"美是情趣与意象的契合"这一美学命题。这决不是我们的臆断,我们从先生为什么非常青睐好友丰子恺或许可以得到些证明。先生《缅怀丰子恺老友》里称赞他的画品和人品,也都是从"画中有诗"这个角度说的,他说:"他(指丰子恺——编者)的漫画可分两类,一类是拈取前人诗词名句为题,例如《月上柳梢头,人约黄昏后》《指冷玉笙寒》《黄蜂频扑秋千索,有当时纤手香凝》之类;另一类是现实中有风趣的人物的剪影,例如《花生米不满足》《病车》《苏州人》之类。前一类不但有诗意而且有现实感,人是现代人,服装是现代的服装,情调也还是现代的情调;后一类不但直接来自现实生活,而且也有诗意和谐趣。两类画都是从纷纭世态中挑出人所熟知而却不注意的一鳞一爪,经过他一点染,便显出微妙隽永,令人一见不忘。他的这种画风可以说是现实主义和浪漫主义的妥帖结合。"②

总而言之,"残稿"虽然还不能说是系统地表达了先生绘画美学思想,但透出了进一步想从绘画的视角阐明他关于美是情趣与意象契合的这一美学命题,这一点是毫无疑问的。遗憾的是,先生未来得及完成他的"姐妹篇"——画论,只留下一个提纲,而且还是残缺的提纲。不过我们无须求全责备,毕竟,我们看到了顺着"画中有诗"的理路,从情趣与意象的契合这一视角来揭示中国绘画如何从六朝走向现代的光明大道已经敞开了。

---

① 商金林:《朱光潜批评文集》,珠海:珠海出版社1998年版,第116-117页。
② 商金林:《朱光潜批评文集》,珠海:珠海出版社1998年版,第247页。

1978年(戊午)81岁

1月8日,《致许渊冲》信,信中称:"毛主席诗词的外文译文确实表达不出原作的精神风韵,特别是早期发表的。其原因不外两种:一是根本没有读懂原诗,一是外语表达能力不够。"先生对后来印行新版,袁水拍等人在北大开了三四次会上专家所提的"意见一条也没有采纳"非常气愤。"后来才知道这全是一个圈套,袁水拍的目的是讨好江青,要删去'我失骄杨'的注解,因而把外文译本的注释全都删去,作广泛征求意见的姿态,是蒙混群众的视听"。先生写了首诗讥讽袁水拍:"琵琶遮面不遮羞,树倒猢狲堕浊流。不注骄杨该万死,雷轰碣石解千愁!"①

是月,(1)小女朱世乐结婚,丈夫刘云峰,东北人,在冶金工业部工作。

△(2)先生写《外语学习:活的方法和死的方法》(《全集》未收)发表在《英语学习》第一期上。

2月,《马克思、恩格斯论典型的五封信》载《外国文学研究》第二期。

是月,先生收到曾就读于北京大学的学生杜道生为祝颂先生八十寿辰所作的《七律二首》。先生作《答杜道生》顺口溜一首(《全集》未收):

> 人生二百年,八十寻常事。
> 嘉章远致贺,感情永铭记。
> 忆昔嘉州逢元旦,亲提壶酒来庆岁。
> 巴山夜雨每萦怀,何日相逢复一醉。
> 道生老友自成都来诗贺八十刚过,眼花手颤,草草写顺口溜一首,以博一粲。
>
> 朱光潜

2月24日—3月8日,先生作为教育界代表参加中国人民政治协商会议第五届全国委员会(图10-2)。会议地点在友谊宾馆南工字楼4611号。会上见到老友沈从文、徐中舒,甚是欣慰。

---

① 《朱光潜全集》第10卷,合肥:安徽教育出版社1993年版,第436页。

图10-2　1978年2月下旬至3月上旬,先生参加中国人民政治协商会议第五届全国委员会委员证。

3月22日,《致章道衡》信,其中写道:"拙况如常,文化革命前有些译稿和译著,'四人帮'倒后,都要出版或再版了,黑格尔《美学》三卷现已由商务在排印中,旧译莱辛论诗画界限、新译爱克曼的《歌德谈话录》均由人民社在排印,《西方美学史》亦准备再版,目前在校改或看清样,所以仍很忙。次年须带文艺批评方面的研究生,虽已年逾八十,脑力虽衰,但精神仍很振奋,大约仍可活三五年,为科教事务多尽一点微薄的力量,可告慰老友。"①

4月,《研究美学史的观点和方法》载《文学评论》第四期。

5月18日,《美学是一门重要的社会科学》发表于《文汇报》。②

6月,《致吴泰昌》信,信中称"学术繁荣必须要有这种生动活泼,心情舒畅的局面。"

6月下旬,先生参加了中国文学艺术界联合会举办的一次会议,会上与电影演员崔巍得以晤谈。

7月22日,《致敏泽》信③(《全集》未收):

敏泽同志:

　　日前承枉顾,畅谈至快。今日又得来教,知道为修改拙文事煞费苦心,

---

① 《朱光潜全集》第10卷,合肥:安徽教育出版社1993年版,第438页。
② 该文与之前发表于《文学评论》第四期上的《研究美学史的观点和方法》一文均未收入安徽教育出版社和中华书局出版的《朱光潜全集》。实际上,修订版《西方美学史》一书中经先生重新修改后的《序言》和《结束语》的基本内容与观点均取自于这两篇文章。
③ 敏泽时为《文学评论》编辑,此信是先生与敏泽就有关美学史问题的讨论,信中所谈的文稿后刊于1978年第4期《文学评论》,题为《研究美学史的观点和方法》。

既感激又深自咎。考虑了一番,觉得如果发表,应取快刀斩乱麻的办法"大动手术"。想到在原稿第 10 页第 6 行"觉得这种提法不妥",以后到第 15 页"迷惑之四"以前全部删掉,把第 10 页"这种提法不妥"改为以下:

觉得这里还有问题。……这就说明自己对历史唯物主义并没有弄清楚,还有待于进一步的深入学习。

15 页的"迷惑之四"改为"迷惑之三"。

尊意以为如何?请"大动手术",余留面谢。

匆致

敬礼!

朱光潜
7 月 22 日

8 月 2 日,《致崔巍》信,信中推荐画家李可染徒弟邓伟(彼时邓伟已考进北京电影学院——编者)向崔巍讨教"学习的方向和方法"。

是日,《致敏译》信(《全集》未收):

敏译同志:

拙稿承斧削,保留了②③点的大部分,深佩匠心独立。因须立即寄还清样,不多谈,余留面谢。

匆致

敬礼!

朱光潜
1978 年 8 月 2 日

8 月 9 日,《致蒋路》信,信中说明了《西方美学史》新增加的部分有几篇:"一、序论第二部分:研究美学史的观点与方法(谈到学习历史唯物主义的一些甘苦)。二、第二十章总结部分:1.形象思维:从认识和实践的角度来看。2.马克思和恩格斯关于典型人物性格的五封信。"[①]

9 月 16 日,《致阮延龄》信。信中一段话颇反映先生治美学走的是现代科

[①] 《朱光潜全集》第 10 卷,合肥:安徽教育出版社 1993 年版,第 444 页。

学的路子。先生写道:"尊文受禅宗语录和公安、竟陵派小品的影响很深,一般读者不易懂。我也摸索过禅宗语录,但读大文仍感到一些困难;何况现在青壮年对这种文体大半如牛听琴,写的是说理文,就要如《造化卅七》章所说的'用落落实实工夫做文章',把理说得清清楚楚。禅宗语录的思路有些虚幻离奇,中毒的人就有脱离现代科学思路的危险。"①

另外,先生也说明自己美学观点"近来有些转变",写了一篇《形象思维:从认识和实践的角度来看》②,以补《西方美学史》总结章之不足,并说明此文在中国社会科学院哲学所新办的《美学丛刊》上发表。

9月21日,《致李丕显》信(《全集》未收),信中称:"黑格尔受到马克思和恩格斯的批判,但对马克思、恩格斯也产生过不小的影响。进一步的研究可以从这两方面深入。"

是月,译著《歌德谈话录》([德]爱克曼辑录)作为"外国文艺理论丛书",由人民文学出版社出版。先生依据的德文本有两种:一种是1918年汉斯·克洛博(Hans T.Kroeber)编辑的。另一种是弗朗茨·达伯尔(Franz Deibel)编辑的,同时参照了约翰·奥克生福德(John Oxenford)1850年英译本及姜·秀兹维伊(Jean Chuzevill)的法译本。

10月11日,给长子朱陈信(《全集》未收),全文如下:

式粤:

得来信,知小清小平都已考上大学,他们兄弟四人升学问题都已顺利解决,深为欣慰。望他们都好好地努力,各学得一技之长,为新时期的总任务出一把力。如果外文学得好,今后还有考留学的希望,告他们在外语方面多下一点功夫。

你如赴大连参加会议,望过京小住,楼上有一间房,支一个行军床不成问题,来时不必带什么,如鸭肫肝已上市,带一点来就行了,北方已转凉,须带大衣和毛线衣。

我的《西方美学史》已改完交出了,目前没有紧迫的任务。带了两名研

---

① 《朱光潜全集》第10卷,合肥:安徽教育出版社1993年版,第445页。
② 该文内容基本和再版《西方美学史》一书《结束语》中形象思维部分相仿,更详细论述后收入《美学拾穗集》相关章节。

究生①,目前让他们上文学课。我在十一月底也要赴武汉参加外文所召开的文艺理论会议,为期十天。匆复,即祝你们全家安好。

潜
1978 年 10 月 11 日

10 月 22 日,《致程代熙》信,信中称:"前寄上《西方美学史》校改稿序论中'迷惑之二'一大段,经过考虑,作了一些修改,兹寄上请斟酌修改。"并且,先生准备将《关于上层建筑和意识形态的区别和关系的质疑》作为全国马列文艺论著研究会②的参会论文,征询程代熙是否妥当。

10 月 27 日,《致敏译》信(《全集》未收):

敏译同志:

承将读者对拙文所提出的两篇意见,已读过。拙文第二部分没有把问题说清楚,过错当由我承担。我原来并无意要断章取义,问题么大,仅以千把字了事,读者摸不透作者原意,亦情理中事。近来仔细研究过五十年代苏联一些关于这个问题争论的文章,才知道问题的提出并非自我作古,看来这场官司还必须打下去,拟就这一问题作详细的阐述,发表后当寄上请教。

我现在带了两个研究生③,黑格尔《美学》第三卷译文在再次校改中,所以还是很忙。

匆复即颂

敬礼!

朱光潜
1978 年 10 月 27 日

是月,(1)《外语学习:活的方法和死的方法》载《英语学习》第一期。

△(2)《文艺复兴至十九世纪西方资产阶级文学家艺术家有关人道主义人性论的言论概述》发表于《社会科学战线》第三期。这篇文章本来是为《从文艺复兴到十九世纪资产阶级文学家艺术家有关人道主义人性论言论选辑》一书作

---

① 两名研究生分别是凌继尧和韩邦凯。
② 该研究会 1978 年 12 月在武汉华中师范大学正式成立。
③ 即韩邦凯、凌继尧。

的序言,因处于"文革"中,商务印书馆以先生"缺乏革命的批判精神"为由把该书"主编"改成"北京大学西语系资料组",先生写的序言也被拿掉。据帮助先生编该书的助手夏珉回忆:

"还有一件让我受益匪浅的事,即协助朱先生编辑《从文艺复兴到十九世纪资产阶级文学家艺术家有关人道主义人性论言论选辑》一书。这是中宣部于1961年下达的任务,点名请朱光潜先生选编。在我印象中,朱先生是欣然接受此项任务的,积极性非常高。1961年和1962年,整整两年内他的主要精力都放在这件工作上。这一时期,我平均每周都要在朱先生家工作两天。先生选材,写说明,我帮他抄录(当时还没有复印机),分类整理,草拟小标题,最后由先生定夺。这对我来说完全是个学习过程。在这过程中,我扩大了眼界,熟悉了西方近代文化思想的脉络,且初步受到了编译工作的训练。先生所选的材料,仅一部分有中文译本,有许多尚需翻译,朱先生自己译一些,其他的让我去组织西语系、俄语系的教师译。法文方面的,他曾让我试译一些小段落,权作翻译练习,最后由他修改定稿。这部四十多万字的《选辑》,因种种原因搁置了许多年,直至1971年11月才由商务印书馆作为'内部发行'的图书付梓印刷,出版说明中注明此书系'供批判用'云云,署名是'北京大学西语系资料组',根本不提朱先生的名字,朱先生为此书撰写了一长篇序文,也没有被采用。"①

此时先生把这篇"旧文"发表,而且未加改动,显然带有一点试探的意味。因为,在先生内心深处,人性论、人道主义的价值观的"普世"性是毋庸置疑的,但在只讲阶级性、党性的运动斗争环境下,这些统统被斥为"资产阶级"的剥削阶级的意识形态。而在1978年5月10日,在中共中央党校内部刊物《理论动态》上已经登出南京大学讲师胡福明写的《实践是检验真理的唯一标准》,预示一场思想解放运动悄悄来临。先生显然感受到这种变化。

11月底—12月初,先生出席了在广州召开的全国外国文学规划会议。会议期间,与冯至等三十多位专家学者联名上书中共中央统战部,要求为吴宓彻底平反。参加会议的代表还有周扬、季羡林、杨宪益、叶君健、卞之琳、李健吾、伍蠡甫、金克木、戈宝权、李赋宁、蒋路、绿原、罗大冈、王佐良等。

12月6日,先生给长子朱陈信(《全集》未收),全文如下:

---

① 艾珉:《忆朱光潜先生和我的师生情谊》,载《新文学史料》,2007年第2期,第81页。

式粤：

我于11月24日来广州参加科学院外文所主持的全国外国文学研究工作规划会议，今日可望结束，原来曾答应武汉《外国文学研究》编委会去参加他们的文艺理论会议（现定12月13日开），现因开过两星期颇紧张的会（当理论组的召集人），有些疲倦，决同北大同来者于8日乘飞机回京，和也参加这次会议的武汉代表周乐群同志商量，他已答应回武汉后发信邀请你去参加武汉的会议，必要时代表我宣读我的一篇论文（由他们打印），望你稍作准备，如得到邀请函电而且决定去，即写一信到北京通知我，匆匆。

潜
1978年12月6日

1979年（己未）82岁

1月8日，先生给朱陈信（《全集》未收），全文如下：

式粤如晤：

从广州回来，即应文化部要求替伊朗写一篇中国美学的文章，年假也没有休息，今天上午才交稿。所以早就收到你的信和关于文学史的资料到现在才能作复。

关于广州会议的资料只检出几份比较重要的寄给你，以备参考。你们的资料我还没来得及细看，所以不能提出什么意见。

关于拜伦，我这里有一部法国学者André Maurois写的两卷本传记，在英法都是驰名的，你如果要用，可以寄给你。他的诗集我早已送给一位朋友了。不过手头还一部Don Juan，是拜伦的最值得介绍的长篇讽刺诗，海涅的《一个冬天的童话》似受到Don Juan的影响，但规模不如拜伦写得那样宏大，你如果要，稍迟也可以检出寄来（此书没有找到）。

今年我应上海文艺书店之约，拟另写一部通俗的文笔较流利的《谈美》，从马克思主义来谈文艺理论中一些关键性的问题。还答应姜春芳为新成立的大百科全书编纂局写一些关于美学的专条，看形势一时还难得闲。

你们的规划草案我也看过，着重第三世界，颇具特色，但似不易落实。

一则如果找不到丰富的资料就很难下手,二则不掌握外文而且对原著下过踏实的研究,也写不出好书来。这也不只是你们的问题,而是全国规划的问题。希望你还是多做些资料翻译工作,让一般人有些好书读。

近写黑格尔美学译后记和关于上层建筑质疑一文,顺便寄你一看。

听到永清永平都考上大学,很欣慰,应督促他们养成健康的学习习惯。身体也要注意,但不要把体育作专业。

祝你们全家好!

潜

1979 年 1 月 8 日

1 月 15 日,《致阮延龄》信,信中称:"过去印的一些拙作,在打砸抢之中都已丧失。兹寄上近一年来写的三篇文章,请赐教。《论形象思维》一文已交《美学论丛》,由上海文艺出版社印行。今年接受的任务是仿照过去《谈美》的笔调,在学习马列主义的基础上另写一本《谈美》,就一些美学上关键问题谈点新的认识。"①

1 月 23 日,《致丁枫》信(《全集》未收),信中称:"你的计划切实可行,宜考虑如何配合四个现代化。近晤师大刘宁同志,他谈到这个问题亦说讨论得很热烈,有所谓科技专家与抒情诗人的矛盾的争论,他们正设法使美学为工业服务。你会俄文,何不搜集一些资料进行研究。这是个现实问题,不可不注意,我应上海文艺出版社特约,写一本新的《谈美》小册子,约八九万字,要求通俗流畅有趣,便于初学美学的青年。我正在筹划,出版时当寄你,请提意见。"

是月,(1)《建议成立全国性机构,解决学术名词译名统一问题》载《出版工作》第一期。这本是先生给商务印书馆外国哲学编辑室一位同志的信。《出版工作》拟以此为题发表。先生在该文中提出"适当的统一"译名,"意思就是说统一不是绝对的,要有一个适当的限度"。先生举《费尔巴哈和德国古典哲学的终结》中"终结"这个词究竟怎样译为例,先生写道:"德文原文是 ausgang,这个词有两个意义,一是'出路'或'结果',二是'终结'或'终点',英译本取第二义作 end,中译本也是如此。东德科学院由克拉彭巴哈(Ruth Klappenbach)主编的新《德语大词典》中 Ausgang 条下引了恩格斯的这部书名,把这个词解释为时间

---

① 《朱光潜全集》第 10 卷,合肥:安徽教育出版社 1993 年版,第 452 页。

上的一个'段落'(Abschnit)。此外我还看到斯屈柔克(Dirk J.struik)替纽约国际出版局1964年新出版的马克思的《经济学—哲学手稿》英译文所写的长篇序言,提到恩格斯的上述著作时,却把Ausgang解释为'出路'或'结果'的意思,足见这个词在西方各国马克思主义者中间也不一致,我疑心Ausgang译为'终结'似不妥,因为马克思的唯物辩证法和唯物史观正是在批判继承黑格尔和费尔巴哈的基础上建立起来的,而恩格斯的全文最后一句话是很明确的:'德国的工人运动是德国古典哲学的继承者',怎么能说德国古典哲学到马克思时代便已'终结'了呢?"①

△(2)译著《美学》(第二卷)与《美学》(第一卷)([德]黑格尔著)由商务印书馆出版。

2月15日,先生给长子朱陈信(《全集》未收),全文如下:

式粤如晤:

　　托人带来的酒茶烟,均已收到。这些东西在北京都可买到,以后不必寄了,我一直在忙,《西方美学史》新版校样已来,接着就要校黑格尔《美学》译文第3卷。这次外文所和大百科全书编纂处共同在上海召开的会议,我原已请假不出席,冯至同志坚持要我去,只好到月底和他一阵去。会所在衡山饭馆。我打算至多住5天就回京。

　　排版的文稿寄你一阅,来不及改错字。

祝你们全家安好!

潜
1979年2月15日

2月22日,《致沈昌文》信(《全集》未收):

昌文同志:

　　来信和惠寄书刊都已收到,谢谢!

　　我今年八十二岁,年老体弱而杂事又多,不能多讲话,连指导研究生也只布置学习任务,不上课。每日上午都到北大西门内民主楼西语系204室

---

① 《朱光潜全集》第10卷,合肥:安徽教育出版社1993年版,第450-451页。

办公。如有事接洽,请先期打电话和西语系办公室约好时间。

月内即赴上海参加外文所召开的三套丛书①会议,到3月5日后才可回京。

匆复,即致

敬礼!

朱光潜
1979 年 2 月 22 日

是月,《上层建筑和意识形态之间关系的质疑》发表于《华中师院学报》第一期。先生在文中反对在上层建筑和意识形态之间划等号,或以意识形态代替上层建筑。其用义是很深的,说白了,就是学术和政治之间也应有适当的"距离"。

3月7日,给丁枫信(《全集》未收),全文如下:

丁枫同志:

最近我又到上海陆续参加大百科全书,外文联三套丛书和《世界文学》的规划会议,昨日才提前飞回北京,才看到你的来信。近来会太多,《谈美》的写作不免受到影响,但争取今年内完成。你说"当前最迫切的事情是赶紧把功课拣起,不能再浪费时间",这个决心是完全正确的。北京外援太多,现在交通方便,在长春还是可以同外地常通声气。

附寄近作两文的打印本,请你和韩凉同志提意见。匆复。

即颂,

时祝!

光潜
1979 年 3 月 7 日

3月15日,先生给弟弟朱光泽写信,信中称:"光澄从解放后即无音信,希望和平统一早日成功,全家可以团圆。"

---

① "三套丛书"即 1958 年起由中宣部计划,中国科学院文学所主持编选的外国古典文学名著丛书、外国古典文艺理论丛书和马克思主义文艺理论丛书,先生为编委之一。"文革"期间该项目中断,1978 年又恢复出版,前两套分别改为外国文学名著丛书和外国文艺理论丛书。

是日,中国社会科学院院长胡乔木聘请先生为该院外国文学研究所学术委员会委员(图10-3)。

 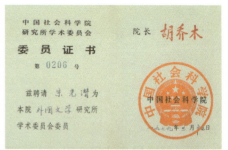

图10-3　1979年3月15日,中国社科院外国文学研究所学术委员会给先生颁发的委员证书。

是月,《关于人性、人道主义、人情味和共同美问题》载《文艺研究》第三期。

4月10日,北京大学聘请先生为北京大学学术委员会委员(图10-4)。

4月21日,先生给长子朱陈信(《全集》未收),全文如下:

式粤:

　　来信和论文早已收到。我入春以来,杂扰甚多,总是忙得不停,论文还未来及细读,初步只提两点意见:

　　1.原题较妥,附题《世界上最伟大的君主主义的政治思想家》,要证明这点,须拿孔子和西方一些著名的政治思想家作一较切实的比较,否则就是一顶空帽子,谈到继承问题,须结合实际社会政治形势,不然势必落到"抽象继承"。

　　2.作为论文,用不着那样长,把主要论点说清楚就行了。现在印刷紧张,人人

图10-4　1979年4月10日,北京大学给先生颁发的北京大学学术委员会委员聘书。

都极忙,难得碰到有闲空的耐心的读者。作为专书又当别论。但也以抓住重点,单刀直入,有可靠史实佐证为上。

　　6月间政协和文联要相继开会,大概又要忙一阵子,朱光由甘肃调到合肥科学院,你们会谈过没有?

匆祝

你们全家安好!

潜
1979 年 4 月 21 日

5月5日,中国社会科学院外国文学研究所所长冯至聘请先生为中国社会科学院外国文学研究所兼任研究员(图10-5)。

5月14日,《致罗新璋》信(《全集》未收):

新璋同志:

得五月十二日赐信,欣悉您在译《愁斯丹和伊瑟》。我在法国当学生时读到此书,很爱好,就信手把它译出来,虽由开明出版,并未引起注意。手头上仅存一本样本也已在"文革"中被人抄家抄去了。我本是三套丛书的一名编委,在上海开规划会议时我注意到此书已列入规划,但未提我曾译过此书,因为我有很多的工作待做,找不出时间和精力来改译。现在您既另有译本,千万不要废弃。如果您认为拙译尚有可取之处,可任意采取或修改,作为合译或在序文中提一句就行了。我希望此书可以成为一个青年人和一个老年人合作的纪念碑……此复。

　　顺颂

时祺

朱光潜
1979 年 5 月 14 日

图10-5　1979年5月5日,中国社科院外国文学研究所给先生颁发的兼任研究员聘书。

5月23日,《致蒋路》信,信中称:"柏拉图《文艺对话集》的'译后记'似可不改,只是读者来信指出第十一页有句话译错了,应改正。"①

---

① 《朱光潜全集》第10卷,合肥:安徽教育出版社1993年版,第453页。

6月3日,《致温小钰》信①,信中称:"关于共同美问题,过去《人民文学》发表过何其芳同志回忆毛主席关于这个问题的谈话②,可查看一下。我个人是赞成对文艺美不同的民族、不同的阶级在不同的时代可能引起同情共鸣的,否则我们今天就不能欣赏古典作品了。"③

是日,《致绿原》信(《全集》未收):

绿原同志:

　　承寄赐《光明日报》的评论文,谢谢！评论文写得很好。一直在猜测刘半九④同志为何人。他对文艺理论很有根底,说的不是外行话,而且说的很得体,在目前一般评论中不多得。

　　您有意就莱辛、歌德和海涅的三本书写一篇综合评论,盼以先读为快。针对我国情况来说,从现实出发,就具体问题进行具体研究,不搞概念化、公式化,这几本书对我们都很有裨益。海涅与马克思的关系当然宜提一提,不知尊意以为何如？

　　六月中我要陆续参加两个会,其他工作只好暂停一停了。

　　顺致

敬礼！

朱光潜
1979年6月3日

6月15日—7月2日,中国人民政治协商会议第五届全国委员会第二次会议在京召开。先生参加了会议,在会上遇见了老友沈从文和徐中舒。会上还遇见福建委员林碧英女士,和林碧英女士谈话中得知在港大读书的老友朱铁苍还健在,甚为欣慰！

是月,《西方美学史》(上卷)由人民文学出版社再版。先生在《再版序论》中对美学史的研究方法和美学理论中的重要问题提出了新的见解。对《初版序

---

① 1979年5月,中央民族学院等十四所院校编写《文学理论基础》,温小钰代表编写组向先生请教,得此回信。参见《朱光潜全集》第10卷,合肥:安徽教育出版社1993年版,第454页。

② 指何其芳发表在1977年第9期《人民文学》上的遗作《毛泽东之歌》。

③ 《朱光潜全集》第10卷,合肥:安徽教育出版社1993年版,第454页。

④ 绿原时为人民文学出版社编辑,用笔名刘半九在1979年5月29日《光明日报》第4版发表《一本反映歌德精神面貌的书——评介〈歌德谈话录〉》一文。

论》作了扩充,如在《再版序论》里提出上层建筑与意识形态的关系等一些有关历史唯物主义的基本理论问题。

7月6日,《致黄沫、牛汉①》信(《全集》未收):

黄沫、牛汀两同志:

  昨从参加外文所在上海召开的规划会议回京,拆读来信,承嘱《新文学史料》写回忆,一时很难应命。一则我手头待做的工作太多,年老力衰,不能写回忆之类文章;二则我实在没有什么值得回忆的,过去出过一本《我与文学及其他》小册子,要说的话在那里都说了,不愿再说重复话了。尚望鉴(见)谅这种苦衷!

  顺致

敬礼!

朱光潜
1979年7月6日

收到叶圣陶7月8日给先生的信,信中称商金林到他处带去先生大著,说自己"以目俱衰,不能少受进益,深愧故人矣。尊况时有所闻,知办公不懈,信步如常,即此实为大幸运,慕之怀之"。

7月10日,《致朱铁苍》信,信中称:"去冬高觉敷来京,曾到寒斋见访,他尚无衰老相,依旧健谈。我辈在香港时上山散步,形影不离,同学中有'三圣'之称,人妖肆虐时都遭到打击,但都活过八十高龄,亦足自慰。"②

7月14日,《致章道衡》信,信中称:"拙况如常,惟行动已觉艰难,健忘异常,用脑不能集中,尚勉强带两名研究生③,偶应邀写点美学小文。惟乐观依旧,尚可告慰。经常颂渊明'纵浪大化中,不喜亦不惧,应尽便须尽,无复独多虑!'以为座右铭,亦愿以此奉赠。"④

7月26日,先生给长子朱陈信(《全集》未收),全文如下:

---

① 1978年人民文学出版社创办《新文学史料》季刊,黄沫为编辑组长,后由牛汉(即牛汀)接任。
② 《朱光潜全集》第10卷,合肥:安徽教育出版社1993年版,第455页。
③ 两名研究生为韩邦凯、凌继尧。
④ 《朱光潜全集》第10卷,合肥:安徽教育出版社1993年版,第456页。

式粤：

  我近来仍一直在写信《谈美》，因交稿期日益迫近，天气闷热，只好做做歇歇。

  美学史上卷已出版，黑格尔《美学》一、二两卷久已出，寄你一看，外赠耕莘同志美学史一册。

潜
1979 年 7 月 26 日

是月，《从具体的现实生活出发还是从抽象概念出发》载《学术月刊》第七期。

8 月 12 日，《给丁枫》信（《全集》未收），信中称："情感在文艺中的作用是个已经歪曲的重大问题，在这方面多下些功夫……也可以突破美学中一个难关，趁此可以学习一下近代心理学。目前，真正妨碍美学进展的还是从事理论工作的人对马克思主义学得差，许多笑话都是由此引起的。""《谈美》已写了十篇，大概还要写五篇。其中第五篇已在七月份《学术月刊》发表。第一篇题为'冲破美学中一些禁区'，谈的正是人性论、人道主义、人情味、共同美感与阶级观点、英雄人物、写小人物之类问题，不久可在文化部文学研究院办的《文艺到九卅》刊物上发表，便中望一看，并提意见，寄赠附版《西方美学史》上卷一册，下卷次年初出版，匆颂时祝！"

是日，《致沈昌文》信（《全集》未收）：

沈昌文同志：

  来信和《译讯》①两份都收到，谢谢！

  近来杂扰甚多，没有时间写文稿，关于翻译虽然有些问题，也来不及整理。春夏间学习马克思的《经济学—哲学手稿》，发现旧译艰晦，也有些误译，曾试译出其中关键性的"异化的劳动"和"私有制和共产主义"两章。附注中对旧译提了一些意见，已作为新写的"谈美"书简的附录，寄给上海文艺出版社，大约要到两月后才能寄还我。如果对此书感兴趣，秋凉后再约时间一谈何如？

---

① 《译讯》为 1978 年沈昌文担任人民出版社翻译编辑室负责人后创办的内部刊物。

匆复,即致

敬礼!

朱光潜
1979年8月12日

是月,(1)译著《拉奥孔》([德]莱辛著)由人民文学出版社出版。

△(2)《对当前教育改革的一些想法》载《人民教育》第八期。先生和外孙(姚昕、姚明)住一起(图10-6),常看家里世嘉对孩子们督促过紧,有感现在中小学课务太繁重。写道:"现代许多学校,尤其是小学,课程排得过分繁重,把上下午都塞满。回家后还要带回大量家庭作业……考试频繁,造成学生负担过重。大学里也有这种情形。"①

图10-6 先生与外孙姚昕(右一)、姚明(左一)于燕南园门口合影。后排左一为奚今吾,右一为朱世嘉。

9月,为庆祝中华人民共和国成立三十周年,北大工会燕园书画会举办燕园书法绘画篆刻展览。先生参观展览后,给此次展览会负责人陈玉龙题《参观北大书画展览志喜》诗一首(《全集》未收):

琳琅满目诗书画,庆祝新华三十周。

---

① 《朱光潜全集》第10卷,合肥:安徽教育出版社1993年版,第459页。

行看大鸟重天翼,扇起东风拂九州。

朱光潜
时年八十有二

先生收到 9 月 10 日曹禺的来信(图 10-7),信中表示感谢先生所赠《西方美学史》和《歌德谈话录》大作,同时寄给先生《曹禺选集》一册,请先生教正。

图 10-7　1979 年 9 月 10 日,曹禺写给先生的信。

9 月 20 日,《致陈望衡》信,信中称:"我研究美学主要是解放前的事,无论从质看还是从量看,解放前的著作都较重要。这当然是个人敝帚自珍的看法。"①

9 月 29 日,《致白夜②》信(《全集》未收),信中写道:"承赐信约谈报纸与美学问题……不过八日我要参加民主党派的会议……两会期间不知能否抽暇会谈,请承电话一问。应文艺出版社写一本《谈美》小册子,限十月内交稿,看来要到十一月中才可稍闲了。"

图 10-8　先生在阅读报刊(1979 年 9 月,邓伟摄于北大先生寓所内。)

---

① 《朱光潜全集》第 10 卷,合肥:安徽教育出版社 1993 年版,第 461 页。
②　白夜时为《新闻战线》杂志编辑。

10月5日,《致蒋孔阳》信,信中称:"这些年来我没有读到美学方面的新书,但一直在钻研马克思主义经典著作,因此认识到当时参加讨论者(包括我自己)大半没有掌握马克思主义,特别是对美学极为重要的1844年的《经济学—哲学手稿》。"最近"写了三篇短文介绍马克思主义的美学基本观点,可以代表我近来有所改变的美学观点。主客观统一的观点仍坚持不变,不过所举的理由较过去较清楚,较充足。"①

10月29日,《致程代熙》信,信中称:"意大利汉学院沙巴蒂尼教授评《文艺心理学》一文是认真下过功夫的②,观点微有不同,原是意中事,寄上请审阅,听凭您处理。"

是月,《谈语文基本功》载《未名湖》第一期。

10月30日—11月16日,先生出席中国文学艺术工作者第四次全国代表大会(图10-9),住在校尉胡同总参第四招待所北楼636室,住宿条件不佳。会议期间,从赵家璧处得知邦尼·麦克杜哥博士(Dr. Bonnie S. McDougall,中文名杜博妮——编者)写的长篇论文《从倾斜的塔上瞭望:朱光潜论十九世纪二十至三十年代的美学和社会背景》。此文1976年收入瑞典斯德哥尔摩大学出版社出版的《中国近代文学及其社会背景》一书中。该书由周海婴从瑞典带回,收藏在上海鲁迅纪念馆。后先生请赵家璧借出复印,由外文出版社申奥翻译,译文载《新文学史料》1981年第3期。

图10-9 先生的中国文学艺术工作者第四次全国代表大会代表证(1979年10月29日签发)

11月5日,《致绿原》信(《全集》未收):

绿原同志:

得复示,知道回的信有着落,为慰!

---

① 《朱光潜全集》第10卷,合肥:安徽教育出版社1993年版,第466—467页。
② 指意大利汉学家马利奥·沙巴蒂尼(Mario Sabatini)评先生《文艺心理学》的长篇英文论文,题为《朱光潜的〈文艺心理学〉中的"克罗齐主义"》,1981年第3期《读书》以《外国学者论朱光潜与克罗齐美学》为题发表了该文的部分章节译文(申奥摘译)。

《拉奥孔》得出版①,您的编校工作起了很大的作用,应特别道谢。分配给我的八十份已分送完了,能否再用自费增购十几册?因为文代会后,相识的朋友还有来函索阅的。人文社出的书我没有送过编辑部同志,因为原以为编辑者对所编校的书理应各有一册。最近××同志也向我索取《西方美学史》,我才知道编辑者并不一定得到所编辑的书。我希望增购的册数中分送几位主要编辑(陈、蒋和程,包括您自己)以及法文方面的夏玟同志。

　　来示提到人文社有意将克罗齐的《美学原理》再版,我当然欢迎。不拟修订,但感到原书《历史》部分颇有用,最好能觅人译出,同《原理》部分合出较好。如暂不译印《历史》部分,我原来写过一部两三万字的《克罗齐哲学述评》小册子,如果能印在《原理》后面,也有助于读者的理解。请和编辑部负责同志商量一下。《述评》手头原有一册,还没有找出。

　　匆致
　　敬礼!

朱光潜
1979 年 11 月 5 日

　　11 月 18 日,《致程代熙》信,信中称:"《文艺心理学》旧存的一册,即寄供参考,并望早日寄还,因为上海和湖南都要替我出一个选集,决定选目时要用。此书香港和台湾都翻印过,我没有见到,听说删去了朱自清先生的序文,正文也略有删改。"②

　　11 月 24 日,《致陈望衡》信,信中称:"第一,搞美学必须先弄通马克思主义,马克思一向认为艺术是一种生产劳动,首先要从实践观点出发,而我们过去大半都只从认识观点出发……第二,开始写论美学问题的文章,宜选现实生活中某一个有关美学的具体问题深入地思考,自己有了把握之后才动手去写,写时要着眼使读者不但能懂,而且感到心悦诚服。"③

　　11 月 26 日,《致许渊冲》信,信中称:"最坏的还是官方译本(指《毛主席诗

---

① 1965 年,人民文学出版社将先生译稿《拉奥孔》交绿原审读并提出修改意见,这些意见绝大部分被先生采纳,但因"文革"搁置出版,1977 年《拉奥孔》再度列入出版计划,仍由绿原任责编,1979 年 8 月正式出版。
② 《朱光潜全集》第 10 卷,合肥:安徽教育出版社 1993 年版,第 469 页。
③ 《朱光潜全集》第 10 卷,合肥:安徽教育出版社 1993 年版,第 470 页。

词》英译本——编者)。来示所标出的意美音美和形美确实是做诗和译诗所应遵循的,以外语译中诗最难掌握的似仍在音,如原诗用格律,译文亦用格律当然较妥,但音亦不仅在格律,而且意形音三者不可偏废,还要结成融贯的统一体,严氏信达雅的标准仍较周全,三者都要涉及意形音。"①

11月30日,《致傅汉斯、张充和》信(《全集》未收),全文如下:

傅汉斯、张充和贤伉俪:

　　承赐信和托书店寄来的《中国诗歌三千年》都早已收到,因为从十月起就在整天开会(民主党派会和文代会)。任务很多,几乎找不到'浮生半日闲'。从来信中知道近况佳快,都在做有意义的工作,孩子也渐长大了,受到很好的教育,甚为欣慰!

　　我今年已八十三岁了,虽无大病,但身体衰弱,特别健忘,工作效率也特低。今年写了一本七万字的《谈美书简》,用通俗语言谈一些美学问题(像解放前的写的《谈美》),但用的是新观点,将来出版时必寄上求教。

　　我的老伴有心肌梗塞病,但还不严重。世嘉和他的丈夫去年从哈尔滨工大调到北大物理系,有两个上小学的男孩,和我们住在一起,生活方面有些照顾。世乐在北京医学院第一附属医院做研究肾炎的工作,她前年结了婚,丈夫在冶金部研究院工作,逢星期天都来我家休息。总之,生活还过得愉快。

　　现在交通方便,希望您两位和孩子常回北京来。字画又盛行了,充和回来一定不感到寂寞。展览会经常开。文艺界还有不少的老朋友。旅游事业在发展,物质生活也会渐渐改进。常碰见从文,他仍健旺,孜孜不辍地做他的工艺品研究。

　　我英文久不用,用外文写信不大自在了,所以索性用中文写,好在你们两位都精通中文,不会见怪。

　　附寄拙著《西方美学史》两卷,请指教。

　　并祝

节喜!

朱光潜谨启
今吾附笔问候
1979年11月30日

---

① 《朱光潜全集》第10卷,合肥:安徽教育出版社1993年版,第472页。

图 10-10　先生夫妇与亲友合影。左二为长女朱世嘉，1978 年由哈工大调入北大，任物理系教授；左四脱帽、头发遮住前额者为长女婿姚秀琛，1978 年由哈工大调入北大，任物理系教授；右二为次女朱世乐，北大化学系毕业，北大第一临床医院教授；右四为外孙姚昕（朱世嘉、姚秀琛之子，另一子为姚明）。

是月，(1) 先生收到钱锺书信函（图 10-11），信中感谢先生惠寄《拉奥孔》译著，称是"斋心籀绎之《拉奥孔》"。钱锺书表示他从编委会获赠该书，当然"公题记之本愈可珍贵"。

△(2) 译著《美学》（第三卷·上册）（[德]黑格尔著）由商务印书馆出版。

△(3)《西方美学史》（下卷）由人民文学出版社再版。

△(4)《形象思维：从认识和实践的角度来看》发表于《美学》第一期。

△(5) 英国老维克剧团来华演出，先生邀请了一位来华讲学的澳籍华人女学者看戏，在陪者还有廖可兑。戏结束三人招呼出租车

图 10-11　1979 年 11 月，钱锺书给先生的信。

返回，结果出租调度人员和司机不论先来后到，硬只送几个外国留学生，把先生晒在一旁。华人女学者和公司调度人员力争先送先生回去，未果。后来这位女

学者给《人民日报》写了一篇文章,写道:"恕我直言,在我认识的芸芸外国学者中,对美学造诣之深,著述之多,超过朱光潜先生的似乎还没一个"。先生看到这篇文章,连连说:"没有必要这样做嘛!"

冬,先生给湖南人民出版社即将出版的《朱光潜美学文学论文选集》写编后记。其中说:"北京师大中文系钟敬文同志和南京大学中文系程千帆同志都劝我将《诗论》再版,再版暂不可能,所以多选载了一些。"

12月5日,《致陈望衡》信,信中称:"《经济学—哲学手稿》极重要,原译文很差,我曾改译了其中关键性的两章:《异化的劳动》和《私有制与共产主义》,并写了长文把这部书和《资本论》中的'论劳动'以及恩格斯的《从猿到人》串通了谈美学的实践观点。"又说:"我现在正在为'选集'①选目重阅《文艺心理学》和《诗论》,从其中选些章节并略加删改。你社还不见有正式信来,对于'选集'的篇幅、内容和删改均望详示社里的意见。明年一到,我就要做其它工作,没有时间搞选集了。"②

是月,(1)先生收到凌叔华于12月7日从苏格兰寄来的信(图10-12):

孟实:

　　已经卅多年不见面了,这次听小莹说居然同王安世去拜兄贤伉俪,远道闻之。十分忻然。其实一九六〇年我到北京,也曾想见你们,不幸那时你们不能见客,我只好留下一些吃用东西以表怀念而已!现在听说你的书重新出版,而且十分畅销,这是喜事,可见中国读书人仍十分认真也!听说你们的小女儿且已生了孩子了,你们俩口子近年健康如何?至以为念。现在著作有无新的问世?念念。我寄居异国整卅年了,幸好尚未被狂风暴雨摧毁,但人生苦味已备尝,不必说苦海了。幸而我天生喜好不能变更的艺术,故还能自得其乐,有时写写画画,当可自娱!外章打油诗二首(图10-13,实为三首——编者),乞指正专候双安

叔华上

夫人均此致意

十二月七日

---

① 指由湖南人民出版社拟将出版的《朱光潜美学文学论文选集》。
② 《朱光潜全集》第10卷,合肥:安徽教育出版社1993年版,第473页。

图 10-12　1979 年 12 月 7 日,凌叔华给先生的信。　　图 10-13　1979 年 12 月 7 日,凌叔华给先生信后的附诗。

(一)无题诗
西山古寺坐谈诗,梦①里重游只自知。
如此风光归不得,年年几度费寻思。
(二)
重重新绿漾湖光,幽径行行草木香。
便作江南山水看,梦回依旧是他乡。
(三)
笛声吹梦艳阳天,苏门重行只怅然。
记得沧浪寄上语,只羡鸳鸯不羡仙。
寄呈
孟实贤梁孟指正

叔华

冬日,1979

△(2)先生《致刘麟②》信(《全集》未收),信中写道:"百科全书是文化方面的创举,也是大事,我虽年老,亦当效涓埃之助。我赞成哲学部分和文学部分都有美学选目,不过自己过去注意的偏在哲学方面,关于哲学部分的美学选目,我

---

① 原稿"梦"后面多写了一个"里"字。
② 刘麟时任《中国大百科全书》外国文学卷编辑。

愿意参加讨论,提出意见。关于文学部分的选目,就我所知道的,德国方面可请冯至同志主持,杨业治同志协助。"

12月20日,《致李良玉①》信(《全集》未收):

李良玉同志:
　　《经济学—哲学手稿》确实是研究马克思主义美学的重要文献,但原译文很差,我相信您还不可能准确地全面地掌握它,你可以把它作为长期奋斗的目标。
　　我写过一文介绍,已交哲学所美学组,明年或可出版,所以现在就不详谈了。
　　我年老体弱事又多,终日应接不暇,对来信通常无法作复。
　　此致
敬礼!

朱光潜
1979年12月20日

12月20日,《致刘丕坤》信(《全集》未收):

刘丕坤同志:
　　承寄示《经济学—哲学手稿》译文②,稍迟当抽暇细读,先写此信道谢。
　　我只试译过"异化的劳动"和"共产主义与私有制"两章,另写一文介绍。原稿已交科学院哲学所美学组,如果那边发表,将来当寄奉求教。
　　匆致
敬礼!

朱光潜
1979年12月20日

是日,《致李良玉》信(《全集》未收),信中先生希望这位来自辽宁锦州的美

---

① 李良玉时任辽宁锦州中学教师。
② 刘丕坤译《马克思1844年经济学—哲学手稿》于1979年6月由人民出版社出版。

学爱好者能把学习马克思《1844年经济学—哲学手稿》"作为长期奋斗的目标"。

1980年(庚申)83岁

1月,《美学》发表于《百科知识》第一期。

1月12日,《致陈望衡》信,信中称:"您的边读边写的计划很好,不过对马恩经典著作宜集中精力打歼灭战,每种最好能细读几遍,要彻底,不要贪多,同时也要有必要休养和身体锻炼。"①

1月24日,《致王元化》信(《全集》未收),全文如下:

元化同志:

图10-14　1980年元旦,先生为翻译维柯的《新科学》在西语系资料室查找资料(邓伟摄)。

　　近得来信知已回上海,并对拙文所提政治上层建筑与意识形态上层建筑的分别和关系的看法表示同意。这其实就是政治与学术的分别和关系问题。看到一些'商榷',准备到一定阶段再作答复。我对《文心雕龙》虽读过,但未认真研究,有意待抽得出空闲时再据范注和尊注仔细读一读,如有所得,当再奉告请教。

　　兹有"文革"前北大哲学系同学曹天宇同志研究黑格尔和马克思早年著作颇有心得,后受"四人帮"残酷迫害,劳动改造多年,最近才得平反,惟尚未安排工作,特介绍他造访您一谈,此是有用之材,请斟酌大百科全书编纂处是否可以安插。我写此信,是为国家事业和培养人才着想,并不是要徇私情,望不见怪。

---

① 《朱光潜全集》第10卷,合肥:安徽教育出版社1993年版,第485页。

专颂春节佳快

并询嫂夫人安好！

朱光潜
1980 年 1 月 24 日

是月，(1)先生于 1979 年写的《缅怀丰子恺老友》载《艺术世界》第一期。先生写道："我常用'清''和'两个字来概括子恺的人品，但是他胸有城府，'和而不流'。他经常在欣然微笑，无论是对知心的朋友，对幼小的儿女，还是对自己的漫画和木刻，他老是那样浑然本色，无爱无嗔，既好静而又好动，没有一点世故气。"又写道："我先从子恺的人品谈起，因为他的画品就是他的人品的表现。一个人须是一个艺术家才能创造出真正的艺术作品。子恺从顶至踵，浑身都是个艺术家。他的胸襟，他的言论笑貌，待人接物，无一不是艺术的，无一不是至爱深情的流露。他的漫画可分两类，一类是拈取前人诗词名句为题，例如《月上柳梢头，人约黄昏后》《指冷玉笙寒》《黄蜂频扑秋千索，有当时纤手香凝》之类；另一类是现实中有风趣的人物的剪影，例如《花生米不满足》《病车》《苏州人》之类。前一类不但有诗意而且有现实感，人是现代人，服装是现代的服装，情调也还是现代的情调；后一类不但直接来自现实生活，而且也有诗意和谐趣。两类画都是从纷纭世态中挑出人所熟知而却不注意的一鳞一爪，经过他一点染，便显出微妙隽永，令人一见不忘。他的这种画风可以说是现实主义和浪漫主义的妥帖结合"。①

先生知人论世，留下了对丰子恺人品画品的经典论述，只是先生少有对丰子恺其他文论评价的文字，这不能不说是个遗憾。

△(2)《谈一词多义的误译》载《翻译通讯》第一期。先生就一些翻译界对一词多义的误译进行指正。如："马克思经常拿 theory（认识）和 practice（实践）对举。一般地说，遇到这两个词对举时都只宜译为'认识与实践'，不宜译成'理论与实践'。"②又举例："有些人甚至把费尔巴哈和车尔尼雪夫斯基的'人类原则'（anthropological principle）也叫作'人本主义'。如此等类的情况还有待彻底澄清。总

---

① 《朱光潜全集》第 10 卷，合肥：安徽教育出版社 1993 年版，第 475-476 页。
② 《朱光潜全集》第 10 卷，合肥：安徽教育出版社 1993 年版，第 479 页。

的来说,一般只用'人道主义'为妥,不要随便用'人文主义'或'人本主义'。"①

2月9日,《致陈望衡》信,信中称:"书名我无成见,就叫做朱光潜'文学和美学论文选集'何如? 如嫌太长,就用'论著选集'亦可,请您全权决定。"又称:"蔡文②写得很糟。他没有懂透马克思主义,只任意漫骂,我不想反驳,因为摘译《经济学—哲学手稿》两章的注释和介绍文在第二期《美学》里发表,就是有些分量的反驳。"还写道:"近来看到周海婴同志从瑞典带回存在上海鲁迅博物馆的一本《近代中国文学及其社会背景》,其中有一篇长达四十印刷页长文评介我的美学思想,资料很翔实,批评也很尖锐,我正写一篇读后感,趁便答复一些评语,将来拟交《读书》发表。此外,去夏意大利汉学院一位教授也寄来他写的《朱光潜的〈文艺心理学〉中的"克罗齐主义"》一篇论文,我打算也写一篇读后记,是否同时发表还未定,将来再寄上请教。"③

是日,奚今吾给朱陈信,信中称:"春节前你的父亲参加了七八次迎春茶会,这几天客人来的很多,大家感到有些疲倦。"

2月25日,《致陈望衡》信,信中称:"蔡文④我已看到,殊令人失望,要害在咒骂马克思主义的实践观点,他根本没有懂《费尔巴哈论纲》《经济学—哲学手稿》《政治经济学批判》导言和叙论、《资本论》卷一第五部分论'劳动过程'段,乃至恩格斯的《从猿到人》,仿佛实践观点是苏修和我国资产阶级知识分子捏造出来贩卖唯心主义美的鬼话。他似乎还停留在五十年代美学辩论时期的水平。我不想写文章来和他辩论,只正面阐述马克思主义的实践观点,不久哲学所的《美学》丛刊中将发表我的《经济学—哲学手稿》的改译和评介文。"又写道:"我今后不招研究生,精力不够了。今年拟译维柯的《新科学》,也不写应酬文了。"⑤

2月27日,《致郝铭鉴》信,信中写道:"二月二十二日手教已收到,首先应感谢你校阅拙稿的谨严态度,因此避免了两大错误⑥。"

是月,收到刘白羽2月28日寄出的信(图10-15),信里称是在301医院给

---

① 《朱光潜全集》第10卷,合肥:安徽教育出版社1993年版,第481页。
② 指蔡仪的论文。
③ 《朱光潜全集》第10卷,合肥:安徽教育出版社1993年版,第486-487页。
④ 指蔡仪的论文。
⑤ 《朱光潜全集》第10卷,合肥:安徽教育出版社1993年版,第488页。
⑥ 先生说的"两大错误",一是指《谈美书简》里把一段俄文资料说成是出自《神圣家族》;另一是把英国的美学家考德威尔误写成"伊肖伍德"。

先生回信的,刘白羽对先生黑格尔《美学》"译后记"大加赞誉,称:"译后记很难得,这样一部巨著,以短短篇幅,清晰而又完整地概括全貌,且深入浅出地阐述了《美学》,令人不至于面对这部出名难读的书而望洋兴叹,大有益处,我读了很受教育。"

图 10-15　1980 年 2 月 28 日,刘白羽给先生的回信。

3 月,《形象思维在文艺中的作用和思想性》发表于《中国社会科学》第二期。

3 月 8 日上午,中国社会科学院哲学所郑涌拜访先生,先生和郑涌谈到他早年思想渊源,承认其中既有叔本华、尼采、克罗齐的东西,也有儒家、道家的东西,这些东西混杂在一起。还谈到有人说先生和郭沫若较早主张文艺独立自主,但后来两人分道扬镳了。先生回答很简略:"这说得也对"。

图 10-16　20 世纪 80 年代,先生(中)和学生邓伟(右)在燕南园门口合影。

4 月 19 日—21 日,先生参加了《文艺研究》《文学评论》和《文艺报》在前海西街恭王府文化部艺术研究院召开的继承和发展马列主义文艺理论座谈会。参会的还有贺敬之、陈荒煤、冯牧、吴江、王朝闻、王瑶、吴泰昌等。会中先生约吴泰昌看完法国电影后去“逛逛大观园”，散步中，先生和吴泰昌提到自己《谈美书简》快写完了。

4月23日，《致宋铁铮》信，信中称：“商务印书馆转来手教，承指出拙译《美学》第三册三四七页注(1)不妥，将来再版时当设法删改。”①

4月，《山花》登先生《题子苾夫人〈涉江诗、词稿〉遗著，寄慰千帆》诗②(图10-17，《全集》未收)，全文如下：

易安而后见斯人，骨秀神清自不群。身遭离乱多忧患，古今一例以诗鸣。

独爱长篇题早早，深衷浅语见童心。谁言旧瓶忌新酒，此论未公吾不凭。

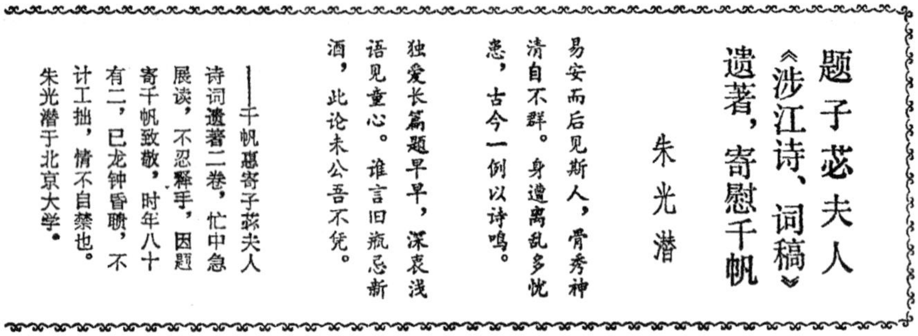
题子苾夫人《涉江诗、词稿》遗著，寄慰千帆

朱光潜

易安而后见斯人，骨秀神清自不群。身遭离乱多忧患，古今一例以诗鸣。独爱长篇题早早，深衷浅语见童心。谁言旧瓶忌新酒，此论未公吾不凭。

——千帆惠寄子苾夫人诗词遗著二卷，忙中急展读，不忍释手，因题寄千帆致敬，时年八十有二，已龙钟昏聩，不计工拙，情不自禁也。

朱光潜于北京大学。

图10-17 《题子苾夫人〈涉江诗、词稿〉遗著，寄慰千帆》

先生又作注：

千帆惠寄子苾夫人诗词遗著二卷，忙中急展读，不忍释手，因题寄千帆致敬，时年八十有二，已龙钟昏聩，不计工拙，情不自禁也。

朱光潜于北京大学

① 《朱光潜全集》第10卷，合肥：安徽教育出版社1993年版，第490页。

② 子苾即程千帆夫人沈祖棻，先生在此诗中称自己“时年八十有二”，故此诗应该是1979年所作。此诗详见《山花》，1980年第4期，第53页。

5月,《我攻美学的一点经验教训》载《文汇增刊》第4期。

5月15日,中国大百科全书出版社聘请先生为《中国大百科全书》《外国文学卷》编辑委员会委员(图10-18)。

图10-18　1980年5月15日,中国大百科全书出版社给先生颁发的《外国文学卷》编辑委员会委员聘书。

是月,《从沈从文先生的人格看他的文艺风格》载《花城》第五期。这是一篇《花城》的约稿。先生写道:"谈到从文的文章风格,那也可能受到他爱好民间手工艺那种审美敏感影响,特别在描绘细腻而深刻方面,《翠翠》可以为例。这部中篇小说是在世界范围里已受到热烈欢迎的一部作品,它表现出受过长期压迫而又富于幻想和敏感的少数民族在心坎里那一股沉忧隐痛,《翠翠》似显出从文自己的这方面的性格。他是一位好社交的热情人,可是在深心里却是一个孤独者。他不仅唱出了少数民族心声,也唱出了旧一代知识分子的心声,这就是他的深刻处。"①

先生5月底即到昆明。

6月4日,先生参加了在昆明召开的中华全国美学学会第一次会议,当选为中国美学学会第一届会长(图10-19)。

---

① 《朱光潜全集》第10卷,合肥:安徽教育出版社1993年版,第492页。

图10-19　1980年6月8日,第一次全国美学会议全体代表合影,先生(前排右七)在会上当选为中国美学学会会长。

这次会议具有重要学术意义,处在学风受到"文革"影响下如何将其扳正过来的紧要关头,先生在会上有针对性地发表了看法(《全集》未收),摘要如下:

> 关于美学讨论曾掀起过高潮,这点不要低估,这是第一点。第二点,我个人那时才认识到研究马克思主义的重要性,感觉到搞这个搞那个,首先要花点时间切实地认真地把马克思主义掌握。我指导的研究生①(图10-20),两个人都是北大毕业的,两个人底子都很好,外文基本上过了关。我对他们的安排和北大的一般对待研究生的办法不一致,我不同意开很多门课,把时间填得满满的,我想研究生都是三十四十几岁的人,就读那几本讲义有多大好处呢?我想训练专门科研人员,需要养成研究的习惯、研究的方法和研究的态度,要培养独立工作的能力,要训练独立思考。我让他们选课,首先选外文,懂英文的学德文,懂俄文的学英文,外语学得都不坏。真正认真研究外国资料最好外语要过关,我们要学好外语。现在不是闭关

---

① 指韩邦凯、凌继尧。

自守的时代,是要睁开眼睛看世界的时代。在家里抱着薄薄的小册子,搞来搞去搞不出什么名堂,应该多研究外国现代美学上的动态。外国的美学论著大部分没有翻译过来。不自己去看怎么行呢?凡是有力量能做到的都应该把外语学好。

图10-20 1979年,先生指导他的最后两名研究生韩邦凯和凌继尧。

美学现在主要有两个方面要注意,一是培养新生力量的问题;二是资料问题。最好能懂一种外语,是大有帮助的。我近来看到一篇美学论文,说马克思关于黄金白银具有 aesthetic attribute 那段,就足以证明美是一种客观存在的自然属性。在同一篇文章中对 aesthetic attribute 一词意有三种译法:美学属性、美的属性和审美的属性,这三种意思不能混同。这样的例子可能很多,外文没过关,要出问题,要出大错误。我在别的文章中也举过例子。

我对研究生要求读外文,我不讲课,我和他们一起研究马恩著作的译文。例如《费尔巴哈论纲》《经济学—哲学手稿》《从猿到人》。《资本论》第一卷里论'劳动过程'的部分,两个研究生我叫他们看一遍、两遍、三遍,要反复搞那两页三页书,要搞透。要养成认真研究的习惯,一个字不能苟且的习惯。对美学要进行扎实的研究,就要养成这个习惯①。

---

① 朱光潜:《朱光潜同志在全国美学会议开幕式上的发言》,载《中华美学学会第一次全国美学会议简报》,1980年,第7-8页。

6月18日,《致阮延龄》信,信中称:"尊著《美学随笔》,时有特见,文笔也别具风格。"又称:"我拟把前后各篇放在一起投给《美学》。我不是编辑,但我在社会科学院兼任评议委员,我的推荐,编辑(李泽厚同志)会重视。"①

6月28日,《致程代熙》信,信中称:"我到昆明参加了美学会议,游览了久已想望的石林、滇池、龙门和大观楼、筇竹寺等胜境。"(图10-21)"上次您社女同志替香港整理的录音谈话的稿子也已看过,略提一些小意见寄给她了。"②"到昆明之前已将维柯的《新科学》译了七八万字,拟秋凉时续译,谢绝一切应酬文,争取明年秋天脱稿。我的研究生韩邦凯译克罗齐的《美学纲要》已过半,秋凉时我打算校阅一下,提提修改意见,他准备明年春夏间交稿。知蒙关注,特奉闻。"③

图10-21 1980年6月,先生在昆明参加美学会议期间游览滇池(左一为中华美学学会顾问杨辛,右一为上海人民出版社编辑朱一智)。

是月,《题沈祖棻遗著〈涉江诗词稿〉》载《读书》第六期。先生这首题诗有一个题解,称"时年八十有二"。故这首诗的写作年份应该是1979年。

7月1日,《致程代熙》信,信中称:"《关于费尔巴哈的提纲》由人民社交给您的想是前年的旧稿,我已把它忘记了,今年我又对这个重要文件下了一番工夫,不但提了较详细的意见,而且重新试译过,稿子由吉林《社会科学战线》取去,听说今年第三期可出来。"④

7月6日,《致郭因》信,信中称:看了郭因著作《艺廊思絮》,"觉得对艺术有亲切感受,无时下教条公式习气,清新可喜"。⑤

---

① 《朱光潜全集》第10卷,合肥:安徽教育出版社1993年版,第493页。
② 香港刊物《开卷》拟发一篇专访先生的文章,委托程代熙协助完成。这篇专访题为《朱光潜教授谈美学》(署名冬晓)。参见《开卷》,1980年第4期,第2-8页。
③ 《朱光潜全集》第10卷,合肥:安徽教育出版社1993年版,第494页。
④ 《朱光潜全集》第10卷,合肥:安徽教育出版社1993年版,第495页。
⑤ 《郭因美学选集》第二卷,合肥:黄山书社2015年版,第378页。

7月10日,《致王世仁》信(《全集》未收),信中称:"承指出拙译黑格尔美学中建筑部分译词有几处不妥,已记录下俩,俟再版时斟酌修改。"

是月,(1)《马克思的〈经济学—哲学手稿〉中的美学问题》和译作《经济学—哲学手稿》(节译)([德]马克思著)发表于《美学》第二期。

△(2)《对〈关于费尔巴哈的提纲〉译文的商榷》发表于《社会科学战线》第三期。

8月17日,《致阮延龄》信,信中称:"我在昆明美学会之后又赴杭州莫干山参加了《大百科全书》编委会(图10-22),最近才回京。""在杭州时晤浙江省文联负责人黄源同志(他是我在立达学园任教时的学生,关系甚好),我已把我和你的来往向他细谈过,他已记录下来。您愿不愿参加省文联?我想既然从事文艺理论,参加文联组织较好。因为有较多的朋友互相切磋。"①

图10-22 1980年夏,先生在杭州莫干山参加《大百科全书》编委会会议期间游览剑池。

8月20日,《致何新》信(《全集》未收):

何新同志:

> 承示大著《关于"辩证法"与"形而上学"的本来涵义及其演变》②,已拜读。这个问题过去确有些混乱的看法,您的纠正基本正确。实际人类思维很早就有朴素的辩证法,甚至在有逻辑思维之前,在有文字语言之前,人们已有矛盾对立的看法,我国的阴阳说可以为证。"形而上学"原义确为"在物理学之后",指总括万事万物的哲学,"玄学"或"思辨哲学",本无贬义。

---

① 《朱光潜全集》第10卷,合肥:安徽教育出版社1993年版,第496页。
② 指何新《关于"辩证法"与"形而上学"的本来涵义及其演变——兼对新版〈辞海〉中这两个条目的一些补正》一文,此文后刊于1980年第4期《学术研究》。

至于把它和经院派哲学混同起来,乃是后来的事。尊论极是,这种考订工作是很重要的,还可以进行进一步的研究。

匆颂

为学日益!

朱光潜
1980 年 8 月 20 日

8月21日,《致鲁枢元》信(《全集》未收):

枢元同志:

尊文最近才抽暇读过,见出读书很细心,唯思想仍有些概念化,可留作近一步钻研的基础。拙作《谈美书简》不久可出版,届时当寄赠一册请教。

匆致

敬礼!

朱光潜
1980 年 8 月 21 日

是日,《致涂武生》信(《全集》未收):

武生同志:

从昆明返京后我又到杭州莫干山参加了十天《大百科全书》编委会议,赐信稽复为歉!

照片(图10-23)不坏,他人也有寄来的,并不比您照得好,当留作游石林的纪念,特致谢!

《美学论丛》第二册出版后当细读,《美学》第二期付印将近一年了,也还没有出版,印刷之落后,令人嗟叹。其中拙文《经济学——哲学手稿》中两段的摘译和注释

图 10-23 1980 年 6 月,先生在昆明参加美学会议期间游览石林(左一为涂武生)。

以及长篇评述,这涉及美学上一些主要问题,特别是人道主义、人性论、美感,等等。最近出版《社会科学战线》中有拙文对《费尔巴哈论纲》译文的商榷,也与这些问题有关,得便希过目一下并赐教。今年还有几次会要参加,弄得疲敝(惫)不堪。

匆匆,即致

敬礼!

朱光潜

1980年8月21日

8月26日,《致程代熙》信,信中称:"积压的工作很多,现动手替《大百科全书》写'维柯'条和'克罗齐'条,赶着趁交稿的最后限期打印出,准备十一月份外国文学会议上讨论审定,所以天津会议不可能前去参加。人道、人性论之类我发表过的论文已不止一篇了,目前还想不出有什么新的见解可提供讨论,请您便中向主持者道歉。"①

是月,《谈美书简》由上海文艺出版社出版。后来该书被教育部推荐为中学生课外读物中的一部。这是先生在八十二岁高龄下写就的"暮年心血"之作。该书是以书信体写的。如果说1932年出版的《谈美》是继《给青年的十二封信》之后的"第十三封信"的话,那么,这本《谈美书简》的确可以视作给青年读者的"第十四封信"。它不是一般的高头讲章,仍然承续了先生一贯的自然流畅、寓深刻道理于浅显文字的语言风格。全书由十三封信组成,对当时一般青年所关心的美和美感、美的规律、美的范畴、创作方法等一系列美学问题作了探讨。诚然,《谈美书简》的写作正值"文革"结束后的拨乱反正时期,先生的许多文章针对性非常强,既有对当时敏感文艺理论问题的回答;也有对自己漫长美学思想演化进程的回顾和升华。先生1983年3月赴香港讲学时在一次访谈中的一段话很可以说明《谈美书简》写作的宗旨:

"五十年代的美学辩论是在当时三派美学家之中进行的。(一)机械唯物论,(二)纯粹唯心论和我所代表的主客观辩证统一论之间进行的,长达二三十年之久,涉及面广到专家学者和一些青年学生乃至工人无所不包,我是以孑然一身和左右两方面的论敌单枪匹马作战的。基本问题不外三种:①美是纯主观

---

① 《朱光潜全集》第10卷,合肥:安徽教育出版社1993年版,第497页。

的;②美是纯客观的,还是纯主观的;③美不是纯主观的,也不是纯客观的,而是主客观的辩证统一,我坚持这种看法,因为美离不开审美的人,因为文艺反映的是自然,而自然不仅包括客观世界,也包括人。当时攻击我的都说我反对马克思主义,因此我晚年认真研究了马克思主义,仔细按马克思经典著作原文,发现译文有严重的错误,加上受到斯大林时代在日丹诺夫影响下对马克思主义的歪曲,因而单纯的客观反映论取得唯物独尊的地位,我根据《费尔巴哈论纲》、《资本论》和《巴黎手稿》以及恩格斯的《从猿到人》等马克思主义经典著作,证明了马克思主义不但不否定人的主观因素,而且以人道主义为最高理想,自然科学和社会科学终于要统一成为'人学',因此我力阐片面反映论,强调实践论,高呼要冲破人性论、人道主义、人情味、共同美感之类禁区。我高兴地向香港朋友们说,我的斗争已日渐赢得多数论者的同情,我对主客观统一的观点不但没有修改,而且日益加强了。"①

当然,这部《谈美书简》没有像先生少年时写《谈美》发表后所引起的反响那样大,但毕竟也还是产生了些影响。郝铭鉴在1981年2月7日的《文艺报》上发表了《云中谁寄锦书回——读朱光潜〈谈美书简〉》一文,并且编辑将这篇文章作为"新作短评"栏目的首篇,其余两篇的评论对象是蒋孔阳的《德国古典美学》和艾青的《诗论》。郭因也在1982年第一期的《江淮论坛》上发表了《从〈谈美〉到〈谈美书简〉——试论朱光潜美学思想的变与不变》一文。

不过,先生自己也和许多好友谈到了他这本书的不足。他曾和吴泰昌说过,五十年前他写《给青年的十二封信》和《谈美》时,手很顺,可以说是一气呵成。而如今写《谈美书简》,问题可能思考得要成熟些,但文章的气势远不如从前了。

张隆溪曾说:"就拿《谈美》和《谈美书简》的文字来比较,记得朱师母曾私下对我说,《谈美书简》大不如年轻时写的《谈美》那样明快清新,我心里也有同样的感觉。究其原因,恐怕并不是作者年龄上的差异,而是因为《谈美》比后来的《谈美书简》涉及更多具体的文艺鉴赏问题,有更多取自日常经验和具体文学作品的例子,使人觉得入情合理的吧。"②

无论如何,不能低估先生自己所言《谈美书简》的"思想成熟性"这句话。因为,恰恰是在这本小册子里,先生反复强调马克思主义美学是有自己的体系

---

① 《朱光潜全集》第10卷,合肥:安徽教育出版社1993年版,第648-649页。
② 张隆溪:《探求美而完善的精神——怀念朱光潜先生》,载《朱光潜纪念集》,合肥:安徽教育出版社1987年版,第186-187页。

的,而且它的体系"比过往任何美学大师所构成任何体系都要更宏大、更完整,而且有更结实的物质基础和历史发展线索"。这个估价仍然是我们今天在马克思主义美学基本原则指导下进行美学研究所应该有的立场。因此,从这个意义上讲,我们对先生这部著作的研究还不够充分。

夏,在《美学拾穗集》"缘起"中说:"目前已开始译维柯的《新科学》,预计明年完成。"①

收到叶圣陶9月14日回信,表示愿将先生回忆立达学园的文章交与刊物登出,且"须择其影响较大者而付与之"。

9月17日,《致叶圣陶》信,信中称:"前日匆匆写了'回忆'②寄上,昨晤胡愈之,才谈起他也参加了立达的创办,而陈望道同志并不曾参加,由春晖转立达的还有刘薰宇同志,请便中更正为荷。"③

收到叶圣陶于9月20日寄出的信(图10-24),信中称其子叶至善帮查当时春晖风潮是在1927年"大革命"之前,还谈不上是"党化教育",应属军阀时代。再一个表示了他当时并未参与筹建立达学园的工作。

9月23日(中秋节),先生给长子朱陈信(《全集》未收),全文如下:

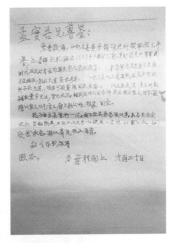

图10-24 1980年9月20日,叶圣陶给先生的信。

式粤如晤:

从去冬文代会以来我一直在忙开会,去过昆明,又去过莫干山,遇见黄源(河清,立达老同学),还问到你。

上次来信说永清孙女要书,兹检寄七册,《美学书简》出版后再寄。

记得你过去从我这里检去朱自清给我的信两封,我想拿去发表,作为一种文学史料。如果还在你处,望便中检出寄还我。

今年外文学会仍在杭州开,我颇劳累,不

---

① 实际上,先生在6月28日给程代熙的信中称已经翻译了维柯《新科学》七八万字,这里说"已开始译"可视为正式对外宣布,而给程代熙的信是私下交往的表述。
② "回忆"指《回忆上海立达学园和开明书店》这篇文章,后发表在1980年12月2日《解放日报》第4版上。
③ 《朱光潜全集》第10卷,合肥:安徽教育出版社1993年版,第503页。

预备参加了。

匆祝

你们全家大小安好！

潜

1980 中秋

是月,(1)《对〈马克思恩格斯论文学和艺术〉编译的意见》发表于《武汉大学学报》(哲学社会科学版)第五期。

△(2)《美学拾穗集》由百花文艺出版社出版。这是先生应百花文艺出版社之约,将其八十岁(1977 年)以后所写的论文、札记收辑为一本选集,由该社出版。选集以法国画家米勒的《拾穗者》为命名思路,题名为《美学拾穗集》,正式与读者见面在十月。该书收入先生文章共十一篇,内容涉及美学的基本原则及方法论问题;人性、人道主义、共同美、形象思维诸问题;还有对马克思主义美学的理解和评价问题。其中最值得重视的是阐述马克思、恩格斯有关原著基本精神的两篇:一篇是《马克思的〈经济学—哲学手稿〉中的美学问题》,一篇是《对〈关于费尔巴哈的提纲〉译文的商榷》。这两篇之后附有先生对《经济学—哲学手稿》部分章节的译文以及《关于费尔巴哈的提纲》(十一条)的全部译文。先生在深入研讨马克思原著基础上,引出了几个美学的基本论点:(1)艺术是一种生产实践(劳动);(2)人与自然和自然科学和社会科学统一于"人学";(3)人的有机整体(整全的人)向世界说话;(4)文艺具有社会目的及内在规律。先生指出,马克思主义实践观点改变了旧美学从认识论(直观)出发看问题的局限,标志着美学史上一次根本性的变革。

图 10-25　1980 年 9 月,先生与周培源合影。(邹士方摄)

10月11日,先生在全国高校美学教师进修班上作《怎样学美学》的讲话。先生根据对自己毕生研究美学经验的总结,以顺口溜(图10-26)的方式教导美学研究者应该如何着手:

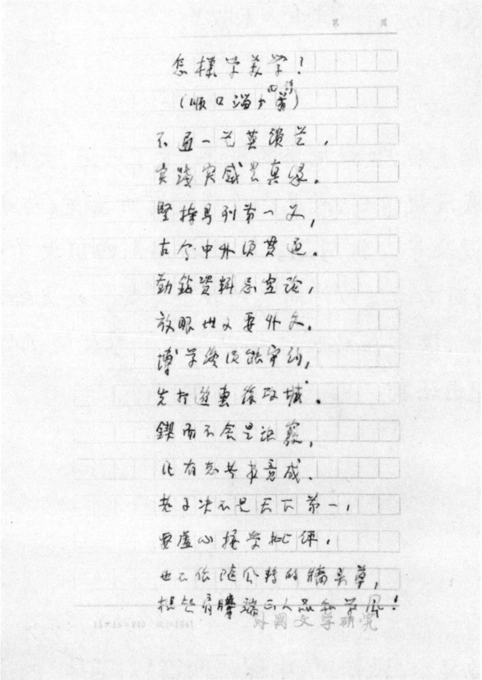
怎样学美学!
(顺口溜十四行)
不通一艺莫谈艺,
实践实感是真凭。
坚持马列第一义,
古今中外须贯通。
勤钻资料忌空论,
放眼世界要外文。
博学终须能守约,
先打游击后攻城。
锲而不舍是诀窍,
凡有志者事竟成。
老子决不是天下第一,
要虚心接受批评,
也不作随风转的墙头草,
挺起肩膀端正人品和学风!

图10-26 《怎样学美学》顺口溜

不通一艺莫谈艺,实践实感是真凭。
坚持马列第一义,古今中外须①贯通。
勤钻资料忌空论,放眼世界要②外文。
博学终须能守约,先打游击后攻城。
锲而不舍是诀窍,凡有志者事竟成。
老子决不是天下第一,要虚心接受③批评,
也不作随风转的墙头草,挺起肩膀,端正人品和学风!

---

① 《朱光潜全集》(安徽教育出版社版第10卷第504页,中华书局版第9卷第304页)原文是“要”。

② 《朱光潜全集》(安徽教育出版社版第10卷第504页,中华书局版第9卷第304页)原文是“需”。

③ 《朱光潜全集》(安徽教育出版社版第10卷第504页,中华书局版第9卷第304页)原文是“要虚心争鸣,接受批评”。

10月21日,《致陈望衡》信,信中称:"我仍极忙,会多杂扰多,本月上旬师大开办'美学进修班',我去讲了两点钟的话;目前要写两条《大百科全书》的题目,工作效率甚低。"

10月23日,《致白夜》信(《全集》未收):

费芑同志:

  今天上午您走后,我就把您的报导①看了一遍,大体甚好。不过有些小地方或是由于我没说清楚,或是由于您没有听清楚,与事实小有出入,已在稿上画了记号或改了。特别是在抗战初期到四川大学一年就掀起了易长风潮,因此周扬同志通过沙汀同志约我去延安。我交给您的《自传》说的是比较符合事实的,供您在修改过程中参考。尊稿随函寄还,《自传》和《开卷》望用完后即退还我。

  匆颂

时祺!

光潜
1980年10月23日

10月28日,《致吴泰昌》信,信中称:"两篇'对话体'的论文,本是《诗论》的一部分,因为与《诗论》体例不大合,所以在《诗论》正式出版时我把它删去了。"

11月12日,写《给安徽省美学会成立大会的贺信》。贺信中称:"为东南区美学界形成一种先锋力量,促进马克思主义美学研究的繁荣。"

11月30日,《致程代熙》信,信中称:"我目前校黑格尔《美学》卷三下册,送来的校样根本没有经过一二校,都要我从头校改起,我年老目花,工作效率极低,大约要校到年底。书局人手缺乏,我也不便提意见。"

12月2日,《回忆上海立达学园和开明书店》载《解放日报》。

12月7日,先生为由中国佛教图书文物馆在法源寺承办的弘一大师诞辰一百周年书画金石音乐展作《以出世的精神,做入世的事业——纪念弘一法师》一文②。

---

① 费芑即白夜,采访稿即发表于1980年6月14日第11期《新闻战线》上的《美学老人朱光潜》。
② 该文后载《弘一法师》,参见中国佛教图书文物馆:《弘一法师》,北京:文物出版社1984年版,第4-5页。

文中称:"我是丰子恺的好友,因而和弘一法师有一面之缘。""子恺转送给我不少的弘一法师练字的墨迹,其中有一幅是《大方广佛华严经》中的一段偈文,后来我任教北京大学时,萧斋斗室里悬挂的就是法师书写的这段偈文,一方面表示我对法师的景仰,同时也作为我的座右铭。""弘一法师逝世时神智很清楚,提笔在片纸上写'悲欣交集'四个字便转入涅槃了。我因此想到红尘中人看破红尘而达到'悲欣交集'即功德圆满,是弘一法师生平的三部曲。我也因此看到弘一法师虽是看破红尘,却绝对不是悲观厌世。""我自己在少年时代曾提出'以出世精神做入世事业'作为自己的人生理想,这个理想的形成当然不止一个原因,弘一法师替我写的《华严经》偈对我也是一种启发。"①

是月,(1)《朱光潜美学文学论文选集》由湖南人民出版社出版。这部书出版的意义在于:经过"文革",许多青年并不知晓先生在新中国成立前的许多著述,而这部选本中的文章基本上是从先生早期《文艺心理学》《谈美》《诗论》这样一些著作中节选的,而且是先生自己亲自草拟选定的。不过,当时先生手头没有留有自己在新中国成立前的作品《谈文学》,故所选材料不够全面。

△(2)先生撰文《自题〈谈美书简〉》:

谈美这块小苗圃,暮年心血的经营。
异时有幸重游目,是兰桂还是荆榛?
长江后浪推前浪,翻新自有后来人。

1980年,时年八十有四②

1981年(辛酉)84岁

1月4日,中国现代音乐之父萧友梅之子萧勤(台湾美术大师)到燕南园66号寓所拜访先生(图10-27)。

1月12日,《致程代熙》信,信中称:"近来天寒,我因不慎,伤风已数日,今日才觉得有些好转。现已立戒尽量少作应酬文字,专门从事翻译工作。维柯的《新科学》已草译过半,希望今年内完成初稿,以后还有大量的校改工作要做。"③

---

① 《朱光潜全集》第10卷,合肥:安徽教育出版社1993年版,第524-525页。
② 《朱光潜全集》第10卷,合肥:安徽教育出版社1993年版,第526页。该文后载于1982年1月《文艺新书》。
③ 《朱光潜全集》第10卷,合肥:安徽教育出版社1993年版,第527页。

图10-27　1981年1月4日,萧勤到寓所拜访先生。
照片背书"光潜先生请存念　后学萧勤敬赠"。

1月18日,《致中国作家协会文学讲习所》信(《全集》未收):

中国作协文讲所①:
　　十一月十日来函收到。
　　今春你所两位同志来邀赴你所谈话一次,当时我曾据年老衰弱实况告以无力演讲,但可参加座谈会,来就美学中一些关键性问题讨论。当时原想把重点摆在《费尔巴哈论纲》《巴黎手稿》《从猿到人》,《资本论》"论劳动过程"节着重讨论一下,来认识马克思主义对文艺的基本看法,用拙著《谈美书简》和《美学拾穗集》作为参考。
　　当时原约夏初来你所一次,嗣后而无所闻。现届严冬,我又要参加政协、民盟和文联的年会,看来春初的设想只好作罢了。老寒较前日益严重而杂扰又多,想蒙谅宥。请代向学员同志们请原谅,并祝贺他们在讲习中收获!
　　专致
　　敬礼!

朱光潜
1981年1月18日

---

① 即中国作家协会文学讲习所,1950年成立,1958年停办,1980年恢复办学,1984年改名鲁迅文学院。

1月、2月,《朱光潜教授谈美学》发表于《美育》第一、二期。此为先生1980年接受香港《开卷》杂志编辑冬晓访谈的记录,先在《开卷》上刊出。先生认为这篇访谈"大致翔实而且比较全面""在京反映很好"。

春节前,长子朱陈和侄子朱式蓉先后利用寒假来探望先生。先生很是高兴,期间抽空和儿、侄以及两个外孙一同游玩颐和园。

春节,《致程代熙》信,信中称:"顷已细度维柯的《新科学》,此书比黑格尔的《美学》还更难译,拟不再写零星文章,专心致志地做资料翻译工作。""读过瑞典汉学院的《近代中国文学及其社会背景》一篇详细评介我的美学观点的长文,名为《倾斜的塔上瞭望》,曾写了一篇读后记,约四千字,一则介绍该文大要,二则答复作者的批评,已借给外文所的李荒芜同志。读意大利汉学家评论文的札记,已寄给您了,请您同亦代同志商量,是否把两篇读后记合在一起,经过删改,交《读书》一次或两次发表,如果《读书》稿挤,我就交旁的刊物也行。"①

图10-28　1981年春,在未名湖畔长椅上沉思的先生。(邹士方摄)

图10-29　1981年春,先生与邹士方在北大未名湖畔。

---

① 《朱光潜全集》第10卷,合肥:安徽教育出版社1993年版,第544页。

2月15日,《关于马列原著译文问题的一封信》载《中国社会科学》第三期。文中提出翻译时应注意两个重要问题:一是"任何一篇文章或一个论点都不能就它本身孤立地看,要找到它的来龙去脉";二是"经典著作的各种译文不一定都很正确,本例俄、法、英译文都不很正确,应深入研究,作出自己的判断"。①

3月1日,《致程代熙》信(《全集》未收),信中称:"上海的选目务请抽点工夫审阅一下,他们早就属望于您的大力支持,请把意见直寄郝铭鉴同志。"又写道:"维柯的《新科学》已译出三分之二,争取今年译完,明年抄写和校改。都要靠我'自力更生'。"

3月6日,《致王世德》信(《全集》未收):

四川大学中文系高校美学分会王世德同志:

承寄示《美学通讯》,收到,谢谢!

您社在四川已在蓬勃发展,至为欣慰!嘱题字②当遵命,但久不用毛笔写字,请待解冻后再写另寄。我老衰昏聩,只能做些翻译资料工作,而杂扰甚多,既无力,也无暇写杂文,尚祈原谅。

在北师大美学讲训班讲稿已在上月中由山西人民出版社的《夜谈》索去登载,寄去时曾略加修校,因为录音记录有很多错误。我想您社就不必登载了。山西信寄上请过目。

匆匆即致

敬礼!

朱光潜

1981年3月6日

3月19日,《致阮延龄》信,信中称:"维柯的《新科学》已译出三分之二,看来今年很难完成初稿了,校改也还要有一年的功夫。"③

---

① 《朱光潜全集》第10卷,合肥:安徽教育出版社1993年版,第549页。
② 指先生为四川省美学学会、四川省社会科学研究丛刊编辑部编写的《大众美学》题签。该刊由四川省社会科学研究丛刊编辑部于1982年11月出版。
③ 《朱光潜全集》第10卷,合肥:安徽教育出版社1993年版,第553页。

3月24日,《致宛小平》①信(图10-30),全文如下:

小平孙:

你的两封信我都看过了,字写得很好,文章也通顺,读书认真用功,我看到很高兴。学哲学要懂得历史发展,也要有一点自然科学和社会科学的常识,要多掌握第一手资料(原著),不要在流行的教科书上浪费时间。为此一定要学好一种外文,看你的情况还是学英文好,在架上抽了几本哲学原著,其中休谟的选集启发性很强,英文也写得流利,你可自选几页仔细钻研。康德、黑格尔暂不必读,最好还是顺历史的次第,西方从柏拉图开始,可看我译的对话集选本。应该把读通马克思主义看作学哲学的基础,寄你一本我的《美学拾穗集》,望特别注意谈到马克思主义经典著作的部分。我年老体衰,杂扰又极多,几无一日闲,不能常写信多谈,望你在假期有便来京小住十几天,同时望你参加体育活动,保持健康!

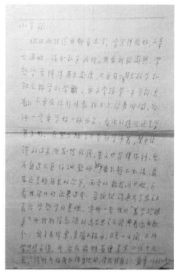

图10-30　1981年3月24日,先生给孙宛小平的信。

孟实
1981年3月24日

3月25日,先生给长子朱陈信(《全集》未收),全文如下:

式粤:

给小平写了一封信,寄了几本书给他转点。《美学拾穗集》索阅者很多,只能寄四本由你分发。

4月中旬我预备赴承德避暑山庄参加大百科全书委员会会议,至少要住十

---

① 《朱光潜全集》第10卷,合肥:安徽教育出版社1993年版,第577页。此信安徽教育出版社出版的《朱光潜全集》中给的日期是1981年9月24日,实为1981年3月24日。

天左右。

　　匆祝

　　你们全家安好！

潜
1981 年 3 月 25 日

收到 3 月 27 日钱锺书寄出的信（图 10-31），信中称："稗官一种春节前重印，已售罄在再版中。"（指钱锺书的《围城》的重印与再版——编者）并表示书出版后"敬呈"。

 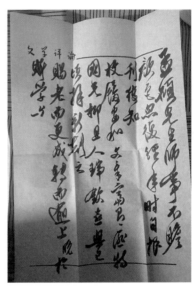

图 10-31　1981 年 3 月 27 日，钱锺书给先生的信。

3 月 28 日，《致陈望衡》信，信中称："我仍在续译维柯的《新科学》，拟应北大出版《国外文学》之约，先将《发现真正的荷马》（图 10-32）部分交去发表，因为这是'比较文学'先河和范例。此外一切索稿信都谢绝了。人民文学出版社和上海文艺出版社都在策划为我出多卷集，郝铭鉴同志来信要来面商。4 月 15 日左右我还要赴热河参加《大百科全书》编委会议，大约至少要花十天工夫。"①

---

① 《朱光潜全集》第 10 卷，合肥：安徽教育出版社 1993 年版，第 562 页。

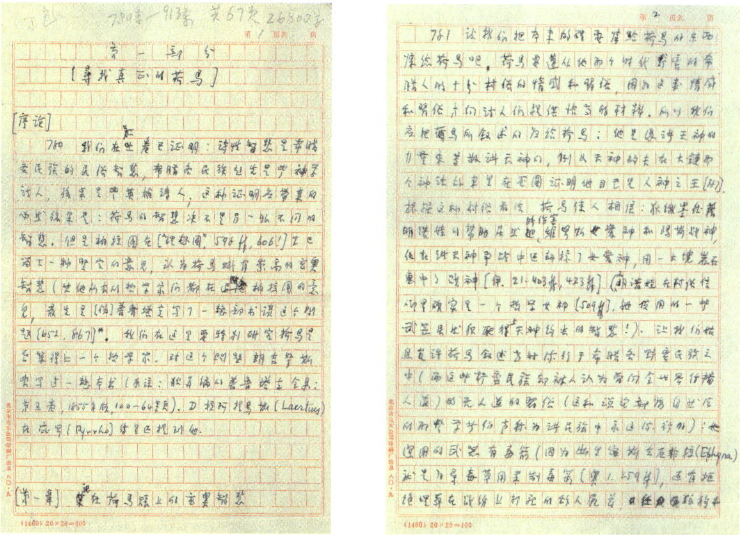

图 10-32 先生译著《新科学》第三卷第一部分《寻找真正的荷马》序论手稿

是月,(1)《〈外国学者论朱光潜与克罗齐美学〉按》①载《读书》第三期。先生写道:"沙巴蒂尼指出过,朱光潜在写《文艺心理学》时对克罗齐的知识还是片面的,在1936年翻译了克罗齐的《美学原理》之后,'对克罗齐的知识逐渐加深了',一些观点'澄清'了。但是不能认为他纠正某些错误解释后就更接近克罗齐了,而实际上他'背离克罗齐的美学是更显著了''他更自觉地摈弃了克罗齐的某些基本命题'。最后他还提到朱光潜在1958年写的《克罗齐的美学批判》(发表在《北京大学学报》,转载在《美学批判论文集》)中'推翻了克罗齐的美学理论',所以'并不是受政治上机会主义的驱遣,而无疑是基本上从他自己的美学主张中得出的结论'。"②

先生承认上述沙巴蒂尼的观点"是很公平的"。先生总结道:"总的来说,这篇论文是在掌握资料和认真研究的基础上写成的。从作者的'意大利唯心主义传统'的立场上看,这确实是一篇很有分量的论文。作者的'移花接木'的说法是正确的,道家的直觉和克罗齐的直觉不是一回事,克罗齐的哲学与近代根据

---

① 罗马出版的《东方和西方》(*East and West*)新论丛第二十卷(1970年)第一、二期发表了意大利汉学家马利奥·沙巴蒂尼(Mario Sabatini)的《朱光潜的〈文艺心理学〉中的"克罗齐主义"》一文,《读书》1981年第三期发表了该文部分章节的译文(申奥摘译),题为《外国学者论朱光潜与克罗齐美学》,这是先生为之加的"按语"。参见《朱光潜全集》第10卷,合肥:安徽教育出版社1993年版,第550页。

② 《朱光潜全集》第10卷,合肥:安徽教育出版社1993年版,第551-552页。

经验的心理学派的美学是水火不相容的。沙巴蒂尼在提出这些论点时都做得很出色。不过朱光潜把他的著作称为《文艺心理学》,就标明了他的出发点是经验科学的而不是思辨哲学的。他根本否定克罗齐的'直觉不是一个心理学范畴'的说法。他的目的并不是要建立一个以思辨哲学为基础的美学体系,而是想用通俗的方式介绍现代西方美学界的一些重要派别的思想,在中国美学界起一点'启蒙'作用。"①

△(2)《中国古代美学简介》载《中国古代美学艺术论文集》(上海古籍出版社1981年3月版)。先生写道:"西方从意大利维柯到克罗齐一派美学史家都认为语言文字本身就是艺术产品,所以美学和语言文字学分不开。这种看法从中国汉语文字的产生和演变可以获得充分的例证。汉朝文字学家许慎在《说文解字》的序言里,把汉语文字分为象形、形声、指事、会意、转注和假借六类,即所谓'六书',其中前四类都是形象思维的产品。"又写道:"离开具体的艺术作品而谈美学思想,不但会堕入抽象说教,而且也是一件极费力的事。""自有史以来,汉民族主要是一个农业民族,而且长期处在封建社会形态。无论研究中国文艺还是研究中国美学,都不能忘记这两大特点。例如自然作为文艺母题,在西方只有在近代浪漫(主义)运动起来以后才逐渐突出,而在中国却从魏晋时代起就一直是诗和画的主要描绘对象。"②

总之,先生在这篇文章里对怎样研究中国古代美学提出了许多非常有价值的观点。

春,出席人民文学出版社庆祝建社三十周年大会。会上,牛汉代表出版社表态,决定出一套多卷本《朱光潜美学译文集》,并正式告知先生,先生很高兴。

4月21日,《致吴泰昌》信(《全集》未收),信中称:"得来信知已平安返京甚慰! 23日或24日下午我当在家恭候,借谋倾听您这次在南方旅行的见闻,如果您的时间允许,可在敝寓小饮③,我已定于27日晨赴承德参加大百科全书编委会议,大约要到五月十日左右返京。"

---

① 《朱光潜全集》第10卷,合肥:安徽教育出版社1993年版,第552页。
② 《朱光潜全集》第10卷,合肥:安徽教育出版社1993年版,第554-556页。
③ 吴泰昌此时正负责由安徽人民出版社即将出版的《艺文杂谈》一书的编辑工作,先生约吴泰昌在寓所"小饮",边叙边谈该书编纂事宜。

图 10-33　1981 年,先生与学生吴泰昌在北大未名湖畔合影。

4月27日—5月10日,先生赴承德参加《大百科全书》编委会会议(图10-34)。

图 10-34　1981 年 4 月 27 日至 5 月 10 日,先生在承德避暑山庄参加《大百科全书》编委会会议期间与同仁合影(前排右一为季羡林、右四为先生、先生身后右手方为冯至)。

春,《关于我的〈美学文集〉的几点说明》①载《书林》第一期,先生写道:"作者本人出生在旧时代,是在新文化运动中成长起来的。在新旧交替中我走过曲折的道路,经过反复的冲突,才终于走上美学这条路。少时受过封建私塾教育,读过一些中国旧书,培养了爱好文学特别是诗词的趣味。长成后长期留学英、法和游历德、意诸国,接触到西方科学、哲学、文艺和历史,可是对与这几门学问都有密切关系的美学,虽然特别感到兴趣,却没有正式选过美学课,但读的书多半是美学方面的。我可以说是从心理学走向美学的,读的美学书大半同时涉及心理学。我很欣赏当时英国大学的老办法,重启发不重灌输,重写论文不重上课。一年中一般只上四到五个月的课,其余的时间都由学生自由处理。我因此养成了按这种老方式学习的习惯,边阅读,边思考,边写作,一年中总要写出十几万字。"②

先生还谈到杜博妮博士(Dr. Bonnie S. McDougall)评论先生美学的论文《从倾斜的塔上瞭望:朱光潜论十九世纪二十至三十年代的美学和社会背景》。先生写道:"'倾斜的塔'(即汉语中的'危巢')是英国著名的女小说家吴尔夫(Virginia Woolf)用来指第二次世界大战后三十年代大半属于英国'近代派'的一些中产阶级作家(包括吴尔夫自己在内)所处的局面。这批作家们'先感到不安,接着是自怜,再接着就对造成他们不安的那个社会感到愤恨',最后分成左右两派。杜博妮说我的情况与这批英国近代派作家相似,处于中间偏右。我觉得这是一种清醒的估计,值得引起我的反省和警惕。她的注解中还提到另几位作者评介过我的论著,可惜我都不曾见过。""杜博妮还转赠给我英国格拉斯哥大学拉菲尔教授(D. D. Raphael)写的《悲剧是非两面谈》(*Paradox of Tragedy*)一书,其中对我的《悲剧心理学》颇赞赏,也表示了不同的意见。"③

5月14日,给编《艺文杂谈》的责任编辑曾石铃写信,信中先生除表感谢之外,表示对丁聪画是信得过的,不必寄给他看。

5月19日,国际著名红学家和历史学家周策纵从美来华讲学,到先生寓所

---

① 这是由上海文艺出版社出版的五卷本《朱光潜美学文集》的《作者说明》,曾发表在1982年第1期《书林》上,题为《关于我的〈美学文集〉的几点说明》。参见《朱光潜全集》第10卷,合肥:安徽教育出版社1993年版,第563页。

② 《朱光潜全集》第10卷,合肥:安徽教育出版社1993年版,第564页。

③ 《朱光潜全集》第10卷,合肥:安徽教育出版社1993年版,第567—568页。先生在1981年春节给程代熙的信中称:"读过瑞典汉学院的《近代中国文学及其社会背景》一篇详细评介我的美学观点的长文,名为《倾斜的塔上瞭望》,曾写了一篇读后记,约四千字,一则介绍该文大要,二则答复作者的批评,已借给外文所的李荒芜同志。"(参见《朱光潜全集》第10卷,合肥:安徽教育出版社1993年版,第544页。)只可惜该读后记未见发表,故此处可略窥先生对这篇评介文的态度。

拜访(图10-35),并赠旧作一首(写在图10-35所示照片背面,见图10-36)请先生哂正:

江山不为诗人在,天地无诗何足存?一语英雄当失色,此情举酒待谁论。

图10-35　1981年5月19日,先生与著名红学家周策纵(右)在先生寓所院内。

图10-36　著名红学家周策纵于1981年5月19日赠与先生的旧作。

5月24日,先生和大女儿世嘉及两个外孙一早坐公交到香山,由中国社会科学院哲学所郑涌陪同登香山。那时"朱先生刚赶写完关于启蒙运动的百科条目"。一个"八十四岁老人上山,引起众多游人的注目和赞叹"。①

5月25日,先生给长子朱陈信(《全集》未收),全文如下:

式粤:

上月下旬我到承德避暑山庄参加中国大百科全书外国文学卷定稿会议,昨日应哲学所友人之邀赴香山一游,上山下山都须两个人左右提携,真是老态龙钟了,幸无大病。昨接小清来信说想和小平一阵来京一游,多年不见,我倒是想看看他们,北京暑天很燥热,不宜旅游,住处也有问题,学校要替我彻底整修一下燕南园住房,门不直通外面,墙壁都要修补粉刷,大约就在夏天动工,校工做事极慢,动不动就要花几个月,我暑假中也想出去休息一些日子,他们如决来,还是以冬天年假时为宜,望你转告他们,我替小平买了罗素的《西方哲学史》上下卷,我看了上卷,觉得罗素虽有些成见,却

---

① 郑涌:《夕阳无限好——悼念朱光潜先生》,载《朱光潜纪念集》,合肥:安徽教育出版社1987年版,第193-194页。

很能激发思考,我想把下卷看完后再寄给他。

祝

你们安好!

孟实

1981年5月25日

收到5月27日吕叔湘信函,信中称:"前以拙著小书呈教,施蒙惠赐论文选集与拾穗集,真可以说是投以木桃报之琼瑶了。"同时吕叔湘对湖南人民出版社出版的先生美学选集中的印刷编校错误进行了指正,希望再版时立个"勘误表"。

图10-37　1981年6月4日下午,毕克官到燕南园66号拜访先生,给先生看他的漫画《童心》。

6月4日下午,漫画及理论家毕克官到燕南园66号拜访先生(图10-37),先生称毕克官漫画《童心》有"人情味"。

6月10日,中国社会科学院研究生院院长周扬聘请先生为该院外国文学系英美文学专业一九八一年毕业研究生毕业论文答辩委员会委员(图10-38)。

图10-38　1981年6月10日,周扬给先生颁发的英美文学专业研究生毕业论文答辩委员会委员聘书。

6月12日,国务院学位委员会聘任先生为国务院学位委员会(哲学)学科评议组成员(图10-39)。

图10-39　1981年6月12日,国务院学位委员会给先生颁发的(哲学)学科评议组成员聘书。

6月25日,《我学美学的经历和一点经验教训》载《浙江日报》。文中写道:"我在做人和做学问方面都经常把姓朱的一位老祖宗朱熹的话悬为座右铭:'半亩方塘一鉴开,天光云影共徘徊,问渠那得清如许,为有源头活水来'。关键在这'源头活水',它就是生机的源泉,有了它就可以防环境污染,使头脑常醒和不断地更新,一句话,要'放眼世界',不断地吸收精神营养!"①

7月,译著《美学》(第三卷·下册)([德]黑格尔著)由商务印书馆出版。书后附有陈尘若、葛树先编写的《黑格尔生平和著作年表》。

8月14日,《致吴泰昌》信(《全集》未收),信中称:"暑假中我一直忙于开会,《艺文杂谈》校样,承您全部核校,当永铭感。改动或保留个别字句,当悉凭尊意决定,是否提前宣传,将序文在报刊上发表,也是如此。近日天气仍闷热,本月五日回校后即未外出,稍凉时仍续译校改维柯的《新科学》,大约要到明冬才可改定。年老记忆力特差,往往极普通的本国字都忘记怎样了,所以进度极慢。每天尚坚持散步运动,健康情况如常,当堪告慰。秋凉后如下乡到北大,希

---

① 《朱光潜全集》第10卷,合肥:安徽教育出版社1993年版,第575页。原载1981年6月25日《浙江日报》第4版。

过我小酌谋畅谈。"

夏,(1)孙子宛小平当时在大学学习,利用假期探望先生,并希望先生引荐贺麟,因为当时读《小逻辑》有若干不懂问题想请教贺麟,先生在书桌上的花名册中没有找到贺麟的联络方式,随后给孙子写了推荐求教张世英的信,之后又先后给孙子写了推荐去向熊伟(图10-40)、洪谦求教的信。

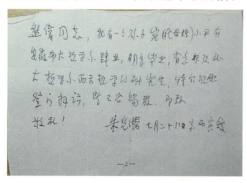

图10-40　先生为孙宛小平写给熊伟的推荐信

△(2)先生给铁苍老友写了一首诗请其哂正。其中有"一别半世纪,沧海已桑田"句。

△(3)偕夫人奚今吾一起到北戴河参加全国文联组织的一次休闲活动,先生不会游泳,但大胆地下海试了一下水(图10-41)。作诗一首《戏题泳装小照》①:

北戴河滨风正疾,
彼何人兮试海浴,
意气尚敢凌波涛,
形骸只剩皮包骨。

9月10日,《致吴泰昌》信(《全集》未收),信中写道:"昨日上午赴康德黑格尔纪念

图10-41　1981年夏,先生在北戴河试水。

---

① 《朱光潜全集》第10卷,合肥:安徽教育出版社1993年版,第617页。该诗收入安徽教育出版社出版的《朱光潜全集》时,时间信息所注有误,不是作于1982年夏,而是作于1981年夏。

会,下午吃不消,就回家了,看到来信,复数语:《自序》究哪家发刊,悉凭尊意决定。《文汇》本早已有往来,有京沪读者都可看到的好处。《随想录》已再校一遍。除了几个错排的地方,(上)文末可删去,因为本不必要。'薰烟鼓'是实验室一种小机器,试针在圆形薰烟小鼓上画脉搏运动的痕迹,是否有用纸的,我不知道。"又说:"现在仍续译维柯的《自传》,大约两三万字,不久即可付抄。接着就想将《新科学》的第一个草稿(图10-42)仔细校改一遍,设法解决原来搁下的一些疑难处,年老事多,工作效率极低,如明年能定稿,那就算是好事了。"

图10-42 先生译著《新科学》第二卷第五部分《诗性的政治》手稿第1-6页

9月24日,奚今吾给朱陈信,信中称:"今年北京很热,气温常在36℃上下,早晚也没凉意。你的父亲那时住在宾馆开会,那里设备极好。小平来北京时去宾馆找过爷爷,他说里面空气凉爽得很。你的父亲算是过了一个舒适的夏天。回家后,他仍忙得不停,看稿子,搞翻译(维柯的《自传》),有时连吃饭都得叫几次才肯下楼来。"

10月8日,《致蒋路》信,信中称:"近来在校改《新科学》初译稿,老昏效率极低,望于明年秋间校完,接着译克罗齐的《维柯评传》。"①

10月12日,写《读叶帅九点建议,寄语台湾阔别的亲友们》(《全集》未收),全文如下:

> 振奋人心大喜事,和平合作十垂成。
> 自古台湾属中国,今日形势更分明。
> 不变焉能应万变,中山垂训无此文。
> 鸟识迷途尚知返,南天何日盼归鸿?
>
> 朱光潜
时八十有五初度

10月18日,《致叶朗》信(《全集》未收):

叶朗同志:

　　您在《大学生》里写的大文我已读过。近两年来见到的评介我的论著的文章有十多篇,您的这篇是抓住要害,最中肯最得体的一篇。所以我读到特别钦佩和高兴,特写几句话向您表示感谢。

　　并致

敬礼!

朱光潜
1981年10月18日
时八十有五初度

10月22日,《致申奥》信(《全集》未收),信中称:"关于杜博妮博士经历的更正比较翔实,我赞成发表。② 我虽和她晤谈几次,没有敢问她的详细情况,所以注时有误,我下次见面时当向她道歉。"

---

① 《朱光潜全集》第10卷,合肥:安徽教育出版社1993年版,第578页。
② 申奥《关于〈从倾斜的塔上瞭望〉作者介绍的更正》刊于1982年第1期《新文学史料》。

图 10-43　先生在打自编的太极拳(邓伟摄于 1981 年 10 月)

11 月 1 日,《致郭因》信,信中称:"承惠示《人性的异化与知识分子的命运》大文,已抽暇拜读,甚佩用功日勤,收获不小。嘱提意见,觉得标题太大。仍以评论《儒林外史》为较通俗。'异化'是资本主义世界一条无所不包的客观规律,到处都安得上。你我都必然经过不同程度的异化。像原文标题,尊文未免'大题小做',如果不标明而于评论《儒林外史》暗寓异化的道理,那就是小题大做了。拙见如此,不知以为然否?"①

11 月 2 日,《致程代熙》信,信中称:"您和陕西人民出版社出版巴黎手稿的讨论专集,关系重大,我当竭力拥护,关于'本身固有的标准'记得曾作详注。现在我的寓所大翻修,已闹了一个月,听说还要十几天才完工,家里的书籍都堆得七零八乱,我在家里也无处可容身,很狼狈。今天下午就要进城参加政协、民盟和文联相继举行的年会,估计要两个星期。"②

11 月 9 日,《致吴泰昌》③信(《全集》未收),全文如下:

---

① 《郭因美学选集》第二卷,合肥:黄山书社 2015 年版,第 382 页。
② 《朱光潜全集》第 10 卷,合肥:安徽教育出版社 1993 年版,第 579 页。
③ 吴泰昌:《我认识的朱光潜》,上海:上海文艺出版社 2008 年版,第 94 页。

泰昌同志：

　　我的寓所正在大翻新中，全家八口都挤住在楼间半小房里，住于斯，做饭于斯，睡于斯，实在很狼狈，所以很久没有给您写信，昨日得表示，知你即赴上海，并说文艺报改刊可能稍闲一些。

　　《艺文杂谈》劳您一年搜寻杂稿和负责编辑工作，才可这么快就付印，实铭感无暨，已函告安徽人民出版社编辑曾石玲同志照例致酬，如果出版社无先例，那就由我负责寄酬，丁聪同志处也是如此。

　　现校改《新科学》译稿已过半，大约明春可付抄和付印。

　　允从回京后盼详谈。

　　匆致

　　敬礼！

朱光潜
1981 年 11 月 9 日

11 月 28 日—12 月 14 日，先生出席在北京召开的中国人民政治协商会议第五届全国委员会第四次会议（图 10-44）。

图 10-44　1981 年 11 月底至 12 月中旬，先生参加中国人民政治协商会议第五届全国委员会第四次会议的出席证和委员签到证。

　　秋，《致刘强》①信（《全集》未收），信中称："这篇论文在百忙中粗略地浏览一遍，觉得作者还能动脑筋，文字亦清通，只是所掌握的与美学相关的一些科学的知识还不够。作者所想解决的是个大问题，而美学和语言学关系的问题，近代历史学家如克罗齐及其先辈维柯都深入地研究过这个问题，甚至认为美学即语言学。在我国，过去语言学家们从中国象形文字特点对语言生长演变的研究

---

① 刘强时为安徽大学中文系学生，将一篇美学文章托人呈送先生求教。这是一封先生答复刘强的回信。

已成了为世界重视的语言学资料。这条路还值得大学中文系学者们向前走一步。建议作者把这个题目经常揣在心头。可先仔细研究许慎《说文解字》序关于六书的解释(可先看段玉裁的注释本),以及《诗大序》关于比兴赋的说明。这问题也涉及近来争论的形象思维和抽象思维的问题。目前已出的一些美学小册子系大半从概念出发,没有事实的根据,是误人的,可以不看。我现在译的维柯的《新科学》是这一问题的重要资料,将来出版后(大约要在三年以后)可注意。送作者一本《柏拉图文艺对话集》,可和《西方美学史》中有关的一章仔细研究一下,先认识原始资料的重要性,然后研究处理原始资料的方法,循序渐进下去,可望有独到的成就。"

12月26日晚,《致程代熙》信,在信末附言:"稍迟寄奉拙译黑格尔《美学》第三卷(上下册)四份,请转交绳武、蒋路、绿原各一份,您留一份。旧照片是1927年左右在巴黎照的。"①

是月,(1)《维柯的〈新科学〉简介》和译作《〈新科学〉第三卷·发现真正的荷马》([意]维柯著)发表于《国外文学》第四期。先生的《维柯的〈新科学〉简介》和他早年《西方美学史》里对维柯的看法相比有了变化:在《西方美学史》里先生还是把维柯看作有神论者,而在这篇文章中,先生提出疑问:维柯究竟是一个有神论者,还是无神论者呢?先生得出结论:"他实在是一个无神论者。承认宗教是人类社会发展的起源是承认他所强调的一个历史事实,并不等于他承认客观世界中确实有永恒存在的神在主宰一切。"②

△(2)《艺文杂谈》由安徽人民出版社出版。该文集搜集了先生过去发表的三十六篇文艺随笔、杂论。其中一篇《〈楚辞〉和游仙诗》原载《文学杂志》第3卷第4期。原题为《游仙诗》,先生将此文选入该文集时作了删节,改成现名。对于这个文集,先生在《〈艺文杂谈〉序言》中说:"这部选集忠实地记录了我在文学和美学方面摸索道路的过程,不但见出我的思想发展,而且也描绘出我这个人的性格面貌。"③

---

① 《朱光潜全集》第10卷,合肥:安徽教育出版社1993年版,第589页。
② 《朱光潜全集》第10卷,合肥:安徽教育出版社1993年版,第583页。
③ 《朱光潜全集》第10卷,合肥:安徽教育出版社1993年版,第603页。

1982年(壬戌)85岁

1月,《中国日报》记者黄桂昌到燕南园66号拜访先生。先生心里一直念着翻译维柯《新科学》,所以把桌子上的译稿给黄桂昌看,说道:"这是意大利维柯名著《新科学》,我刚翻译完,正在修改(图10-45)。它是十八世纪中叶第一部社会科学,主要讨论人类怎样从野蛮动物逐渐演变成为文明社会的人,涉及神话和宗教,家族和社会,阶级斗争观点、历史发展观点,美学与语言的一致性、形象思维先于抽象思维之类重要问题,全书约四十万字,修改后即出版。"

图10-45　先生在修改维柯《新科学》译稿

收到老友吕叔湘1月26日信函,称:"再承原贶①,且感且喜。披览有温故知新之乐,不仅插架可夸示宾朋也。"

2月6日,《致王天清》信,信中称:"我译的维柯的《新科学》初稿已完成,现在校改中,希望下半年可以交印(人文)。我据英译本,译本很粗心,文字不通处甚多,我对古代史和拉丁文毫无知,也增加了我的翻译工作的困难,译文错误一定很多,想通知人文社编辑部请您校改一遍,能俯允否?"②

2月11日,北京大学出版社聘请先生为该社文艺美学丛书编委会顾问(图10-46)。

是月,(1)《朱光潜美学文集》(第一卷)由上海文艺出版社出版。

---

① 这里的"原贶"恐是指先生敬赠给吕叔湘的《艺文杂谈》一书。
② 《朱光潜全集》第10卷,合肥:安徽教育出版社1993年版,第605页。

△(2)《关于我的〈美学文集〉的几点说明》发表于《书林》第一期。

收到时任《文艺报》主编罗荪3月5日来信,信中对先生敬赠《艺文杂谈》一书至为谢意,称"受益良多"。

3月10日,奚今吾给朱陈信,信中称:"台湾你二叔的小女儿颖立有信来,信是从香港托人代寄的。她说,你二叔已于1977年因病去世,二婶死得更早,1961年就死了。他的兄弟娣姐共四人,都有工作,生活很不错。"

3月12日,金耀基给先生信,全文如下:

图10-46 1982年2月11日,北京大学出版社给先生颁发的文艺美学丛书编委会顾问聘书。

光潜前辈先生:

　　日前去函专邀先生来香港中文大学新亚书院担任"钱宾四先生学术文化讲座"讲席,想邀俯悉矣。

　　关于讲学期间,如先生可以于今年九月中旬以后来港,亦极欢迎(九月中旬,学期开始)。总之,一切以先生之意愿与方便为主,耀基最近读到先生八十岁以后之论文集,十分敬佩,未知先生可否便中掷下一些关于先生个人学术行谊之文字(他人撰写者亦可),以便耀基撰写推介文时,不至有太多遗漏与误失也。

　　专此

　　敬颂!

后学金耀基谨上
一九八二年三月十二日

3月13日下午,吴泰昌去燕南园66号拜访先生,先生手拿叶圣陶的信高兴地说叶老要来作客,并呈叶老信给吴泰昌看,信中称:"孟实吾兄,我将偕泰昌、至善一道来玩。"先生让吴泰昌转告叶老,最好在4月15日至20日之间来作客,具体时间由叶老定。

3月14日,先生给孙子宛小平信(图10-47),全文如下:

小平孙如晤：

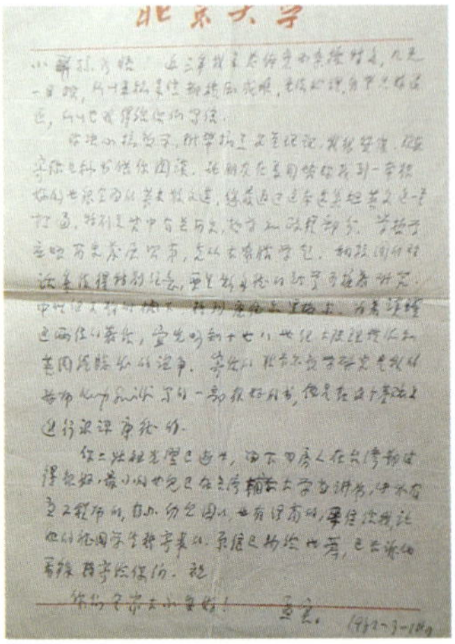

近三年我年老体衰而杂扰特多，几无一日暇，所以来稿来信都积压成堆，无法处理，有些只好退还，所以也难得给你们写信。

你决心搞哲学，附带搞点文艺理论，我很赞成，现在寄你几种书供你阅读，托朋友在美国替你找到一本很好的也很全面的英文散文选，你最好通过这本选集把英文这一关打通，特别是其中有关历史、哲学和政经部分。学哲学应顺历史发展次第，先从古希腊学起，柏拉图的对话集值得特别注意，亚里斯多德的《诗学》可接着研究，中世纪可暂时搁下，转到康德和黑格尔，为了读懂这两位的著作，宜先略知十七八世纪大陆理性派和英国经验派的论争，寄你的笛卡儿哲学研究是我的老师 Kamp Smith 写的一部很好的书，他是在这个基础上进行译评康德的。

你的叔祖光澄已逝世，留下四房人在台湾都过得很好，最小的女儿已在台湾辅仁大学当讲师，此外有当工程师的，有办幼儿园的，也有经商的，来信给我，托她的德国学生转寄来的，原信已抄给世蓉，已告诉他看后转寄给你们。

祝

你们全家大小安好！

孟实

1982 年 3 月 14 日①

图 10-47　1982 年 3 月 14 日，先生给孙宛小平的信。

3 月 20 日，《致陈望衡》信，信中称："编美学刊物既有成绩，即宜坚持下去，研究科学象做一切事一样，都是从无到有，稍有所得不能自满，暂时所得无多，亦不必灰心，在编辑工作中正好结合研究，但是力量宜放在要害处。"②

---

① 《朱光潜全集》第 10 卷，合肥：安徽教育出版社 1993 年版，第 607 页。
② 《朱光潜全集》第 10 卷，合肥：安徽教育出版社 1993 年版，第 606 页。

4月3日,《致程代熙》信,信中称:"承来书问及 complexes 一词原是 Freud 派《变态心理学》中的一个术语,他们认为一般儿子对母亲,女儿对父亲都有性爱,因受文化习俗的抵制,压到潜意识里去,但消灭不了,仍相机采取化装求得满足,这就是所谓'欲望的升华',最常见的是 Oedipus Complexes(子对父),'结'有脓胞的意思,积成结的主要是'情',但也有'意',是有碍精神健康的,所以拙著《变态心理学》中把它译为'情意结'不一定很妥当。……《新科学》译文已大致校改了一遍,正找人在分抄,抄后仍须校改一遍,本年内可交稿。这是一部天才著作,对历史学派和社会科学是开山祖,但文字很多艰晦拖沓处,译起来很费事,特别是因为我不懂拉丁文、罗马法和对古代史知识很不够,我译的书大概以这部《新科学》为最吃力了,希望将来人不断地校改。"①

是日,给吴泰昌去信(《全集》未收),信中称:"《新科学》译稿大致已校改一遍,仍不满意,想再校改一遍。""香港中文大学近发来讲座聘书,我尚未复,待上级斟酌决定,如决去,还要准备一篇论文,想以《从维柯的〈新科学〉看中国古代社会文化》为题,请你和范用同志便中代我考虑一下是否宜应聘以及如应聘宜讲些什么?"②

4月8日,《致程代熙》信,信中称:"约翰逊博士是十八世纪编印莎剧和编第一部英文字典的那一位新古典主义的代表③,不是和莎翁同时的那一位,国内过去介绍他的不少,似仍以用约翰逊博士为较通俗。琼生的名字是 Ben Jonson。"④

4月17日,《致刘麟》信(《全集》未收),信中称:"寄来《启蒙运动》一稿已校过。第一段'启蒙运动'一词法语 Lumière,这不是我的原文,从来也没有见过法国人称启蒙运动 Lumière,他们一般都用百科全书派(les Encyclopédistes)指启蒙运动,任何一部法国文学史都可以为证,我希望改为 Lumière 的同志告诉我他的根据。这里出现我们的编纂工作方面一个严重问题:写稿者和改稿者有时对所写的项目显出无知,就要闹笑话。其余几个条目的清样,我大半没有看过原条目(只看过张隆溪的《童话》一条),现在又未见原稿,所以无法校对,只能寄还,望原谅。"

---

① 《朱光潜全集》第10卷,合肥:安徽教育出版社1993年版,第608页。
② 吴泰昌:《我认识的朱光潜》,上海:上海文艺出版社2008年版,第50页。
③ 程代熙写信问及先生《悲剧心理学》书中所引约翰逊博士是何人,先生遂写此信答复。
④ 《朱光潜全集》第10卷,合肥:安徽教育出版社1993年版,第609页。

4月20日,《致孙子威》信(《全集》未收),信中称:"关于悲剧问题我用英文写的《悲剧心理学》论文已由友人译出,北京人文社和上海新文艺社都要印出,稿已交出。"

4月下旬,《致刘麟》信(《全集》未收),信中称:"寄来文学稿件大半过去不曾过目,现在抽看一下,觉得长短分量不大平衡,例如'诗律''新现实主义''现实主义'等篇都过长;有几篇内容方面似尚可斟酌,例如象征主义作为一般创作方法是很古老的,可参看维柯的《新科学》和黑格尔《美学》第二卷;作为文学流派,主要虽在法国,其他各国也有,也应提一笔。形式主义导源于毕达哥拉斯,乃至近代重要美学家如康德,也都有形式主义方面。对苏联几位美学家或诗人,过分看重了,倒是结构主义似可多讲一点。戏剧条比较薄弱,特别是东方提了几个国家,独不提中国;剧种中不提正剧到市民剧和问题剧的转变。最后两句也提得很奇怪。电视剧是现在大多数人接触文艺的主要渠道,就不应写一条吗?"

4月23日,风和日丽,叶圣陶和儿子叶至善,吴泰昌一同作客先生家,大家边喝酒边畅叙旧情,甚欢。

春,先生为张隆溪将自己博士论文《悲剧心理学》(英文)译成中文写《中译本自序》。先生在《中译本自序》中称:"这不仅因为这部处女作是我的文艺思想的起点,是《文艺心理学》和《诗论》的萌芽;也不仅因为我见知于少数西方文艺批评家,主要靠这部外文著作;更重要的是我从此较清楚地认识到我本来的思想面貌,不仅在美学方面,尤其在整个人生观方面。一般读者都认为我是克罗齐式的唯心主义信徒,现在我自己才认识到我实在是尼采式的唯心主义信徒。在我心灵里植根的倒不是克罗齐的《美学原理》中的直觉说,而是尼采的《悲剧的诞生》中的酒神精神和日神精神。"①

4月30日,曹禺收到先生寄给他的著作《悲剧心理学》后,回信给先生(此信是写在宣纸上的,字体为楷书,书写工整,态度毕恭毕敬),全文如下:

光潜师:
  久居上海,才返北京。蒙赐赠《悲剧心理学》,感谢万分。当认真学习,用报盛谊。复信迟,至请谅鉴为幸。

---

① 朱光潜:《悲剧心理学》,北京:人民文学出版社1983年版,第1—2页。

　　　　祝

健康长寿!

　　　　　　　　　　　　　　　　　　　　　后学曹禺
　　　　　　　　　　　　　　　　　　　　　四月卅日八二

　　是月,先生在北京会见由美国回国探亲的女作家沉樱。

　　5月6日,先生参加中宣部召开的纪念毛主席《讲话》发表四十周年座谈会,并在会上作了发言,因种种原因未能发表(安徽教育出版社出版的《朱光潜全集》未收,中华书局出版的《朱光潜全集》收入第10卷——编者)。

　　其中先生谈道:"我年老昏聩,已无力写出领导要求的'研究性的文章',只能就切身经验谈点实感,主要只谈'资产阶级自由化'这个谈虎色变的问题。我们都是毛泽东思想和马克思主义的信徒,应该理解而且牢记文艺是反映经济基础的意识形态这条基本原则。试问:有可能在经济基础上仍执行生产责任制和货币商品流通这种资产阶级制度残余的同时,希望根除文艺乃至一般文化教育方面反映出资产阶级自由化吗!社会主义革命并不是一朝一夕就会完成而是有不同阶段的。在现阶段生产责任制和商品流通都还不能废除,党中央在经济方面仍利用这两种经济发展的杠杆是英明决策,我是衷心拥护的。因此,我认为现在就谈在文艺方面乃至一般文化教育方面不要'资产阶级自由化'是为时过早,不符合历史唯物主义规律的,也不符合我们的宪法。"①

　　是月,《诗论新编》由台湾洪范书店出版。该书选编了先生十三篇谈诗的文章。

　　先生在台湾被誉为"中国美学的播种者与开拓者"②,他的著作"透过开明书店、正中书局"③而广为流通,台湾讨论美学者几乎都通读过此类书籍,他的早期著作被广泛作为台湾高校美学专业教科书和参考书。1948年开明书店开始印行《文艺心理学》,并计划印行《谈文学》和《我与文学及其他》两书。④

　　20世纪50年代以后,先生早期的著作与译著在台湾大量出版发行,60年代之后,台湾的大专院校普遍开设了美学课程,先生的著作成为影响台湾几代人的美学入门书。先生早年出版的《给青年的十二封信》是直接为青年而写的。

---

① 《朱光潜全集》(新编增订本)第10卷,北京:中华书局2012年版,第294页。
② 陈继法:《朱光潜的美学——及其悲剧命运与悲剧精神》,台北:晓园出版社1982年版,第1页。
③ 龚鹏程:《美学在台湾的发展》,嘉义:南华管理学院1998年版,第19页。
④ 关国煊:《中国美学播种者朱光潜》,载《传记文学》,1986第48卷第43期。

台湾学者坦言:"《文艺心理学》至今仍被视为美学入门书籍,而《谈美》是它的缩写本,为朱光潜早期美学思想菁华。"①《谈美》中的《我们对于一棵古松的三种态度》是一篇"被纳入中学生国文科教材,且广为流传的经典文章"。②

台湾出版先生的著作有二十余种,主要有《文艺心理学》(1948)、《谈美》(1958)、《谈文学》(1960)、《诗论》(1962)、《我与文学》(1977)、《给青年的十二封信》(1978)、《西方美学史》(1982)、《诗论新编》(1982)、《西方美学家论美与美感》(1983)、《悲剧心理学》(1984)、《诗与画的界限》(1985)、《歌德对话集》(1986)、《启蒙运动的美学》(1987)《狂飙时代的美学》(1987)、《现实主义的美学》(1987)、《新科学》(1987)、《美学再出发》(1989)、《变态心理学》(1994)、《柏拉图文艺对话录》(2005)、《谈修养》(1977)等。以上仅列出了所举著作第一次在台湾出版的年份,像《文艺心理学》至1967年开明书店已出至第九版,《谈美》开明书店至1982年已出至第十五版。

可以说,先生是第一个系统介绍西方美学的人,他的著作在台湾广泛传播,对台湾美学的发展产生了深远的影响。他以简洁的语言向社会青年普及美学知识,《谈美》《谈文学》《谈修养》《给青年的十二封信》《文艺心理学》《变态心理学》等作品在培养青年人才方面发挥了重要作用,台湾几代美学研究者正是在先生著作的浸润下成长起来的。因此,先生在台湾是公认的美学导师,他也无愧于"台湾美学的播种者"的称谓。

当然,由于先生后来留在大陆,两岸意识形态的差异造成台湾执政者并不情愿先生的名字冠冕堂皇地出现在印刷品中,所以常常改头换面,甚至把先生的名字抹去出版发行。在台湾大学受胡适影响下的学术圈子,有些著述也有直接批评先生的文字,如刘文潭《现代美学》在注里就有称:"我国学者介绍西方美学之论著,仅朱光潜先生所著《文艺心理学》一书,为传颂一时之名著。然以今日眼光视之,该书所显之美中不足之处亦颇不少,诸如:取材过于褊狭,许多重要的美学理论,应谈不谈,是为缺点之一;所谈理论,均经变造,与立论者的原意多所不符,是为缺点之二;遍观全书,既缺乏系统之编排,复缺少客观之理路,一至五章貌似融贯,实为恣意糅合之结果,五章以后即显零散,是为缺点之三;攻研美学,哲学之素养实为不可或缺之必要

---

① 王秋文:《朱光潜的美学——以〈我们对于一棵古松的三种态度〉为例》,载《国文天地》,2009年第1期,第13-16页。
② 王秋文:《朱光潜的美学——以〈我们对于一棵古松的三种态度〉为例》,载《国文天地》,2009年第1期,第13-16页。

条件,而该书著者,既缺乏哲学之素养,对美学不离哲学之事实,且矫情忽视(见其《告读者》首段之自白——编者),其论学之基本态度如此,故对各家理论,皆作'想当然耳'之看法,对其奥妙既无所窥,对其限制也无所见,是为缺点之四。"①这些评价公允与否读者自会判断,意识形态作用是显然的,"忠臣不事二君",先生在国民党统治大陆时期曾任要职,现又追随马克思主义,这在台湾受政治控制的学界是不允许的。尽管如此,在像赵天仪《现代美学及其他》(东大图书馆1990年版)、姚一苇《美的范畴论》(台湾开明书店1982年版)、尤煌傑《美学基本原理》(《哲学与文化月刊》杂志社2011年第二版)等著述里,对先生之著述多有转引,且基本是正面肯定的赞扬之声。

6月16日,奚今吾给朱陈信,信中称:"光泽写了一篇关于你父亲的文章,他要我们看一看。你父亲说没有时间,我的水平不高,看了也不解决问题。我要他寄与你或式蓉提意见。我认为写这样的文章,处在他的地位,应该特别慎重,好话说多了,不一定能起到好作用。他写的东西也似乎噜嗦一些,如给你们看,希望仔细修改修改。你父亲的意见不赞成他拿去发表,但他回信时却没有正面答复。"

6月19日—6月底,先生出席中国文联第四届全国委员会第二次会议,会议主办方把先生和沈从文安排在一间房子里,二人朝夕相处了十天(图10-48)。湖南要给沈从文出本选集,沈从文希望先生给写篇序。先生尽管因翻译维柯《新科学》很忙,还是答应了老朋友的要求。

图10-48　1982年6月中下旬,先生在出席中国文联第四届全国委员会第二次会议期间与沈从文合影。

---

①　刘文潭:《现代美学》,台北:台湾商务印书馆股份有限公司2004年版,第5页。

6月23日,奚今吾给朱陈信,全文如下:

式粤:

上次的信刚寄出就收到你六月十三日写的信。对于你三叔写的文章,你的意见很中肯,讲得也很清楚,今天再次复你三叔的信时,我把它转了去,为的是引起他注意。他处的地位不同,写这样的文章应格外郑重,如果以讹传讹,就不是我们大家所希望得到的效果了。说好话说过了头,并不能起到你的作用。我已经再三要他考虑,正如你所说的,他未必听得进去。

你父亲现在城里参加全国文联四届全委会第二次会议,大约要本月底才回北大。下月中旬他要去庐山休息,还打算在那里写一篇关于维柯《新科学》与我国古代文化的关系的文章。这一年因为翻译《新科学》,搞得很累,人也显得很疲乏。每天来家找他的人很多,我要不"挡驾"的话,从朝到晚他也脱不了身。来稿来信也很多,不要说给人家的稿子提意见,就是都完全看一遍,也没有这么多时间。大家哪里想到,他已是八十五岁的人了,而且也不是"万能"的,和他谈几分钟,要他看一篇文章就能解决问题。明年三月你父亲还要去香港,到香港中文大学新亚书院讲学两周左右。到时由世嘉陪去,因为他的生活需人照料。我的身体不好,恐不能作长途旅行。

家里一切如常,请释念。
敬祝
你们身体健康,工作顺利。

今吾复
六月廿三日

6月28日,先生出席《读书》编辑部和北京大学比较文学研究会共同举办的座谈会。

6月底,先生给沈从文文集《凤凰》①写序。这篇序以《关于沈从文同志的文学成就历史将会重新评价》为题发表在《湘江文学》1983年第一期上。后吴泰昌先生化名"张静"在《文艺报》1983年第二期上的读者来信栏目发表了《对外国学者的意见也要分析》一文,特别对其中先生只肯定沈从文和老舍的文学成

---

① 沈从文著,凌宇编选:《凤凰》,北京:文化艺术出版社1986年版。

就的相关表述发表了看法,认为先生的表述在语气上不免令人觉得其他中国现当代作家对"新文学"没有多大贡献。后来先生看到这篇读者来信,同意以后出版社用此稿时删掉不适当文字。安徽教育出版社出版的《朱光潜全集》第10卷收入的文章就是已经删减后的文字。被删掉的有这样几句话:

"这神庙供奉的是'人性'。……我特别看出他有勇气提出'人性'这个蹩扭倒霉的字眼,可能引起'批判',好在我们仍坚持双百方针,就让仁者见仁,智者见智吧!在真理的长河中,是非究终会弄明白的。……据我所接触到的世界文学情报,目前在全世界得到公认的中国新文学家也只有从文和老舍……"

是月,(1)中国翻译工作者协会成立。先生任协会顾问。

△(2)《还应深入地展开上层建筑与意识形态问题的讨论》载《马克思主义文艺理论研究》第一卷(文化艺术出版社1982年6月版)。

△(3)《致金耀基》信,信中称:"今春接大函,承邀任香港中文大学新亚书院'钱宾四先生学术文化讲座'讲席,考虑到年老力衰,怕不胜远道跋涉和应酬之劳,故迟迟未复。入夏以来,贱体似在好转,想到宾四先生系多年挚友,又觉义不容辞。近几年在研究翻译维柯《新科学》,想以'从维柯《新科学》看我国古代社会文化'为题作一论文作为演讲底稿,不知是否合适,望便中示。在京杂扰甚多,拟于暑中赴庐山①一面休养,一面编写论文初稿,所以今秋不能成行,还是以明年春季开学时来港为妥。"②

7月6日,《致程代熙》信,信中称:"张隆溪已校过《悲剧心理学》的译文,谅年内或可出版,我想把稿酬全部交给译者,我只要抽一百本印成的书,以便赠给友好。不知道这是否符合版权条例?""我于下周启程赴庐山的文联的'读书之家'小住二十天左右,一则因为想一睹庐山真面目,二则略图小休。""教育部已赞成我于明春应香港中文大学新亚书院的短期讲座之聘,也大约住二十天左右,我的大女儿随我照料生活。回京后再谋晤谈。"③

7月12日—7月底,12日,先生和夫人奚今吾离开北京,经汉口、九江,于15日到庐山。20日,奚今吾在庐山云中宾馆给朱陈信,信中称:"庐山气候凉爽,可是很潮湿。风景虽好,出门就得爬坡,路也很不平,坑坑洼洼的,不适合老年人出去散步。到名胜地方去吧,虽有汽车可坐,但到了目的地,都是人山人

---

① 先生在这里说明后来七月去庐山休养事宜,据此可证此信约写在六月左右。
② 《朱光潜全集》第10卷,合肥:安徽教育出版社1993年版,第643页。
③ 《朱光潜全集》第10卷,合肥:安徽教育出版社1993年版,第619页。

海,挤来挤去,只有乱哄哄的感觉。我们来一趟也很不容易,当尽量设法使身心能得到休息。"

实际上,先生利用这次度假在写他准备到香港中文大学新亚书院讲座的稿子——《维柯的〈新科学〉及其对中西美学的影响》(讲稿后来由香港中文大学出版社于1984年出版,先生落款处写"1982年晚夏脱稿于庐山白云宾馆'文联读书之家'",1983年寒假校改——编者)。

收到叶圣陶8月11日给先生的信,信中表示由商金林转交的上海文艺出版社出版的先生文集第一册以及庐山茶已收到,"感谢之至,收到文集只能珍藏,不能阅读,目未盲而类乎盲,不禁叹惋"。

8月17日,奚今吾给朱陈信,信中称:"你父亲回北京以后,又忙着写文章,整天不下楼,天气又很热(摄氏39℃左右),他说工作效率低,一天干不了多少事。我们劝他多休息休息,他总是不肯听。人老了,手脑都不灵了,写不出好文章来。怪不得台湾有报纸说:朱光潜的文章大不如前,准是别人写了,签上他的名字,冒充的。你也劝过他'该设法休息,不要写文章了'。"

8月20日,《致刘纲纪》信(《全集》未收),全文如下:

纲纪同志:

夏间我随文联几位同志赴庐山游览,过武昌曾由武汉文联接待,在他们那里休息一下午,当晚即乘车到九江,来不及到武大访问校友们。回程中过武汉在夜里未能停留,到京后极感疲惫,头昏眼花,无法写字。

承索稿,似不可(推?——编者)却,因把《新科学》全书结论约万余字寄给您一看,来不及请人誊清。请您看一看,如果勉强可用,请找人誊清寄我校改一下;如不合用,即请将原稿立即寄回。我开春如健康情况许可,或应香港中文大学新亚书院之约去作短期谈话,预备就用《新科学》为题。

匆复,即致
敬礼!

朱光潜
1982年8月20日

夏,(1)《读伯箫同志〈范文读本〉序后》载1982年《文科园地》第一期。

△(2)先生给刘锡庆等编《写作论谭》题记,称:"看过选目,觉得编选者考

虑很周到,既有写作的基本原则,也有从事写作经验之谈。"

9月,《致范用》信(《全集》未收),信中称:"承嘱为佩弦先生新集①题签,多年来不用毛笔写字,近复眼花手抖,勉强写出,实在难看。可否请叶老另题。"

9月12日,《致王天清》信,信中称:"克罗齐的《美学史》比他的其他著作,还更重要,您已把它译完,殊庆幸。""拙译维柯的《新科学》正在校改中,估计要待明夏才能交出付印。"②

是月,(1)《文学的比较研究》载《读书》第九期。文中称:"我过去在国外,搞过'拜伦在希腊'这个题目,就是用比较的方法,研究拜伦给希腊什么影响,他本人又受到什么影响。"③

△(2)《朱光潜美学文集》(第二卷)由上海文艺出版社出版。

10月10日下午,先生出席由中国社会科学院哲学所发起的在北京国际俱乐部举办的金岳霖从事教学科研工作五十六周年大会。

是日,(1)《致刘纲纪》信(《全集》未收),全文如下:

纲纪同志:

  连得二次手教,因杂扰多而贱体又日益衰弱,稽复乞谅宥。

  贵刊第一期登拙作《美感问题》就够了。《新科学》结论章抄稿文已读过,觉得孤立的"结论"没有较浅显的介绍或评注,一般读者恐摸不着头脑,以不发表为宜。以后想选些较具体的段落译文(例如关于阶级斗争的)改好注好寄上,可酌登贵刊第二或第三期。

  今天下午进城参加金岳霖教授贺寿。

  匆致

敬礼!

朱光潜谨启
1982年10月10日

---

① 指《朱自清序跋书评集》,该书由北京生活·读书·新知三联书店于1983年9月出版。
② 《朱光潜全集》第10卷,合肥:安徽教育出版社1993年版,第621页。
③ 《朱光潜全集》第10卷,合肥:安徽教育出版社1993年版,第620页。

(2)《致杜祖贻①》信(图 10-49)(《全集》未收),全文如下:

祖贻院长:

函寄赐出拙著《悲剧心理学》复印本,万分感激,因为手无原著,在北京也只有社会科学院图书馆里有一本,北大同事张隆溪讲师已将此书译成中文,人民文学出版社已付印,今年内可出版,届时当寄请赐教,专此致谢。

并贺

敬礼!

朱光潜敬贺
1982 年 10 月 10 日

图 10-49　1982 年 10 月 10 日,先生给杜祖贻的信。

10 月 18 日,北京大学相关部门就先生从教六十周年,在未名湖畔临湖轩举行了隆重的庆祝会(图 10-52,图 10-53)。此前中共中央政治局委员胡乔木亲临先生家探望,对先生居室之简陋深表关切。文化部副部长周扬也亲笔写了致先生的贺信,并复制了先生 1939 年致周扬的信赠送给他,以示四十多年友谊之纪念。先生的老友叶圣陶、萨空了、李文宜、闻家驷、王朝闻、冯至、卞之琳、任继愈等均到场祝贺。教育部副部长黄辛白、民盟中央副主席楚图南、北大校长张龙翔、西语系主任李赋宁出席了庆祝会。李赋宁在会上代表主办单位发表了纪念讲话,讲话全文如下②:

---

① 杜祖贻,美籍华人,祖籍厦门同安,教育及语文科学家。香港中文大学毕业,美国华盛顿大学(圣路易斯)文学硕士,南伊里诺大学哲学博士,主修美国哲学及教育。1982 年左右任香港中文大学教育学讲座教授、教育学院院长。

② 这里直抄的是李赋宁请先生看过并提出意见修改后的发言稿,奚今吾曾在发言稿上注:"李赋宁先生讲话修改稿",落款是"一九八二年十月五日"。

图 10-50　先生与夫人奚今吾在燕南园 66 号家中庆贺自己 85 岁寿辰

图 10-51　北大副校长张学书（左三）和统战部部长葛淑英（左一）等到先生家中祝贺先生 85 岁寿辰

同志们,今天我们能团聚在一起,祝贺朱光潜先生任教六十周年,心里感到非常高兴。朱先生一八九七年生于安徽桐城县城,今年已有 85 岁的高龄。他早年读私塾,后上桐城

图 10-52　先生与程代熙（1982 年 10 月 18 日摄于先生从教六十周年庆祝会上）

中学。一九一八年进入武昌高等师范学校上学,一九一九年上香港大学,一九二二年毕业,曾先后在上海吴淞中国公学和浙江上虞春晖中学教书。一九二五年官费出国留学,就读英国爱丁堡大学、伦敦大学和法国巴黎大学,斯特拉斯堡大学,并获得博士学位。一九三三年回国任北京大学教授,同时在清华大学和北京中央艺术学院兼课。抗战爆发后,离京赴大后方,先后在四川大学和武汉大学任教,一九四六年回北京大学。解放以后,除一度为北京大学哲学系培养美学教师外,朱光潜先生一直是北京大学西方语言文学系的教授。此外,他还担任二、三、四、五届全国政协委员,民盟中

央委员,全国文联主席团委员,全国作协理事,全国美学学会会长,全国外国文学学会理事,中国社会科学院学部委员,北京大学学术委员会委员等职。

朱光潜先生的青年时代正值五四时期,他受到新思想的熏陶,视振兴中华为己任,是一位爱国的知识分子,特别在关键的时刻他能够看清时代的潮流,历史的去向。一九四八年北京解放前夕,他毅然决定留在北京,迎接解放。解放以后,朱光潜先生积极拥护党的领导,坚决相信社会主义是中国走向繁荣富强的唯一道路。在林彪、"四人帮"横行的年月里,当时年已古稀的朱光潜老人遭到了迫害。但是,即使在这种情况下,他也没有动摇对党和社会主义的信念。打到了"四人帮",特别是在党的三中全会以来,朱光潜先生心情舒畅,怀着老骥伏枥的壮志,驰骋在大学教育和学术研究的领域里,以即使是中青年也难以比拟的勤奋和努力忘我地工作。各种报刊和出版社竞相约请他撰文写稿,各个学术团体纷纷请他参加会议发表演讲,各方人士不时登门拜访向他求教,学校里还安排他指导研究生。对于这样繁忙的工作任务,朱光潜先生总是兢兢业业、严肃认真、一丝不苟地去完成,从未有过任何懈怠。朱光潜先生的这种精神,不仅表现了他有强烈的事业心,而且表现出他对中国教育事业的一片忠诚。

朱光潜先生是我国著名的美学家、文艺理论家,早在幼年时期,他就酷爱文学,对中国文化和历史有很深的造诣。在大学学习期间,特别是留学英法,游历德意时期,他又广泛深入地研究了西方的科学、哲学、历史、文学与艺术。精深的文化修养和渊博的知识,为他研究美学打下了坚实的基础。早在本世纪20年代,他就是《中学生》杂志的主要撰稿人之一,到了30年代,他先后完成了《文艺心理学》《变态心理学》《谈美》《诗论》《谈文学》《克罗齐哲学述评》《悲剧心理学》等学术著作。这些著作文笔优美、条理清晰,全面系统地阐述了西方的美学思想,在国内外学术界都有很大影响。

解放后,朱光潜先生努力学习并力求运用马克思主义从事学术研究。实事求是,坚持真理,修正错误。五十年代,在全国范围内开展了美学问题的大讨论,朱光潜先生是这次大讨论的主要参与者。在讨论中,他既勇于修正自己的错误,同时也敢于坚持自己认为正确的东西。他承认自己过去的美学思想有唯心主义的片面性,但对于正确的观点又敢于公开加以维护,他诚恳地听取别人的批评,但绝不轻易接受他并不同意的观点。这次

图10-53　1982年10月18日,先生与夫人在庆祝自己从教六十周年庆祝会上。

大讨论,给了朱光潜先生很大的帮助。从那以后,朱光潜先生花了很大的力气钻研了马克思主义的原著,力争掌握它的精神实质。他努力运用辩证法唯物主义和历史唯物主义,在一系列的重大的美学问题上提出了自己独到的见解,力图建立以马克思主义实践观点为基石的美学体系。朱光潜先生的这一努力集中体现在撰写的二卷本《西方美学史》上。在这部著作中朱先生努力以马克思主义观点对西方重要的美学流派进行全面系统的研究,他的这部著作代表了迄今为止我国对西方美学的研究水平。此外,朱光潜先生还撰写了一系列探讨马克思主义基本原理的论文,为此他重译了马克思的《费尔巴哈论纲》和《经济学—哲学手稿》中的关键章节,并作了详尽的注释和评价。这些译著都是朱光潜先生认真学习马克思主义的见证。解放以来,朱光潜先生不仅著书立说,同时也致力于西方经典美学著作的翻译工作。他为促进我国美学研究的深入开展,付出了辛勤的劳动。这些翻译著作有:柏拉图的《文艺对话录》、莱辛的《拉奥孔》、歌德的《歌德谈话录》、黑格尔的《美学》以及目前正在翻译的维柯的《新科学》。这些著作不仅译笔准确、流畅,而且都附有详尽的评注并撰写了有深刻见地的前言或后记。

朱光潜先生作为一个学者,为我国学术发展做出了巨大的贡献,在我国美学发展史上占有无可争辩的重要地位。同时,他作为一个教师,一贯把培养青年一代看作自己神圣的使命。他对学生满腔热忱,循循善诱,诲人不倦。他毫无保留地把自己在学术上所取得的成就教授给学生,同时又启发和鼓励青年学生独立思考,提出自己的见解。许多人在朱光潜先生那里不仅学到了真正的知识,而且激发起攀登科学顶峰的决心和意志。今天,从老一辈知识分子到刚刚离开学校的青年知识分子当中,都有朱光潜先生的学生,他们之中许多人已是国内外知名的学者或者是各个单位的骨干。当我们看到这个景象,我们不能不感谢朱光潜先生为我国社会主义教育事业付出的辛勤劳动。

图 10-54　1982 年 10 月 18 日,先生在庆祝自己从教六十周年庆祝会上致答谢词。

朱光潜先生从一九二二年任教,到现在已经整整六十个年头。这六十年,我们的国家发生了天翻地覆的变化,一个黑暗落后的旧中国已经变成了初步繁荣强盛的新中国。朱光潜先生虽已年过八十五岁,但他仍然老当益壮,精神抖擞,继续放射着光和热。今天,我们在这里开会庆祝朱光潜先生任教六十周年,衷心祝愿他健康长寿,能为我国教育事业和学术发展作出更多的贡献。

先生在答谢词中表示:"只要我还在世一日,就要做一天事,'春蚕到死丝方尽',但愿我吐的丝凑上旁人吐的丝,能替人间增加哪怕一丝温暖,使春意更浓也好。"(图 10-54)

是月,《中国大百科全书·外国文学·Ⅱ》由中国大百科全书出版社出版。书中收有先生撰写的"维柯"和"启蒙运动"两个条目。

11 月 24 日—12 月 11 日,先生出席在北京召开的中国人民政治协商会议第五届全国委员会第五次会议(图 10-55)。

图 10-55　1982 年 11 月下旬至 12 月上旬，先生参加中国人民政治协商会议第五届全国委员会第五次会议的出席证。

冬，(1)《致郑涌》①信，信中称："您的大著一方面使我感到乐观，另一方面也使我感到惭愧。这些年来我也一直在试图运用马克思主义哲学观点来考虑美学问题，读到大著最精彩的部分，即费尔巴哈对马克思主义发展的影响，才认识到自己对费尔巴哈不曾多下功夫，就使我只能孤立地专就马克思恩格斯而求弄懂马克思主义，这就不可能真正懂得历史发展这一基本观点。假如我还能多活几年，我一定要补这一课。关于德国古典哲学方面还有一个重要的人物，我没有注意，好象您也没有注意，那就是赫尔德（Herder），他在历史发展这个基本观点方面也是一个开山祖。我已把这一点向北京大学西语系德语专业的领导同志谈过，建议要分配一两名研究生去研究赫尔德。我想中国社会科学院哲学研究所也应考虑分配一定名额的研究生去专门研究应特别注意的一些哲学家们，便中望向汝信同志谈一谈。回到大著论费尔巴哈部分，我想起有两点不妨唤起您注意，一是西文字义问题，费尔巴哈的观点基本上是人类学观点，即把'人'作为一个动物种类来研究。西文（anthropomorphismus）的原义是人类学观点，和'人本主义'不能等同，'人本主义'来自希腊的谚语'人是权衡一切事物的标准'，实即人道主义。费尔巴哈还说不上就是人道主义，马克思主义并不轻视人类学观点，他重视摩根的《古代社会》，可以为证。我刚译完的维柯的《新科学》是既重视'人类学原则'又是宣扬人道主义的。维柯比费尔巴哈早半个世纪就已认为神是原始酋长们的本质的异化，维柯在历史发展这个基本观点方面似

---

① 这封信本是先生 1982 年冬写给郑涌的，后郑涌将其作为自己大著《马克思美学思想论集》代序，并于 1983 年 3 月 27 日发表在《人民日报》上，题为《美学书简》。

比费尔巴哈更重要,希望您将来对《新科学》也下一点功夫。"①

△(2)先生给自己学生朱虹著作《英美文学散论》写序,该书1984年由三联书店出版。先生在序中除肯定朱虹的学术成就外,对以像朱虹一般青年的科研条件恶劣提出意见:"提到她,我不能不想起一般中年科学工作者的生活条件和工作安排问题。他们大半挤在一间简陋的书房兼卧室又兼厨房甚至又兼会议室的小房子里,还要自己买菜烧饭和照管孩子,简直喘不过气来。朱虹同志和她的同事们做了那么多的论文,出了那么多的书籍和刊物,就是在这样艰苦条件下完成的,我感到单是对他们表示钦佩和感激还不够,还应乘十二大的东风,在促进文化教育的大前提下,立即采取合理而切实有效的办法,来提高他们这批青壮年科学工作者,来培养科教方面更多更好的人才。"②

△(3)先生给早在1962年7月16日《光明日报》发表的旧作《美感问题》重新作题记。称:"1962年夏正是我国美学界全国性的美学批判和讨论暂告结束的一年,也是我自己动手写《西方美学史》的一年。此文的目的显然有两个:一是对批判讨论中所引起的一些基本问题我个人作一次小结;二是对自己在动手写的《西方美学史》进行初步的规划。"③

12月22日,《致阮延龄》信,信中称:"您所说的道理是正确的,只是抽象名词的对立面用得太多。您的来信就写得比较直截了当,可否照来信将原文改得简洁些。"④

是月,蒋孔阳及女儿由杨辛陪同到燕南园66号寓所拜访先生(图10-56)。

---

① 《朱光潜全集》第10卷,合肥:安徽教育出版社1993年版,第636-637页。
② 《朱光潜全集》第10卷,合肥:安徽教育出版社1993年版,第640页。
③ 《朱光潜全集》第10卷,合肥:安徽教育出版社1993年版,第642页。
④ 《朱光潜全集》第10卷,合肥:安徽教育出版社1993年版,第641页。

图 10-56　1982 年 12 月,蒋孔阳及女儿到燕南园 66 号拜访先生(图从左往右为杨辛、蒋孔阳、朱光潜、蒋孔阳之女)。

1983 年(癸亥)86 岁

1 月 6 日,奚今吾给朱陈写信说明新年前楼上中文系那家两间半房让出来了,这样整个燕南园 66 号才真正算是一套完整住房了。信中又提及香港讲学的安排。"北大在新年前突击为我们安暖气,楼上楼下又大搬动一次,到现在收尾工作还没有完,天气又冷,我们已感到疲惫不堪了。我们楼上原来住的那一家(中文系的老师)已搬走了,他们的两间半房子也给了我们,现在住的地方很宽,如果暖气安装好了,也很暖和(眼前这个春节看来还安顿不好),等一切都布置妥当了,希望你和式蓉仍然来北京一阵过 1984 年的春节。""你父亲决定三月上旬去香港中文大学新亚书院讲学,那边来信说,为了照顾你父亲的身体情况,每周只安排讲一次,每次约一小时,去时将世嘉随行,照顾你父亲的生活,等等。"

1 月 14 日,先生给胡乔木写信,此信内容未全部公开,但从胡乔木不久前曾来燕南园 66 号探望先生,在后来的回忆文章里又写道:"他的住宅是多么简陋破旧啊!周围确实象一个旧式的小农家,但是决没有任何的'诗意'。""我听别的同志说,他每天早起锻炼,吃了早饭后就带上午饭去工作室,到傍晚才回来。但是却不是回到一个可以比较舒适地休息的处所,而是一个很拥挤、很杂乱、堆满书籍和各种生活用具的地方。我知道北京大学在浩劫以后所面临的特别的困难,我只是禁不住一种难以言说的内疚的心情。"①及不久北大领导很快退回了楼上两间半房并重新装暖气这两件事联系起来看,不难推测先生信的内容一是感谢领导对知识分子的关怀诸如此类的话;二是就胡乔木关于人道主义文章征求知名学者提意见提了两个意见。

1月29日,胡乔木给先生回信(图10-57),此信未公开,全文如下:

光潜先生:

一月十四日手示已经读了,很感谢您费了两天时间,并在信中提出了宝贵的意见。在修改拙稿时,对您提出的两个问题都着意作了适当的说明。(一)有了历史唯物主义,为什么还要提出作为伦理道德原则的人道主义,这在"为什么要宣传和实行社会主义人道主义"题下专门加了一节(见《人民日报》27日第四版第一栏第四小节),这一节内有些提法是以我的孤陋寡闻,过去未见有人说过的,我想这样可能为我国社会科学研究(包括美学研究)打开一些新门路。我以为现在一般讲历史唯物主义的书籍的通病,在于没有按照马克思所说的"哲学家们只是用不同的方式解释世界,而问题在于改变世界"的原则来编写,因而只把历史唯物主义作为解释过去历史的工具,而很少用来作为向新社会的建设者提出任务(建立新的伦理道德,实行社会主义人道主义只是其中的一项)的工具。这也是学校中马列主义教学不易为学生欢迎的原因之一。(二)关于人的自由全面发展的问题是一个很复杂的实践问题,马恩对这一问题可能想得简单了一些,与此相联系,对分工的批评似乎也失之过分。即令将来由于科学发展,人的劳动日缩短了,劳动条件也大大改变了,但是很多专业性的职业在可预见的将来恐还不能成为多面手,因此自由全面发展是否一定要像空想社会主义者所想象的那样,或者需要随着社会实践的实际发展而另行解释,现在还难于断定,故亦不宜多作空泛的主观的讨论。当然更不好任意把它同"异化"联系起来。至于社会上的一些不合理现象,需要区别不同情况作具体分析,视为"异化"于事无补,反而有害于问题的解决,这一点在文中讨论较详,不再赘述。总之,您来信中提出的问题对于拙稿的修改很有助益,所以表示真诚的感谢,决非出于客套。以上所说,不知是否有当?如有新见,深望再赐教言。

---

① 胡乔木:《记朱光潜先生和我的一些交往》,载《朱光潜纪念集》,合肥:安徽教育出版社1987年版,第23页。

专此,即颂

阖府春节安好。

胡乔木

一月廿九日,八三年

图 10-57　1983 年 1 月 29 日,胡乔木给先生的回信。

是月,《关于沈从文同志的文学成就历史将会重新评价》发表于《湘江文学》第一期。

先生收到王子野 2 月 5 日的信,信中除表示收到先生敬赠大作以表谢意之外,也说明了自己正在翻译卢梭的文学艺术论著。

2 月 6 日,《致金耀基》信,信中称:"总题①当依尊意定下,三个子题②也如此。拙译原意重点在社会科学,尊意重点在美学,就听众的希望和本人的素养来说,重点均当放在美学方面,尊见极是。""在京的朋友费孝通、钱伟长、陈岱孙等亦已决定来港讲学,时间亦定在三月,但到的地方不是新亚学院,所以不一定同机启程。"③

2 月 13 日,《致陈望衡》信,信中称:"现在介绍一位好朋友给您,他是江苏淮阴师范学院的教员,这些年来独力创办一种活页文史丛刊。我因译维柯的《新科学》要研究古代社会文物流变的过程,从肖兵同志许多文章中获益不浅。"④

---

① 根据香港中文大学新亚书院印的先生讲座宣传册,总题是"维柯的《新科学》及其对中西美学的影响"。
② 三个子题分别是:(一)《新科学》新在哪里？(二)诗性智慧(形象思维)及其规律;(三)维柯对中国美学界的影响。
③ 《朱光潜全集》第 10 卷,合肥:安徽教育出版社 1993 年版,第 645 页。
④ 《朱光潜全集》第 10 卷,合肥:安徽教育出版社 1993 年版,第 646 页。

春节,作《题秦俑画册》(《全集》未收),现录如下:

　　儒家不语怪力乱神,遂讥始作俑者为无后,其实秦俑与长城、通惠渠和莫高窟,共垂千古。其意义正不下于埃及的金字塔或梵蒂冈好景亭的雕刻杰作,都是民族伟大和人道尊严的丰碑,其精神气魄正有待发扬。拙见如此,愿与旅游者共参证之。

一九八三年春节
朱光潜元旦发笔

　　是日,收到黄苗子和郁风共同寄给先生的贺年卡,上面写着:"孟实先生夫人新禧郁风苗子合拜。"

图10-58　先生向后学介绍自己的博士论文《悲剧心理学》

图10-59　先生与学生张隆溪合影

　　是月,《悲剧心理学》(图10-58)由张隆溪(图10-59)译成中文,由人民文学出版社出版。

　　3月,中国大百科全书出版社聘请先生为《中国大百科全书》哲学卷编辑委员会顾问(图10-60)。

　　3月8日,给吴泰昌信,信中称:"本拟于3月10日启程赴港,至今护照尚未办妥,赴港或需延期。……赴港返京后

图10-60　1983年3月,中国大百科全书出版社给先生颁发的《中国大百科全书》哲学卷编辑委员会顾问聘书。

再谋畅谈。"①

3月10日,先生由大女儿朱世嘉陪同启程赴港(图10-61),受邀在香港中文大学新亚书院钱宾四先生学术文化讲座上宣讲"维柯的《新科学》及其对中西美学的影响"。这是第五届讲座,此前曾举办过四届:第一届由钱穆主讲;第二届主讲人是英国剑桥大学李约瑟博士;第三届主讲人是日本京都大学小川环树教授;第四届主讲人是美国哥伦比亚大学狄百瑞教授。

图10-61　1983年3月10日,先生在大女儿朱世嘉(右一)的陪同下到达香港,金耀基(左一)到机场接机。

先生在香港中文大学新亚书院讲座的安排表:

(一)《新科学》新在哪里?(1983年3月15日星期二下午四时四十五分,大学润昌堂103室)

(二)诗性智慧(形象思维)及其规律:维柯的诗性和美学(1983年3月18日星期五下午二时四十五分,新亚人文馆115室)

(三)维柯对中国美学界的影响(1983年3月25日星期五下午十二时十分,大学邵逸夫堂)

---

① 吴泰昌:《我认识的朱光潜》,上海:上海文艺出版社2008年版,第178页。

图 10-62　1983 年 3 月 15 日,先生在香港中文大学新亚书院作第五届"钱宾四先生学术文化讲座"首场学术报告。

3 月 15 日下午,先生缓缓步入香港中文大学大学润昌堂讲台(图 10-62),在学生的掌声中,新亚书院院长金耀基说明了何以邀请先生来主讲第五届"钱宾四先生学术文化讲座":"新亚书院在成立之始,即有公开学术讲座的制度,学术为天下公器之精神一直为新亚人所珍贵。一九七七年,我们募得一笔基金,创办了'钱宾四先生学术文化讲座',使讲座有了永久性的基础。

新亚同仁相信,学术没有国界和大学的世界精神,同时,我们更相信中国文化之发展,必须通过学术研究,中西文化之交流。以此,'钱宾四先生学术文化讲座'所邀请的讲者就不局限于一地一国,且有意识地使它成为国际性的学术活动。第一讲邀请钱宾四先生亲自主讲后,我们依次邀得了英国剑桥大学的李约瑟博士、日本京都大学的小川环树教授和美国哥伦比亚大学的狄百瑞教授主持讲演。这几位都是当今国际上对中国文化之研究有卓越贡献的学人,他们的讲堂风采固然在听众的心目中留下深刻难忘的印象,他们的讲词,通过专书的出版更是流传久远,影响不磨。今年,我们的眼光,又从西方返

图 10-63　"钱宾四先生学术文化讲座"纪念画册

回东方,我们邀请了北京大学的朱光潜教授作为一九八三年的'钱宾四先生学术文化讲座'的讲者。"

先生开讲用他那桐城官话从容地说:"我不是一个共产党员,但是一个马克思主义者。"接着先生从中文香港大学与英文香港大学的历史联系,谈到继承与革新的问题。然后谈到自己近四年都在翻译维柯《新科学》。那么,《新科学》新在哪里?先生从历史学派的脉络,维柯与法国启蒙运动、歌德、赫尔德、黑格尔、马克思、恩格斯,一直讲到《新科学》已提出了阶级斗争问题;《新科学》关于神是异化的结果比费尔巴哈提出的还早;乃至人性论和人道主义等问题。

图10-64　1983年3月,先生在香港讲学期间与友人合影(图前排左起为钱伟长夫人孔祥瑛、钱伟长、朱光潜、钱穆、钱穆夫人胡美琦,后排左起三至五为朱世嘉、刘述先、金耀基)。

3月18日,先生在新亚人文馆讲"诗性智慧(形象思维)及其规律"。先生指出:"维柯发现到一些关于形象思维的规律,其中最基本的一条当然是上文已提到的抽象思维必须有形象思维做基础,在发展次第上后于形象思维。""形象思维的另一条基本规律就是以己度物的隐喻(metaphor)""不难看出,这是后来德国美学家的'移情说'(empathy)的萌芽,中国语文中象这样的事例也俯拾即是,和中国诗论中的'比''兴'也可互相印证。"①

3月22日下午三时半,先生以《青年与教育问题》为讲稿,给香港中文大学师生作题为"青年与教育问题"的讲座(图10-65)。

3月25日,先生在香港中文大学大学邵逸夫堂讲"维柯对中国美学界的影响"。先生讲毕,新亚书院院长金耀基教授请专程由台湾来港的历史学家钱穆先生上台,同先生一起与听众见面。八十六岁的先生与八十九岁的钱穆并肩而立,互相问候,一起合影(图10-66)②。

是月,(1)先生在讲学期间接受了香港中文大学校刊编辑的采访。先生谈到:"我在爱丁堡大学遇到两位有名的教授,他们对我的影响很深。一位是侃普·史密斯(Kamp Smith),他是研究康德的专家,我跟他学习,受益很

图10-65 先生"青年与教育问题"讲座海报

图10-66 讲座结束后,钱穆(左二)与先生(右二)在台上合影留念。

多,不过他不鼓励我学美学。另一位是英文系主任谷里尔生(H.J.C.Grierson),他是研究玄言诗的,是当时英国很重要的哲学史专家。至于文学批评,我还受

---

① 《朱光潜全集》第10卷,合肥:安徽教育出版社1993年版,第704—705页。
② 参见1983年4月13日《人民政协报》第1版。

理查兹(I.A.Richards)的影响,但我当时没有认识他,后来我在北京大学教书时,他到中国来过。""在三十年代时①写了《克罗齐哲学述评》一书……以后,我又研究他的老师维柯(Giovanni Battista Vico)的著作。发现克罗齐的美学观点和维柯的不完全一样,我认为维柯更伟大。""我认为反映中国美学思想最重要的是《乐记》,研究美学时,我会回想起这些书。另外,我还受到一些近代中国美学家的影响,主要是蔡元培和王国维。蔡元培是以前北京大学的校长,曾留学法、德,是正式研究过美学的。王国维写过一本小书《人间词话》,我从中受到很多启发。"②

△(2)先生在香港电台接受了香港中文大学英文系博士郑树森的访问(图10-67)。其中谈到:"沙巴蒂尼批评我还不够'唯心'是从右的方面批评我的,他批评我移克罗齐美学之花接中国道家传统之木,我当然接受了一部分道家影响,不过我接受的中国传统主要的不是道家而是儒家,应该说我是移西方美学之花接中国儒家传统之木。""我在《西方美学史》里不介绍尼采、叔本华和弗洛伊德等人与变态心理学,因为他们都被戴上反动派的黑帽子,我不敢,怕这顶黑帽子真安到自己头上来,这是我的怯懦,为此我才把少年习作《悲剧心理学》交给一位同事翻译成中文。""我应该说明一下,《悲剧心理学》(指英文版——编者)没有遭到忽视,首先称赞过它的就是当时中国名导演和戏剧理论家焦菊影先生和中国大画家徐悲鸿先生。"③

图10-67 1983年3月,先生在香港讲学期间接受香港中文大学英文系博士郑树森(右一)的访问。

△(3)在香港中文大学一次夜餐会上应邀给青年学生作《谈写作学习》的报告。先生在港除了会见了20世纪30年代就在北大共事的老友钱穆以外,还

---

① 先生记忆可能有误,应当是20世纪40年代。
② 《朱光潜全集》第10卷,合肥:安徽教育出版社1993年版,第651-652页。
③ 《朱光潜全集》第10卷,合肥:安徽教育出版社1993年版,第648-650页。

卷十 以维柯和马克思美学研究为突破口,重铸晚年学术风范 | 449

见到朱光澄的大女儿朱晓角、儿子朱珍甫和侄媳妇鲁璐莉,心情甚是欢悦。唯独在辅仁大学的朱光澄的小女儿朱颖立因签证未及办妥未能与先生见面,有些遗憾外,应该说先生香港之行的其他活动没有留下多少遗憾。在讲学间隙,先生还参观访问了母校香港中文大学,走访了那里的师生和老友。

△(4)先生受港大教育学院院长杜祖贻之邀给港大教育学院的学生作"美学和教育"的主题讲座。杜教授首先致欢迎辞,随后先生发表演讲(该演讲稿《全集》未收),最后对听众王培光、任伯江博士、庞德新博士所提的问题一一作了回答。

3月30日,杨振宁给先生写信(图10-68)①,全文如下:

光潜先生:

昨日打电话未通,怅甚。我明日即将返美国,不能来拜访了。奉上小册子一本,你也许有兴趣翻阅指教。

即内

刻安。

杨振宁

八三年三月卅日

图10-68　1983年3月30日,杨振宁给先生的信。

3月31日下午,先生和大女儿朱世嘉平安回到北京的家。奚今吾4月2日在给朱陈的信中称:"你的父亲和世嘉已于三月三十一日下午平安回到北京,他们都好,请勿念。"

4月9日,《致金耀基》信,信中称:"已抽暇向北京大学和文化教育方面的领导汇报过此次讲学的情况,大家都为我庆贺此行的成功,寄望于这种文化合作与交流还日渐发展下去。已会见过贺麟教授,他已决定今秋应邀赴港。前日中文大学已有一批教授讲师来游北京和西安,民盟在华罗庚教授领导之下,设宴欢迎,我也参加了,大家畅谈甚欢。关于您向我建议的把这次讲座的讲稿编

---

① 杨振宁写信时恰好在香港中文大学,他写信并奉上大作《对称与二十世纪的物理》论文,请先生斧正。不巧,先生其实已准备返回北京,恐未立即和杨振宁先生谋面。

印成册时宜选登《新科学》的原文译文中若干段落,我也认为这有必要,因选出《发现真正的荷马》和全书的《总结》两大段,略显出维柯着重历史发展的治学原理和方法。"①

是月,(1)先生写《读〈纸壁斋集〉书后》,该文是先生应荒芜之邀,对其著作《纸壁斋集》再版写的几句话。先生在读后感里写道:"《纸壁斋集》和它的作者荒芜对我都是老朋友了。大约二十年前,他把他的诗寄我索和,我的和诗中有'常忆闭门陈正字,不拈枯笔闯诗关'两句,套用元遗山《论诗绝句》里'太息闭门陈正字,枉抛心力作词人'两句话,本意是说明自己何以没有在诗上下过工夫,同时也劝他爱惜精力。"②当然先生对荒芜"特有打油诗的风趣"也给予肯定,认为他"对诗的研究是有根底的"。

△(2)香港中文大学《中文大学校刊》第二期(中英文版)出版,其中收入《访问朱光潜教授》③一文(图10-69)。

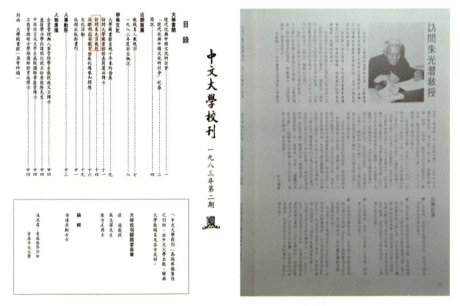

图10-69 《中文大学校刊》刊登《访问朱光潜教授》一文

---

① 《朱光潜全集》第10卷,合肥:安徽教育出版社1993年版,第658页。
② 《朱光潜全集》第10卷,合肥:安徽教育出版社1993年版,第660页。
③ 香港中文大学《中文大学校刊》一般为每半年一期,根据实际情况,酌情增设特刊,发中英文版。但查1983年一共发了五期,登对先生访谈的第二期应该是在4月份。详见《访问朱光潜教授》,载《中文大学校刊》,1983年第二期,第14-15页。

5月4日，致函安徽省图书馆馆长，将台湾方面赠送的《方东美全集》全七册转赠该图书馆珍藏。

5月5日，奚今吾给朱陈信，信中称："你父亲正忙于修改维柯《新科学》的译稿，整天翻来覆去地搞，我看效率不高。劝他休息一段时间（从香港回来就开始搞），让头脑清醒清醒，再来干时会事半功倍，但他不肯听。"

5月26日，《致何柞榕》信，先生在信里对《中国社会科学》编辑部哲学编辑室转来的四川朱小丰同志的《论美学作为科学》一文大加赞赏，称其"耳目为之一新"。并希望不单单是发表该篇文章，而是"如何培养和提高的问题""如何组织青老美学工作者学习和讨论问题"。甚至称"如朱小丰同志这样美学科学方面杰出人材，不列入哲学所予以专心研究或出国深造的机会，是说不过去的"。[①] 可见先生推荐后学是不遗余力的。

是日，给邹士方信，先生提到坚持把冒充自己转述黑格尔悲剧观的一位作者的文章从《美学》杂志上抽去清样。并说"我今明天都要进城开会，大约在下周赴丰台宾馆去报到"。

5月底，《致程代熙》信，信中称："承询《新科学》何时交稿，大约有多少字。此书大约有三十五万字，加上近才译完的《维柯自传》（约二十万字）。《新科学》已找人抄过，《自传》正在找人抄，两书英译本原分出，有人望我另出《自传》，我无成见。两稿都尚须校改一遍，希望今年底或明年初可以交稿。最近我或进城参加政协会议，想趁机谋一次会谈。"[②]

是月，先生写《答〈中国作家笔名探源〉编辑》一文，由于该文文献价值较大，故录如下：

《中国作家笔名探源》的编辑部邀我在这方面提供资料，兹就来函中四点要求简复如下：

一、我原名朱光潜，号孟实，1897年生于安徽桐城县乡下，现任北京大学西语系教授，中国社会科学院外文所兼职研究员和学术评议委员，中国美学会会长，中国文联的理事，作协的会员，中国民主同盟的中央委员。历任：(1)上海吴淞中国公学中学部英文教员；(2)上海大学的逻辑讲师、清华大学中文系研究班讲师；(3)上海立达学园和开明书店的创办人之一；(4)北京女子文理学院英文

---

① 《朱光潜全集》第10卷，合肥：安徽教育出版社1993年版，第661页。
② 《朱光潜全集》第10卷，合肥：安徽教育出版社1993年版，第662页。

教师;(5)北京艺术学院文艺心理学讲师;(6)上海商务印书馆《文学杂志》主编;(7)四川大学文学院长;(8)武汉大学教务长;(9)国民党中央监察委员。1933年留欧回国后主要任北京大学西语系教授。主要著作有《文艺心理学》《诗论》《谈美》《孟实文钞》《变态心理学》《悲剧心理学》《克罗齐哲学述评》《谈美书简》《美学拾穗集》等,曾译出柏拉图《文艺对话集》、莱辛的《拉奥孔》、爱克曼的《歌德谈话录》和黑格尔的《美学》(三卷四册),一些论著正由上海文艺出版社印成多卷本选集。

二、"孟实"是常用的笔名,"孟"指弟兄行辈中居长,"实"就是"老实""踏实""务实",这多少表明我的人生理想。我在香港大学梅舍小书斋里壁上挂着请乡先辈方磐君(常季)先生替我写的"恒悚诚勇"四个大字,也多少说明"实的理想"。我在朱佩弦先生书斋里看到大方(方地山)写送他的一副对联:"见说乡亲是苏小,为看明月住扬州",觉得字和文都颇佳妙,就请大方老人也写一联送我,他写的是"孟晋名斋,知是古人勤学问;实心应事,不徒艺院擅英豪"。① 我因爱"实",没有把它挂在壁上。

"孟实"之外我偶尔也用"盟石""蒙石",或仅用"石",都是同音字,我很喜爱"石"的坚硬。

三、无可奉告。

四、涉及我的报刊文章和图书目录,我没有注意。听说日本《中国人名大词典》里有我一条,外籍专家英国人 Bonnie McDougall 博士曾送我一本载过她自己发表在《现代中国文学及其社会背景》里评论我的一章,附注中提到几种涉及我的外国图书目录。②

6月3日,《致邹士方》信(《全集》未收),信中称:"我在教育组,所以分配到京丰宾馆……如果我安排在六月九日讲座③,就须于八日回城住一晚,免得来往奔波,一到政协就要演讲,感到疲困。此事要劳您和领导上商量一下,替我安排一个临时住宿处。"

6月4日,先生作为教育界代表出席了中国人民政治协商会议第六届全国委员会第一次会议(图10-70,图10-71),第一次当选为全国政协常委。可是先生由于赴

---

① 先生记忆有误,大方老人给先生对联原文是"孟晋名斋,知是古人勤学问;实心任事,非徒文苑见英华"。
② 《朱光潜全集》第10卷,合肥:安徽教育出版社1993年版,第664-665页。
③ 指"多学科学术讲座"。

港讲学回来,过度疲劳,身体不适,住进了医院。此时,民盟中央正举办"多学科学术讲座"。本来安排先生作一讲,先生只得提出在病榻上将录好音的讲话拿到会场去播放。不过,先生还是不以录音为满足,执意在大女儿世嘉搀扶下还是和与会听众见了面,开口便说:"我不想辜负同志们的盛谊,虽然人老体力很差了,但还是来了。一方面向同志们请教,另一方面,也趁此向同志们告别。"①

6月15日,先生在友谊医院给邹士方写信(《全集》未收),信中称:"我在友谊医院住了十天左右,得到充分的静养和治疗,已渐好转,希望大会闭幕时可列席。""我实在没有气力登台演讲了。我拟于政协闭幕日出席一次,然后回家静养。"

图 10-70　先生的中国人民政治协商会议第六届全国委员会第一次会议委员证

图 10-71　先生的中国人民政治协商会议第六届全国委员会第一次会议出席证

6月25日,《致马沛文》信,信中称:"最近我在民盟举办的学术讨论会中,曾痛骂一位不懂外文而又不懂马克思主义的'研究员'妄谈'人类学原则'应译为'人本主义'或'人道主义'。"②

是月,(1)先生在"多学科学术讲座"上作题为"略谈维柯对美学界的影响"的演讲。发言中称:"因为我的美学入门老师是意大利人克罗齐,而克罗齐是维柯的学生。克罗齐早已说过,美学的真正奠基人不是鲍姆嘉通,而是维柯。所以研究美学就不能不知道维柯。""过去,我在《西方美学史》上卷的最后一章中,曾片面地介绍过维柯。""近两三年,我对维柯的认识比过去稍微全面一些了。"③

那么,先生说的比早先写《西方美学史》里对维柯的认识"稍微全面一些了"是指什么？如果把先生在香港新亚书院讲维柯的观点和《西方美学史》里讲

---

① 《朱光潜全集》第10卷,合肥:安徽教育出版社1993年版,第666页。
② 《朱光潜全集》第10卷,合肥:安徽教育出版社1993年版,第676页。
③ 《朱光潜全集》第10卷,合肥:安徽教育出版社1993年版,第666页。

维柯的观点作一比较,除了《西方美学史》里把维柯看作唯心主义、有神论者,此时的先生已经不把维柯作为有神论者看待了,甚至认为维柯是一个无神论者;还有,《西方美学史》里没有突出维柯是阶级斗争的发明者,等等观点之外。最重要的是先生认为他现在心目中的维柯是"实践"观点的发明者。先生说道:"维柯的基本立场就是'人类历史是由人类自己创造的',维柯特别强调实践方面的创造活动。"①先生接着又说:"维柯反对笛卡儿'我思故我在'的观点和口号,提出'认识真理凭构造或创造',你不创造你就得不出真理来,这就是后来说的美学的'实践观点'。'实践观点'是维柯提出的。马克思也是'实践观点',马克思是很佩服维柯的。""'人类历史是由人类自己创造出来的',这句话马克思是非常欣赏的,可以看,《路易·拿破仑政变记》中用到了这句话。这句话,马克思并不只是从物质生产上谈的,也是从精神生产方面上谈的。"②

此外,先生在发言中还针对中青年社会科学工作者的"学风"问题提出了批评,特别拿社会科学院叶林的文章中将"anthropological principle"这个词译成"人道主义"或"人本主义"为例,认为这是"讲不通的",先生认为"这个词决不是'人本主义'或'人道主义',只能译为'人类学原则'"。③ 并坦诚地说:"我主要以叶林同志这个事作为一个例子。中国有句老话吧,'人之将死,其言也善;鸟之将死,其鸣也哀'。我想这两句话对我还是适用的,我用心是好的,我是希望我们的学术走上正轨,大家老老实实地下功夫,说真话,把过去的一些毛病能够改掉。"④

△(2)写《读朱小丰同志〈论美学作为科学〉一文的欣喜和质疑》一文,后载《美学和中国美术史》(上海知识出版社,1984 年 9 月版——编者)。安徽教育出版社出版的《朱光潜全集》第 10 卷第 674 页下有一个注:"本文是作者 1983 年 6 月中旬在病中写就的,托钱伟长带给参加民盟中央举办的'多学科学术讲座'(美学问题)听讲的全体同志。"

文中有一段话表明了先生对美学作为科学走实验心理学路数的担心,说道:"提到实验心理学,我自己在这方面的经验是很不愉快的,我在英国爱丁堡大学曾随班做过两年'实验心理学',只学会解剖青蛙和鲨鱼,做染烟鼓的记录,在不同颜色、不

---

① 《朱光潜全集》第 10 卷,合肥:安徽教育出版社 1993 年版,第 666 页。
② 《朱光潜全集》第 10 卷,合肥:安徽教育出版社 1993 年版,第 671—672 页。
③ 《朱光潜全集》第 10 卷,合肥:安徽教育出版社 1993 年版,第 667 页。
④ 《朱光潜全集》第 10 卷,合肥:安徽教育出版社 1993 年版,第 670 页。

同图案中挑出自己中意的,作为自己美感的凭据。这种玩意我认为大半是借科学之名玩反科学之实。在上海文艺出版社出版我的《朱光潜美学文集》中,我曾写下当初我对实验心理学的怀疑。不过从那时到现在这六七十年中,自然科学在实验方面都发展得很快,我们能赶上现代水平,也就不坏了,做些实验总比不做好。"①

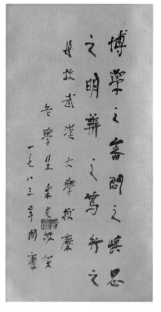

图10-72　1983年国庆期间,先生为母校武汉大学校庆题词:博学之、审问之、慎思之、明辨之、笃行之。

7月6日,奚今吾给朱陈信,信中称:"你父亲在上月初参加全国政协会议时,由于过度疲劳,曾生病住医院十多天。当时经医生检查,认为你父亲的身体还好,没有什么大毛病。但究竟年纪大了,精力差了。不能过于劳累了。因此我们又提出来,是不是找人来帮忙整理他已译好的两部稿子的问题。他同意了。因为式蓉一向代他抄稿子、校清样等,比较熟悉你父亲写的东西。因此去信和式蓉联系,他能否来北大一面进修,一面为你父亲整理稿子。现在安庆师范学院中文系的领导已同意,只等北大正式去公函接洽了。你父亲译的《维柯自传》,前几天由世嘉、秀琛帮着整理一下,已送出去找人誊清。另一部维柯《新科学》,你父亲目前不打算动它,等秋天气候凉爽了再来整理。这后一部稿子大约有四十万字。你父亲说这两部稿子脱手以后,他要休息休息了。他已向北大申请退休,向全国美学会申请辞去会长的职务,不挂那些不干活的空头衔了。"

9月中旬,先生给钱伟长等同志写信,信中对参加"多学科学术讲座"的代表的发言报道以评价。其中对朱小丰的报道给予肯定,而对叶林的报道认为"没有抓住重点,夹入许多废话,尚宜斟酌修改"。先生指出,叶林的报道"毛病主要有三点:一、没有抓住重点;二、废话太多;三、对所谈的内容自己没有懂透,不免有些望文生义的毛病"。这反映了先生对当时学风存在的严重问题的关切。

10月,先生因病缺席中华全国美学学会在厦门召开的第二届年会,并向学会提出辞去会长职务的书面请求。在这次会上,先生当选为中华全国美学学会

---

① 《朱光潜全集》第10卷,合肥:安徽教育出版社1993年版,第675页。

名誉会长。

10月28日,先生偕夫人奚今吾进城给叶圣陶祝寿(图10-73)。在座有吕叔湘、王力等老友。

10月底,《致程代熙》信,信中称:"前日承屈驾到北大替我'做生日'①,无任铭感!"②

是月,(1)三联书店范用约先生和张隆溪去城里一家饭店小聚,在座还有沈昌文、董秀玉。据张隆溪回忆:"那一天朱先生兴致很高,大家谈得十分愉快,我们给朱先生祝酒时还说,到八七年先生九十大寿的时候,我们一定再在一起聚会庆祝。"③

图10-73　1983年10月28日,先生参加庆贺叶圣陶九十大寿时的合影。前排左起二为王力,四至六为叶圣陶、章元善、胡愈之。

△(2)写贺信《祝贺〈外国美学〉创刊》,后载《外国美学》第一辑(商务印书馆

---

① 安徽教育出版社出版的《朱光潜全集》第10卷第678页在此有个注,称"指作者执教五十周年,北京大学西语系举办隆重的庆祝会"。这个说法应该有误,先生执教五十周年是1982年,而非1983年,这期间先生给程代熙信有数封,可见,这里"做生日"的时间肯定就是1983年10月18日(农历)。

② 《朱光潜全集》第10卷,合肥:安徽教育出版社1993年版,第678页。

③ 张隆溪:《探求美而完善的精神——怀念朱光潜先生》,载《朱光潜纪念集》,合肥:安徽教育出版社1987年版,第188页。

1985年2月版)。信中称:"在汝信同志的领导之下办好这个《外国美学》专刊。"①

11月,译著《美学原理》([意]克罗齐著)与韩邦凯、罗凡译著《美学纲要》([意]克罗齐著)合订本由外国文学出版社出版。

是月,先生收到周扬11月8日写给他的信(图10-74),全文如下:

光潜同志:

　　手示书悉。语承夸奖。实不敢当。我最近对新华社记者的谈话②,想已看到,我们理论工作,如同在一切工作中一样,总难免有错误。坚持真理,修正错误,这就是我们所应该的态度,望共勉之。

敬礼!

周扬
十一月八日

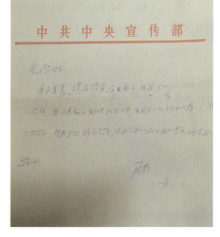

图10-74　1983年11月8日,周扬给先生的信。

12月25日,《致王天清》信,信中称:"克罗齐的《美学史》久就应译出,欣闻此书在本年内即由社科出版社出版,可喜可贺!《美学原理》和《美学史》合在一起较好。拙译维柯的《新科学》《自传》和中译者评介若干数篇已基本完工,春间即可付印。您手头 Paoth Roisi 的版本与老版有些不同,务请寄我一阅,夏间即可寄还不误。手头有一本美国人 Guibert & Kuhn 夫妇合写的一部美学史,这是一部资料书,对您译克罗齐的《美学史》加注时或有用,我可以寄上奉赠。《美学史》译出时我愿写几百字的小序,如果届时我还活着的话。"③

是月,(1)《朱光潜美学文集》(第三卷)由上海文艺出版社出版。

△(2)为译著维柯《新科学》作"译后记"。

---

①　《朱光潜全集》第10卷,合肥:安徽教育出版社1993年版,第677页。

②　指《人民日报》于11月6日在头版刊登的针对周扬的人物专访,周扬表示要拥护整党决定和清除精神污染的决策,并就自己发表论述有关"异化"和"人道主义"文章中的错误作了自我批评。这显然是周扬对10月十二届二中全会上根据十二大部署做出的《中共中央关于整党的决定》中涉及"不搞精神污染"决定的表态。先生给周扬的信内容不详,但应该与了解中央对人道主义讨论的动向有关。

③　《朱光潜全集》第10卷,合肥:安徽教育出版社1993年版,第679页。

1984 年(甲子)87 岁

1月12日,胡乔木将尚未发表的稿子《关于人道主义和异化问题》送给先生提意见,并附一封信(图 10-75),全文如下:

图 10-75　1984 年 1 月 12 日,胡乔木给先生的信。

光潜先生:

　　送上拙稿一篇,因涉及的问题很多,其中有不少是我未尝深造,只有一知半解的,文中必有不适当或很不适当的地方,敬请毫不客气地予以斧正,不胜感荷。

　　您是我素来敬重的学者。解放以后,您对我国学术界的贡献不胜枚举。您在劫后已是八十余的高龄,仍然每天勤奋工作,这种生命不息、战斗不止的革命精神,尤为令人感激敬佩。尽管偶然有些见解未敢苟同,亦未尝受业,但是我仍把您看作我的老师。我正是以这种心情向您求教的,想不致见外。

　　此稿已在征求首都各方专家意见,将根据征得的意见最后进行一次总的修改。

　　为此要消耗您的精力与时间,特预致谢忱。

敬礼!

胡乔木
一九八四年一月十二日

1月17日，先生给胡乔木回了一封长信（《全集》未收），全文如下：

乔木同志：
　　承赐大札对我以八十余高龄每天仍勤奋工作，加以这份奖掖，并承征求对最近《关于人道主义和异化问题》的大著提意见，我排除一切工作，费了两整天工夫才勉强读完了一遍，我敢向您汇报说，这篇大著是最近三十年来我所看到的马列主义者的一篇党性和学术性都很强的理论著作，是切中时弊深得人心的。首先我要感谢的是它对我的唯心主义的人性论和人道主义痛下了针砭，在这一点上我想想从中获得教益的在我的同行中还有不少的人。我目前还有两方面没有想得很通，一点是世界观和历史观与"伦理原则"和"道德规范"两种不同的观点的人道主义之间的关系，"伦理原则"和"道德规范"是否可以独立于历史唯物主义和辩证唯物主义之外？另一点是当前争论得很多的"异化"现象，《巴黎手稿》对于异化的说明我认为说得很清楚：一种是劳动果实异化到他人手里，一种是人的本质力量没有能发挥应有的作用。这两种现象我们每天在报纸上都随处可以找到实例，成了整党整风中的重要项目。马列主义理论工作者对此似不宜忽视。
　　理论应解决实际问题，当前最重要的实际问题是迫在眉睫的产业大革命这个经济问题，邓小平同志之所以伟大，正在他能及时地看出这个苗头而采取果敢的措施。昨天我读到卢嘉锡主席在科学院学部委员大会闭幕会上的简单发言。感到他抓住了问题的要害，因而想到大著也宜提出科学院文科方面改进的具体规划，其中之一是马恩编译局和中央党校对马列著作研究工作的提高的规划，大著《关于人道主义和异化问题》就是一个很好的开端。来教有些我"毫不客气地予以斧正"的话，"斧正"我不敢当，"毫不客气"我算是做到了，辛怒狂忘之罪！
　　谨致
敬礼！

朱光潜拜启
1984年1月17日

2月,《致高天》信(《全集》未收),信中称:"最近一个月因内子奚今吾(原任人民教育出版社数学编辑,也是民主同盟的成员。她父亲奚致和是张澜的学生,父女二人都毕生致力于民盟事业)患胆囊炎,住北京医学院附属第一医院,等候做切除手术。我自己也老弱病残,只好多求友朋帮忙。民盟医界朋友很多,可否代求他们关照一下?"①

4月24日,《致邹士方》信,信中先生就自己写回忆胡愈之文章提出修改意见,称:"重点要摆在立达学园的成立和立达学园的筹建,它与劳动大学的关系,学校作为劳动生产基地,这一思想与当时反对北洋军阀的无政府主义的意义以及留法勤工俭学运动的关系。"

春,给老友冯至敬赠《朱光潜美学文集》,在扉页上写:"这三卷美学文集都是在冯至同志指导和纠正之下写成的,特奉一套作纪念,一九八四年春时已八十有七初度矣。"冯至后来和邹士方谈道:"我对他(指先生——编者)哪有什么指导和纠正啊,他是太谦虚了。"

4月,《新科学》《维柯自传》译稿已整理出来。经多次修改、整理之后已基本定稿的《关于维柯〈新科学〉中译词的一些说明》(安徽教育出版社出版的《朱光潜全集》未收,中华书局出版的《朱光潜全集》收入第14卷——编者)也可以看作先生最后的一篇学术论文,所以非常重要,故录如下:

> 英译本置于正文前的引论就全书标题用词作了扼要的说明,对读者帮助很大。不过中西文习惯用法有时不同,中西文化背景也有悬殊,英译者所用的译词也偶有不妥的地方,这是中译者在译《新科学》的过程中经常感到的最大困难,所以有必要就中译词作一些示例说明。
>
> 首先是人名、地名或其他专名之类专用名词在过去译著中很不一致。最理想的办法是一律沿用原文拉丁化的字母,不另译音。趁此再向出版界呼吁:最好提交学术界讨论,取得多数赞同的方案之后立即付诸实施,现在既还没有经过这种合法手续,我们还只好沿用译音加注原文的老办法,以便读者查改,省得译者一一加注,弄得很烦琐。过去译著对于外文的译法往往人自为政,对读者很不方便。举专用名词为例来说,Alexandria 有人译音为亚力山大理亚,有人译义为亚历山大城。Hebrew 有人译为希伯来人,

---

① 民盟办公厅于1984年2月24日批复此函。

有人译为犹太人；在《新科学》中这个词用法有别，提到 Josephus the Jew 时须译犹太人约瑟夫，提到《旧约》中人物就宜译希伯来人，因为在古代这个名称较正式。

《新科学》所讨论的政体原为"理想国"（republica），维柯素来崇拜柏拉图，他沿用 republica 显然指最好的政体形式，英译者却丢开"理想国"不用，而改用 commonwealth（共同体），这显然不符合维柯的本意。古罗马初建国时只有氏族主或贵族才有民政权，其内容包括宗教占卜权、正式结婚权和丧葬权，一般家奴或平民最初都排除在这些民政权之外，怎么能列在"共同体"里呢？republica 在近代流行的意义已变成"共和国"，指两党为在议会里争取多数而联合执政的"共同政体"，已丧失了"理想国"的原义，而维柯却绝对没有推共和政体为独尊的意思，他要求的是理想国而不是共和国，用这个词指的是一种政体，所以我们一律译为"政体"。

在《新科学》中，"政体"这个词是由 city 或 state（城市或城邦）开始。由 city 派生出的形容词 civil 就有"民政""民事"和"文化""文明"等意义。城市是最初原始人聚族而居，有防御设备的地方；有城市，就有了"民事"或"民政"，也就有了"政体"或"政治"。Politic 是从 polis（城市）派生出来的，civilization（文化）也是从 civil 派生的，civil 也有"文明的"意思。所以，译 republica 用"政体"是名符其实，用"共同体"并不恰当。

Authority 这个词也难译，中文流行译词是"权威"，而在《新科学》里主要指"权力"，特别是所有权。所有权有四种，首先是土地和资产的"凭自然占领时效的所有权"（bouitary ownership），属于农奴或平民；其次是武装骑士的所有权（quiritary ownership），由贵族赐给平民的土地资产在逢到侵占时可以由授权贵族出庭作证，证明他曾将这份土地资产赐给该农奴或平民的那种所有权；第三是贵族所享受的不受任何公方或私方妨害的那种权势者的所有权（optional ownership）；最后是整个城市或国家公有的那种最高所有权（eminent ownership）。

在分析所有权这部分，维柯把"权"与"利"结合在一起，说明阶级划分的根源，指出资本主义社会的真相，是全书的精彩的部分，宜细读。

最难确定而在《新科学》中居于首要地位的是 nature 这个普通词。它首先指自然界，其次指自然本性。维柯所特别重视的是"部落自然法"，认为一切法乃至整个人类文化都起于部落自然法，其所以是"自然"的，是因为它来自一个部落中凭共同意识而产生的共同习俗,而不是由某个立法者凭私人意志或见解凭空制造出来强加于人民的。就连天神也是如此,所谓天神意旨(providence)毕竟还是"自然",正如一切典章制度都起于习俗,而习俗又起于当时当地的实际需要和利益,同时,"自然"是土生土长的而不是从外地输入的,所以维柯力辟罗马法是从雅典输入的一般看法。据拉丁语和古法语,nature这个词本义为生育或产生,中文古语有"化育"("赞天地之化育"),"化育"也就是生育,所以经过自然生育出来的一切都是自然或本性。维柯强调一切法律或制度都来自自然本性。物有物的本性,心也有心的本性。在重视"自然"这个意义上维柯是既唯心而又唯物的,因为"心"与"物"都是自然生育出来的,都服从自然的规律。

与nature(自然)密切相关的西方哲学术语还有idea这个词,例如"唯心主义"一般译为西文的idealism。其实首倡idea的老祖宗是柏拉图。柏拉图哲学中的idea指的不是"心"也不是"物",而是"理念""理式"或"道理",正是来自"赞天地之化育"的最"客观"不过的东西。柏拉图的弟子亚理斯多德倒是分清唯心与唯物的。他把他生平写的许多著作——例如《政治学》《修辞学》《诗学》《伦理学》《论工具》等可列入自然科学或社会科学的,统称为《物理学》(Physic),在写了这些"物理"著作之后,他还写了一部《形而上学》(Metaphysic)来包括各种物理学的原则大法(或理式),即所谓"形而上学",即"玄学"或"哲学",讲的正是idea(理式),用的是抽象思维。维柯把亚理斯多德看得比不上柏拉图,并不是因为把"唯心"看成高于"唯物",而是因为《新科学》所探讨的也正是原则大法或"理式",是属于metaphysic(形而上学)的。所以《新科学》扉页图形中画的"玄学女神"正是维柯本人,《新科学》讲的正是原则大法或"形而上学"。

这里须就metaphysic(形而上学)这个关键词特加解释。亚理斯多德是这个词的创造者。他一生都在写书,在写完《伦理学》《政治学》《诗学》《问题学》《修辞学》等著作之后,到晚年他把最后写的一部统括这几种专门学问的原理大法的书题为"形而上学",足见他认为自己已往还没有写过专谈一切科学的哲理或原则大法的书,写的都还只是一些physics(现在一般译为"物理学",亚氏所指的显然不限于物理学,而泛指分成各科的一些研究具体形体[Physic]的专门学问)。中国道家素有"形而上者谓之道,形而下者谓之器"之说。第一次用"形而上学"来译metaphysic的中国译者是译得很好的。《新科学》是由诗性智慧过渡到玄学智慧,玄学智慧是由殊相或具体事物过渡到共相或原理大法,而这种转变也是在已有的条件下变来的,例如在专讲"诗性智慧"部分讲到诗性逻辑、诗性政治和诗性经济等。不过《新科学》的中译者由于习惯于抽象理论工作,头脑一时没有转过来,起初竟忘了这些,误认为"逻辑""政治""经济"等之后都似宜加一个"学"字才比较通顺,不用"逻辑""政治""经济"等,而以为用"逻辑学""政治学""经济学"等似比较好,其实这就误解了维柯的原意。维柯在《诗性智慧》部分讲到"政治""经济"时并不是指政治学和经济学,而是指政治功能和经济功能,因为原始人还谈不上政治科学和经济科学。所以在《诗性智慧》部分把逻辑功能、政治功能、经济功能误解为"逻辑学""政治学""经济学"的地方,"学"字都应一律改为"功能"。原始人虽没有经济学,却仍要过经济生活,实践经济功能。与此有关的是 sage 这个词也不能译为"哲人",只能译为"聪明人"或"能人"。把"功能"误解成"学"这一字之差,害得中译者把全书,特别是《诗性智慧》部分都要重新校改一番!

趁此还要解释一下,维柯用的 principle 一词有两个意义,一是常用的"原则",即上文所谈的"原则大法"或"理式";另一个意义是维柯所专用的"根源",足以见出原则大法也是循自然发育而产生的,不是无中生有的,所以他以"原则"和"根源"分举。

与此有关的是维柯把 true 和 certain 严格分开,前者是"真实",后者是"确凿",例如说拿破仑死于某时某地,有历史记载可凭,就是确凿的事实。他既然是人,是人都要死,这就是真正的道理。《新科学》凭史实论证法制的起源和发展是符合历史科学真理或"理式"的。

维柯认为法律起于"共同意识"(common sence)即中文所说的"常识"。一种法律能够行得通,不是出于某个独裁者的意志,而是出于"人类生活的必需和效用"(the necessities or utilities of human life)。维柯把一切法都称为"部落自然法","自然"也就在它符合某一部落的共同意识。这里也见出维柯的民主倾向。

《新科学》对于历史发展采取了实践观点,主要见于他为反对笛卡儿的"我思故我在"(Cogito ergo sum)而提出的一个拉丁文口号:Verum factum。其中 verum 是 vrae(真理或真相)的受动格,factum 是 fait(法文 fait,英文 make)的受动格,两词合在一起,便是真理或真相要凭创造或构成。用简单的话来说,依维柯的看法,人要认识一种真理或真相,就要人把它构造出来或实践出来。

在方法论上,维柯常沿用《欧氏几何学》中的"公理"(axiom)和"系定理"(corollary)作为推理的根据,"公理"适用于全部《新科学》,例如[283]条"弱者需要法律,强者不给法律,野心家为争取追随者就宣传法律;君主们为着使强者和弱者平等,就保卫法律。"这就是一条适用于全部《新科学》的"公理"。"系定理"是仅适用于较小范围内的某一部分的定理,例如第二卷第二章七部分讲天神意旨、权的哲学、人的思想、哲学批判、世界通史、部落自然法等七个方面的原则就成了七个系定理。

我们费了很多篇幅来说明译词,主要有两点考虑,一点是对原文的正确了解,另一点是对原文的正确翻译。中译者不懂意大利文,只有英译本可据,只能基本上遵照英译,偶尔发见英译者也有译错了的(例如已在另条提过意见的),所以殷切希望将来有通意大利文的同志从意大利文原版改译。①

至此,作为一项重大的学术性文化工程,先生自 1980 年始译维柯《新科学》到 1981 年下半年译出《新科学》初稿,再花了一年多的时间仔细校改,加上翻译《维柯自传》,前后用时三年终于竣工。《新科学》耗尽了先生的心血,恰如季羡林所由衷赞叹的那样:"他译完了黑格尔的美学,又翻译维柯的著作。这些著作内容深奥,号称难治,能承担这种翻译工作的,在世没有第二人,孟实先生以他渊博的学识和湛深的外语水平,兢兢业业,勤勤恳恳,争分夺秒,锲而不舍,'焚膏油以继晷,恒兀兀以穷年',终于完成了这项艰巨的工作,给我们留下了宝贵的财富,得到了学术界普遍的赞扬。"②

当然,对于先生晚年研究维柯的学术价值学术界有不同观点,大体上说:

一是蒯大申《朱光潜后期美学思想述论》一书认为先生晚年对维柯的研究是一种"偏差",不如早年写《西方美学史》里对维柯历史观作唯心主义的判断准确。认为这种"认识偏差"与对维柯《新科学》中两个基本命题的理解有误有关。第一,把维柯"认识真理凭创造"命题中的"创造"看作就是"实践",并和马

---

① 《朱光潜全集》(新编增订本)第 14 卷,北京:中华书局 2013 年版,第 320-325 页。
② 季羡林:《他实现了生命的价值——悼念朱光潜先生》,载《朱光潜纪念集》,合肥:安徽教育出版社 1987 年版,第 29 页。

克思主义的"实践"等同起来。"维柯所说的'创造'是否就是马克思所说的'实践'呢?不是。其实,维柯的'创造'仍是一种认识活动,在维柯那里,人类认识真理的过程和创造世界的过程是统一的。"蒯大申认为先生"关键在于没有划清认识与实践的界限,将认识过程中认识主体的能动作用与实践活动中实践主体的能动作用混淆了起来"。① 第二,先生把维柯的"人类世界是由人类自己创造出来的"这个命题等同于马克思所说的"人们自己创造自己的历史"。蒯大申认为先生虽然看到了这两个命题在思想上的承继关系和一致性,但却忽略了二者之间的根本性区别。

二是宛小平在自己多部研究朱光潜的著作和文章中提出的观点,认为先生晚年对维柯的研究是一个巨大的思想进步。在《美学是社会科学——朱光潜对美学学科的定位》②一文中,宛小平提出:

> 据此,我们也可以从这个变化去体会朱光潜晚年研究维柯和马克思乃至中国传统知行合一观,并且提出的"美学是一门独立的社会科学"的真实内涵。结合"美是主客观统一说"前后期的发展,可分两层来说明:第一层,朱光潜早年说的美,既不在心,也不在物,而是心与物媾和的结果。并且,由物及我(内摹仿)和由我及物(移情)是互动的,它经过一系列生理和心理的相互作用关系。由于朱光潜把经筋肉的运动也看成一种"行"(实践),甚至脑髓的精细运动也属于"行"。这样美感经验的"知"也同时是"行"的合一过程。从这个意义上说,朱光潜早年的美学是主客观统一说和王阳明以"心"体统合知与行有相似之处,只不过朱光潜的"心"尚未突破认识论的范围,而王阳明的"心"是人与自然关系中整体"人"的"心"。朱光潜接触到马克思和维柯后,这个意义才真正生发出来。第二层是朱光潜通过研究马克思和维柯,已经意识到美学大讨论中所谓主观派和客观派都割裂了"知"与"行"③(是马克思所谓的"抽象唯心"和"抽象唯物"),而贯穿维柯《新科学》的主线"人类历史是人类自己创造的",强调的正是"知"

---

① 蒯大申:《朱光潜后期美学思想述论》,上海:上海社会科学院出版社2001年版,第205页。
② 宛小平:《美学是社会科学——朱光潜对美学学科的定位》,载《清华大学学报》(哲学社会科学版),2015年第6期,第39页。
③ 从宛小平的观点看,蒯大申所持有的先生没有认识到"认识"和"实践"之间界限的观点本身也存在先生所指出的把"知"与"行"割裂开来的毛病,所以,蒯大申当然不能理解先生晚年研究维柯所获得的学术价值。

与"行"的统一。维柯讨论"部落自然法"的"自然",是取"天生就的"而不是"勉强的"(人为的)。西文"自然"这个词既指客观世界(对象),也同时指主观世界(人)。朱光潜说:"把心与物(主观与客观)本来应依辩证观点统一起来的互相因依的两项看成互相敌对的两项,仿佛研究心就不能涉及物,研究物就不能涉及心,把前者叫做'唯心主义',后者叫做'唯物主义';'唯物主义'就成了褒词,'唯心主义'就成了罪状。这种错误的根源在于误解 nature(自然)这个常用的简单词。"[1]

5月6日,姚雪垠给先生信,全文如下:

孟实先生:

接奉惠赐大著《朱光潜美学论集》第三卷,蓦然一喜,但看完题字,转觉沉重。先生以八十七岁高龄,近来健康欠佳,已听组缃兄说到,但不意竟至大坏。我因一些事必须料理,拟于十号以后,于政协开会期间,请假去北大燕南园看望先生。祝愿恢复健康,为后学留下更多的美学著作。

您是我国现代美学研究的重要奠基人,学问渊博,治学态度谨严,堪为后学楷模。解放以后,先生已届老年,又积极学习马列主义,学习俄文,追求真理,对自己前半生的美学思想进行反省和自我检查,同时对西洋资产阶级的若干有代表性的、曾对先生有较深影响的美学思想反戈一击,这种不囿成见和不断追求真理的精神,一向为我深深敬佩。

愿先生摆脱消沉情绪,安心养病,乐观地向百岁以后进军。这不仅是我一个人的心愿,也是文艺界、学术界众多同仁的共同心愿。

敬祝

早日恢复健康!

姚雪垠
八四年五月六日

由这封信可以感受到因人道主义讨论对先生产生的压力,姚雪垠的话也可说是代表文艺界和学术界的一种声音,希望先生不要因受到意识形态压力而

---

[1] 《朱光潜全集》第10卷,合肥:安徽教育出版社1993年版,第702页。

"消沉",应"安心养病",向"百岁进军"。

5月8日,先生即给姚雪垠回信(《全集》未收),全文如下:

雪垠兄:

贱恙劳挂念,至感。

大会①期间我拟择要出席几回,可能碰巧会面,不敢劳专程过访。另寄呈少年试帖两种以博一粲。

专致

敬礼!

光潜

五月八日

是月,《胡愈之同志早年活动的片断回忆》发表于《文史资料》第八辑(文史资料出版社出版)。先生对胡愈之在法和其交往的回忆资料甚为珍惜,说胡愈之那时可能"和共产党似乎尚无直接关系"。但他有一个弟兄胡仲持,是共产党员,也许"胡仲持对他可能有一定影响"。其实,"当时留法勤工俭学的学生大半都是无政府主义色彩。中法大学校长李石曾是勤工俭学运动的领导人,也是在北洋军阀统治下在中国传播无政府主义的重要人物之一"。② 对胡愈之先生,先生回忆道:"胡愈老是我生平最敬佩的一位老友,我一直把他看做治学做人的榜样。他年纪比我还大一两岁,身体也比我稍差,可是工作头绪比我多几倍。他从容不迫地处理着多方面的繁重工作。我每逢想松劲偷懒时,一想到他的榜样,就提高了自己的勇气。"③

6月初,奚今吾切除胆囊后出院,发现先生食欲很差,整个人没有气力,行动也很困难,就劝先生到医院去做一个彻底检查。

6月19日,北京大学美学教育研究室主任杨辛希望先生能给美学专业的研究生作一次谈话,先生考虑自己的身体状况后认为已无力承受去学校座谈,同意在燕南园66号寓所花园里接待学生。在花园里,先生对罗筠筠、张宏、顾丽

---

① 即1984年5月12日至26日召开的全国政协六届二次会议。先生曾在1983年6月召开的政协六届一次会议上当选为全国政协常委。
② 《朱光潜全集》第10卷,合肥:安徽教育出版社1993年版,第723页。
③ 《朱光潜全集》第10卷,合肥:安徽教育出版社1993年版,第724页。

霞等青年美学研究生就如何学习美学谈了自己的看法(图10-76)。

7月20日下午,先生双腿已不能走动。

7月21日上午,家里人送先生去友谊医院治疗,经过检查,诊断为脑血栓症。

是月,《诗论》由三联书店再版。增补《中西诗在情趣上的比较》和《替诗的音律辩护》两篇作为附录,分别附于相应的章节之后。先生在后记中说:"在我过去的写作中,自认为用功较多,比较有点独到见解的,还是这本《诗论》。我在这里试图用西方诗论来解释中国古典诗歌,用中国诗论来印证西方诗论;对中国诗的音律,为什么后来走上律诗的道路,也作了探索分析。"①

8月,奚今吾写信给在台湾的侄女朱颖立,告之先生病况,颖立得悉此状,"独自垂泪不止。八岁的大儿子君豪见状,赶忙拿出他的全部存款,说是要汇给爷爷买补药,好让爷爷早日痊愈,早一天和妈妈团聚"。②

图10-76 1984年6月19日,先生在燕南园66号寓所花园中与研究生座谈。

9月,《略论维柯对美学界的影响》和《读朱小丰同志〈论美学作为科学〉一文的欣喜和质疑》发表于《美学和中国美术史》(上海知识出版社出版)。

---

① 朱光潜:《诗论》,北京:三联书店1984年版,第287页。
② 朱颖立:《我的大伯父朱光潜》,载《朱光潜纪念集》,合肥:安徽教育出版社1987年版,第265页。

10月,先生出院回家疗养,医生嘱咐他每天要锻炼、走路、看报和写字,并说可望身体恢复到发病前的状况。这无疑是一个好消息,世嘉给在台湾的颖立一家去信让她们不要挂念。但随附的一张照片仍让颖立忐忑不安,从相片看,"大伯父血气甚弱,别人身著短袖薄衫,他却裹着重袭,一副不胜劳累之状"。①

是月,(1)《朱光潜美学文集》(第四卷)由上海文艺出版社出版。

△(2)著名道家文化学者陈鼓应(图10-77)与三联书店董秀玉一起拜访了先生。陈鼓应仰慕先生已久,在台大图书馆阅览室读到先生《文艺心理学》,遂由主修文学转而入哲学系专修哲学。当然,陈鼓应此次拜访先生还有一个重要原因——陈鼓应关于尼采的学位论文是由作为其导师之一的方东美所指导的,方东美与先生是至友。早在台大二年级时,陈鼓应就听闻先生因沈刚伯杯葛赴台大未能成行。这次拜访也想就此疑问向先生问个究竟,先生迫于当时关于人道主义讨论对自己所造成的压力未予承认,只是避重就轻地说:"没有呵,我当时在北大呵。"

图10-77　1984年10月,著名道家文化学者陈鼓应拜访先生。

11月,抗日战争中在武汉大学共事七年的戴镏铃和老朋友陈占元教授去探望先生,先生用他那微弱带有歉意的口吻说道:"不行啦!"在客人起身要告辞时,先生想竭力从他座椅上起身相送,被戴老和陈老一齐按住,先生显得一副无

---

① 朱颖立:《我的大伯父朱光潜》,载《朱光潜纪念集》,合肥:安徽教育出版社1987年版,第265页。

可奈何的模样。

12月,北京市高等教育局和北京市教育工会为表彰先生辛勤为人民教育事业工作三十年,特颁发荣誉证书(图10-78)。

图10-78　1984年12月,北京市高等教育局和北京市教育工会给先生颁发的为人民教育辛勤工作三十年荣誉证书。

是年,(1)《维柯的〈新科学〉及其对中西美学的影响》由香港中文大学出版社出版。

△(2)先生收到美国世界维柯研究会的邀请,本想与会,但终因病情未见根本好转而未能成行。先生用英文写了封感谢信(此信为刘悦笛先生翻译,《全集》未收),全文如下:

致维柯研究所基地
乔治·塔格利亚柯佐(Giorgio Tagliacozzo)
亲爱的先生:

非常感谢您的《新的关于维柯的研究论文集》。它使我非常高兴地了解到,您已经在纽约成立了一个世界范围的维柯研究所。我很荣幸地告知您,我是第一位将维柯和克罗齐介绍到中国的人。我撰写了一本《西方美学史》,其中就有维柯的专章,还写了本《克罗齐美学纲要》的小册子。① 您可以在耶鲁大学图书馆,"朱光潜"的名目之下,找到我的出版作品。在过去的五年当中,我已翻译了《新科学》与《维柯自传》,撰写了二十多篇介绍性的文章,特别重点就在于"在马克思传统当中的维柯",其中部分内容已在香港的新亚书院的授课中得以发表。进一步告知您,可以询问我的意大利朋友马利奥·沙巴蒂尼(Mario Sabatini),他曾告诉我,要将我的出版作品翻译成英文。

对不起,这是位八十七岁的老人的未加工的手写文字。

您忠实的
朱光潜

△(3)先生由于健康状况日益恶化,几度入院治疗。

1985 年(乙丑)88 岁

1月,先生《题〈文艺日记〉》称:"青年人第一件大事是要有见识和勇气!走抵抗力最大的路。"②

是月,先生给邓伟写信,大女儿世嘉附言称:"'小邓,我父亲自生病后脑力一直难恢复,写字也写不象样了,要是换另一人,他也不会写了。我想这也许是他最后给你写的信了,不管写得如何,算是他的期望和心意吧。'"③

2月,译作《诸民族所经历的历史过程——〈新科学〉第四卷》([意]维柯著)发表于《外国美学》第一期。

3月,香港大学授予先生名誉文学博士学位,这是香港大学授予中国大陆学者的第一个名誉学位。先生因病不能赴港,由长女朱世嘉作为代表去香港参加学位授予仪式,并由她代为宣读先生的《我的答谢词》。

4月24日,上海辞书出版社《哲学大辞典》编委会特聘请先生为《哲学大辞

---

① 这里所提到的小册子,指的是先生公开出版的关于克罗齐的著作《克罗齐哲学述评》。在钢笔写成的英文定稿中,此处先生误写为《克罗齐美学纲要》(Aesthetic Doctrine of Croce),但在铅笔写成的初稿当中,却仍为《克罗齐哲学述评》(Philosophy Studies of B.Croce)。
② 《朱光潜全集》第10卷,合肥:安徽教育出版社1993年版,第725页。
③ 邓伟:《夕阳下的老人——深切怀念朱光潜老师》,载《朱光潜纪念集》,合肥:安徽教育出版社1987年版,第88-89页。

典》顾问(图 10-79)。

图 10-79　1985 年 4 月 24 日,上海辞书出版社《哲学大辞典》编委会给先生颁发的《哲学大辞典》顾问聘书。

6 月,香港中文大学教育学院院长杜祖贻到先生寓所拜访(图 10-80)。

图 10-80　1985 年 6 月,杜祖贻到先生寓所拜访先生及夫人。照片背书"朱教授、夫人存念　祖贻敬赠"。

先生收到香港中文大学金耀基先生 7 月 15 日的来信,信中说明"将招待北京所摄照片洗出整理,特此奉上",并询问先生是否收到自己一周前寄出的拙文

《最难忘情是山水》。

7月,中国民主同盟北京市委员会颁发证书(图10-81)表彰先生在为社会主义现代化建设的服务中作出的优异成绩。

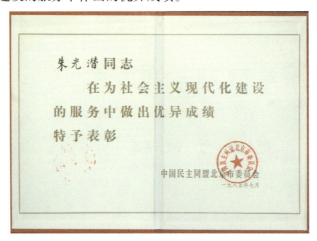

图10-81　1985年7月,中国民主同盟北京市委员会给先生颁发的荣誉证书。

8月上旬,学生王岷源的儿子王汝烨赴美学习前到燕南园66号寓所,向先生辞行(图10-82)。

图10-82　1985年8月上旬,王岷源的儿子王汝烨赴美学习前向先生辞行。

8月,先生在四川大学和武汉大学教书时的学生张高峰听说先生病倒了,专门写了封信问候。夫人奚今吾给张高峰回信称:"朱先生去夏患脑血栓,两次住院,未能康复,头脑有时清楚,有时糊涂。""朱先生这些年工作过于疲累,脑子受到严重损伤。""北京友谊医院大夫为之会诊的结论是:疲劳综合症[征]。朱先生太累了。"

8月—9月,郝铭鉴去探望先生,他记下了这次访谈的情景:"一九八五年八九月间,我赴京组稿,曾去看望过他。那天我事先给朱师母通了电话。等我拎着两只哈密瓜赶到时,只见朱先生坐在门口,手里拿着一份报纸,一见到我便忙着要站起来。朱师母告诉我说,朱先生上午便不停地在问:'铭鉴同志怎么还不来啊?'吃过午饭索性搬张椅子到门口坐等了。我想,朱先生也许有点寂寞,真该早点来陪他谈谈。他的记忆力显然已大不如前。我正在考虑美学文集续编的事,问他一些文章的出处,他都说'不清楚了'。每说一次,都露出慈祥的微笑,表示他的歉意。朱师母也坐在一边,告诉我说,朱先生住在友谊医院时,经常会冷不防地冒出一句:'维柯的《新科学》里这个词,早该这样译的。'《新科学》已经付排了,可是他还在字斟句酌。有时又会产生一种恍惚感,病房里寂静无声,他却会不安地说:'他们在准备开我的批斗会了。'听得我心头一阵酸楚。朱先生和我谈起'文革'中的灾难,总是豁达地一笑置之,然而,在他的潜意识里,却积淀着恐怖感。这是多么深重的精神创伤!"①

9月15日,给中国心理卫生协会成立大会写贺信,信中称:"预祝心理卫生事业在我国欣欣向荣,不断取得胜利成果。"

是月,给《中国老年》写《老而不僵》一文,载《中国老年》第九期。

秋,香港大学校长黄丽松专程到北京大学,在临湖轩为先生颁发了名誉博士学位证书(图10-83),并举行了加袍典礼(图10-84)。

---

① 郝铭鉴:《我心中的美学老人》,载《朱光潜纪念集》,合肥:安徽教育出版社1987年版,第201页。

图 10-83　1985年秋,香港大学给先生颁发的名誉博士学位证书。

图 10-84　1985年秋,香港大学校长黄丽松在北大临湖轩为先生(中)颁发名誉博士学位证书,并举行了加袍典礼。左一为黄丽松,左二为北大校长丁石孙,右二为先生夫人奚今吾。

11月9日,先生第四次住进医院,这次治疗,病情有明显好转。据北京友谊医院医生童启世的回忆,先生是该院干部保健的十大重点保护对象之一。"1985年11月9日,朱老第四次住进北京友谊医院干部病房,这里条件很好,是有地毯、彩电、空调、卫生间的成套单间。医生为朱老进行了全面的智能检查,为此进行了如下一些对话:'您早上吃过一些什么?''鸡蛋吧。'(实际不是)'您看现在是几月份?''是夏天。'(实际已是11月份)'夏天为何穿毛衣?''因为我病了。''100减7等于几?''不知道。''天安门在前门的北面还是南面?''南面。'医生指着桌上的烟斗问:'这是什么?''烟斗。''英文叫什么?''PIPE。'说着,朱老熟练地把烟斗叼在嘴上,并得意地看着医生。医生为了检查朱老的远记忆力,要他背诵一些古典诗词,并提示:'身无彩凤双飞翼。'朱老很快应答了以下的三句。语言也很流利。答完,朱老顽皮得像个小孩子似的笑了。显得很开心。经医生复查智商,总智商已由85下降到76。经过用两种进口药医疗,病情渐渐好转。情绪明快多了,进食也多了起来,并已能很容易地从椅子上站起来。有时还高兴得像士兵一样挺起胸膛,大步向前。这时,朱老满怀即将重返生活的喜悦。奚老对朱老的康复也充满了信心。朱老本爱喝酒抽烟,病中对酒已点滴不沾,但抽烟仍不停止。病房里原本禁止吸烟,但对朱老的抽烟却默许了。朱老每当手持烟斗,吐出一口青烟时,就有一副怡然自得的表情,掩盖了病中特有的委顿。但有一次,由于抽烟不慎烧着了羽绒背心,怕此后一旦引起火灾,后果不堪设想,就再也不抽了。有一天,朱老的得意门生朱虹来医院探望,朱老见了非常激动,颤巍巍地站起来,紧紧握住朱虹的双手。到朱老进餐的时候,朱虹帮助朱老吃了一碗面片汤。在朱老病情逐渐好转之后,医生建议朱老练字以锻炼双手,特别是右手的功能。朱老就每天抄录一首古诗。认认真真,一丝不苟,还幽默地说:'想不到我当了一辈子老师,现在又当起学生来了。'12月7日,朱老出院返回燕南园家中。此后,一切正常。朱老有时已能到院中散步。"①

11月15日,中国孔子基金会名誉会长谷牧、会长匡亚明聘请先生任中国孔子基金会理事(图10-85,图10-86)。

图10-85　1985年11月11日,中国孔子基金会会长匡亚明给先生的聘书函。

图10-86　1985年11月15日,中国孔子基金会给先生颁发的理事聘书。

11月下旬,孙子宛小平代表安徽石油系统参加全国石油杯围棋赛(比赛地点设在中国石油大学),并在中日围棋第一届擂台赛上观战聂卫平和藤泽秀行的对决,其间两次顺访祖父,先生两次都在家(先生实际是医院和家两边都住——编者)。第一次先生问孙子在看什么书,孙子谈到在读伯特兰·罗素的《西方哲学史》,先生还说罗素很俏皮,他听过罗素的演讲。那时先生一时头脑很清醒,一时又糊涂。当孙子问先生在学术界觉得哪位是很聪明的人时,先生停顿了一下,忽然脱口说"罗隆基"。奚今吾奶奶在一旁对孙子说先生脑子又糊

---

① 转引自《郭因美学选集》第二卷,合肥:黄山书社2015年版,第338-339页。

涂了。

是年年底,先生于20世纪60年代招收的研究生丁枫去拜访先生,那时先生出院约十多天,天气晴朗,丁枫见先生由于吃药和戒烟酒脸微胖时,先生向丁枫笑着说:"胖了不好。"丁枫离开前,先生双手紧握学生的手,久久不肯放开,丁枫回忆当时的情景:"我的眼睛模糊了,只觉得老人的手是那样的温暖……"①

1986年(丙寅)89岁

1月,先生撰文《挽胡愈之》,后载1986年1月31日《人民政协报》。

图10-87　先生的最后岁月(摄于1986年1月12日)

1月20日,邹士方去探望先生,先生为他抄录"野火烧不尽,春风吹又生"两句唐诗。

2月7日,邓伟拜访先生,先生告诉他:"你上次送来陈祖芬写的报告文学中关于你我的那段文字,记下来的都是真情实意,你虽在电影界,不逢场作戏,朴朴实实。如果方便,那报告文学希望再送我一本。"

2月22日,《致胡乔木》信,信中称:"本想寄拙著《诗论》二册,恰遇放假,没

---

①　丁枫:《长歌当哭——纪念朱光潜先生逝世一周年》,载《朱光潜纪念集》,合肥:安徽教育出版社1987年版,第237页。

有取得存书,只有待三联书店开门的时候,才去取出寄上请教。"①

3月2日,叶朗去探望先生,赠《中国美学史大纲》一书,先生翻动书页,不住地说"谢谢!谢谢!",这是先生最后一次接受朋友赠书。

3月5日上午,先生大约上午十时多去卫生间大便,没有解出,出了一身汗。扶出后在沙发上静坐不到半小时,开始呕吐起来,很快不省人事。家人急着给校医务室打电话,没人接。又给司机房打电话,也没有车。一直耽误到下午三时多,先生才被送到医院急救室。抢救到了3月6日凌晨二时半,先生心脏永远停止了跳动。后来先生的小女儿朱世乐回忆道:"1986年,父亲得了脑出血,当时去的是友谊医院,沈伯母听说之后赶了过去,正好赶上我从医院出来,她看到我:'世乐,世乐,你爸爸怎么样了?'我说:'在抢救了,想从学校找车,但是要不到。'我们在家里发现父亲发病时,用担架把父亲抬到校医院,校医院的人都去吃午饭了。姐夫跑到校车队去拦车,正好赶上一辆回车队的车,让姐夫拦了下来,把父亲送到了友谊医院,可是已经是下午了。医院说,没有给他们留下抢救时间。听了这话,我跑回家去给父亲取衣服,到火葬场,总要有件衣服啊。

父亲走了,我感到撕心裂肺,我跟医院的医生说,按说脑出血是可以抢救的。他们说:没有给我们留抢救的时间啊。父亲的追悼会召开的时候,统战部的领导到我们家,说他们的工作没有做好,表示歉意。我说:谢谢领导们的关心,可是父亲现在什么也不需要了。

多少年后,姐姐家里买了车,妈妈总是说:'当初要是有车,你爸也能多活几年。'"②

---

① 《朱光潜全集》第10卷,合肥:安徽教育出版社1993年版,第734页。
② 2003年《新京报》记者采访朱世乐,这是朱世乐口述的记录,后收入由陈远整理的《在不美的年代里》一书中,原题为《"文革"中的父亲朱光潜》。参见陈远:《在不美的年代里》,重庆:重庆出版社2011年版,第131页。

卷十一　身后遗响

（1986年3月至今）

1986年（丙寅）

3月8日，周扬给奚今吾函：

奚今吾同志：

　　从报纸上得知朱光潜同志病逝的消息，颇感意外，不胜悲痛。我与他文笔相交数十载，心交至深，他的人品、学识都为我所钦佩。在他垂暮之年，仍奋笔案头，多有著述，直至最后一息。朱老虽逝，他留下的精神财富却更为珍贵，将成为文学史册中的珍宝。

　　谨以此信聊表哀思，并望节哀，多多保重！

周扬

一九八六年三月八日

3月7日，香港大学校长黄丽松代表港大唁电：

朱世嘉：
北京大学朱世嘉女士礼鉴：

　　惊悉，令尊光潜教授仙游，港大同仁深表哀恸。光潜教授与港大关系渊深，著作学术，遐迩共仰，今老成凋谢，本人谨代表港大同仁致以深切之悼念，并祈女士节哀。

　　专此驰唁，并颂

礼祺。

香港大学校长　黄丽松谨启

一九八六年三月七日

3月12日,朱光潜同志治丧办公室发布《讣告》:

六届全国政协常委、五届民盟中央委员、中国文联委员、中国美学学会名誉会长、中国作协顾问、中国外国文学学会顾问、北京大学教授朱光潜同志,因病医治无效,不幸于一九八六年三月六日凌晨两点三十分在北京逝世,终年八十八岁。

朱光潜同志遗体告别仪式定于一九八六年三月十七日(星期一)下午三时至四时,在八宝山革命公墓礼堂举行。

朱光潜同志治丧办公室
一九八六年三月十二日

3月14日,胡乔木致先生亲属信函:

今吾、朱陈、世嘉、世乐同志:

获悉,朱老遽尔病逝,深为哀悼。此前曾收到朱老二月二十二日手书,今顿成遗墨,心中怆痛,难以言表。三月六日信两件均收到。各位所关切的我同样关切,邓颖超同志也亲自过问,原拟由新华社发一生平事迹,此后中央另有安排,因已奉闻,兹不赘述。今又收到奚老所寄朱老自藏《诗论》一书,弥增感激。这封信早该写了,但以近日心脏状况不佳,一再迁延,敬希鉴谅。

建碑之事,听说北大领导已表示支持,如仍有需要帮助的地方乞告。

胡乔木
一九八六年三月十四日

3月17日下午三时,先生遗体告别仪式在北京八宝山革命公墓礼堂举行。

3月18日,《人民日报》《光明日报》等各大报纸均在第一版以"朱光潜教授遗体告别仪式在京举行"为标题作了报道,报道全文如下:

全国政协常委、民盟中央委员、中国美学学会名誉会长、北京大学教授朱光潜遗体告别仪式今天在北京八宝山革命公墓礼堂举行。

赵紫阳同志送了花圈,中央其他领导同志邓颖超(图11-1)、习仲勋(图11-2)、李鹏、胡乔木(图11-3)、胡启立、王兆国、彭冲、周谷城也送了花圈,并参加了遗体告别仪式。

图11-1 邓颖超向先生夫人奚今吾及其他家属表示慰问

图11-2 习仲勋向先生夫人奚今吾及其他家属表示慰问

图 11-3　胡乔木向先生夫人奚今吾及其他家属表示慰问

参加遗体告别仪式的,还有全国政协副主席杨静仁、钱昌照、周培源、费孝通,民盟中央领导人楚图南、李文宜、钱伟长、高天、叶笃义、陶大镛,以及其他民主党派和有关方面的负责人雷洁琼、黄鼎臣、苏子蘅、阎明复、李贵、李定、平杰三、周绍铮、杨拯民、陆平、何东昌、杨海波、彭珮云、李锡铭、金鉴、汪家镠、李伯康、丁石孙、王学珍,朱光潜同志生前友好钱端升、钱逊、陈岱孙、季羡林、王力、钱锺书、冯至、吕叔湘、江泽涵、贺麟、黄镇等,共三百多人参加了遗体告别仪式。

全国政协副主席杨静仁、刘澜涛、陆定一、程子华、康克清、季方、庄希泉、帕巴拉·格列朗杰、胡子昂、钱昌照、董其武、陶峙岳、杨成武、陈再道、吕正操、周培源、包尔汉、缪云台、王光英、邓兆祥、费孝通、赵朴初、叶圣陶、屈武、巴金、马文瑞、茅以升、刘靖基,送了花圈。送花圈的还有民盟中央代理主席和各位副主席,国务院、全国政协、民盟中央、中共中央统战部、全国人大常委会教科文卫委员会、国家教委、文化部、中国社会科学院、中共北京市委、北京市政府、中共北京市委统战部、中共北京大学委员会、北京大学、中国文联、中国作家协会、中国美学学会、中国外国文学学会等单位。社会各界一些知名人士和朱光潜同志的生前友好也送了花圈。

参加遗体告别仪式的同志深切悼念朱光潜这位为我国美学和文艺理论的发展作出了重要贡献的著名美学家、教育家,向朱光潜的夫人奚今吾及子女表示亲切的慰问。

同时,在《人民日报》《光明日报》各大报纸第三版登载新华社发布的《朱光潜同志生平》:

中国人民政治协商会议第六届全国委员会常务委员、中国民主同盟第五届中央委员、中国美学学会名誉会长、中国文学艺术界联合会委员、中国作家协会顾问、中国外国文学学会顾问、北京大学一级教授朱光潜同志,因病医治无效,于1986年3月6日二时三十分在北京逝世,终年八十九岁。

朱光潜同志,1897年生,安徽桐城人。1922年香港大学毕业,1925年出国留学,就读英国爱丁堡大学、伦敦大学、法国巴黎大学和斯特拉斯堡大学,先后获得硕士和博士学位。1933年回国,先后在北京大学、四川大学、武汉大学任教,并曾任四川大学文学院院长、武汉大学教务长、北京大学文学院代理院长,还曾主编商务印书馆《文学杂志》。解放以后,朱光潜同志一直是北京大学教授,历任二、三、四、五届全国政协委员,民盟三、四届中央委员,中国美学学会会长,中国外国文学学会常务理事,中国社会科学院学部委员等职。

朱光潜同志是我国著名的美学家、文艺理论家和教育家。他早年的《悲剧心理学》《文艺心理学》《谈美》《变态心理学派别》《诗论》《谈文学》《克罗齐哲学述评》等学术著作,就以文笔优美精练、资料翔实可靠、说理清晰透彻、见解独到精辟,而蜚声于海内外学术界,成为我国当时著名的美学家。解放以后,朱光潜同志努力学习马克思主义、毛泽东思想,并用以指导美学研究,在我国美学教学和研究领域作出了开拓性的贡献。

五十年代在全国范围的美学问题大讨论中,他起了积极作用,出版了《美学批判论文集》。六十年代,他撰写的《西方美学史》,是我国第一部全面系统地阐述西方美学思想发展的专著,代表了迄今为止我国对西方美学研究的水平,推动了我国美学教育和研究工作。"文革"期间,他在受到严重迫害的逆境中,认真系统地学习马列主义原著,进行学术研究。近年发表的大量论文以及《谈美书简》《美学拾穗集》等专著都凝结着他在此期间刻苦学习和潜心钻研的心血。

朱光潜同志精通英语、德语、法语和俄语,翻译了大量西方美学名著,最主要的有:柏拉图的《文艺对话集》、莱辛的《拉奥孔》、爱克曼的《歌德谈话录》、黑格尔的《美学》、维柯的《新科学》等。

朱光潜同志视野开阔，对中西文化都有很高的造诣。在他的七百多万字的论著和译著中，对中国文化作了深入研究，对西方美学思想作了介绍和评论，融贯中西，创立了自己的美学理论，在我国文学史和美学发展史上享有重要的地位。他几十年如一日孜孜不倦辛勤劳动，为中国人民留下了宝贵的文化财富。

朱光潜同志一生致力于教育事业，对学生和中青年教员满腔热忱，循循善诱。他以渊博的知识、锐敏的分析能力、严谨的治学方法和严肃认真的教学态度，为祖国培养了大批人才，桃李满天下，其中许多人早已成为国内外知名的学者。

在旧中国的漫长岁月中，朱光潜同志是位以救国兴邦为己任的爱国知识分子，尽管道路有过曲折，但他追求真理，向往光明，在复杂的斗争中，辨明了方向，看清了历史发展的潮流。在1948、1949年初的关键时刻，断然拒绝国民党当局的利诱威胁，毅然决定留在北京，与广大人民一起迎接解放，为此，他曾兴奋地说："我象离家的孤儿，回到了母亲的怀抱，恢复了青春。"解放后，朱光潜同志学习和信仰马克思主义，拥护党的领导，坚持社会主义道路，对党赤诚相见，肝胆相照。尽管他曾遭到不公正的待遇，但从未动摇过对党、对社会主义的信念以及为祖国、为人民服务的决心。粉碎"四人帮"以后，他衷心拥护党的十一届三中全会以来的路线、方针、政策，精神振奋、老当益壮，积极翻译名著、撰写文稿、发表演讲、指导研究生，在学术研究和教育领域驰骋不懈，成就斐然，鞠躬尽瘁，死而后已。1983年3月，他应邀去香港中文大学讲学，一开始就声明他自己的身份：我不是一个共产党员，但是一个马克思主义者。这就是他对自己后半生的庄严评价。

朱光潜同志关心祖国统一大业，怀念在香港和台湾的亲友故旧，盼望海峡两岸骨肉同胞早日团聚，并为此而做了许多有益的工作。

朱光潜同志的逝世是我国文化界、学术界和教育界的一大损失，我们沉痛悼念朱光潜同志。他为祖国为人民所做的贡献，必将在我国两个文明建设，特别是社会主义精神文明建设中，发挥重要作用。

这篇新华社的文稿是在和先生的亲属反复沟通下形成的，其间在文字表达上，奚今吾对文稿修改有一句重要的话："'鞠躬尽瘁，死而后已'这八个字不能少，其他不要都可以。"后来文稿保留了这八个字。

5月，凝聚先生晚年心血，并一直渴望生前能见到的译著《新科学》（[意]维柯著）由人民文学出版社出版。此书未能和先生"谋面"不能不说是一个遗憾！

是年，安徽教育出版社成立了《朱光潜全集》编辑出版小组，负责人许振轩，并向国家出版局申请予以支持《朱光潜全集》的编辑出版工作，全文如下：

国家出版局：

　　朱光潜先生是国内外著名的美学家、文艺理论家、教育家，一生著译七百万言。朱先生今年三月溘然长逝，是我国学术界的重大损失，为了纪念朱先生，总结、继承这笔珍贵的文化遗产，我社与朱先生亲属反复磋商，共同决定出版《朱光潜全集》。

　　《朱光潜全集》收朱先生解放前后由各出版社出版的著译和散见各报刊的单篇文章及私人珍藏的书信，拟分二十卷出版，另加附编一卷，收关于朱光潜生平和著译的主要资料，包括年谱、著译目录、人名索引，1987年开始出书，以后每年出3—5卷，计划五年出齐。

　　出版《朱光潜全集》，我们认为，是件艰巨而又十分有意义的工作。衷心希望得到局领导和有关部门的指导与支持！

　　敬礼！

　　附《朱光潜全集》出版合同原件一份。

安徽教育出版社
一九八六年十一月

朱式粤（朱陈）和朱式蓉被聘为《朱光潜全集》编辑委员会委员。朱式粤负责编辑和对出版社二校后的文稿终校，朱式蓉负责搜集先生散佚的单篇论文。

1987年（丁卯）至今

始由安徽教育出版社出版的《朱光潜全集》至1993年出齐全部二十卷（图11-4）。此外，出版了《朱光潜纪念集》（1987年4月版）（图11-5）。

1996年9月8日，来自中国内地和港台地区及德国的70余名学者，云集风景秀丽的黄山脚下，参加由北京大学哲学系、德国波恩大学汉学系、安徽省社科院文学所共同主办的"纪念朱光潜、宗白华诞辰100周年"国际学术研讨会，以缅怀两位美学老人的高尚人格、学术风范。会上形成了两本论文集：一是安徽教育出版社 1999 年 7 月出版，由叶朗主编的《美学的双峰——朱光潜、宗白华与中国现代美学》；二是香港中华书局 1998 年 11 月出版，由文洁华主编的《朱光潜与当代中国美学》。

图 11-4 安徽教育出版社版《朱光潜全集》

图 11-5 《朱光潜纪念集》

图 11-6 中华书局版《朱光潜全集》

1997 年 5 月 11 日凌晨，奚今吾去世。

1999 年 10 月 25 日凌晨，朱陈去世。

2005 年 8 月 9 日上午，朱世嘉去世。

2007 年 4 月 10 日上午，朱世乐去世。

2012 年—2013 年，由于种种原因，先生的许多未发表或已发表散佚的论文未能收入安徽教育出版社出版的二十卷本《朱光潜全集》。所以，出版《朱光潜全集》增订本已是学术界和读者的一致期望。为此，中华书局聘请了专家组成了新的编委会，在保留原来编委的基础上，根据需要新增了编委，召开了编委会，充分听取了编委的意见和建议。聘请宛小平、顾青为执行编委。

中华书局对安徽教育出版社出版的《朱光潜全集》进行了增补和修订，重新编排如下［参见《朱光潜全集》（新编增订本）出版说明］：

一、新编。《朱光潜全集》编为 30 卷（图 11-6），将朱光潜先生的全部著作按专题重新分卷、各卷均按内容进行归类。每卷内大致按照创作时间的先后为序，个别篇章兼顾相关篇目的内容，前后略有参差。

二、增补。新增文章近百篇，有些是旧版《朱光潜全集》失收的，有些则是从未公开发表过的。新增文章均依内容归入相关各卷。

三、新拟集名。将单篇文章按内容分类，分别编为《欣慨室逻辑学哲学散论》《欣慨室中国文学论集》《欣慨室西方文艺论集》《欣慨室美学散论》《欣慨室随笔集》《维科研究》《欣慨室教育散论》《欣慨室杂著》《欣慨室短篇译文集》等。

四、编制索引。各卷均编制人名及书篇名索引。第30卷为总索引,囊括了各卷的人名和书篇名索引。

五、尊重原貌。为保持著作的历史原貌,对文字内容尽量不作改动。原书的译名不作统一处理,将在总索引中对不同译法的译名进行归并,以便查阅。

目前,《朱光潜全集》(新编增订本)一共出了15卷。

2015年4月12日—15日,在芜湖安徽师范大学召开了学术史长三角学术(轮值)沙龙——朱光潜美学思想研讨会。出席本次研讨会的专家来自南京大学、中国人民大学、北京师范大学、上海交通大学、上海师范大学、上海政法大学、苏州大学、黑龙江大学、牡丹江师范学院、安徽省社科院、安徽大学、安徽农业大学、安徽师范大学等高校和科研机构以及《学习与探索》《安徽师范大学学报》两家杂志社,共四十余人。

研讨会围绕朱光潜的美学思想展开了全方位的深入讨论,主要有两个议题:一是在当前的环境下如何创新朱光潜的美学思想,二是围绕夏中义教授的《朱光潜美学十辩》展开的争鸣,对夏中义提出的"文献发生学"的研究方法展开热烈的讨论,体现了学术沙龙的争鸣特色。会议不仅讨论了朱光潜的美学思想和研究方法,而且将这种思想和方法与当下的文艺美学研究进行比较,既突出了朱光潜的学术贡献,又彰显了本次会议的现实意义。

会议的另一大亮点是先生的后人、安徽大学宛小平教授展示了先生未公开的部分手稿,这些手稿使某些问题得到确认,同时,也推翻了一些既有观点,引起与会者的极大兴趣。

2015年10月,北京大学校史馆以"书生本色、学者风范"为标题特别推出了"朱光潜先生生平图片展"。此次展览得到了先生亲属的鼎力支持,四川大学档案馆、武汉大学档案馆、香港大学档案馆也为展览提供了档案资料。展览共分五个部分,分别为"求学中外,博采众长""任教南北、广育英才""青年知音、京派学者""美学大师、辛勤耕耘""鞠躬尽瘁、泽被后世",展出了一百六十余幅历史照片、朱光潜先生手迹、著作及生前所用之实物等,生动全面地再现了朱光潜先生学贯中西、潜心教育、精研美学、为中外文学与哲学的学术发展鞠躬尽瘁,死而后已的一生。

2016年9月29日上午九时,铜陵市第十三届青铜文化博览会重要分项活动之一,首届"方苞文学奖朱光潜艺术奖"颁奖会在安徽省枞阳县举行。

铜陵市副市长叶萍在颁奖会上致辞,枞阳县委副书记、县长罗成圣主持会议,枞阳县副县长周晓娟介绍评奖过程,通报获奖名单。铜陵市和枞阳县有关领导出席会议,并为获奖者颁奖。来自北京师范大学、复旦大学、安徽大学等高校的专家和社会学者在现场作了精彩的研究成果分享。

谈及"两奖"今后的发展,安徽大学哲学系教授、朱光潜嫡孙宛小平告诉记者:"我认为今后在理论方面还可以更加深入,同时以'两奖'为契机,不断挖掘枞阳文化资源,传承枞阳文脉,提高枞阳文化影响力。"据悉,这是全国为数不多的以政府出资形式创办、以朱光潜名字命名的奖项。

2017年10月27日—29日,由中华美学学会、北京大学美学与美育研究中心、安徽大学哲学系主办的"朱光潜、宗白华与二十一世纪中华美学——纪念朱光潜、宗白华诞辰120周年"国际学术研讨会在安徽大学召开(图11-7)。与会者在系统研究朱光潜、宗白华先生美学贡献的基础上,讨论了其美学思想、研究方法和理论特色及其在二十一世纪中华美学建设中的启示。来自美国、德国、中国香港、中国台湾、北京大学、中国社会科学院、中国人民大学、中国科学技术大学等近百位学者参加了会议。

图11-7 纪念朱光潜、宗白华诞辰120周年国际学术研讨会与会人员合影

后 记

十年前一次和《东南学术》主编杨健民君谈及祖父美学思想时,杨君忽然问:"令祖年谱有无人在编?"这句话对我促动很大,似醍醐灌顶,使我茅塞顿开。是呵,朱光潜美学实际上是近百年中国美学发展的一个缩影,要编写一部年谱意义是何其之大!

然而,当我真正投入到写作中时便处处感到步履维艰!朱光潜学术兴趣广泛,有宏大广阔世界主义的视野,一生兴趣走向先是以桐城派古文为发端,后经由近代心理学、近代文学、近代哲学而交织最终落于美学。他对每门学问皆非浅尝辄止,往往是开一代之先锋。他的《变态心理学派别》被心理学泰斗高觉敷称:"孟实先生虽算是文学和心理学间的'跨党'分子,然而他在心理学上对国人的贡献,实超过于一般'像煞有介事'的专门家之上。譬如我们现在都知道弗洛伊德,但是介绍弗洛伊德的学说的,算是他第一个。我们现在已习闻'行为主义',但是介绍'行为主义'的,也是他第一个。我们现在已屡有人谈起考夫卡和苛勒,但是评述完形派心理学的,又是他第一个。"他的《诗论》,在现代探讨诗学理论的著作中,像他那样完全脱去"诗话""诗品""诗式"的旧体例而立于现代美学理论基石上论述的,不但是空前的,也是绝后的。他的这种以科学(诗的科学——简称"诗学")精神为纲的论述方式是他和王国维《人间词话》中论述方式(仍然是旧玄学式的)的根本区别。他的《文艺心理学》,至今刘纲纪老先生还认为是中国众多美学原理教科书中最能融合中西美学的典范。他的《西方美学史》,蒋孔阳认为甚至比起西方人写的自己的美学史也毫无逊色。他的《悲剧心理学》,李维(Albert William Levi)在其专著 Literature, Philosophy and the Imagination 中对此称道不已。胡乔木先生对朱光潜在美学方面的成就和地位甚至用了这样一句话概括:"在这个领域,我实在说不出第二个人来。"朱光潜的至友梁宗岱更有已被学术界公认的定论:"朱光潜是专门学者,无论哲学、文学、心理学、美学,都做过一番系统的研究。"

  试想为这样一个大家编年谱谈何容易！开始我有些畏惧心理,但看到朱光潜少年时的好友叶圣陶、朱自清、丰子恺等名家皆已有年谱问世,作为朱光潜的后代应该责无旁贷。为了使年谱的写作不至于流产,凡朱光潜学习和执教过的大学,像香港大学、英国爱丁堡大学、法国斯特拉斯堡大学、北京大学、四川大学、武汉大学,我都实地走访或间接调研,获取了朱光潜的学籍档案、学位证书等珍贵资料。为了对朱光潜在不同时期和名家进行的美学争鸣的清晰梳理和得出结论的准确可靠,我查阅了大量民国时期的报刊,甚至还冒着酷暑炎热,在《汉学研究通讯》总编、国家图书馆顾问刘显叔先生的陪同下,到台北国家图书馆去查阅资料,逐渐对朱光潜在不同时期的著述背景和经历的事件有了深入的了解,形成了本项目(国家社科基金项目)的阶段性成果《美的争论——朱光潜美学及其与名家的争鸣》,并由北京生活·读书·新知三联书店于2017年出版。当然我也无须讳言,作为朱光潜的后代,有着得天独厚的条件,我幸运地利用了朱光潜夫人奚今吾、大女儿朱世嘉、小女儿朱世乐发表和未发表的回忆录。我的表弟姚昕还提供了朱光潜生前的大量生活和工作的照片。这些都使得本年谱的资料更加翔实可靠。

  书成犹如婴儿降生,自然使我高兴不已,而且本书作为国家社科基金项目的结项成果获得了同行的好评,被鉴定为优秀,随之而来的是人民出版社(北京)等全国十余家出版社和我联系想出版此书。考虑到我本人在安徽大学工作,在安徽大学出版社的盛情招邀下,加入了他们的出版团队,本年谱也顺利申报并成功获批国家出版基金资助项目。在本书的编校过程中,我的出版社老友程中业君和编辑李君女士及我的博士生章亮亮君提出了许多有益的意见,在此我要向他们表示衷心的感谢。本书"长编"兼含双重之义:一义与"简编"和"略编"反义,有"繁"的意思,然"繁"未必"精",往往还是"粗",有"前修未密,后起专精"的"未密"之义,此乃取长编之要义也,还望方家不吝赐教。

宛小平
二〇一九年三月于忘适斋